OCTAVIO PAZ

EN SU SIGLO

OCTAVIO PAZ

EN SU SIGLO

CHRISTOPHER DOMÍNGUEZ MICHAEL

AGUILAR

OCTAVIO PAZ EN SU SIGLO

Primera edición: noviembre de 2014

D. R. © 2014, Christopher Domínguez Michael, 2014.

D. R. © 2014, derechos de edición mundiales en lengua castellana:
Santillana Ediciones Generales, S.A de C.V., una empresa de
Penguin Random House Grupo Editorial, S.A. de C.V.
Miguel de Cervantes Saavedra 301, piso 1, col. Granada,
del. Miguel Hidalgo, C. P. 11520,México, D.F.

D. R. © Fotografía de portada: Ricardo Salazar / IISUE-AHUNAM-UNAM.
D. R. © Fotografía de frontispicio: Coordinación Nacional de Literatura
del INBA.
D. R. © Diseño de cubierta: Daniel Domínguez Michael / Departamento
de diseño de SEGSA.

www.editorialaguilar.com/mx

Comentarios sobre la edición y el contenido de este libro a:
megustaleer@penguinrandomhouse.com

ISBN: 978-607-11-3066-2

Impreso en México / Printed in Mexico

a Aurelio Asiain, Fabienne Bradu,
Adolfo Castañón, Enrique Krauze
y Guillermo Sheridan.

ÍNDICE

AGRADECIMIENTOS

Le debo gratitud a varias instituciones y a muchas personas sin las cuales este libro nunca habría sido ni planeado ni escrito. El primer impulso lo recibí de la extinta Fundación Octavio Paz que me otorgó una beca, durante el año 2000, para empezar un proyecto que se extendería, mutando, a lo largo de casi quince años. En 2006, la John Simon Guggengeim Foundation, me otorgó su benemérita beca con la cual pude seguir trabajando, y en 2013-2014, la Universidad de Chicago, al concederme la beca Tinker, hizo posible que una noche de verano, viéndome rodeado de todas las comodidades, empezara la redacción final de *Octavio Paz en su siglo*. Ello no hubiera sido posible sin el entusiasmo del historiador Mauricio Tenorio Trillo, director del Center of Latin American Studies de la Universidad de Chicago y de su equipo. Mauricio, de anfitrión, pasó a lector de algunos capítulos del libro, atinado e implacable. Durante ese invierno pude viajar, gracias a Rubén Gallo, a la Universidad de Princeton en cuya Biblioteca Firestone se conservan tantos papeles privados y manuscritos indispensables para un proyecto de esta naturaleza. Escribir este libro en mi condición de investigador asociado de El Colegio de México fue también no sólo un motivo de orgullo, sino una oportunidad que agradezco. Y Enrique Krauze, al invitarme a ser el editor literario de los programas de Clío/TV para festejar los centenarios de Octavio Paz, Efraín Huerta y José Revueltas en 2014, me permitió hacer entrevistas que me fueron muy útiles para enriquecer este libro.

Entre las personas que me ayudaron, sin contar a aquellas que me concedieron explícitamente entrevistas o respondieron a mis preguntas por escrito, destaco a Olbeth Hansberg-Rossi, Daniel Domínguez Michael, Martha Donis, Ángel Gilberto Adame, Julián Étienne, Hilda Larrázabal Cárdenas, Viviana Motta, Paulina Oría, Carlos Armella, Elena Poniatowska, Aurelio Asiain, Fabienne Bradu, Adolfo Castañón, Fernando García Ramírez, Malva Flores, Dean Borges, Joel Ortega, Miguel Ángel Merodio, María y Beatriz Novaro, Martha Lilia Tenorio, Angelina Cue, Jorge F. Hernández, Juan Malpartida, Gloria Prado, Jean-Claude Masson, Adriana Díaz Enciso, Jorge y Antonio González de León Domínguez, Roger Bartra, Tomás Granados Salinas, Alberto Ruy Sánchez, Fernanda Solórzano, Lucía Melgar, Marlene Faustch Arranz y Tomás Calvillo Unna. A la ayuda cotidiana, discreta y eficaz de Astrid López Méndez, mi asistente desde 2012, se sumó su colaboración en la hechura de la cronología y la bibliografía. Sin mis editores mexicanos, Patricia Mazón y, muy especialmente, César Arístides Ramos López, amigo presente en varias dimensiones de mi vida desde hace veinticinco años, el lector no tendría este libro en sus manos. De igual manera agradezco a mis amigos Gustavo Guerrero, mi editor en Gallimard y Gersende Camenen, mi traductora al francés, por haber impedido que me perdiese sin remedio por los caminos de la mexicanidad. *Octavio Paz en su siglo* tampoco sería posible sin mi esposa Judith Harders y mi hijo Gonzalo Azócar Harders, quienes toleraron pacientemente y con humor, mi vasta monomanía.

PRÓLOGO

Muerto Octavio Paz, durante la noche del 19 de abril de 1998, varios de los escritores de su entorno nos sentimos comprometidos a escribir un testimonio, pero no nos hermanamos en ese círculo hermético del cual se nos creía secuaces cotidianos. Cada uno, huérfano a su manera, tomó su camino. Nos seguimos viendo casi todos y hacemos, algunos de nosotros, una revista, *Letras Libres*, que es y no es la continuación de *Vuelta* (1976-1998); pero a todos nos llamaba, obsesiva, la memoria de Paz. Tarde o temprano acabaríamos por escribir un libro sobre el poeta. Aquí está el mío. En el terreno de lo biográfico, me han precedido, entre los escritores de *Vuelta*, Guillermo Sheridan (2004) y Enrique Krauze (2011), pero creo que corresponderá a otra generación, lejana de los amores y de los odios de ese siglo xx que Paz encarnó como pocos entre quienes hablamos español, escribir la obra decisiva sobre la vida y obra del autor de *El laberinto de la soledad*.

Así que este libro no es una biografía definitiva, si es que las hay. Es el testimonio de un crítico contemporáneo que tuvo la fortuna no sólo de leer a Paz, sino de estar cerca de su irradiación personal e intelectual. Es sólo una de las primeras aproximaciones al derrotero de un clásico y está sujeta, como toda biografía, a envejecer, gracias a las mudanzas del gusto y a la apertura progresiva de los archivos. Espero que este libro envejezca rápido, debido a la multiplicación del conocimiento de quien considero uno de los grandes poetas del siglo xx.

Tampoco es una biografía oficial. Aunque el libro está dedicado a los amigos de *Vuelta* con los que participé durante una década en la revista dirigida por Paz, ninguno de ellos leyó una sola página de este *Octavio Paz en su siglo* durante su escritura y edición. A todos ellos los entrevisté profesionalmente para la televisión y de la información que me dieron me serví con gratitud, como indican las notas a pie de página respectivas. A veces los molesté, como a muchos otros colegas y generalmente por correo electrónico, en búsqueda de un dato, de una precisión o de una anécdota. Debí ser más preguntón porque acostumbrado desde la infancia a llevar un diario, al registrar lo que oí y vi en mis años en *Vuelta,* creí que en mi *Diario* habría lo suficiente. Cuando me atreví a consultarlo me encontré sólo con el escenario abrumador de mi propia y banal existencia. Pero es una fuente contemporánea de la que me serví. Así, este libro expresa centralmente lo que yo pienso de Paz, de su tiempo, de sus libros y de mucho de lo escrito por sus críticos, los amigos y los no tan amigos. Un tiempo de Paz que, fatalmente, traté de hacer mío. La medida en que lo logré o la forma en que pudo materializarse ese empeño fatuo será asunto que los lectores decidirán. Este libro, lo acepto, bien puede ser considerado una apología: defiendo la virtud de un poeta y de su poética que, también fue, una política del espíritu y una política a secas. Pero sería incapaz de creer que un poeta de advocación surrealista, como él, pudiera ser materia de una hagiografía.

Tampoco es una biografía autorizada. Tomé la decisión de no importunar a Marie José Paz, la viuda del Premio Nobel y el amor de su vida. Preferí esperar hasta que el proyecto estuviera del todo encaminado, concentrándome en hacerle unas cuantas preguntas concisas, como se las hice pocos días antes de que se cumpliese el centenario de Paz. Me contestó con franqueza y encanto. La invité a que leyese el manuscrito y ella prefirió no hacerlo, dándome un voto de confianza que le agradezco desde el cariño viejo y renovado. Acaso en *Octavio Paz en su siglo* diré cosas con las que ella no estará de acuerdo. Pero *Marilló* –así le decía Octavio– cree, como él creía, en la religión de la amistad: aspiro a corresponderle, menos en la exactitud de mis juicios, que en el ejercicio de esa devoción.

Finalmente, mis intentos por entrevistarme con Laura Helena Paz Garro, fallecida casi el mismo día en que su padre cumplía su primer centenario, fueron infructuosos. Tomé sus *Memorias* (2003) como lo que son, la verdad interior de una poeta fallecida a los 73 años, a quien nunca tuve el gusto de conocer, pero en la cual siempre imaginé a una infortunada muchacha. Fue un testigo principalísimo en la vida de su padre hasta sus 20 años y no le pediría a ella lo que rechazaría para mí: juzgar a sus padres con objetividad impoluta y hasta con sagacidad biográfica. ¿Quién puede hacer cosa similar? ¿A cuál de nuestros amigos o familiares le pediríamos ejercitarse en esa ecuanimidad? Más difícil fue merodear entre los papeles, a menudo insoportables de leer, de su madre, Elena Garro (1916–1998), la gran escritora a quien no le fue suficiente con escribir un puñado de novelas en clave donde Paz profesa de villano. Dejó un testimonio sobre el viaje que ella y su marido, recién casados, hicieron a la España de la Guerra civil en 1937, páginas bastante veraces al contrastarlas con lo recordado por Paz y otros protagonistas de aquel periplo. Escribió, también, líneas escalofriantes y ponzoñosas, que aderezadas por su asombrosa inteligencia y por una probable perturbación clínica, yo no podía darme el lujo de ignorar pero cuya veracidad dejo al buen juicio del lector. Nunca la expresión amor/odio fue tan exacta como cuando se habla de aquel terrible matrimonio, lleno, por compensación, de una rica experiencia política y literaria compartida, como ambos lo expresaron en privado y en público.

Como muchos mexicanos de mi generación leí, en el primer año de la preparatoria, por obligación escolar, *El laberinto de la soledad*. No sólo lo leí sino escribí sobre ese libro en 1978, indignado y nervioso, mi primera reseña crítica, tal cual me la pidió mi profesor.[1] Lo que yo decía en ese resumen escolar era una sarta de tonterías marxistoides, olvidables y predecibles en un muchacho de dieciséis años que se aprestaba, como tantos preuniversitarios y universitarios en esa década por tantos motivos siniestra que fueron los años setenta del siglo pasado, a militar en un partido de izquierda. Lo inolvidable son esos nervios que me consumían al escribir contra lo que Paz, ya entonces remoto y todopoderoso, íntimo y distante, pensaba de México y de los mexicanos. El gran poeta, como es natural, nunca se materializaría para leer la tarea de un bachiller que ni siquiera pensaba en publicar esas líneas en el boletín escolar. Ahora todo me queda clarísimo: al leer a Paz y al discrepar de él, como me lo exigía mi circunstancia, había yo contraído la *pasión crítica* predicada por el poeta cuyo resultado, acaso final, sea esta biografía.

Conocí a Octavio Paz en persona el 4 de agosto de 1988 en las oficinas de *Vuelta*, situadas en aquel entonces en un edificio oficinesco en el sur de la Ciudad de México. Llevaba yo casi un año colaborando en la revista con ensayos y reseñas. En aquella reunión, a iniciativa de Enrique Krauze, subdirector de la revista y del secretario de redacción, Aurelio Asiain, se formó una mesa editorial destinada a hacer valer un recambio generacional que ellos juzgaban urgente, invitando a una decena de jóvenes escritores a integrarse formalmente a *Vuelta*.[2] Mientras Paz estaba más activo que nunca, convertido en el polémico jefe espiritual de nuestra literatura, sus antiguos compañeros de *Plural* (1971-1976) y de los primeros años de *Vuelta*, se habían retirado a hacer su obra, tal cual lo dijo el mismo Octavio esa tarde. Como he podido corroborar leyendo mi *Diario* de esas fechas, llegué allí feliz, nervioso y

---

[1] De hecho, el origen textual de este libro, o para decirlo con Michel Tournier, la cueva donde se originó, es el capítulo 7, un ensayo comparativo sobre *El laberinto de la soledad* que injerté en calidad de interludio y que el lector más interesado en la vida que en la obra de Paz, puede saltarse.

[2] Aunque a Asiain lo conocía yo por amigos comunes desde la adolescencia, empecé a escribir en *Vuelta* gracias a Krauze, quien al terminar la mesa redonda que compartimos en la Feria del Libro del Palacio de Minería, al cumplirse los diez años de la muerte de Daniel Cosío Villegas, el 10 de marzo de 1986, me invitó a colaborar en la revista. Jaime Perales Contreras no tiene razón cuando dice: "El más joven de los críticos literarios de *Vuelta*, Christopher Domínguez Michael […] empezó a tratar a Octavio Paz por la amistad de su padre, José Luis Domínguez, psicoanalista de escritores como Juan José Arreola…" (Perales Contreras, *Octavio Paz y su círculo intelectual*, Coyoacán/ITAM, México, 2013, p 369.) Mi padre, psiquiatra, trató en los años sesenta y setenta, en la Ciudad de México, a escritores y actores como Arreola, Juan Vicente Melo, Salvador Elizondo, Inés Arrendondo, María Douglas, entre otros. No conoció a Paz sino hasta aquella fiesta de la que hablo más adelante, en 1990. Cuando le presenté a mis dos hermanos, Daniel y Sebastián, el poeta le preguntó a mi padre: "¿Por que les ha puesto a sus tres hijos nombres de mártires?"

lleno de sentimientos encontrados. Venía yo de la izquierda intelectual en cuyos periódicos y revistas publicaba desde antes de los veinte años, textos de crítica literaria y política; aunque algo más leído, empero, seguía yo siendo aquel chamaco de prepa que resumía *El laberinto de la soledad* soñando con discutir con Paz y convencerlo, nada menos, *de que teniendo razón en principio, estaba equivocado*. Naturalmente, el convencido fui yo. La historia de ese convencimiento, de sus accidentes, ilusiones, decepciones y certidumbres, es otra narración, la mía, en la cual el protagonismo de Paz volvía imposible no escribir este libro.

A lo largo de la última década de *Vuelta*, fui miembro de su consejo editorial (como acabó por llamarse aquella mesa), ocupándome, sobre todo, de la crítica de narrativa mexicana e hispanoamericana, labor que compartía con Fabienne Bradu. Era –no sé qué piense ella ahora– una posición privilegiada por ser modesta. Paz compartía con su maestro André Breton, el desdén por la novela en el cual Paul Valéry, por cierto, había a su vez educado al surrealista. Hombre al día, Paz se cuidaba de expresarlo abiertamente pero a diferencia de los críticos de poesía o de los poetas mismos, que suscitaban su atención severa y permanente, en el terreno de la narrativa nuestras opiniones le interesaban menos. Como Eliot en *The Criterion*, Paz leía *toda* la revista, cada mes, donde quiera que estuviera, cosa que no todos entre sus "consejeros" hacíamos, ni siempre ni bien, de lo cual se seguía en que estaba al tanto de nuestras opiniones y de los pequeños problemas que a veces le causaban nuestros entusiasmos o anatemas ante cuentos y novelas que dudosamente lo apasionaban.

Paz, como buen moderno era antimoderno y hasta pensó en escribir alguna denostación del teléfono como enemigo número uno de la literatura, pero fue un gran conversador telefónico. Durante nuestras conversaciones por teléfono sentí varias veces la tentación de tomar notas, no sólo para cumplir correctamente con lo que se me encomendaba –él era el director de la revista de cuya redacción yo formaba parte– sino para atrapar algo de sus palabras. Pocas veces lo hice y no por otra razón sino porque Octavio, cortés y hasta cálido en persona, podía ser muy intimidante por teléfono. Le hubiera fascinado el correo electrónico, ese regreso milagroso del arte epistolar. Pero me llamaba con una frecuencia que me emocionaba y enorgullecía. Yo no era, ni con mucho, de los personajes de *Vuelta* más requeridos por Paz pero tengo mensajes suyos que él mismo le dictaba a mi sirvienta, mal alfabetizada, con una paciencia a la vez rutinaria y asombrosa.

Invariablemente, al teléfono, llegaba el momento estelar en el cual Octavio tenía la suprema cortesía de preguntar no "¿Qué está usted escribiendo?", que entre escritores de rango tan distinto podía ser embarazoso, sino algo más sabio e igualitario: el "¿Qué está usted leyendo?" Contestar que la novela de zutano o perengano o los cuentos de perenganita, era tirar por la borda minutos valiosísimos: Paz, según entiendo, nunca se psicoanalizó, pero tenía un uso lacaniano del tiempo. La sesión telefónica, sobre todo, podía durar tres minutos o treinta, o hasta más, pero era él quien la cortaba abruptamente, con una malicia que no puedo creer involuntaria. Era mejor decir, mintiendo o no, que uno estaba leyendo – no era yo entonces lector de poesía– a Gibbon, a Burke, o al agrarista mexicano Andrés Molina Enríquez, o a Castoriadis, Pérez Galdós o, en el peor de los casos por la falta de pericia, a Proust o a Kafka y así ganar minutos de una conversación riquísima, para mí, porque su técnica no era el monólogo sino la mayéutica.

Finalmente, yo gozaba de un pequeño privilegio al que accedía mucho menos, obviamente, de lo que mi vanidad anhelaba. Paz vivió y murió obsesionado por la aurora que se convirtió en pira sangrienta, el comunismo del siglo XX. Primero como ortodoxo, luego como heterodoxo. Pues bien, en aquellos años yo era el único de su entorno que había sido militante del Partido Comunista Mexicano, que conocía un poco la URSS y me las daba de *connoisseur* de las minucias y sutilezas del bolchevismo y sus herejías. Yo era el indicado, para él, si se trataba de saber si el economista Preobrazenski estuvo a favor o en contra del comunismo de guerra en 1920, si el holandés acusado de prenderle fuego al Reichstag era militante del partido o sólo compañero de viaje, si Anatole France llegó a tener carnet del PCF o si ésa era otra de las mentiras de Romain Rolland, o dónde fue más infeliz Trotski, si en Noruega o en la isla de Prinkipo, donde se le quemaron sus libros al bolchevique como le ocurrió a Paz, o en cuál de las sesiones del VI Congreso de la Internacional, el Partido Comunista Mexicano perdió, como diría su amigo José Revueltas, la cabeza. Cuando Paz estaba en el ánimo de esa trivia trascendental, me complacía acompañarlo.

Vuelta fue sólo el núcleo de la familia intelectual de Paz, que era grande, e incluía a varios entre sus enemigos tan queridos, como él los llamaba con frecuencia. A veces, cuando con razón o sin ella, nos sentíamos molestos con él, lo encontrábamos más atento con sus "enemigos tan queridos" que con sus colaboradores más cercanos. Como en toda familia, al menos en la época en que yo pasé por ella, había trifulcas espantosas y reconciliaciones felicísimas, hijos pródigos y ovejas negras, amenazas de cerrar la casa y venderlo todo, refundaciones y revueltas, lágrimas y risas, sobremesas de alto riesgo métrico y encuentros agrestes en el pasillo oficinesco, excomuniones y rehabilitaciones, mezquindad y desprendimiento, suyos, pero también nuestros.

Para los efectos de este prólogo me respondo un par de cosas, curándome en salud por si me preguntan. ¿Fui amigo de Paz? No, de ninguna manera, me digo de inmediato, es imposible que un nieto lo sea de un abuelo, y más tratándose de un hombre que tuvo muchas amistades (él las hubiera llamado, más propiamente, relaciones), aunque más amigos íntimos a lo largo de su vida de los que yo lo creía poseedor antes de averiguar ciertas cosas, leer algunas cartas y escribir este libro. Pero sí, lo fui, si me atengo a su idea filosófica de la amistad, un poco jansenista, es decir, una comunidad, religiosa pero heterodoxa, en la convicción y en la complicidad, un reconocimiento no secreto sino un tanto iniciático, para el cual él no necesitaba sino algunos signos, en prosa, en verso, en espíritu. Alguna palabra clave podía abrir ese registro en su memoria. Cuando esa amistad, por lo que fuese, se perdía, al ex amigo lo esperaban las tinieblas exteriores. Cuando había perdón o reconciliación y Paz se reconcilió con muchos de sus adversarios, es que el amigo, aunque suspendido, nunca había dejado de serlo. Su reserva era ajena a las ruidosas efusiones al estilo peninsular o a las familiaridades tan mexicanas que a Paz, como lo ha dicho Krauze, le recordaban a su padre, el Mexicano proverbial, devoto de esa Fiesta que lo entregó a la muerte por desmembramiento. Los momentos en que yo me sentí tocado por la gracia de su cariño fueron, para mí, muchos y si fueron correspondidos es indecoroso suponerlo. En todo caso, en nada importan para una biografía de Paz. Sólo consigno, porque tiene que ver con su vida (el fue hijo de un alcohólico que se mató bebiendo) y con la mía (yo, a los treinta años, casi me mata mi propio alcoholismo), lo que me dijo, saliendo con Marie José, de la fiesta de mi primer matrimonio en marzo de 1990. Aquello se había convertido en una bacanal y al ir a despedirlo, tambaleante yo mismo en la puerta, profiriendo insensateces, se retiró fulminándome: "Si sigue usted bebiendo como lo hace se volverá un *desalmado*."

La segunda y última pregunta es si Paz esperaba que algunos de los escritores de *Vuelta* escribiéramos su vida. Ignoro si lo habló con Krauze o con Sheridan. A los académicos dedicados a su obra, Paz los ayudaba y los acicateaba; sabía bien que algunos de nosotros, durante las reuniones mensuales de la revista, tomábamos notas mentales de sus recuerdos y opiniones, aunque rara vez las escribíamos en su presencia. De alguna manera, así lo deseaba él, sin decirlo, un poco como el general Emiliano Zapata le contaba historias a su padre, el licenciado Octavio Paz Solórzano, sin insinuarle que debía escribirlas pero acaso deseándolo. Quizá a su propia vanidad la nutriera verse rodeado de una tropilla de Boswells, pero calculo que le habría parecido intolerable que un libro sobre él se quedara a medio camino, como tantas veces pareció ocurrirle a este *Octavio Paz en su siglo*. Practicó Paz una generosidad infrecuente en el medio literario, al menos el mexicano: con mucha regularidad escribió sobre los jóvenes, fuesen pintores o escritores. Por ello, me angustiaba la posibilidad de no compartir con los más jóvenes lo que he leído sobre él y aquello que me fue transmitido de viva voz por el poeta.

Yo sólo me propuse hacerlo tras su muerte y contra este libro conspiraron escrúpulos de distinta naturaleza. Asumiendo el escrúpulo documental, la dispersión de su archivo, quedaba el de la cercanía de la persona en combinación con esas puertas del siglo XX que su propia muerte, para nosotros, cerraba. Paz estaba demasiado cerca de nosotros, no sólo de quienes compartimos algunos pasajes de su vida y de su muerte, sino de muchos mexicanos (pero también hispanoamericanos y franceses y estadounidenses e indios como corroboré en un homenaje en Nueva Delhi en octubre de 2002) quienes al admirarlo, nos paralizábamos, como le ocurría a sus adversarios. No sólo los tirios, sino nosotros, los troyanos, teníamos a su *tiempo nublado*, título afortunado en una obra abundantísima en títulos esplendentes, no sólo en español sino en francés y en inglés, como nuestro propio tiempo. Entendíamos a Paz y a sus combates, a la alianza hoy día de ardua explicación entre historia y poesía, literatura y revolución, como cosa a la vez menuda y grandiosa, de todos los días.

Gracias a él, nos sentíamos contemporáneos de la Revolución mexicana y de la Revolución rusa, del siglo de las vanguardias que se bifurcaron en guerra y en sueño. Pero el tiempo pasaba y el siglo xx se fugaba a gran velocidad. No podía permitirme dejar pasar la oportunidad de escribir este libro. Hubiera sido una renuncia a la comunidad de los amigos, al privilegio recibido al ser elegido como uno más de los jóvenes escritores que él decidió que lo acompañaran haciendo *Vuelta* durante su última década. "¿Qué es un clásico?", se preguntaron, entre muchos, Sainte–Beuve y T. S. Eliot. Podría dársele una dimensión onírica a la pregunta clasicista. Yo sueño frecuentemente con Octavio. A veces está sano, a veces estragado por la enfermedad. Los sueños son realistas: nunca lo he soñado joven pues no tengo memoria de ese ser. Invariablemente, en mis sueños, está vivo, aunque a veces escondido para evitar a la opinión pública, o para distraerla, o escribiendo algo que exige el retiro. A veces habla de su propia muerte como de una imprecisión o de una mentira, lo cual sé bien que es un tópico soñado por muchos entre los deudos. Alguna vez lo soñé, como lo vi una tarde de conspiración, en 1992, sentado en el suelo de su departamento, con piernas cruzadas, cenando una tortilla española que Marie José nos ofrecía y hablándonos de otra cosa. Con un clásico siempre se sueña, condenado a errar en torno a nosotros desde los sueños, desde "esa borrosa patria de los muertos", como Octavio Paz la describió.

Christopher Domínguez Michael

Chicago, 18 de septiembre de 2013,
San Lorenzo de El Escorial,
3 de julio de 2014.

Yo no daría mi vida por mi vida:
es otra mi verdadera historia.

OCTAVIO PAZ, "Fuente" (1949)

Un niño en la Revolución mexicana

tu dios está hecho de muchos santos
y hay muchos siglos en tus años

Paz, *Entre la piedra y la flor* (1937–1976)

UN POETA VENECIANO

Hijo de la Revolución mexicana, Octavio Ireneo Paz y Lozano nació en el número 14 de la pequeña calle de Venecia, en la ciudad de México, al cuarto para las doce de la noche del 31 de marzo de 1914 y no en el entonces accesible pero no vecino pueblo sureño de Mixcoac, el cual, mito poético, se convertiría en su proverbial paraíso perdido. A Paz le divertía que los pocos conocedores de ese detalle lo llamasen un "poeta veneciano." [1]

Situada en la frontera de la antigua Colonia Juárez, refugio de los nuevos ricos del Porfiriato a finales del siglo XIX, la calle existe y conserva una insólita tranquilidad, muy cercana a la Zona Rosa, que en los años sesenta tuvo su fama de Greenwich Village local, habitado por *modernos,* intelectuales, *hippies* y hoy, degradada, es un barrio invadido por criminales, prostitutos y vendedores ambulantes. Sabemos, así, dónde nació uno de los grandes poetas del siglo XX pero todavía no se puede visitar su tumba, pues no la tiene. Sus cenizas las conserva su viuda, Marie José, a la espera de un lugar adecuado para depositarlas tras cumplirse en 2014 un siglo de su nacimiento. Acaso proceda respetar la voluntad poética de Paz, quien finalizó su "Epitafio sobre ninguna piedra" diciendo, cuando visitó su Mixcoac y lo encontró borrado por la "Tolvanera Madre": "mi casa fueron mis palabras, mi tumba el aire." [2]

---

[1] Inclusive en la cuarta de forros de la edición definitiva de sus *Obras completas,* I–VIII, editadas por Galaxia Gutenberg / Círculo de Lectores, Barcelona, 1996–2005, se repite ese error. Todas las citas de las *Obras completas* provienen de esa edición, coeditada en México y planeada por el propio Paz, con algunas diferencias, por el Fondo de Cultura Económica. Honrando a la casa editorial histórica de Paz hubiese yo querido que las citas provinieran de la edición del FCE, pero estando apenas en curso, en esa casa, una nueva edición definitiva de las *Obras completas,* no me fue posible cumplir con ese propósito.

[2] Octavio Paz, *Obras completas, VII. Obra poética (1935–1998),* edición del autor, Galaxia Gutenberg / Círculo de lectores, Barcelona, 2004, p. 747.

También sabemos mucho sobre la familia Paz gracias a un puñado de biógrafos, profesión escasa en México que en este caso, y a contracorriente, se ha volcado a ilustrarnos sobre la vida y la muerte de los Paz, quienes han cobrado, con justicia, el carácter de una dinastía letrada. Pero fue Octavio Paz el más interesado en arrojar luz sobre su abuelo Ireneo Paz, nacido en 1836 y sobre su padre, Octavio Paz Solórzano, nacido en 1883. Antes de que en los años ochenta del siglo pasado, el poeta, ya en la antesala del Premio Nobel de Literatura obtenido en 1990, estimulase con textos y entrevistas a los investigadores, él mismo había empezado a reconstruir poéticamente su infancia antes de cumplir los treinta años.

En *A la orilla del mundo* (1942) aparece "Elegía interrumpida" cuyo verso inicial es "Hoy recuerdo a los muertos de mi casa", donde habla del abuelo pues "Al primer muerto nunca lo olvidamos,/ aunque muera de rayo, tan aprisa" y donde después se refería a su padre "Al que se fue por unas horas y nadie sabe en qué silencio entró".[3] Tanto "Elegía interrumpida" como "Semillas para un himno", primera idealización plena del jardín de la infancia, irán a dar a una de sus sumas poéticas, a la edición de 1960 de *Libertad bajo palabra*.[4] No sólo fue Paz un poeta de lenta maduración sino un editor caprichoso y vehemente de su propia poesía. Comentaristas que exaltan ese proceder en poetas de su simpatía y lo llaman "autocrítica activa", tratándose de Paz lo consideran manipulación y ocultamiento.

En los años setenta, una vez que regresó definitivamente a México, Paz contó que lo había hecho para reanudar "dos diálogos pendientes: uno con mi madre y el otro con mi país". De hecho, Paz, hijo único, renunció a su cátedra anual en la Universidad de Harvard en 1978, dada la gravedad del estado de salud de su madre.[5] El diálogo con la muy anciana Josefina Lozano Delgado (1893–1980), ya no le fue fácil pues "vivía más en el pasado que en el presente".[6]

Quizá los intelectuales mexicanos, con quienes Paz regresó a polemizar con vehemencia también vivían en el pasado, obsesionados aún con el matrimonio o el divorcio entre la Revolución mexicana y la Revolución rusa. Para cortar ese nudo, que a él también lo ahogaba, escribió los fascinantes poemas largos y memoriosos de los años setenta ("Nocturno de San Ildefonso", "Vuelta" y *Pasado en claro*) en los cuales su tormentoso y

---

[3] *Ibid.*, p. 92.

[4] Consúltese la indispensable obra de Hugo J. Verani, *Bibliografía crítica de Octavio Paz (1931–1996)*, El Colegio Nacional, México, 1997. En 2014 salió el tomo primero de una nueva edición: *Bibliografía crítica de Octavio Paz (1931–2013)*, también editada por El Colegio Nacional, al cual seguirá un segundo tomo.

[5] Jaime Perales Contreras, *Octavio Paz y su círculo intelectual, op. cit.*, 2013, p. 265.

[6] Paz, *Obras completas, VIII. Miscelánea. Primeros escritos y entrevistas*, edición del autor, Galaxia Gutenberg / Círculo de lectores, Barcelona, 2005, p. 1008.

atormentado padre aparece como un verdadero fantasma al cual su hijo se empeñó, exitosamente, en exorcizar tras haber sometido a su familia, según dice el filólogo Guillermo Sheridan, "al detallado catálogo de atrocidades que los alcohólicos suelen infligir a los suyos".[7]

Paz no sólo nació en el "año axial" de 1914, para utilizar el anglicismo que él popularizó al referirse a las revueltas juveniles de 1968 en *Postdata*, sino que fue hijo de un intelectual zapatista y nieto de un periodista liberal, ambos, "de armas tomar". Don Ireneo fue un típico republicano del siglo XIX, hombre de espada y de pluma. Aunque alcanzó, ya retirado de las guerras contra los odiados rivales conservadores y de las guerrillas contra los invasores franceses, el título de general, don Ireneo, siendo coronel a las órdenes de Porfirio Díaz, fue uno de los grandes periodistas mexicanos de su tiempo, un verdadero especialista en el periodismo satírico, al grado de que uno de sus adversarios, Maximiliano, no se privaba de leer *El payaso*, uno de los pasquines que publicaba contra el malhadado emperador intruso, según cuenta el historiador Enrique Krauze.[8]

Los periódicos de don Ireneo llevaban largos subtítulos al estilo de "bulliciosos, satíricos, sentimentales, burlescos, demagogos y endemoniados",[9] que en mucho divertían, aun viejo, a su nieto. Pertenecía don Ireneo a esa clase de patriarcas del XIX a los que se les recuerda con veneración nestoriana: pese a haber sido lampiño uno se lo imagina no sólo sabio sino barbado desde su juventud. Tras pregonar la Constitución de 1857, le hizo una oposición encarnizada al presidente Benito Juárez, liberal de origen zapoteco que había mandado fusilar a Maximiliano y restaurado la República en 1867. Con una capacidad de distanciamiento que heredaría su nieto, don Ireneo le reconoció a Juárez sus méritos como salvador de la república pero lo urgió a que abandonara el poder al que se aferró a través de sus reelecciones presidenciales, todas ellas sospechosas de compra de votos al por mayor.

A diferencia del abogado Paz Solórzano, que endiosó a Zapata, ni don Ireneo ni su nieto Octavio encontraron nunca del todo ejemplar a ningún héroe histórico. Don Ireneo, en cambio, le enseñó a venerar a aquellos a quienes la historia tritura: al maltrecho Mirabeau, a las víctimas girondinas del Terror y aún a Marat, Saint–Just y Robespierre, las *bêtes noires* del abuelo. Quien haya sentido, como Paz, piedad y admiración por Trotski, no puede sino haberse educado compadeciendo a aquellos "mártires y victimarios", primeros hijos devorados por el nuevo Saturno revolucionario.

---

[7] Guillermo Sheridan, *Poeta con paisaje. Ensayos sobre la vida de Octavio Paz,* ERA, México, 2004, p. 59.

[8] Enrique Krauze, *Octavio Paz. El poeta y la revolución*, De Bolsillo / Random House, México, 2014, p. 19.

[9] Antonia Pi–Suñer Llorens, prólogo a Ireneo Paz, *Otras campañas*, I y II, postfacio de Octavio Paz, FCE / El Colegio Nacional, México, 1997, p. 10.

Pero don Ireneo fue más pragmático y siendo el autor del que todavía es el lema oficial del gobierno mexicano en el siglo XXI: "Sufragio efectivo, no reelección", se convirtió en uno de los políticos-periodistas más proclives al general Porfirio Díaz, siendo diputado y senador en varias ocasiones. A partir de 1880, Díaz se reelegiría ininterrumpidamente hasta 1910 y por ello desencadenó esa vasta guerra civil bautizada con unanimidad, por su siglo, como la Revolución mexicana.

Su lealtad republicana le costó a Ireneo persecusiones, prisiones y escapatorias, algunas de ellas graciosamente noveladas en memorias suyas como *Algunas campañas* (1884-1885) pues este periodista, además, quiso ser (no fue el único) un Pérez Galdós mexicano novelando nuestros episodios nacionales. No es una casualidad que las novelas históricas de don Ireneo vayan desde una de las primeras que se dedicaron al drama de la Malinche (*Doña Marina*, 1885), la esclava que los indios le regalaron al conquistador Hernán Cortés y que desde los primeros años del virreinato emblematizó, con ahistórica injusticia, a la traición a la patria, hasta otra novela, inconclusa, sobre Francisco I. Madero, el demócrata con fama de iluso que derrotó a Díaz y fue cruelmente asesinado en el golpe contrarrevolucionario de 1913. Como su abuelo, aunque con inigualable sofisticación, el poeta Paz hizo de su obra ensayística un recorrido de principio a fin por la historia nacional. La historia entera de México, dijo a manera de provocación el crítico y académico Adolfo Castañón, fue sólo un capítulo de su vida: "En cierta ocasión oí que Octavio Paz lamentaba haber regresado a vivir a México después de haber vivido tanto en el extranjero. Quién sabe si regresar al cabo de esos años no había sido un error –decía. Sea cual fuere la respuesta –él mismo ha dado muchas respuestas, tantas como poemas, ensayos o libros ha escrito sobre México y sus creadores–, me pregunto si hubiese sido posible que Octavio Paz no regresara a México".[10]

Aceptó don Ireneo al régimen reeleccionista, porque había traído a México la añorada paz política y el urgente progreso material pospuestos desde la Independencia, justificando sus abusos autoritarios con razonamientos similares a los que usaría su nieto Octavio al explicar la permanencia del orden nuevo que había traído el régimen de la Revolución mexicana y su partido hegemónico que gobernó el país desde 1929 y gobernaba aún cuando murió Paz en 1998.

El PRI, fundado como Partido Nacional Revolucionario en 1929, fue Partido de la Revolución Mexicana entre 1938 y 1946, y desde entonces es el Partido Revolucionario Institucional, que volvió al poder, tras doce años en la oposición, en 2012. Girando pendularmente entre la izquierda y la derecha, el PRI, a diferencia de los partidos totalitarios, no exigía afiliación

---

[10] Adolfo Castañón, "Octavio Paz: las voces del despertar", en *Arbitrario de literatura mexicana*, Vuelta, México, 1995, p. 398.

a los diplomáticos profesionales, prefiriendo mantener para ellos una cuota de independencia de la que éstos se enorgullecían. Paz trabajó casi un cuarto de siglo en la diplomacia, aprobando, *grosso modo*, la política internacional de los gobiernos del PRI. Eso dijo, interrogado por el escritor español Julián Ríos, poco después de renunciar a ser el embajador de México en la India debido a un desacuerdo supremo: la matanza de Tlatelolco en 1968.[11]

Paz, más allá de haber sido feliz y agradecido usufructuario de ese "arte de ser abuelo" que don Ireneo le prodigó durante la infancia, hereda del viejo liberal el arrojo del periodista militante y el oficio del editor. También se instruye no sólo en la esgrima deportiva que abuelo y nieto ensayaban en la destartalada mansión de Mixcoac, sino en otro arte, el de la esgrima polémica, a menudo rematada con el insulto elegante y mortífero, instrumento en el cual el poeta se perfeccionó después leyendo y escuchando a su admirado André Breton, autor de manifiestos, anatemas y excomuniones. Cuando Paz apelaba, en esas últimas décadas de su vida durante la cual se volvió una figura decisiva en la transición de México hacia la democracia, a anteponer la moral de la responsabilidad frente a la moral de las convicciones, creo que en él se dejaba oír la prudencia y el escepticismo de don Ireneo.

De lo aprendido y de lo vivido por Paz en la India, durante sus años de embajador entre 1962 y 1968, estuvo el valor, menospreciado por su educación revolucionaria (en su doble vertiente, zapatista y leninista), de la democracia electoral. Compartió con nosotros su recuerdo, en alguna reunión de *Vuelta*, su asombro ante las filas de intocables, algunos de ellos condenados a morir de hambre días o semanas después de haber votado, formados con estoicismo para elegir a sus gobernantes, tal cual nos contaba. Pudo recordar también la alegría con que un siglo atrás don Ireneo llamaba, tras la destrucción del imperio de Maximiliano en 1867, a "explicar lo que podía significar en un país republicano el acto grandioso de depositar el voto libre en las urnas electorales".[12]

La moral de las convicciones, sus angustias y sus fracasos no podían sino provenir, intelectual y caracterológicamente, de su padre, Octavio Paz Solórzano. No es que este señorito, a quien el éxito de su padre como impresor allegado a la dictadura liberal, haya sido desde el principio un hombre de ideas fijas, que eso son, después de todo, las convicciones. Al contrario, la caída del antiguo régimen, antes y después de 1910, hizo vacilar al abogado Paz Solórzano. Simpatizó con la candidatura, al final abandonada, de Bernardo Reyes (el padre de Alfonso Reyes, el escritor característico de la primera mitad del siglo XX mexicano, como Paz lo fue de la segunda), un prestigiado general que ofrecía una suerte de porfirismo sin don Porfirio, posibilidad rechazada por los Científicos, la élite afrancesada y tecnocrática

---

[11] Paz, *Obras completas, VIII. Miscelánea. Primeros escritos y entrevistas, op. cit.*, p. 1319.

[12] Pi–Suñer, prólogo a Ireneo Paz, *Otras compañas, op. cit.*, p. 11.

representativa de los jóvenes políticos quienes, por cierto, habían alejado a don Ireneo del círculo más cercano al dictador. Más tarde, Paz Solórzano celebró la revolución democrática de Madero para pasar al hostigamiento periodístico de la amenazante guerrilla campesina de Emiliano Zapata, carismático y elegante caudillo campesino a quienes los Paz, padre e hijo, señalaban en *La Patria*, el último de los periódicos familiares, como un Atila al frente de "gruesas bandas de endemoniados".[13] Era el estilo de su tiempo: el propio Madero fue derribado y asesinado, en buena medida, gracias a la aplaudida impunidad de una prensa salvaje.

Pero a mediados de 1911, Paz Solórzano, como no pocos intelectuales del siglo, se convirtió de manera casi instantánea y sin duda fervorosa, a una causa, la agrarista, a la que dedicaría su vida breve, truncada abruptamente el 11 de marzo de 1936, cuando un ferrocarril lo arrolló, borracho, en el municipio de Los Reyes–La Paz, un villorrio a cuyos campesinos representaba como abogado agrario en los juzgados.

La tentación es no agregar mayor cosa a *Pasado en claro* (1975), uno de los poemas más conmovedores de Paz, donde el poeta, desdeñado por su supuesta frialdad y cerebralismo, cuenta la muerte de su padre con una emoción precisa –dolor puro– rara vez igualada en nuestra lengua: "Del vómito a la sed/ atado al potro del alcohol, mi padre iba y venía entre las llamas. Por los durmientes y los rieles/ de una estación de moscas y de polvo/ una tarde juntamos sus pedazos".[14]

Paz Solórzano, ese hombre súbito que así como salió un momento y no volvió, según su hijo, se convirtió de la noche a la mañana a la fe agrarista. Por formación profesional y origen social, considera Sheridan, debió de sumarse al ejército constitucionalista de Venustiano Carranza, que es a donde fueron a dar muchos intelectuales como él. Pero Paz Solórzano sintió el llamado, digamos telúrico, del zapatismo, como lo infiere Krauze.

El abogado, adoctrinado por Antonio Díaz Soto y Gama, el ideólogo principal de los surianos (como les gustaba ser nombrados a los zapatistas, que llegaron a rodear la Ciudad de México, dominando parte del Estado de México, Puebla y Morelos, extendiéndose hasta Guerrero y Chiapas), sirvió como correo en la víspera de la Convención de Aguascalientes, cuyos ejércitos campesinos, encabezados por Villa y Zapata, tomaron la capital de la República en diciembre de 1914, siete meses después del nacimiento de Octavio Paz. El padre tuvo el privilegio de asaltar militarmente el pueblo de Mixcoac, donde don Ireneo había decidido refugiarse con las mujeres y los niños de la familia.

En abril de 1917, Zapata nombra a Paz Solórzano como su representante en los Estados Unidos y durante la travesía hacia el norte, siempre según

---

[13] Krauze, *Octavio Paz. El poeta y la revolución, op. cit.*, p. 30.

[14] Paz, *Obras completas, VII. Obra poética, op. cit.*, p. 689.

Sheridan, "su conversión a la iglesia agraria adquiere tintes de apostolado y su narrativa un tono evangélico: muchas veces a pie, en lomo de mula otras, desharrapado y sucio, robado y perseguido, por todos los pueblos donde pasa predica 'a todos los campesinos con quienes hablaba del derecho que tienen a la tierra'".[15]

En San Antonio, primero, y luego en Los Ángeles, Paz Solórzano, como propagandista, comprador de armamento y agente secreto, comparte el fracaso político y militar del zapatismo, en esencia una revolución conservadora dentro de la Revolución mexicana, cuyas banderas agraristas le fueron fácilmente sustraídas por los vencedores carrancistas, quienes representaban, con una verdadera y despiadada visión nacional, la continuidad entre las guerras de Reforma del siglo XIX y el nuevo Estado revolucionario, al que dotarían de una nueva constitución ambiguamente liberal, la de 1917.

Asesinado Zapata en la hacienda de Chinameca, en sus dominios morelenses, en 1919, y condenados sus guerrilleros a retomar su otra identidad, la de campesinos, un intelectual como Paz Solórzano que se había sumado entusiasta a La Bola –como se llamaba con alegría popular al caos revolucionario– no pudo sino emprender el retorno, amnistiado por el nuevo caudillo –el general Álvaro Obregón, todopoderoso desde 1920 tras mandar asesinar a don Venustiano Carranza–, a la Ciudad de México. Había malvivido en Los Ángeles animando la exigua fraternidad de los zapatistas desterrados e intentando vender guiones cinematográficos o reeditando un *best seller* de don Ireneo sobre el legendario bandido Joaquín Murrieta.

VIAJES FANTASMAS

Antes de seguir con los fallidos intentos de Paz Solórzano de darle vida después de la muerte al zapatismo, enfrentemos un punto controvertido en la biografía temprana de Paz: el viaje del niño Octavio y de su madre, la joven y bella Josefina, a pasar una temporada con papá en Los Ángeles. Es Sheridan el único de los biógrafos de Paz que pone en duda ese viaje, considerando imprudentísima la idea del abogado de hacer atravesar, inermes y solos, a su esposa y a su hijo, seis mil kilómetros de un país en guerra, para alcanzarlo en Los Ángeles, lugar del cual el poeta, ese "preciso memorialista de su infancia", dijo muy poco. Paz nada registró, teniendo allá entre cinco y seis años, sobre el viaje, la duración de la estancia o sus impresiones ante su primer encuentro con el mar, previsibles en el carácter poético.[16]

Son de tomarse en cuenta las dudas de Sheridan sobre ese viaje, quien lo cree un recuerdo construido por la soledad de un niño abandonado por su padre. Yo agregaría que un alcohólico solitario es persona atrabiliaria

[15] Sheridan, *Poeta con paisaje, op. cit.*, p. 49.

[16] *Ibid.*, pp. 49-50.

capaz de poner en riesgo a su familia, como lo habría hecho el abogado mandándolos llamar. Pero Felipe Gálvez, el biógrafo de Paz Solórzano, no menciona nunca la llegada a Los Ángeles de la familia del abogado exiliado y afirma que se reencontró con su hijo de seis años, al cual no había visto crecer, a fines de julio de 1920 en Mixcoac. Inclusive, un año antes, el propio Paz Solórzano se había pintado en el destierro "enteramente solo y sin recursos de ninguna clase" y su hijo el poeta sólo habló explícitamente de esa estancia en fecha muy tardía, cuando escribió "Entrada retrospectiva" (1992), prólogo al tomo que reunió sus escritos sobre la historia y la política de México, y en "Silueta de Ireneo Paz" (1996), escrito como epílogo de una nueva edición de *Otras campañas*, de su abuelo.

Pero hay que tomar en cuenta el fragmento de *Vislumbres de la India* (1995) donde Paz se refiere con mayor exactitud a un viaje de infancia, pero a San Antonio, Texas, la primera parada del abogado del otro lado de la frontera durante el periodo final de la Revolución mexicana. Viajaban "para protegernos de los guerrilleros que asaltaban los trenes" con una escolta militar que "su madre veía con recelo" pues eran los enemigos de su padre que lo habían obligado a marcharse al destierro.[17]

La fabricación del recuerdo o la llana mentira adquiere alguna importancia porque involucra, en "Entrada retrospectiva", un tópico central en la obra paziana, que remite a las páginas iniciales de *El laberinto de la soledad* (1950): el asunto de la otredad que se manifiesta, en aquel ensayo del medio siglo, en el pachuco, un tipo excéntrico de mexicano habitante de los Estados Unidos en los años cuarenta, fecha efectiva de la primera visita adulta de Paz a California. Pero en 1992, el poeta se recuerda a los seis años asistiendo a su primer día de clases en Los Ángeles, impresionado cuando mira ondear la bandera de las barras y las estrellas, pero aterrado por su desconocimiento completo del inglés, el cual, en el *lunch*, lo hará víctima de la agresión de sus compañeritos estadounidenses, pues ignorando cómo pedir una cuchara, prefiere no comer a exhibirse. Pero una profesora lo inquiere al observar su plato vacío y al musitar, en español, el objeto necesitado comenzó a ser víctima del hoy tan publicitado *bullying* con la repetición en coro de la exótica palabra *cuchara*. El asunto terminó en un pleito infantil, el niño mexicano regresó a su casa golpeado y "no volví a la escuela durante quince días; después, poco a poco, todo se normalizó: ellos olvidaron la palabra *cuchara* y yo aprendí a decir *spoon*".[18]

---

[17] Paz, *Obras completas, VI. Ideas y costumbres. La letra y el cetro. Usos y símbolos*, edición del autor, Galaxia, Gutenberg / Círculo de lectores, Barcelona, 2003, p. 1072.

[18] Paz, *Obras completas V. El Peregrino en su patria. Historia y política de México*, edición del autor, Galaxia, Gutenberg / Círculo de lectores, Barcelona, 2002, pp. 17-18.

Años después de la muerte de Paz, comentando el misterio de la cuchara, el filósofo Alejandro Rossi, uno de los amigos íntimos que Paz tuvo durante sus últimos lustros, me dijo, respaldando acaso la hipótesis de Sheridan, que a él, en su infancia cosmopolita, le había sucedido el mismo

No creo, pese a la plausibilidad de las dudas de Sheridan, que Paz, aunque todo pasado sea ruina por la que caminamos confundidos, se haya arriesgado, lúcido y puntilloso como era, a elucubrar una fantasía tan espesa. En cuanto al inglés de Paz, funcional pero defectuoso, él nunca dijo que hubiese sido bilingüe gracias a ese viaje infantil y afirmó que lo mejoró sólo hasta 1943 dado el imperativo de la poesía de los Estados Unidos, su nuevo amor.[19] Quizá el viaje del niño Octavio a Los Ángeles, como el de José Juan Tablada al Japón, el poeta modernista y moderno a quien Paz tanto admiraba, quede como uno más de nuestros misterios poéticos.

Adonde Sheridan quiere llegar, aun cuando suela desconfiar de las banalizaciones freudianas, es a reconstruir la ausencia del padre, perdido en la Revolución, primero, remoto luego en el exilio y aún más lejano después, obnibulado por el alcoholismo, como un tópico en la vida de Paz. Krauze lo ve de otra manera, acaso complementaria. Partiendo de los emotivos recuerdos que Paz Solórzano dejó entre los campesinos cuyas causas legales hizo suyas en los años treinta, Krauze afirma que la fiesta revolucionaria, en la que el mexicano "se hombrea" con la muerte, es una descripción transformada en sociología de la "vida exterior agitada" de Paz Solórzano, llena de "amigos, mujeres, fiestas", según el poeta.[20] "¡Claro que me acuerdo del licenciado Octavio Paz!", dirá uno de los viejos que Gálvez alcanzó a entrevistar, "hasta parece que lo estoy viendo llegar por allá. Sonriendo y con una hembra colgada en cada brazo".[21]

"Para aquel 'abogado del pueblo'", resume Krauze, "visitar cotidianamente Acatitla –'lugar de carrizo o carrizal'– era volver al origen, 'revolucionar', tocar de nuevo la verdad indígena de México, comer chichicuilotes, atopinas, tlacololes, acociles, atepocates, cuatecones –dieta de siglos–, andar con la palomilla, brindar por Zapata, oír corridos 'que todos repetían con gusto y con gritos' buscar 'un buen trago de caña y beber el garrafón con mucha alegría', ir de cacería de patos en la laguna, llevárselos a sus queridas, a sus 'veteranas'. Y, sobre todo, andar en las fiestas: 'a don Octavio le entusiasmaban las fiestas de pueblo donde corría el buen pulque –recordaba el hijo de Cornelio Nava, el amigo de Paz–. Y qué pulque, señor. Espeso y sabroso… Con Octavio Paz Solórzano anduvieron por aquí personajes famosos como Soto y Gama […] Ah, y casi lo olvidaba: su hijo, el escritor que lleva su nombre. Él entonces era un niño, pero aquí estuvo".[22]

---

episodio cuchara /*spoon* y se lo había contado a Paz quien acaso hizo propio, como sucede entre amigos, un recuerdo ajeno.

[19] Paz, *Obras completas, VIII. Miscelánea. Primeros escritos y entrevistas, op. cit.*, p. 600.

[20] Octavio Paz Solórzano, *Hoguera que fue*, compilación, testimonios y notas de Felipe Gálvez, Universidad Autónoma Metropolitana / Unidad Xochimilco, México, 1986, p. 74.

[21] *Ibid.*, 81.

[22] Krauze, *Octavio Paz. El poeta y la revolución, op. cit.*, p. 42.

Tan persuasiva es esa imagen arquetípica del Mexicano, que a un maestro carpintero que hizo trabajos en la Casa de Alvarado, en Coyoacán, en la que murió Paz, le pregunté, fingiéndome inocente, cómo era el poeta a quien no podía sino haber entrevisto demacrado en sus últimos días y durante poquísimos minutos. Me devolvió ese buen hombre, para mi sorpresa, una narración fantasiosa en la cual quien aparecía no era Paz, el poeta en agonía, sino un personaje imaginario similar al abogado tal cual lo recordaban los campesinos de Santa Marta Acatitla, rodeado de mujeres, compadres y tequilas, o una imagen idiosincrásica del Indio Fernández, el belicoso y pintoresco cineasta, también fallecido en Coyoacán.

Ése fue, empero, el padre con el que convivió Paz, habiéndolo encontrado o no en Los Ángeles durante su exilio, durante dieciséis años en Mixcoac. Tomando en cuenta que los varones de esa generación no se ocupaban de sus hijos como la sociedad exige que lo hagan, idealmente, ahora, Paz tuvo una vida de familia a su manera nuclear: junto al padre proveedor aunque "parrandero y jugador", estuvo la madre firme en la sombra y desfigurada en el recuerdo, cuya figura, aunque mencionada en *Pasado en claro* como "abnegada, feroz, obtusa, providente,/ jilguera, perra, hormiga, jabalina", es más imprecisa.[23] Doña Josefina se volvió a casar con un primo suyo, José Delgado, padrastro al que Laura Helena, única hija de Elena Garro y Octavio Paz, acusó, en sus *Memorias* de 2003, de haberla violado durante la temprana infancia. Como es frecuente en sus *Memorias*, la hija de Paz reelabora temas y asuntos previamente comentados por su madre en sus cartas y diarios. El 25 de septiembre de 1974, Garro, la madre, le cuenta a su amiga Gabriela Mora que "Paz se quedó impávido" ante el abuso. [24]

El decaimiento de doña Josefina se agravó en junio de 1977 cuando Paz regresaba de Barcelona y al poeta catalán Pere Gimferrer, le contará por carta la solicitud con que la acompañó en el hospital: "La vejez es una infancia terrible, atroz". [25] A su muerte, en febrero de 1980, Gabriel Zaid, el poeta católico de la revista *Vuelta*, que dirigió Paz desde 1976 hasta su muerte, tuvo el gesto de encargarle un novenario. Uno de los presentes en aquel poco concurrido entierro de una nonagenaria, el legendario primo Guillermo, tan presente en la poesía memoriosa de Paz, recuerda a un Octavio, de 76 años, llorando sin consuelo.[26]

Paz, digámoslo así, no cometió parricidio y quizá, al autodestruirse, Paz Solórzano se salvó a los ojos de un hijo. Según ese testimonio no incluido

[23] Paz, *Obras completas, VII. Obra poética (1935–1998)*, op. cit., p. 689.

[24] Elena Garro, *Correspondencia con Gabriela Mora (1974–1980)*, BUAP, Puebla, 2007, p. 74; Helena Paz Garro, *Memorias*, Océano, México, 2003, p. 18.

[25] Paz, *Memorias y palabras. Cartas a Pere Gimferrer 1966–1997*, Seix Barral, Barcelona, 1999, p. 151.

[26] Sheridan, "El primo Guillermo", en *Letras Libres*, núm. 181, México, enero de 2014, p. 110.

entre sus propios escritos, aunque "difícil y tensa", la relación entre los Octavios debió ser mucho más estrecha, aun silenciosa, de lo que se cree. Entre ambos, le dijo Paz a Gálvez, el biógrafo de su padre, "no hubo desamor. Cierto es que casi me era imposible hablar con él, pero yo lo quería y siempre busqué su compañía. Cuando él escribía yo me acercaba y procuraba darle mi auxilio. Varios de los artículos que usted ha reunido los puse yo en limpio, a máquina, antes de que él los llevara a la redacción".[27]

El poeta se engañaba a sí mismo, como lo hacemos todos al recordar a nuestras familias, esos "criaderos de alacranes" así llamados por él con certero horror en *Pasado en claro*. Paz no confinó al olvido a su padre. No encuentro, como dice, con exageración, uno de sus críticos más insistentes –Jorge Aguilar Mora– "un conflicto desgarrador" de Paz con su padre y si lo hubo, lo creo curado satisfactoriamente haciendo de Zapata, como dice el propio Aguilar Mora, el personaje histórico principal de *El laberinto de la soledad* o convirtiendo al abogado Paz Solórzano, el intelectual zapatista, en la imagen misma del Mexicano, ese gran personaje paziano, como lo sugiere Krauze.[28]

Durante el primer lustro de los años treinta la vida intelectual y política de los Octavios se cruza; mientras el hijo mecanografía los artículos del padre, que serán su biografía de Zapata escrita como capítulo de una *Historia de la Revolución Mexicana* (1936) colectiva, él mismo está escribiendo sus primeros poemas y artículos, los cuales el padre prefiere ignorar. Mientras tanto, al acercarse a su fin, Paz Solórzano va acumulando derrotas políticas. Funda en 1922 el Partido Nacional Agrarista, llamado a preservar el zapatismo pero desplazado de la vida política tras el asesinato del presidente reelecto, el general Obregón, en 1928. Había sido diputado federal (1920-1922) durante un par de años e inmediatamente después, hasta 1926, secretario de gobierno del estado de Morelos y por unos meses, gobernador interino de la patria chica de Zapata, encargo que le impide encabezar, al parecer, los funerales de don Ireneo en noviembre de 1924. La prensa, que diez años atrás había festejado su nacimiento, informa que esa misión protocolaria recayó en su nieto, quien muchos años después recordará que su abuelo fue el primer hombre que vio morir. Y le tocará juntar en un costal los restos disgregados de su padre. Más que suficiente para prolongar una dinastía.

Paz tuvo, finalmente, una media hermana. Poco después de la muerte de su padre, uno de los amigos del abogado le preguntó si quería conocerla y el joven poeta dijo que sí. Se llamó Perla Dina Poucel o Pourcell (1923-1991), registrada con el nombre de sus abuelos e hija ilegítima de un padre violento a quien su amante, la madre de Perla, llegó a denunciar

---

[27] Paz Solórzano, *Hoguera que fue, op. cit.*, p. 73.

[28] Jorge Aguilar Mora, *La sombra del tiempo. Ensayos sobre Octavio Paz y Juan Rulfo*, Siglo XXI, México, 2010, p. 33; Krauze, *Octavio Paz. El poeta y la revolución, op. cit.*, pp. 118-119.

por golpeador. El asunto llegó a las páginas de *El Nacional* en 1932. Dice
Sheridan que "decidido a desfacer en algo los entuertos de su padre, Paz
decidió protegerla. La recomendó ante Relaciones Exteriores y la vio 'tres o
cuatro veces', pero a la vez dice ignorar si 'usa el apellido Paz'. Sabía bien
que no, pues en carta de 1944 le pide a Octavio G. Barreda que conserve
'en su modesto empleo' a 'mi recomendada, Perla Poucel' a quien 'quisiera
ayudar en la medida de mis fuerzas'." Dieciocho años después, Paz persiste.
En carta del 11 de octubre de 1962 a su amigo el crítico e historiador José
Luis Martínez, entonces embajador en Lima, con quien habría conseguido
que Perla fuese empleada como canciller, Paz la describe como una persona
'de gran competencia y a la que me siento ligado'. " En la seducción de
María Raquel Poucel Aviña", madre de Perla, concluye Sheridan que Paz
Solórzano, "de cuarenta años agregó el estupro al adulterio: tenía catorce o
quince años al quedar encinta".[29]

Pese al padre alcohólico y adúltero, Paz preservó esa conciencia dinástica a lo largo de su vida. Como veremos, el padre y el abuelo aparecen y
desaparecen, como turnándose, en el dominio de los ciclos octavianos. Y
algo más sobre esa conciencia dinástica: es sabido por los historiadores
que Ireneo Paz mató en duelo a Santiago Sierra, el hermano de don Justo,
el historiador y ministro porfiriano, el 27 de julio de 1880. Matarlo por
un asunto de calumnias periodísticas, fue un remordimiento que el abuelo
Ireneo padeció toda su vida. Más de un siglo después su nieto sospechaba
que la familia Sierra, que siguió siendo prominente en México (Javier Barros
Sierra era el rector de la Universidad Nacional Autónoma de México en
1968), le tenía inquina a él por aquel lance fatal de su abuelo. Supongo
que la suspicacia se disipó cuando el hijo del rector, Javier Barros Valero,
organizó la primera celebración oficial para Paz, su setenta aniversario, en
1984. En el mundo cortesano y jerárquico dominado por el PRI, esa clase
de detalles importaban.

Fue Paz "un niño en la Revolución mexicana", para tomar el título del
relato autobiográfico que en 1951 publicó Andrés Iduarte, uno de sus profesores, en la Escuela Nacional Preparatoria (ENP). No sufrió Paz ni las cuitas ni
las mudanzas que otros, mayores que él –como sus maestros los poetas de la
revista *Contemporáneos*– padecieron. Paz, como nieto del Antiguo régimen
e hijo del Orden nuevo de la Revolución mexicana, estaba relativamente a
salvo en Mixcoac, pasando junto a don Ireneo sus primeros y felices años;
de Paz Solórzano admiró su agrarismo religioso y sufrió por su alcoholismo.

---

[29] Sheridan, "Octavio Paz y su padre: dramas de familia", *El Universal*, México, 6 de mayo de
2014; María Luisa Pérez Cervantes, "El Lic. Octavio Paz es acusado por una señora", *El Nacional*,
México, 13 de diciembre de 1932; Octavio Paz / José Luis Martínez, *Al calor de la amistad. Correspondencia 1950–1984*, FCE, México, 2014, p. 35.

Afuera la guerra civil, adentro el paraíso de Mixcoac, gloriosamente reconstruido, a partir de los propios poemas de Paz, por Sheridan en *Poeta con paisaje*. Mundo a la vez predecible y único. El jardín, la biblioteca, las escuelas –sucesivamente, una francesa, en El Zacatito, regenteada por los padres lasallistas; después, otra, su "viejo y amado" colegio Williams[30] a cargo de un par de hermanos ingleses a la vez deportistas y puritanos– y el llano, zona exterior donde a Paz lo inician los criados indígenas en el temascal. Ese oscurísimo baño de vapor hoy muy común como oferta para el turismo alternativo, debió parecer en aquellos años una verdadera reminiscencia telúrica.

A la lista de lecturas, todas salidas de la biblioteca de don Ireneo y también recopilada por Sheridan, pertenecen *México a través de los siglos* (1884), la autobiografía colectiva que los liberales hicieron de su gesta, pero también alguna historia de Francia y otra de España, la *Divina Comedia* ilustrada por Doré, *Las mil y una noches* expurgadas, Hans Christian Andersen, Darío, Max Nordau y su *Degeneración* (una lectura de adolescencia traspapelada en la infancia), *El asno de oro* de Apuleyo, el antiguo Campoamor y el moderno Rubén Darío, todos ellos recreados y reconstruidos, pues para ello existe la literatura, por el poeta memorioso.

Una vez que los carrancistas, a quienes consideraba Paz en 1971 "el ala derecha de la Revolución, es decir, la facción conservadora y termidoriana",[31] confiscaron o destruyeron la imprenta de don Ireneo en venganza por el zapatismo de Paz Solórzano, la familia vino a menos. Eso fue en 1915. La gran casa de Mixcoac, que a principios de siglo "tenía frontón, boliche, alberca, billar, quioscos y hasta jardín japonés", según enumera Krauze, empezó a derruirse haciendo retroceder a la familia, de habitación en habitación, hasta que el futuro poeta, en otra memorable imagen, tuvo a una enredadera por *room mate*.[32]

Aquella casa en la plaza de San Juan de Mixcoac se volvió, dice Sheridan, un "amplio barco fantasma" presidido por Papa Neo, el abuelo que llamaba a la mesa resoplando un cuerno de caza y a cuyas órdenes estaba su nieto, a quien además enseñó a cultivar algunas legumbres. Al padre ausente por motivos de largo asueto revolucionario, a la madre con fama de cantarina, al primo Guillermo Haro y Paz, se sumaba la enigmática tía, Amalia Paz, una "india feísima que fue la primera traductora de Baudelaire al español", según Garro, la cual, una vez instalada unos días con la madre de Paz tras su matrimonio en 1937, desarrolló una gran devoción por la desventurada solterona.[33]

---

[30] Armando Ponce, "Carta a los alumnos del Colegio Williams", núm. 1952, *Proceso*, México, 30 de marzo de 2014, p. 75.

[31] Paz, *Obras completas, VIII. Miscelánea. Primeros escritos y entrevistas*, op. cit., p. 787.

[32] *Ibid.*, p. 968.

[33] Garro, *Correspondencia con Gabriela Mora (1974–1980)*, op. cit., p. 93.

La tía Amalia "pertenece a esa categoría de las mezzosopranos en las óperas románticas" y "es al mismo tiempo insustituible y banal", tenía un álbum que, violado el secreter que lo resguardaba por sus sobrinos, permitió que Paz descubriera un poema autógrafo, el primero que leyó en su vida, del *flâneur* modernista Manuel Gutiérrez Nájera. Algo hizo de vida social, con remembranzas sicalípticas, el nieto con su abuelo: lo acompañaba a visitar a una antigua actriz, madre de la famosa Mimí Derba, que lo recibía "con abrazos y besos".[34]

Adentro, el árbol. Afuera, la Revolución. Adentro, la poesía. Afuera, la historia, que no es una pesadilla, dirá Paz corrigiendo a Joyce, porque de ella nunca se despierta. En el *Emiliano Zapata*, de Paz Solórzano, que su hijo prologó en 1986 sin decir que el autor era su padre, quizá asumiendo que los lectores lo sabían, le reprocha ser un hagiógrafo del caudillo a quien su jacobinismo le impidió reconocer lo devotos que eran los zapatistas de la virgen de Guadalupe.

Y aparece la fiesta revolucionaria, casi como un folclore que será reinterpretada por su hijo en *El laberinto de la soledad*, con páginas, las de Paz Solórzano, que no hubieran desmerecido entre las de Herodoto o de Polibio. Cuando Eufemio, el hermano del caudillo, tomó el convento de San Diego, leemos en *Emiliano Zapata*, "algunos intrépidos revolucionarios iban desarmados, con botes de hoja de lata que producían un ruido infernal, que unido al griterío de los zapatistas, al sonido de los cuernos y al estruendo del combate, producían un efecto horrible en los habitantes pacíficos. Los que llevaban los botes tenían atados al cuello unas bolsas conteniendo bolas de dinamita, que no dejaban de arrojar al enemigo".[35]

La fotogénica Revolución mexicana, la primera que fue filmada y quizá la única en que uno de sus caudillos –el inefable Pancho Villa– fue invitado a protagonizar una película en tiempo real, hacía decir, a Paz Solórzano, en descargo de la crueldad de los zapatistas –idénticos en su desenfreno al resto de las facciones en pugna– que la costumbre de "los fusilamientos con música" también la "ejecutó en Ciudad Juárez y para solaz de nuestros primos, un general carrancista. *La Cucaracha, La Valentina* y otras por el estilo" eran las favoritas de aquel jenízaro.[36]

Paz tiene, en los novelones históricos del abuelo y en el periodismo ideológico de su padre, una raíz. Leer los primeros Paz es notar lo mucho que se trasmina de Ireneo al pensamiento liberal tardío del segundo Octavio, mientras el padre nutre las primeras consideraciones de Paz sobre el Mexicano, las reunidas después por él mismo y por Enrico Mario Santí

---

[34] Sheridan, *Poeta con paisaje, op. cit.* pp. 34–35.

[35] Octavio Paz Solórzano, *Emiliano Zapata*, prólogo de Octavio Paz, FCE, México, 2012, p. 73.

[36] Paz Solórzano, *Hoguera que fue, op.cit.* p. 342.

en *Primeras letras* (1988), mientras que el argumento, no el único, pero acaso el central, de *El laberinto de la soledad*, el ensayo más leído de Paz y el mencionado con mayor frecuencia en las listas de los grandes libros del siglo pasado, se origina en la hagiografía que su padre escribiese del general Zapata, una dramatización, a su vez, de la vida de Paz Solórzano. Y al recuerdo de su padre debe, él, que estaba lejos de ser un sibarita, una de sus pocas obsesiones culinarias, el "'pato enlodado' de la laguna, rociado con pulque curado de tuna",[37] propio de la región de Texcoco donde litigó y murió su padre.

En "Canción mexicana", aparecido en *Ladera Este* (1969) y uno de sus poemas más característicos, Paz se quejará, incurriendo a esas alturas de su vida en la falsa modestia, que mientras su abuelo, "al tomar el café,/ me hablaba de Juárez y de Porfirio" y su padre, "al tomar la copa,/ me hablaba de Zapata y de Villa, Soto y Gama y los Flores Magón", él se quedaba callado, sin saber de quién hablar pues en su casa "el mantel olía a pólvora".[38]

Mucha pólvora, de otro olor, conocería Octavio Paz en su vida. Su propio mantel, tejido a lo largo de su vida, desde los años treinta "olía a pólvora", como lo apuntó Krauze y todos quienes hemos dado su obvia respuesta a aquella pregunta final, por supuesto retórica, de "Canción mexicana".[39] El abuelo y el padre le habían dado a México. Conquistar el mundo le tocaría al poeta, siguiendo su propio camino: sus héroes y antihéroes serían los contemporáneos de todos los hombres, tal como él afirmó que debían serlo, en *El laberinto de la soledad,* los mexicanos.

---

[37] Paz, *Obras completas, VIII. Miscelánea. Primeros escritos y entrevistas, op. cit.*, p. 710.

[38] Paz, *Obras completas, VII. Obra poética (1935–1998), op. cit.*, pp. 443–444.

[39] Krauze, *Octavio Paz. El poeta y la revolución, op. cit.*, p. 269.

CAPÍTULO 2

Doble vida: revolucionario y poeta

Fui cobarde,
no vi de frente al mal y hoy corrobora
al filósofo el siglo:
¿El mal? Un par de
ojos sin cara, un repleto vacío.

El mal: un alguien nadie, un algo nada.

¿Stalin tuvo cara? La sospecha
le comió cara y alma y albedrío.

Paz, "Aunque es de noche"
en *Árbol adentro* (1987)

LOW DISHONEST DECADE

"Low dishonest decade", llamó W. H. Auden, a los años treinta, en "September 1, 1939", el poema escrito por el inglés cuando se enteró de que las tropas alemanas invadían Polonia. Acaso esa década, llamémosla canalla en español, terminó con las bombas atómicas arrojadas sobre las ciudades japonesas de Hiroshima y Nagasaki en agosto de 1945. Pero, ¿cuándo empezó ese episodio central de esa guerra civil europea que se tornó planetaria y separó a las dos grandes conflagraciones mundiales? ¿Dio comienzo casi diez años atrás cuando Mussolini decidió marchar sobre Roma en 1922 y apestar la bota italiana con el fascismo ante el aplauso de tantos intelectuales? ¿Empezó mucho antes, cuando Lenin, según se lo imaginó Edmund Wilson, encontró bajo la almohada, la llave que abriría la puerta de la Historia y lanzó a los bolcheviques sobre el Palacio de invierno de Petrogrado, convenciendo a los letrados de todo el planeta de que la utopía podía ser fundada sobre la tierra?

Entre los "protagonistas y agonistas" de los años treinta, como él pudo decirlo, estuvo el poeta Octavio Paz, porque el juicio póstumo ha sido más severo con los pensadores y artistas que los justificaron que con los propios jefes asesinos y sus masas, organizadas, feroces y obsecuentes. Ya nadie se sorprende de los Vishinski y de los Röhm, ni de los militaristas japoneses que tras arrasar el puerto de Nanking, dejaron a su paso cientos de cadáveres de mujeres violadas y descuartizadas. La empresa de los Goering y los Yezhov, uno lanzado la Noche de los cristales rotos contra los judíos alemanes y el otro montando los procesos de Moscú, que dieron inicio al Gran terror y al Gulag, puede ser analizada a través de la banalidad del mal o de la causalidad diabólica. O el sacrificio de los millones de ucranianos, algunos de los cuales, antes de morir de hambre devoraron a sus hijos, gracias al experimento de colectivización agraria impuesta por Stalin (que Trotski, el exiliado romántico, no incluyó entre los crímenes de su némesis), es también motivo de increíble espanto y de investigación académica, pero ninguno tan difícil de explicar como el enigma de la inteligencia justificando el genocidio en todas sus variantes: "Hay una falla, una secreta hendedura en la conciencia del intelectual moderno", concluirá Paz al final de sus días.[1] Fueron los intelectuales –bardos, novelistas, ideólogos, hombres de ciencia– quienes le regalaron, le vendieron o le rentaron al poder totalitario un catálogo casi infinito de coartadas, ofrecidas lo mismo por aquellos que permanecieron ciegos o ignorantes ante crímenes de escandaloso conocimiento público, que por quienes los bendijeron en nombre del milenario Tercer Reich de Hitler, o de la substitución, por el comunismo, del reino de la necesidad por el reino de la libertad.

La lista de cómplices y de cegatones, como la de arrepentidos y obcecados es larga y a muchos de ellos, Paz les dedicó una línea o un trazo a lo largo de su obra. Cito casi al azar, jugando con el índice de las *Obras completas*. A propósito de su conflicto, literario e ideológico, con el poeta chileno Pablo Neruda, a quien reconoció al fin de su vida como "su enemigo más querido", Paz recordó que "los debates de aquellos años –también los de ahora– pertenecen no tanto a la historia de las ideas políticas como a la de la patología religiosa".[2]

De Ezra Pound, cuyos poemas breves lo *encantaban*, dijo Paz que fue, de los grandes poetas de los Estados Unidos, el único en sucumbir a "la fascinación totalitaria" y escogió como ídolo a Mussolini, el "menos brutal de los dictadores de este siglo". En contraste con otros escritores latinoamericanos y europeos, "Pound no obtuvo por su apostasía ni condecoraciones ni honras fúnebres nacionales sino el encierro por muchos años en un manicomio. Fue terrible pero quizá mejor que el feliz chapotear en el lodo de un Aragon".[3]

De los procesos de Moscú, escribió en 1971, que habían combinado "a Ivan el Terrible con Calígula y a ambos con el Gran Inquisidor: los crímenes de que se acusó a los antiguos compañeros de Lenin eran a un tiempo

[1] Paz, *Obras completas, VI. Ideas y costumbres. La letra y el cetro. Usos y símbolos*, *op. cit.*, p. 42.

[2] Paz, *Obras completas, VIII. Miscelánea. Primeros escritos y entrevistas*, *op. cit.*, , p. 732.

[3] Paz, *Obras completas, VI. Ideas y costumbres. La letra y el cetro. Usos y símbolos*, *op. cit.*, p. 317.

inmensos, abominables e increíbles".[4] En 1973, encontrará en el último Sartre, incorregible, repitiendo a su manera el grito del general falangista Milán Astray: "¡Muera la inteligencia traidora!", en el paraninfo de la universidad de Salamanca, grito "repetido a lo largo del siglo xx en muchos púlpitos negros, pardos, blancos y rojos. Lo sorprendente es que ahora lo profiera un intelectual típico como Sartre. Aunque no tanto: la atrición, la contrición, la maceración, y en fin, el odio a sí mismo, es parte de su herencia protestante".[5]

Un año después, agregará: "Cuando pienso en Aragon, Neruda, Alberti y otros famosos poetas y escritores estalinistas, siento el calosfrío que me da la lectura de ciertos pasajes del Infierno. Empezaron de buena fe, sin duda." Les reconoce Paz, a esos poetas "desalmados", su negativa a "cerrar los ojos ante los horrores del capitalismo y ante los desastres del imperialismo en Asia, y África y nuestra América"; pero ese "impulso generoso de indignación ante el mal y de solidaridad con las víctimas" los fue envolviendo, "insensiblemente, de compromiso en compromiso, se vieron envueltos en una malla de mentiras, falsedades, engaños y perjurios hasta que perdieron el alma".[6]

Esta retahíla de condenas y lamentos podría extenderse páginas y páginas, muy dolorosas para él porque involucraban a escritores muy admirados, proviene del doble examen de conciencia, poético e intelectual, que Paz, en prosa y en verso, hizo de su propia década canalla. En su caso la cerró cuando en 1951, en la revista *Sur*, de Buenos Aires, pues en México nadie se hubiera atrevido a publicarlo, el poeta respaldó las documentadas denuncias de David Rousset, que venía saliendo de Buchenwald, sobre la existencia de los campos de trabajo en la Unión Soviética.

El joven Paz no estuvo entre el puñado de iluminados y videntes –¿de qué otra manera llamarlos?– que en los años treinta cruzaron la puerta estrecha y al negarse a decidirse por el fascismo o por el comunismo, ocuparon paradójicamente, en el centro, la más excéntrica de las posiciones. Ello no los hizo indiferentes ante el dolor del siglo: a veces, sólo ellos percibieron sus dimensiones inauditas. Menos que mentes frías capaces de encontrarse con la realidad tras la bruma espesa, no pocos fueron piadosos y retrocedieron por compasión. Fueron pocos y al menos a mí, a la mayoría de estos autores, fue el propio Paz, leyéndolo, quien me enseñó, a admirar: Georges Bernanos, André Gide regresando de la URSS y Simone Weil regresando, como George Orwell, de Cataluña, Élie Halèvi, Jorge Cuesta, James Burham, Bruno Rizzi, Julien Benda, Thomas Mann, e.e. cummings. Hombres y mujeres, judíos en busca de Dios y agnósticos protestantes, monárquicos estremecidos ante

---

[4] *Ibid.*, p. 170.

[5] *Ibid.*, p. 176.

[6] *Ibid.*, pp. 206-207.

los cementerios bajo la luz de la luna, antiguos trotskistas, heterodoxos en la heterodoxia.

Ante ellos, quienes habían pecado con la historia, el agnóstico Paz era muy religioso. Recuerdo que el 17 de diciembre de 1997, en su última aparición pública, finalizados los discursos, sus amigos hicieron una fila para despedirse personalmente de él, entrando a las habitaciones donde moriría meses después, en pequeños grupos. A uno de ellos, un escritor que estimaba y del cual se había distanciado –fueron tantísimos quienes estuvieron en ese caso– durante los años de aquél en la izquierda radical, Octavio le preguntó si se había arrepentido. "Sí", le dijo nuestro amigo, ciertamente alejado hacía tiempo del mundillo guevarista tan poblado en América Latina, "ya me hice una autocrítica". "Dije *arrepentimiento*, no autocrítica", le espetó, no muy amable, Octavio.

Porque la historia de Paz como cruzado de la causa y como "guerrillero de la poesía", según la afortunada frase encontrada por Sheridan, cuyo relato seguiremos, fue la de muchos jóvenes rebeldes enrolados de buena fe en las partidas de caza de la década canalla, víctimas de una patología religiosa. En el célebre pasaje autocrítico de "Nocturno de San Ildefonso" lo dice así: "El bien, quisimos el bien:/ enderezar el mundo/ No nos faltó entereza:/ nos falto humildad/ Lo que quisimos no lo quisimos con inocencia."[7]

No consideraba Paz al error de juventud como atenuante. En aquellos tiempos, a los veinte años e inclusive antes, nunca se era suficientemente inmaduro como para perseguir, matar o morir perseguido, como le habrá ocurrido al misterioso y legendario amigo de Paz, José Bosch Fonserré, el joven anarquista catalán desaparecido.

SAN ILDEFONSO

Paz entró a la Escuela Nacional Preparatoria (ENP), la pieza clave en el diseño de los positivistas decimonónicos para salvar a México mediante la educación, en 1930. A una cuadra del zócalo de la Ciudad de México, ocupaba la escuela el antiguo Palacio de San Ildefonso, epicentro en la poesía del viejo Paz, quien retomó el recorrido de "los largos corredores, las columnas airosas entre los frescos de Charlot, Fermín Revueltas, Rivera y Orozco"[8] en "Nocturno de San Ildefonso" y en "1930: Vistas fijas" (1987).

Venía llegando Paz de la Secundaria Tres, no muy lejana de la colonia Juárez donde nació, una casa que describió en su nota sobre Bosch. En las muchas y extraordinarias entrevistas (es, con Jorge Luis Borges, el gran maestro en el género) que dio, Paz va recordando las actividades a las que un joven con ansias de poeta, a las puertas de la Preparatoria, podía realizar en la pequeña

---

[7] Paz, *Obras completas, VII. Obra poética (1935-1998), op. cit.*, p. 670.

[8] Sheridan, *Poeta con paisaje, op.cit.*, p. 94.

pero ya intensa ciudad de México, como ir a los conciertos dominicales donde Carlos Chávez y Silvestre Revueltas dirigían conciertos de música moderna en el recién inaugurado Palacio de Bellas Artes, en cuyo vestíbulo, sesenta y ocho años después, sería velado en calidad de poeta nacional. "Fue famosa la noche", le contó Paz a Manuel Ulacia, en que Carlos Pellicer, "recitó con su voz profunda de cántaro la fábula de *Pedro y el lobo* de Prokófiev. Aplaudimos a rabiar".[9]

Había otras opciones, agrega Sheridan: teatro popular en la Carpa Garibaldi y había teatro vanguardista, pues los poetas de *Contemporáneos*, ya fuese como traductores, actores o tramoyistas, se brindaban con obras de Simon Gantillon, Jean Giroudoux, Lord Dunsany, Eugene O'Neil. Sheridan calcula que tras esas experiencias estéticas, aquellos muchachos, de los que Paz formaba parte, tomarían el rumbo del barrio prostibulario de San Camilito, para hacer encarnar a las diosas de la ilusión estética.[10]

En la ENP tenía como maestro a Alejandro Gómez Arias, profesor de literatura mexicana, quien acaba de encabezar la victoriosa conquista de la autonomía para la Universidad nacional y que había sido novio de Frida Kahlo, también egresada de la ENP y siete años mayor que Paz, quien se convertirá, cuando la pintora se transforme en ícono, en uno de los pocos adversarios de su culto. Pero también recibía lecciones de Soto y Gama, el mentor zapatista de su padre, catedrático de la novedosa "Historia de la Revolución mexicana" y del poeta Pellicer, con quien hará el viaje a España en 1937.

Pellicer, muy joven, había acompañado al secretario de Educación Pública José Vasconcelos a América del Sur, entonces un prohombre obsesionado en convertir en continental al mensaje revolucionario de México. Pellicer estuvo con Vasconcelos en las cataratas del Iguazú, cuya narración fascinó a Paz, lo mismo que las imágenes que aquel poeta viajero de la generación anterior les ofrecía de Florencia y del cercano Oriente. "A veces", remata Paz, Pellicer "nos leía sus poemas con una voz de ultratumba que me sobrecogía. Fueron los primeros poemas modernos que oí. Subrayo que los oí como lo que eran realmente: poemas modernos, a pesar de la manera anticuada con que su autor los recitaba".[11]

Paz viajaba al centro de la Ciudad de México –entonces a nadie se le ocurría apellidarlo como "histórico"– desde Mixcoac, haciendo escala en San Pedro de los Pinos. Soñaría, sin tener dinero para hacerlo, con emanciparse y rentar cuarto propio en el centro. Se levantaba temprano para disfrutar del barrio universitario y sus prolongaciones, el Palacio Nacional al que el

---

[9] Paz, *Obras completas VIII. Miscelánea. Primeros escritos y entrevistas*, op. cit., pp. 558-559.

[10] Sheridan, *Poeta con paisaje*, op. cit., p. 91.

[11] Paz, *Obras completas, III. Generaciones y semblanzas. Dominio mexicano. Sor Juana Inés de la Cruz o las trampas de la fe*, edición del autor, Galaxia Gutenberg / Círculo de lectores, Barcelona, 2001, op. cit., pp. 18-19.

gobierno revolucionario le estaba agregando un tercer piso y donde Diego Rivera apenas empezaba a pintar sus murales o la Plaza de Santo Domingo, en la cual, hasta la fecha, se colocan los llamados evangelistas, escribanos públicos que dotados de una máquina de escribir (y ahora de computadoras personales) auxilian en trámites legales y cartas de amor a clientes de ambos sexos, analfabetas o apresurados, con frecuencia. Uno de los mejores amigos de Paz durante aquellos tiempos, fue Enrique Ramírez y Ramírez, según Elena Garro, " un joven moreno delgado, de grandes ojos negros, que llevaba zapatos sin calcetines",[12] quien completaba sus ingresos como "evangelista". El fervoroso comunismo de Ramírez y Ramírez, por cierto, delataba una prehistoria recentísima en la derecha católica.

En esa época, Paz hizo su primer viaje solo, a la provincia, en las vacaciones de Semana Santa de 1931. Un compañero de la ENP los invitó, a Octavio y a otros amigos, a su tierra en Guerrero, Tixtla, a la cual llegaron a caballo. El capitalino no sabía montar pero le proporcionaron un caballo manso y al anochecer llegaron a Tixtla, en tierra caliente, solar natal del escritor liberal Ignacio Manuel Altamirano. "Me dolían las piernas: nunca había montado tantas horas. Pero tenía diecisiete años y, después de un refrigerio, me eché en un catre lleno de carrizos, instalado en un corredor de la casa. En el trópico de México como en el de la India, mucha gente duerme al aire libre. A pesar de la dureza del catre, me dormí pronto, mecido por la música de los grillos y el rumor de los follajes".[13]

A la mañana siguiente, dieron un paseo por el pueblo, comieron melones. "No había monumentos que visitar y la única atracción era la naturaleza: los árboles, los pájaros, las frutas." Le gustó la gente, "de sonrisa fácil y mirada relampagueante. Sensibilidad y ráfagas de violencia". Regresaron a la casa de su amigo al anochecer: "nos recibieron con alborozo las mujeres, que me veían con curiosidad y un poco de burla. Mis anfitriones me iniciaron en el misterio del pozole guerrerense y de otros platillos y bebidas. Naturalmente alguien trajo una guitarra y se cantaron canciones." Al día siguiente fueron a Chilapa, "una ciudad eclesiástica" de "arquitectura pesada y sin estilo" donde visitaron un convento y le compraron dulces a las monjitas. "Dimos una vuelta al atardecer por la melancólica plaza: jóvenes adustos y muchachas recatadas. Nada más distinto de Tixtla: dos Méxicos: uno tropical, republicano y echado para fuera; otro, clerical, pétreo y ensimismado. Los dos violentos". Diez años después se encontró a su amigo guerrerense y recordaron aquella "memorable excursión". Ese "paseo fue una iniciación".[14]

---

[12] Elena Garro, *Memorias de España 1937,* Siglo XXI, México, 1992, p. 6.

[13] Paz, "Una aclaración y un recuerdo", *Proceso*, México, núm. 960, 27 de marzo de 1995, pp. 66-67.

[14] *Idem.* Lo curioso del caso es que este recuerdo proviene de una encendida protesta del viejo Paz contra el dramaturgo Ignacio Retes, quien en una novela (*Nostalgia de la tribu*, 1995), al parecer

No hizo el joven Paz muchas otras excursiones de esa naturaleza: la política y la poesía se convertirían en el alma bicéfala de aquellos preparatorianos. Alternaremos una y otra narración, aunque sea al fin y al cabo una sola, la de la educación sentimental pues para él y sus amigos "la poesía se convirtió, ya que no en una religión pública, en un culto esotérico oscilante entre las catacumbas y el sótano de los conspiradores", dirá Paz en *Itinerario* (1993), lo más cercano a una autobiografía formal entre lo que escribió. "Yo no encontraba", dirá en el mismo párrafo, "oposición entre la poesía y la revolución: las dos eran facetas del mismo movimiento, dos alas de la misma pasión. Esta creencia me uniría más tarde a los surrealistas".[15]

Paz estaba haciendo la transición entre la biblioteca de don Ireneo o lo que quedaba de ella, saqueada o malbaratada, y las revistas literarias modernas, como registra Sheridan. Había pasado de los decimonónicos franceses a las rusos, la literatura cuya novedad existencial llevaba décadas, sin visos de agotarse, fascinando a Occidente. El lector de novelas, dejando a su adorado Pérez Galdós por el erótico y erotizante D. H. Lawrence, se transformará en lector de poesía y los antiguos románticos fueron sustituidos por los modernos-modernos, como T. S. Eliot o Saint-John Perse, y Paul Valéry. No poca importancia tenía que la generación de Paz fuese la primera, en América Latina, tras el esfuerzo de los modernistas y de los entonces vigentes poetas de la revista *Contemporáneos*, para la cual la poesía en lengua española era ya moderna, gracias, también, al ejemplo luminoso de la generación del 27 en España.

Hacia 1931 se leía en México *Residencia en la tierra*, de Neruda y los nombres de Borges, César Vallejo, Vicente Huidobro, Rafael Alberti y Federico García Lorca, circulaban como valiosa moneda corriente, según puntualiza Sheridan. Es importante decirlo de una vez: para Paz, la poesía hispanoamericana moderna, de Darío a Gonzalo Rojas, sin olvidar a la decena de nuevos poetas que él promovió, era tan importante como la inglesa o la francesa. Se concebía a sí mismo como heredero y salvaguarda de una tradición riquísima, la de Quevedo y Góngora, como un hijo del Siglo de oro de la lengua española; despreciaba a todos aquellos, obtusos académicos eurocéntricos o ígnaros lectores sin curiosidad, que se privaban de ella.

El mecanógrafo silencioso de los alegatos agraristas de su hosco padre, se convirtió en lector de Marx y de Bakunin, escritores clásicos a los que

---

confunde las fechas y dice que en 1932, el joven Paz estuvo en Tixtla promoviendo la candidatura a gobernador de un ignoto general Gabriel R. Guevara, con ese mismo grupo de amigos. Paz negó categóricamente haber participado en esa campaña, escribió su recuerdo del paseo y amenazó a Retes –quien se negaba a corregir lo que Paz y otro testigo consideraban un error– con recurrir a "la autoridad judicial". Nadie ha podido averiguar por qué a Paz lo indignó tanto esa anécdota, al parecer, baladí, de Retes. Pero a cambio nos dejó en *Proceso* esa estampa de sus primeros siete días en el México profundo.

[15] Paz, *Obras completas, VI. Ideas y costumbres. La letra y el cetro. Usos y símbolos, op. cit.*, p. 21.

seguirían los autores "comerciales" en forma de los catecismos de Plejánov y Bujarin, todos materia de polémicas interminables en la ENP y sus cercanías. Por fortuna llegaron a los ojos del joven Paz otras lecturas, lejanas del marxismo que se imponía, inexorable, como la lengua franca de la mitad del planeta: Nietzsche con su *Gaya Ciencia*, Spengler y su *Decadencia de Occidente*, Ortega y Gasset con su *Revista de Occidente,* la fenomenología de Husserl y los primeros libros freudianos, la *Nouvelle Revue Française (NRF)* con Gide pero también con el católico Claudel y con el profético Benda, quien acababa de alertar al mundo contra *La traición de los clérigos* (1927). "Un diluvio en el que muchos se ahogaron", concluirá Paz.[16]

Si es que en la lectura fervorosa durante la adolescencia cabe la palabra "contemplación" a ésta le seguía la "acción". En 1929, por asomarse a una de las manifestaciones democráticas que respaldaban la fracasada candidatura del ex secretario José Vasconcelos a la presidencia, Paz, de quince años, pasa algunas horas en la comisaría, de las que "emergió secretamente envanecido, bautizado en la religión de la *acción…*" [17]

De ese arresto iniciático fue librado con presteza por el licenciado Paz Solórzano, quien en los años siguientes acudiría con puntualidad a las comisarías, urgido por Octavio, para sacar a amigos suyos, otros muchachos revoltosos como Bosch y Ramírez y Ramírez. Así ocurrió cuando éste último, ya militante comunista en enero de 1933, fue arrestado por repartir ejemplares del *Socorro Rojo* y liberado gracias a los Paz.

México en 1930, por ser un país aún poco industrializado padeció de manera gradual los efectos del *crack* financiero del año anterior. Era, en cambio, una nación rural empobrecida cuyos caudillos revolucionarios, que mantenían al exiguo Partido Comunista Mexicano (PCM) en la clandestinidad, incumplían con las promesas de reparto agrario, afrenta indignante para Paz Solórzano trasmitida cotidianamente a su hijo, el cual empezó a hacer sus pininos en la política, más estudiantil que revolucionaria, si tomamos en cuenta que el futuro novelista José Revueltas, militante comunista, amigo y contemporáneo exacto de Paz, en esos años cumpliría dos estancias en verdad purgativas en las Islas Marías, el penal situado en el Océano Pacífico a cien kilómetros de las costas de Nayarit.

Paz empezó firmando el consabido manifiesto de protesta que fue remitido al presidente de Francia, en el *affaire* de Louis Aragon: el poeta surrealista convertido al estalinismo, había publicado "Front Rouge", un poema panfletario que llamaba a la desobediencia proletaria y por el cual se le pretendía condenar a cinco años de prisión. A ello siguió un activismo de mayor calado: se unió a la multifacética Unión Estudiantil Pro-Obrero y Campesina (UEPOC),

---

[16] *Ibid.*, p. 21.

[17] Sheridan, *Poeta con paisaje, op. cit.*, p. 92.

que acaudillada por Roberto Atwood, combatía a las imitaciones locales de la católica Acción Francesa y había simpatizado con el vasconcelismo. Se empeñaba esa cofradía militante en continuar con la alfabetización del pueblo, el legado del antiguo secretario de educación, Vasconcelos, quien se decía defraudado en las elecciones presidenciales de 1929.[18]

La nómina de la UEPOC, con Ramírez y Ramírez y Bosch como dirigentes, incorpora a futuras celebridades como el presidente de México entre 1958 y 1964, Adolfo López Mateos, Frida Kahlo, José Revueltas, Rubén Salazar Mallén (un maldito a la mexicana que irá del comunismo al fascismo), Elí de Gortari (filósofo cuyo sobrino también será presidente de México), Juan de la Cabada (cuentista que será miembro distinguido del PCM), el futuro regente de la ciudad, Ernesto P. Uruchurtu y a Octavio Novaro, otro cercano amigo de su tocayo Paz.

Una vez electo presidente el general Lázaro Cárdenas en 1934, el régimen de la Revolución mexicana dará un giro a la izquierda, convirtiendo al país en otra tierra de la gran promesa revolucionaria. Tan pronto a Calles le fue perdonada la vida (una innovación del clemente general Cárdenas en relación al gatillo fácil de sus predecesores) y fue exiliado por oponerse, según dijo el defenestrado Jefe máximo, a la "comunistización" de México, el cardenismo intensificó el reparto agrario e impulsó los ejidos colectivos, organizó a los sindicatos contra los empresarios y expropió el petróleo el 18 de marzo de 1938.

Con la URSS, el de Cárdenas fue el único gobierno del mundo en pertrechar a la República española en guerra civil e hizo historia votando, en la Sociedad de Naciones, contra la invasión fascista de Etiopía en 1935 y la anexión nazi de Austria en 1938. Pero no sólo eso, al concederle asilo a Trotski, *persona non grata* en medio planeta y quien fue perseguido por Stalin hasta asesinarlo en 1940, en Coyoacán, Cárdenas dio una muestra contundente de independencia política que le fue acremente reprochada por los estalinistas mexicanos, encabezados no tanto por el PCM, cuyos dirigentes se acobardaron cuando recibieron las primeras insinuaciones de que debían liquidar al hereje, sino por el poderoso dirigente sindical Vicente Lombardo Toledano, la figura dominante del estalinismo mexicano.

A ese gesto de humanidad, darle refugio a Trotsky en enero de 1937, se sumó el asilo de 25 mil republicanos derrotados, llegados al país entre 1939 y 1942, entre los cuales destacaron escritores, filósofos y profesionistas a la postre indispensables para la modernización intelectual del país. El joven Paz, como toda la izquierda mexicana, compartió el entusiasmo por el cardenismo, que le abrió las puertas, para empezar, a sus amigos, los jóvenes poetas españoles que conociera en la España republicana. Pero a diferencia de muchos hombres de su generación descreyó

---

[18] *Ibid.*, pp. 101-103.

de lo que él llamaba la "leyenda piadosa" del general Cárdenas y en los últimos años de su vida mostró escasa simpatía por la política de su hijo y heredero político, Cuauhtémoc Cárdenas, quien en 1987, al encabezar una escisión de izquierda del partido oficial, aceleró la transición democrática en México.

"El gobierno de Cárdenas", concluirá el viejo Paz en *Itinerario*, "se distinguió por sus generosos afanes igualitarios, sus reformas sociales (no todas atinadas), su funesto corporativismo en materia política y su audaz y casi siempre acertada política internacional".[19]

Entre las víctimas de ese "funesto corporativismo" estuvieron organizaciones juveniles como la de Paz y sus amigos. Cárdenas hizo de su gobierno una variante de "frente popular" que, en un estilo autóctono, se parecía más al *fascio* mussoliniano que al modelo estalinista, absorbiendo a buena parte de la sociedad civil organizada, incluidos y a su pesar, los centros empresariales. La UEPOC, rápidamente ligada a la más ortodoxa Federación de Estudiantes Revolucionarios, terminó por fusionarse, como en la España del Frente Popular, en una organización paraguas del Partido Comunista, las Juventudes Socialistas Unificadas de México (JSUM). Pero eso será hasta después del VI Congreso de la Internacional Comunista, reunido en Moscú en el verano de 1935, una vez generalizada la política de los frentes populares contra el fascismo, que para un hombre de izquierdas ajeno al PC, como Paz, era el mejor escenario político y existencial.

La agitada vida estudiantil, según la viva crónica de Sheridan, incluye alguna visita a los fumaderos de opio, a salones de baile como el México, que honrará el compositor Aaron Copland justo en 1936, o la elaboración de bebidas alcohólicas domésticas como el *calambre*, aventuras que para Paz alcanzan su agria culminación la noche en que al entrar a la cervecería El Paraíso, "un figón con suelo de aserrín y humor de meados", se topa, fatalmente, con la figura, trastabillante, de su padre.[20]

La urgencia de la izquierda era la de sovietizar a la Revolución mexicana, desde entonces tenida por fracasada, interrumpida o traicionada, tema que Paz tejerá y destejerá a lo largo de su vida intelectual. A Paz le tocó ver la desintegración de la Unión Soviética y entrevistado en 1991 sobre sus pasiones rusas, las literarias y las políticas, recordó la seducción provocada en su generación por el héroe de Leonidas Andréyev, en su *Sashka Yegulev* (1912). Paz se identificaba, según Sheridan, con el héroe de esa novela, hijo de un alcohólico y habrá sentido el llamado de la violencia revolucionaria, que se confunde, al más puro estilo vanguardista, con la guerrilla por la poesía. Lo que Paz admitió no saber en ese entonces, respondiéndole a un

---

[19] Paz, *Obras completas, VI. Ideas y costumbres. La letra y el cetro. Usos y símbolos*, op. cit., p. 23.

[20] Sheridan, *Poeta con paisaje*, p. 106.

crítico ruso, es que Andréyev "murió en el destierro, en plena Revolución y peleado a muerte con los comunistas".[21]

Algunos de esos intentos de radicalización expresan las paradojas del nacionalismo revolucionario mexicano, del todo ajeno en sus orígenes al marxismo, al quererse radicalizar. Por ejemplo, la discusión sobre la obligatoriedad de que el nuevo Estado ofreciera al pueblo "educación socialista" era un absurdo contra el cual se rebelan lo mismo los pocos liberales de la época como Cuesta (a quien tendremos, en pocos años, como abogado del diablo para Paz) y los marxistas doctrinarios. Unos y otros estaban convencidos de la incapacidad del Estado mexicano, que no era bolchevique y en cuya universidad se parapetaba en defensa de la libertad de cátedra su rector, Manuel Gómez Morín, para impartir educación socialista. Los maestros que la divulgaron –como el propio Paz lo hizo en Yucatán en la primavera de 1937– enseñaban *El ABC del comunismo* y algo de educación sexual más nacionalismo revolucionario.

Paz se deja llevar por el rumbo que va tomando la década deshonesta, como diría Auden. Entra, de mala gana, en la Facultad de Derecho en 1933, el mismo año en que Hitler acaba por convertirse en canciller del Reich y un año después lo encontramos solidarizándose con los campesinos veracruzanos, justo cuando el asesinato de Kírov, lugarteniente de Stalin, desata a partir de 1934 el Gran terror.

Un segundo arresto de Paz (durante el primero había compartido la celda con Bosch), nimiedad provocada porque él y sus amigos interrumpieron, en 1931, un discurso del secretario de Educación Pública, acusándolo de pelele del Jefe máximo (el general Plutarco Elías Calles, el poder tras el trono en el país hasta la elección de Cárdenas), tuvo consecuencias decisivas para la biografía poética y política de Paz.

"Rocambolesco, con algo de personaje de Koestler y Dumas a la vez, Bosch era también el hermano mayor de Paz, su *továrich* y el guía de su formación ideológica";[22] el catalán Bosch, hijo de un antiguo militante anarquista exiliado en México, fue expulsado del país tras ese incidente menor, aplicándosele el artículo 33 constitucional que permite la expulsión sumaria de un extranjero pernicioso. En Barcelona, acabará por involucrarse con el heterodoxo Partido Obrero de Unificación Marxista (POUM). Paz lo creyó víctima de la guerra civil, le escribió una elegía cuya lectura arrojó un episodio novelesco en la Barcelona de 1937. Desde entonces –ya lo veremos– el mártir de su siglo, será para Paz el camarada Bosch, la doble víctima por antonomasia: de Franco y de Stalin.

Fue él quien sembró la duda y pasó de recomendarle a su amigo la lectura del príncipe ácrata Kropotkin, a encarnar "nuestra conciencia". "Nos

[21] Paz, *Obras completas, VIII. Miscelánea. Primeros escritos y entrevistas, op. cit.*, p. 903.

[22] Sheridan, *Poeta con paisaje, op. cit.*, pp. 117-118.

enseñó a desconfiar de la autoridad y del poder: nos hizo ver que la libertad es el eje de la justicia. Su influencia fue perdurable: ahí comenzó la repugnancia que todavía siento por los jefes, las burocracias y las ideologías autoritarias",[23]escribió Paz en la nota donde explica la reintegración de la elegía a Bosch al corpus de su poesía, una de las exclusiones que mayor escozor causaron entre sus críticos de izquierda.

En Bosch, de quien ignoramos la fecha y las circunstancias de su muerte, como en ningún otro personaje de la vida de Paz, confluye todo: la poesía y la política, la amistad y la historia, la rebelión y la revolución, pero también el dilema crítico del poeta ante su obra de juventud. Desde entonces, Paz, joven poeta militante, es más poeta que militante y evade afiliarse para no "aceptar la jurisdicción del partido comunista y sus jerarcas en materia de arte y de literatura"[24], aunque incurra, excepcionalmente, en la poesía de propaganda.

Le fue difícil, a Paz, escuchar y distinguir su propia voz poética. Entre ese griterío ideológico lo ofuscaba la furia de la propia voz. Su primer libro publicado (*Luna silvestre*, 1933) no es el primero que la crítica le reconoce: (*Raíz del hombre*, 1937), ni tampoco aquel del que no se siente del todo desalentado: *A la orilla del mundo* (1942). Según él, su primer libro verdadero será *Libertad bajo palabra* (1949) y aunque para entender la manipulación de títulos, subtítulos y revisiones a la que Paz somete la primera parte de su obra, sea menester auxiliarse con conversaciones como la que él sostuvo en 1988 con Anthony Stanton, es evidente que la inseguridad caracteriza esos años de formación.[25]

Paz –se lo dijo en una carta a Jean–Claude Masson, el editor de su obra en la Biblioteca de la Pléiade[26] – sentía sobre sí todo el peso de la indignidad espiritual que le acarrean, a un escritor, sus malas páginas. No siempre creía en esa disculpa torera que implora que al poeta se le juzgue por sus mejores tardes.

Por ello, para leer la poesía de Paz en profundidad es mejor combinar dos maneras de lectura. Primero, siguiendo la cronología de sus libros singulares tal cual aparecieron y luego, a través de *Libertad bajo palabra* en sus ediciones de 1960 y 1968, en las sucesivas sumas poéticas (1979 y 1990) de su *Obra poética*, concluyendo con lo definitivamente fijado por él –fue una edición del propio autor– en sus *Obras completas*. Leemos así aquello que el poeta, consciente de que disputaba la soberanía de su obra con sus lectores, fue modificando: reacomodos, supresiones, refinamientos. Paz indicó así la manera en que quería ser leído: es el poeta como ejercitante de una poética,

---

[23] Paz, *Obras completas, VII. Obra poética (1935–1998), op.cit.*, p. 1387.

[24] Paz, *Obras completas, VI. Ideas y costumbres. La letra y el cetro. Usos y símbolos, op. cit.*, p. 24.

[25] Paz, *Obras completas, VIII. Miscelánea. Primeros escritos y entrevistas, op. cit.*, pp. 525-544.

[26] Jean–Claude Masson, Introducción a Paz, *Oeuvres*, Bibliothèque de la Pléiade, Gallimard, París, 2008, p. LXII.

desdoblamiento en pareja que puede resultar excesivo, molesto para algunos de sus lectores. A Paz lo gobierna una tautología: el poeta es crítico porque es moderno y es moderno porque es crítico.

Aplicar ese criterio ante los primeros versos del poeta joven no es fácil. Más allá de las revistas sentimentales o cómicas que los jóvenes de la ENP perpetran, bien estudiadas por Sheridan en *Poeta con paisaje*, la historia poética de Paz inicia con *Barandal*, aparecida en agosto de 1931. De los muchachos editores, algunos murieron precozmente o la respetabilidad los sacó bien pronto de su infatuación lírica y primaveral. Pese a su evidente inclinación hacia la izquierda, a la revista, bien diseñada por Salvador Novo, el poeta de *Contemporáneos* que pastorea a los chicos, evade la política, pese a la presencia de Ramírez y Ramírez y de otro comunista, Efraín Huerta, el autor de *Absoluto amor* (1935), un poeta que en la vejez de ambos competirá, con él, por un público joven y radical naturalmente más ávido de leer a un poeta tenido por coloquialista y comprometido como Huerta (o a un cursi como Jaime Sabines) que a Paz.

Pese a las diferencias ideológicas que los separaron y a la homofobia aplicada por Huerta, en sus artículos periodísticos, contra los Contemporáneos, sus maestros, el aprecio mutuo prevaleció entre ambos, aunque en una carta de 1965, Paz dijo, sibilino o malhumorado, que "Huerta no es un buen hombre sino un buen poeta".[27]

Fue Efraín, según el relato de Paz en *Itinerario*, quien habría hecho posible su viaje a España en junio de 1937 al percatarse de que los líderes locales de la Liga de Escritores y Artistas Revolucionarios (LEAR), molestos de que se invitase a un poeta sin partido y no del todo ortodoxo, trataron de hacerle llegar por vía marítima hasta Mérida, donde estaba Paz, la invitación, para que llegará semanas o meses después, caduca. Al darse cuenta de la maniobra, Huerta habló con Elena Garro, la novia de Paz y ésta lo alertó de inmediato. Pero ahora que se conoce la correspondencia entre Paz y Garro en esos meses, parece que no fue exactamente así, como el poeta lo poetizó: recibiendo la noticia, traída por un "presuroso mensajero", mientras se paseaba por el Juego de pelota en Chichén–Itza. La fabricación del recuerdo delata su estima por Huerta, nacido como él y como José Revueltas en 1914. Paz se abría enterado, por la prensa, de su invitación.[28]

Tras el anatema lanzado por Neruda contra Paz, Huerta, como todos los poetas comunistas, se alejará de él. En 1964, en pleno deshielo tras el XX Congreso del Partido Comunista de la Unión Soviética, Huerta (ya para entonces comunista sin partido pero devoto de Stalin hasta el final) se sintió

[27] Octavio Paz / Arnaldo Orfila, *Cartas cruzadas*, prólogo de Jaime Labastida, Siglo XXI, México, 2005, p. 105.

[28] *Ibid.*, p. 27; Sheridan, "Octavio Paz: Cartas de Mérida", *Cuadernos Hispanoamericanos*, núm. 754, Madrid, abril de 2013, pp. 141-142.

libre de defender a Paz de los infundios propalados por Neruda que lo incluía entre los malquerientes que hacían campaña contra un posible Premio Nobel para el chileno. Paz se lo agradeció por carta.[29]

Regresemos al año escolar que va de 1931 a 1932. "Los barandales", que así bautizaron su revista por reunirse habitualmente en el mismo barandal que daba al patio central de la ENP, pronto se distancían de su primer valedor, Novo, que como la mayoría de los Contemporáneos era homosexual y quien al parecer se le insinuó a uno de los muchachos. Buscaron entonces la protección de Pellicer, homosexual también, pero al parecer más cuidadoso de las formas, ya retirado a sus treinta y cuatro años en las lejanas Lomas de Chapultepec, al cuidado de sus colecciones arqueológicas prehispánicas. Todos los críticos coinciden en que el primer Paz le debe mucho, como poeta, a Pellicer y también a Juan Ramón Jiménez, a quien conoció en una escala en La Habana regresando a México, en su *anno mirabilis* de 1937.

Aunque *Luna silvestre* no dio de qué hablar ni suscitó reseñas, su "intimismo", en una época de grandilocuencia, le abrió, no sin discreción, puertas que pocos años después serían muy importantes de cruzar. La siguiente tanda de poemas, calificados por Santí de "sonetos neobarrocos que muestran una huella vanguardista",[30] aparecida en los *Cuadernos del Valle de México*, una segunda revista en la que Paz se involucró, le fueron mostrados por el joven poeta a Rafael Alberti, durante su primera visita a México, en 1934, en gira de propaganda a favor del Socorro Rojo Internacional.

Alberti distinguía las peras de las manzanas. Según Paz le contó a Ríos en 1973, cuando le mostró a Alberti sus poemas, en compañía de otros versificadores revolucionarios adolescentes, el ya célebre poeta comunista le dijo que la suya no era "una poesía revolucionaria en el sentido político". Pero, atajó Alberti con unas palabras que lo emocionaron, "Octavio es el único poeta revolucionario entre todos ustedes, porque es el único en el cual hay una tentativa por transformar el lenguaje".[31]

Menos presuntuosa es una reconstrucción posterior de la anécdota, en la que al salir de esa reunión, Alberti se lleva aparte a Paz sin exaltarlo frente al resto de los poetas revolucionarios. Entre los sonetos leídos a Alberti debió estar aquel que comienza con el mar, un tema lejano a Paz, que si lo conoció fue durante la primera infancia gracias a aquel viaje, puesto en duda, a Los Ángeles en busca de su padre. Poeta de tierra adentro, aquel balbuceo de Paz habrá complacido al poeta gaditano: "El mar, el mar y tú, plural espejo,/

[29] Paz, "Carta de Octavio Paz a Efraín Huerta", *Letras Libres,* núm. 4, México, abril de 1999.

[30] Enrico Mario Santí, *El acto de las palabras. Estudios y diálogos con Octavio Paz*, FCE, México, 1997, p. 27.

[31] Paz, *Obras completas, VIII. Miscelánea. Primeros escritos y entrevistas*, op. cit., p. 1369.

el mar de torso perezoso y lento/ nadando por el mar, del mar sediento:/ el mar que muere y nace en un reflejo".[32]

Los Alberti fueron rodeados con entusiasmo. Recuerda Paz, quien fue también un gran retratista literario, a esa pareja tan atractiva y vistosa: "Los dos eran jóvenes y bien parecidos: ella rubia y un poco opulenta, vestida de rojo llameante y azul subido; él con aire deportivo, chaqueta de *tweed*, camisa celeste y corbata amarillo canario. Insolencia, desparpajo, alegría, magnetismo y el fulgor sulfúreo del radicalismo político".[33]

El trato de los poetas mexicanos, recuerda Paz, era ceremonioso, motivo que hizo a Alberti muy popular por ser un camarada antisolemne, "un fuego de artificios". Lo encontró "chispeante, más satírico que irónico y más jovial que satírico". Le maravilló "oírlo recitar un pasaje de Góngora, una canción de Lope, un soneto de Garcilaso".[34]

Cabría contrastar al retrato de su admirado Alberti, escrito en 1984, con los recuerdos, un tanto más solemnes, que del joven Paz dejaron su profesor Iduarte y su amigo el periodista José Alvarado. El primero lo recuerda "tímido, o más bien ya refrenado, con explosiones pronto suavizadas por la mucha y la mejor lectura, inteligencia penetrante hasta la duda y sensibilidad doliente hasta la desolación, espontáneo y confidencial en la entrega de su corazón y enseguida torturado y distante hasta la hosquedad". El segundo, lo sitúa precisamente en el barandal de la ENP, deslumbrado ante esa luz del valle de México de la que hablaría poco antes de morir: "más allá de sus ojos desconcertados se advertían ya desde entonces una inquebrantable voluntad poética y una sed de inventar el mundo." A Octavio, concluye Alvarado, lo distinguía su voluntad de dominio: quería ser "un verdadero dueño de la poesía".[35]

¿Qué fue lo que impidió que Paz se ahogase en el diluvio de los años treinta? ¿Por qué no se convirtió en uno más de los militantes abnegados o de los poetas "deshonrados", como también los llamaría Benjamin Péret, por aquellos tiempos, o por qué no se perdió, como era su temor antes de irse de México por primera vez durante diez años, en 1943, en el alcoholismo y en el periodismo, siguiendo el camino sombrío de su padre?

La explicación está, a mi entender, en su capacidad para sobrellevar una doble vida poética en una tensión no resuelta sino muchos años y algunos libros después. El Paz revolucionario, joven hombre público, el que publicaba *¡No pasarán!* (1936), dándole su óbolo a la poesía comprometida, tampoco era el lírico erotizante afectado de culteranismo, opaco, de *Raíz de hombre.*

---

[32] *Ibid.*, p. 53.

[33] Paz, *Obras completas, II. Excursiones/Incursiones. Dominio extranjero. Fundación y disidencia. Dominio hispánico*, edición del autor, Galaxia Gutenberg/Círculo de lectores, Barcelona, 2000, p. 1163.

[34] *Ibid*, p. 1164.

[35] Krauze, *Octavio Paz. El poeta y la revolución, op. cit.*, p. 50.

Su otro yo, en construcción, era aquel que dialogaba con Xavier Villaurrutia y Jorge Cuesta, sus verdaderos maestros y a los cuales llegó a ofender, hasta groseramente, en privado, urgido por la ofuscación política.

En el momento en que estuvo más cerca de afiliarse al Partido Comunista, durante los meses previos al viaje a España cuando organizaba una escuela para trabajadores en Mérida, entre marzo y mayo de 1937, Paz se adhiere en privado a la campaña nacionalista, atizada por los demagogos del régimen, contra los Contemporáneos por cosmopolitas y arte puristas. En una carta a Garro dice Paz, nada menos, "que los Contemporáneos" merecerían "una buena paliza" por haber traicionado tres veces "a su patria, a los obreros y a la cultura". Se habría avergonzado muchísimo recordando ese exabrupto, pues llegó más lejos, en esa misma carta: dentro de una invectiva generalizada contra todos "los zopilotes que engañan al pueblo" incluye entre esas aves de rapiña a los intelectuales, tímidos zopilotes "que viven del cadáver de muchas cosas, surtiéndose con las sobras del banquete". Leyendo esos párrafos, donde Paz imposta el odio de los comunistas por los supuestos "intelectuales burgueses", recordé una reunión en su casa, en marzo de 1992, cuando lo escuché decir, misteriosamente, que habían sido los Contemporáneos, supuestamente apolíticos, quienes "lo habían enseñado a odiar".[36]

Y se arriesga, con Elena, a defender su poesía comprometida con esa enjundia (o ceguera) ausente meses antes cuando los Contemporáneos en pleno lo invitaron a comer: "!No pasarán! les demuestra las verdaderas raíces de su odio a lo que llaman tontamente, literatura de propaganda." Todas las literaturas, instruye Paz a su novia, han sido de propaganda. Con todo se puede hacer arte, le dice. No sólo con "su asquerosa putrefacción, con su venenosa afición" a los colores y a las formas, "a la Belleza en el aire".[37]

Si se había apartado, como dice Sheridan, de la izquierda más dura, la que manufactura *Crisol*, órgano mensual del Bloque de Obreros Intelectuales, expresión de la *Proletkult* mexicana, es porque asumía su indecisión ante

---

[36] Sheridan, "Octavio Paz: Cartas de Mérida", *op. cit.*, p. 118.

Paz era dado a maldecir a quienes admiraba, respetaba o quería. Casi siempre rectificaba, días después y las aguas volvían a su cauce aun cuando las diferencias, generalmente políticas, prevalecieran. Alguna vez llegué a su departamento urgentemente convocado para tramitar la expulsión, por desleales, de *Vuelta,* de un par de viejos amigos suyos (Alejandro Rossi y Julieta Campos) que habían decidido integrarse al consejo consultivo del Canal 22, canal de televisión cultural recién creado por el presidente Salinas de Gortari y concesionado al grupo rival, el de la revista *Nexos.* También Paz estaba molesto con Rossi y Campos porque habían asistido, entre el 10 y el 12 de febrero de 1992, al Coloquio de Invierno organizado por *Nexos* con un descarado apoyo institucional. No sé cómo pero en dos días todo se arregló y aquella tarde de conjurados, por suerte, quedó olvidada: uno y otra seguían estando entre sus mejores y más fieles amigos cuando Octavio murió, sobre todo Rossi, quien lo acompañó, con Olbeth, su esposa, durante buena parte de sus últimas hospitalizaciones. Para sobrevivir en *Vuelta* se requería cierta sangre fría y vivir bajo la amenaza de caer en desgracia. Quienes no toleraban ese ambiente, con humor o con malicia, era quienes solían irse de la revista. (Christopher Domínguez Michael: CDM, *Diario*, 26 de marzo de 1992).

[37] *Ibid.*, p. 119.

la disyuntiva entre el "arte de tesis" y el "arte puro" y con cierta astucia pospuso una toma de posición ante las consecuencias capaces de destruirlo no sólo a él si no a las dos o tres de las generaciones que convivían en aquella década. Ese dilema, coincidimos todos sus críticos, no empieza a resolverse hasta "Poesía de soledad y poesía de comunión", aparecido en *El Hijo Pródigo* en agosto de 1943 y rescatado en *Las peras del olmo* (1957) donde Paz contrasta a San Juan de la Cruz con Quevedo, la inocencia y la conciencia, para polarizar a la poesía entre la búsqueda de la soledad y el anhelo de la comunión.[38] Sólo entonces la tensión empieza a resolverse para dar término a la doble vida poética de Paz, misma que será la materia de esa otra autobiografía secreta que son *Los hijos del limo: del romanticismo a la vanguardia* (1974).

En *Itinerario*, otra vez, lo resume con su habitual genio sintético. Cuenta el desconcierto de su generación ante Eliot, Saint-John Perse, Kafka y Faulkner, al fin y al cabo admiraciones que no empañaban "nuestra fe en la Revolución de Octubre". Por ello, idolatraban a André Malraux, uno de los pocos que en sus novelas unían a la "modernidad estética" con el "realismo político". Y por ello, también, "muchas de nuestras discusiones eran ingenuas parodias de los diálogos entre el liberal idealista Settembrini y Naphta, el jesuita comunista".[39]

INTRODUCCIÓN AL MÉTODO DE JORGE CUESTA

"Recuerdo", dice Paz, "que en 1935, cuando lo conocí, Jorge Cuesta me señaló la disparidad entre mis simpatías comunistas y mis gustos e ideas estéticas y filosóficas. Tenía razón, pero el mismo reproche se podía haber hecho, en esos años, a Gide, a Breton y otros muchos, entre ellos al mismo Walter Benjamin". Y no sólo ellos, "los surrealistas franceses se habían declarado comunistas sin renegar de sus principios", lo mismo que el poeta católico Bergamín, quien "proclamaba su adhesión a la revolución sin renunciar a la cruz, ¿cómo no perdonar nuestras contradicciones? No eran nuestras: eran de la época".[40]

La "cadena del ser" se había roto con la idea de revolución y al hacerse de la intuición para descubrirla, Paz se fue librando de ser devorado por el "fanatismo monomaníaco" imperante: "En el siglo xx", dirá en *Itinerario*, "la escisión se convirtió en una condición connatural: éramos realmente almas divididas en un mundo dividido". Algunos, precisa el poeta, "logramos transformar esa hendedura psíquica en independencia intelectual y moral".[41]

---

[38] Paz, *Obras completas, VIII. Miscelánea. Primeros escritos y entrevistas, op. cit.*, pp. 252-253.

[39] Paz, *Obras completas, VI. Ideas y costumbres. La letra y el cetro. Usos y símbolos, op.cit.*, p. 22.

[40] *Ibid.*, p. 22.

[41] *Idem.*

Pero si llegó a ese descubrimiento, más tarde, fue gracias a aquellos maestros que lo salvaron del horror de la década canalla, los poetas que hicieron *Ulises, Contemporáneos, Examen* y que, humillados y ofendidos, se refugiaron, a ratos, en las revistas de la siguiente generación, la de Paz.

No quiero caer en la trampa de creer en las opiniones finales del poeta, las consignadas en *Itinerario* muy en especial, por su convicción testamentaria, como si fueran sus opiniones de toda la vida. Su relación con los Contemporáneos es la historia de una educación, con sus vacilaciones y sus desengaños: de Novo, quizá desde el chisme de que se quiso propasar con alguno de los efebos de *Barandal*, siempre tuvo una opinión despectiva. En una reunión en su casa, en marzo de 1992, Paz nos dio otra versión de ese enredo: había sido Pellicer quien platónicamente se había enamorado del joven Octavio y fue Novo quien, enterado, lo divulgó con su habitual malignidad. [42] En los años cincuenta, cuando Paz hizo teatro con Poesía en Voz Alta, Novo apoyó con entusiasmo a la novísima compañía, lo cual no impidió que lo describiera como un satírico venal para "quien la gente se vuelve objeto de escarnio y befa", y quien a veces escribió con "bilis y caca" aunque le reconociese su capacidad para "asombrar o irritar", su desafiante "voluntad de ser moderno", su audacia al leer, antes que nadie en América Latina, la poesía estadounidense.[43]

Su Pellicer, tan admirado en la juventud, permaneció estático en su apreciación, la publicada en 1955 en la *Revista Mexicana de Literatura*, donde lo definía como "el más rico y vasto de los poetas de su generación" pero no el más perfecto ni el más denso ni el más dramático.[44] Atípico entre los Contemporáneos, por católico, escribió su mejor poesía antes de los cuarenta años, una vez aparecida *Hora de junio* en 1937. Se convirtió, según le comentaba Paz a Juan García Ponce, en una carta desde Nueva Delhi, del 7 de febrero de 1967, en un poeta anacrónico en doble sentido, una suerte de modernista trasnochado y de vanguardista de los años veinte.[45] Finalmente, Pellicer no fue un hombre de ideas, lo cual para Paz, incluso tratándose de un poeta, era siempre una minusvalía.

El inmenso cariño de Paz por Villaurrutia permaneció inalterado de principio a fin y lo motivó a escribir uno de sus libros más hermosos (*Xavier Villaurrutia en persona y obra*, 1978), ilustrado, además, por un amigo común, Juan Soriano, la amistad más duradera de Paz: lo conoció siendo el pintor muy

---

[42] CDM, *Diario*, 26 de marzo de 1992.

[43] Paz, *Obras completas, III. Generaciones y semblanzas. Dominio mexicano. Sor Juana Inés de la Cruz o las trampas de la fe, op. cit.*, pp. 80 y 391–392; Salvador Novo, *La vida en México durante el periodo presidencial de Adolfo Ruiz Cortines, III*, Conaculta, México, 1994, pp. 11 y 117.

[44] Paz, *Obras completas, III. Generaciones y semblanzas. Dominio mexicano. Sor Juana Inés de la Cruz o las trampas de la fe, op. cit.*, p. 296.

[45] Citada por Perales Contreras, *Octavio Paz y su círculo intelectual, op. cit.*, p. 31.

joven y nunca dejaron de verse ni de quererse. Cosa curiosa, a Paz le irritaba oír la conseja de que Villaurrutia se había suicidado, extraña prevención en un poeta acostumbrado a lidiar con los surrealistas, algunos de ellos devotos del Dios Salvaje, el dios de los suicidas. La muerte de Villaurrutia, el 25 de diciembre de 1950, oficiosamente fue atribuida a un infarto.

En cambio, ostentoso fue el suicidio de Jaime Torres Bodet, quien enfermo de cáncer se dio un tiro en la cueva palatina en 1974 a los 72 años. Paz sintió la necesidad de cesar la larga deturpación sufrida por este poeta menor y funcionario ejemplar, en el gobierno mexicano y en la UNESCO, de la que fue director general entre 1948 y 1952. Fue un hombre al que se le acusó (Novo *dixit*) de haber tenido "no vida, sino biografía". En los años sesenta, en privado, para orientar a la generación de La Casa del Lago, que redescubría a los Contemporáneos, Paz coincidía, de hecho, con esa frase lapidaria de Novo. A García Ponce le escribió que Torres Bodet portaba la máscara de la respetabilidad satisfecha y jugaba a la mascarada de la literatura del frac, del jaquet y de las condecoraciones. No llega a ser un Girodoux. Tan sólo llevaba su uniforme, decía.[46]

Paz no gozaba de las simpatías de Torres Bodet quien, cuando coincidieron en la diplomacia, aparentemente lo transfirió de improviso, como castigo, desde París hacia Oriente en 1951. Pero tardíamente, Paz le dio su lugar como una suerte de Colbert criollo, comentario suyo que, desdeñoso al principio, se endulzó como elogio en boca de un Paz más conservador, quien apreciaba sus virtudes como hombre de Estado.[47] A través de la inquina que Paz le tuvo a Torres Bodet en los sesenta y observando cómo ésta fue desapareciendo, puede seguirse otro proceso interior, frecuente en Paz: el remordimiento.

En 1982, cuando a los Contemporáneos, en un gesto de rehabilitación un poco a la soviética (se cumplía medio siglo de que habían sido arrojados de sus empleos en la Secretaría de Educación Pública debido a una campaña de purificación moral), el gobierno mexicano les prodigó un homenaje nacional, se exaltó su patriotismo, puesto en duda por quienes los perseguían por desarraigados, extranjerizantes, elitistas y homosexuales. Como lo sostuvo Paz desde su primer repaso general sobre los Contemporáneos, en 1942, habían sido "cosmopolitas en materia de arte" y al mismo tiempo "patriotas convencidos" como lo fue José Gorostiza, poeta perfecto de *Muerte sin fin* (1939) y el "ángel guardián" de Paz en la Secretaría de Relaciones Exteriores (SRE), artífice de la política internacional de México durante veinte años, que fueron más o menos los que hacían a Paz sentirse tranquilo al evaluar su vida diplomática.

---

[46] Carta de Octavio Paz a Juan García Ponce, 7 de febrero de 1967, Caja 26, Carpeta 2, Biblioteca Firestone de la Universidad de Princeton.

[47] CDM, *Diario*, 26 de marzo de 1992.

Al novelista García Ponce, entonces también un hiperactivo crítico de arte y de literatura, le confío que le divertía y lo consternaba que algunos de los colegas de Gorostiza ni siquiera sabían que era poeta o creían que se trataba de un capricho y no de su verdadera vocación. No es distinto lo que le pasaba, agrego, a Wallace Stevens en su compañía de seguros. Formaba parte Gorostiza, creía Paz, de la estirpe de los consejeros de los príncipes, más a la manera de Confucio que a la de Maquiavelo.[48]

El recuerdo de Cuesta se fue sedimentando de una manera más lenta pues era más problemático, al no involucrar a la nobleza del servicio público desinteresado o a la poesía pura, sino a la ideología, al demonio de la política. Cuesta fue un liberal elitista y constitucionalista; uno de los espíritus que con mayor decisión (y desde la más previsible soledad intelectual) se opuso, en la década canalla, al imperio universal del marxismo.

"Marx", tituló célebremente en 1935 a uno de sus artículos (Cuesta murió sin haber publicado un libro), "no era inteligente, ni científico, ni revolucionario, tampoco socialista sino contrarrevolucionario y místico". Pero no arremetió contra Marx, como lector que era Cuesta de Julien Benda (o radical, pero como Alain, el educador, según Paz) desde las posiciones de la Acción Francesa (cuyo clasicismo no le era del todo antipático) o de las fascistas. Su rechazo fue liberal, dirigido contra cualquier Estado postulante de teologías políticas.

A su horrenda muerte –Cuesta se colgó en 1942 en un asilo psiquiátrico de Tlalpan tras una tentativa de emasculación– Paz le dedicó un soneto, "La caída", que apareció en la primera edición de *Libertad bajo palabra* (1949) en el cual dialoga no tanto con Cuesta sino con su poema principal, para muchos su gran fracaso, el *Canto a un dios mineral*. Los últimos tres versos del poema de Paz bien podrían servir de epitafio para su maestro: "Y nada quedó sino el goce impío/ de la razón cayendo en la inefable/ y helada intimidad de su vacío".[49]

En *El laberinto de la soledad*, Cuesta aparece un par de veces como aquel quien en su búsqueda del aire fresco de la libertad, se arriesga a "desprenderse del cuerpo de la Iglesia y salir a la intemperie".[50] Pero no fue hasta la aparición de la primera edición de las *Obras* de Cuesta que Paz pudo, como muchos, leerlo en libro, recordando sus artículos de los años treinta, en *El Nacional*, y no poco material inédito. Pero en *Poesía en movimiento*, la antología que en 1965 hizo de la poesía mexicana con Alí Chumacero, José Emilio Pacheco y Homero Aridjis, en el prólogo Paz dice: "No faltará quien nos reproche la ausencia de Jorge Cuesta. La influencia de su pensamiento

---

[48] *Idem.*

[49] Paz, *Obras completas, VII. Obra poética (1935-1998)*, op. cit., p. 76.

[50] Paz, *Obras completas, V. El peregrino en su patria. Historia y política de México*, op. cit., p. 146.

fue muy profunda en los poetas de su generación y aun en la mía, pero su poesía no está en sus poemas sino en la obra de aquellos que tuvimos la suerte de escucharlo."[51]

Se le reprochó, en efecto. Desde Nueva Delhi, en febrero de 1967, Paz le escribe a Tomás Segovia que "la omisión de Cuesta en *Poesía en movimiento* le ha parecido a varios amigos 'un crimen'" y páginas adelante, en esa misma correspondencia, menciona a García Ponce, más tarde colaborador muy cercano en *Plural* y *Vuelta*, como protagónico en "la *ridícula* querella a propósito de Cuesta". Con García Ponce, poco después, Paz se disculpó, aceptando que había sido un error pero no un pecado capital, omitir a Cuesta.[52]

Pasaron veinte años y el atractivo de Cuesta, por buenas y malas razones (el químico suicida y loco que soñaba con cambiar de sexo se había convertido en un tema ideal para el profesorado posmoderno) siguió creciendo. En privado o en público, varios escritores de mi generación (Javier Sicilia, Francisco Segovia, Alejandro Katz, yo mismo, entre otros), inquirimos a Paz sobre Cuesta. Algunos lo descubrieron como poeta (motivo de valoración bizantina dado su hermetismo) y otros como pensador político (fue calificado hasta de anarquista, dada que esa fue la posición final de su amigo sobreviviente, Salazar Mallén, quien atizó su vieja batalla contra Paz presentándolo como un ingrato con Cuesta). Paz se dio cuenta de que décadas después de su muerte, Cuesta seguía exponiéndole, como lo había hecho con él, su teoría del clasicismo mexicano a los más jóvenes. Por ello, Paz debía asumir con mayor responsabilidad su deuda con él, colocándolo en el centro de sus años de aprendizaje.

En la "Introducción a la historia de la poesía mexicana", prólogo a la doble edición, aparecida simultáneamente en francés y en inglés a instancias de la UNESCO (es decir, de Torres Bodet), Cuesta no aparece mencionado, pues aquella antología, endriago prologado por Paul Claudel (en francés) y por C.M. Bowra (en inglés) no llegaba, lamentablemente, a nuestra poesía moderna. Las traducciones al inglés las hizo, muy poco familiarizado con la lengua española, pero conocedor del latín y escritor también de lengua francesa, Samuel Beckett, cuya fama, en sus albores, no le impidió aceptar una chamba bien pagada para la cual no estaba del todo capacitado. [53]

---

[51] Paz, *Obras completas, III. Generaciones y semblanzas. Dominio mexicano. Sor Juana Inés de la Cruz o las trampas de la fe, op. cit.*, pp. 140-141.

[52] Paz, *Cartas a Tomás Segovia (1957-1985)*, FCE, México, 2008, pp. 118, 121, 123 y 131; Carta de Octavio Paz a Juan García Ponce, 7 de febrero de 1967, Caja 26, Carpeta 2, Biblioteca Firestone de la Universidad de Princeton.

[53] *Anthologie de la poésie mexicaine*, UNESCO/Nagel, París, 1952 y *An Anthology of Mexican Poetry*, Indiana University Press, 1952; Paz y Eliot Weinberger, "*Octavio Paz on An Anthology of Mexican Poetry*", en *Fulcrom (an anual of poetry and aesthetics)*, núm. 6; Perales Contreras, *Octavio Paz y su círculo intelectual, op. cit.*, pp. 61-62.

Ello provocó que Paz, aunque reconociese que el latín de Beckett le había ayudado a hacer unas versiones sorprendentes de López Velarde en inglés, no se entusiasmase por el dramaturgo, rareza tratándose de ese irlandés tan bien recordado por todos y todas. Su mundo le parecía estrecho y eurocéntrico y veía con desdén aquella doble antología en cuya ficha bibliográfica aparecían los nombres de dos futuros premios nobel, a quienes, viajando en la máquina del tiempo podríamos ver en un café de la plaza de Trocadero, en la primavera de 1950, discutiendo cómo traducir a López Velarde al inglés. Tras confesarle que no sabía español, Beckett se mostró entusiasta al descubrir el genio de Sor Juana Inés de la Cruz y de otros poetas novohispanos. Le divirtieron mucho, al absurdista, los versos, cómicos por macabros, del último de los románticos mexicanos, Manuel Acuña. Todo esto lo contó Paz a la muerte del irlandés en 1989.[54]

En su reseña a *La poesía mexicana moderna* (1952) es Paz quien le reprocha a su autor, Antonio Castro Leal, un crítico de la generación anterior que había envejecido rápidamente, su desdén por los Contemporáneos, que incluye su "silencio sobre la extraña y dramática vida espiritual de Jorge Cuesta" y el empeño en no decir "ni una palabra" sobre Villaurrutia ocultando "el sentido que para él tenían el sueño, el amor y la muerte". Ni siquiera una alusión hizo el decrépito Castro Leal a *Muerte sin fin*, de Gorostiza, "torre de cristal y de fuego está llamado a perdurar con la misma vida de las más altas creaciones del idioma".[55]

Para Paz fue evidente entonces que a él le tocaba hacer, aunque fuese en solitario, la vindicación de los poetas de Contemporáneos, sin los cuales no hubieran penetrado "en nuestra poesía el mundo de los sueños, las misteriosas correspondencias de Baudelaire, las analogías de Nerval, la inmensa libertad de espíritu de Blake".[56] Así lo decía Paz en la reseña contra Castro Leal publicada en su primera colección de escritos críticos, *Las peras del olmo,* que aparece en fecha tan tardía como 1957.

Después de *Cuadrivio* (1965), donde retrató, magistral, a Rubén Darío, a Ramón López Velarde, a Fernando Pessoa y a Luis Cernuda, Paz vuelve a Cuesta, en su libro de 1978 sobre Villaurrutia. En esos días de 1935, cuando Paz lo conoció, Cuesta defendía, con una abrumadora dialéctica, a la universidad de la violación, para empezar, de la libertad de cátedra, implícita en imponerle la educación socialista. Los estudiantes se agolpaban a las puertas del Consejo Universitario, donde los liberales, en la voz del filósofo Antonio Caso se defendían del abogado de las izquierdas, Lombardo Toledano.

---

[54] Deirdre Bair, *Beckett. A Biography*, Summit Books, 1978, p. 695; Paz, "Samuel Beckett y la poesía mexicana", *Vuelta*, núm. 159, México, febrero de 1990, p. 52.

[55] Paz, *Obras completas, III. Generaciones y semblanzas. Dominio mexicano. Sor Juana Inés de la Cruz o las trampas de la fe, op. cit.*, p. 75.

[56] *Ibid.*, p. 75.

Cuesta, recuerda Paz, salió a fumarse un cigarrillo. Lo conocía de vista, compartían un amigo (Salazar Mallén) y hacía poco Paz lo había observado acompañando a Aldous Huxley en su visita a los frescos de José Clemente Orozco en la ENP. Paz se presentó mentando a Huxley y de allí pasaron a Lawrence y más allá del viejo colegio jesuita de San Ildefonso convertido en escuela preparatoria, Cuesta se llevó a comer al joven Paz a un céntrico restaurante alemán de la calle de Bolívar.

"Era la primera vez que yo comía en un lugar elegante ¡y con Jorge Cuesta! Hablamos de Lawrence y de Huxley, es decir, de la pasión y de la razón, de Gide y de Malraux, es decir, de la curiosidad y de la acción. Esas horas fueron mi primera experiencia con el prodigioso mecanismo mental que fue Jorge Cuesta", dirá Paz, quien dedicará varias páginas, a explorar el tema de la inteligencia, en mi opinión fáustica, del poeta crítico por excelencia, el fundador de la crítica moderna en México.

"Aquella tarde –y fue la primera de muchas– asistí a un espectáculo en verdad alucinante: delante de mí veía levantarse edificios mentales que tenían la tenuidad y la resistencia de una tela de araña" y también la fragilidad de esa tela pues los edificios mentales "se balanceaban un instante para ser barridos, en otro instante, por el viento distraído de la conversación".[57]

"¿Por qué Jorge Cuesta escribió tan poco?", se preguntará Paz, describiéndolo poseído por "el demonio socrático de la conversación" incapaz hasta de apuntar en un cuaderno sus ideas y ocurrencias. "¿Pereza, desdén? ¿O quiso irse sin dejar nada? Dicen que antes de morir destruyó todos sus papeles."[58]

Quizá Cuesta, quien tenía en sí mismo a su peor enemigo, se deshizo de algunas páginas durante sus internamientos psiquiátricos, de mano en mano, pues algunos originales suyos circulaban entre escritores y coleccionistas hasta los años ochenta. Yo mismo recibí de regalo (me las dio Salazar Mallén) unas fórmulas químicas anotadas en el papel membretado de los laboratorios donde trabajaba. Se las mostré a un químico para que las descifrará, creyéndome poseedor del secreto de la eterna juventud barruntado por Cuesta. Nada de eso: eran ejercicios rutinarios de laboratorista, instrucciones para ser ejecutados por aprendices. Pero Cuesta, pese a lo pensado por Paz en 1978, no escribió tan poco, sobre todo artículos periodísticos (pese a su sintaxis bizantina, fue un maestro del ensayo breve y portátil, gloria de nuestra lengua gracias al magisterio de Ortega y de Paz), ensayos inéditos o publicados en revistas insólitas y mucha poesía, que seguirá alimentando la caldera del diablo.

Desde 1964 sólo hay tres ediciones de sus obras completas, en cuatro o tres volúmenes, al gusto del cliente y en ellos pueden leerse, como una

---

[57] *Ibid.*, p. 83.

[58] *Ibid.*, pp. 83-84.

advertencia a su joven amigo, algunas líneas sobre la conversión al comunismo de André Gide, cuyo decepcionado regreso de la URSS será una de las polémicas más virulentas de la década canalla en ese congreso de Valencia al cual Paz acudió en julio de 1937: "Su reciente profesión de fe comunista [la de Gide, se entiende] no puede parecer menos que una renuncia a la ética profesional, a la que le debía ser el escritor más admirado e influyente de los contemporáneos; hace que su nueva actitud venga a mostrarnos como un argumento en contra de su propia obra y en contra del espíritu de quienes la seguirán, subyugados por su libertad, su riesgo, por su desinterés y su fidelidad a ella misma y que involuntariamente se pronuncie la palabra traición."[59]

En 1935 Cuesta se burlaba así de las simpatías de André Breton por el marxismo revolucionario, en su versión protestante, la de Trotski, advirtiendo que a los comunistas en general, "el pensamiento de Breton habrá de parecerles demasiado *poético*, demasiado en desacuerdo con la realidad *material* para que tenga un significado dentro de ella. Será el premio que tendrá Breton por haber tomado los propósitos revolucionarios del comunismo al pie de la letra, y haber querido ponerse, sin mengua de sí mismo, 'al servicio de la revolución'".[60]

Tras su experiencia en la Guerra civil española, la voz de Cuesta, que ya se empezaba a quebrar por la locura, exceso de inteligencia o endiosamiento de la razón, debió de resultar muy aguda para Paz. En 1991 dio fin a sus recuerdos de Cuesta contando un nuevo episodio ocurrido "una noche de marzo o abril de 1935, en un bar de la calle Madero, tuve la rara fortuna de oírlo *contar*, como si fuese una novela o una película de episodios, uno de sus ensayos más penetrantes: *El clasicismo mexicano*".[61]

"Sus oyentes", continúa Paz su relato, "éramos una muchacha amiga suya y yo". Ella apenas si habló durante toda la velada y "a mí me toco arriesgar algunas tímidas preguntas y unas pocas, débiles objeciones. Fue muy de Jorge Cuesta esto de exponer a su amante y a un jovenzuelo, al filo de la medianoche, entre un *dry martini* y otro, una ardua teoría estética". Algunos días después de aquella conversación, Cuesta le "envió un ejemplar de la revista en donde aparecía el ensayo; al leerlo, el deslumbramiento inicial se transformó en algo más hondo y más duradero: una reflexión que todavía no termina".[62]

A principios de 1937 salió *Raíz del hombre*, de Paz y Cuesta lo reseñó en *Letras de México*. Postulando paradojas, Cuesta aprobaba el libro, más entusiasmado por el poeta que por su poesía: "su pasión no parece haber

---

[59] Jorge Cuesta, *Obras reunidas, II. Ensayos y prosas varias*, FCE, 2004, p. 538.

[60] *Ibid.*, p. 363.

[61] Paz, *Obras completas, III. Generaciones y semblanzas. Dominio mexicano. Sor Juana Inés de la Cruz o las trampas de la fe, op. cit.*, p. 20.

[62] *Idem.*

alcanzado su objeto hasta que no lo destruyó, hasta que no pudo vagar, desatada, por las ruinas, por los escombros, por las cenizas de lo que la contiene sin agotarla".[63]

Poco después, en una comida en El Cisne, un restaurante aledaño al Bosque de Chapultepec, el joven Paz fue presentado por Cuesta al grupo de los Contemporáneos en pleno. Lo agasajaron, al joven poeta, Villaurrutia, el doctor Bernardo Ortiz de Montellano (quien en el mismo número de la revista donde había aparecido la reseña de Cuesta había reprobado, sin firmar, un poema de Paz), José Gorostiza y su hermano Celestino, el dramaturgo; el filósofo Samuel Ramos (precursor de las tesis sobre el mexicano que Paz expòndrá en *El laberinto de la soledad*), Octavio G. Barreda (director de la ecúmenica *Letras de México*), Torres Bodet, Enrique González Rojo y un crítico literario de origen español pero hacía muchos años mexicanizado, conocido como el Abate de Mendoza. No estaba Pellicer, ya entonces alejado del grupo, ni tampoco Gilberto Owen, el poeta alquímico atado a un puesto diplomático en Bogotá, ni Novo, el más incómodo porque era el único cuya adhesión a la República española, rutinaria entre los Contemporáneos y que tranquilizaba a Paz, resultaba dudosa.

"De pronto", reconoce Paz con asombro y orgullo, "me di cuenta de que me había invitado a una suerte de ceremonia de iniciación. Mejor dicho, a un examen: yo iba a ser el examinado y Xavier y Jorge mis padrinos".[64]

Se habló de Goethe y Valéry, de la traducción poética pero el tema central era Gide, el comunismo y la literatura. Transcurría la Guerra civil española. "Todos ellos", recalca Paz, "eran partidarios de la República; todos también estaban en contra del *engagement* de los escritores y aborrecían el 'realismo socialista', proclamado en esos años como doctrina estética de los comunistas".[65]

Los Contemporáneos interrogaron incisivamente a Paz sobre la contradicción que advertían entre sus opiniones políticas y sus gustos poéticos: "Les respondí como pude. Si mi dialéctica no los convenció, debe de haberlos impresionado mi sinceridad pues me invitaron a sus comidas mensuales. No pude volver a esas reuniones: al poco tiempo dejé México por una larga temporada –primero estuve en Yucatán y más tarde en España".[66]

Siendo niños, los Contemporáneos sufrieron mucho durante la guerra de 1910, "habían presenciado las violencias y las matanzas revolucionarias; jóvenes, fueron testigos de la rápida corrupción de los revolucionarios y su

---

[63] Cuesta, *op. cit.*, pp. 450-451.

[64] Paz, *Obras completas, III. Generaciones y semblanzas. Dominio mexicano. Sor Juana Inés de la Cruz o las trampas de la fe, op. cit.*, pp. 85-86.

[65] *Ibid.*, pp. 85-86.

[66] *Idem.*

transformación en una plutocracia ávida y zafia",[67] recordó Paz en 1978 para justificar su escepticismo ante las esperanzas revolucionarias.

Sólo Cuesta parecía atraído por el magnetismo de la Historia pero una fuerza superior, su propio abismo, lo llamaba. Paz no quería para él ese *exilio interior* diseñado para soportar a México mediante un "refugio artificial" en el que vivía un Villaurrutia, cuyo estudio en el centro de la ciudad, le pareció al joven poeta, "el *set* de una película de Cocteau *(La sangre del poeta)*".[68]

Aquella comida, me parece, confirmaba la verdadera iniciación, la ocurrida en aquel bar de Madero, dos años atrás, cuando Cuesta depositó en manos de Paz, el testigo de la tradición mexicana, aquella que llamará después, no sin crear polémica, "la tradición de la ruptura". Pero antes de proseguir con los ritos de pasaje, más estéticos que políticos, a los cuales lo urgían sus maestros, Octavio Paz debía atender al llamado de su siglo.

---

[67] *Ibid.*, p. 86.
[68] *Ibid.*, p. 87.

CAPÍTULO 3

Tiempo de Helena

> Toca tu desnudez en la del agua,
> desnúdate de ti, llueve en ti misma,
> mira tu pierna como dos arroyos,
> mira tu cuerpo como un largo río,
> son dos islas gemelas tus dos pechos,
> en la noche tu sexo es una estrella,
> alba, luz rosa entre dos mundos ciegos,
> mar profundo que duerme entre dos mares.

> Paz, Bajo tu clara sombra
> (versión de 1941)

YUCATÁN, ENTRE LA PIEDRA Y EL DINERO

La vena irónica mediante la cual Elena Garro suele referirse a quien fuera su único marido y al que llama Paz a secas, a mí, me hace creer en la veracidad de su relato español. Del amor al odio, ida y vuelta, pareciera que Garro nunca dejó de estar enamorada del hombre del que se divorció formalmente en 1959 aunque hubiesen "abierto" su tormentoso matrimonio desde 1944, viviendo separados durante algunas temporadas.

"Los mexicanos", dice Garro en sus simpáticas *Memorias de España 1937* (1992), "siempre compadecieron a Paz por haberse casado conmigo. ¡Su elección fue fatídica! Me consuela saber que está vivo y goza de buena salud, reputación y gloria merecida, a pesar de su grave error de juventud".[1]

"Ese error de juventud" es el hilo de Ariadna que he preferido seguir en la travesía del laberinto español en Octavio Paz, precedido del noviazgo con Elena (formalizado en junio de 1935) y por la estancia del poeta como educador en Yucatán, que durará dos meses (marzo–mayo de 1937) y desembocará en el II Congreso Internacional de Escritores Antifascistas, inaugurado el 4 de julio de 1937 en Valencia.

Desde el año de 1998 en que morirían tanto Paz (en abril) como Garro (el 22 de agosto) empezaron a circular, a trasmano y entre los círculos literarios de la Ciudad de México, algunas de las cartas de juventud de Paz a Garro

---

[1] Garro, *Memorias de España 1937*, *op. cit.*, p. 48.

(pero no en el sentido contrario). Algún diario hasta publicó fragmentos de una correspondencia que por fortuna se encuentra ahora a buen recaudo en la Universidad de Princeton. Ninguna correspondencia privada (ni llamada telefónica ni correo electrónico), todos los sabemos, sale indemne del escrutinio público y las cartas de amor juveniles de Paz no pueden ser la excepción. Encontramos en ellas lo predecible en un enamorado de veinte años, aquello acumulado durante la experiencia del sufrimiento, el autoinfligido por la vanidad y el recibido por la obcecación de hacer de la otra, el Uno. "Si tuviese genio", dijo Paz en 1978, "escribiría la historia del amor".[2] Yo creo que, sintética, la escribió en *La llama doble* (1994), tratadillo que prefiero al conmovedor y equívoco libro de Denis de Rougemont o a la pequeña enciclopedia de Irving Singer.

A principios de 1934, Paz empezó a cortejar a Elena Garro, quien cuando empezó a publicar se rejuveneció cuatro años, pues nació en 1916 y no en 1920. Según Paz, la reducción de edad distaba mucho de ser una coquetería. La hizo para sostener su cuento de novia robada, en 1937, rumbo a la guerra civil española cuando ya en esa fecha era, según Paz, "una joven universitaria con claras convicciones políticas".[3]

"Paz la heleniza con una íntima hache", dice Sheridan y hasta puede decirse que (Laura Helena se llamará la única hija de ambos nacida en 1939) sólo despojándose de la H que le agregó su marido, Elena empezó su vida, brillante y caótica, como novelista y dramaturga.

"Lo enamoran", se lee en *Poeta con paisaje*, "su ingenio, su trenza dorada y sus bailes (ella comenzaba su carrera como bailarina y coreógrafa en foros universitarios)". Al parecer, la familia Garro, muy católica, se divide ante el pretendiente. Al padre, don José Antonio, asturiano, no le gusta Octavio, mientras que a las mujeres de la casa, a la mamá, a la tía Consuelo (que había salido con el licenciado Paz Solórzano) y a Deva, la hermana de Elena, convertida "en mensajera y confidente de la pareja", sí.[4]

En algunas de las cartas conservadas, por ejemplo un puñado de veinte escritas entre julio y octubre de 1935, vemos al joven poeta tratando de vencer las resistencias de la muchacha presentándose a la vez como amante y pedagogo del amor, ante una Elena temerosa de verse arrastrada por ese caudal sentimental y, según Sheridan, de alguna manera de acuerdo, con la prudencia que su familia decide para contender con el pretendiente. No quiero serte repugnante, le dice. Sí soy pecado, le insinúa, "hay que amar nuestros pecados" como forma de salvación y reconocimiento[5], le escribe

---

[2] Paz, *Obras completas, VIII. Miscelánea. Primeros escritos y entrevistas*, op. cit., p. 626.

[3] Paz, "Rectificaciones", carta a *Reforma*, Ciudad de México, 1° de octubre de 1996.

[4] Sheridan, *Poeta con paisaje*, op. cit., p. 151.

[5] Héctor de Mauleón, "A orillas de la luz: cartas de Octavio Paz" en *El derrumbe de los ídolos. Crónicas de la ciudad*, Cal y Arena, México, 2010, p. 317.

un tanto burdamente un joven poeta que rehúye públicamente al surrealismo pero comparte, acaso sin saberlo, esa sacralización del amor como transgresión sagrada, en realidad siempre de moda desde los tiempos, al menos, de Abelardo y Eloísa.

La frialdad del mundo desaparece gracias al amor que empapa el mundo de divinidad, le dice Paz a Garro en unas cartas obsesivas, donde el universo exterior, con toda naturalidad, se ausenta porque eran la coda o el apéndice, la recapitulación de lo vivido durante los fines de semana, idas a Cinelandia o a ver los partidos de futbol soccer del Necaxa junto al Río de la Piedad, del cual era aficionado uno de los hermanos de Elena. Llegaban casi diariamente, por entrega inmediata, a Campeche 130, en la colonia Roma, donde viviría, conjetura Sheridan, alguna amistad de la novia.[6]

Hay escenas entre lamentables y cómicas, como aquella en que la lluvia culmina el dramatismo de un pleito en el cual Octavio le pedía a Elena que lo obedeciese a él, por amor y no a su familia, atada a las convenciones. Finalmente, el 28 de julio de 1935, el pretendiente había sido amigablemente recibido por la madre de Elena, frustrando los malvados planes de don José Antonio de recluir a su hija en un convento para salvarla del "poeta comunista". Esa tarde concluyó con un Octavio que, autorizado a visitarla, se sentía más como "un joven dios", que como un adolescente aterido y juguetón bajo la luz de la luna.[7]

Acabó por imperar la cordura y el derrotero de los jóvenes amantes sería en Madrid entre los tiroteos entre republicanos y nacionalistas, y no el cortés asedio de un convento por un audaz trovador. Don José Antonio aceptó compartir sus lecturas de Krishnamurti con Octavio y éste, a su vez, leía con Elena a Darío, a Herrera y Reissing, Neruda. Sheridan cree que las referencias pazianas al niño Jesús, a quien urgía a poner bajo sus cuidados a su bien amada, era un candado de protección del poeta, quien temeroso de que sus cartas fueran interceptadas, se presentaba ante una familia piadosa como un persignado. Nieto de un liberal masón e hijo de un revolucionario autor de una hagiografía de Zapata a quien le dio vergüenza decir lo guadalupanos que eran su general y sus tropas, Paz fue, durante toda su vida, un anticlerical y un descreído, lo cual lo predisponía para conocer lo sagrado, en buena lid romántica, a través de la poesía.

La frialdad sexual de Elena, después de consumado el matrimonio, quizá fue uno de los motivos permanentes de frustración para su marido. Por ello, a Sheridan le intriga que Huerta, al escribir sobre *Raíz del hombre* no sólo titulara su reseña "Lady Jane y la poesía" sino que dijera que en "el último libro de Octavio, el contenido es puramente de cosas sexuales" pues

---

[6] De Mauleón, "A orillas de la luz: cartas de Octavio Paz" *op. cit.*, p. 218; Sheridan, *Poeta con paisaje, op. cit.*, p. 152.

[7] De Mauleón, *op. cit.*, p. 223.

"para nosotros, hablar de *Raíz del hombre* es comentar a Lady Jane, aquella maravillosa amante del guardabosques Mellors. Constanza Chatterley, Lady Jane o simplemente Jane es la única mujer en la que hemos pensado leyendo el poemario de Paz, la dulce y fogosa Lady Jane, la mujer que despierta repleta de energías y entusiasmo para el acto amoroso. Mellors es ya como un símbolo. Lady Jane es la vibrante poesía. ¡Cómo desnuda y alegre corría bajo el agua torrencial a través del bosque perseguida por el hombre deseoso, y al fin, es poseída victoriosa y salvajemente!"[8]

Así, la *Raíz del hombre* sería, según Sheridan, la sexualidad del varón, su semen. Y dado que las dos noches que pasaron juntos antes del matrimonio fueron al parecer *noches blancas,* el poemario de Paz sería no el testimonio de una pasión sino su tembloroso anuncio, inspirado en *El amante de Lady Chatterley* (1928), de D. H. Lawrence, quizá la novela más importante de las no muchas que leyó en su vida porque Paz, aunque sin hacer ostentación de ella, compartía la condena de Valéry y de los surrealistas contra el género. Por si fuera poco, agrega Sheridan, Constanza, la heroína lawrenciana, era bailarina como Elena.

En junio, Elena había besado a Octavio y por ello traviesamente Efraín, al tanto de todo, se preguntaba qué tendría ese mes del año que tanto hechizaba a los poetas, pues Pellicer, el todavía nada remoto maestro de Paz, anunciaba su *Hora de junio*, aparecida en 1937.[9]

En el nombre de Lawrence y de su Lady Chatterley, vivía y actuaba Paz: el amor, después asociado por él a la manera surrealista, con la Revolución (aunque Octavio, renuente y amedrentado, hubiese asistido de incógnito a una de las conferencias que Breton dio en México en 1938), imperaría en un mundo devastado, como se lee en el primer párrafo de *El amante de Lady Chatterley*.

La década canalla les daría la preciosa oportunidad de probar ese amor con la revolución, primero en Yucatán, separados y luego, juntos en París, Barcelona, Valencia, Madrid. Los fragmentos puestos en su contexto por Sheridan, de las cartas enviadas por Paz a Garro desde Mérida, donde el poeta cumplió veintitrés años. Contrastadas con las memorias de la novelista y junto a la reelaboración autobiográfica de su *1937*, a la cual Paz dedicó varias sus mejores páginas de prosa durante su fecundo periodo final, se puede trazar, con verosimilitud, el panorama de aquellos días.

Había llegado a Mérida, de mal humor, el poeta, el 11 de marzo de 1937. Se había peleado, en la víspera, con Elena, para quien los malos modos de Paz siempre fueron motivo de sufrimiento, desde que lo conoció: cuando él la

---

[8] Sheridan, *Poeta con paisaje, op. cit.*, pp. 156-157; Efraín Huerta, *Aurora roja. Crónicas juveniles en tiempos de Lázaro Cárdenas*, edición no venal de Guillermo Sheridan, México, 2006, pp. 95-100.

[9] Sheridan, *Poeta con paisaje, op. cit.*, p. 157.

invitó a bailar en aquella tardeada de 1934, la hostilizó para seducirla –vieja táctica, con frecuencia exitosa– tratándola de puritana.[10] Pero ella siempre lo sigue, quejosa, desobediente y divertida, como notablemente lo estuvo en España, pese a los riesgos corridos y las incomodidades padecidas. Verla a ella como víctima de Paz es, en el fondo, despreciarla, como la despreciaban tantos de sus oportunos y oportunistas valedores.

Tan pronto como se instala y antes de iniciar la organización de una escuela para hijos de trabajadores, el motivo del viaje que recuerda a las ideadas por la República española en 1931 y a las cuales se sumó un entusiasta un Federico García Lorca, se reporta con Elena Garro y ante ella, espejo, se pregunta por qué está allí, las razones por las que dejó la Ciudad de México, enumerando el deseo de aventura, la necesidad económica, "la poesía, tú", el asco provocado por una ciudad por la cual siente mucha nostalgia. Paz, en esas cartas, admite ante su novia la ambivalencia entre el amor y el odio, tensión no resuelta que los une.[11]

Se había sentido, por primera vez, libre. Decirlo así es un poco idiota pero todos, cuando jóvenes, pasamos por esa alegría y ese desamparo, actuando "el deseo volcánico del viaje a lo remoto", como decía Nietzsche, oportunamente citado por Sheridan. Además, a principios de 1937, también había muerto la tía Amalia, la poseedora de los secretos de la antigua poesía modernista. Solo con su madre, difunta la tía y muerto el padre –Paz dice entonces a quien quiere oírlo que el abogado iba acompañado cuando fue arrollado y que ese testigo, sin haberse presentado a declarar, bien pudo haberlo asesinado–, el joven poeta se siente autorizado para abandonar definitivamente la carrera de leyes, aunque sólo le faltaba aprobar una materia, derecho mercantil, para licenciarse.

Eso decía Paz pero es probable que haya estado mucho más lejos de terminar la carrera de lo que él recordaba. Ángel Gilberto Adame, que como otros investigadores se ha topado con la desaparición del expediente personal del poeta en la UNAM, ha reconstruido su periplo académico a través de los archivos de la entonces Escuela de Jurisprudencia, constatando la extrema irregularidad de Paz como estudiante.[12]

La oportunidad política era óptima. Dividido como nunca, el autor de *No pasarán* (a quien su eterno perseguidor, Salazar Mallén, acusa de llevar una doble vida, por tener una poesía para proletarios y otra para exquisitos) parecía vencer al autor de *Raíz del hombre*, recién recibido, en capítulo, por los Contemporáneos. Como no tenía la edad legal para dirigir la formalmente llamada Escuela Secundaria Superior para Hijos de Trabajadores,

---

[10] Luis Enrique Ramírez, *"¿Octavio Paz?... Me da horror que un día no esté en el mundo:* Elena Garro", *La Jornada*, México, 31 de marzo de 1994.

[11] Sheridan, "Octavio Paz: Cartas de Mérida", *op. cit.*, p. 106.

[12] Ángel Gilberto Adame, correos electrónicos a CDM del 10, 11 y 12 de marzo de 2014.

Paz hizo nombrar a su amigo Novaro como director, mismo que le hace de avanzada y lo recibe aquel día de marzo, en Mérida, con otro compañero muy querido, Ricardo Cortés Tamayo, lo cual perfumó de fraternidad esa breve temporada.

Yucatán, en el siglo xix, península secesionista que le daba la espalda al país mirando hacia La Habana y Nueva Orleans, no había sido tocada por las grandes batallas ni por las insidiosas guerrillas de la Revolución mexicana. Imperaba allí un sistema de castas donde Mérida, la ciudad blanca así llamada más por el color de la piel de sus burgueses menos que por el de las mansiones del afrancesado Paseo Montejo, tornaba muy dudoso el pregonado mestizaje nacional. La agroindustria henequenera había enriquecido a la llamada Casta Divina, primero aliada al Porfiriato, luego dadivosa con la facción vencedora de la Revolución, los carrancistas. La explotación de los campesinos motivó el nacimiento de un socialismo yucateco regional, encabezado por Felipe Carrillo Puerto en los años veinte y, después, el interés personal del general Cárdenas.

En *Itinerario* Paz juega con "la palabra *Yucatán*", tierra aislada y cerrada sobre sí misma, "caracol marino" que "despertaba en mi imaginación resonancias a un tiempo físicas y mitológicas", remitiéndolo a "un mar verde", a "una planicie calcárea recorrida por corrientes subterráneas como las venas de una mano y el prestigio inmenso de los mayas y de su cultura".[13]

El contraste entre el joven excitadísimo que le escribe a su novia y el poeta casi olímpico que hizo del mundo su Weimar, no puede ser mayor aunque los sentimientos expresados sean los mismos. Le escribe a Elena, según el resumen de Sheridan: "Celebra a la ciudad de Mérida con su 'hermosa luz que cruza las calles', con su 'juego de luz en el aire' que va del blanco, como un tenue vapor, al rosa, al crema, al verde tierno del amanecer'; una ciudad 'española, señorial y lenta' detrás de cuyos muros se oculta, encerrada vida sexual, contenida, ferozmente secreta y aherrojada'. No es la primera vez que convertirá una ciudad en una imagen de su mujer", agrega Sheridan e insiste en el ánimo batallador del joven poeta en la península, pintándose rabioso, colérico, "un hombre que custodia su odio" empeñado en lanzarlo contra las "potencias de la quietud". Según Sheridan, aquel joven Octavio vive el antiguo Yucatán como un cambio sanguíneo. Se ha adueñado de él un nuevo reino, el de "la tarántula y la piedra, del esfuerzo y la pereza".[14] Y así lo seguirá recordando el viejo Paz, seducido por "la vida secreta de Mérida, mitad española y mitad india" donde "cada uno de los días que viví allá fue un descubrimiento y, con frecuencia, un encantamiento".[15]

---

[13] Paz, *Obras completas, VI. Ideas y costumbres. La letra y el cetro. Usos y símbolos*, *op. cit.*, pp. 24-25.

[14] Sheridan, "Octavio Paz: cartas de Mérida", *op. cit.*, p. 108

[15] Paz, *Obras completas VI. Ideas y costumbres. La letra y el cetro. Usos y símbolos*, *op. cit.*, p. 25.

Las cosas políticas no marchaban ni tan bien ni tan rápido. El recién llegado le escribe a Garro, que se ha encontrado con "profesores de primaria convertidos en agitadores profesionales", bien dispuestos a manifestarse por "tres centavos", convirtiéndose en "una canalla envalentonada" que descuida a los niños contando con "la inexplicable benevolencia" del gobierno cardenista.[16]

A Paz le disgustaba la xenofobia yucateca, que llama *guaches* a los extranjeros, es decir, a los mexicanos. Vivía por primera vez en tierra caliente y "llana rodeada de infinito por todas partes".[17] Trabas de todo tipo impiden la apertura puntual de la escuela. Paz, Novaro y Cortés Tamayo están decididos a abrirla inclusive si ello significa movilizarse en la calle como sus adversarios, juntando a los alumnos adictos a estos tres mosqueteros rojos venidos del centro. No es benévolo Paz al describir a sus estudiantes: representan lo más pobre y lo más mutilado de México. Las encuentra, a ellas, feísimas pero graciosas y a todos, hombres y mujeres, dueños de "un gran sentido de la dignidad". Están aprendiendo sus derechos de clase pero "jamás se humillan" ni son descorteses. Paz apostrofa a su novia sobre las cualidades de una juventud trabajadora que acude a la nueva escuela.[18]

Esa idealización del campesino yucateco lo llevará a escribir uno de sus grandes dolores de cabeza, "Entre la piedra y la flor", poema largo publicado en su primera versión en 1941 y luego desterrado para reaparecer en 1976, en una nueva versión, dedicada a Teodoro Cesarman, su médico personal. A esa última versión le agregó una nota donde dice que en Yucatán "me impresionó mucho la miseria de los campesinos mayas, atados al cultivo del henequén y a las vicisitudes del comercio mundial del sisal".[19]

En aquel poema se propuso mostrar el "verdadero nudo estrangulador" que "ataba la vida concreta de los campesinos a la estructura impersonal, abstracta, de la economía capitalista". Le intrigaba que "una comunidad de hombres y mujeres dedicada a la satisfacción de necesidades materiales básicas y al cumplimiento de ritos y preceptos tradicionales" estuviese sometida "a un remoto mecanismo" triturador cuya existencia, no digamos su funcionamiento, ignoraban.[20]

Esa remota y siniestra abstracción del dinero, curiosamente, se tornará concreta, olorosa, manual, poco después, cuando en junio de 1938, al servicio de la Comisión Nacional Bancaria y de Valores, donde su protector Eduardo Villaseñor le había encontrado un modesto empleo de inspector, recordará en

---

[16] Sheridan, "Octavio Paz: Cartas de Mérida", *op. cit.*, p. 109.

[17] Paz, *Obras completas, VI. Ideas y costumbres. La letra y el cetro. Usos y símbolos*, *op. cit.*, p. 25.

[18] Sheridan, "Octavio Paz: Cartas de Mérida", *op. cit.*, p. 110.

[19] Paz, *Obras completas, VII. Obra poética (1935-1998)*, *op. cit.*, p. 1384.

[20] *Ibid.*, pp. 1384-1385.

1991, "mi trabajo consistía en contar, con otros dos compañeros, paquetes de billetes viejos ya sellados para la destrucción final en un horno gigantesco del Banco de México".[21]

Resignado a la invariable falta o sobrante de billetes en cada fajo de tres mil pesos, dejó de contarlos "y usar esas largas horas en componer mentalmente una serie de sonetos".[22] No sé qué conclusiones hubiese sacado el poeta Pound, a la postre afiliado para su desgracia, a la extravagante teoría volucionista del dinero, ocurrencia nacida de que su padre, Homer, imprimía y acuñaba literalmente dinero, en la Filadelfia finisecular, ante los ojos curiosos de su hijo Ezra. A Paz le sorprendía ser actor de un proceso donde el emisor del dinero, "un símbolo", se convertía en su destructor. ¿Qué abría dicho el viejo Ezra?

Al final, en su versión de 1976, "Entre la piedra y la flor" no dejó contento a casi nadie, empezando por el propio poeta. Yo debo decir que sus últimos versos, en los cuales al fin presenta una imagen a la vez tierna y durísima del campesino idealizado cuarenta años antes, me parecen uno de los momentos más transparentes de la reconciliación de Paz con su padre y su agrarismo, al retratar así al campesino: "tú eres cortés y ceremonioso y comedido/ y un poco hipócrita como todos los devotos/ y eres capaz de triturar con una piedra/ el cráneo del cismático y el del adúltero;/ tú tiendes a tu mujer en la hamaca/ y la cubres con una manta de latidos."[23]

Ese intento de rescribir con la mano izquierda y desde el socialismo al Eliot de *Tierra baldía*, fracasó porque se basaba en una incompatibilidad difícilmente superable: la redención del campesino para que deje de ser un "hombre hueco" requiere de la esperanza y ésta no aparecía por ningún lado en el poema inspirador del maestro anglocatólico. Por ello, leídas en paralelo, las dos versiones de "Entre la piedra y la flor" son en verdad dos poemas distintos, con escasas estrofas en común. Ambas están en las *Obras completas*, una entre las *Primeras letras*, otra en el cuerpo canónico, de modo que no hay ocultación de nada, como han repetido los insidiosos acusando a Paz de censurar su pasado izquierdista.

El retrato variado, una procesión de características viles y virtuosas propias de la humana inhumanidad de los explotados, agregada en 1976, no gusta a quienes añoran al poeta social que Paz dejó de ser. Y el tema de la abstracción funesta del dinero sobrevive, incólume durante décadas, y disgusta a los críticos ultraliberales del poeta, que los tiene, quienes consideran que Paz abjuró del comunismo sin renunciar a la mentalidad anticapitalista tan propia de su generación.

---

[21] Paz, *Obras completas, VIII. Miscelánea. Primeros escritos y entrevistas, op. cit.*, p. 989.

[22] *Ibid.*, pp. 989 y 1089.

[23] Paz, *Obras completas, VIII. Obra poética (1935-1998), op. cit.*, p. 101.

Esa búsqueda de lo humano en lo inhumano le permitirá, volviendo a las cartas yucatecas, atisbar el horror de los chicleros, los indios recolectores de chicle "otra planta yucateca, otro milagro, y otra maldición", anota Sheridan. Los chicleros, le cuenta a Elena, representan a los más canallas de los hombres, dados a la degradación más vil. "Después de meses de selva" tratan de olvidar su soledad y su desgracia en la ciudad, entregados a la borrachera, alimentándose de un lodo metafórico del que los nutre la sociedad entera. Todos somos, le dice Paz a Elena, "igualmente bandoleros y canallas"[24] por permitir un mundo tan injusto.

Se propone el joven poeta, tan pronto funcione bien su escuela para trabajadores en Mérida, ir a la búsqueda, para su redención, de "esas tribus alcoholizadas con maderas perfumadas como el nardo" para redimirlas. Al tomar esa misión, conjetura Sheridan, el joven poeta se curara del "odio a mí mismo" que lo aqueja. Paz compartía con otros escritores de su generación, como el novelista Revueltas, una idea religiosa que le hubiera sido muy antipática a los fundadores del marxismo, la de concebir la explotación capitalista (inclusive, más tarde, los crímenes del estalinismo) como un pecado compartido por toda la humanidad, en la misma medida en que todo el pueblo de Dios resultaba corresponsable de la crucifixión de Jesucristo.

Paz renunció a la idea redentora de perderse en la selva para transformarse, como el Kurtz de Conrad (citado por Eliot en *Los hombres huecos*, nos recuerda Sheridan), en un ser que, "hueco hasta la médula", se transforma, en un "salvador de salvajes" y los fines de semana acude a las corridas de toros (aficionado a la tauromaquia, apostasió de ella en la madurez) y descubre las ruinas mayas de Chichén Itzá, Kabá y Uxmal, que le parecen, le cuenta a Elena, maravillosas, clásicas y sabias, "llenas de atisbos, de honduras", jugueteando con la idea de convertirse en mayista, habiendo conocido, sobre el terreno, al célebre arqueólogo Sylvanus Morley.[25]

LA NOVIA ROBADA

La fraternidad de Mérida se reunía alrededor de la radio para buscar las trasmisiones desde Madrid y compartir aunque fuese por unos pocos minutos el sonido y la furia que rodeaba a los republicanos, asistía a la redacción del *Diario del Sureste* a ponerse al día, leía *El capital* o, acalorada, se emborrachaba, recibiendo la visita a Mérida de Huerta y José Revueltas, dos camaradas escritores ya militantes del partido que compiten por afiliar al rejego poeta Paz, quien se presenta casi listo para hacerlo. Cree contar con la complicidad, más bien imaginaria, de Elena, quien seguramente no era la ingenua que se autorretrata artísticamente en las *Memorias de España 1937*,

---

[24] Sheridan, "Octavio Paz: cartas de Mérida", *op. cit.*, p. 112.

[25] *Ibid.*, pp. 110-115.

pero tampoco la revolucionaria con convicciones firmes que el joven Paz hubiera querido tener por compañera.

A ella le confiesa cómo cada día avanza en la conquista de su propia conciencia de clase. En poco tiempo, afirma, "podré decir que soy comunista", un hombre al servicio de la revolución mundial. Para dar ese paso necesita del amor de Elena y de la racionalidad de su posición política. Así podrá entregarse a los suyos, que son, se entiende, los condenados de la tierra.[26]

La otra batalla, no menos dura, fue convencer a Elena de los rigores y de las bendiciones implicados en su amor por ella. Ya Sheridan, en su estudio de las cartas de Mérida, ha explicado cómo la Helena octaviana encarnaba a la "mujer y salamandra, piedra y bengala, encarnación de la Diosa".[27]

Todo ello es cierto como también lo es que en el Paz de Mérida tenemos a un muchacho impetuoso, posesivo y fiel a la tradición machista de sus mayores. Por un lado, aparecen las declaraciones convencionales en un joven poeta actuando como joven poeta, al estilo de "por ti amo mi soledad"[28] a la vez sobrenatural y natural. En otros momentos, miramos a un alma simple asociando a su mujer con la matria ("México mío, tú eres Helena") y jurándole, con sangre, un amor que habrá de verse consagrado inevitablemente por el matrimonio,[29] ansiedad provocada por la separación y por respuestas de Garro quizá no demasiado elocuentes ni tan líricas como las desearía el joven enamorado. "La relación entre Paz y Helena está llena de tensiones atroces", dice Sheridan, "las que Paz describe en *La llama doble* sobre la historia de Abelardo y Eloísa",[30] paradigma de los amantes exaltados, desanimados, tristes, alegres, coléricos, tiernos, desesperados, sensuales.

Insiste en la doble cara del amor y del odio. La ama por "la misma razón" por la que la odia, por su desnudez, que juzga heroica, absurda y terrible, asociada a "una desnudez moral" que la deja indefensa, "entregada a sí misma". Todo ello expresaría, subraya Sheridan, que "a Helena le turbaba la sexualidad, la suya y la de su enamorado", como había quedado claro desde las cartas de 1935, abundantes en reproches octavianos al estilo de "tus labios siempre han de estar amargos por la conciencia del pecado". A José Bianco, su amigo de Buenos Aires, el secretario de redacción de *Sur*, le confesará más tarde que Elena es Artemisa, "la siempre virgen dueña del cuchillo".[31]

---

[26] *Ibid.*, p. 116.

[27] *Ibid.*, p. 120.

[28] *Ibid.*, p. 121.

[29] *Ibid.*, p. 127.

[30] *Idem.*

[31] *Ibid.*, p. 130.

Esa ansiedad, la de no haber sido correspondido sexualmente y el temor de que se avecine un matrimonio cobijado en una eterna noche blanca, torna a Paz poco presentable en sus requerimientos y amenazas, celoso del universo, advirtiéndole no querer "que existas fuera de mí", pidiéndole azotadamente se abstenga de vivir fuera de él, "porque yo sí he detenido el tiempo" para el amor. La quiere viva "tensa como púa y rosa".[32] Amar y morir, amor o morir, en conclusión.

Se trataría, según Sheridan, de invertir el camino que Venus concede a Pigmalión y convertir en estatua a la mujer viva. La quiere de piedra, sin hablar ni hacer nada, "tocando mi cabeza, junto a mí, sin besarme, pero impúdicamente desnuda". Añade un lawrenciano "ligero temblor en las piernas" y la elucubra cumpliendo una fantasía de sometimiento para ella, queriéndola "sumisa, callada, dócil para mí, desnuda y lenta". Y sin escrúpulo la desea sin pensamientos ni deseos. "Déjame a mí el pensamiento y la vida…"[33]

Falta mucho para que Elena se transforme en la "planta ponzoñosa" en la cual Sheridan la distingue como personaje poético en *Piedra de sol* y muy transfigurada en *La hija de Rapaccini* (1956). Veinte años atrás, en la Mérida sofocante de aquella primavera, el romántico Paz debe acostumbrarse a lidiar con una jovencita autónoma, deseosa de actuar en una *Perséfona*, de Gide, que se proponen montar en la capital Villaurrutia y Rodolfo Usigli. Paz disfraza sus celos de puritanismo revolucionario, queriendo alejar a la coqueta y frívola Elena de la ciudad Babilonia donde, sin él, se perderá exhibiéndose en obras teatrales *"decadentes"* y "como antídoto", agrega Sheridan, "le envía leyendas mayas para que las convierta en coreografías populares."[34]

Descontrolado por una novia que, además, lo cela ocultándole la identidad de algún supuesto pretendiente, juega al macho y se inventa una autoridad: "Yo, como jefe", le ordena, "soy el que hace los planes" y la amenaza: "De monja estarás, de encerrada y niña de reja, hasta que yo llegue o tú vengas." No le importa pasar por celoso.[35]

Elena lo desobedece, sigue haciendo coreografía y decorados para el Teatro Universitario, amenazándolo, a su Otelo, con iniciar una carrera cinematográfica. Paz considera (y la historia literaria le dará la razón) que Elena será una magnífica escritora pero cree que sólo el matrimonio con él, desde luego, la protegerá de la dispersión, apostando a que las crisis interiores de ambos "desaparecerán con el matrimonio", proponiéndole el triunfo o el fracaso a través del matrimonio concebido como un minuto y una eternidad.[36]

---

[32] *Ibid.*, p. 133.

[33] *Idem.*

[34] *Ibid.*, p. 138.

[35] *Idem.*

[36] *Ibid.*, pp. 140-141.

En eso estaban –Paz quería casarse en Mérida e integrarla a la causa como maestra de los jóvenes trabajadores– cuando llegó la invitación al poeta para asistir al congreso de Valencia y palparle el nervio a la guerra civil. Tenía que apresurarse. Hasta la Ciudad de México no había manera de regresar en tren ni comunicaba a la península con el altiplano ninguna carretera. Por mar sólo salía, rumbo a Veracruz, un vapor al mes. Paz, como es obvio, tomó la vía más rápida, el avión semanal.

La salida resulta perfecta para el poeta y para sus sueños de compromiso amoroso: los casaría la causa republicana y desde el principio, Paz se impone, pase lo que pase, la obligación de hacer el viaje con ella. Elena, como es natural en toda persona inteligente, titubea y al fin, como también es propio de la hipersensibilidad, se deja llevar por la aventura. La última carta desde Mérida, nos informa Sheridan, está fechada el 7 de mayo.

Dejemos a Garro la narración de la boda, ocurrida el 25 de mayo, en que ella protagoniza el papel de letrada novia robada. Caminaba hacia la escuela, concentrada en el examen de latín que iba a presentar y que ya nunca presentó, cuando en una esquina aparecieron Paz y sus testigos (Ramírez y Ramírez con Rafael López Malo) quienes la conducen ante un juez:

"Subimos las escaleras y llegamos a un despacho en el que un hombre de gafas, leyó, según me enteré después, la epístola de Melchor Ocampo que, también lo supe después, es la epístola laica del matrimonio en México." A la muchacha le aburrió el texto: "me senté en un sofá de bejuco, ¡no tenía mucha calidad literaria! 'Póngase de pie' que se está casando!', exclamó indignado el oficinista, que resultó ser don Próspero Olivares Sosa, el juez casamentero de México. Me pusé de pie y Próspero ordenó: 'Firme aquí' y firmé. Tenía mucha prisa en llegar a mi examen de latín, y antes de subir la escalera Paz y sus amigos me prometieron que llegaría a tiempo. ¡No llegué nunca! ¡Nunca!"[37]

Si es cierto que a los Garro, papá y mamá, la boda no les hizo gracia, el caso es que apechugaron. La averiguación en los juzgados hecha recientemente por Adame convierte en muy literario el recuerdo que las Elenas, madre e hija, divulgaron de aquel matrimonio celebrado por todas las de la ley, ese 25 de mayo de 1937, en efecto. Efectuado bajo el estricto código civil de 1932, la engorrosa documentación hubo de ser entregada en tiempo y forma, incluidos los exámenes prenupciales y obligada hubo de ser la presencia previa de ambos novios en el despacho de un juez probo, Olivares Sosa, un casamentero ante quien pasaron, por ejemplo, María Félix y Jorge Negrete en 1952. Los testigos fueron López Malo, Salvador Toscano y Raúl

---

[37] Garro, "A mí me ha ocurrido todo al revés", en *Cuadernos Hispanoamericanos*, México, núm. 346, México, 1979, p. 42; el texto se reproduce en Patricia Rosas Lopátegui, *Testimonios sobre Elena Garro. Biografía exclusiva y autorizada de Elena Garro*, Castillo, Monterrey, 2002, pp. 137-138.

Vega Córdoba, éste último el abogado amigo de Paz que los divorciaría en 1959. Faltan en el expediente, según Adame, las actas de nacimiento de los cónyuges, quizá debido a que a Garro le faltaban siete meses para cumplir los veintiún años, la mayoría de edad requerida en ese entonces. Ello hace aún más inverosímil la supuesta oposición de don José Antonio a la boda de su hija, pues esa minoridad podía ser dispensada por un permiso paterno que el señor muy probablemente concedió, volviendo innecesario que el juez se haya hecho de la vista gorda ante el matrimonio de una menor. El padre de Elena, de no contarse con ese consentimiento, habría podido, además, demandar la nulidad del acto. Finalmente, ese código de 1932 preveía la imputabilidad penal desde los 18 años, de tal forma que la mentira o la falsificación por parte de alguno de los aspirantes a cónyuges podía ser castigada.[38]

Deva, la hermana de Elena tan apegada a Paz, lo mismo que sus tías, organizaron esa misma noche una cena para celebrar. Según otra fuente, esa celebración o la boda misma, se habría llevado a cabo en Guadalajara 94, la casa de Amalia Navarro (madre de la coreógrafa Amalia Hernández, primera esposa del crítico Martínez), tía abuela materna de Elena, lo cual le acaba de restar dramatismo a la supuesta contrariedad de la familia Garro.[39] Al día siguiente, siempre según la versión de Garro, Octavio Paz pasó a recoger a su esposa en el domicilio de sus suegros y durante dos semanas vivieron en casa de Josefina Lozano viuda de Paz, de las cuales, una Garro delirante, la que escribe sus diarios, dizque exiliada en los Estados Unidos en 1973, tiene recuerdos escabrosos. Según su hija Laura Helena, su tía Concha le contó que la noche de bodas de su madre había sido una violación.[40]

No se sabe bien a bien quién pagó el boleto de Elena Garro a las Europas. Es probable que ambas familias cooperasen para pagar una extraña luna de miel en el descampado donde transcurría la Historia.

---

[38] Ángel Gilberto Adame, "La boda de Octavio Paz y Elena Garro", blog de *Letras Libres*, 3 de junio de 2014.

[39] Octavio Paz / José Luis Martínez, *Al calor de la amistad. Correspondencia 1950–1984, op. cit.*, p. 156n.

[40] Rosas Lopátegui, *Testimonios sobre Elena Garro, op. cit.*, p. 313; Helena Paz Garro, *Memorias*, Océano, México, 2003, p. 52.

CAPÍTULO 4

Hora de España y fantasma

Los hombres son la espuma de la tierra,
la flor del llanto, el fruto de la sangre,
el pan de la palabra, el vino de los cantos,
la sal de la alegría, la almendra del silencio
Estos viejos
son un ramo de soles apagados.

Paz, "Los viejos" (evacuados en un barco de carga,
durante la guerra civil española) [1938]

NERUDA EN EL ANDÉN, MALRAUX EN EL VAGÓN

A mediados de junio de 1937, los recién casados salieron rumbo a España. Viajaron por carretera hasta Nueva York, vía Monterrey, a donde llegaron el 21 de junio. Fueron dos delegaciones mexicanas, como a Octavio Paz siempre le interesó subrayar, cuyo periplo sigue Sheridan con puntualidad en *Poeta con paisaje*. Los invitados oficiales del congreso, encabezados por José Mancisidor, un mediocre y bonachón escritor comunista que el año anterior estuvo en Moscú en los funerales de Maxim Gorki, fueron los poetas Pellicer y Paz.

Neruda y Alberti, poetas ya eminentes a cargo de las relaciones tanto de los soviéticos como de los republicanos con América Latina, hallaron poco atractiva la lista de invitados que les ofreció la LEAR mexicana. Aceptaron –no les quedaba otra– sólo a su presidente (Mancisidor) y propusieron a dos "independientes de izquierda" como se les conocía en la jerga bolchevique, al poeta católico Pellicer y al joven Paz, a quien Alberti conocía de su viaje a México en 1934 y Neruda había leído.

A Paz lo avalaba, también, el amplio tiraje (3 500 ejemplares entonces muy respetables para un poema) de *¡No pasarán!*, impreso en septiembre de 1936 y que circuló en ambas orillas del Atlántico, un poema eficaz, si aceptamos la retórica característica de aquellos tiempos. A la dudosa ortodoxia de Pellicer y de Paz, la compensaba la vigilancia fraterna de la delegación cubana, que viajaba con los mexicanos y estaba compuesta por un par de duros: Nicolás Guillén y Juan Marinello. Este último había sido el cuadro revolucionario responsable de haber tratado de "acatar sin cumplir" la invitación a Paz haciéndosela llegar, por mar, hasta la remota Mérida.

La LEAR, desairada por los jefes de la literatura revolucionaria, recurrió al gobierno del general Cárdenas y organizó una segunda delegación encabezada por el compositor Silvestre Revueltas (quien jugará el papel de payaso de las bofetadas en esa ópera cómica que es todo gran viaje), el cuentista, doblemente campechano, de la Cabada, el curador Fernando Gamboa y su esposa Susana Steel, el pintor José Chávez Morado y María Luisa Vera, una funcionaria cultural. Calcula Sheridan que en Nueva York todavía estaba junto el grupo mexicano-cubano hasta que los invitados oficiales, que eran los que tenían que estar puntuales en la inauguración del congreso antifascista, le gustase o no a la LEAR, salieron el 29 de julio en el *Britannic* y llegaron, desembarcando en Cherburgo, a la estación Saint-Lazare de París el 30 de junio.[1]

La "basura militante" esparcida por la década sin honor, de la que se quejará amargamente Auden, no implicaba en ella la ausencia de causas justas encendidas por la fraternidad, como la guerra de España, de la que hablará Paz cuando le toque conmemorar, como uno de los últimos sobrevivientes, el cincuenta aniversario del congreso de Valencia en 1987. Los comunistas soviéticos, presentándose como poseedores de la *summa* del humanismo occidental (herederos de la Ilustración, según los racionalistas o herederos del cristianismo, según los más espirituales) convirtieron su doctrina en "una falsa religión, una superstición, una corrupción religiosa del marxismo" capaz de engañar a millones que combatían de buena fe a Hitler o Franco, quienes no ocultaban su mala reputación. Década canalla, también porque, como dijo el propio Paz en 1977, "ese resplandor, que a nosotros nos parecía el de la aurora, era el de una pira sangrienta".[2]

Los soviéticos manipularon ese congreso y el anterior, el de la Mutualité en París, en 1935, para adueñarse de los escritores comprometidos y ponerlos a su servicio, como lo ordenó Stalin, en su calidad de "ingenieros de almas". Fueron las causas célebres de Victor Serge y de André Gide, un par de espíritus libres, las que pusieron al totalitarismo y a su propaganda, en serios aprietos.

Garro cuenta que en la estación los esperaban Aragon y Alejo Carpentier, autor apenas de una novela negrista, quienes se sorprendieron de verlos tan niños. Paz recuerda otra cosa, a Neruda gritando su nombre en los andenes y el propio chileno, en *Confieso que he vivido* (1974) dijo que "entre noruegos, italianos, argentinos, llegó de México el poeta Octavio Paz, después de mil aventuras de viaje. En cierto modo me sentía orgulloso de haberlo traído. Había publicado un solo libro que yo había recibido hacía

---

[1] Sheridan, *Poeta con paisaje, op. cit.*, pp. 251-255.

[2] Paz, *Obras completas, VIII. Miscelánea. Primeros escritos y entrevistas, op. cit.*, p. 728; Paz, *Obras completas, VI. Ideas y costumbres. La letra y el cetro. Usos y símbolos, op. cit.*, p. 521.

dos meses y que me pareció contener un germen verdadero. Entonces nadie lo conocía".[3]

Pocas cosas conmovieron más a Paz en su vejez que el reencuentro con sus dos valedores de la juventud. A Alberti le dio la bienvenida, en agosto de 1990, en un recital en la Ciudad de México y a Neruda, tras la bronca en un banquete en su honor, en 1941, no lo volvió a ver sino en el festival de poesía de Londres, en 1967, donde a instancias del chileno, se dieron un abrazo. Sheridan, que acompañó a Paz en varias de sus últimas tardes, recuerda la insistencia con que pedía se le leyese Neruda, mucho Neruda, pero sobre todo "Walking around", aquel poema cuyo primer verso dice: "Sucede que me canso de ser hombre…"

¿Era aquella la fatiga crepuscular que invadió aquella primera noche al par de jóvenes recién llegados de México? Elena quería ver la Tour de Nesle, célebre por una novela de amores y venenos, demolida mucho antes de ser inmortalizada por Dumas padre. Octavio recordaría el París platicado por don Ireneo, quien lo visitó con la tía Amalia en la Exposición Universal de 1896, para no pensar en los mil y un libros que se habrán referido a la vieja Lutecia, "ese museo universal".[4]

Parece que tras la cena y los discursos de despedida de los delegados que esa misma noche salían rumbo a Valencia, los Paz, de la mano de Neruda, su *cicerone*, fueron a dar a un "hotelito lleno de chinches", muy probablemente el Hotel Des Carmes, al cual el opíparo poeta llevaba a sus amigos pobretones, según el novelista chileno Jorge Edwards, amigo y confidente de Neruda.[5]

"Pasamos la noche sentados en dos sillas y amanecimos muy deprimidos. 'Eres una burguesa, debes endurecerte', opinó Paz. Yo había leído *Veinte poemas de amor y una canción desesperada* y esa noche comprobé su parecido con los tangos de Gardel…",[6] recordará Garro, en uno de esos fragmentos humorísticos de sus *Memorias de España 1937* que algunas feministas se toman tan en serio al desmenuzar aquel turbulento matrimonio.[7]

Sigo la crónica de Sheridan: desvelados o no por las chinches, al día siguiente los Neruda (entonces Pablo y la argentina Delia del Carril, apodada "La hormiga") pasan por los Paz y van a la embajada de España por sus visas. A la salida se encuentran a Luis Buñuel, cuya película *Los olvidados* defendería Paz en el festival de Cannes en 1951 y a quien Octavio y Elena frecuentarían en los años finales de su matrimonio en la Ciudad de México.

---

[3] Pablo Neruda, *Confieso que he vivido*, Seix Barral, Barcelona, 1974, p. 182.

[4] Paz, *Obras completas, VIII. Miscelánea. Primeros escritos y entrevistas*, op. cit., p. 972.

[5] Jorge Edwards, *Adiós, poeta…* Tusquets, México, 1991, p. 77.

[6] Garro, *Memorias de España 1937*, op. cit., p. 10.

[7] Sandra Messinger Cypess, *Uncivil wars. Elena Garro, Octavio Paz and the Battle for Cultural Memory*, University of Texas Press, Austin, 2012, p. 80.

Hubo una ocasión en que, tras una gresca con su marido, Garro le pidió dinero a Buñuel para irse a pasar la noche en un hotel. Don Luis le respondió que tenía por norma no intervenir en los pleitos conyugales de las parejas amigas.[8]

En la cena del 30 de junio de 1937, donde según Garro, "había muchísimos comensales y todos se arrebataban la palabra, el vino corría a mares y me fijé que nadie comía", Paz conoció a César Vallejo ("La cara de Vallejo, una cara ascética. Lo encontré casi un hindú"), al día siguiente viajaría en el mismo vagón que Malraux, Stephen Spender e Ilia Ehrenburg. Spender, ese "adolescente perpetuo" en la despectiva opinión de Orwell, se entendió de inmediato con el poeta mexicano, sólo un lustro menor que él. Paz, en cambio, notó distante y enfadado a Malraux. El fervor juvenil de Paz por el entonces novelista (revolucionario por partida doble, por su prosa cinematográfica y por su antifascismo belicoso), se convirtió, a lo largo de los años, en un trato a veces ríspido. En una entrevista de 1991, Paz, remontándose al Malraux de 1937, dijo que el francés aguardaba ver llegar de México a escritores vestidos como rancheros con "una pistola disparando en cada mano".[9]

No le faltaban razones a Malraux para esperar de la delegación mexicana cierto colorido dado que en el Quinto Regimiento del ejército republicano, combatían el coronel Juan Bautista Gómez, veterano de la Revolución mexicana, charro y dandi que encandiló a Garro, y David Alfaro Siqueiros, el pintor a quien tres años después encontraremos en Coyoacán tratando de matar a Trotski y a su familia. Pero la delegación mexicana sólo ofreció en 1937, en ese rubro, la dipsomanía de Silvestre Revueltas.

Nunca agradó a Paz el gusto de Malraux por lo exótico aunque en 1968 trató de gestionar con él, entonces ministro de cultura, el apoyo francés para una nueva revista latinoamericana que relevase a *Sur*. Malraux fingió entusiasmo pero remitió el asunto, como si se tratase de una pequeña empresa colonial, al Quai d'Orsay, el ministerio francés de asuntos exteriores. Al final, ese proyecto se transformó, sin los franceses y sin Paz, en la revista *Libre*, de vida efímera pero que sembró la semilla (no sólo en Paz, sino en Tomás Segovia) de lo que sería *Plural*. Saco a relucir el asunto porque, en esas mismas cartas a Segovia donde narra el fracaso de su gestión durante una cena con Malraux, Paz no se cura de su azoro por la derrota republicana –habían pasado casi treinta años desde entonces– que de joven, en aquel viaje, trató de impedir. Estando con Malraux en 1968, le cuenta a Segovia –poeta que llegó niño a México con el exilio republicano– que al tener "ese diálogo pensaba yo mientras comía las ostras, lo debería haber tenido con

---

[8] Paz, *Luis Buñuel: El doble arco de la belleza y la rebeldía*, prólogo de José De la Colina, FCE, México, 2012, pp. 16-17; Paz Garro, *Memorias, op. cit.*, pp. 318-319.

[9] Garro, *Memorias de España 1937, op. cit.*, p. 10; Sheridan, *Poeta con paisaje, op. cit.*, p. 256.

un hipotético Ministro de Cultura de una no menos hipotética Republica Española –tal vez un Bergamín o un Gaos".[10]

Regresemos al vagón de tren, rumbo a Portbou, en la raya de Francia, donde Paz se empieza a desplazar en la parda atmósfera que los soviéticos habían dejado caer sobre la guerra española. Neruda, Pellicer y Paz conversan con Ehrenburg, sobre un tema incómodo pues el anfitrión de Trotski en México era el pintor Diego Rivera, compañero de bohemia del escritor ruso en los años cubistas de París y a quien había retratado en una novela, *Julio Jurenito* (1922). El inocente Pellicer empezó a contar cómo Diego estaba despertando el interés de Trotski por el arte prehispánico: "Neruda y yo alzamos las cejas. Pero Ehrenburg pareció no inmutarse y se quedó quieto, sin decir nada. Quise entrar al quite y comenté con timidez: 'Sí, alguna vez dijo, si no recuerdo mal, que le habría gustado ser crítico de arte...'"[11]

"Ehrenburg", recuerda Paz, "sonrió levemente y asintió con un movimiento de cabeza, seguido de un gesto indefinible (¿de curiosidad o de extrañeza?). De pronto: con voz ausente, murmuró: 'Ah, Trotski...'. Y dirigiéndose a Pellicer: 'Usted ¿qué opina?' Hubo una pausa. Neruda cambió conmigo una mirada de angustia mientras Pellicer decía, con aquella voz suya de bajo de ópera: '¿Trotski? Es el agitador político más grande de la historia... después, naturalmente, de San Pablo'. Nos reímos de dientes afuera. Ehrenburg se levantó y Neruda me dijo al oído: 'El poeta católico hará que nos fusilen...'"[12]

EL CASO GIDE

Empezaba para Paz la vida bajo la guerra civil dentro de la guerra civil. Modesto pues siempre advierte que sus actitudes y opiniones de entonces eran las de un muy joven poeta mexicano sin peso político, a Paz se le llama la atención varias veces y por distintos medios por ser sospechoso de trotskismo (más tarde, en los años cuarenta mexicanos al acercarse a Serge, tendrá pasajeramente esas simpatías), tal cual se lo confirmará medio siglo después, Ricardo Muñoz Suay, quien lo hizo presidir el cincuenta aniversario del congreso de Valencia en 1987.

Tras la anécdota, referida por Garro, de los milicianos que los llevan a una playa donde yace "una bomba con conciencia de clase" porque no estalló, Spender y Carpentier se solazan en destacar "lo que de divertidamente

---

[10] Paz, *Cartas a Tomás Segovia, op. cit.*, p. 147.

[11] Paz, *Obras completas, VI. Ideas y costumbres. La letra y el cetro. Usos y símbolos, op. cit.*, pp. 29-30.

[12] *Ibid.*, p 30.

surrealista tiene el escenario de un bombardeo" donde a veces aparecen, incólumes, cuartos enteros o muselinas azules.[13]

La primera semana, iniciada con sólo una noche en Barcelona, la pasan los Paz en Valencia y Madrid. Elena, que se hace la tonta como recurso narrativo (recurso que hará escuela entre las escritoras mexicanas), empieza a sufrir ante la destrucción causada por la guerra. "¡No sé por qué te traje!, dijo. Yo tampoco lo sabía, ni lo sé hasta el día de hoy."[14]

Spender y Paz, dice Sheridan, registran idéntica indignación "ante el circo de intelectuales tratados como príncipes y ministros, arrastrados en Rolls Royces a través de hermosos paisajes y pueblos bombardeados, entre hurras y corazones rotos, banqueteados, celebrados, cantados, danzados, dibujados y fotografiados tenía algo de grotesco." Pero fue Garro, días después, yendo el lunes 5 de julio de Valencia a Madrid, en el pueblo de Minglanilla, quien estalló. Tras escuchar a los niños huérfanos de guerra cantando y bailando para los turistas revolucionarios, "la hermosa señora Paz", "esposa del no menos hermoso poeta Octavio Paz, cayó en un llanto histérico causado por un súbito arrebato de conciencia de lo que estaba sucediendo".[15]

Habría sido Paz, según Spender, quien en vez de tranquilizar a su mujer, se dirigió a la gente de Minglanilla en esas graves circunstancias. Carpentier dice que el orador fue Guillén, lo que a Sheridan le parece más probable. En cuanto al ataque de histeria, Garro lamenta el comentario de Spender que, aparecido en *World Whitin World* (1951), Paz le habría refregado en la cara. Ella dice que no fue la única en escandalizarse por el banquete dado a los escritores en medio del pueblo hambriento. Que otros de los comensales pidieron regalar al pueblo las viandas.[16]

Impresionado por estar conociendo a los grandes escritores de su tiempo, Paz siempre dijo que la ganancia impagable del viaje había sido encontrarse con sus pares españoles, los poetas y ensayistas hacedores de *Hora de España* (1937–1938), la revista con la cual se identificará a plenitud, un paso más adelante que él en el endiablado equilibrio entre la libertad estética y la causa republicana.

Se amista con sus redactores, con la filósofa María Zambrano, Arturo Serrano Plaja, el pintor, diseñador y poeta Ramón Gaya, Juan Gil-Albert y Antonio Sánchez Barbudo, entre otros. "Me unía a ellos", dirá, "no sólo la edad sino los gustos literarios, las lecturas comunes y nuestra situación

---

[13] Sheridan, *Poeta con paisaje, op. cit.*, p. 257.

[14] Garro, *Memorias de España 1937, op. cit.*, p. 13.

[15] Citado por Sheridan, *Poeta con paisaje, op. cit.*, p. 262.

[16] *Ibid.*, p. 262; Stephen Spender, *The Thirties and After,* Vintage, Nueva York, 1979, p. 76; Garro, *Memorias de España 1937, op. cit.*, p. 31.

peculiar frente a los comunistas. Oscilábamos entre una adhesión ferviente y una reserva invencible".[17]

De Serrano Plaja, quien lo recibe informándolo de las condiciones en que Neruda y Alberti decidieron su invitación, dice Paz "fue uno de mis mejores amigos españoles; un temperamento profundo, religioso. [...] Él había leído mis poemas como yo había leído los suyos y nos unían ideas y preocupaciones semejantes".[18]

Las actividades propagandísticas del congreso, que habían empezado con un discurso del conde-camarada Alexei Tolstói contra el trotskismo, no le interesaron gran cosa a Paz, atento, quizá, a las intervenciones vespertinas de José Bergamín y Joaquín Xirau. Esa misma noche, acude a una puesta de *Mariana Pineda*, de García Lorca, quien había sido asesinado apenas el 18 de agosto de 1936. Entre los actores, dirigidos por Manuel Altolaguirre, estaba Luis Cernuda, a cuya fama, desde México, tanto contribuiría Paz. El poeta Cernuda, según Garro, no asistía mucho al congreso, prefería tomar el sol en la playa.[19] Esa madrugada, los Paz sufren su primer bombardeo, batallan buscando acomodo en un refugio y salen rumbo a Madrid, adonde llegan el 6 de julio.

Alberti, según Sheridan, "hace las veces de hostelero del vasto palacio de los duques en el número 7 de la calle del marqués del Duero, donde está instalada la Alianza" de Intelectuales, dirigida por José Bergamín, allí se reúnen los congresistas latinoamericanos. "En sus muchas habitaciones, durante ese verano de 1937, se hospedan Vallejo, Huidobro, Neruda, Hemingway, el fotógrafo Robert Capa, Nicolás Guillén, Langston Hughes, León Felipe, Aragon y Elsa Triolet… Paz y Garro no encontraron ya sitio y fueron a dar al Hotel Victoria, en la Plaza del Ángel, de donde regresaban al palacio en la mañana."[20]

En Madrid, Paz escribe algo de poesía y sobre todo, absorbe lo que veinte años después serán algunos de los versos más visitados de *Piedra de sol* susceptibles de leerse como la vindicación del amor contra la guerra. También son un indicio de que no todo fueron regaños e incomodidades en esa insólita luna de miel de los Paz: "Madrid, 1937,/ en la Plaza del Ángel las mujeres/ cosían y cantaban con sus hijos,/ después sonó la alarma y hubo gritos,/ casas arrodilladas en el polvo,/ torres hendidas, frentes escupidas/ y el huracán de los motores, fijo:/ los dos se desnudaron y se amaron/ por defender nuestra posición eterna,/ nuestra ración de tiempo y paraíso/ tocar nuestra raíz y recobrarnos/ recobrar nuestra herencia arrebatada/ por ladrones

---

[17] Paz, *Obras completas, VI. Ideas y costumbres. La letra y el cetro. Usos y símbolos, op. cit.*, p. 32.

[18] *Ibid.*, p. 27.

[19] Garro, *Memorias de España 1937, op.cit.*, p. 32.

[20] Sheridan, *Poeta con paisaje, op. cit.*, p. 265.

de vida hace mil siglos,/ los dos se desnudaron y besaron/ porque las desnudeces enlazadas/ saltan el tiempo y son invulnerables,/ nada las toca, vuelven al principio,/ no hay hoy tú ni yo, mañana, ayer ni nombres,/ verdad de dos en sólo un cuerpo y alma,/ oh ser total..."[21]

Al final de su vida con Garro, esa unidad se ennegreció: como es de esperarse en los matrimonios largos y mal avenidos, ella le supo a "polvo", "a piedra", "a tiempo emponzoñado", a "pozo sin salida", como también se lee en *Piedra de sol*, uno de los poemas eróticos más memorizados y recitados del siglo xx.[22] Poema cuya gloria, como siempre le sucede a los escritores cuando ven a una de sus creaciones amenazando con eclipsar a otras, acabó por fastidiar a Paz. No me gusta nada *Piedra de sol*, le confesará a su amigo el poeta inglés Charles Tomlinson en una carta de 1970.[23]

Tan pronto llegó a la devastada Villa y Corte, Paz corrió a buscar a Alberti, quien quizá ya no era aquel del México de 1935. "Su marxismo, más que una ideología, era una fe y, más que una fe, un ritual", recordará Paz recapitulando sobre esa figura esencial en su vida, al recalcar que en "en materia política", su esposa María Teresa, era quien llevaba "la voz cantante".[24] En aquel palacio, en 1937, Paz recuerda "una fiesta de disfraces y a Rafael Alberti vestido de domador de un circo quimérico. Travesuras y algazaras con las que los hombres, en situaciones semejantes, se han burlado siempre de la muerte, desafíos y juegos al borde del abismo que Rafael Alberti dirigía con una suerte de soltura geométrica".[25]

"El congreso se abrió en Madrid", apunta Garro refiriéndose a la sesión del martes 6 de julio, "en el auditorio de la residencia estudiantil. Había muchas cámaras de cine y Gerda y Kapa tomaban fotos a gran velocidad. La mañana era radiante y en el bar instalado en el patio del local se agolpaban durante los descansos los escritores, los fotógrafos y algunos ministros".[26]

Casi siempre coinciden Garro, la cronista, y Paz, el intérprete, aunque ambos hayan escrito sus recuerdos formales muchos años después, tardanza sorprendente tratándose del poeta. Mientras Pellicer y Huidobro charlaban y éste último, el chileno "amable, de maneras fáciles y conversación brillante" se quejaba de los anatemas lanzados en su contra por Neruda, el mexicano, consigna la Garro, se proclama "católico a los cuatro vientos".[27]

---

[21] Paz, *Obras completas, VII. Obra poética (1935-1998)*, *op. cit.*, p. 274.

[22] *Ibid.*, p. 271.

[23] Sheridan, "*My dear Charles*, Paz le escribe a Tomlinson", *Letras Libres*, México, diciembre de 2013, p. 52.

[24] Paz, *Obras completas, II. Excursiones/Incursiones. Dominio extranjero. Fundación y disidencia. Dominio hispánico*, *op. cit.*, p. 1165.

[25] *Ibid.*, p. 1167.

[26] Garro, *Memorias de España 1937*, *op. cit.*, p. 23.

[27] *Idem.*

Se acercaba a su clímax la sesión en la Residencia de Estudiantes, que era la discusión del caso Gide. Garro, por la noche, apenas escuchando discutir, ya somnolienta, a los intelectuales revolucionarios, le oyó decir a Malraux: "Si el imbécil de Mancisidor lleva esa acusación contra Gide, me retiro del Congreso."[28] Jef Last, el comunista holandés que había sido acompañante de Gide en la URSS y moriría en 1972 como uno de los primeros voceros internacionales del movimiento gay, no sabía qué hacer, si ser fiel a su loa a Stalin canturreada por la mañana o si ser leal a su amigo Gide. Paz recuerda lo segundo. El fuerte temperamento nacionalista de Malraux, capaz de colocarlo junto a De Gaulle tras la Segunda guerra, lo obligó a impedir que se consumase del todo, en un congreso en España a favor de la República, el anatema soviético contra el más famoso de los escritores franceses.

"En Valencia y en Madrid", leemos en *Itinerario*, "fui testigo impotente de la condenación de André Gide", acusado de enemigo del pueblo español que luchaba contra el fascismo. "Por ese perverso razonamiento", explicará Paz, "que consiste en deducir de un hecho cierto otro falso, las críticas más bien tímidas que Gide había hecho al régimen soviético en su *Retour de l'URSS,* lo convirtieron *ipso facto* en un traidor a los republicanos".[29]

Los de Gide fueron dos libros, no uno: *Mi regreso de la URSS,* aparecido en noviembre de 1936 y aún tímido en sus críticas debido a cierta autocensura del autor y *Retoques a mi regreso de la URSS,* en junio de 1937. Este último fue el que encolerizó a los soviéticos y motivó la excomunión de Gide, quien ante la reacción intemperada que provocaron sus primeras críticas, se expuso ante el escrupuloso tribunal de su conciencia y dijo toda su verdad sobre una dictadura levantada sobre el proletariado y contra casi toda la sociedad rusa.

En cuanto a Paz, la cosa fue aún más complicada, de acuerdo con Sheridan, aunque el resultado haya sido el mismo: la impotencia de un joven poeta mexicano, a la vez militante, sentimental e inteligente, ante la condena de Gide. Sigo la cronología de los hechos establecida en *Poeta con paisaje.* Tras un día o un día y medio de interrupción de las sesiones del congreso para que "los delegados recorran los frentes cercanos a Madrid", Mijaíl Koltzov, el corresponsal de *Pravda* que había acompañado al propio Gide durante una parte de su periplo soviético y quien desaparecerá poco después en el Gulag, condena las "sucias calumnias" del francés contra su patria, destacando que la prensa franquista estaba publicando "por entregas el libraco".[30]

Advertido Malraux de la pretensión soviética, debe ocuparse de los mensajeros, pues Bergamín quiere que sean los congresistas españoles, apoyados

---

[28] *Idem.*

[29] Paz, *Obras completas, VI. Ideas y costumbres. La letra y el cetro. Usos y símbolos, op. cit.,* p. 31.

[30] Sheridan, *Poeta con paisaje, op. cit.,* p. 269.

por los latinoamericanos, quienes presenten la moción de censura. Deja en calidad de recolectores de abajo firmantes a Marinello y a Mancisidor quienes deberán dejar todo atado y amarrado para la sesión del jueves 8 de julio, la última a verificarse en la Residencia de Estudiantes. Bergamín, el luciferino prosista español quien murió en 1979 en amasiato con los terroristas vascos obsesionado con combatir *ad eternum* al Estado español, en aquel 1937 reunía todas las características, católico leal y local ajeno al Partido Comunista de España (PCE), para emplearse a fondo contra Gide, como lo hizo. Declarando indisoluble la solidaridad entre la Unión Soviética y la España republicana, Bergamín pidió la condena del hereje por darle armas al enemigo, pues los soviéticos insistían en que era su fuerza aérea la custodia no sólo de Madrid, sino de la República toda y en particular de ese congreso.

Coinciden Paz y Koltzov en que Bergamín, con los *Retoques* de Gide en mano, se empeñó en convencer a los delegados españoles y latinoamericanos. Los primeros no querían, sobre todo la mayoría moderada simpatizante con *Hora de España*, convertir "lo de Gide" en una "cuestión española" y los segundos, se quedaron callados, permitiendo que Bergamín lanzase su anatema "en nombre... de todos los escritores que escriben en español".[31]

"Paz", desmenuza Sheridan el asunto, "nunca dejó de reprocharse un silencio que Bergamín capitalizó como un acuerdo consensuado. De ahí en adelante, y durante los años que le duraría el remordimiento, se habrá de referir al episodio siempre en estos o parecidos términos: 'Contribuimos a la petrificación de la evolución, por callar'. En otra de sus evocaciones, la versión es relativamente distinta: una vez que se ha retirado Bergamín, dice, dejando a los sudamericanos discutiendo su moción bajo la vigilancia de Mancisidor y Marinello, el grupo aprueba la moción de censura, pero él y Pellicer se abstienen."[32]

En la transcripción de los programas de televisión hechos por Paz en los años ochenta, Sheridan localizó otra precisión: "Pellicer dijo que él no podía aceptar que Gide fuera un reaccionario ni mucho menos, y entonces yo me uní a su idea. Los demás, pensaron que, en mi caso, era una debilidad de jovenzuelo y, en el caso de Pellicer, una debilidad de esteta".[33]

En *Itinerario*, el poeta insiste en que "no fui el único en reprobar estos ataques, aunque muy pocos se atrevieron a expresar en público su inconformidad"[34] y Sheridan se pregunta si lo que hizo el poeta la noche del 7 de julio de 1937 en la Residencia de Estudiantes de Madrid, muy cerca de la

---

[31] *Ibid.*, p. 138.

[32] *Ibid.*, p. 284.

[33] *Idem.*

[34] Paz, *Obras completas, VI. Ideas y costumbres. La letra y el cetro. Usos y símbolos, op. cit.*, pp. 31-32.

línea del frente desde donde *los otros* disparaban, respondió a la abstención o a la inconformidad, al silencio o a la reprobación *como* silencio.

Malraux logró posponer la sentencia proponiendo que la clausura del congreso fuese en París. "¿Lejos de las bombas?", ironizó Bergamín. Paz recordará que el católico Bergamín había pasado de ser, en sólo dos años, quien había elogiado al protestante Gide por su clarividencia al ver en el comunismo la continuación natural del cristianismo, a su gran inquisidor durante el congreso antifascista de 1937. "Procurador del Tribunal del infierno", lo llama Paz, haciendo eco de su propio "Nocturno de San Ildefonso".[35]

Según Sheridan, "si Malraux hubiera tolerado la expulsión" de Gide, "habría sentado un precedente para entregarle la vigilancia de la inteligencia francesa a los soviéticos por medio del PC francés", de tal modo que prefirió trasladar el congreso "a una circunstancia menos controlada por los soviéticos".[36] Si ése fue el cálculo de Malraux, erró, pues en París, Gide fue condenado sin las precauciones que implicaba hacerlo en plena Guerra civil española sin ofender a los no comunistas. Creo que Malraux sabía perdida la causa de preservar a la vez a Gide como amigo de la República y como crítico cada vez más áspero de la URSS. Era una misión imposible de cumplir hasta para él pero habiendo puesto siempre por encima de todo los intereses de la *intelligentsia* francesa, fuese de izquierda o de derecha, la de Aragon o la de Drieu la Rochelle, lo más probable es que Malraux quisiese, con toda razón, evadir la bochornosa responsabilidad de permitir la excomunión de su maestro Gide en España. En París, los comunistas prenderían la hoguera, como lo hicieron el 17 de julio, pero Malraux habría logrado salvarse como antifascista y ante la *NRF,* la revista en que se concentraba el poder cultural francés. Por ello la defensa hecha por Malraux de Gide durante el congreso de Valencia, le pareció a Paz oblicua y preñada de "razones tan complicadas que nadie comprendió bien su abstruso alegato".[37]

Gide, como dice Sheridan, fue quien le dio cuerda a la relojería que convertiría a Paz en uno más de los muchos desencantados seculares del comunismo, en una escuela de pensamiento donde abundaron las inteligencias abrasadas y luminosas, como la suya. El caso Gide era de sobra conocido para Paz, quien al respecto había escuchado atentamente a Cuesta y a Villaurrutia. Pero no era lo mismo, como se lee en *Poeta con paisaje*, discutir la conversión del compañero de viaje más notorio del comunismo soviético en una sobremesa mexicana al lado del lago de Chapultepec, que ver al Santo Oficio mandando a traer la leña verde. El remordimiento a Paz le duró más allá del discurso conmemorando el cincuentenario del congreso

---

[35] *Ibid.*, p. 521.

[36] Sheridan, *Poeta con paisaje, op. cit.*, p. 288.

[37] Paz, *Obras completas, VI. Ideas y costumbres. La letra y el cetro. Usos y símbolos, op. cit.*, p. 522.

de Valencia de 1987 y poco después, tras estimularlo vivamente a escribir ese apólogo, prologó *Tristeza de la verdad. André Gide regresa de la URSS* (1991), de Alberto Ruy Sánchez, que había sido secretario de redacción de *Vuelta* entre 1984 y 1986.

Saber lo que exactamente pasó ese 7 de junio, además de imposible, es un poco inútil. Muy joven, Paz habrá mascullado su inconformidad de manera muy poco notoria, en todo caso, pues al regresar de España, el poeta revolucionario fue aclamado en México como el joven testigo de la épica e inclusive se le presentaba en público, por error o por picardía, como nuevo militante de las JSUM. Quizá Paz dejó correr esa ambigüedad posponiendo la adhesión plena al PCM o a sus organismos satélites por el cargo de conciencia que los casos, uno público, el de Gide y otro privado, el de Bosch, le significaban. Todo ello se empezó a acabar, para Paz y para miles y miles de compañeros de viaje o de militantes comunistas (que no son lo mismo como parece creerlo Sheridan al afirmar erróneamente que Gide *ingresó* al PC francés en 1932),[38] el 24 de agosto de 1939, cuando se enteró de la firma, del pacto nazi-soviético de no agresión. Ese día, contó Paz, no pudo más y se salió de la redacción de *El Popular*, el diario insignia de la izquierda mexicana, donde trabajaba y se fue a casa "porque no entiendo nada de lo que ocurre". Sheridan duda de la veracidad de Paz: "entendía bien lo que ocurría, pero era la mejor manera de no creerlo."[39] Pero le aclaró al director del periódico, que se abstendría de hacer declaraciones públicas o de escribir cualquier línea contra sus camaradas. "Sentí que nos habían cortado no sólo las alas sino la lengua: ¿qué podíamos decir?"[40]

Ese silencio, el más angustioso del siglo para los comunistas, duró menos de dos años y cuando Hitler, traicionando al crédulo Stalin que había brindado a su salud, atacó a la URSS el 22 de junio de 1941, el mundo recobró su espantosa estabilidad maniquea. Al Bien lo emblematizaba la URSS con sus ejércitos y sus ingenieros de almas. Decisiones, como las que aturdieron a Paz durante 1937, eran crisis de conciencia religiosa cuyas réplicas costaban la muerte de millones de personas o la forma en que vivirían por el resto del tiempo que a la historia, llamada a finalizar, le quedara.

Para comprender la situación en la que estaba Paz hay que volver unos días atrás. Según la cronología de Sheridan, el 7 de julio, en la madrugada, Paz, Pellicer y sus compañeros cubanos, llegaron a las oficinas del *ABC* y allí se les comunicó la noticia de alguna victoria republicana, que festejaron con los periodistas. Ese mismo día, ya por la mañana, "narra Carpentier que un grupo formado por él mismo, Neruda, Vallejo y Paz, enfila por la calle

---

[38] Sheridan, *Poeta con paisaje, op. cit.*, p. 270.

[39] *Ibid., op. cit.*, p. 377.

[40] Paz, *Obras completas, VI. Ideas y costumbres. La letra y el cetro. Usos y símbolos, op. cit.*, p. 35.

Alberto Aguilera hacia la Moncloa. Su guía les advierte que si dejan esa ruta e ingresan al Paseo de Rosales, corren el riesgo de toparse con una avanzada fascista. ¡El capital poético más importante del siglo latinoamericano a la merced de una granada! Acordes con la atmósfera de heroísmo, se arriesgan por el Paseo hasta llegar a una cuesta que domina la ribera del Manzanares. Desde ahí observan las trincheras en la planicie aledaña, con sus plumones de humo en cada disparo y el estruendo desfasado. El guía, dice Carpentier, les señala, 'un bosquecillo cuyos árboles desgarrados se alzan a menos de un kilómetro: ¡Ahí están los otros!'"[41]

Sheridan supone que la otra experiencia crucial de Paz con los *otros* fue ese mismo día, el único libre que tuvieron los congresistas en Madrid, en una de los zonas, nada menos que la universitaria, donde republicanos y nacionalistas se hallaban a tiro de piedra desde noviembre de 1936. Allí va a dar Paz, esta vez acompañado de Juan Chabás, Alberti, Spender y Mancisidor. Según recordó Paz en 1987 al concluir su memorable evocación de lo ocurrido medio siglo atrás: "En una ocasión visité con un pequeño grupo –Stephen Spender, aquí presente, lo recordará pues era uno de nosotros– la Ciudad Universitaria de Madrid, que era parte del frente de guerra. Guiados por un oficial recorrimos aquellos edificios y salones que habían sido aulas y bibliotecas, transformados en trincheras y puestos militares. Al llegar a un amplio recinto, cubierto de sacos de arena, el oficial nos pidió, con un gesto, que guardásemos silencio. Oímos del otro lado del muro, claras y distintas, voces y risas. Pregunté en voz baja: ¿quiénes son? Son los *otros*, me dijo el oficial." La conclusión sacada por Paz de esa escucha es justamente célebre: "Sus palabras me causaron estupor y, después, una pena inmensa. Había descubierto de pronto –y para siempre– que los enemigos también tienen voz humana."[42]

El poeta y crítico catalán Josep Maria Castellet, que estaba presente en Valencia en 1987, escribió: "Pasaron unos segundos de silencio antes de los aplausos rituales: ninguno de los presentes pudo evitar un escalofrío."[43]

En 1937, la séptima sesión, sabatina, fue en el ayuntamiento de Valencia y narrada puntualmente por Sheridan, es aquella en que se presenta la ponencia colectiva de la gente de *Hora de España,* redactada por Serrano Plaja y firmada, entre otros, por Gil-Albert, José Herrera Petere, Miguel Prieto, Emilio Prados y por Miguel Hernández, tan popular en la memoria republicana tras su muerte por tuberculosis en una prisión de Alicante en

---

[41] Sheridan, *Poeta con paisaje, op. cit.*, p. 267.

[42] Paz, *Obras completas, VI. Ideas y costumbres. La letra y el cetro. Usos y símbolos, op. cit.,* pp. 512-513.

[43] J.M. Castellet, "Octavio Paz" en *Els escenaris de la memòria*, Edicions 62, Barcelona, 1998, p. 181.

1942. Los Paz quisieron muchísimo a Hernández, pese al escaso tiempo que les tocó compartir con él.

Hora de España era la más seria y liberal de las revistas republicanas, desaparecidas tanto *Cruz y Raya* como la *Revista de Occidente* al estallar la guerra civil. Conservó, con gallardía, su independencia amenazada, de la cual Paz tuvo conocimiento cuando la redacción en pleno se lo confió cuando llegó a Valencia. *Hora de España* estaba sentenciada por los comunistas y su gran escudo protector era la colaboración escéptica, filosofante y moderadora, de Antonio Machado, a través de su alter ego, Juan de Mairena. Presumía aquella revista de su *liberalismo humanista*, palabra que aún hoy causa muina y repugnancia entre los teoréticos y los radicales. La ponencia colectiva, antifascista, desde luego y anticapitalista en *grosso modo,* quiere al arte separado de la propaganda y a ésta la respalda siempre y cuando sea respetuosa de la responsabilidad individual del artista y de su libre imaginación. Escucharlo así fue agua de mayo para Paz, que gracias a sus jóvenes camaradas de la otra orilla, encontraba, ilusión o realidad, la tercera vía, la solución de compromiso entre el Frente Popular y los Contemporáneos, entre las destempladas cartas de Mérida y sus razonadas pero inconvincentes explicaciones en el restorán El Cisne de Chapultepec.

Manuel Azaña, el escritor liberal que preside una república condenada a ser engullida por los fanatismos, no asiste a la falsa clausura de un congreso antifascista en España que terminará en París, y harto de Bergamín y de sus exigencias, declara un fracaso ese congreso que ha costado "un dineral al Estado".[44]

Entre los congresistas que se regresan a París "a clausurarse" como amargamente apuntó Azaña, no estaba Paz, en pleno idilio con la gente de *Hora de España.* De Barcelona, donde realiza actividades protocolarias (ver al presidente Lluís Companys) y propagandísticas (un mítin por la amistad mexicana-catalana), se regresa a Valencia. El otro poeta mexicano, Pellicer, prefiere recorrer la Alemania hitleriana y disfrutar de sus balnearios.

Para esos días en Valencia, otra vez Garro se convierte en la fuente principal, atestiguando cómo Paz se quiere deshacer de ella, aprovechando que una tía suya estaba descansando en el campo, en Liria. Allí la va a dejar Paz, para que se esté quieta unos días, pero ella se regresa de inmediato a Valencia para participar de las tertulias, donde sólo hay botellas de agua y platos de lentejas, del Café de la Paz, donde es la alegría de los expedicionarios mexicanos, a los cuales ya se ha sumado el grupo de los autoinvitados de la LEAR. Todos pernoctan en una mansión requisada para la embajada de México donde se encuentran asilados unos franquistas, que pierden, fatalmente su condición mítica de *otros,* para quedar en ingrata compañía como espectadores comunes de la guerra aérea: "Cuando había bombardeos salíamos al

―――――――――
[44] Sheridan, *Poeta con paisaje, op, cit.*, p. 295.

jardín y nos agrupábamos cerca de la puerta trasera de la casa para escrutar el cielo cruzado por potentísimas luces que buscaban a los aviones alemanes. Si un avión entraba en un chorro de luz se producían tres disparos de cañón para cubrir la órbita de vuelo del avión. Yo siempre tenía miedo."[45]

El franquista, parado al lado de Elena, le dijo no tener miedo de morir y según la narración de ella, sólo el rústico de la Cabada (desde entonces su amigo de toda la vida y más tarde implicado en la logística del atentado de Siqueiros contra Trotski) y no Paz, se dio cuenta de que todos ellos, a la vez enemigos y espectadores, muy bien podían inmolarse juntos esa noche. Un cañonazo alcanzó a un Junker y un piloto, quizá alemán, fue hecho prisionero.

Eso de noche. Por la mañana, Garro se iba a bañar a la playa, donde se encontraba con Cernuda, y Paz fantaseaba con quedarse como comisario político, imitando a su camarada español Serrano Plaja, que eso era, pero Julio Álvarez del Vayo, comisario de la guerra y ex embajador de la República en México, lo disuadió. La pretensión era ingenua pues comisarios políticos eran, cada día con mayor frecuencia, sólo los comunistas y Paz apenas era un simpatizante, al cual el ministro le dijo, según leemos en *Itinerario:* "Tú puedes ser más útil con una máquina de escribir que con una ametralladora."[46]

De ser cierto lo escrito por Garro, porque parece más propio de sus últimas novelas, genialmente paranoicas, que de sus fiables memorias españolas, sobre las sospechas que el espionaje soviético tenía de Paz, habría sido imposible el reclutamiento del joven mexicano como comisario político, porque un día, Angélica Arenal, la mujer de Siqueiros y tan estalinista como él, le dijo a Elena que la andaba buscando la "camarada María", quien no era otra que una vieja conocida de México: Tina Modotti, la desgraciada fotógrafa italiana quien perdió el alma convirtiéndose en agente de los soviéticos, bajo la cobertura del Socorro Rojo Internacional. La Modotti, quien murió infartada o asesinada en un taxi en la Ciudad de México en 1942, cuando ya había dejado de serle útil a los soviéticos, habría sido una de las personas que amedrentaron a los Paz. Modotti le habría dicho a Elena que ella y su compañero, "un intelectual pequeñoburgués mexicano" deberían andarse con cuidado y alejarse de los escritores cercanos al POUM, cuyo jefe, Andreu Nin, estaba en condición de desaparecido. Después se supo que Nin había sido arrestado, interrogado, torturado y asesinado un par de meses atrás, en junio de 1937.[47]

Los días valencianos permiten montar la modesta exposición de fotografías del muralismo curada por Gamboa con la asistencia de su esposa

[45] Garro, *Memorias de España 1937, op. cit.*, p. 47.

[46] Paz, *Obras completas, VI. Ideas y costumbres. La letra y el cetro. Usos y símbolos, op. cit.*, p. 35.

[47] Sheridan, *Poeta con paisaje*, p. 300.

Susana, escuchar *Caminos* y *Janitzio* de Silvestre Revueltas dirigidas por él mismo y escenificar un gran mitin festinando la amistad entre México y no la República española sino la URSS, como anota, sorprendido, Sheridan.[48]

Paz dicta una conferencia sobre la poesía mexicana en el Ateneo valenciano y sobre todo estrecha su amistad con los poetas de *Hora de España,* conoce al valenciano Muñoz Suay, importante dirigente comunista durante la posguerra hasta su ruptura con el PCE en 1962. Paz también disfruta de la compañía de Hernández y de sus canciones populares acompañadas al piano por el poeta Herrera Petere, se sabe leído por Cernuda, lo cual permite que el poeta Altolaguirre le arme una antología valenciana de 47 páginas, donde junta poemas "helénicos" y poemas comprometidos titulada *Bajo tu clara sombra y otros poemas sobre España,* su primer libro publicado en el extranjero y nada menos que en Valencia, "el lugar de la prueba", como él lo llamaría, en 1987.

Gil-Albert, quien será en México, secretario de *Taller* hasta 1942 en que muda de destierro hacia Buenos Aires, saluda la *plaquette* en *Hora de España* en noviembre de 1937. No encuentra en su poesía "la facilidad" de los adeptos entusiastas que brinda "toda oportunidad bélica" sino parece creer que "en los versos de Paz" se aplica el equilibrio propuesto por la ponencia colectiva de su revista meses antes. "Nada indica" en Paz, dice Gil-Albert cuya nariz respingada encarnaba para Garro el misterio del "millonario" metido a comunista, "una falsa preocupación ni un abandono desgraciado al tema del momento, por lo cual sus cantos a España no producen esa desagradable impresión de impotencia que origina el confundir en la mayoría de los casos el interés por una causa, con el impetú poético".[49]

Escojo unos versos de la "Oda a España", escrita allá en julio de 1937, que supongo estuvieron entre los que a Gil-Albert le fueron gratos: "Cerca del mar antiguo,/ en las ciudades ágiles/ pobladas de naranjos,/ en las llanuras de lentos olivares,/ en los cálidos sitios/ en donde se agrupa la ternura,/ he visto alzarse voces, hombres, vidas/ en decisivos gestos combatientes,/ arrasando las lágrimas inútiles/ y la piedad cobarde y turbia;/ en sus pechos la muerte resonante,/ tocaba tan jubilosa, desesperadamente,/ que se diría la voz del viento,/ el invencible son del mar a solas/ o el golpe solitario de la sangre,/ mezclando en su oleaje/ la vida aniquilada y la victoria."[50]

Son versos apenas respetables como tampoco son excelsos los neo–románticos y sexualizados secretamente, en el vertedero de Lawrence, que Cuesta aprueba al darle la bienvenida crítica con *Raíz del hombre,* en enero de ese mismo año de 1937 en el cual Paz recibe sus órdenes menores como

---

[48] *Ibid.*, pp. 308-309.

[49] Juan Gil-Albert, "Octavio Paz", *Luz espejeante. Octavio Paz ante la crítica,* selección y prólogo de Enrico Mario Santí, ERA, México, 2009, p. 105.

[50] Paz, *Obras completas, VIII. Miscelánea. Primeros escritos y entrevistas, op. cit.*, p. 121.

intelectual en su siglo en la escuela más conspicua, la de la guerra de España. A esa ordenación como clérigo, en la terminología de Julien Benda, Paz se enfrenta con un momento de esplendor de la poesía en lengua española, aunque la propia Guerra civil la distraiga hacia la militancia y el compromiso.

En seis meses, Paz no sólo saluda a Alberti, Neruda, Huidobro, Vallejo, Hernández, Cernuda, Machado y Jiménez, por citar sólo a los inmortales, sino debe emularlos y si ello es posible, superarlos. En México todavía deberá llegar a leer, nada menos que *Nostalgia de la muerte* (1938), de Villaurrutia y *Muerte sin fin* (1940), de José Gorostiza y después de su semestre en España, estará urgido de estudiar *Poemas humanos* (1939), de Vallejo, seguidos de *Las nubes* (1940), de Cernuda, de *Memoria del olvido* (1940), de Emilio Prados o *Entre el clavel y la espada* (1941), de Alberti. Paz dirá, en una de las primeras entrevistas serias que concedió, reproducida en *Sur* en 1954, que con la guerra civil termina "un gran periodo creador" de la poesía en español, lo cual fue más que una coincidencia, una "verdadera rima histórica".[51]

Esa sobreabundancia fue un verdadero reto que explica su lenta maduración como poeta. Sus poemas decisivos empezarán a aparecer en los años del medio siglo, reunidos al fin en *La estación violenta* (1958) y llega a esa su altura lírica gracias a esa doble rima histórica y poética: en el momento preciso, a la hora de la ambición juvenil, hacia 1939, se había medido con esos poetas mayores que eran sus olímpicos (y como los dioses de aquel empíreo, muy rijosos) contemporáneos.

Pero volvamos a la vida en demérito de la obra. La llegada de los invitados de la LEAR, cuando el congreso ya se había clausurado en París, permite que los Paz acompañen a Silvestre Revueltas ("había estado borracho varios días, roto algunas puertas y amenazado de muerte a cualquiera que quisiera impedirle beber", según Garro) y a Mancisidor al frente de Pozoblanco, en la provincia de Córdoba, en búsqueda de los combatientes mexicanos Gómez y Siqueiros, porque este último, otra vez según la entonces señora Paz, debía ser advertido de que su mujer Angélica había llegado a España a reclamarle infidelidades y haberes.[52]

Tras Valencia, en Madrid, los Paz se despiden de los Alberti, saludan al general Miaja de parte del general Cárdenas, convirtiéndose el poeta León Felipe y su esposa mexicana Bertuca Gamboa, en la pareja con quien compartirán la salida de España. Antes, cerca de Valencia, en la Villa Amparo de Rocafort, cumplieron con el ritual de ir a saludar a Machado. De ese encuentro, tanto a Octavio como a Elena les impresiona no tanto el poeta sino su madre, doña Ana Ruiz Hernández. Dice ella: "Si había alguien que

---

[51] *Ibid.*, p. 596.

[52] Garro, *Memorias de España 1937, op. cit.*, pp. 58-59.

pudiera ilustrar lo que sucedía en España eran Antonio Machado, su madre y su hermano Manuel, que estaba del 'otro lado'…"[53]

"Me preocupaban los Machado", recordará Garro en 1992, pues "escuché hablar a la viejecita de Manuel con la misma voz con la que se refirió a su otro hijo, a Antonio. Era una pequeña figura goyesca, con su falda negra acampanada hasta los tobillos, su blusa negra de manga larga y su pañoleta bien colocada sobre la cabeza y, para mí, la madre de los Machado quedó como la imagen de España, a la que todos iban a fisgar, a comentar, para luego decir, 'Yo la he visto…' y después ¡nada! […] Si alguna imagen me quedó de España fue la imagen de la madre de Machado, de pie en aquel comedor por el que zumbaban moscas…"[54]

Más sintético, muchos años después, dirá Paz para la televisión: "Mientras lo saludaba [a Machado], descubrí en un rincón, sentada en una silla, a una figura oscura. Era la madre de Machado. Parecía una nuez envuelta en un chal negro. El luto inevitable de las andaluzas cuando llegan a cierta edad."[55]

ELEGÍA A UNA VÍCTIMA DEL SIGLO

Tras el caso Gide y el descubrimiento de los *otros,* resta un tercer nudo dramático para Paz en España: uno de los episodios más novelescos de su vida, la aparición de Bosch o de su fantasma. En una larga nota redactada para la edición de 1979 de su *Poemas (1935–1975)* donde reaparece la "Elegía a un compañero muerto en el frente de Aragón", suprimida en la edición, una década anterior, de *Libertad bajo palabra* (1968), recuerda Paz haber conocido a Bosch en 1929. Fue, nos dice, en la secundaria, situada en las calles de Marsella, en "una vieja casa que parecía salida de una novela de Henry James", de aquellas compradas por el gobierno para utilizarlas, sin adaptarlas, como escuelas públicas.

"En la clase de álgebra mi compañero de pupitre era un muchacho tres años mayor que yo, de pantalón largo de campaña y un saco azul que le quedaba chico", dice Paz en su retrato y continúa: "No muy alto, flaco pero huesudo, las manos grandes y rojas, tenso siempre como a punto de saltar, el pelo rubio y lacio, pálido y ya algunos pelos en la barba, los ojos vivos y biliosos, la nariz grande, los labios delgados y despectivos, la mandíbula potente, la frente amplia. Era levemente prognato y él acentuaba ese defecto al hablar con la cabeza echada hacia atrás en perenne gesto de desafío. […] Su edad, su aplomo y su acento catalán provocaban entre nosotros una reacción ligeramente defensiva, mezcla de asombro e irritación."[56]

---

[53] *Ibid.*

[54] Sheridan, *Poeta con paisaje, op. cit.*, p. 310; Garro, *Memorias de España 1937, op. cit.*, pp. 113-114.

[55] *Ibid., op. cit.*, p. 114.

[56] Paz, *Obras completas, VII. Obra poética (1935-1998), op. cit.*, pp. 1385-1386.

Bosch puso a Paz a leer no sólo a Kropotkin sino al geógrafo Eliseo Réclus, a Proudhon y al educador libertario Francisco Ferrer Guardia. Él le correspondió con novelas y libros de poesía. Su amistad se tornó en complicidad política e incitaron aquella huelga universitaria que los llevó a pasar un par de noches en una celda. Salieron de allí para ser regañados por un funcionario universitario, Alejandro Carrillo Marcor, quien reaparecería en la vida de Paz como director de *El Popular* ante el cual el poeta, en 1939, suspendió su colaboración azorado por el pacto nazi-soviético. Según Paz, Carrillo Marcor, quien sobrevivió en la política mexicana hasta los años setenta, habría querido corromperlos ofreciéndoles unas becas al extranjero a manera de disuasión, motivo por el cual Bosch montó en santa cólera, que le fue festejada por su padre, simpatizante de la Federación Anarquista Ibérica (FAI).

Una vez que a Bosch, con motivo del vasconcelismo ("fue sano porque llamaba a las cosas por su nombre: los crímenes eran crímenes y los robos, robos", dirá Paz), le aplicaron el artículo 33 y fue expulsado del país, "de tiempo en tiempo nos llegaban noticias suyas. Uno de nosotros recibió una carta en la que contaba que había padecido penalidades en Barcelona y que no lograba ni proseguir sus estudios ni encontrar trabajo. Más tarde supimos que había hecho un viaje a París. Allá quiso ver a Vasconcelos, desterrado en aquellos años, sin conseguir que lo recibiera". Tras un silencio de años, sus amigos mexicanos lo imaginan "combatiendo con los milicianos de la FAI" hasta que uno de ellos creyó encontrar su nombre en una lista de caídos en el frente de Aragón: "La noticia de su muerte nos consternó y exaltó. Nació su leyenda: ya teníamos un héroe y un mártir. En 1937 escribí un poema: *Elegía a José Bosch, muerto en el frente de Aragón*".[57]

Al final de su temporada en España, en septiembre, la Sociedad de Amigos de México invita a Paz a una reunión en la cual el poeta decidió leer su elegía ante un público compuesto, en su mayoría, por anarquistas, quienes se brindaban, ansiosos, con los mexicanos para contrarrestar a las rivales sociedades de amigos de la URSS, organizadas por el PCE.

"El día indicado", continúa Paz, "a las seis de la tarde, me presenté en el lugar de la reunión. El auditorio estaba lleno. Música revolucionaria, banderas, himnos, discursos. Llegó mi turno; me levanté, saqué el poema de mi carpeta, avancé unos pasos hacia el proscenio y dirigí la vista hacia el público: allí, en primera fila, estaba José Bosch. No sé si la gente se dio cuenta de mi turbación. Durante unos segundos no pude hablar; después mascullé algo que nadie entendió, ni siquiera yo mismo; bebí un poco de agua pensando en que el incidente era más bien grotesco y comencé a leer mi poema, aunque omitiendo, en el título, el nombre de José Bosch. Leí dos o tres poemas más y regresé a mi sitio. Confusión y abatimiento. A la salida,

---

[57] *Ibid.*, pp. 1389-1390.

en la puerta del auditorio, en la calle totalmente a obscuras –no había alumbrado por los bombardeos aéreos– vi caminar hacia mí un bulto negro que me dejó un papel entre las manos y desapareció corriendo. Lo leí al llegar a mi hotel. Eran unas líneas garrapateadas por Bosch: quería verme para hablar a solas –subrayaba *a solas*– y me pedía que lo viese al día siguiente, en tal lugar y tal hora. Me suplicaba reserva absoluta y me recomendaba que destruyese su mensaje."[58]

Paz se encontró la tarde siguiente, en una de las ramblas, con un fantasma disfrazado de oficinista, de nerviosidad exacerbada: "sus ojos todavía despedían reflejos vivaces pero ahora también había angustia en su mirada. Esa mirada del que teme la mirada ajena."[59] Durante dos horas de monólogo, Bosch, hablando "de prisa y de manera atropellada, se comía las palabras, saltaba de un tema a otro, se repetía, daba largos rodeos, sus frases se estrellaban contra muros invisibles, recomenzaba, se hundía en olvidos como pantanos."[60]

En ese "animal perseguido" se le había aparecido a Paz el siglo. Adivinó que Bosch había participado en la sublevación de los anarquistas y el POUM el 1 de mayo de 1937 y "que por un milagro había escapado con vida". A Bosch, en "cuya mente el nacionalismo catalán no se oponía al internacionalismo anarquista", lo buscaba el Servicio de Inteligencia Militar, dirigido por los comunistas, para matarlo o eso temía, estaba temeroso de que una criada "que me odia", allí donde se escondía –entre la servidumbre del presidente de la Generalitat, Companys– pudiese denunciarlo o envenenarlo. "Su insistencia en lo del envenenamiento y en el odio de aquella criada me turbaba y acongojaba",[61] diagnostica Paz.

Paz intentó distraerlo hablándole de México, pero "el tema no le interesó". Entre la lucidez y los "delirios sombríos", su amigo "pasaba de la cólera al terror y regresaba continuamente a la historia de sus persecusiones. [...] Intenté que me aclarase algunos puntos que me parecían confusos. Imposible: su conversación era espasmódica y errabunda. Sentí que no hablaba conmigo, sino con sus fantasmas".[62]

Bosch era de aquellos republicanos radicales, muy arraigados en Cataluña, anarquistas y disidentes del trotskismo, convencidos de que para "ganar la guerra había que hacer la revolución" pues si "estamos perdiendo la guerra es porque hemos perdido la revolución". Odiaba al gobierno de Madrid y a Stalin lo mismo que a Franco. Lo más probable es que a éste

---

[58] *Ibid.*, p. 1391.

[59] *Idem.*

[60] *Ibid.*, p. 1392.

[61] *Ibid.*, p. 1393.

[62] *Idem.*

alucinado, salido de las novelas de Andréyev y Dostoievski que leían los jóvenes amigos en el México de 1929, lo hayan asesinado, en la retaguardia, como a cientos, los comunistas.

"Nos detuvimos en una esquina", concluye Paz, "no muy lejos de mi hotel. Le dije que esa misma semana me iría de España. Me contestó: 'Dame el número de tu teléfono. Te llamaré mañana por la mañana. No con mi nombre. Diré que soy R. D.' (uno de nuestros amigos mexicanos). Se quedó callado, viéndome fijamente, otra vez con angustia. Caminamos unos pasos y volvimos a detenernos. Dijo: 'Tengo que irme. Ya es tarde. Si me retraso no me darán de comer. Esa criada me odia. Debe sospechar algo…'. Se golpeó el flanco derecho con el puño. Volvió a decir: 'Tengo que irme. Me voy, me voy…'. Nos dimos un abrazo y se fue caminando a saltos. De pronto se detuvo, se volvió y me gritó: 'Te llamaré sin falta, por la mañana'. Me saludó con la mano derecha y se echó a correr. No me llamó. Nunca más volví a verlo".[63]

El episodio de José Bosch, colocado como una nota que comenta un poema de juventud, fue escrito a fines de los años setenta. Recuerdo fabricado –en la medida en que todo recuerdo lo es– más de cuarenta años después, es uno de los símbolos de su autobiografía intelectual. En 1977, en conversación con Julio Scherer García, mencionó el nombre de Bosch por primera vez en mucho tiempo y anunció la reaparición de aquella elegía en su *Obra poética*.[64]

Cerremos el episodio confrontando el recuerdo de Paz con el de Garro, publicado en 1992, que, aunque más cómico, no lo refuta. Tras la escena de Paz descubriendo a Bosch (que para Elena, se llama Juan, no José), "salimos de prisa del teatro. 'Es él… es él…', tartamudeaba Paz. 'El muerto nos siguió hasta el Hotel Majestic, lo vi esconderse tras unas cortinas gruesas que cubrían las ventanas del vestíbulo'. Un camarero me hizo una seña para que fuera a mirar por una ventana y fui, mientras Paz hablaba con los delegados de una comisión. '¿Eres su compañera?', me preguntó Juan Bosch en voz muy baja. Ante mi afirmación agregó: 'Dile que me consiga un pasaporte en la embajada mexicana… Me andan cazando, cazando, soy del POUM… No digas a nadie…' Estaba tan angustiado, que contagió su congoja. Lo miré con pena, sabía que Paz no podía conseguir nada. Me cogió una mano y repitió: 'Me andan cazando… Han matado a todos mis compañeros…' '¿Quiénes?', pregunté asustada. 'Ellos… ellos… los comunistas…'"[65]

---

[63] *Ibid.*, pp. 1393-1394.

[64] Paz, *Obras completas, VIII. Miscelánea. Primeros escritos y entrevistas, op. cit.*, p. 729.

[65] Garro, *Memorias de España 1937, op. cit.*, pp. 34-35; Antonio Rivero Taravillo, conocido por su biografía de Cernuda, es autor de *Los huesos olvidados* (Espuela de plata, Sevilla, 2014), una novela fallida sobre Bosh, en la cual una supuesta hija suya se presenta con el Paz de los últimos

En la incomprensión de Garro, por más posada que parezca, de por qué los comunistas de todas las facciones se matan entre sí, hay más miga, me parece, que en muchas diatribas y tratados… De lo que ella, siendo quizá quien le entrega a Paz el mensaje garabateado por Bosch, no se entera o no lo consigna porque probablemente se lo ocultó Paz, es de la caminata de los amigos de la adolescencia, por Las Ramblas, el día siguiente.

A cualquier otro escritor, con esa aparición fantasmal le hubiese sido suficiente para hacer el intento de bajarse del siglo en movimiento. A una mujer como Simone Weil, una de las mentes más dotadas de su tiempo, sus días en la Cataluña de la guerra civil, la condujeron al misticismo y a la anorexia. Paz tenía otro carácter. Como Orwell, era y de alguna manera nunca dejó de serlo, un militante de la verdad histórica, que por más cruel que fuese, lo apasionaba. Escrutinio dominado por la inteligencia, raro en un poeta: no les interesó ejercitarlo ni a Neruda (un general ante sus ejércitos, según Paz) ni a Pound (un loco pueblerino que descubre una teoría económica para salvar el mundo) ni a Aragon (un esteta a quien lo mismo le daban los Cien Días de Napoleón que Hitler en fuga perseguido por el general Invierno, digo yo), por citar a tres poetas a su manera obsesionados con la Historia, como Octavio Paz. No me extraña que, llegando a París desde España, durante la primera semana de octubre de 1937, él y Elena Garro soliciten sus visas para ir a la Unión Soviética y conocer el punto donde se apoyaba la palanca de Arquímedes que movía al mundo.

---

días para recuperar la memoria perdida de su padre. Supongo que Rivero Taravillo prefirió la novela a la biografía pues no encontró mayor documentación sobre el destino de Bosch. Según la novela, Bosch era Juan y no José, como lo anotó Garro y debió morir muy poco después de su encuentro con Paz en Las Ramblas.

CAPÍTULO 5

En el ombligo de la luna

> A mitad del camino
> Me detuve. Le di la espalda al tiempo
> y en vez de caminar lo venidero
> –nadie me espera allá–
> volví a caminar lo caminado.
>
> Paz, "El regreso" (1943)

LECCIONES DE UNA DERROTA

Pero no les fue dado ir a la URSS y, exhaustos, los Paz descansaron de su vibrante, expedita madurez española jugando al futbolito en los cafés del Barrio latino. La Historia no es una prueba permanente. A veces se quita las mayúsculas y descansa un rato, concediéndole vacaciones a los poetas.

Las visas soviéticas nunca llegan y se ignora la causa exacta. (Contrastar Moscú y San Petersburgo, fue uno de los pocos sueños viajeros que a Octavio Paz nunca se le cumplió).[1] Tras la ejecución del mariscal Tujachevski, en junio de 1937, el Gran Terror alcanza su clímax y parece dudoso que se acepten con facilidad las visitas turísticas de simpatizantes. Mientras esperan en vano, se amistan con Robert Desnos, el poeta surrealista que morirá en el campo de concentración de Teresienstadt en 1945 y tratan algo más a Vallejo y a Georgette, su mujer francesa. Muchos años después, en una carta a Alejandro Rossi, a fines de 1976, Paz, a menudo considerado como un antiVallejo, escribirá contra la beatería de nuestra época, de "rebeldes bien comidos y mimados por sus opresores", la responsable de transformar a un poeta como Vallejo "en una momia incaica envuelta en una bandera roja".[2]

A Garro, volviendo al París del otoño de 1937, pese al remordimiento que le causa la abundancia parisina frente a la escasez española recién dejada atrás, le gusta el hotelito de la Rue Champollion, con su típica cama francesa de "colchón espeso y suave, almohadones de pluma y sábanas de lino".[3]

---

[1] Paz, *Obras completas, VIII. Miscelánea. Primeros escritos y entrevistas, op. cit.*, p. 926.

[2] Carta de Octavio Paz a Alejandro Rossi. Papeles de Alejandro Rossi, Caja 25, Carpeta 1, Biblioteca Firestone de la Universidad de Princeton.

[3] Garro, *Memorias de España 1937*, p. 118.

Traen poco dinero y cargan, literalmente, con Silvestre Revueltas, sin fondos, pese a las promesas pronto incumplidas del embajador Adalberto Tejeda, un agrarista de la generación del licenciado Paz Solórzano, de pagarle su regreso a México. Mientras tanto visitan los museos y van a la Exposición Universal, en la Plaza de Trocadero, que Garro, en sus *Memorias de España 1937*, confundida, ubica en la primera estancia en París, la de fines de junio, cuando apenas llegaban de México.

Pero la guerra de España lo invade todo. En el prólogo, escrito en 1986, a *Los privilegios de la vista*, el tomo de sus obras completas dedicado al arte, intenta contar su primera excursión al Louvre cuando recuerda que a la salida del museo se encontró con Hernández, quien venía de regreso de la URSS: "Fue un encuentro casual y, al mismo tiempo, asombroso. Me pareció dueño de una significación secreta, como si hubiese sido preparado por el magnetismo de aquellos años: todos estábamos imantados por el doble amor a la poesía y a la Revolución"[4].

En un café los Paz conversan con el poeta Hernández y su amigo Miguel Prieto, artista español que morirá exiliado en México en 1956 tras haber instruido en el diseño gráfico nada menos que a Vicente Rojo. Los temas son España y la URSS: Hernández, militante del PCE, los evade, no le gustó la patria del socialismo, pero no dice gran cosa. "Lo había horrorizado aquel mundo uniformado", le dirá, pero hasta 1973, Paz a Ríos, recordando la promesa incumplida de Hernández: "Mira, Octavio –me dijo–, si ganamos nuestra guerra, tenemos que hacer algo muy distinto a lo que ellos han hecho".[5]

Quien sí apostrofa inevitable y teatralmente a Paz contra la URSS y los comunistas es el anarquista León Felipe, "ese hombre mayor, de hermoso rostro y maneras y frases de profeta", según Garro. Obsesionado estaba entonces aquel poeta, también según ella, porque otro comunista, Wenceslao Roces, quien también terminará en México traduciendo a Marx en las oficinas del Fondo de Cultura Económica en la avenida Universidad, lo quería matar. Si insisto en todos los que vinieron a dar a México desde la Europa de la década canalla y después, no es por ociosidad anecdótica: pretendo ilustrar que la historia universal se movía, huyendo, hacia nosotros y si alguien hizo suyo ese influjo, fue Paz. Por eso fue quien fue.

El nombre de León Felipe se sumará al armorial de los maestros antitotalitarios de Paz, con Bosch, Gide, Serge, David Rousset, Kostas Papaioanou, Albert Camus… Figuras flotantes e incorpóreas paseando, asustadas o desafiantes, entre el Pabellón Soviético y el Pabellón Nazi en la Exposición Universal de París, donde visitan el *Guernica*, mandado hacer por la República para denunciar, allí mismo, la agresión fascista. "Fue la primera obra

---

[4] Paz, *Obras completas, IV. Los privilegios de la vista. Arte moderno universal. Arte de México*, edición del autor, Galaxia Gutenberg / Círculo de lectores, Barcelona, 2001, p. 31.

[5] Paz, *Obras completas, VIII. Miscelánea. Primeros escritos y entrevistas*, *op. cit.*, p. 1417.

monumental moderna que vi", dirá Paz. "Todavía guardo, intacta y viva, la impresión que me causó", sólo comparable, en esa otredad con la que Paz siempre equilibra su pensamiento, al descubrimiento, casual, en una galería surrealista, de *La Ville entière*, de Max Ernst, "templo maya soñado por el delirio de un geómetra".[6]

Aquellos paseos, consigna Sheridan, los interrumpe una noticia desagradable venida de México, quizá la primera en meses para Paz. Su némesis, Salazar Mallén, lo acusa de haber aceptado "ingresar a la LEAR con el único objeto de viajar a España".[7]

Colaborador como cuentista de *Contemporáneos*, Salazar Mallén había saltado del comunismo al fascismo a mediados de los treinta. Fue el escritor "inmoral" que dio el pretexto para la persecución legal de *Examen* en 1932, la revista de su amigo Cuesta. Salazar Mallén, a quien Paz siempre "consecuentó" por cariño viejo y en calidad de personaje de Andréiev, según él, ponía el dedo en la llaga.[8] Si bien la reconstrucción de los hechos era calumniosa, a Paz lo enfrentaba con esa duplicidad –poeta puro y poeta comprometido– que había creído al menos momentáneamente disuelta en la síntesis acogedora de *Hora de España*.

En *El Universal*, mientras Paz y Pellicer estaban en España, Salazar Mallén los había acusado a ambos de haberse vendido a la LEAR. De Paz en particular decía Salazar Mallén que sabedor de que la organización estaliniana, podía "otorgarle ventajas, escribió aquel halago desdichado, *¡No pasarán!* Comprendía él mismo que tal obra no tenía valor poético y lo confesaba lejos de sus enemigos, los learistas. Y con la repugnancia en las entrañas y renegando, conservaba la cercanía con ellos. Consiguió que se le nombrara para representar a la LEAR en el congreso de Valencia. Y había que verlo a él, al auténtico poeta de *Raíz del hombre*, a la zaga de tipos sin valor artístico, sumido en una servidumbre humillante".[9]

Tiene razón Sheridan en decir que aquella fue la primera vez que Paz fue calumniado. Su conflicto interior como poeta, él lo dijo con toda honradez, era el de su época y la reconstrucción del periplo a Valencia prueba que Paz fue al congreso, a pesar de la LEAR y no para obsequiarla, pues de haber estado en esa grilla, no se hubiera ido, despreocupado y romántico, a Yucatán. Algo de eso le aclara Paz a Salazar Mallén, dirigiéndose a él como "Rubén", en su respuesta, centrada con alguna inocencia en los méritos de *Raíz del hombre*

---

[6] Paz, *Obras completas, IV. Los privilegios de la vista. Arte moderno universal. Arte de México, op. cit.*, p. 32.

[7] Sheridan, *Poeta con paisaje, op. cit.*, p. 317.

[8] CDM, *Diario,* 25 de noviembre de 1995.

[9] Recogido en Javier Sicilia, *Cariátide a destiempo y otros escombros,* Gobierno de Veracruz, México, 1980, pp. 35-37.

como la causa de la invitación, sin presumir de la simpatía trasatlántica de Neruda y Alberti.

A mí, una vez reconstruida toda la historia por Sheridan, me queda claro el asunto, pero no sé si a los lectores imparciales de 1937, si los había, Paz los haya convencido. De la calumnia, algo queda y leyendo la respuesta de Paz, más dolida que enérgica, le habrá resonado a él y a algunos otros, la contrarréplica de Salazar Mallén, una descripción en la que no faltaría, terciando, la mirada enloquecida, recién vista, de Bosch: "Paz", cierra Salazar Mallén, "como una gran parte de los poetas jóvenes comunistas o comunizantes sinceros, fue envuelto en una red delgada y perversa. Sin darse cuenta, creyendo no haber renunciado a nada, fue cayendo paulatinamente en la demagogia, que ponía ante sus ojos ventajas sin ofrecérselas".[10]

Pero de la carta de Paz yo rescato otra cosa, una lección ética sobre los amigos y los adversarios, donde se impone el tono de Machado y el estilo de *Hora de España*. Leyéndola encuentro a un Paz saliendo inmune de la tentación de ser comisario político, librándose trabajosamente, pero de manera resuelta, de la telaraña. Pudo descalificar calificando, al mejor estilo de la década canalla. Decir simplemente que Salazar Mallén era un fascista, lo cual era del todo cierto y lo invalidaba como interlocutor: desde 1936 había intentado organizar un grupo mussoliniano, obteniendo, según él mismo, un fracaso cómico. Pero no lo hizo. Escogió otra manera, dirigirse no al amigo, sino al *otro* con voz humana: "Sé que no somos amigos sino adversarios. Otros, que no son adversarios, tampoco son amigos. Todos, pues, lo mismo los que opinamos y nos equivocamos que los que aciertan en el silencio, seamos en su caso, adversarios y hasta enemigos no es igual que malhechores; o compañeros de oficio, que no es igual, tampoco, que amigos o camaradas. Y, así, no nos calumniaremos".[11]

La memoria de la guerra de España fue reconstruyéndose, en Paz, con lentitud. En "Americanidad de España", más un panfleto que un ensayo, publicado a cuatro meses de aquel 1 de abril de 1939 cuando el general Franco da su último parte de guerra y anuncia que "la guerra ha terminado", Paz todavía no resuelve la ecuación. Después, la "hispanidad de América", para decirlo al revés, quedará muy clara para él y para un filósofo español exiliado como José Gaos, pues al participar México –cierto México naturalmente– en la Guerra civil, la herida de la Conquista había quedado, en el dominio de lo metahistórico, cerrada.

No hay tampoco un poema dedicado expresamente al derrumbe de la República, de la que Paz se enteró el día que cumplía veinticuatro años, el 31 de marzo de 1939, y ante la cual reaccionó dándose de madrazos, días después,

---

[10] *Idem.*

[11] Paz, *Obras completas, V. El peregrino en su patria. Historia y política de México, op. cit.*, pp. 632-633.

con unos comensales que festejaban el triunfo franquista en un restorán capitalino, El Pepín. El poeta y su cuñado, el pintor Jesús Guerrero Galván, y sus esposas, acabaron en la delegación de policía, de donde salieron tarde, en la noche, tras pagar las multas por rencilla pública.[12] Aunque la caída de la República es una pesada atmósfera invasora en los poemas escritos en California, en 1943, cuando Paz al fin sal otra vez del país, ese epitafio lo fue, fatalmente, la nota dedicada a la muerte de Hernández, escrita aún en México, en noviembre de 1942, donde extrañamente le dice al amigo muerto "en una cárcel de su pueblo natal", "déjame que te olvide, porque el olvido de lo puro y de lo verdadero, el olvido de lo mejor, es lo que nos da fuerzas" para seguir viviendo en el mundo "maloliente y podrido" de la derrota.[13]

Será hasta el 19 de julio de 1951 cuando dé, al fin, su propio parte de la derrota, en un acto republicano en París, con Camus y la actriz María Casares. El acento ha cambiado y en el fondo es aún más pesimista que el escrito con motivo del fallecimiento, tan simbólico, del poeta Hernández, pidiendo el olvido retórico que alivia el desasosiego. En esa Guerra fría que para Paz es la de quien asume la existencia del Gulag y empieza a meditar en sus consecuencias históricas y morales resulta enorme el contraste con "la milagrosa explosión de salud del pueblo español" cuando el 19 de julio de 1936, quince años antes, se levantó, contra la sublevación sediciosa. Esa espontaneidad de la acción revolucionaria contra el Casco, la Cruz y el Paraguas (símbolo, supongo, del burgués desafecto a mojarse) es a lo que Paz se aferra justo cuando acaba de publicar el año anterior la primera versión, en México, de un ensayo algo más optimista, *El laberinto de la soledad*. Pero en 1951, junto a Camus, se opone a todo "imperialismo filosófico o político", sea el de quienes se escudan en "el mito de la historia" (la URSS), el de los Estados Unidos, "el de la libertad", ambos unidos en la abstracción de lo humano, la "planificación" y "el paternalismo estatal", programas que conducen al "campo de concentración".[14]

Son los años en que los intelectuales, decepcionados del estalinismo, se aferran a una tercera vía, temerosos de entregarse a la otra herejía: afirmar el triunfo de la sociedad abierta. A principios de los años setenta, como la mayoría de los intelectuales que venían de la izquierda heterodoxa, Paz se aferraba aún a consignas como que "el fracaso del neocapitalismo" no era "menos absoluto" que el del sistema socialista.[15] En 1971, todavía intentará

---

[12] Sheridan, "La gran batalla de El Pepín", *Letras Libres*, núm. 188, México, agosto de 2014, p. 102.

[13] Paz, *Obras completas, II. Excursiones/Incursiones. Dominio extranjero. Fundación y disidencia. Dominio hispánico, op. cit.*, pp. 1123-1124.

[14] Paz, *Obras completas, VI. Ideas y costumbres. La letra y el cetro. Usos y símbolos, op. cit.*, pp. 495-500.

[15] Paz, *Obras completas, VIII. Miscelánea. Primeros escritos y entrevistas, op. cit.*, p. 1131.

coronar su regreso definitivo a México intentando formar ese imposible partido de la tercera vía.

La guerra de España seguirá fermentándose en su poesía, apareciendo y desapareciendo, como ocurre en *Piedra de sol*. No se manifestará del todo hasta que Paz retorne a México en los setenta, con *Pasado en claro* y con *Vuelta,* y con el aluvión de ensayos y notas memoriosas que ese par de poemas largos desata –el recuerdo de José Bosch, las revisiones de la poesía española exiliada en México, el discurso de Valencia de 1987, *Itinerario*–, acrecentándose en esos prodigiosos años noventa en que Paz, entrando a su octava década, prologa cada tomo de sus *Obras completas*.

ASESINATO DE TROTSKI, ROMPIMIENTO CON NERUDA

Pero "volvamos a caminar lo caminado", como dice "El regreso", un poema de Berkeley que a Sheridan y a mí nos parece aquel donde está encriptado el Paz que regresa de la guerra civil. A Silvestre Revueltas, que soñaba con avituallarse en la URSS, dar un par de conciertos por allá y regresar a México, tampoco lo invitan los soviéticos. Vuelve a emborracharse una y otra vez en París, bailando bajo la lluvia, según la Garro, creyéndose Chaplin. Revueltas le ha recordado a Paz, a su padre, "la imagen misma de la derrota", cuando creyéndolo desmayado de ebrio, el compositor abría los ojos y se reía: "Paz se inclinó para decirle: –Silvestre, estás solo, solo, solo… ¡No puedes beber! ¡No puedes!"[16]

A Paz se le ocurre la idea salvadora: cambiar dos boletos de clase turista (los de él y Elena) por tres de tercera en el *Orinoco*, un barco alemán, para regresar al fin a Veracruz. Los Paz, cuenta Garro y mucho menos que ellos Silvestre Revueltas, no habían tomado la previsión de cambiar sus pasaportes en el consulado de México, que sellados por la República española, podían causarles problemas en una embarcación tapizada de retratos del Führer. Los Gamboa les pidieron, dice Garro, dada a la hipérbole, que cambiasen de barco pues "los nazis los pueden matar en la travesía". Parece que al museógrafo y a su esposa más bien les preocupaba que los asociaran –viajaban en primera– con el trío de amigos de la República viajando en tercera. Pellicer se regresaba también, pero en segunda clase, de cuyas cocinas algo de comida acarreaba para el trío que dormía junto a las calderas.

Allí es cuando Paz ve embarcarse a los viejos desterrados españoles que retratará en "El barco" poema que aparecerá en el último número de *Hora de España*, apunta Sheridan. Porque sus pasaportes traen los sellos de la República y sus maletas –que les desvalijan– iban llenas de propaganda republicana, no pueden bajar a darse una vuelta por Lisboa.[17]

---

[16] Garro, *Memorias de España 1937*, *op. cit.*, p. 143.

[17] Sheridan, *Poeta con paisaje*, *op. cit.*, pp. 319-320.

Pero en la isla de Cuba tienen suerte. Se apersona el embajador de México, el novelista José Rubén Romero, autor de *La vida inútil de Pito Pérez* (1938), en La Habana y les franquea el paso, garantizando el regreso de sus conciudadanos a las siete de la noche. Eso fue el 20 de diciembre de 1937. Ya desembarcados, ven reaparecer a Marinello con Carlos Rafael Rodríguez, después uno de los dirigentes comunistas de la Revolución cubana, quienes los llevan a visitar a Jiménez, el poeta español exiliado en el caribe. En el recuerdo de Garro, "Juan Ramón estaba sentado en una mecedora de madera oscura, vestido de negro, con una barba recortada muy negra. Tuve la impresión de que estaba desplazado, era como ver un Greco en una playa llena de sol".[18]

A fines de diciembre de 1937, Paz y Garro, en compañía de Silvestre, están en Veracruz y tras una noche de espera, por falta de dinero que hace llegar al final, vía giro telegráfico, doña Pepita, toman el tren a la Ciudad de México. La mamá de Octavio, con toda la familia Garro, van a recogerlos a la estación de Buenavista. "Paz", concluye Elena, "venía entre todos los campesinos cargando todas las maletas, en su estruendo de cacareos y ruidos de huacales. –¡Ya lo sabía!... Ya lo sabía… que iban a llegar en tercera –suspiró la madre de Octavio, que muy elegante, vestida de negro y con sus dormilonas de diamantes, estaba guapísima y enojadísima…"[19]

Aquí terminan las divertidas *Memorias de España 1937* de Garro pero no la guerra de España de Paz. Como anfitrión de sus amigos de *Hora de España* participó en numerosos actos literarios de unidad y memoria. Antes, recién llegado, se entregó a la militancia pura y dura. Son los días en que se le da por afiliado a la JSUM y "en el frenesí" de las "postrimerías de su 'década roja' bajo el presidente Cárdenas y el liderazgo obrero de Lombardo Toledano", según el escrutinio de Sheridan de la hemerografía, quien consigna la presencia de Paz en una velada de la LEAR, el 18 de febrero de 1938, para conmemorar el segundo aniversario del Frente Popular; dos días después, acude al Teatro Hidalgo a un homenaje al general Miaja donde hubo filmes de propaganda; el 22 de febrero también la Sociedad de Amigos de España, de la cual Paz es connotado activista, inaugura en el vestíbulo del Palacio de Bellas Artes una exposición organizada por Gamboa y Chávez Morado que muestra afiches y otros documentos de la guerra.[20]

Mayor miga tiene la entrevista que les hizo el poeta y crítico de arte guatemalteco Luis Cardoza y Aragón a Pellicer, Gamboa y Paz, el 16 de enero en *El Nacional*. Cardoza, uno de los fundadores de la vanguardia latinoamericana y fino crítico de arte al cual Paz nunca dejará de reconocer

---

[18] Garro, *Memorias de España 1937, op. cit.*, p. 157.

[19] *Ibid.*, p. 159.

[20] *Ibid.*, pp. 325-326.

pese a las diferencias políticas que los enfrentaron, les pregunta si el arte de la República no será necesariamente propagandístico, lo cual merece un elogio paziano de la digna "obra de circunstancia" y Pellicer agrega que esas circunstancias han producido "romances tan valiosos como algunos del romancero clásico". Paz afirma que "a un kilómetro del frente de Madrid se llevan a cabo las mejores representaciones del teatro español" y festeja revistas y suplementos como *Hora de España, Nueva Cultura, Mono Azul* y *Madrid*, presumiendo a la Zambrano como editora y a Juan de Mairena, el pseudónimo de Machado, como el inspirador de "un fervor muy español, un cristianismo implícito, la unidad singular del espíritu castellano".[21]

Porque Paz encuentra en sus amigos, como Alberti, Altolaguirre, Cernuda (desde entonces, su preferido), Gil-Albert, Hernández, Varela, José Moreno Villa, Serrano Plaja o Prados, una continuidad de los clásicos como fray Luis de León, que los han nutrido pese al asesinato de García Lorca. Con casi todos esos nombres Paz arma su primera antología titulada *Voces de España (Breve antología de poetas españoles contemporáneos)* que aparecerá en julio en *Letras de México.* Tras elogiar, como es natural, el éxito musical de Silvestre Revueltas, Paz, Pellicer y Gamboa anuncian el gran acto propagandístico del 16 de febrero, que habrá ocurrido cuando no se sabía aún si la larga batalla de Teruel, había sido triunfo o derrota de la República, concluida el día veintidós.

Sheridan, historiador de la poesía mexicana moderna, pone el acento en lo que de poesía se trajo de allá mientras que Krauze, biógrafo, en *Octavio Paz. El poeta y la revolución*, destaca que Paz "nunca intentó conocer al protagonista mayor del bolchevismo que vivía en la misma ciudad", Trotski.[22] Su asesinato, en agosto de 1940, lo horrorizó, como lo escribió en *Piedra de sol,* refiriendo sus "quejidos de jabalí" al ser herido en la cabeza, "allí donde residía su fuerza" *(Itinerario).* Antes, le había asombrado ver al pintor Siqueiros, quien le había caído simpático en el frente de Pozoblanco, convertido en un asesino (su incursión no mató a ninguno de los Trotski, pero sí a Robert Sheldon Hate, su secretario). Se olvida con frecuencia que el propio presidente Cárdenas llamó a los comunistas mexicanos "traidores a la patria" por ponerse al servicio de una potencia extranjera para liquidar a un huésped de su gobierno.

Pero Paz entonces no dijo nada.[23]

Hubiera sido imposible que el joven Paz, públicamente en la órbita de los comunistas, se acercase a la fortaleza de la calle de Viena como a "escondidas" para asistir a alguna de las conferencias de Breton, que estuvo

---

[21] *Ibid.*, p. 329.

[22] Krauze, *Octavio Paz. El poeta y la revolución, op. cit.*, p. 74.

[23] Paz, *Obras III. Generaciones y semblanzas. Dominio mexicano. Sor Juana Inés de la Cruz o las trampas de la fe, op. cit.*, p. 131.

en México entre abril y agosto de 1938. Invitado por los fugaces trotskistas Frida Kahlo –ella exorcizó el cuarto donde durmió Lev Davidóvich, quien al parecer se enamoró de ella, decorándolo con un busto de Stalin– y Diego Rivera, quién pidió compungido su reingreso al PCM en 1954.

Breton y Trotski escribieron en México el "Manifiesto por un arte revolucionario independiente", pero lo firmaron el surrealista y Rivera. Ese manifiesto decía más o menos lo mismo que la ponencia colectiva de *Hora de España* en Valencia. Ignoro si Paz, en sus años de discípulo y amigo de Breton, habló con él de esos desencuentros y coincidencias.

En público, Paz fue leal a la República que se hundía, sin hablar de sus guerras internas y lo fue a la URSS, asegurándole a Carrillo Marcor, director de *El Popular*, que nada diría sobre el pacto Hitler-Stalin. El fantasma de Bosch, la condena a Gide poblaban, quizá, las pesadillas de Paz. Pero una mañana de marzo de 1938, cuenta Garro que "durante la tercera purga vi que Octavio Paz, a la hora del desayuno, exclamó con lágrimas: '¡Bujarin…! ¡No! ¡No Bujarin…!' '¿Quién es?, le pregunté', '¡Cómo preguntas eso! El ideólogo del partido, el autor del *ABC del comunismo*…' En el periódico leí que le habían dado un tiro en la nuca".[24]

En una encuesta sobre quién era el mejor poeta de México, aparecida en *El Nacional* poco después de su llegada, Paz había quedado apenas en séptimo lugar, debajo del posmodernista Enrique González Martínez y de Pellicer (el ganador, era su año, el de *Hora de junio*), así que más valía que las aguas volvieran a su cauce ordinario: familia y trabajo. Paz y Garro se instalaron con doña Pepita en la calle de Cholula hasta que lograron primero rentar un departamento y luego una casa en la calle de Saltillo número 117, recién nacida Laura Helena Paz Garro, el 12 de diciembre de 1939, alumbramiento que fue festejado en la prensa por Huerta, quien felicitó al poeta por haberse *laureado*.[25]

Vigente el nombramiento en Yucatán, la mítica península adonde ya no volvería sino muchos años después, las autoridades educativas lo asignaron como formador de maestros pero su nuevo empleo sería en la Comisión Nacional Bancaria y de Valores, donde Eduardo Villaseñor, "funcionario protector de poetas (y poeta él mismo)" y más tarde director del Banco de México hasta 1946, le consigue un trabajo mal remunerado pero que exigía de poco tiempo, lo cual le permitía a Paz colaborar en los primeros números de *El Popular*.

Tras los trabajos más o menos informales que son o fueron propios del escritor en los países latinos, seguía la vida de café, herencia española que en México alcanzó una segunda vida tan pronto fueron llegando los escritores exiliados. El café más concurrido, visitado en su primera época por Antonin

---

[24] Garro, *Memorias de España 1937, op. cit.*, p. 16.

[25] Sheridan, *Poeta con paisaje, op. cit.*, p. 346.

Artaud cuando pasó por México en 1936, era el Café París, del cual Paz se convirtió en un *habitué*; estaba en la calle 5 de mayo, donde los amigos se reunían durante la semana entre las tres y cuatro de la tarde. Los más asiduos, cuenta Paz al evocar los días cruciales de su amistad con Villaurrutia, eran Octavio G. Barreda, quien desde *Letras de México* (1937-1947) le daba una calurosa bienvenida a Breton; el filósofo Ramos, Eduardo Luquín (quien había maltratado a los Paz, como diplomático en España), el pintor Carlos Orozco Romero y Celestino Gorostiza.

A la tertulia se sumaron, más tarde, llegados de España, José Moreno Villa y León Felipe. "También concurrían", recuerda Paz, "aunque con menos frecuencia, José Gorostiza, Jorge Cuesta, Elías Nandino, Ortiz de Montellano, Magaña Esquivel y Rodolfo Usigli. A veces, ya al final de ese periodo, se presentaba José Luis Martínez y, esporádicamente, Alí Chumacero. En una mesa distinta, a la misma hora, se reunían Silvestre Revueltas, Abreu Gómez, Mancisidor y otros escritores más o menos marxistas. Ya al caer la tarde llegaba otro grupo, más tumultuoso y colorido, en el que había varias mujeres notables" como María Izquierdo, Lola Álvarez Bravo, Lupe Marín, Lía Kostakowsky y artistas y poetas jóvenes como Juan Soriano y Neftalí Beltrán.[26]

"El café París", dice Paz en lo que es una perfecta definición del café como institución literaria, "fue una sociedad dentro de la sociedad. Asimismo, una geografía: cada mesa era una tertulia, cada tertulia una isla y una plaza fortificada. Las relaciones entre las islas eran, al mismo tiempo, frecuentes y arriesgadas. Siempre había algún intrépido –o algún inconsciente– que iba de una mesa a otra. Unos eran mensajeros y otros desertores".[27] Los poetas salían de aquella geografía, cuenta Paz, "a la ya desde entonces inhospitalaria ciudad de México con una suerte de taquicardia, no sé si por el exceso de cafeína o por la angustia que todos, en mayor o menor grado, padecíamos".[28]

Resultado de esa taquicardia fue la revista *Taller*. De principio a fin, desde *Barandal* hasta *Vuelta*, Paz, hijo y nieto de editores, creyó en el apotegma de que cuando no se puede cambiar el mundo, al menos puede hacerse una revista, sobre todo cuando se es joven (y en ello y en otras dos o tres cosas más, Paz conservó la juventud hasta el final).

Había llegado la hora de ajustar cuentas con los Contemporáneos y tomar, en verdad, el relevo con una nueva revista que identificará, con su nombre, a una generación y así fue, en efecto, con *Taller*, generación que acabaría siendo la de Paz, Alberto Quintero Álvarez (1914-1944, quien según Sheridan

---

[26] Paz, *Obras completas, III. Generaciones y semblanzas. Sor Juana Inés de la Cruz o las trampas de la fe, op. cit.*, p. 309.

[27] Paz, *Obras completas, IV. Los privilegios de la vista*. Arte moderno universal. Arte de México, *op. cit.*, p. 863.

[28] Paz, *Obras completas, III. Generaciones y semblanzas. Dominio mexicano. Sor Juana Inés de la Cruz o las trampas de la fe, op. cit.*, p. 310.

"habría sido el otro poeta importante de la generación de Paz"), Rafael Solana (grato ensayista y lector de buen gusto que sucumbió a la comodidad del
teatro comercial) y Huerta, a cuya gran poesía, a ratos casi surrealista como
en *Los Hombres del alba* (1944), no lograba afearla la violencia homofóbica
con que se burlaba, en sus artículos, de los Contemporáneos.

Taller (que tuvo, como toda revista que se respete, una salida en falso:
Taller poético) consistirá de doce números más o menos bimensuales, entre
diciembre de 1938 y febrero de 1941. Costaba un peso, tiraba 1 000 ejemplares y como la inmensa mayoría de las publicaciones literarias mexicanas,
sufría por llevar algo de publicidad oficial para financiar la buena calidad
editorial pretendida, que en este caso la aportó, de nueva cuenta, el generoso
Villaseñor. Recién llegado a México tras años de misiones diplomáticas, Reyes tocó tierra obsequiando ciento cincuenta pesos para la nueva aventura.[29]

En los dos primeros números de *Taller*, su etapa "mexicana", dice Sheridan, antes de que se integrasen los españoles, Paz publica algunas páginas
de su diario literario de juventud, "Vigilias de un soñador", pero sobre todo
una "Razón de ser" (aparecida en el número dos a manera de editorial), que
con epígrafe de Chateaubriand (*¡Viva la juventud... pero con tal de que no
dure toda la vida!*) y explícita inspiración en el José Ortega y Gasset de *El
tema de nuestro tiempo* (1923), se define acogida por una época revolucionaria,
de juventud. Rechaza Paz con energía pero cortésmente a aquella "juventud
desilusionada, de posguerra", la de los Contemporáneos y de sus equivalentes europeos, un tanto más vanguardistas. Les reconoce su mérito en haber
subvertido todas las formas de la vida, su osadía, al atreverse a ser rebeldes como irracionalistas, exasperantes con sus mayores, arbitrarios aunque
enamorados de lo intrascendente, reconociéndolos por su ironía capaz de
culminar en la greguería.

Pero, refunfuña Paz, "la novedad, cierto esnobismo, fuerza disociadora
de la época, la intransigencia que exaltaba lo baladí, el rigor formal y el
cosmopolitismo eran algunos de los rasgos de esta generación, que se había
procurado inusitadas embriagueces, que tenía todos los delirios de la de
sus padres, sin ninguna de sus caídas". La desenvoltura de sus maestros los
Contemporáneos, hacia muy contrastante su timidez política con su audacia
artística. Paz concluía: "no sabemos, todavía, si era la expresión última de
un mundo en descomposición o, por el contrario, la alegre aurora de otro."[30]

En esa batalla entre antiguos y modernos que cruza de por vida a toda
alma grande, al viejo Paz, más cerca de su abuelo que de su padre, yo lo oí

---

[29] "Recibí de Don Alfonso Reyes la cantidad de $150.00 (ciento cincuenta pesos), para necesidades
de la Revista *Taller*, que devolveré a la primera oportunidad. Octavio Paz." Así la primera entrada
de *Alfonso Reyes/Octavio Paz, Correspondencia (1939–1949)*, edición de Anthony Stanton, FCE/
Fundación Octavio Paz, México, 1998, p. 53.

[30] Paz, *Obras completas, VIII. Miscelánea. Primeros escritos y entrevistas, op. cit.*, pp. 203-204.

decir un par de veces que quizá fueron mejores poetas los modernistas de las revistas *Azul* y *Moderna* que los Contemporáneos, en cuya generación, insistía en 1939, "se daban las características más opuestas del espíritu revolucionario, para el que le faltaban gravedad y angustia y le sobraba intrepidez, y del espíritu tradicional, al que lo acercaba su escepticismo y del que lo alejaba su rebeldía, su irrespetuosa novedad".[31]

Esas variaciones en su gusto eran cíclicas, como las "epidemias de sonetos" de las que Paz se jactaba haber sobrevivido. En los años sesenta, tras la polémica causada por *Poesía en movimiento* y viendo la alta estima que ganaban sus maestros entre los jóvenes, se sintió obligado a hacer, ésta vez él, de abogado del diablo y prevenir a García Ponce, en las cartas desde Delhi, que junto a los Vallejo, los Huidobro, los Borges, los Cernuda y los García Lorca, excepción hecha de Gorostiza y su *Muerte sin fin*, los Contemporáneos quedaban muy disminuidos.[32]

Hay más tradición que ruptura en la literatura mexicana y eso se sabe desde que lectores más distantes, como Marcelino Menéndez Pelayo y tan opuesto a él, Pedro Henríquez Ureña, examinaron nuestras letras entre 1890 y 1910. Crepusculares o no, a nuestros poetas les cuesta pelearse con sus mayores: los Contemporáneos fueron comedidos con los modernistas, separados por un cisma histórico, la Revolución mexicana, y son más frecuentes las figuras que unen –Ramón López Velarde, José Juan Tablada, González Martínez, Villaurrutia, el mismo Paz– que aquellas que separan. Una agitación como la estridentista fue una llamarada de petate ("el estridentismo duró poco: se disolvió en algaradas y puestos públicos", dirá Paz en 1983). Dudo que las tensiones hayan sido mayores entre los de *Contemporáneos* y *Taller*, donde pese a su supuesto apoliticismo, los Cuesta y los Villaurrutia estaban con la República Española y sirvieron, cuando los dejaron, durante la década canalla, a los gobiernos revolucionarios, aunque hubiese broncas sin remedio (la de Huerta contra Novo) y exabruptos generalmente privados, como aquellas líneas de Paz a Garro desde Mérida.

El párrafo anterior explica la naturaleza ecuménica de los primeros números de *Taller*. Recorramos, con el propio Paz, los índices, como lo hizo en "Antevíspera: *Taller* [1938–1941]" (1983) y hallaremos inéditos de García Lorca rescatados por Genaro Estrada e ilustrados por Moreno Villa, reseñas firmadas por el "escapista" Villaurrutia o al comunista José Revueltas, quien publica en *Taller* el primer capítulo de *El quebranto*, su *bildungsroman* perdida. Cuenta también a quienes se fueron rápido: Quintero Álvarez, lector de Chestov, Salvador Toscano, otro muerto precoz o a los suicidas Rafael Vega Albela y José Ferrel, el traductor trotskista de Rimbaud y Lautréamont.[33]

---

[31] *Ibid.*, p. 204.

[32] Perales Contreras, *Octavio Paz y su círculo intelectual, op. cit.*, p. 31.

[33] Paz, *Obras completas, III. Generaciones y semblanzas. Dominio mexicano. Sor Juana Inés de la Cruz o las trampas de la fe, op. cit.*, p. 115.

Cedo la palabra a Sheridan: "Cuando los poetas de *Hora de España* comienzan a desembarcar en Veracruz, Paz ha tomado ya medidas para que *Taller* los acoja. Arriban a los mismos muelles a los que, un año y medio antes, había llegado Paz de regreso de Valencia. La gente de *Hora de España* viaja en el *Sinaia* que atraca en Veracruz, el día 13 de junio de 1939."[34]

El lunes 19, Reyes anota satisfecho en su *Diario* que ha logrado rescatar, entre varios intelectuales españoles varados en Veracruz, "a los muchachos de *Hora de España*" tan queridos de Pellicer y de Paz. "Si tengo que explicarme por qué Paz no estaba en Veracruz", continúa Sheridan, "tendría que conjeturar que se le niega el permiso para dejar el trabajo. En el muelle mexicano, entre manifestaciones de solidaridad, discursos vehementes y pancartas que los dejan atónitos ("El Sindicato Único de Tortilleras os saluda"), Sánchez Barbudo recuerda la presencia de exiliados que habían llegado antes, como León Felipe y Bergamín, y entre quienes los esperaban en los andenes de Buenavista, 'ansioso y fraternal, estaba Octavio Paz, a quien habíamos conocido durante su estancia en España'. El círculo se había cerrado".[35]

"Habrán sido días de enorme ajetreo", dice Sheridan, imaginando la logística desplegada para instalar a los recién llegados y las charlas sin fin, contando muertos, pues aquellos escritores llegaban como sobrevivientes de la guerra que cerró aquella década.

Paz les abre *Taller* y nombra a Gil-Albert secretario de redacción, con la aprobación de Huerta y Quintero Álvarez. Solana, de viaje, será quien afirme más tarde que la revista murió de "*influenza española*" porque aquellos exiliados, "gente más preparada y con mayor herencia cultural que nosotros", al universalizar la revista, la privaron de su "mexicanidad, de su sabor regional, y aun de su intimidad".[36]

En el número 4, de julio, se anuncia la incorporación formal de Sánchez Barbudo, Gil-Albert, Gaya, Varela y Herrera Petere en nombre de "la comunidad de nuestra tradición", según dice un editorial sin firma. En 1983, un Paz aún emocionado, repasa ese número histórico, al menos en esta orilla porque en la otra, la española, ha privado la proverbial e ignara ingratitud peninsular, sobre todo en los profesores quienes deberían estudiar, en su unidad y en su diversidad, a la literatura en español. Abrió el *Taller* binacional, con diseño de Ramón Gaya, demasiado parecido al de *Hora de España* (error, según Paz) con un ensayo excepcional, de María Zambrano, "Filosofía y poesía"; le sigue Villaurrutia con "un poema que es uno de los más perfectos que escribió: *Amor condusse noi ad una morte*" junto a textos firmados por Bergamín,

---

[34] Sheridan, *Poeta con paisaje, op. cit.*, p. 369

[35] *Idem.*

[36] *Ibid.*, p. 383.

Prados y el mexicano González Rojo padre, "delicado poeta", que murió poco después.[37] No falta tampoco, en el bautizo, Reyes, cuyas *Vísperas de España* olían a tinta fresca.

Más allá de la metáfora de Gaos, que yo comparto, de que al abrir esa puerta, México, salvando la universalidad de España, se graduaba en su modernidad, recibir a la gente de *Hora de España* tuvo otros efectos. A Paz le emocionó recordar que *Taller* empezó publicando, por primera vez en español, *Una temporada en el infierno*, de Rimbaud, y poco antes de desaparecer, hizo lo propio con una antología de las traducciones de T. S. Eliot, encabezada por *Tierra baldía* en la versión de Ángel Flores y completada con otras, de Usigli, Ortiz de Montellano, Barreda, Jiménez y León Felipe.

No era novedad que en *Taller* publicasen las grandes figuras españolas y americanas que Paz conoció en España; tampoco, como lamentó Paz, que en ella no se criticase al comunismo soviético ni con el pétalo de una rosa, que estaba al borde de batirse con el régimen hitleriano, su hermano-enemigo, eso en 1941, ya desaparecida *Taller*. Sheridan es más indulgente y dice que el poema de León Felipe, publicado en el número que aparece luego del asesinato de Trotski, "El Gran Responsable", contra los poetas comprometidos con sus plegarias y sus rosarios, expresó, oblicuo, el horror de algunos de sus redactores. El pacto nazi-soviético de 1938 ya había estado a punto de dividirlos, dirá Paz en 1983. De un lado, conjetura Sheridan, los indignados sometidos a la autocensura: Paz, Gil-Albert y Sánchez Barbudo, del otro, dóciles, Huerta y el resto de los españoles, compartiendo la declaración de Herrera Petere: "No entiendo las razones del pacto pero lo apruebo. No soy un intelectual sino un poeta. Mi fe es la fe del carbonero..."[38]

Fue una novedad que *Taller* haya sido una de las pocas revistas genuinamente "hispano-americanas", lo cual provocó, en el estrecho centro de la Ciudad de México, habladurías patrióticas y guerrillas literarias, cuyo recuerdo divierte y enternece, a través de sátiras que volaban de café en café. Salió a relucir el mal trato que el comediógrafo Juan Ruiz de Alarcón, por haber nacido en Taxco, en la Nueva España, recibió en la Villa y Corte, hacia 1600, lo mismo que los privilegios, los reales y los supuestos, recibidos por los intelectuales españoles acogidos por Reyes en la Casa de España. La derecha mexicana puso el grito en el cielo ante la llegada a México de los "rojos" derrotados y como dice Sheridan, los españoles no facilitaron las cosas, con el "talento y el poderío de su experiencia editorial, pero también con el ánimo exaltado de los sobrevivientes y un ímpetu de guerra que agraviaba en ocasiones las ceremoniosas buenas maneras de sus colegas mexicanos".[39]

---

[37] Paz, *Obras completas, III. Generaciones y semblanzas. Dominio mexicano. Sor Juana Inés de la Cruz o las trampas de la fe, op. cit.* p. 115.

[38] Paz, *Obras completas, VI. Ideas y costumbres. La letra y el cetro. Usos y símbolos, op. cit.*, p. 36.

[39] Sheridan, *Poeta con paisaje, op. cit.*, p. 371.

En cuanto a *Taller,* se magnificó la ayuda económica que Bergamín y su editorial, Séneca, poseedora aún de fondos reservados para la sobrevivencia del exilio español, transfirió a la revista, que tan lejos estaba de vivir del oro de la República o hasta del de Moscú, que se extinguió en 1941 pese a los auxilios que le prestaron, para alargar su vida, los reincidentes Reyes y Villaseñor, o Castro Leal, a través de la Imprenta Universitaria.[40]

Desaparecida *Taller*, dice Sheridan, de alguna manera se difuminaban los efectos de la admonición del ministro Álvarez del Vayo sobre Paz: había hecho lo posible por defender a la República con la máquina de escribir. La gente de *Hora de España* siguió su diáspora hacia otros países del continente. En México apareció *Tierra nueva* (1940-1942), hermana menor de *Taller*, más universitaria y más académica, hecha por Martínez, Chumacero, Jorge González Durán y Leopoldo Zea, revista en la cual Paz continúa su serie juvenil de "Vigilias de un soñador". "Sin grupo y sin proyecto colectivo" publica algunos poemas en *Sur,* una nueva versión de "Bajo tu clara sombra" que recupera, poéticamente, a la Helena de 1935 y quizá expresa un momento de armonía con su esposa, la joven madre de su hija. Finalmente publica *Entre la piedra y la flor,* ya crónico dolor de cabeza en 1941 y se encamina a una colisión inesperada con Neruda.[41]

En 1940, Bergamín, a través de su editorial Séneca, le encargó a Villaurrutia, Prados, Gil-Albert y Paz una antología que dejase testimonio de ese momento de intimidad en la poesía en español de ambas orillas del Atlántico. La idea, según Paz, fue suya y el resultado –el libro, titulado *Laurel* y bellamente editado, se terminó de imprimir el 20 de agosto de 1941– una gigantomaquia escandalosa pues varios de los grandes poetas se negaron a aparecer en ella: Jiménez, porque odiaba a Bergamín y a Neruda; León Felipe porque Bergamín había excluido a Larrea, a petición de Neruda, quien condicionó su presencia en *Laurel* a la exclusión de Huidobro. Finalmente, Neruda, que en el ínterin, se peleó con su aliado inicial, Bergamín, se retiró de la antología. Para colmo, dice Paz "a última hora Bergamín y Villaurrutia decidieron, con la aprobación de Emilio Prados, eliminar al grupo de poetas jóvenes que formarían la cuarta sección del libro", lo cual eliminaba del libro no sólo a Paz y a Gil-Albert, sino a un Hernández, preso de nueva cuenta y al borde de entrar en la leyenda dorada de los mártires. Esta última fue la verdadera pérdida, confesará Paz en "Poesía e historia: *Laurel* y nosotros" (1982), agregando que la decisión de Villaurrutia, de sacar a los "impacientes" nuevos poetas, lo alejó, por un tiempo, de su querido Xavier.[42]

---

[40] *Idem.*

[41] *Ibid.*, pp. 390-393.

[42] Paz, *Obras completas, II. Incursiones/Excursiones. Dominio extranjero. Fundación y disidencia. Dominio hispánico, op. cit.*, p. 725.

Más allá de que el "destino natural de toda antología es no dar paz a la Lengua" pues "vaya usted a qué remotas 'correspondencias' obedecen los poetas, seres de sensibilidad ciertamente telescópica", según se preguntaba Barreda, bajo el pseudónimo del "Pez que fuma", en *Letras de México* de mayo de 1941,[43] la reconstrucción del escándalo de *Laurel* nos permite leer una de las páginas magistrales de Paz como historiador de la literatura y retratista de escritores, permitiéndonos despedirnos de los grandes poetas que lo formaron.

Laurel estaba más inclinada al modo juanramoniano de ver la poesía y por ello, los antologadores ignoraron su deseo de ser excluido, criterio que Paz dice debieron seguir con Neruda y León Felipe. Más valía, como nunca, pedir perdón que pedir permiso. Que el chileno, el verdadero "brontosaurio" en cristalería que destrozó *Laurel,* tuviese desde el principio serios reparos contra la antología era previsible, dice Paz, pues no había seres más disímbolos que Neruda y Villaurrutia, "cortés, reservado e ingenioso", el principal hacedor del libro.[44]

Villaurrutia, "como un caracol, se había construido con insomnio y angustia un abrigo –geometría inteligente– destinado a preservar su intimidad y que acabó por asfixiarlo", mientras que el poeta cónsul, de pocas ideas, estaba "gobernado por pasiones a un tiempo reconcentradas y oceánicas". Para Neruda, Villaurrutia era "un curioso coleóptero".[45]

Neruda llegó a México un año atrás, el 20 de agosto de 1940, como cónsul de Chile, exactamente el día del asesinato de Trotski. A Siqueiros, un gran canalla de la década, que había fallado en el primer intento de homicidio, Neruda le había conseguido un salvoconducto hacia Chile; de todo esto se fue enterando, con los meses y los años, Paz. Y si en sus tiempos de México, la GPU, como dicen algunos informes, planeaba hacerse directamente de los servicios de Neruda como agente, no cambia en mucho las cosas: *objetivamente*, como decían los propios estalinistas, Neruda les servía por convicción. En fin: Paz quedó horrorizado pero silencioso ante la conducta de sus ex amigos.

A veces creo que peor que la excomunión de Gide, quien murió con la conciencia limpia y en su cama, fue para Paz "el ajusticiamiento" de Trotski, como lo llamó Siqueiros. José Iturriaga dijo que los sentó juntos a la mesa, a fines de los años cincuenta en París, a Paz y a Siqueiros. En 1993 se despidió así de Trotski, ese "hombre extraordinario por sus actos y sus escritos" que fue "valeroso en el combate, entero ante las persecusiones y las calumnias e indomable en la derrota". Le hacía pensar "en las figuras heroicas de la

---

[43] *Letras de México*, núm. 5, mayo de 1941, edición facsimilar del FCE, México, 1985, p. 58.

[44] Paz, *Obras completas, II. Excursiones/Incursiones. Dominio extranjero. Fundación y disidencia. Dominio hispánico, op. cit.*, pp. 727-728.

[45] *Ibid.*, p. 728.

Antigüedad romana". "Pero no supo dudar de sus razones. Creyó que su filosofía le abría las puertas del mundo; en verdad, lo encerró más y más en sí mismo. Murió en una cárcel de conceptos".[46]

Pero regresemos a la rumorosa estancia de Neruda en México, que permitió un trato "más bien íntimo" entre el chileno y nuestro poeta. Neruda, dice Paz, "era generoso y su inmensa cordialidad no tenía más defecto que el de su mismo exceso; su afecto, a veces, aplastaba como una montaña". Pero las discusiones sobre *Laurel* fueron separando al maestro del discípulo: en el curso de sus conversaciones, ya fuesen en casa del chileno o en la casona que había sido de don Ireneo en Mixcoac –los latinoamericanos, a diferencia de los españoles, preferían el calor del hogar a los aires del café– empezó a sumarse a lo previsible –el encono enfermizo de Neruda contra Huidobro–, lo inadmisible. Un día, Paz se permitió disentir de las descalificaciones oprobiosas dirigidas por el chileno contra "los poetas puros" y los trotskistas. "Había caído de su gracia", lamentará Paz en su ensayo de 1982, "como tantos, Neruda padeció el contagio del estalinismo; hay que agregar que esa lepra se apoderó de su espíritu porque se alimentaba de su egolatría y de su inseguridad psíquica".[47]

Vino después la carambola. Neruda contra Bergamín y éste contra Larrea, cuyo siguiente capítulo fue la defección de León Felipe, cuya "actitud no es inexplicable", nos dice el retratista, "todo lo oponía a Bergamín: las ideas, la sensibilidad, el temperamento y hasta el tono de voz –tonante el suyo y suave el del otro". Mientras Bergamín, una "inteligencia luciferina" era "agudo como un epigrama y esbelto como un cohete", "nuestro amigo" León Felipe, "tierno, profético, declamatorio y purísimo, era un león de botica".[48]

Laurel estaba en prensa cuando se retiraron Neruda y León Felipe. Además, dos de los antologados, Pellicer y el doctor Ortiz de Montellano, entraban y salían de la imprenta modificando la selección que de sus poemas habían hecho los antologadores. Así estaba la república de los poetas cuando vino el rompimiento, una verdadera bronca, con Neruda en la celebérrima cena en el Club Asturiano de la Ciudad de México. También en 1982, proporciona Paz otro antecedente que acabó de colmar la furia nerudiana: en *Taller* se había publicado una nota del chileno donde presentaba los poemas de una joven uruguaya, Sara de Ibañez (madre de Ulalume González de León, poeta también y después estrecha colaboradora de Paz en *Plural* y *Vuelta*). Dándole la bienvenida a Ibañez, Neruda aprovechaba para maltratar a Jiménez. Ése era otro problema, pues malquistaba a Paz con Juan Ramón,

---

[46] Paz, *Obras completas, VI. Ideas y costumbres. La letra y el cetro. Usos y símbolos, op. cit.*, pp. 38-40; José Iturriaga, *Rastros y rostros*, FCE, México, 2003, p. 368.

[47] Paz, *Obras completas, II. Excursiones/Incursiones. Dominio extranjero. Fundación y disidencia. Dominio hispánico, op. cit.*, p. 728-729.

[48] *Ibid.*, p. 730.

colaborador y suscriptor de *Taller*. Para compensar –recurso bien conocido por todo aquel que haya sobrevivido en la selva de las revistas literarias– Paz publicó unos poemas de Alberti dedicados a Bergamín, antes, según Neruda, de que su "hermano" Alberti se enterase de la ruptura entre el cónsul y Bergamín… Pese a todo, el día del santo de Paz –20 de noviembre de 1940– Neruda se presentó de improviso *chez* Octavio para festejarlo.

En el Club Asturiano donde se homenajeaba, a fines de agosto de 1941, a un Neruda que había amenazado con quedarse de por vida en México, recordará Paz, "busqué sitio en un extremo y me senté al lado de Julio Torri y de José Luis Martínez. Hubo discursos tronitonantes y brindis exaltados. A la salida nos formamos en fila para despedirnos de Pablo, que conversaba con Clemente Orozco, González Martínez y otras notabilidades. Había bebido. Cuando llegó mi turno, me abrazó, me presentó con Orozco, elogió mi camisa blanca –'más limpia –agregó– que tu conciencia' –y en seguida comenzó una interminable retahíla de injurias en contra de *Laurel*, Bergamín, y claro, contra los otros autores de la maldita antología. Lo interrumpí, estuvimos a punto de llegar a las manos, nos separaron y unos refugiados españoles se echaron encima para golpearme. Mi amigo José Iturriaga los puso en fuga con dos guantadas".[49]

El viejo González Martínez sacó del brazo a Paz, escoltado por Martínez, Chumacero e Iturriaga. "En la calle", continúa Paz, "me sentí abatido y roto, 'como un camarero humillado, como una campana un poco ronca, como un espejo viejo'. Para levantar un poco mis ánimos, González Martínez, nos invitó a una *boîte* de moda. Tenía más de setenta años. Ordenó champaña, revivió fantasmas de poetas y mujeres, recitó poemas y bebió con sus cuatro jóvenes amigos hasta que llegó el alba 'con un alrededor de llanto'".[50]

En julio de 1943, Neruda abandonó el país y lo hizo quejándose de la falta de 'moral civil' sufrida por los poetas mexicanos, lo cual propició las respuestas de Martínez, el joven crítico literario que lo acompañó en ese pleito y del propio Paz, en "Respuesta a un cónsul", en *Letras de México*, donde tras defender a los poetas mexicanos de los "ripios de los poetas políticos" nerudianos, le recuerda al cónsul de Chile que no lo separan las convicciones ideológicas sino la vanidad "que lo obliga a aceptar cada seis meses banquetes y homenajes de esas mismas personas que llama 'carentes de moral cívica'". Y también los separaba, remataba Paz, el sueldo, "que le permite ofrecer mesa y cantina libre a una jauría que adula su resentimiento injuriando a todos aquellos que aún creen que la república de las letras nada tiene que ver con las viejas satrapías de Oriente".[51]

---

[49] *Ibid.*, pp. 731-732.

[50] *Idem.*, p. 732.

[51] *Letras de México,* núm. 8, 15 de agosto de 1943, p. 95 en la edición facsimilar del FCE, tomo IV, México, 1985.

"Pablo", dirá Paz, "decretó mi muerte civil –una orden que acataron sin chistar varios amigos míos, mexicanos y españoles–", entre los cuales estarían, en su círculo más cercano, los exiliados españoles más ortodoxos y sus viejos camaradas de los treinta, como Ramírez y Ramírez o Huerta, poeta para quien una opinión de Neruda equivalía a una consigna, al grado de que retrasó casi diez años la aparición de *Los hombres del alba*, su libro más desesperanzado y amargo, por temor a desobedecer el optimista y revolucionario dictamen nerudiano.[52] Edwards, muy cercano a Neruda en sus últimos años y después colaborador de *Plural* y *Vuelta*, sospecha que, en el "Nuevo canto de amor a Stalingrado" (recogido en *Tercera residencia, 1934-1945),* ese "viejo joven transitorio/ de pluma, como un cisne encuadernado," que "desencuaderna su dolor notorio/ por mi grito de amor a Stalingrado", es Paz. Cardoza y Aragón supone lo mismo.[53]

En *Canto general* (1949), Neruda dedicará un párrafo, en su homenaje a Hernández, contra "los que te negaron en su laurel podrido/ en tierra americana, el espacio que cubres/ con tu fluvial corona de rayo desangrado",[54] refiriéndose a la exclusión del joven poeta español de *Laurel* por la decisión, antes de su muerte, de Bergamín y Villaurrutia de excluir a todos los jóvenes. Meses después del rencuentro en Londres en 1967, Paz recibió "desde París un libro suyo, *Las piedras del cielo*, con esta dedicatoria: 'Octavio, te abrazo y quiero saber de ti, Pablo'".[55] No volvieron a verse y Paz quedó horrorizado, como todo el mundo, cuando "los centuriones de Santiago" saquearon las casas del poeta moribundo. Veinte años después, en 1993, Paz se despidió: "Musito el nombre de Pablo Neruda y me digo: 'lo admiraste, lo quisiste y lo combatiste. Fue tu enemigo más querido'".[56]

La derrota de la República, el fin de *Taller* y la disolución del grupo con los españoles, el escándalo de *Laurel* y su consecuencia afectiva (alejarse de Villaurrutia) y el rompimiento con Neruda, eran razones suficientes para que Paz quisiera irse de México. El general Cárdenas, además, había dejado el poder en 1940 y el régimen de la Revolución mexicana renunciaba a su radicalismo, alineándose, durante la Segunda guerra mundial, con los Estados Unidos.

---

[52] Paz, *Obras completas, IV. Los privilegios de la vista, op.cit.,* p. 873; conversación con David Huerta, Chicago, 13 de octubre de 2013.

[53] Edwards, *Adiós poeta..., op. cit.*, p. 120; Neruda, *Obras completas, I. De Crepusculario a Las uvas del viento, 1923-1954*, edición de Hernán Loyola y Saúl Yurkiévich, Galaxia Gutenberg/Círculo de Lectores, Barcelona, 1999, p. 396; Luis Cardoza y Aragón, *El río. Novelas de caballería*, FCE, México, 1986, p. 688.

[54] Neruda, *Obras completas, I. De crepusculario a Las uvas del viento, op. cit.*, p. 746.

[55] Paz, *Obras completas, II. Excursiones/Incursiones. Dominio extranjero. Fundación y disidencia. Dominio hispánico, op. cit.*, p. 733.

[56] *Ibid.*, p. 1203.

SERGE, EL RESCATE DE UN NÁUFRAGO

Pero quedaba un epílogo en forma de revista, *El Hijo Pródigo,* aparecida en abril de 1943 y una relación, casi secreta, con el revolucionario ruso y escritor en lengua francesa Serge y su círculo. Serge, convertido tras el asesinato de Trotski, en el último testigo, en posesión de su libertad de conciencia, de la revolución bolchevique, llegó a México el 4 de septiembre de 1940. Lo hicieron, tras estar ambos presos en La Martinica, él y su hijo Vlady Kibalchich, ya entonces un notable aprendiz y más tarde un significativo pintor mexicano (y un dibujante excepcional), además de guardián de la memoria de su padre.[57]

Empecemos con *El Hijo Pródigo*, para Sheridan, la mejor de las revistas literarias que hasta ese momento se habían realizado en México por la confluencia de generaciones en ella verificada, pero que a Paz, en el recuerdo, nunca le causó tanta ilusión como *Taller*. En las páginas de *El Hijo Pródigo*, dirá Paz, "nos reunimos escritores de dos generaciones y tres revistas: *Contemporáneos, Taller* y *Tierra Nueva*. Fue una tentativa más rigurosa para preservar la independencia de la literatura".[58] Sheridan dibuja esa confluencia en esta revista más orientada que ninguna de las anteriores a la poesía, a su teoría y a su crítica, que abre, como era de rigor, con un ensayo de Reyes al cual le sigue, como se hizo costumbre, algo de Eliot, un ensayo de Gaya, una traducción de John Donne... De los amigos comunistas de Paz, aparecen, como narradores, Revueltas y Herrera Petere, y de los poetas españoles, fueron publicados en *El Hijo Pródigo* Cernuda, Gil-Albert, Altolaguirre, Jorge Guillén, Prados. Las reseñas, a cargo de Paz, Martínez, Chumacero y Moro, "tienen un nivel de rigor, justicia y energía que sería difícil volver a encontrar en otras revistas anteriores o posteriores".[59]

Roto el nexo con Neruda, sus amigos injuriaron a la nueva revista, con la colaboración de Rivera, quien acobardado por el asesinato de quien había sido su huésped, abjuraba de su trotskismo y soñaba, como se anotó, con regresar al PCM. Entre los colaboradores de *El Hijo Pródigo* cuenta Paz a varios escritores "con olor a azufre" como Serge, Jean Malaquais, Benjamin Péret, así como al poeta peruano César Moro, quien "publicó textos valerosos y nosotros defendimos la libertad de las letras contra todas las censuras,

---

[57] Susan Weissman, *Victor Serge. A Political Biography,* Verso, 2001 y 2013, p. 263. Por desgracia esta biografía de Serge es descorazonadoramente pobre en información sobre la vida del escritor revolucionario en México.

[58] Paz, *Obras completas, III. Generaciones y semblanzas. Dominio mexicano. Sor Juana Inés de la Cruz o las trampas de la fe, op. cit.,* pp. 131-132.

[59] Sheridan, *Poeta con paisaje, op. cit.,* p. 419.

fuesen de derecha o de izquierda".[60] Paz lamentaría que los redactores de *El Hijo Pródigo* volvieron a ser amedrentados, como los de *Taller,* por los estalinistas, pese a que durante la nueva guerra mundial cedieron las presiones.

Paz se empeñó, sin éxito, en atraer hacia *El Hijo Pródigo* a las nuevas estrellas de *Sur*, Jorge Luis Borges y Adolfo Bioy Casares; en esa nueva revista, hasta su ida a los Estados Unidos era, notoriamente, la principal figura mexicana. Ello sucedía por primera vez de manera indiscutible: basta ver la presencia de Paz en el primer número, varios poemas y un ensayo de Sánchez Barbudo sobre su poesía. Sus últimas reseñas, antes de partir, fueron sobre *Los presocráticos* de Juan David García Bacca y sobre *Historias e invenciones de Félix Muriel*, de Rafael Dieste. Ya en su ausencia, en 1945, se publica allí la última entrega de sus ya viejas *Vigilias. Diario de un soñador*.

Aunque el último periodo de *El Hijo Pródigo*, tras la partida de Paz, es más bien flojo, no queda nada claro, revisando índices, qué pudo molestar políticamente a Paz de lo publicado en la revista. En las cartas que ya desde Berkeley, en el invierno 1943-1944, le envía a Barreda, comenta con su "habitual encarnizamiento" el contenido de *El Hijo Pródigo* y se preocupa por la mala influencia "bizantina" que pudiera tener el retorno de Reyes a México (ocurrido desde 1939), quien prefiere "el detalle al conjunto, la crítica a la creación" y tiende a confundir una revista "con el pizarrón de una clase".[61]

Quizá su irritación, en el recuerdo, fuese por algo que Barreda y Villaurrutia no hubieran querido publicar, ya fuese de Paz o de sus amigos heterodoxos, entre los que destacan, según lo dice inmejorablemente Sheridan, Serge y Malaquais, dos "ex comunistas que habían estado en el vientre de la ballena, pensadores dedicados a analizar la naturaleza del totalitarismo, antiestalinistas activos, vagabundos pluriculturales, dos *métèques* de larga trayectoria", quienes, según dirá en *Itinerario*, "ejercieron una influencia benéfica en la evolución de mis ideas políticas".[62]

Cuenta Paz que los conoció a principios de 1942, con el surrealista Péret, que será el camino que lleve, al fin, hacia la obra y la persona de Breton. Péret había llegado a México de la mano de su esposa, la pintora Remedios Varo y al separarse de ella, permaneció en el país hasta 1947, donde publicó *Le Deshonneur des poètes*, una denuncia clave para Paz, donde decía, por ejemplo que "al poeta no le toca alimentar en los otros una ilusoria esperanza humana o celestial, ni desarmar a los espíritus insuflándoles una confianza ilimitada en un padre o en un líder, contra quien cualquier crítica se vuelve

---

[60] Paz, *Obras completas, III. Generaciones y semblanzas. Dominio mexicano. Sor Juana Inés de la Cruz o las trampas de la fe, op. cit.*, p. 132.

[61] Sheridan, "Octavio Paz: cartas de Berkeley", *Letras Libres*, México, núm. 155, noviembre de 2011.

[62] Sheridan, *Poeta con paisaje, op. cit.*, p. 42. Paz, *Obras completas VI. Ideas y costumbres. La letra y el cetro. Usos y símbolos, op. cit.*, p. 40.

sacrilegio. Al contrario, a él le corresponde pronunciar las palabras sacrílegas y las blasfemias permanentes."[63]

En México, también Péret concibió *Air mexicain* (1952), que aparecerá en París ilustrado por Rufino Tamayo, pintor oaxaqueño mayor que Paz quince años y por quien nuestro poeta se batió exitosamente desde que vio su primera tela. Péret, fallecido en 1959, tradujo *Piedra de sol* al francés, versión aparecida póstumamente. Breton, al parecer, se había comprometido con Péret a prologarla pero se excusó, al parecer por carta, con el editor Gaston Gallimard diciendo que un poema así, como *La siesta de un fauno*, de Mallarmé, no necesitaba de presentación. La inexistencia de ese texto, según Paz, le fue explicada por Breton en una carta que decía: "No he podido hacer prólogo. Es la segunda vez que me pasa. La primera sucedió con Apollinaire: me había pedido un prólogo que no pude escribir". [64]

A Péret, en aquel México lleno de extranjeros y de excéntricos que huían de la globalizada guerra civil europea, se sumaban Víctor Alba, Malaquais y Julián Gorkín, activo sobreviviente del POUM y con una larga historia, antes y después del asesinato de Trotski (a cuyo homicida desenmascaró como Ramón Mercader), en la denuncia intelectual del totalitarismo. Gorkín estuvo muy cerca de Serge en México.

Al grupo, insiste Paz, pertenecía Moro y se reunían "en el apartamento de Paul Rivet, el antropólogo, que fue después director del Museo del Hombre de París". Sus nuevos amigos se habían graduado en la oposición de izquierda contra Stalin y "el más notable y de mayor edad era Victor Serge. Nombrado por Lenin primer secretario de la Tercera Internacional, había conocido a todos los grandes bolcheviques"[65] y Stalin lo había desterrado a Siberia, ese tradicional "fin del mundo" de todos los autócratas rusos.

El primer congreso de escritores antifascistas de junio de 1935, el de la Mutualité en París, que fue el que previno a Gide de lo que vería poco después en la URSS, llegó a su clímax con "el affaire Serge", cuando Romain Rolland, el compañero de viaje por excelencia, fue presionado por los intelectuales franceses para que le pidiese a Stalin la liberación de Serge, lograda

---

[63] Benjamin Péret, "El deshonor de los poetas", en Fabienne Bradu, *Benjamin Péret y México*, Aldus, México, 1998, p. 144.

[64] Jason Wilson, *Octavio Paz. Un estudio de su poesía* (1979), Pluma, Bogotá, 1980, p. 37. Me dice al respecto Jean-Claude Masson, el editor de Paz en La Pléiade: "No es fácil responder precisamente a tu pregunta. *Piedra de sol*, en Francia, apareció en 1962. Benjamin Péret había muerto hacía pocos años y lo que yo he sabido a través de algunas fuentes ORALES es que el manuscrito dormía en un cajón de los editores tras haber sido traído por Breton (quizá respaldado por Queneau) para que Gallimard lo publicara. He escuchado contar la comparación con *El mediodía de un fauno* pero nunca ví la carta (si ella existe)." (Jean-Claude Masson, correo electrónico a CDM del 20 de octubre de 2013); Fabienne Bradu, *Benjamin Péret y México*, Aldus, México, 1998, p. 96.

[65] Paz, *Obras completas, VI. Ideas y costumbres. La letra y el cetro. Usos y costumbres, op. cit.*, p. 40.

porque, para el dictador, oficialmente, su prisionero (nacido en Bruselas), era sólo "un anarquista francés".[66]

"La figura de Serge", continúa Paz, "me atrajo inmediatamente. Conversé largamente con él y guardo dos cartas suyas". Mientras que para Péret y Moro, "poetas con ideas y gustos parecidos a los míos", Serge y sus camaradas "habían guardado de sus años marxistas un lenguaje erizado de fórmulas y secas definiciones. [...] Su crítica me abrió nuevas perspectivas pero su ejemplo me mostró que no basta con cambiar de ideas: hay que cambiar de actitudes. Hay que cambiar de raíz".[67]

Paz pudo llegar a Serge de dos maneras. Una a través del surrealista Péret, lugarteniente de Breton, con quien Serge (su esposa Laurette Séjourné y Vlady) compartió con André y Jacqueline Breton una villa en Air–Bel, cerca de Marsella, a donde ambas familias de apestados esperaban sus visas rumbo al Nuevo mundo. Los Breton, a quienes todos los surrealistas sobrevivientes en la zona libre del hexágono visitaban los fines de semana, la lograron rumbo a Nueva York, mientras que los Serge, gracias al esfuerzo tenaz de Dwight y Nancy Macdonald, sus editores en *Partisan Review*, la obtuvieron rumbo a México, previa escala (con detención reglamentaria incluida) en las Antillas. En el mismo barco viajaba otro futuro amigo de Paz, Claude Lévi-Strauss, quien no dudaría en llamar a Octavio, a los diez años de su muerte, "el último hombre del Renacimiento".[68]

La otra manera probable de contacto de Paz con Serge pudo ser la gente del POUM, que habían visitado México en 1934, provocando uno más de los interminables pleitos de precedencia entre el poeta y Garro, pues ésta aseguraba que ella le había presentado en ese entonces a los poumistas Bartolomeu Costa-Ámic y Gorkín.

Sheridan tiene razón al disentir de Paz cuando dice que las ideas de Serge "no me impresionaron" tanto como lo "conmovió su persona" pues "nada más alejado de la pedantería de los dialécticos que la simpatía humana de Serge, su sencillez y su generosidad. Una inteligencia húmeda. A pesar de los sufrimientos, los descalabros y los largos años de áridas discusiones políticas, había logrado preservar su humanidad. Lo debía sin duda a sus orígenes anarquistas; también a su gran corazón."[69]

Las ideas de Serge impresionaron, y mucho, a Paz. Si Paz, hipotéticamente iba entrando al trotskismo, Serge iba saliendo de su influencia, siendo, desde luego, la persona más autorizada en el planeta para despedirse con gallardía y lucidez. Se aleja Serge, traductor de Trotski al francés, de la IV Internacional

---

[66] Weissman, *op. cit.*, p. 163.

[67] Paz, *Obras completas, VI. Ideas y costumbres. La letra y el cetro. Ideas y costumbres, op. cit.*, p. 40.

[68] Masson, introducción a Paz, *Oeuvres, op. cit.*, p. XIIn.

[69] Paz, *Obras completas, VI. Ideas y costumbres. La letra y el cetro. Usos y símbolos, op. cit.*, pp. 40-41.

no tanto por diferencias políticas, que las tenía, graves y crecientes con "el viejo", como llamaban los suyos al antiguo jefe del Ejército Rojo. Tampoco fue lo decisivo que lo haya llamado "un enemigo que desearía ser tratado como un amigo". Serge se separa de ellos tras presenciar una escena que le repugnó hondamente: al sepelio de León Sédov, el hijo de Trotski, presuntamente envenenado por agentes soviéticos en un hospital de París en 1938, se presentaron, cada uno por su lado, los dos grupúsculos trotskistas franceses con banderas distintas y fingiendo no reconocerse entre sí.[70]

A Serge, que lo había soportado casi todo y había sobrevivido, le fue intolerable esa mezquindad escenificada por quienes monopolizaban el papel de los justos. En fin: Serge le evitó a Paz ese vagabundeo sin fin entre las ruinas del marxismo en que vivieron y murieron tantos desengañados, primero de Stalin, luego de Lenin o de Trotski, pero nunca de Marx ni de la esperanza de encontrar alguna variedad de "marxismo verdadero".

En *Partisan Review*, en el verano de 1938, Serge había publicado un texto cuyo título original en francés era "Puissances et limites du marxisme", que a Paz, como supone razonablemente Sheridan, debió impresionarlo. Muy pocos (uno de ellos, el mexicano Cuesta) se atrevían a concebir entonces, aun fuera de la izquierda, que el marxismo pudiera tener un límite intelectual. Partiendo de una impecable idea materialista, el marxismo no sólo era una filosofía ante cuyos poderes obviamente Serge se rendía, al grado de comparar su impacto con el del cristianismo. Pero también era un hecho histórico cuyas consecuencias sobre la realidad política y social debían ser examinadas con el mismo método de Marx. Ello llevaba a Serge a la conclusión de "el marxismo de la decadencia del bolchevismo […] era totalitario, despótico, inmoral e intolerante", capaz de negar, una vez dueño del poder, hasta "el derecho a la existencia política" a todos los disidentes de la revolución.[71]

Los procesos de Moscú, concluía Serge en su ensayo de *Partisan Review*, acabaron por ser una falsificación sangrienta del marxismo porque la burocracia regente en la URSS era un nuevo cuerpo social (fuese cual fuera su nombre, tema que atormentó y apasionó durante décadas a los heterodoxos), ajeno al proletariado del cual robaba su legitimidad. Finalizaba Serge diciendo que el socialismo habría de recobrar su sentido democrático y libertario, que incluía (y allí Trotski ya no podía seguirlo) la vigencia permanente de las libertades democráticas tradicionales.[72]

En 1946, ya en París, Paz soñaba, con toda la izquierda no comunista, que acaso la derrota del nazismo provocaría las maduras revoluciones obreras en Europa occidental, la profecía de Marx que la Revolución rusa volteó de

---

[70] Victor Serge, *Mémoires d´un révolutionnaire et autres écrits politiques, 1908-1947*, edición de Jean Riére y Jil Silberstein, Laffont, París, 2001, p. 824.

[71] *Ibid.*, p. 832.

[72] Sheridan, *Poeta con paisaje*, *op. cit.*, pp. 409-411.

cabeza. Hasta llegó a decir que aceptó su modesto cargo en la embajada de México para asistir a ese advenimiento.[73] El estalinismo, elucubraban, quizá sólo había sido una pesadilla provocada por la indigestión del atraso ruso. Trotski mismo, antes de ser asesinado en 1940, profetizó que la Segunda guerra provocaría... un levantamiento proletario en los Estados Unidos.

Serge murió el 17 de noviembre de 1947, como Tina Modotti un lustro atrás, de un ataque cardiaco, en un taxi, en la Ciudad de México. A ambos, quizá, los mataron. A diferencia de la infortunada fotógrafa italiana, a Serge, la vida revolucionaria y sus decepciones lo llenaron de lucidez y de inteligente, valeroso escepticismo. Los herederos de la heterodoxia marxista lo reclaman como uno de los suyos, el más perseverante y el más perspicaz, pero hay motivos para creer –cada quien lleva agua a su molino– leyendo sus últimos artículos, ambiguos y expectantes, que los primeros vientos de la Guerra fría, hubieran hecho de él un liberal anticomunista como algunos de sus compañeros de *Partisan Review* lo fueron, en aquella revista que Paz no dejaría de leer, por consejo de Serge, en los Estados Unidos.

Murió creyendo, este escritor que alcanzó a escribir mucho sobre México en sus *Carnets* y en su nóvela póstuma *Les Années sans pardon* (1971), que la triunfante Unión Soviética era la gran amenaza para la libertad en el mundo. Tenía sus ideas el veterano Serge (muerto en realidad apenas a los 57) y en sus *Carnets*, por ejemplo, se declara admirador de Cantinflas, mientras que Neruda le parece sólo un poeta-GPU y ve a Siqueiros, el fallido asesino de Trotski, como un arrebatado del Renacimiento, un nuevo Cellini.[74]

Serge, también, sembró en Paz otra raíz, que le permitió aceptar que el marxismo tenía un límite –cosa impensable en 1938 y aún sostenida por Sartre veinte años después ante el aplauso universal–, que no era una filosofía insuperable, "el humus de toda vida intelectual", según el existencialista. Aparecía, para Paz, la fecha de caducidad de la frase de uno de los personajes de *La condición humana* (1933) de André Malraux, que tanto lo impresionó de jovencito, aquello de que "el marxismo no es una filosofía, es un destino".[75]

Si encontrarse con Serge no era sencillo, como dice Sheridan, pues "vivía a salto de mata", con "una pistola en el cinturón" y en "continua mudanza", más fácil habrá sido tratar con un camarada suyo, nacido Vladimir Malacki cuyo nombre de pluma, Jean Malaquais, Sheridan ha repuesto, tras una indicación en *Itinerario*, en la biografía de Paz. Protegido por Gide, Malaquais se convierte, de origen polaco y de oficio aventurero, con *Planète sans visa* (1947), en novelista francés y arriba a México (gracias, otra vez,

[73] Paz, *Obras completas, VIII. Miscelánea. Primeros escritos y entrevistas, op. cit.*, p. 1087.

[74] Victor Serge, *Carnets*, Julliard, París, 1952, pp. 90-91.

[75] Paz, *Obras completas, VIII. Miscelánea. Primeros escritos y entrevistas, op. cit.*, p. 640.

a Gide, que intercede por él ante el poeta Torres Bodet, subsecretario de Relaciones Exteriores desde 1940) donde se reencuentra con los poumistas –había combatido con ellos– y con Serge, quien reseña en *El Hijo pródigo*, su *Journal de guerre* y no Paz.

Malaquais es "un misántropo helado" frente al fraterno y pese a todos los pesares optimista Serge, con quien tuvo fuertes peleas en México.[76] Paz ayudó a Malaquais con la adaptación de un cuento de Pushkin (El rebelde, o un romance de antaño, 1943) para una película del charro Jorge Negrete y hasta terminó escribiendo, el poeta, algunas de las canciones de la cinta. A Malaquais, leemos en sus cartas a Gide, le fascina ese México entre folclórico y ctónico.[77]

Paz se fue de México, a los Estados Unidos, para mirar a su país desde afuera. No iba solo. Cuidó de llevarse consigo a todos aquellos que habían mirado a su propio país con ojos de asombro, desde Lawrence hasta Serge, pasando por Artaud, los amigos de *Hora de España* y Breton, lo cual lo llevó a escribir de México una visión, ya lo veremos, no sólo *intrahistórica*, sino, rara cosa, universal, en *El laberinto de la soledad* y en ese vasto capítulo de su vida que es su obra mexicana.

Se había tomado en serio Paz la idea de que México era sur y norte, oriente y occidente, sitio por el que habían desfilado no sólo Rivera, Villaurrutia, Cuesta, Neruda o Trotski, sino también el propio Octavio Paz. Estaba llamado a ser, desde entonces, el poeta-crítico sin el cual la vida y la muerte en aquel ombligo de la luna nombrado por los aztecas, resultaría incomprensible.

---

[76] Sheridan, *Poeta con paisaje*, *op. cit.*, p. 413.

[77] Alberto Ruy Sánchez, *Una introducción a Octavio Paz*, FCE, México, 2013, pp. 59-60; Jean Malaquais/André Gide, *Correspondance, 1935-1950,* Phébus, París, 2000, p. 176.

CAPÍTULO 6

El huevo del Fénix

Yo tenía treinta años, venía de América y buscaba entre
    las pavesas de 1946 el huevo del Fénix,
tú tenías veinte años, venías de Grecia, de la insurrección
    y la cárcel,
nos encontramos en un café lleno de humo, voces y literatura,
pequeña fogata que había encendido el entusiasmo contra
    el frío y la penuria de aquel febrero,
nos encontramos y hablamos de Zapata y su caballo, de
    la piedra negra cubierta por un velo, Deméter cabeza
    de yegua,
y al recordar a la linda hechicera de Tesalia que convirtió
    a Lucio en asno y filósofo
la oleada de tu risa cubrió las conversaciones y el ruido
    de las cucharillas en las tazas...

Paz, "París: Bactra: Skíros" en Árbol adentro (1987)

DE SAN FRANCISCO A NUEVA YORK

A finales de 1943 se alinearon los astros: el doctor Francisco Castillo Nájera, amigo de su padre anterior a los tiempos zapatistas, mecenas de poetas y bohemios, compositor él mismo de corridos como "El Gavilán", había pasado de ser embajador en los Estados Unidos a secretario de Relaciones Exteriores y contrata a Octavio Paz como asistente administrativo de la cancillería mexicana (empleo anterior a su incorporación formal al servicio exterior que será el 10 de octubre de 1944) en San Francisco. En ese primer empleo, admite Paz en una carta a Jorge González Durán, de abril de 1944, había intervenido a su favor Torres Bodet.[1] La Fundación Guggenheim, además, le concede su beca –que entonces se devengaba en los Estados Unidos– para el periodo 1943-1944. Relaciones Exteriores de México le depositaría 50 dólares y la Guggenheim 165, lo cual daba un ingreso de 215 dólares mensuales, cantidad modesta pero suficiente para que un joven poeta,

---

[1] Carta de Octavio Paz a Jorge González Durán, en *Casa del tiempo*, Universidad Autónoma Metropolitana, México, año XXXIII, época V, núm. 2, marzo de 2014, pp. 21-22.

con su familia, sobreviviese en los Estados Unidos en esos años, tal cual Paz se lo dice explícitamente al funcionario de la Fundación Guggenheim que lo atiende.[2]

Paz le escribe al poeta González Durán, compartiendo con él las dificultades económicas sufridas en Berkeley, pues este último le estaba gestionando una beca desde México. Pero otro amigo, Barreda, director de *Letras de México*, propalaba que Paz se había llevado "mucho dinero de México". "¡Qué manía nacional!", se queja. "Me hacen mucho honor" al compararme, dice Paz, con el conquistador Cortés, cuyas finanzas fueron auditadas en España con los famosos juicios de residencia, "que han resultado ineficaces desde la época de los virreyes, quizá en el caso de un poeta –de un aprendiz de poeta– sirvan para algo". Tras compartir con González Durán sumas y restas, Paz recuerda que Novo le había dicho, "me gusta lo que escribe. Ojalá se conserve puro. Y, sobre todo, no acepte empleos. Véase en mí", ante lo cual Paz agrega que los empleos y el periodismo son las únicas opciones. "Shelley, por lo menos, tenía una pensión… y genio", dice, y nosotros, ni lo uno ni lo otro. "Pero Vasconcelos dijo una vez que todos los mexicanos teníamos genio a los dieciocho años" y después, concluye Paz, tras agradecerle a González Durán sus gestiones y pedirle que las interrumpa, los mexicanos perdemos el genio y nos quedamos con los empleos.[3]

En San Francisco, dirá en una conocida entrevista, me "las pasé negras. Vivía en un hotelito pero se me acabó el dinero". El gerente, comprensivo, le cedió el vestuario del club de ancianas, que fue su habitación durante meses. "La única lata era que yo tenía que esperar a que las viejas se fuesen para entrar en mi cueva. Pero los días de San Francisco fueron maravillosos, una suerte de embriaguez física e intelectual, una gran bocanada de aire libre. Allí comencé mi camino en poesía, si es que hay caminos en poesía."[4]

Si los siempre aventurados y epatantes recuerdos de "las dos Elenas" (como las bautizaría Carlos Fuentes en un cuento de 1965 que nada tiene que ver con ellas) son veraces, los días inaugurales de San Francisco recordados por Paz sólo fueron brevemente solitarios o su memoria se refiere a lo ocurrido después del regreso a México de Elena y La Chata o Chatita, apodo familiar de Laura Helena Paz Garro. Madre e hija salieron rumbo a Berkeley, tomando un avión vía Chihuahua y Ciudad Juárez, el 5 de diciembre de 1943, sufriendo, ambas, sus rutinarias peripecias fronterizas hasta dar con Paz, quien había salido del país el 29 de noviembre.

Remitiéndose a un viaje ocurrido a sus apenas cuatro años (más o menos la edad de su padre cuando habría viajado con su abuela a encontrar al

---

[2] Andrés Ordóñez, *Devoradores de ciudades. Cuatro intelectuales en la diplomacia mexicana*, Cal y Arena, México, 2002, p. 212.

[3] Paz, Carta a Jorge González Durán, *op. cit.*, p. 22.

[4] Paz, *Obras completas, VIII. Miscélanea. Primeros escritos y entrevistas*, *op. cit.*, p. 1089.

abogado Paz Solórzano), las *Memorias* de Paz Garro, dicen que como su "padre no quería irse solo a Estados Unidos" se organizó un viaje familiar hasta Berkeley, financiado por la Guggenheim recién ganada por Paz, mudanza "que incluía a mi tía" Estrella Garro, para que paliase en Elena la nostalgia del clan y ayudase, buena ama de casa, a la familia migrante.

Sin lugares en trenes ni autobuses, "mi padre, de milagro, consiguió dos boletos de autobús para San Francisco y decidió llevarse a Estrella con él", mientras que madre e hija, continúa Laura Helena, se treparon en una avioneta que transportaba pollos, cruzando por la Sierra Madre hasta Chihuahua. "Elena, ahí te las arreglas para cruzar la frontera y nos vemos en la plaza, tal día, en San Francisco", habría dicho Paz. "Como la avioneta no podía llevar demasiado peso, mi padre, muy práctico, ordenó el maletín de mi mamá poco antes de partir hacia San Francisco", cuenta Laura Helena y concluye que "el problema era que cada vez que mi padre decidía ponerse práctico, era el acabose".[5]

El resto forma parte del imaginario narrativo que madre e hija comparten: el maletín que llevaba Elena era el de Octavio y viceversa; el viaje en avioneta fue naturalmente infernal, lo cual le sirve a Helena para recalcar lo rezandera que era su mamá. Cruzaron la frontera sin problemas rodeados de unos guapísimos soldados estadounidenses, nada galantes, enderezados rumbo a la guerra del Pacífico, hasta encontrarse en San Francisco con Paz y la tía Estrella, contrariados porque no habían encontrado hospedaje más que en un hotel de paso.[6]

"No había una sola habitación en San Francisco", continúa Laura Helena. "Además, ni mi tía Estrella, ni mi papá hablaban inglés. Mi madre, que sí lo hablaba, con su buen humor habitual, lo reconfortó. Pasamos por varias avenidas, hoteles de lujo, pero no encontramos ni un cuarto; mi mamá había decidido que necesitábamos un lugar cómodo y un buen desayuno para levantarnos la moral".[7]

Todo se soluciona gracias a un golpe de varita mágica, procedimiento habitual en las *Memorias* de Paz Garro, quien nunca ha dejado de ser una infortunada muchacha a la cual el "cuento de hadas" –recurso del que se sirve con cierta sagacidad técnica– la salva del mundo atroz al que la trajeron a padecer sus padres. El caso es que un almirante, "barba blanca y uniforme estrafalario" con quien Garro se topa en la calle, los hospeda a los cuatro y los manda "en una limusina alquilada" rumbo a la universidad de Berkeley donde Paz se tenía que presentar.

---

[5] Helena Paz Garro, *Memorias, op. cit.*, pp. 29-31.

[6] *Idem.*

[7] *Idem.*

Menos grato es confrontar la versión de la hija con la de la madre, sobre todo tras la advertencia de la amanuense autorizada (y luego desautorizada por Laura Helena) de Elena Garro: "Leer las páginas de este cuaderno fue una ardua tarea debido a los daños causados por los amigos entrañables de Elena, los gatos".[8] Pese a ello, nos enteramos de algunas cosas: Paz está escribiendo los artículos sobre los pachucos, esos mexicano-americanos excéntricos cuya caracterología será la antesala de *El laberinto de la soledad,* a partir de unos artículos mexicanosóficos aparecidos en el *Novedades* de México meses atrás. Por allá aparecen Sánchez Barbudo y su esposa Ángela, quienes se encuentran con los Paz y éstos visitan en el campus a Robert Oppenheimer, uno de los creadores de la bomba atómica.

Aparece entonces "una vieja gorda, mal vestida y precursora de los hippies", según Laura Helena, heredera del lado católico y conservador de su madre. Se trata de la poetisa Muriel Rukeyser, la primera traductora de Paz al inglés, quien de inmediato enviará sus versiones a *Horizon,* dirigida por Cyril Connolly, donde el nombre del mexicano habrá sido recordado de inmediato por su camarada en España, el poeta Spender, uno de los redactores de la revista londinense. Rukeyser, además, traducirá *Piedra de sol* para New Directions, en 1963. Laura Helena dice que su mamá se divertía mucho con Muriel: no me extraña.[9] Tal parece que la pésima relación entre los Paz se compensaba habitualmente con coloridos y vivaces grupos de amigos comunes.

El dinero de la beca era insuficiente. Ése debe ser el momento en que Paz se ve obligado a renunciar, desde los Estados Unidos, a su empleo de incinerador en la comisión bancaria de billetes y a hacer comentarios en español para la Columbia Broadcasting Company.[10]

En San Francisco, la tía Estrella, que ya venía mala, se enfermó de tuberculosis en los ojos y al parecer se cegó, de tal forma que Octavio hubo de internarla en un hospital privado, cuya cuenta habrán pagado los Garro desde México. Fue dada de alta varios meses después gracias a la novedosa penicilina. Paz cerró la casa en Berkeley, una "acogedora" cabaña cerca del "campus universitario", en el 1020 de Oxford Street y se decidió que madre e hija regresaran a México, donde Garro se encontró con los amigos dándoles la espalda. La versión coincide con la de Paz, quejoso pues muy pronto le cayó encima "el gran silencio mexicano": Barreda y Villaurrutia, sus colegas en *El Hijo Pródigo,* dejaron de contestarle sus cartas.[11]

---

[8] Rosas Lopátegui, *Testimonios sobre Elena Garro,* op. cit., p. 151.

[9] Paz Garro, *Memorias,* op. cit., p. 34.

[10] Sheridan, *Poeta con paisaje,* op. cit., p. 434.

[11] Paz, *Obras completas, III. Generaciones y semblanzas. Dominio mexicano. Sor Juana Inés de la Cruz o las trampas de la fe,* op. cit., p. 313.

Garro, llena de aflicciones y sospechas, regresa con su hija a México en octubre de 1944.[12] Poco después Paz le pide por carta a Elena, desde San Francisco (donde al parecer se andaba enamoriscando de una cantante de jazz) que no regrese con él y se quede allá: "¡Ten amantes!", le habría ordenado, según ella, a un Octavio en proceso de transformación en el malvado Augusto personificado de la obra tardía de Garro.[13]

Estamos ya "en el infierno en la tierra", que según María Zambrano, amiga de ambos, dificultosamente habrían logrado ganar Elena y Octavio, a un grado tan heroico que ella, habiendo vivido con los Paz en París, consideró un desperdicio su separación definitiva muchos años después.[14] Si como recuerda Paz Garro, la Zambrano (y con ella su mítica e inseparable hermana Araceli, también huésped de la familia en la Avenida Victor Hugo) les rogaba que se entendieran pues Octavio era el poeta y Elena la poesía,[15] ellos tenían por mediadora a la gran filósofa del siglo en español.

En esa soledad "rica poética y vitalmente", no en balde el vestíbulo de *El laberinto de la soledad*, Paz se sometió a una cura retórica. Pasó del palabrismo español a la "prosa viril" de Orwell y su "London Letter" en *Partisan Review*, que le había recomendado uno de sus colaboradores, nada menos que Serge, quien, naturalmente, se convierte en el corresponsal imprescindible y a quien se dirige en ese tono, en octubre de 1944: "Las noticias no pueden ser más desalentadoras: no basta con saber que Giono había sido colaboracionista (y con él muchos pintores y escritores); *Time* anuncia el ingreso de Picasso al Partido Comunista. Un fenómeno semejante (rendición del espíritu…) se puede observar aquí; W. H. Auden, el más incitante de los nuevos poetas ingleses, acaba de publicar un libro que niega toda la obra anterior."[16]

Paz lamenta, en su carta a Serge, que Auden, "cogido entre la revolución traicionada y el mundo 'dirigido' que nos preparan, se ha acogido al clavo ardiente de la Iglesia Anglicana" y dice agudamente que esa gente, al "renunciar al mundo", es cuando conquistan mayor notoriedad pública y alcanzan éxito mundano.[17] Así había ocurrido ya con Paul Claudel y con Eliot.

Partisan Review fue abandonada por los comunistas y refundada por un grupo de trotskizantes que se convertirían en el nucleo de los "New York Intellectuals", como fueron llamados Macdonald, Philip Rahv, William Philips y Clement Greenberg, entre otros. Leyendo a Orwell, Paz se emocionó con

---

[12] Lucía Melgar, "Cronología general" en *Elena Garro, Obras reunidas, I. Cuentos*, introducción de L. Melgar, FCE, México, 2006, p. 368; Krauze, *Redentores. Ideas y poder en América Latina*, Debate, México, 2011, p. 196.

[13] Rosas Lopátegui, *Testimonios sobre Elena Garro, op. cit.*, pp. 151-153.

[14] María Zambrano, *Esencia y hermosura. Antología*, relato prologal de José-Miguel Ullán, Galaxia Gutenberg, Barcelona, 2010, p. 20.

[15] Paz Garro, *Memorias, op. cit.*, p. 108.

[16] Citada por Krauze, *Octavio Paz. El poeta y la revolución, op. cit.*, pp. 111-112.

[17] *Idem.*

la "economía del lenguaje", la "audacia moral", "la claridad" y la "sobriedad intelectual" del escritor inglés, quien "se había liberado completamente, si alguna vez los padeció, de los manierismos y bizantinismos de mis amigos, los marxistas y ex marxistas franceses. Guiado por su lenguaje preciso y por su nítido pensamiento, al fin pude pisar tierra firme".[18]

La discusión sobre la naturaleza de la Unión Soviética, moral, política y meta histórica, podía esperar a resolverse en París, que es donde se resuelven o se acaban de enredar las disputas bizantinas. Paz debía purgarse mediante la poesía y aquellos años de la Segunda guerra en los Estados Unidos acaso queden mejor simbolizados en su "Visita a Robert Frost", ocurrida en junio de 1945, en Vermont, que publicará en *Sur* como crónica y entrevista, que por la lectura de *Partisan Review* y de Orwell o de las cartas a Serge.

Tras veinte minutos de caminar por la carretera llega Paz al recodo indicado y bañado de sol y oliendo a hierba verde, "cantó un pájaro. Me detuve: '¡Cuánto mejor sería tenderme bajo este olmo! El sonido del agua vale más que todas las palabras de los poetas'", se dice Paz hasta llegar a la cabaña del viejo poeta (Frost nació en 1874, le llevaba muchos años: cuarenta), donde lo recibe un perro saltarín y el ofrecimiento de una cerveza: "Con su camisa blanca abierta –¿hay algo más limpio que una camisa blanca limpia?–, sus ojos azules, inocentes e irónicos, su cabeza de filósofo y sus manos de campesino [...]. Pero no había nada ascético en su apariencia sino una sobriedad viril. Estaba allí, en su cabaña, retirado del mundo, no para renunciar a él sino para contemplarlo mejor. No era un ermitaño ni su colina era una roca en el desierto. El pan que comía no se lo habían llevado los tres cuervos; él mismo lo había comprado en la tienda del pueblo."[19]

La escena me parece más reveladora que la propia conversación con Frost. Basta comparar esa llegada idílica con las angustiosas visitas de guerra al atribulado Machado en Rocafort (al final es Paz mismo quien propone la comparación) o la imagen habanera (ofrecida por Garro) del distante Jiménez, un Greco fuera de lugar en el trópico, con la comodidad de Frost en su cabaña –el retiro como forma de comprensión del mundo– antagónica a la del ermitaño poeta Wang-wei de la China del siglo XIII, uno de los destinos que Paz rehusaba para sí mismo. Y no puede ser más antitética la mención de la camisa blanca tan limpia de Frost con aquella que Neruda comparó con la turbiedad de su conciencia (en la versión chilena del pleito, más alharaquienta, le habría desgarrado la camisa). Los Estados Unidos fueron una purificación para Paz y no quería, allí, renunciar al mundo como se lo reprochaba, en la carta a Serge, a Picasso y Auden, colgados de los clavos ardientes de sus nuevas iglesias, sino contemplarlo mejor, comprenderlo.

---

[18] Paz, *Obras completas, VI. Ideas y costumbres. La letra y el cetro. Usos y símbolos, op. cit.*, p. 41.

[19] Paz, *Obras completas, II. Excursiones/Incursiones. Dominio extranjero. Fundación y disidencia. Dominio hispánico, op. cit.*, pp. 267-268.

La conversación con Frost tiene, desde luego, su interés: el viejo poeta le habla de su primer poema sobre la Noche triste –en que el conquistador Hernán Cortés llora una de sus derrotas frente a los aztecas– y ello los lleva a la *Historia de la conquista de México*, de William H. Prescott, que el abuelo Ireneo apreciaba y así va Frost por el camino de la relectura, superior al exceso de información que agobia a los hombres de su tiempo, obsesionados por leer muchos libros y utilizando métodos de velocidad en la lectura. Verazmente, Paz pone en boca de Frost la nostalgia puritana por el paraíso perdido, asociado al campo, a la soledad, lo mismo que una noción de la poesía como vida peligrosa pues en cada línea o frase el poema puede fracasar, como en cada momento de la vida, exagera Paz, estamos en riesgo mortal. "Cada instante es una elección".[20]

Transcrita en forma de diálogo, la conversación con Frost, aunque sea fácil distinguir preguntas y respuestas, es en buena medida una conversación de Paz consigo mismo, con una de las posibilidades de vejez que a ciertos jóvenes les atormentan. En esa proyección, Paz acaba imaginando la amistad entre Machado y Frost, que se hubieran entendido aunque uno ignorase el inglés y el otro el español. Al final se queda con el poeta de Sevilla, quizá culposo de haber olvidado las condiciones de su visita a Antonio Machado, las de la guerra, como si estando en Vermont, quisiera exorcizarlas. Y una segunda visita, realizada más de diez años después, en 1956, a la casa "pequeñita y ascética" de e. e. cummings en el Greenwich Village, corresponde a un escenario parecido.

Si Frost es un sabio retirado, cummings es un excéntrico que deplora lo mismo a los comunistas que a sus gobernantes, capaces de mantener encerrado a Pound en un manicomio, más propio como residencia, según el autor de *EIMI*, para el presidente Eisenhower. En ambos Paz distingue "el individualismo de sus antepasados puritanos". Como Emily Dickinson, cummings escapó a lo superlativo, a la inmensa energía y a la grandilocuencia tan propia de los pesos completos de aquella literatura (y es Paz quien ennumera, agregando de pilón al pintor Jackson Pollock): Walt Whitman, Pound, Faulkner, Hermann Melville. Pero de Frost y de cummings, como de su experiencia en los Estados Unidos, aprendió algo que ni México ni España ni Francia ni la India podían darle. El saber que la violencia, el erotismo y aun el sentimentalismo "tienen una mesura: el poema".[21]

Paz se apresura, por orden de la mesura, a aprender bien el inglés ("mi inglés es una lengua ininteligible de mi propiedad")[22] para comprender a sus poetas. Años después, Paz, desde París, compartirá con Donald Keene,

---

[20] *Ibid.*, p. 270.

[21] *Ibid.*, p. 314.

[22] Paz, *Obras completas, VIII. Miscelánea. Primeros escritos y entrevistas, op. cit.*, p. 1091.

disculpándose por contestarle en español, su dificultad para escribir con confianza las lenguas extranjeras, cuestionándose la razón de por qué es en ellas donde proyectamos el miedo y el horror hacia las madres, preguntándose "por qué hacemos de la lengua una Madre perpetuamente virgen" y perpetuamente violada.[23]

Aparte de enseñarse a leer en inglés a sus nuevos poetas de cabecera, Paz tiene que trabajar y una vez que regresa a México su esposa, su correspondencia con ella es fantasiosa y hasta alegre, jugando con las posibilidades de enriquecerse en Hollywood (como también lo habrá soñado, penosamente en ese mismo sitio más de veinte años antes, el licenciado Paz Solórzano) y le pide argumentos estrambóticos para que Garro, con su madera de novelista, los desarrolle, dado que ha conocido gente importante por allá, según se desprende de la paráfrasis de las cartas Paz/Garro de ese invierno, hecha por Perales Contreras.[24]

Esos desvaríos cesan, para fortuna suya y del Servicio Exterior mexicano que ganará un funcionario paciente y leal quien, además, honrará a la profesión diplomática con un gesto insólito, la renuncia en 1968. Castillo Nájera, un político versátil y vigoroso, lo nombra canciller de tercera (cargo administrativo aún no estrictamente diplomático) en el consulado de San Francisco y allí Paz dobletea, haciendo crónicas periodísticas de la conferencia fundacional de las Naciones Unidas, que envía a la revista *Mañana* y que sólo hasta hace poco fueron rescatadas del cementerio hemerográfico por Antonio Saborit.[25]

Esa combinación de lo administrativo y lo periodístico, acaso "conflicto de intereses", habría molestado a su jefe, quien lo reporta por faltista.[26] Paz no se limitó a hacer la tarea, todo trabajo de escritura era serio para él y las crónicas de San Francisco, olvidadas al concebir sus *Obras completas* no son la excepción y anticipan los informes diplomáticos que lo harán tan apreciado, poco después, en la Secretaría de Relaciones Exteriores (SRE). Tienen, además, el tono, en agraz desde luego, que tomarán unas posteriores "crónicas periodísticas", las escritas para *Excélsior* sobre la caída del muro de Berlín en 1989 tituladas *Pequeña crónica de grandes días*. Tienen, sí, su tono de noticiero cinematográfico, de esos que hacían llorar y aplaudir, antes de la televisión, a los asistentes a las funciones de cine con sus fragmentos de guerra y heroísmo.

---

[23] Correspondencia Octavio Paz/Donald Keene, 9 de marzo de 1969, Manuscritos generales, Caja 81, Carpeta 11, Biblioteca Butler de la Universidad de Columbia. Agradezco a Aurelio Asiain la cortesía de compartir conmigo este material.

[24] Perales Contreras, *Octavio Paz y su círculo intelectual*, *op. cit.*, p. 55.

[25] Paz, *Crónica trunca de días excepcionales*, prólogo de Antonio Saborit, UNAM, México, 2007 (Colección Pequeños Grandes Libros).

[26] Perales Contreras, *Octavio Paz y su círculo intelectual*, *op. cit.*, pp. 55-56.

"Los acontecimientos, nos dicen los antiguos, son más poderosos que los hombres", afirma Paz en su primera entrega para *Mañana*, aparecida en la ciudad de México el 28 de abril de 1945. Este periodista, respaldado por un par de generaciones en las redacciones, no menciona lo más "periodístico" de aquella inauguración, el minuto de reflexión sobre la paz mundial pedido por el secretario de Estado Edward R. Stettinius. Paz prefiere hacer algo de nota de color, narrando la atmósfera jovial con que San Francisco recibía a los delegados, ciudad no del todo consciente, sugiere el poeta mexicano, de que su nombre quedará en la historia junto a otras sedes de la paz y sus papeles mojados, los tratados: Aquisgrán, Viena, Versalles…

Como todas las ciudades yanquis –aquel gentilicio que se esfumó en la prosa de Paz a principios de los años setenta y del mundo entero algún tiempo después– nos dice el poeta, San Francisco no tiene historia pero tiene el amor de sus habitantes, que a Paz lo conmovía, empezando a detallar, en esa página para *Mañana*, su eficaz contraste en *El laberinto de la soledad*, entre el carácter de los mexicanos y de los estadounidenses. Prodiga los inmediatos antecedentes históricos –la muerte de Roosevelt y su sucesión por Harry S. Truman que promete seguir su política, la rendición incondicional de Alemania– e informa a sus lectores mexicanos del estado de ánimo de los políticos estadounidenses ante el asunto de la paz duradera. Concluye con el croquis de la difícil posición que le espera a los países latinoamericanos junto al vecino súper-estado norteamericano cuya victoria festejan y, murmurando, lamentan.

Se las había arreglado Paz, aunque fuese como mero corresponsal de una revista mexicana, para ser, otra vez, testigo: "En tanto los delegados se preparan a asistir a la ceremonia de inauguración, los periodistas vienen y van, hacen declaraciones los líderes, los obispos, los pastores; sonríen las damas y miles de gentes piden, ansiosa, inútilmente, una tarjeta de entrada al War Memorial Opera House, y el espectador que no tiene prisa por conseguir un asiento cerca de los grandes se pregunta: ¿todo este es el ruido de la paz que nace?" Y es que en Paz resuenan las palabras del poeta Archibald MacLeish, poeta–bibliotecario del Congreso de los Estados Unidos, a los organizadores, pidiéndoles que le den un significado a la muerte de millones.[27]

Y no era para menos: la revista *Life* y los noticieros empezaban a difundir las primeras imágenes de los sobrevivientes de los campos de exterminio, que, dirá en *Inventario*, "expusieron ante mis ojos la indudable e insondable realidad del mal".[28]

Siguen algunas otras preguntas retóricas –al parecer un momento estilístico en la maduración de muchos escritores, una adolescencia de la duda– y a ellas agrega Paz el recuerdo de "las asambleas históricas y los viejos

---

[27] Paz, *Crónica trunca de días excepcionales*, op. cit., p. 45.

[28] Paz, *Obras completas, VI. Ideas y costumbres. La letra y el cetro. Usos y símbolos*, op. cit., p. 43.

grabados (Potsdam, Viena, París) y las viejas fotografías (La Haya, Versalles)." Y como se sintiese culpable de estar en el otro lado del mundo, con los sonrientes y ahistóricos yanquis, "piensa en Europa y en los suicidios wagnerianos de los nazis" pues la paz habrá de estar naciendo allá "entre el humo y el polvo de las ruinas. La están haciendo los esclavos que se levantan, el ejército rojo en Berlín…"[29]

La última y sexta entrega de las crónicas de Paz para la revista *Hoy*, nunca se publicó. Se ignora si por algún motivo se perdió, o no fue escrita o si, como especula Saborit, las opiniones o testimonios del corresponsal Paz se cruzaron con el destino del canciller Ezequiel Padilla, estigmatizado por su real o supuesto proyanquismo, quien regresando de San Francisco, renunció al cargo para presentarse, en 1946, como candidato de la derecha ante el omnipotente PRI en la elección presidencial en la cual esa organización estrenaba su nombre y apellido actuales. Sin quererlo, quizá Paz le estaba haciendo a Padilla, a cuya remota firma debía su muy modesta posición, una publicidad indeseada en México. Pero quizá la conclusión del corresponsal nunca publicada haya sido similar a la que Paz le confiaba a Serge algo antes en una carta de 1944 enviada desde Berkeley: "La situación no puede ser más incierta y cada vez es más clara la desproporción entre la espantosa grandeza de los medios mecánicos empleados en esta guerra y la penuria ideológica de las Naciones Unidas."[30]

Paz va de San Francisco al Middlebury College en Vermont, donde da un curso de verano y visita a Frost. Conoce allí a Jorge Guillén, una de las pocas estrellas poéticas del 27 español a las que todavía no trataba y quien "lo quiso mucho", como dice Laura Helena y que según Marie José Paz, segunda esposa del poeta, fue una de sus amistades más discretas y profundas.[31] La mesura unía a Frost con Guillén… pero la vida estaba en otra parte y en Vermont ocurrirá una escena muy desagradable con Garro, quien dejando a la Chata en México con sus abuelos, lo había alcanzado de nuevo: "Ah, ¿usted es Helena?" me dice como si fuera una catástrofe y me indica dónde está la casa de Octavio. Es Jorge Guillén".[32]

Presentándose como un títere movido a placer por su marido titiritero, Garro merodea por la cabaña de Frost y se acerca a los alumnos de Paz, pero éste parece decidido a separarse, rogándole que no traiga a la niña de México, según la versión de ella. Garro regresa a Nueva York, donde compartía una habitación con Anita Carner, la hija de Josep, el poeta catalán. En Nueva York, Garro colaboró con el American Jewish Comité donde, a disgusto,

---

[29] Paz, *Crónica trunca de días excepcionales*, op. cit., p. 46.

[30] Carta de Paz a Serge de octubre de 1944, citada por Adolfo Gilly en "Literatura, diplomacia y nostalgia", *Revista de la Universidad de México*, noviembre de 2002.

[31] Paz Garro, *Memorias*, op. cit., p. 35; CDM, conversación con Marie José Paz, 2 de octubre de 2011.

[32] Rosas Lopátegui, *Testimonios sobre Elena Garro*, op. cit., p. 155.

toma algo de material para las insinuaciones antisemitas que de cuando en cuando tiznan sus papeles privados.

Garro tenía un amante en Nueva York, Ramón Araquistáin, hijo de Luis, el dirigente socialista español, cuando Octavio la llama a Middleburry, donde se encuentra que éste, a su vez, tiene una amante chilena, Carmen Figueroa, "una mujer muy pedante que odiaba a mi madre",[33] según la hija de los Paz. Se colige que Octavio la habrá llamado para insistir en su deseo de separarse. El momento es muy confuso para quien ose reconstruirlo: en agosto de 1945, en una carta escrita ya desde Nueva York a Teresa, la hija de Guillén, Paz sigue estando con su amiga chilena pero a la vez frecuenta a Anita Carner, la *roomie* de su esposa.[34]

En Nueva York y solo otra vez por pocos meses, Paz visita los museos. Zozobrante, al grado de soñar con alistarse en la marina mercante, se alimenta de arte moderno: "Ante los cuadros de Picasso, Braque y Gris –sobre todo del último, que fue mi silencioso maestro– entendí al fin, lentamente, lo que había sido el cubismo. Fue la lección más ardua…"[35]

No desfallece gracias a Ciro Alegría, el novelista peruano, quien lo pone en contacto con un cura republicano *defroqué* quien lo contrata para doblar películas al español, dándole como prueba *María Antonieta*, con Norma Shearer. La pasa con donaire y le pagan muy bien. "¡Me compré un abrigo en Burberry! Me ofrecieron un contrato ventajoso",[36] pero se presentó el nuevo ofrecimiento de Castillo Nájera y, acicateado por Gorostiza y Usigli, acepta ingresar formalmente a la diplomacia. Garro permanece por su cuenta en Nueva York pero manda traer, con su abuela, a Laura Helena. Ella recuerda su emoción de niña al reencontrarse con su padre en el aeropuerto pues es un hecho el viaje de la familia entera a París y así lo demanda Paz oficialmente, pidiendo pasaporte diplomático para él y para su familia.[37]

Según Laura Helena, fue Álvarez del Vayo, el ministro que instó a su padre en España a seguir combatiendo con la máquina de escribir, quien lo convence, con su autoridad de antiguo comisario de la República exiliado en Nueva York, de preservar su matrimonio.[38]

Paz, en Nueva York, ante la noticia de las bombas atómicas arrojadas sobre Hiroshima y Nagasaki, habrá recordado, como un sarcasmo, aquel minuto de reflexión solicitado, meses antes en San Francisco, por el secretario

---

[33] Paz Garro, *Memorias*, op. cit., p. 36.

[34] Carta de Paz a Teresa Guillén, agosto de 1945, citada por Jacques Lafaye en *Octavio Paz en la deriva de la modernidad*, FCE, México, 2013, pp. 64-65.

[35] Paz, *Obras completas, IV. Los privilegios de la vista. Arte moderno universal. Arte de México*, op. cit., p. 33.

[36] Paz, *Obras completas, VIII. Miscelánea. Primeros escritos y entrevistas*, op. cit., p. 1006.

[37] Ordóñez, *Devoradores de ciudades*, op. cit., p. 215.

[38] Paz Garro, *Memorias*, op. cit., p. 39.

de Estado Stettinius a todas las naciones del mundo. Y Paz escribió en ese entonces, también, "Estela de José Juan Tablada", un homenaje al poeta al mes de su muerte, ocurrida en Nueva York mismo. El encuentro, aun póstumo, con un eslabón perdido entre la tradición y la vanguardia de la poesía mexicana, como lo era Tablada, tenía además un tinte profético pues aquel poeta, presunto viajero al Japón y propagandista del haikú, le señalaba a Paz su propio camino, el camino posterior a Oriente.

Por ningún motivo político, ni literario, ni erótico, Paz quería regresar a México. Quiere ser, sin duda, el caminante solitario que sube hasta la cabaña del poeta Frost, haciendo su propio periplo por los Estados Unidos, el inmenso continente vacío, la tierra bendecida por la ausencia de la historia, ese oxígeno, a ratos tóxico, sin el cual Paz no respira. Se imagina allá, sin la estática ruidosa de la década canalla y libre de la atracción magnética del ombligo de la luna, como un candidato a *sadhu*, a poeta vagabundo, a marino mercante. Esos "años maravillosos" para los Estados Unidos, los de su segunda fundación como garante de la ONU, en los que Paz dijo haberse visto a sí mismo y haber visto a México, desde la "*otra orilla*"[39] fueron en verdad turbulentos para él. Vivió desgarrado entre el matrimonio y la paternidad, o la libertad y el nomadismo, fue iluso (de las pepitas de oro de Hollywood a la fuga geográfica vía marina mercante) como pocas veces en su vida, retomando un desorden adolescente que la Guerra civil española y sus altas responsabilidades político-poéticas, había interrumpido.

En octubre de 1945, ya convertido su protector Castillo Nájera en secretario, Paz es ascendido "a canciller de segunda", de forma que, aunque en el rango más modesto, ya se ha convertido en un diplomático. En una entrevista televisiva con Joaquín Soler Serrano, Paz dijo que él le había llamado expresamente, desde Nueva York, para solicitarle el ascenso. Se embarca rumbo al viejo continente, en el *Queen Mary*, el 30 de noviembre. Antes de llegar a Francia, pasa por Londres, donde visita a Cernuda para devolverle un manuscrito que el sevillano le había encargado, temeroso de perder no sólo la vida sino *Como quien espera el alba*, en un bombardeo alemán. Contando esa visita a Concha de Albornoz, Cernuda recuerda a Paz helándose en su habitación dañada por las bombas "porque no debe estar acostumbrado a contentarse con la chimenea en vez de calefacción". Pero le preocupan al poeta español los disgustos de Paz con su mujer: "Lo he sentido mucho por él, ya que a través de sus versos le adivino como un Adán dispuesto a sacrificar todas sus costillas porque a su lado surja la compañera Eva."[40]

[39] Paz, *Obras completas, VIII. Miscelánea. Primeros escritos y entrevistas*, op. cit., p. 1201.

[40] Luis Cernuda, *Epistolario* (1924-1963), edición de James Valender, Publicaciones de la Residencia de Estudiantes, Madrid, 2003, p. 417.

BRASAS DE PARÍS

Paz toma posesión de su cargo el 9 de diciembre de 1945. La geometría de París, aun en la pobreza de la inmediata posguerra, ordena la mente de Paz y tranquiliza a su familia pues Elena y Laura Helena se reúnen con él semanas después. No desaparecen las desavenencias entre marido y mujer, pero esa mezcla de etiqueta estricta y tolerancia de clan en la cual los parisinos son inigualables, los pone en su lugar y le da tiempo al tiempo. Llegan, según Laura Helena, primero al Hotel Bristol y luego al departamento de la Avenida Victor Hugo. Paz, en los ojos llenos de admiración de su hija, feliz de verlo esperándolas otra vez, le encuentra cierto parecido con Robert Taylor, "los mismos ojos azules, el pelo oscuro" y lo ve transformarse del "joven bohemio de Estados Unidos, de pelo que se erizaba en lo alto de su cabeza" cuyo parecido con un "violinista húngaro" fascinaba a su esposa, en diplomático aprendiendo no a adornarse sino a vestirse, con esmoquin y chalina de seda.[41]

Laura Helena, como su madre, tiende a aristocratizar, por compensación, sus recuerdos, y el mediano puesto diplomático de su padre les abre, a las dos Elenas, la puerta de ruinosos palacetes proustianos donde se encuentran ebria a una quedada ricachona porfiriana. Pero en la mirada retrospectiva, coinciden con la apreciación de Sheridan cuando explica cómo, poco a poco, Paz "se convierte en un miembro más de la nueva clase media mexicana que se beneficia de las nuevas necesidades del Estado",[42] las traídas consigo por el verdadero final, tras el cardenismo, de la Revolución mexicana.

Son ya canónicas las páginas de *Itinerario* sobre el París al cual Paz llegó en el invierno de 1945-1946. Según Lafaye, Paz "rentó un estudio (en dúplex) muy cercano al Palais Royal y al Teatro Francés, en una casa muy antigua donde es fama que Molière guardaba el vestuario de su compañía de teatro. Se subía por una escalera interior algo teatral al boudoir de 'la Reina de la noche…'"[43] De allí salía Paz, nos imaginamos, en la búsqueda, principalmente, de los surrealistas, pero también para encontrarse con François Bondy y su revista liberal *Preuves* (puente hacia Raymond Aron), lo mismo que para llevar sus poemas a *Fontaine,* la revista de Max-Pol Fouchet y más adelante, en 1953, un fragmento de *El laberinto de la soledad* a *Esprit,* el órgano de los personalistas.[44]

---

[41] Paz Garro, *Memorias, op. cit.*, pp. 72-73.

[42] Sheridan, *Poeta con paisaje, op. cit.*, p. 437.

[43] Lafaye, *Octavio Paz en la deriva de la modernidad, op. cit.*, p. 30.

[44] Paz, *Obras completas, II. Excursiones / Incursiones. Dominio extranjero. Fundación y disidencia. Dominio hispánico, op. cit.*, p. 566; Lafaye, *Octavio Paz en la deriva de la modernidad, op. cit.*, p. 111.

El dibujo de París comienza por la escena política, su procedimiento habitual al hacer memoria e insiste en que no encontró "ni rastro de la revolución europea", vaticinada y soñada, de la cual se veía testigo. Dejará claro en 1993 que en ese entonces "el Imperio comunista –porque en eso se convirtió la unión de repúblicas fundada por los bolcheviques– había salido del conflicto más fuerte y más grande", con un Stalin voraz, cebado con sangre y unos Estados Unidos a los cuales el Plan Marshall les sirvió de dique contra "el avance ruso en Europa". Pero los "graves descalabros" en China y en Corea corroboraron la advertencia, anterior en un siglo, de Tocqueville, agrega Paz, de que en contraste con la república romana, dueña de una verdadera política internacional, a los estadounidenses los caracteriza "la torpeza de su política exterior".[45]

Paz encuentra a Francia empobrecida y humillada, sin el fasto de su anterior irradiación artística, París se había convertido en el eje de la discusión intelectual y filosófica de esos años, ambiente en el cual imperan los comunistas, que como recuerda Paz, eran "muy poderosos en los sindicatos, en la prensa y en el mundo de las letras y las artes. Sus grandes figuras pertenecían a la generación anterior. No eran hombres de pensamiento sino poetas –y poetas de gran talento: Aragon y Éluard, dos viejos surrealistas".[46]

Poco antes, en 1991, Paz se había explayado ante la suspicacia, un tanto idiota, como veremos, sobre su surrealismo "tardío" visto como un pecado o una simulación, aún actualmente: "El *Primer manifiesto* apareció en 1924: yo tenía diez años, vivía en un pequeño pueblo de las afueras de México, estudiaba en un colegio católico francés y cada mañana naufragaba con Simbad o me hervían los sesos con monsieur Dupin o con mister Holmes."[47]

Durante la Segunda guerra mundial, entre el numinoso repertorio de desterrados que invadió los medios artísticos de la Ciudad de México, Paz conoció a los poetas y pintores surrealistas venidos de Europa ante quienes se sintió atraído de inmediato: "Muchas de sus opiniones me deslumbraban, otras me intrigaban y algunas me dejaban perplejo. Ellos y ellas me parecían adeptos de una comunidad de iniciados, dispersos por el mundo y empeñados en una búsqueda antiquísima: encontrar el perdido camino que une al microcosmos con el macrocosmos".[48]

Los consideraba, a los surrealistas, herederos tanto de los románticos como de los gnósticos del siglo IV. Entre ellos destaca a su adorada "Leonora Carrington [con quien] hablaba de los druidas", mientras conversaba sobre

---

[45] Paz, *Obras completas, VI. Ideas y costumbres. La letra y el cetro. Usos y símbolos, op. cit.*, p. 44.

[46] *Ibid.*, pp. 44-45.

[47] Paz, *Obras completas II, Excursiones/Incursiones. Dominio extranjero. Fundación y disidencia. Dominio hispánico, op. cit.*, pp. 22-23.

[48] *Idem.*, p22.

alquimia con Remedios Varo y con el pintor Wolfgang Paalen visitaba "los canales secretos que unen al hermetismo con la física contemporánea".[49]

La figura decisiva para Paz sería, sin duda, Péret, a quien le "unieron el culto a la poesía, el humor, preocupaciones políticas semejantes y la misma fascinación ante las cosmogonías de los indios mexicanos. Péret había vivido en Brasil, había combatido en Cataluña en las filas del POUM y hablaba con soltura el español".[50]

Para Buñuel, el viejo surrealista que se estableció en México y allí murió, cuya opinión era para Paz palabra apostólica, "el más profundo y puramente surrealista de los poetas surrealistas era Péret. No se equivocaba. Sencillo y recto, estaba hecho, como se dice corrientemente, de 'buena madera'. ¿Qué madera: pino, caoba, cedro, encino? La madera recia de los héroes simples de espíritu, la madera de Pedro el Apóstol. Gracias a Péret conocí, ya en París, en 1948 o 1949, a Breton. A poco de conocerlo me invitó a colaborar en el *Almanaque surrealista de Medio siglo* y comencé a asistir a las reuniones del grupo, en el Café de la Place Blanche y en otros sitios".[51]

En "Noche en claro", el poema que abre *Salamandra* (1962), dedicado a Breton y Péret, Paz evocará cómo "A las diez de la noche en el Café de Inglaterra/ salvo nosotros tres/ no había nadie/ Se oía afuera el paso húmedo del otoño/ pasos de ciego gigante/ pasos de bosque llegando a la ciudad".[52]

"Los pilares de esas reuniones", recuerda Paz en 1991, "eran André y Benjamin, el primero acompañado casi siempre por Elisa, su mujer. Me unía a ella el idioma (es chilena) y algo que era una herejía para Breton: el amor a la música". A aquellas reuniones llegaban muchos jóvenes catecúmenos, como el propio Paz y "algunos veteranos de las campañas pasadas: Max Ernst, Miró, Hérold y, más raramente, Julien Gracq. Con él y con otros escritores recién llegados como yo a las reuniones, André Pieyre de Mandiargues y Georges Schehadé, me sentía más a gusto. Gracq no es solamente un gran escritor sino un hombre discreto y cortés, que sabe conversar y callar cuando es necesario. Mis mejores amigos fueron Mandiargues, brillante y fantasmagórico como un cuento de Arnim, y Schehadé, siempre con un rácimo de proverbios acabado de cortar en un árbol del Paraíso. Las reuniones eran ceremonias rituales".[53]

"Más de una vez me dije", subrayará Paz ante los imperturbables necios que hacen y deshacen listas de "verdaderos" surrealistas latinoamericanos despertados por la luz de la buena nueva a primera hora, "que había llegado

[49] *Idem.*

[50] *Idem.*

[51] *Idem.*

[52] Paz, *Obras completas, VII. Obra poética (1935-1998), op. cit.*, p. 359.

[53] Paz, *Obras completas, II. Excursiones/Incursiones. Dominio extranjero. Fundación y disidencia. Dominio hispánico, op. cit.*, pp. 22-23.

a ellas veinte años tarde. Pero el rescoldo de la gran hoguera que fue el surrealismo todavía calentaba mis huesos y encendía mi imaginación".[54]

Paz ejerce con frecuencia la autocrítica. La activa desde la debilidad humana y también desde la vanidad, primera pasión de todos los artistas. Pese a ello hay quien lo lee aviesamente como un falsificador de su pasado. Aunque presa fácil –por autocrítico– de los obsesivos y de los perezosos es él quien les guía la mano temblorosa para que se acerquen, con sus dardos, al blanco. Paz dice y repite que no podía sino llegar tarde al surrealismo... y por decirlo es sobajado por personas de gramática pantanosa, pocas lecturas y mala leche.[55]

Recordando sus descalificaciones del surrealismo en los años treinta, Paz se recuerda diciéndoles a Cuesta y a Villaurrutia, que éste ya había sido "superado". Sus maestros, que estaban lejos de ser secuaces de Breton, le preguntaban quiénes eran aquellos que habían superado el surrealismo y cómo lo habían logrado. Y estando el joven poeta de regreso de España y Breton en su semestre mexicano, en 1938, debió ser cuando Cuesta, al menos en dos ocasiones, le susurró:

"Breton dice que quiere conocerlo." Responde Paz: "Me rehusé. Breton era un trotskista notorio y el nombre de Trotski era anatema para nosotros."[56]

Nunca sabremos si Paz comentó, hacía 1949, con Breton esas oportunidades perdidas. Pero en París, a mí me parece que su conversión al surrealismo, por fortuna, ya no puede ser tan fervorosa y ciega como pudo serlo en los añorados años veinte, lo cual se aplica, también, a sus jóvenes amigos en el surrealismo de las brasas y de los rescoldos, como Mandiargues (quien lo calificó como "el más grande poeta surrealista activo en el mundo moderno")[57] y Schehadé o Gracq, más viejo, pero heterodoxo desde el principio (al grado de incurrir en un género vetado por Breton, la novela).

Poetas latinoamericanos más jóvenes que Paz, como Enrique Molina o Gonzalo Rojas, al igual que el autor de *¿Águila o sol?* (1951), quizá su libro más surrealista, se beneficiaron de esa imantación del surrealismo, quién sabe si tardía, si se recuerda, con Paz (dato que escamotean sus críticos) que dos de los libros capitales de Breton (*Arcano 17* en 1943 y la *Oda a Charles Fourier* en 1947), para no hablar de *Aire mexicano*, de Péret, aparecieron en la década en que Paz al fin lo conoció.[58]

---

[54] *Ibid.*, p. 23.

[55] José Vicente Anaya (compilador), *Versus. Otras miradas a la obra de Octavio Paz*, Ediciones de Medianoche, Zacatecas, 2010.

[56] Paz, *Obras completas, VIII. Miscelánea. Primeros escritos y entrevistas*, op. cit., pp. 619, 974.

[57] Hugo J. Verani, "'Mariposa de obsidiana': una poética surrealista de Octavio Paz", en Santí (editor), *Luz espejeante. Octavio Paz ante la crítica*, op. cit., p. 342.

[58] Paz, *Obras completas, VIII. Miscelánea. Primeros escritos y entrevistas*, op. cit., p. 454.

Laura Helena, "espiando todo desde mi estratégico escondrijo", recordará lo emocionados que estaban sus padres cuando Elisa, con el pelo castaño y las uñas pintadas de verde, y André, rostro noble y nariz recta, llegaron a cenar con ellos por primera vez. Breton "le llevó a mi madre una sola flor exótica de gran corona naranja y tallo muy largo. Breton tenía el pelo gris, todo liso hasta principios de la nuca, peinado para atrás y lo usaba un poco largo para la época".[59]

Es hasta 1953, en una entrevista para *Sur,* desde Ginebra, cuando Paz, rumbo a casa, se ilusiona pensando en un México que sea, como lo fue, pese a todo, durante la década canalla y en los años de la Segunda guerra, un sitio de diálogo, menciona a Breton, con Camus, sus nuevas admiraciones parisinas "a quienes quiero y admiro",[60] como contraparte europea de los Borges, los Neruda o los Jorge Guillén.

Poco después viene, en 1954, su presentación formal como surrealista en México, la charla titulada "Estrella de puntas: el surrealismo", recogida más tarde en *Puertas al campo*, donde la esencia es el rechazo del mundo de la posguerra: "Al mundo de *robots* de la sociedad contemporánea", declara un Paz imperativo, "el surrealismo opone los fantasmas del deseo, dispuestos siempre a encarnar en un rostro de mujer. Pero hace cinco o seis años esta conferencia habría sido imposible. Graves críticos –enterradores de profesión y, como siempre, demasiado apresurados– nos habían dicho que el surrealismo era un movimiento pasado. Su acta de defunción había sido extendida, no sin placer, por los notarios del espíritu. Para descanso de todos, el surrealismo dormía ya el sueño eterno de las otras escuelas de principios de siglo…"[61]

"Pero el cadáver estaba vivo" decía Paz en aquella conferencia sobre Breton, afirmando la vida intelectual propia, la que lo obligaría a escribir *El arco y la lira* (1956), su gran tratado estético y a la vez, una estética heterodoxa del surrealismo: en el fondo, discrepa de la noción bretoniana de literatura, rechazando tanto la escritura automática como la preponderancia de lo oculto sobre lo sagrado. Julio Cortázar en una carta del 31 de julio de aquel año, le decía a Paz que "las páginas sobre el surrealismo son de una gran justicia y una enorme verdad",[62] aquellas, quizá, en que en *El arco y la lira* se lee: "Breton ha dicho: la *véritable existence est ailleurs*. Ese allá está aquí, siempre aquí y en este momento. La verdadera vida no se opone

[59] Paz Garro, *Memorias*, *op. cit.*, p. 139.

[60] Lafaye, *Octavio Paz en la deriva de la modernidad*, *op. cit.*, pp. 142-143.

[61] Paz, *Obras, II. Excursiones /Incursiones. Dominio extranjero. Fundación y disidencia. Dominio hispánico*, *op. cit.*, pp. 171-172.

[62] Julio Cortázar, "Carta a Octavio Paz", en Paz, *El arco y la lira*, edición facsímilar conmemorativa de Anthony Stanton, FCE, México, 2000.

ni a la vida cotidiana ni a la heroica; es la percepción del relampagueo de la *otredad* en cualquiera de nuestros actos, sin excluir a los más nimios".[63]

Muerto Breton el 28 de septiembre de 1966, Jorge Guillén dirá que "el único amigo hispánico de Breton fue indudablemente Octavio Paz".[64] A los pocos días, Paz escribió su recapitulación: "André Breton o la búsqueda del comienzo", firmado en Nueva Delhi, el 5 de octubre de 1966. Allí registra Paz, desde su lectura, en la adolescencia y por casualidad, de un capítulo, el V, de *L'Amour fou*, por primera vez el encuentro con los surrealistas en el México de los años cuarenta y se sigue hasta que en París "vino la paz y volví a ver" a Péret: "Él me llevó al café de la Place Blanche. Durante una larga temporada vi a Breton con frecuencia. Aunque el trato asiduo no siempre es benéfico para el intercambio de ideas y sentimientos, más de una vez sentí esa corriente que une realmente a los interlocutores, inclusive si sus puntos de vista no son idénticos. No olvidaré nunca, entre todas esas conversaciones, una que sostuvimos en el verano de 1964, un poco antes de que yo regresase a la India".[65]

"No la recuerdo por ser la última sino por la atmósfera que la rodeó", nos dice un Octavio algo contagiado del ocultismo bretoniano del que en general descreía, pues "no es el momento de relatar ese episodio. (Algún día, me lo he prometido, lo contaré.) Para mí fue un *encuentro*, en el sentido que daba Breton a esa palabra: predestinación y, asimismo, elección. Aquella noche, caminando solos los dos por el barrio de Les Halles, la conversación se desvió hacia un tema que le preocupaba: el porvenir del movimiento surrealista [...] para mí, le explicó Paz, "el surrealismo era la enfermedad sagrada de nuestro mundo, como la lepra en la Edad Media o los 'alumbrados' españoles en el siglo xvi; negación necesaria de Occidente, viviría tanto como viviese la civilización moderna, independientemente de los sistemas políticos y de las ideologías que predominen en el futuro. Mi exaltación lo impresionó" pero Breton estuvo en desacuerdo con su amigo mexicano: el surrealismo, quizá, recuperaría su identidad disolviéndose públicamente y ocultándose.[66]

Años antes, enterado de la muerte precoz de Péret, en 1959, le escribió unas páginas –perdidas en su original en español, fueron retraducidas por Aurelio Asiain– como despedida. Allí decía que, a casi veinte años de haberlo conocido en México, "gracias a hombres como Péret la noche del siglo no

[63] Paz, *Obras completas, I. La casa de la presencia. Poesía e historia*, edición del autor, Galaxia Gutenberg / Círculo de lectores, Barcelona, 1999, p. 322.

[64] Jorge Guillén, "La stimulation surréaliste" en la *Nouvelle Revue Française*, 176, París, abril de 1967, p. 896.

[65] Paz, *Obras completas, II. Excursiones / Incursiones. Dominio extranjero. Fundación y disidencia. Dominio hispánico, op. cit.*, pp. 195-196.

[66] *Idem.*

es absoluta" porque, incorruptible, "resistió todas las derrotas y, lo que es más heroico todavía, todas las tentaciones".[67]

"Su rostro", dice Paz recordando al último Péret, "marcado por los años, la pobreza y la lucha cotidiana, no había perdido nada de su inocencia. El cansancio y la enfermedad lo habían apagado pero cuando reía empezaba a resplandecer con toda su antigua luz solar. Rostro de poeta, si por poesía se entiende no un talento o una vocación sino una disposición a maravillar y a maravillarse. ('La actividad –dice Novalis– es el poder de recibir')".[68]

Paz participó, si es que es necesario repetirlo, de la "ortodoxia" surrealista, como lo dijo Jason Wilson. En 1950, "Mariposa de obsidiana" fue incluido en el *Almanach surréaliste du demi–siècle* y el propio Breton le sugirió a Paz la eliminación de una metáfora. En 1957, "Trabajos forzados", traducidos por Jean-Clarence Lambert, aparecieron en *Le Surrealisme, Même*, revista dirigida por Breton, que insistirá después adelantando un fragmento de *Piedra de sol* en la versión de Péret. En vida del padre del surrealismo, Paz firmó con Breton y Péret lo mismo manifiestos anticatólicos (1951) que *Haute fréquence*, incluyó "Carta a una desconocida" en el catálogo de la Exhibición Surrealista Internacional de 1959 y aportó tres artículos para el *Léxico suscinto del erotismo* en ese mismo volumen, en 1961 Jean–Louis Bédouin lo incluyó en *Vingt–ans du surréalisme: 1939–1959* y en 1964 en una antología oficial del movimiento, *La poésie surréaliste*. En 1965, Breton cita a Paz en otro catálogo, el de la Onceava exhibición surrealista y en 1952, entrevistado por el poeta y crítico español José María Valverde, Breton distinguirá a Paz como el poeta en lengua española, de la que no conocía mucho, *"qui me touche plus"*.[69]

¿Es poco, es mucho? Como la vida entera de Shakespeare, el currículo surrealista de Paz cabe en una página. No sé si hubiera sido maravilloso envejecer veinte años a Paz y hacerlo firmar el primer manifiesto del surrealismo. Pero también sería interesante imaginar a Breton charlando con Rimbaud, a Pound traduciendo del chino con Li Bai, camaraderil, a su lado, en el siglo VIII y a Neruda compartiendo sus visiones con el primer inca del Tahuantinsuyo, en las recién conquistadas alturas de Machu Picchu. Lamento la inexistencia de la máquina del tiempo. Importa que en la irradiación del surrealismo hacia América Latina, tan honda y expansiva, Paz, es un poeta central, tanto por la poesía como por la poética. A veces, también, disintió,

---

[67] *Ibid.*, pp. 218-219.

[68] *Ibid.*, p. 219.

[69] André Breton, *Oeuvres Complètes*, III, Pléiade, Gallimard, París, 1999, p. 628; Jason Wilson, *Octavio Paz. Un estudio de su poesía, op. cit.*, p. 37; Verani, *Bibliografía crítica de Octavio Paz, op. cit.* p. 67 y 189; Verani, "'Mariposa de obsidiana': una poética surrealista de Octavio Paz" en Enrico Mario Santí, *Luz espejeante. Octavio Paz ante la crítica, op. cit.*, p. 242; Fabienne Bradu, *Los puentes de la traducción. Octavio Paz y la poesía francesa*, UNAM/Universidad Veracruzana, México, 2004, pp. 113-114.

como en una carta a Sutherland, en la que le dice que con los años había descubierto que su "reserva instintiva" frente al surrealismo, se debía a su tendencia "a convertir la poesía moderna en una especie de santoral".[70] Pero ejerció la acción directa surrealista, llamémosla así, en defensa de Buñuel y *Los olvidados*, en Cannes, en abril de 1951.

Buñuel, héroe de una doble "edad de oro", pues así se llamó su película de 1930 y por edad áurea tenían los surrealistas a sus años en el Café Cyrano donde el cineasta fue tonsurado, lo ratificó. Condenado en México a hacer películas comerciales con Negrete y Libertad Lamarque, para don Luis, *Los olvidados* no sólo fueron la genialidad de regresar al surrealismo por la puerta del neorrealismo de la posguerra, sino la gloria misma: "todo cambió después del festival de Cannes en que el poeta Octavio Paz –hombre del que Breton me habló por primera vez y a quien admiro desde hace mucho– distribuía personalmente en la puerta de la sala un artículo que había escrito, el mejor, sin duda, que he leído, bellísimo. La película conoció un gran éxito, obtuvo críticas maravillosas y recibió el premio de dirección".[71]

Paz, en su brega por Buñuel, arriesgó su puesto diplomático en París, al grado de que es muy probable que haya sido transferido tan pronto se pudo hacia su primera encomienda en Nueva Delhi por ese motivo (y en las desgracias diplomáticas de Paz que el poeta volvía venturosas, siempre aparece, verdadera o falsa, la mano negra de Torres Bodet contra la magia blanca de Gorostiza) en octubre de ese año. Es probable que a aquella "falta" se haya agregado otra, la participación de Paz, en julio, en la conmemoración pública, con Camus, de los primeros quince años del comienzo de la guerra de España.

En defensa de *Los olvidados*, se calentó las manos en las brasas del surrealismo y así se lo dijo en una conocida carta a Buñuel, fechada en Cannes, el 5 de abril de 1951: "Damos la batalla por *Los olvidados*. Estoy orgulloso de pelear por usted y su película. He visto a sus amigos. Todos están con usted. Prevert le manda un abrazo. Picasso lo saluda. Los periodistas inteligentes y los jóvenes están con usted. Vuelven un poco, gracias a *Los olvidados*, los tiempos heroicos. He organizado una 'reunión íntima' unas horas antes de la exhibición. Contamos con Prévert, Cocteau, Chagall, Trauner y otros para esa reunión (amén de todos los periodistas y críticos con algo en la cabeza, en el corazón o en otra parte). Picasso –sin que se lo pidiéramos– ha declarado públicamente que irá a la presentación de *Los olvidados*".[72]

---

[70] Perales Contreras, *Octavio Paz y su círculo intelectual*, *op. cit.*, p. 289.

[71] Luis Buñuel, *Mi último suspiro*, traducción de Ana María de la Fuente, Círculo de Lectores, México, 1983, pp. 194-197.

[72] Paz, *Luis Buñuel: El doble arco de la belleza y de la rebeldía*, *op. cit.*, p. 56.

Picasso al final no se apareció en la *première*, quizá presionado por la animadversión de la prensa comunista francesa contra la película, aunque *Pravda*, desde Moscú, alababa a Buñuel. Pese al enfado del gobierno mexicano por la pretendida denigración sufrida por el país de la Revolución Institucional en *Los olvidados*, el premio, según Buñuel mismo, blindó a la película y ésta se reestrenó en una "buena sala de México" y "cesaron los insultos", gracias a Paz.[73]

La relación con Camus, finalmente, también forma parte de las reconstrucciones memoriosas tardías de Paz. En la primera edición de *El arco y la lira* (1956) hay unas líneas, después suprimidas y retomadas en *Itinerario*, que exaltaban una "revuelta fundada en la mesura mediterránea" propuesta por Camus, quien no reaparece sino hasta 1968, cuando entrevistado para *Ínsula*, Paz antepone contra el moralista de origen argelino una reserva muy propia de la izquierda de la época. Camus le parece honrado y respetable, "si olvido su actitud durante la guerra de Argelia, que a mí no me gustó. Tal vez estaba desgarrado por un conflicto sentimental entre su madre, su infancia y el imperialismo francés... Osciló".[74]

Un año antes Paz había publicado una colección de ensayos y artículos donde aparece su conocida distinción entre revuelta, rebelión y revolución que es, entre otras cosas, una velada crítica a Camus, al cual no cita y hace mal en no citarlo. La corrección ocurre una década después, en otra entrevista, donde dice: "Conocí a Camus cuando él escribía *L'Homme révolté*. Por cierto, traducir *révolté* por *rebelde* no es enteramente exacto. En *revuelta* hay matices y significados que no aparecen en *rebeldía*. En *Corriente alterna* (1967) procuré mostrar los distintos sentidos de *rebeldía, revuelta* y *revolución*."[75]

Paz le contará a ese mismo interlocutor que vio a Camus por primera vez en un homenaje en París a Machado. "Los oradores fuimos Jean Cassou y yo; María Casares recitó unos poemas. A la salida, terminado el acto, un desconocido de gabardina se me acercó para manifestarme calurosamente su aprobación por lo que yo había dicho. María Casares me dijo: es Albert Camus."[76]

Camus, dice Paz, era muy célebre "y yo era un poeta mexicano anónimo, perdido en el París de la postguerra" pero "su acogida fue muy generosa. Nos vimos después varias veces y juntos participamos, en 1951, en un mitin en celebración del 18 de julio, organizado por un grupo de anarquistas españoles y en el que participó también María Casares".[77]

---

[73] Buñuel, *Mi último suspiro, op. cit.*

[74] Paz, *Obras completas, VIII. Miscelánea. Primeros escritos y entrevistas, op. cit.*, p. 431.

[75] *Ibid.*, p. 634.

[76] *Idem.*, p.636.

[77] *Ibid.*, p. 637

Al trato personal se sumó la admiración intelectual: "Leí algunos capítulos de *L'Homme Revolté* en revistas y él mismo me contó –por decirlo así– el argumento general de la obra. Discutimos mucho algunos puntos –por ejemplo, sus críticas a Heidegger y al surrealismo– y le previne que el capítulo sobre Lautréaumont provocaría la cólera de Breton. Así ocurrió. Creo que a todos nos dolió esa escaramuza, sin excluir al mismo Breton. Años después lo oí hablar de Breton con encomio."[78]

Así como Cuesta le había *contado* el argumento de "El clasicismo mexicano" a mitad de los años treinta, otro de sus maestros (en este caso, casi un contemporáneo suyo, nacido apenas en 1913), Camus, *le contaba* el argumento de *El hombre rebelde* (1951). En el español de México, a diferencia de narrar, más reciente, de relatar, más judicial, o explicar, didáctico, el *contar* tiene un cariz risueño, infantil: a Paz le contaban argumentos filosófico-literarios como si fuesen los cuentos de *Las Mil y una noches,* las *Historias* de Herodoto o las aventuras de su abuelo Ireneo en la guerra contra los franceses. Esa disposición, quizá, lo volvió un gran ensayista: *contaba* ideas.

Paz asiste, en esos días, a una de las primeras representaciones de *El Diablo y el buen Dios*, de Sartre y le impresiona el jesuitismo con que se justificaba la eficacia revolucionaria en esa obra (después, Paz recalcará en Sartre la reedición de los grandes temas de la predestinación protestante, harina de otro costal). "A los pocos días", nos cuenta Paz, "comí con Camus y le dije: 'Acabo de ver la pieza de Sartre –él no la había visto– y es una apología indirecta del estalinismo. Cuando aparezca el libro de usted, Sartre lo atacará'. Me miró con incredulidad".[79]

Camus pensaba, según recuerda Paz, que ni Malraux, ni René Char, ni Sartre, sus "tres amigos en el mundo literario de París" lo atacarían. Paz le respondió que acertaba en el caso del teatral Malraux y del fraterno Char, pero no en el de Sartre, quien es "un intelectual y para él, a la inversa de Malraux, la vida de las ideas es la verdaderamente real (aunque en su filosofía pretenda lo contrario). Al hombre que ha escrito *Le Diable et le bon Dieu* tiene que parecerle una herejía lo que usted dice en *L' Homme revolté* y condenará a la herejía y al hereje al Tribunal Filosófico…'. No me creyó. Días después, la revista de Sartre desencadenó el ataque en su contra. Llamé por teléfono a María Casares: '¿Cómo está Alberto?' Me contestó: 'Se pasea por la casa como un toro herido.'"[80]

Es improbable que Camus haya sido tan ingenuo como para esperar la no beligerancia de Sartre, quien le advirtió, habiendo circulado previamente fragmentos de *El hombre rebelde*, que la reacción, en *Les temps modernes*,

---

[78] *Ibid.*, p. 637.

[79] *Idem.*

[80] *Ibid.*, pp. 637-638.

sería enérgica. Es cierto, por otro lado, que Paz y Camus estaban en la misma tesitura al cumplirse el aniversario de la sedición franquista contra la República española. En palabras de Camus, aquella guerra perdida había sido, para su generación, "una verdadera institutriz".[81]

Poco después Paz se fue de París y siempre lamentaría no haber frecuentado más a ese hombre que "no era un filósofo sino un artista, un escritor". Recordará que "simpatizamos mucho. Era abierto y sabía escuchar. Su inteligencia era cordial; mejor dicho, su cordialidad era inteligente. En su persona había una mezcla muy mediterránea de sensualidad y estoicismo, amor al placer y aceptación de la muerte".[82]

Conoció a Camus gracias a la actriz española Casares, hija de Santiago Casares Quiroga, jefe del gobierno republicano cuando el levantamiento franquista del 18 de julio. Pero el autor de *El extranjero* dejó de ir pronto a casa de los Paz, según Laura Helena. A su padre, dice ella, le incomodaba el gusto de Camus por hablar el español que le trasmitió su madre menorquina, con sus anfitrionas mexicanas. Ése es uno más de los episodios en que, en la memoria de Laura Helena, su madre compite con su padre por la primicia en granjearse a los intelectuales parisinos.

De Camus lo separó no sólo la partida de Paz hacia Oriente, sino la guerra de Argelia –el *pied noir* que era se había negado a avalar el terror patriótico del frente de liberación contra el terror colonialista– y sobre todo, el pleito con Breton, a quien el argelino humilló tras su tonta respuesta a *El hombre rebelde*. Era una inocentada del fundador del surrealismo creer que sólo el marxismo y los comunistas fueron culpables del desastre de la época; también tenían su parte los surrealistas y otros vanguardistas de izquierda y de derecha, por frívolos y banales. Aposentado el totalitarismo en media Europa, exaltaban el disparo al azar contra la multitud como una gesta heroica, replicó Camus. Tan falible era "el evangelio del desorden" predicado por el surrealismo, que quiso aliviarse del sol del mediodía, nada menos y por fortuna durante poco tiempo, a la sombra del árbol de la dictadura del proletariado.

Con Sartre la relación fue escasa, aunque en el París de aquella posguerra, Paz mira a la estrella existencialista soportando "aquella celebridad con humor y sencillez" pues "su simplicidad, realmente filosófica" sobrevivía a la beatería de sus admiradores, entre los cuales menudeaban los latinoamericanos. Uno de ellos, probablemente el filósofo Emilio Uranga, le pidió a Paz que buscase una conversación con él. Años después, Uranga, utilizando a su "maestro" Sartre, se volteó contra Paz. Sartre, quien se tomaba el trabajo de responder a "tímidas objeciones" y preguntas "aceptó y a los pocos días comimos los tres en el bar del Pont-Royal. La comida-entrevista duró

---

[81] Albert Camus, "Fidelité a l' Espagne", *Oeuvres complètes, III, 1949-1956*, Gallimard, París, 2008, p. 988.

[82] Paz, *Obras completas, VIII. Miscélanea. Primeros escritos y entrevistas, op. cit.*, p. 980.

más de tres horas y durante ella Sartre estuvo animadísimo, hablando con inteligencia, pasión y energía".[83]

El desencanto fue filosófico y político, por la cínica ponderación de los crímenes del comunismo en la que se obcecó Sartre. Pero eso sólo fue al final: en los sesenta, en ese libro tan paradójicamente convencional como lo es *Corriente alterna* (1967), donde el autor es un modelo de heterodoxo de izquierda al estilo de la década, no sólo no aparece Camus sino hay un intento reiterado de diálogo, vía Lévi-Strauss, con el Sartre, ya más dialéctico que existencialista, que estremeció a las buenas conciencias rechazando el Nobel en 1964.[84]

A Paz, en su ensayo de 1980 escrito al morir el autor de *La náusea*, le desagradó que, en el último de sus tres o cuatro encuentros con Sartre en el medio siglo, éste hablase de oídas de Santa Teresa, sin haberla leído, como era capaz de decir que *El diablo y el buen Dios*, se inspiraba en *El Rufián dichoso*, de Cervantes, que tampoco había leído, como se lo confesó el filósofo-dramaturgo, desvergonzado, a un periodista.[85] Esa muestra de desprecio por la literatura hispánica, inverecunda e impune, lo sacaba de quicio y motivó su desdén, por ejemplo, por el crítico angloamericano Edmund Wilson, que se vanagloriaba de no haber leído a Calderón de la Barca y a Lope de Vega.

Paz, finalmente, también ayudó a Sartre en el consulado, cuando viajó "de incógnito" con Dolores Vanetti, una de sus amigas, a México en el verano de 1949, tras terminar su fracasada aventura política con Rousset de construir un tercer partido de izquierda. Al parecer, a Sartre no le interesó México, indiferencia que desagradó a Reyes y a Paz, quien se burló de lo menospreciados que se habrán sentido sus admiradores locales, los jóvenes filósofos del grupo Hiperión.[86]

El horror que Sartre sentía ante la poesía, que lo llevó a escribir ese famoso *Baudelaire* (1947), lo predisponían contra él desde el principio: "Para juzgar a un filósofo hay que situarlo frente a un poeta", le escribe Paz a Jean-Clarence Lambert, "compare a Sartre ante Baudelaire con la pareja Heidegger-Hölderlin."[87] Finalmente, el viejo Paz desmintió en 1995, por enésima vez, a Garro, quien se ostentaba como interlocutora de Sartre en esos años del matrimonio en París. Laura Helena, cuyos recuerdos políticos y literarios no siempre son precisos sino de oídas, de las versiones contrapuestas de sus

---

[83] Paz, *Obras completas, II. Excursiones/Incursiones. Dominio extranjero. Fundación y disidencia. Dominio hispánico, op. cit.*, p. 428; Emilio Uranga, "La poca Paz de Octavio", *América*, núm. 1267, México, 4 de abril de 1970, pp. 8-9. Allí Uranga dice contra *Postdata:* "el ensayo de Octavio Paz, como todos los suyos, es la *marabunta* de un autodidacta, y a mí me sucede, como a mi maestro Jean Paul Sartre que les tengo un santo temor, una fobia, a los autodidactas".

[84] Paz, *Obras completas, VI. Ideas y costumbres. La letra y el cetro. Usos y símbolos, op. cit.*, pp. 1414-1417, 1419-1430, 1436-1439.

[85] Paz, *Obras completas, II. Excursiones/Incursiones. Dominio extranjero. Fundación y disidencia. Dominio hispánico, op. cit.*, pp. 429-430.

[86] Reyes/Paz, *Correspondencia (1939–1959), op. cit.*, pp. 93 y 111–113.

[87] Paz, *Jardines errantes. Cartas a J. C. Lambert 1952-1992*, Seix Barral, Barcelona, 2008, p. 14.

padres, insistió posteriormente en presentar a su madre como "amiga de café", en el *Pont-Royal* y *Les Deux Magots*, de Sartre. Tal parece que Garro le habría dado al autor de *El ser y la nada* una lección sobre por qué el mendigo encarnaba al bien absoluto.[88]

Pero el acontecimiento decisivo, al menos para la ruptura definitiva de Paz con el comunismo soviético en todas sus variantes, fue el caso de Rousset, sobreviviente de Buchenwald, antiguo trotskista y quien eligió no sólo la denuncia téorica *(El universo concentracionario,* 1946) sino la novela *(Les jours de notre mort,* 1948) para iluminar el horror, en su caso agravado porque los prisioneros comunistas del campo, bien organizados, no le hicieron fáciles las cosas.[89]

El 12 de noviembre de 1949, en *Le Figaro Littéraire,* Rousset revela, con información precisa que "el universo concentracionario" del cual él había sido víctima se extendía, más allá de los dominios del derrotado imperio hitleriano hasta los confines más remotos de la Unión Soviética. Dirigiéndose a los deportados sobrevivientes de los campos nazis y a sus organizaciones, Rousset les hace una petición estremecedora: "Quisiera que cada uno entre nosotros regrese en el tiempo e imagine que estamos, de nuevo, reunidos en el gran patio de Buchenwald, bajo los faros y bajo la nieve, escuchando la orquesta, esperando a ser contados. ¿Cómo juzgaríamos nosotros a otros deportados que, de regreso a la libertad, no supieran hablar de sus sufrimientos y no pudieran decir, ni siquiera una palabra para proclamar que nosotros estamos vivos más allá de la muerte? Las obscenidades más fuertes parecerían inclusive poca cosa. Si nosotros pensamos que actualmente millones de hombres son aquello que nosotros fuimos ayer, entonces sabremos que nosotros hemos olvidado. Es nuestro difícil privilegio el no poder escapar a esa acusación. Los otros, aquellos que nunca estuvieron en los campos de concentración, pueden alegar la pobreza de la imaginación, la incompetencia. Nosotros somos los profesionales, los especialistas. Es el precio que debemos pagar por la sobrevida que nos fue otorgada".[90]

Rousset pedía "a los especialistas" que conformasen una comisión internacional de investigación. Estos veteranos de la deportación de todas las tendencias políticas (incluidos, naturalmente, los comunistas) comprobarían en la URSS, la existencia de esos campos, de los cuales, situados en la retaguardia de la gran vencedora de la guerra, no había fotos en los periódicos ni documentales en los cines. Se trataba de acercarse al círculo polar ártico, al

---

[88] "Carta de Octavio Paz a Alejandro Junco de la Vega", *Reforma,* México, 15 de marzo de 1995; Paz Garro, *Memorias, op. cit.,* pp. 167-169.

[89] Maurice Nadeau, *Grâces leur soient rendues. Mémoires littéraires,* Albin Michel, París, 2012, p. 74.

[90] David Rousset, Théo Bernard y Gérard Rosenthal, *Pour la verité sur les camps de concentration (Un procès antistalinien à Paris),* prefacio y nota de Emile Copfermann, Ramsay, París, 1990, p. 9. Traducción de CDM.

Mar Blanco, a Bakú, a las afueras de Leningrado y Moscú. A diferencia de los nazis, los campos soviéticos no tenían como fin primordial el exterminio, sino los trabajos forzados. En Auschwitz y en Buchenwald, el principal destino era la cámara de gas; en el GULAG, morir de hambre. Para los nazis, el exterminio era una exigencia racial y geopolítica (el espacio vital); para los soviéticos, una exigencia ideológica y una necesidad de la planificación económica, reinstaurar, en nombre del comunismo, la esclavitud.

"La URSS", comentará Paz en el artículo de marzo de 1951, en que se solidariza con Rousset, atravesaba por un periodo, "no sin analogías con el descrito por Marx en el 'periodo de acumulación del capital'".[91] Rousset atribuía su libertad interior en Buchenwald al marxismo verdadero que le había permitido desmontar mentalmente las piezas del universo concentracionario: creía que los nazis habían perfeccionada las leyes de la explotación del hombre por el hombre. Otros sobrevientes se salvaron adentrándose en su judaísmo o gracias a su fe católica. A Paz, como a Rousset, le tranquilizaba encontrar una explicación marxista de lo inexplicable. Sólo más tarde, cuando el mexicano leyó a Hanna Arendt, quien demostró "la nula productividad" de esos campos, debió llegar al límite del asombro: los trabajos forzados del comunismo habían convertido en sufrientes sísifos a millones de inocentes. De ello ya no le quedará ninguna duda tras leer, a principios de 1974, *El archipiélago Gulag*, de Alexandr Solzhenitsyn.[92]

La ocupación del Este europeo envaneció a Stalin y el terror de la década canalla fue exportado, entre 1948 y 1952, a las nuevas naciones vasallas: el jefe yugoslavo Tito fue defenestrado, el húngaro Rajk, acusado de haberse intoxicado de trotskismo durante la Guerra civil española en la cual fue brigadista internacional, ejecutado; mientras que los checoslovacos Artur London y Vlado Clementis, arrestados. Ante ese panorama, la respuesta de los comunistas franceses contra la divulgación en Occidente no sólo de un mapa aproximado del GULAG y de sus centros neurálgicos, sino del código de trabajo correctivo de la URSS que los normaba, fue virulenta. A Pierre Daix, redactor en jefe de las *Lettres françaises,* la revista literaria del Partido Comunista Francés (PCF) dirigida por Aragon, le tocó responder. Antiguo deportado como Rousset, Daix le espetó su matrícula en el campo de Mauthausen para encararlo, con la misma autoridad moral de sobreviviente, como mentiroso, acusándolo de haber copiado literalmente cosas sucedidas en los campos nazis para hacerlas pasar como ocurridas en los "reformatorios" soviéticos, cuya existencia y bondades reconocieron, imprudentes, muchos comunistas en aquellos días.

---

[91] Paz, *Obras completas, VI. Ideas y costumbres. La letra y el cetro. Usos y símbolos, op. cit.*, p. 167.

[92] Paz, *Obras completas, VI. Ideas y costumbres. La letra y el cetro. Usos y símbolos, op. cit.*, pp. 56n y 182-183.

El artículo de Daix contra Rousset llegó a ser distribuido como panfleto con un tiraje de 200 mil ejemplares. Existe una fotografía –yo no la he visto– publicada por *L'Humanité*, donde sobrevivientes de los campos, con sus uniformes reglamentarios, reparten aquel libelo a la salida del metro.[93]

Rousset demandó por calumnias a las *Lettres françaises* en un tribunal, bien asesorado por Théo Bernard y Gérard Rosenthal, abogados provenientes, como él, de la extrema izquierda. Rousset, con su gente, ganó el juicio y los comunistas fueron condenados por difamación tras un proceso cuyas actas estremecen, sobre todo por los testimonios de Valentín González, El Campesino, un jefe militar de la República española que había terminado en el GULAG y de Marguerite Buber-Neumann, nuera del filósofo judío Martin Buber, quien deportada en Siberia acusada de ser trotskista, formó parte de la dotación de comunistas alemanes que Stalin le regaló a Hitler como gesto de buena voluntad tras el pacto de 1938. Marguerite sobrevivió al campo de concentración nazi de Ravensbrück y respondió, ante la justicia francesa, sobre cuál le parecía peor, si el campo soviético o el nazi.[94]

Que la Unión Soviética fuese condenada en un tribunal de París, en un proceso justo donde Rousset y Daix llegaron a carearse, tuvo una inmensa repercusión simbólica pese a que hubo que esperar otros veinte años, a *El archipiélago Gulag*, para que los campos soviéticos fuesen universalmente aceptados como un hecho histórico. El propio Daix, que perseveró unas décadas en el PCF, reconoció su error aunque no sé si alcanzó a disculparse personalmente con Rousset a quien no me queda claro, tampoco, si Paz conoció personalmente. El caso es que él y Garro, en uno de los no pocos momentos de colaboración intelectual y literaria que hermosean un matrimonio tan mal afamado, dedicaron los últimos meses de 1950 a documentarse, en París, sobre la querella, mandando a *Sur,* de Buenos Aires, una selección de los testimonios y documentos sobre los campos, los presentados por Rousset y sus abogados.

Fue Elena (la verdadera "anticomunista" del matrimonio) la que acicateó a Octavio para que actuara, asistiendo a las sesiones públicas del proceso y haciéndose amiga del Campesino "aquel general al que Alberti y otros poetas de la corte de Stalin dedicaron poemas y homenajes", según Paz le contó por carta al escritor argentino José Bianco, quien aceptó publicar "Los campos de concentración soviéticos" en *Sur,* la revista de la cual era secretario de redacción. Sólo el argentino Ernesto Sabato, apunta Krauze, se unió a Paz en aquella denuncia entre los escritores latinoamericanos.[95] No será insólito

---

[93] Rousset *et al.*, *Pour la verité sur des champs de concentration, op. cit.*, pp. III, IV.

[94] *Ibid.*, pp. 180-184.

[95] Krauze, *Octavio Paz. El poeta y la revolución, op. cit.*, p. 133.

ver a Sabato, hacia el final de su larga vida, reuniendo los testimonios de los horrores de la dictadura militar argentina.

"Los crímenes del régimen burocrático son suyos y bien suyos, no del socialismo."[96] Ésa es la frase, firmada en París en octubre de 1950, con la que Paz cierra la nota que acompañaba el expediente Rousset en *Sur*. Es también la frase decisiva: quien la suscribía pertenecía a la heterodoxa izquierda no comunista, de la que Paz no acabó de desprenderse sino hasta los tardíos años setenta. Quien pensaba, como se deducía de la duda que Serge y su joven amigo griego Kostas Papaioannou sembraron en Paz, que acaso el mal estaba en la esencia del colectivismo alucinado por Marx y fundado por Lenin, pasaba de ser hereje a apóstata. Ese paso sólo lo dio Paz cuando al final de su vida se definió más como liberal que como socialista, aunque lo animase la fusión futura de ese par de almas divididas de la conciencia occidental. Tras el caso Rousset, sostuvo Paz en *Itinerario*, "había perdido no sólo a varios amigos sino a mis antiguas certidumbres. Flotaba a la deriva. La cura de desintoxicación no había terminado enteramente: me faltaba aún mucho que aprender y, más que nada, por desaprender".[97]

Ese sinuoso proceso de desaprendizaje fue lento. En 1957, en Nueva York, compartiendo la mesa con Paz y Bioy Casares, Garro le reprochó a su marido que siguiese pensando en la "buena voluntad" de Lenin y Trotski, creadores de los campos de reeducación en la URSS.[98] Y en ese camino, Paz tenía un precedente de cierta invisibilidad propicia para la libertad interior: los informes diplomáticos que escribió desde la Rue Longchamp para sus superiores en México. Con ellos calibramos que el convencimiento del poeta, guarecido discretamente como redactor, del fracaso de la experiencia soviética era mayor del que públicamente reconocía, viviendo como vivía en el atormentado mundo de los heterodoxos marxistas, siempre aterrados de dar el paso fatal hacia las tinieblas exteriores, el punto de no retorno.

Los informes políticos los firmaba el encargado de negocios (no duraban mucho en esos años los embajadores mexicanos en París) pero los escribía el segundo secretario de la embajada, que firmaba en el calce con sus iniciales: OP. Nuestro funcionario criticaba al PCF por considerar que su política obrera estaba diseñada para resguardar los intereses internacionales de la Unión Soviética (y sabotear el Plan Marshall) antes que por el bienestar de los trabajadores franceses. Ese punto de vista respondía a la idea trotskista (y tras el posterior cisma sino-soviético, por los maoístas, horrorizados ante la herética "coexistencia pacífica") de que los soviéticos alejaban a los comunistas franceses e italianos de la toma del poder, una vez que salieron de

---

[96] Paz, *Obras completas, VI. Ideas y costumbres. La letra y el cetro. Usos y símbolos, op. cit.*, p. 169.

[97] *Ibid.*, p. 57.

[98] Rosas Lopátegui, *Testimonios sobre Elena Garro, op. cit.*, p. 227.

los gobiernos emanados de la derrota de Hitler, a cambio de la paz (según Moscú) o de frustrar la revolución mundial (según la IV Internacional). "Una revolución comunista en Francia", informaba Paz a sus superiores en el invierno de 1947, "no tiene más desenlace que la guerra. Es claro que la Unión Soviética no desea por el momento ninguna de las dos cosas [la otra era una huelga general], si es que alguna vez han deseado sinceramente la revolución".[99]

A veces, Paz, como cronista del cisma entre el general De Gaulle (por quien el poeta sintió siempre no sólo admiración, sino debilidad) y los partidos que habían hecho la Resistencia contra los alemanes, iba más lejos. El formato, paradójicamente, le permitía mayor libertad que un hipotético artículo político que nadie le hubiera pedido al poeta poco conocido que ejercía de secretario de embajada. No es que Paz tratase de complacer el creciente anticomunismo del PRI en los inicios de la Guerra fría ni que fuese víctima inerme del antisovietismo, como supone, el comentarista de los informes. El antiestalinismo de la izquierda heterodoxa se iba convirtiendo (léanse las discusiones en *Partisan Review* en los Estados Unidos o repásese el caso Rousset) en una crítica más amplia del terror totalitario. Son los años del despertar, de la fama de Orwell, de la difusión del bochorno ante el "Dios que falló", como llamó Richard H. Crossmann a la antología en la que reunió a célebres desencantados del comunismo, como Gide, Arthur Koestler e Ignazio Silone. Vendrán *Los orígenes del totalitarismo*, de Arendt, de 1951, como *El hombre rebelde* y en esa perspectiva deben leerse los informes políticos de Paz: condena sin paliativos de las purgas estalinistas en Checoslovaquia, probatorias, según dice, de que el terror soviético no tolera diferencias ni exteriores ni interiores y considera anómala a toda democracia. El totalitarismo es la esencia misma de aquel régimen, concluye el informante, al combinar "la naturaleza mesiánica del pueblo eslavo" con la ideología expansiva del régimen bolchevique.[100]

Tiene el secretario Paz en su escritorio, se nota, a Serge y a Paul Valéry, el primero lo ilustra sobre la posguerra europea y sus finezas coyunturales, mientras que del segundo, sus *Miradas sobre el mundo actual* (1931) lo alejan de la "cárcel de conceptos" del marxismo, preparándolo para la escritura de *El laberinto de la soledad*, una meditación sobre el origen y la muerte de las civilizaciones. Pero más allá de cubrir puntualmente los avatares de la IV República Francesa sigue con particular interés la situación española y distingue a la perfección la naturaleza no totalitaria del aborrecido régimen de Franco, cuyo fin, profetiza, podría ser una monarquía constitucional con un presidente de gobierno socialista. Esa profecía cumplida, como es natural, le

---

[99] Froylán Enciso, *Andar fronteras. El servicio diplomático de Octavio Paz en Francia [1946-1951]*, Siglo XXI, México, 2008, pp. 196-197.

[100] *Ibid.*, p. 258.

causó al viejo Paz mucho orgullo y contó, en su discurso de Valencia de 1987, cómo le fue trasmitida por Indalecio Prieto, el "socialista a fuerza de liberal" que había sido ministro de la defensa nacional durante los meses agónicos de la República. Entusiasmado por ese hallazgo, Paz lo trasmitió como informe a sus superiores, quienes lo despacharon como un "curioso, pero superfluo ejercicio literario", según se quejó el poeta en *Pequeña crónica de grandes días*. Sheridan cree que el desdeñoso fue Torres Bodet, Enciso afirma que aquel informe no salió de la embajada en París.[101]

El 28 de octubre de 1982, cuando el Partido Socialista Obrero Español ganó su primera mayoría absoluta, Paz festejó la victoria como el mucha-cho republicano –durante la noche electoral estuvo, afortunado, en el Hotel Palace de Madrid con el filósofo Fernando Savater–[102] que fue en los años treinta. Y en un gesto inusual, hizo publicar días después y en México un desplegado donde él y Krauze, en nombre de la revista *Vuelta*, felicitaban a Felipe González, nuevo presidente del Gobierno, porque "el socialismo español", decían, es, ante todo, "una vocación moral y civilizada; y expresa la voluntad de convivencia de un pueblo que ha conquistado la democracia amparado en la tolerancia, la ética civil y el pluralismo".[103]

La restauración de la democracia española en 1977 y la caída del muro de Berlín en 1989 fueron las dos grandes alegrías políticas que el siglo le regaló, finalmente, a Paz. Pero volvamos a la embajada mexicana en París en 1947, donde no sólo se escribían informes políticos. Presentó, según los archivos de los consultados por Enciso, a Torres Bodet (ya director general de la UNESCO) con Henri Michaux (difícil encontrar dos escritores más dis-tintos sobre el planeta); platicó con Giuseppe Ungaretti en Italia, organizó en París, en mayo de 1952, la primera gran exposición de arte mexicano, donde destaca Tamayo y en cuyo catálogo concurren Breton y Jean Cassou; se presenta con Picasso, quien famosamente le confiesa no saber quién es Diego Rivera. Combina la curiosidad del poeta con las funciones de ese agregado cultural *in pectore* en el que se va convirtiendo: lleva a Gabriel Figueroa, quien estaba de paso por París con Huerta, a ver *Una canción de amor* (1950), mediometraje prohibido de Jean Genet sobre la homosexua-lidad, que escandalizó al gran fotógrafo cinematográfico mexicano. No se sabe si el poeta Huerta, con fama de homófobo, los acompañó. Según Laura Helena, decía Garro que Paz, más que sus invitados, era quien se había escandalizado.[104]

---

[101] Sheridan, *Poeta con paisaje, op. cit.*, p. 443; Enciso, *Andar fronteras, op. cit.*, pp. 81-85.

[102] CDM, conversación con Fernando Savater, Ciudad de México, 18 de abril de 2013.

[103] *Unomásuno*, ciudad de México, 30 de noviembre de 1982, p. 17.

[104] Gabriel Figueroa, *Memorias,* UNAM/DGE/EL Equilibrista, México, 2005, pp. 171-172; Paz Garro, *Memorias, op. cit.*, pp. 190-191; Efraín Huerta, "La hora de Octavio Paz" (1964) en *El otro Efraín. Antología Prosística*, edición y selección de Carlos Ulises Mata, FCE, 2014, p. 205.

Años antes que a Genet, Paz se había topado en París con otro maldito, Antonin Artaud, jubilado de la Sierra Tarahumara y de sus locuras de Dublín, en Le Bar Vert de la Rue Lacloche. De Artaud lamentará, mucho después, en una carta de 1976 a Rossi, verlo convertido en "un fetiche" sectario de fanáticos y resentidos, culpables de convertir horriblemente a un poeta en "un santón de odio".[105] Y también conocerá en esos tiempos a Roger Caillois, Joan Miró y al escéptico Émile Cioran a quien visitó en su buhardilla, cada vez que pasaba por Lutecia, hasta que la memoria se le borró al rumano. Muerto Cioran en 1995, Paz recordó lo sorprendente que fue para él, cuando se encontraron por primera vez, únicos extranjeros entre franceses, escucharlo decir, hacia 1947, que el existencialismo estaba prefigurado en dos españoles: Unamuno y Ortega.[106]

Durante los primeros dos años en la embajada, Paz tuvo una compañía importante, la del dramaturgo mexicano Usigli, quien lo había acicateado en Nueva York a cruzar el Atlántico y el amigo con que hará su extraordinaria visita en 1946 al taller de Picasso, que le pareció la cueva de un Alí Babá, el gran saqueador del arte moderno y en la cual, como se apuntó, el pintor malagueño se hará el desentendido cuando le pregunten por su colega y viejo conocido, Rivera. De los tiempos de Montparnasse, Picasso sólo quiso hablar de un pintor mexicano, su amigo Ángel Zárraga.[107]

Usigli, el segundo secretario de la embajada cuando Paz era el tercero, fue un excéntrico cuya afición al uso del bastón hacía que "las malas lenguas" dijesen que cada mañana "probaba con él la tibieza del agua de la tina". Los unía una privanza que desembocará poco después en *El laberinto de la soledad*: "Nuestra afinidad más honda no era estética sino moral: nuestro común horror ante la mentira mexicana, ya convertida en una segunda naturaleza y a la que Rodolfo desenmascaró en *El Gesticulador*". Paz quiso mucho a Usigli, con quien rompió por el apoyo que éste brindó al presidente Díaz Ordaz en 1968 y lo quiso, entre otras razones, porque el alcoholismo del dramaturgo, como el de Silvestre Revueltas en 1937, traía consigo al fantasma incurable de su padre: "Para el abandonado y el solitario el alcohol parece un puente mágico que lo une a los otros; en realidad, en lugar de comunicarnos con los demás, nos encierra más y más en nosotros mismos. El alcoholismo es un calabozo del que pocos salen con vida."[108]

---

[105] Carta de Octavio Paz a Alejandro Rossi, 5 de noviembre de 1976, Papeles de Alejandro Rossi, caja 25, carpeta 8, Biblioteca Firestone de la Universidad de Princeton.

[106] Paz, *Obras completas, II. Excursiones/Incursiones. Dominio extranjero. Fundación y disidencia. Dominio hispánico, op. cit.*, p. 567.

[107] Paz, *Obras completas, IV. Los privilegios de la vista. Arte moderno universal. Arte de México, op. cit.*, pp. 701-702.

[108] Paz, *Obras completas, III. Generaciones y semblanzas. Dominio mexicano. Sor Juana Inés de la Cruz o las trampas de la fe, op. cit.*, pp. 544-546.

ADOLFITO Y KOSTAS

En casa, el celebrado infierno se apagaba y se encendía. Los lectores serios de la correspondencia entre Garro y Bianco, a quien ella usa como alcahuete, presentan a una esposa aburrida, "neurasténica" pero en nada ajena a raptos de amor y alegría por su 'Bello tenebroso' transformado, durante la estancia del matrimonio en Venecia, en un "chico encantador". Pasan días felices –ellos, condenados a representar tantas veces una obra de Beckett– y descubren, según Garro, que "hacía años que no éramos jóvenes y Venecia nos hizo olvidar hasta que estábamos casados".[109]

Elena se aburría como esposa de diplomático en unas cartas a Bianco que contrastan con sus testimonios posteriores de haber sido ella la guía de Paz por el medio intelectual parisino. Es dudoso que hablase con Sartre, pero es evidente que comparte la opinión de Paz sobre el existencialista, quien a la hora del verdadero compromiso, que era con Rousset y no con la URSS, lo rehúye. No creía mucho, sin duda, en el futuro de su esposo como poeta pero festeja en 1950 que éste haya logrado al fin la amistad de Breton y los ve irse juntos rumbo a Pigalle.

El trastorno decisivo ocurrirá con la llegada a París en 1949 de su pasión argentina, otro escritor aun poco conocido, el elegido de Borges como su otro yo, Bioy Casares, quien aparece con su esposa Silvina Ocampo, recomendados con los Paz, por Bianco. "Un adivino nos predice a Bioy y a mí un gran amor... Este 17 de junio de 1949 es definitivo en mi vida: se acabó Octavio", anota Garro en sus papeles.[110] Una vez que Bioy regresa a Buenos Aires, le declara su amor pero ella nunca parece decidida a seguirlo ni el argentino a cambiar su reglamentada vida de galán amparado en un matrimonio de conveniencia para acogerla.

Laura Helena, quien consideraba al narrador argentino un hombre débil de carácter que acabó de arruinarle la vida a su madre, cierra sus *Memorias* con una escena de fantasía, en una fiesta de lujo organizada por el padre de Bioy Casares en un barco orillado en Nueva York, donde Adolfito y Elena tienen un encuentro final ante la mirada vigilante de Paz.[111] Ello debió ser en el invierno de 1956-1957, cuando Paz estuvo comisionado en la delegación mexicana en las Naciones Unidas.

Poco más de un mes después de que Garro escribiese esas líneas, Paz le cuenta a Alfonso Reyes su impresión de "Adolfito" Bioy Casares, de quien presume que nunca ha dejado de ser niño: "Tiene casi todas las cualidades

---

[109] Fragmento citado en Lucía Melgar y Gabriela Mora, *Elena Garro. Lectura múltiple de una personalidad compleja*, op. cit., p. 165n.

[110] Rosas Lopátegui, *Testimonios sobre Elena Garro*, op. cit., pp. 188-191.

[111] Paz Garro, *Memorias*, op. cit., pp. 431-439.

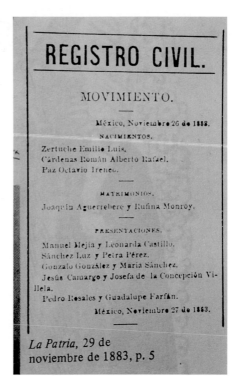

REGISTRO CIVIL.

MOVIMIENTO.

México, Noviembre 26 de 1883.

NACIMIENTOS.

Zertuche Emilio Luis.
Cárdenas Román Alberto Rafael.
Paz Octavio Ireneo.

MATRIMONIOS.

Joaquín Aguerrebere y Rufina Monroy.

PRESENTACIONES.

Manuel Mejía y Leonarda Castillo.
Sánchez Luz y Petra Pérez.
Gonzalo González y María Sánchez.
Jesús Camargo y Josefa de la Concepción Vi-
llela.
Pedro Rosales y Guadalupe Farfán.

México, Noviembre 27 de 1883.

La Patria, 29 de
noviembre de 1883, p. 5

1. Abuelo y patriarca, periodista y político: don Ireneo Paz (1836-1924).
2. Inscripción en el registro civil de Octavio Paz Solórzano, 1883.
3. Doña Josefina Lozano, la amada madre del poeta. Elena Garro y Laura Helena Paz
Garro, en cambio, la odiaban.
4. El padre atormentado y atormentador: el licenciado Octavio Paz Solórzano, en una
de las pocas fotografías que de él se conservan.

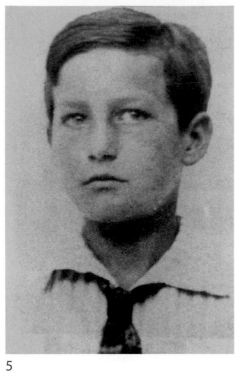

5

6

5. Octavio Paz niño, en Mixcoac, 1924.

6. El joven Octavio, entre la poesía pura y la poesía comprometida.

7

7. Elena Garro, belleza legendaria.

8. Primera excursión al México profundo: Chilapa, Guerrero, 1932.

9

10

9. Octavio Novaro, María Luisa Peñalosa, Elena Garro y Octavio Paz, de paseo en 1936.

10. Los Octavios y sus novias: María Luisa Peñalosa y Elena Garro.

11

12

11. En Madrid, septiembre de 1937, los jovencísimos Paz y Garro en compañía de Rafael Alberti, Emilio Prados, José Chávez Morado, José Moreno Villa, Silvestre Revueltas, José Mancisidor y Carlos Pellicer, entre otros.

12. Banquete durante la escala de los Paz en La Habana, el 20 de diciembre de 1937. De izquierda a derecha, el poeta cubano Juan Marinello, Octavio Paz, el político mexicano Narciso Bassols, Elena Garro, Carlos Pellicer, María Josefa Vidaurreta de Marinello, Susana Steel, Clementina de Bassols y el museógrafo mexicano Fernando Gamboa.

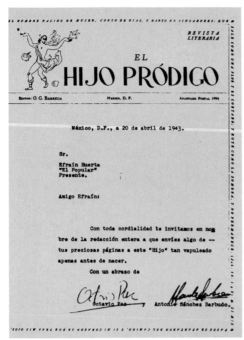

13

14

13. Paz y Sánchez Barbudo invitan a Efraín Huerta a participar, en abril de 1943, en *El hijo pródigo*.

14. Efraín Huerta, Elena Garro y Octavio Paz en un juzgado. Probablemente la fotografía sea del 30 de agosto de 1943, cuando Huerta se casó con Mireya Bravo y Paz fue testigo.

15

16

15. Ricardo Salazar, uno de los fotógrafos preferidos de Paz, en una serie tomada en El Parque Hundido de la Ciudad de México, cerca de Mixcoac.

16. Paz posa en París, finales de los años cuarenta.

17

18

17. El padre y la hija. Octavio y Laura Helena: una relación tormentosa. Ella murió el 30 de marzo de 2014, cuando todo México festejaba el centenario de Paz.

18. Bona Tibertelli de Pisis, algún tiempo tan amada por el poeta, con el patriarca del surrealismo, André Breton, en 1956.

19

20

19. La revista *Sur*, de Buenos Aires, publica en 1951 la traducción y el comentario que Paz hace de las denuncias de David Rousset sobre la existencia del GULAG. Aquí, la carátula de aquel número.

20. 1956: durante las temporadas teatrales de Poesía en Voz Alta, en la Ciudad de México. Rosenda Monteros, Leonora Carrington, María Luisa Elío, Octavio Paz y Tara Parra. Leonora, la pintora surrealista, a quien Paz mira encantado, fue su maestra y su maga.

21

21. Diez años después: Paz con Leonora y Marie José.

22

23

22. Paz por Ricardo Salazar, durante los años cincuenta.

23. Octavio Paz, el diplomático, despachando en su oficina de la SRE en El Caballito, fines de los años cincuenta.

24

25

24. 1962 en Estambul, camino de la India, en el ocaso de su relación con Bona, fotografiado por ella.

25. Septiembre 10 de 1962: Paz, embajador de México en la India.

26

27

26. Paz, artífice de la fama de Rufino Tamayo. Nueva Delhi, 1964.

27. El amigo de los pintores: Paz con Fernando de Szyzlo y Manuel Felguérez en la Universidad de Cornell, 1966.

28

29

28. Paz, Salvador Elizondo, José Luis Cuevas y Mathias Goeritz, años sesenta.
29. Bajo el tiro al blanco, el autor de *Blanco* (1967).

30

31

30. México, verano de 1967, Paz ingresa a El Colegio Nacional.

31. Kazuya Sakai, artífice artístico de *Plural*, y Paz, en una visita a la redacción de *Siempre!*, 1971.

que hacen encantadores a los niños: la curiosidad, la frescura, el don de lo maravilloso, la capacidad de asombro y la crueldad (intelectual, en su caso)."[112]

Algunas de las menciones de Bioy Casares en la obra posterior de Paz son incidentales: la admiración que él, Bioy y Borges sentían por Reyes (a quienes en privado el par de malévolos argentinos llamaban "el tontito") o la discrepancia política: el disgusto que a Paz le causó el apoyo de quienes ya eran "Biorges" a la invasión estadounidense de Santo Domingo en 1965 y antes, en París, en ese año, los argentinos a quienes se había sumado Victoria Ocampo, la dueña y jefa de *Sur,* argüían que el peronismo, que los perseguía, era una imitación criolla del fascismo italiano. Paz los desengañaba: justamente Perón y Evita les demostraban a los argentinos lo que no querían ver, lo latinoamericanos que eran.[113]

En 1967, en un ensayo sobre Fuentes que aparecerá recogido en *Corriente alterna*, Paz agrega una nota al pie sobre Bioy Casares, llamando "sin exageración perfectas" a dos novelas suyas, *La invención de Morel* y *El sueño de los héroes*, que "nuestra crítica las ha desdeñado o, lo que es peor, las ha leído mal y visto en ellas únicamente dos afortunadas variaciones de la literatura fantástica".[114] Nada mal para un hombre, Paz, que ha sido inverosímilmente tachado de rencoroso o de no saber distinguir a las personas de las obras.

Bioy Casares, con Borges, apareció en el primer número de la revista *Vuelta* en diciembre de 1976, y colaboró en ella, por su propia cuenta, en tres ocasiones más. Fue entusiasta ante el proyecto fallido de hacer *Vuelta Sudamericana* y en su primera visita a Buenos Aires, en 1985, al amparo de Bianco, Marie José y Octavio se reunieron afablemente con Bioy Casares y Silvina. "A la hora que tomamos el té con Bioy y Pepe Bianco, le hizo Silvina un retrato precioso a Marie José," recordará Paz en 1997.[115]

En 1951, el autor de *La invención de Morel*, pasó otra temporada en París, hasta el verano, en la cual el romance consumóse. Pareciera, según dice Lucía Melgar, que Bioy estaba convencido de que Paz "retendría siempre a Garro, por su hija, por comodidad o, tal vez, por amor".[116] Aun en 1953, Laura Helena –quien entonces ignoraba el amorío entre su madre y el argentino– reporta un intento de Garro por irse con Bioy a la Argentina: Paz accede

---

[112] Reyes/Paz, *Correspondencia (1939-1959), op. cit.*, p. 96.

[113] Paz, *Obras completas, VIII. Miscelánea. Primeros escritos y entrevistas, op. cit.*, p. 866.

[114] Paz, *Obras completas, III. Generaciones y semblanzas. Dominio mexicano. Sor Juana Inés de la Cruz o las trampas de la fe, op. cit.*, p. 487n.

[115] Sheridan, "Fragmentos telefónicos con Octavio Paz", *Proceso*, México, núm. 1099, 23 de noviembre de 1997, p. 4.

[116] Melgar/ Mora, *Elena Garro. Lectura múltiple de una personalidad compleja, op. cit.*, p. 170.

primero y luego se niega a dejarla ir.[117] De esa situación triangular saldrá, para ella, lo mismo una poderosa sublimación novelesca (*Testimonios sobre Mariana*, 1980) que su crisis física y emocional, que explota un año después en el Japón y se origina, quizá, en su amor imposible por el escritor argentino. Ella anota en agosto de 1951: "Octavio y Chata se fueron a Córcega. Yo estoy muy enferma. Los Bioy se van a la Argentina."[118]

Ese viaje a Córcega de padre e hija (donde quizá lo visitó la inspiración para empezar *El arco y la lira*), el primero y uno de los pocos que hicieron juntos, según Laura Helena, estuvo a punto de ser interrumpido por una llamada sobreactuada o histérica de Garro, desde París, quien dejó recado, con el conserje del hotel isleño, que estaba agonizando. Paz rehusó someterse a lo que rechazó como una farsa y de Córcega se dirigieron hasta Ginebra, a donde Paz asistió, aunque como invitado extraoficial, a los Encuentros Internacionales de Ginebra, gracias, quizá al círculo del Museo del Hombre que encabezaba Paul Rivet y donde se entrevistó con José Ortega y Gasset mientras su hija lidiaba con los hijos "misóginos" de Herrera Petere, el obediente camarada de *Hora de España*, que estaban en Ginebra.[119]

Aquella intimidad entre padre e hija terminó cuando los amigos griegos (Kostas Axelos y Kostas Papaioannou) fueran a recogerlos en auto. En Ginebra, cuenta Laura Helena, sufrió, mientras su padre le invitaba un helado frente al lago, una crisis de desdoblamiento, motivada por la angustia que le producía la misteriosa enfermedad de su madre. Paz la consoló diciéndole que a veces, en la vida, nos desdoblamos creyéndonos locos, y regresaron con los griegos a París, donde Laura Helena certificó "que mi madre no se había muerto" aunque emprendió en mal estado de salud el siguiente periplo, de peligro fatal, rumbo al Japón.[120]

Pese a esa crisis, la amistad entre Garro y Bioy continuará durante décadas, con consecuencias literarias y políticas diversas. Su correspondencia de veinte años dice que él promoverá, sin mucho éxito, el inédito talento de ella como novelista en el sur del continente mientras a Garro le va mal, también, como su agente literario en Francia. Lo que si logrará Garro, durante una grave crisis paranoide, es que los desaprensivos Bioy y Borges envíen un telegrama en octubre de 1968 en solidaridad con el gobierno represor del presidente mexicano Gustavo Díaz Ordaz, supuestamente agredido por una conjura comunista que tendría, también a Elena, entre sus supuestas víctimas.[121] En

---

[117] Paz Garro, *Memorias, op. cit.*, pp. 300-301.

[118] Rosas Lopátegui, *Testimonios sobre Elena Garro, op. cit.*., p. 193.

[119] Lafaye, *Octavio Paz en la deriva de la modernidad, op. cit.*, pp. 142-143; Paz Garro, *Memorias, op. cit.*, pp. 212-213.

[120] Paz Garro, *Memorias, op. cit.*, p. 213.

[121] Dora Luz Haw, "Apoya Borges en 68 a Díaz Ordaz", *Reforma*, Ciudad de México, 1 de abril de 2004.

una de sus escapatorias, Garro dice haberle enviado a Bioy desde México a Buenos Aires, en 1972, por vía aérea e indocumentados, a cuatro de sus gatos preferidos. Por fortuna, el escritor argentino hizo acuse de recibo: "Che Helena, he decidido quedarme yo con todos los gatitos."[122]

Laura Helena le reprocha a su padre la facilidad con que sus amantes entraban y salían por la Avenida Victor Hugo y da nombres –tras Carmen Figueroa, Estelita Lastre, Emilia Perrusquia, Monique Fong y después, ya en México, Maka Strauss– pero no le produce la misma molestia registrar que Ramón Araquistáin, alias Finki, el novio neoyorkino de Elena, también se alojó con los Paz, ni hacer el elogio de las visitas galantes de Bioy Casares, de quien eso sí, insiste, su madre nunca debió enamorarse.

"Cuando cumplas quince años la dejaré y viviremos juntos, tú eres muy ahorrativa e inteligente. Quiero que dirijas mi casa", le prometió Paz a su hija en el *Petit Gare*, un café al final de la Avenida Victor Hugo. Y parece que el padre no se demoró mucho en cumplir su promesa pues en 1958 la relación entre Paz y Garro concluyó, aunque quedasen algunos pendientes propios de la disolución de un matrimonio largo. Quizá animados por el buen invierno compartido en Nueva York entre 1956 y 1957, padre e hija intentaron repetirlo en París hacia 1960 con resultados desastrosos, según Laura Helena, quizá empeñada en desengañar a su padre en sus esperanzas, dada como era al derroche patológico del dinero. El idilio entre padre e hija, justificación que posponía el divorcio de sus padres, terminó con la adolescencia de Laura Helena. Quedaban muy atrás las cartas que Octavio le enviaba a su hija, internada en Gstaad, Suiza, hacia 1948, donde le contaba la novela donde un niño y una niña hacían un viaje subterráneo, en Yucatán, descubriendo un cenote sagrado.[123]

La visión de esos primeros años en París, que ofrece La Chata, puede ilustrarse en dos episodios contrastantes. Uno, según ella, fue un intento de suicidio de su madre, quien supuestamente abrió las llaves del gas y presionó a su hija para que "se durmiese" con pastillas. Debió ser aquello alrededor de la segunda partida de Bioy, cuando también según esas *Memorias*, su madre tuvo quizá un aborto. Por fortuna, uno de los porteros del departamento del segundo secretario en el distrito xvi que ocupaban los Paz y que Laura Helena pinta un tanto más elegante de lo que pudo ser, escenario donde se suceden las fiestas de disfraces, se dio cuenta a tiempo de las intenciones de Garro. Aquel intento de filicidio se lo perdona la hija a la madre y sigue su narración, anteponiendo el recuerdo de los esparcimientos familiares cuando, libres de compromisos, representaban obras de teatro en la sala del departamento: "No sé por qué mis padres casi siempre escogían *Les précieuses ridicules*. Mi madre y yo hacíamos de las *précieuses* y mi papá de algún marqués. Por

---

[122] Rosas Lopátegui, *Testimonios sobre Elena Garro*, *op. cit.*, pp. 356-357.

[123] Paz Garro, *Memorias*, *op. cit.*, p. 147.

supuesto que no nos sabíamos las obras de Molière de memoria, y muchas veces, tomábamos el libro y lo leíamos en voz alta, con diversas entonaciones que nos hacían reír. A los tres nos encantaban esos domingos."[124]

Separado de Garro, en 1959 y con motivo de una reseña de un libro de su querida amiga, la poeta peruana Blanca Varela (a quien años atrás, en un taxi parisino, el poeta le abría arrancado un beso), Paz hace una evocación lírica de su París en el medio siglo, cuyos tormentos y descubrimientos quedan consagrados en una edad de oro cuyo repertorio encabeza su esposa e incluye al poeta nicaragüense Martínez Rivas, los Tamayo, Péret, los Breton, Lambert (su primer traductor al francés) y su esposa Lena, entre otros amigos, encabezados por Papaioannou.

En medio de una reseña, injerta una oda casi cursi: "En una casa de la avenida Victor Hugo los hispanoamericanos soñaban en voz alta con sus volcanes, sus pueblos de adobe y cal y el gran sol, inmóvil sobre un muladar como un inmenso toro destripado. En invierno Kostas se sacaba del pecho todas las islas griegas, inventaba falansterios sobre rocas y colinas y a Nausica saliendo a nuestro encuentro. En esos días llegó Carlos Martínez Rivas con una guitarra y muchos poemas en los bolsillos. Más tarde llegó Rufino, con otra guitarra y con Olga como un planeta de jade. Elena, Sergio, Benjamín, Jacques, Gabrielle y Ricardo, André, Elisa, Jean-Clarence, Lena, Monique, Georges, Brigitte y ustedes, vistas, entrevistas, verdades corpóreas, sombras…"[125]

Paz tenía, según dijo el hombre de teatro e ingenioso escritor Hugo Hiriart, "el genio de la amistad" que le permitió conocer a muchos de los grandes creadores de su siglo.[126] Los admiró y supo ser admirado por ellos. Pero para él, la amistad era una especie del género filosófico, una complicidad entre iniciados muy distinta a la camaradería pura y llana, al trago de las confidencias o al relajo, todas ellas chispas saltantes de un abismo, el de la fiesta, al cual él se asomó en *El laberinto de la soledad* y ante el cual se imponía una reserva intransitable. Él no podía arrojarse a la boca del volcán donde desapareció su padre, como lo percibió Krauze con agudeza.[127]

Tuvo algunos amigos íntimos Octavio y el preferido fue Papaioannou o al menos así lo percibimos, más allá del ensayo, del poema o las menciones que le dedicó al griego, quienes en la última parte de su vida lo oímos hablar de él, con un sentimiento que no sonaba parecido a ningún otro, como le consta a Sánchez, el narrador mexicano que llegó a Paz encaminado por

---

[124] Paz Garro, *Memorias*, op. cit., p. 95.

[125] Paz, *Obras completas, II. Excursiones/Incursiones. Dominio universal. Fundación y disidencia. Dominio hispánico*, op. cit., p. 1129.

[126] CDM, "El filósofo de la calle del árbol", entrevista con Hugo Hiriart, *Letras Libres*, núm. 160, México, abril de 2012, p. 56.

[127] Krauze, *Octavio Paz el poeta y la revolución*, op. cit., p. 43.

Kostas y quien escuchó por primera vez la anécdota de que el griego y el mexicano se habían conocido tratando de seducir a la misma dama, en *Les Deux Magots*, hasta que ambos varones, olvidándose de ella, quedaron encantados filosóficamente uno del otro.[128] En una carta a Reyes, Paz le cuenta que tiene un amigo "griego y estudiante de filosofía", una "persona pobre" a la cual le agradaría conocer los libros de don Alfonso sobre el humanismo clásico para su tesis de doctorado. Reyes le mandó, generoso como era para esos franqueos, *La crítica en la edad ateniense* y *La antigua retórica*. No sé qué habrá pensado Kostas de aquellos libros. Tiempo después, festejándole a Reyes su traducción de la *Ilíada*, en alejandrinos, le anuncia que esa noche, la del 23 de noviembre de 1949, cenará con Kostas y lo hará recitarle a Homero. Más aún: con matasellos de Atenas y en camino hacia la India, en diciembre de 1951, Paz le envió a Reyes una postal del Templo de las Cariátides con unas líneas escritas en griego, que le habrá soplado un demiurgo: "Deméter-raíz está a mi lado", le pone. Iba bien provisto rumbo a su encomienda, con un ejemplar del *Bhágavad Gita* regalado por Kostas.[129]

Tras la riqueza política, erótica y literaria de ese intenso periodo en su vida que va de 1946 a 1951, la figura, discreta, de Papaioannou cobrará, con los años, una importancia decisiva, por la amistad filosófica capaz de unir a los desengañados del comunismo y por la amistad, a secas, que lo unió a ese exiliado griego nacido once años después que él y muerto, contó Paz, el 18 de noviembre de 1981: "Si un hombre ha merecido, entre los que he tratado, el nombre de amigo, en el sentido que daban los filósofos antiguos a esa palabra, ese hombre fue Kostas. Lo conocí en 1946 en un París con frío y sin automóviles, sin comida y con mercado negro. Desde entonces hasta el día de su muerte fuimos amigos. Jamás encontré en él una sombra de desinterés, egoísmo, envidia u otro sentimiento mezquino."[130]

Su deuda intelectual con Kostas, dijo Paz, era enorme e incluía no sólo al marxista que desde su tradición desmontó los sofismas tóxicos del comunismo. Kostas mismo, difusor del pensamiento de Kolakowski tuvo otros discípulos, como François Furet (el autor de *El pasado de una ilusión*, una de las síntesis más completas de la experiencia comunista y buen amigo de Paz), Alain Besançon, Jean-François Revel y Pierre Nora.[131] Y llevó a su amigo mexicano hacia los griegos, naturalmente y rumbo a Marlowe, el arte greco-budista, John Donne, Buster Keaton, el jazz o Montaigne. También, según Laura Helena, fue Kostas quien hizo meditar a Paz sobre el horror

---

[128] CDM, Conversación con Alberto Ruy Sánchez, ciudad de México, 4 de julio de 2013.

[129] Reyes/Paz, *Correspondencia (1939-1959), op. cit.*, p. 162; Paz, *Obras completas, VI. Ideas y costumbres. La letra y el cetro. Usos y símbolos, op. cit.*, p. 1063.

[130] Paz, *Obras completas, II. Excursiones/incursiones. Dominio extranjero. Fundación y disidencia. Dominio hispánico, op. cit.*, pp. 442-444.

[131] Perales Contreras, *Octavio Paz y su círculo intelectual, op. cit.*, pp. 179 y 519.

en el arte prehispánico, cuando el griego los acompañó a la exposición de arte mexicano de 1952 en París. Tal parece que Kostas salió espantado de la fealdad de los dioses aztecas, lo manifestó frente al curador Gamboa y que "mi papá, por única vez en su vida, se enojó con él".[132]

"Pero mi deuda intelectual", continúa Paz, "con ser grande, es poca cosa comparada con sus otros dones: la alegría, la lealtad, la rectitud, la claridad en el juicio, la benevolencia, la sonrisa y la risa, la camaradería y, en fin, esa mirada vivaz e irónica con que acogía cada mañana la salida del sol y que era su manera de decir *Sí* a la vida aun en los momentos peores".[133]

De la Ciudad de México a París, de la Segunda guerra mundial a la Guerra fría, pasando por San Francisco y Nueva York, Paz se había mudado del ombligo de la luna al nido del huevo del Fénix. Tras *El laberinto de la soledad* vendría *El arco y la lira* y poco después, *La estación violenta*, cuyo centro era, es y será *Piedra de sol*. Nacía, tras una larga espera, un gran poeta del siglo xx y el único en su lengua que fue a la vez un prosista indispensable y luminoso. Paz le cumplió a su joven maestro y a su mejor amigo: "Kostas, entre las cenizas heladas de Europa yo no encontré/ el huevo de la resurrección:/ encontré, al pie de la cruel Quimera empapada de sangre,/ tu risa de reconciliación."[134]

---

[132] Paz Garro, *Memorias, op. cit.,* pp. 172-174.

[133] Paz, *Obras completas, II. Excursiones/Incursiones. Dominio extranjero. Fundación y disidencia. Dominio hispánico, op. cit.,* p. 443.

[134] Paz, *Obras completas, VII. Obra poética, op. cit.,* p. 743.

CAPÍTULO 7

Interludio: el Mexicano
en su laberinto

El sol es tiempo;
el tiempo, sol de piedra;
la piedra, sangre.

Paz, "En Uxmal, I, La piedra de los días" (1950-1954)

FREUD, MOISÉS Y LOS MEXICANOS

"El estudio de Sigmund Freud sobre el monoteísmo judaico me impresionó mucho", dijo Octavio Paz al reflexionar, un cuarto de siglo después, en 1975, sobre el más famoso de sus libros en prosa, *El laberinto de la soledad*, publicado por primera vez en 1950, y quizá el único de los estudios consagrados a un carácter nacional que forma parte de las bibliotecas ideales propuestas, por lectores y críticos, al finalizar el siglo XX.[1]

Paz se refiere, naturalmente, a *Moisés y la religión monoteísta* (1939), otro libro famoso y aún más enigmático. Diríase que Freud, sabiéndose el viejo y sabio padre de un saber nuevo que había trastocado gravemente la noción del hombre, quiso poner un acertijo sobre la mesa. Dada la naturaleza del propio psicoanálisis, oscilante entre lo esotérico y lo terapéutico, Freud no ignoraba que su *Moisés* sería leído como una suerte de inesperada confesión –aunque el doctor odiase la palabra y el concepto de confesión.

Ese Moisés, un forajido que se fuga al frente de un oscuro pueblo extranjero, "fue asesinado en ocasión de un levantamiento popular, siendo abolida su doctrina", doctrina que no se extinguió del todo –le dice Freud a Lou Andreas– y que, protagonizando "el retorno de lo reprimido" regresó para configurar el monoteísmo judío.

Lo fascinante en el *Moisés*, comparándolo con *El laberinto de la soledad*, radica en una frase que he omitido adrede de la cita y donde Freud recalca, sorpresivamente, que su estudio se basaba "en una especie de novela

---

[1] Paz, *Obras completas, VIII. Miscelánea. Primeros escritos y entrevistas, op. cit.*, p. 704.

Ya escritas estas páginas sobre Paz y Freud llegó a mis manos un libro exhaustivo sobre el tema, de Rubén Gallo: *Freud's Mexico. Into the Wilds of Psycoanalysis, The MIT Press*, Cambridge/ London, 2010.

histórica". A Freud, tan preocupado por el carácter científico de su teoría, no sólo no le molestó la sustentación literaria del *Moisés* sino que ésta le entusiasmaba como linaje pues lo que le "da la fuerza a una religión no es su verdad *real*, sino su verdad *histórica*".[2]

Paz debe parte de su celebridad a haber contado en un ensayo cómo se creó la nación mexicana en un libro que se tiene como notabilísimo ejemplo del género. *El laberinto de la soledad* forma parte, además, de la interpretación de uno de los acontecimientos más discutidos y mejor conocidos de la historia: la conquista del imperio azteca, ocurrida hace menos de quinientos años por un puñado de soldados que se presentaban como enviados del emperador Carlos de España y de Alemania.

El laberinto de la soledad es la narración de cómo el indio despertó convertido en el más huérfano de los huérfanos, el hombre que perdió a todos sus dioses en unos meses y peor aún, los supo derrotados al grado de que nunca concibió su retorno: durante el virreinato fueron poquísimos, casi simbólicos, los rebeldes indios con ánimos de predicar la restauración de los antiguos dioses. Su primacía entre los libros hispanoamericanos de interrogación nacional se debe a que Paz llegó más lejos como escritor que la mayoría de sus predecesores; al dar una versión genética de la conquista, convirtió al origen de los mexicanos en el origen, por antonomasia, de ese nuevo Occidente que es América Latina. El libro gustaba porque cuenta, escrita por un poeta en la órbita del surrealismo y no por un cristiano, quienes habitualmente custodiaban esa *catolicidad*, una historia de reconciliación entre la otredad y Occidente. Era también un ensayo escrito por un "nacionalista mexicano", sin que en este momento de mi propio comentario importe detenerse en los equívocos y las implicaciones contenidas en llamar a alguien, actualmente, nacionalista.

En la adaptación española de *Los 1001 libros que hay que leer antes de morir* (2007), por ejemplo, aparece el siguiente resumen: "Podría parecer que un libro formado por nueve capítulos de ensayo sobre diferentes aspectos del carácter nacional mexicano es una elección extraña en una lista de novelas indispensables, pero *El laberinto de la soledad* señala un avance en la ficción en prosa. Es una novela de aprendizaje, analítica e intensamente poética, que muestra la formación no de un individuo, sino de la identidad nacional. [...] El libro describe a México en un momento crucial de realización propia, pero también es crítico con algunos aspectos de la identidad mexicana: el machismo, la hipocresía, la tosquedad y unos papeles sexuales inamovibles. En esta obra, Paz es en parte antropólogo y, en parte, semiólogo que interpreta los signos con los que se construye la cultura mexicana, desde los códigos en el vestir de las bandas de jóvenes mexicano-americanos descontentos,

---

[2] Richard H. Armstrong, *A Compulsion for Antiquity. Freud and the Ancient World*, Cornell University Press, Ithaca and London, 2005, p. 228.

hasta los rituales públicos del Día de los muertos. Pero también hace valer su profunda elocuencia de poeta y cada página del libro resuena de penetración instintiva, referencias y finura verbal".[3]

El resumen, con las inexactitudes propias del tipo de divulgación literaria que posee una entrada de ese tipo, nos dice mucho sobre cómo sobreviven los relatos de fundación al mutar en referencias bibliográficas y sintetiza la recepción internacional del libro de Paz. "La soledad del mexicano", calculo, aparece también como una metáfora autorizada del hombre del siglo XX pero no de cualquier hombre, sino de aquel que está situado, más o menos excluido y condenado, en la periferia y la vive como la negación de quien domina el mundo desde la metrópoli. Paz mismo, se nos advierte enseguida, tomó distancia de su país y escribió su ensayo en París entre 1948 y 1949.[4]

El autor de la entrada, advierte que "la soledad del mexicano" es religiosa, lo cual no es tan obvio tratándose de un libro escrito en una época que a ratos se avergüenza de su secularismo y de su desdén de lo sagrado, déficit que un poeta latinoamericano como Paz era un estupendo candidato a remediar. Esa expectativa la cumple con creces el Mexicano al realizarse en la Fiesta, comunión milenaria que se renueva en la Revolución que es, a la vez, lo archimoderno y el antídoto contra la modernidad.

El laberinto de la soledad se cuenta entre las obras que contribuyeron con mayor énfasis al culto literario de la Revolución, consecuencia que Paz, transformado a partir de 1951 en un crítico del marxismo-leninismo y su irradiación internacional, quizá lamentó. Finalmente, esa Revolución mexicana no fue cualquier revolución: sangrienta y fotogénica, produjo un régimen muy autoritario y famosamente corrupto pero que, excepcionalmente en la historia secular, fue ajeno al Terror ideológico, cualidad que no sólo Paz sino historiadores marxistas que sufrieron el nazismo y el estalinismo, le festejaron a la Revolución mexicana.[5] Y ello sin dejar de ser la mexicana, como toda revolución que se respete, una revolución traicionada.

La entrada de *Los 1001 libros que hay que leer antes de morir*, me es, también, en extremo útil en este abusivo ejercicio de sobreinterpretación. En ella se ataja de inmediato la sorpresa que podría sufrir el lector encontrándose con *El laberinto de la soledad* en una lista comentada de novelas indispensables. Se presenta al ensayo de Paz como una ficción en prosa y como una *bildungsroman* que narra la formación no de un individuo sino de

---

[3] Peter Boxall/José Carlos Mainer, *1001 libros que hay que leer antes de morir. Relatos e historias de todos los tiempos*, Grijalbo, 2007, p. 464.

[4] Ver la edición de Enrico Mario Santí, *El laberinto de la soledad* seguido de *Postdata* y de "Vuelta a *El laberinto de la soledad*", Cátedra, Madrid, 1993.

[5] Friedrich Katz, "Villa se aparece en mis sueños" en CDM, *Profetas del pasado. Quince voces sobre la historiografía sobre México*, ERA, México, 2011, p. 325.

la "identidad nacional". Es lógico que el articulista preserve la ambigüedad y no se sepa si aquello concierne solamente a la novela de los mexicanos o se refiere a una "identidad nacional" caricaturescamente universal. No sería la primera vez que un relato de origen concebido como la presentación de un enigma nacional o étnico resulte de lectura universal.

Todo relato de fundación es, siempre, la crónica de una travesía en el desierto, sea de los judíos tras haber asesinado a su padre, según Freud o la narrada por Paz, la del antiguo mexicano que sobrevive a la Conquista e hijo de una madre violada, y cura su orfandad de religión en el catolicismo. El modelo de modelos cuenta la elección del pueblo de Israel en el Antiguo testamento, lo cual da al *Moisés* freudiano aun mayor pertinencia. La *Eneida* le sigue de cerca como fuente de inspiración: Eneas sale de Troya cargando a sus penates y se toma la revancha más grandiosa al fundar Roma, algo más y algo menos que una tierra prometida.

Los mitos de fundación, al quedar expuestos a la crítica moderna, se convirtieron en panfletos que de manera voluntaria o imprudente abonaron en la cuota genocida del nacionalismo, o en obras literarias de diversa índole reducidas, como el *Moisés*, a la esfera de la especulación filosófica y del tráfico imaginario. El género, prueba de la mutabilidad del ensayo, se desplaza desde las dudas dieciochescas hasta la suficiencia historiográfica decimonó-nica. Un relato de este tipo también requiere, más que de la ficción, de un alto grado de verosimilitud. *El laberinto de la soledad*, como el *Moisés*, son narraciones verosímiles, debido a que se protegen parcialmente de la crítica histórica al confesar su carácter novelesco o ensayístico y porque al hacerlo, a su vez, establecen un poderoso correlato con la historia. La Conquista como violenta caída en la historia y la Revolución mexicana como horizonte de reconciliación, el virreinato como fuente de México antes que su negación y las Guerras de reforma como una suerte de extralógica Revolución francesa adquieren en el libro una densidad que torna tediosa a cierta historiografía convencional.

Al recurrir al mito, *El laberinto de la soledad,* como el *Moisés,* no renun-cia, al contrario, a la búsqueda y a la constitución de esa "verdad histórica", que no irreal, que le interesaba a Freud como solución al origen de los judíos. El psicoanálisis, decía Karl Popper, es una metafísica y toda metafísica sostiene muchas cosas que son ciertas. Se puede parafrasear a Popper: los libros de interrogación nacional son metahistóricos (o intrahistóricos, como diría Miguel de Unamuno) pero no por ello falsos. De los gestos que Paz atribuye a los mexicanos en su libro no pocos siguen siendo ciertos, es decir, son cosas notorias en la vida cotidiana porque son a la vez verdad poética y verdad histórica en el sentido freudiano de la expresión.

Libros anímicos y respuestas temperamentales. A Freud lo acicateó la virulencia del antisemitismo; a Paz, el imperio casi absoluto que el régimen de la Revolución mexicana ejercía en el medio siglo, régimen con el cual el poeta estaba ligado por una especiosa combinación de devoción hacia su propio padre, el abogado zapatista Paz Solórzano, y una amargura decepcionada quizá similar a la sentida por Freud ante el pueblo judío.

Paz nunca dejó de ser "un hombre de la Revolución mexicana" atormentado por sus promesas incumplidas y por la manera en que ésta regateaba la llegada plena de la modernidad que quizá falazmente había prometido. Todopoderoso, el Estado de la Revolución fue para Paz un asunto de familia. Ese Estado aparecía ligado, ante él, a dos cosas sucesivas pero contradictorias: a la legitimidad liberal decimonónica del abuelo Ireneo y al zapatismo de su padre. Paz pertenecía a la Revolución mexicana como Freud al judaísmo: por un imborrable nexo de sangre, por una vívida empatía intelectual y por una asumida solidaridad histórica.

Freud creía que su librito sobre Moisés era una fábula poética o una novela histórica que, al iluminar el autoconocimiento de un pueblo, ayudaría a la resolución del problema judío. Las primeras líneas del *Moisés* son en extremo severas. Freud se arroga el derecho de "quitarle a un pueblo el hombre a quien honra como el grande de sus hijos", tarea que no puede emprenderse con gusto o a la ligera aunque deba enfrentarse a "presuntos intereses nacionales" que impidan el camino de la verdad. A nadie le quedó claro cómo cumpliría el *Moisés* su misión curativa, y de hecho, una de las características misteriosas del moderno relato de fundación está en que a sus autores les ilusiona, en mayor o menor grado, contribuir a la sanación de sus pueblos.

El laberinto de la soledad fue escrito en esa misma clave terapéutica: el ejercicio del moralismo nunca es inocuo y la recurrencia a la ficción, a la fábula y al novelón, es proverbial pues enseña a vivir la vida. Estableciendo su relación con Freud, así se lo dice Paz a Claude Fell en 1975: "Hablé antes de moral; ahora debo agregar otra palabra: *terapéutica*. La crítica moral es autorrevelación de lo que escondemos y, como lo enseña Freud, curación... relativa."[6]

Ese "psicoanálisis" al que Paz sometió a la historia mexicana fue, en su proporción, tan escandaloso como el intentado por Freud con el *Moisés:* le dio a la "inteligencia mexicana" a la cual estaba dirigido *El laberinto de la soledad,* una versión a la vez mítica y pedagógica de su pasado, una explicación del trauma de su origen, el verdadero relato de fundación. Oscilante entre el indigenismo y la mestizofilia, el Mexicano construido por el nacionalismo oficial pasó a ser visto no sólo como la víctima de un trauma nacional y como el protagonista de una tragedia ontológica, sino como un neurótico capaz de sanar a través de la modernidad, interpretación que se abrió paso de manera tan subrepticia como veloz. La soledad era para los mexicanos lo que el monoteísmo para los judíos.

---

[6] Paz, *Obras completas, VIII. Miscelánea. Primeros escritos y entrevistas, op.cit.,* p. 704.

La vida del Mexicano, es decir, la historia del personaje que lo encarna en *El laberinto de la soledad* es una "novela" que nunca se había escrito. Por eso es un clásico. Como lo ilustró Roger Bartra en *La jaula de la melancolía* (1987), el camino literario y conceptual que culminó en el Mexicano de Paz involucró con antelación a toda una falange de poetas, historiadores, juristas y antropólogos interesados en la constitución del carácter nacional. Algunos atributos o estereotipos ya estaban allí como la melancolía casi idiota del indio, el recelo barroco del mestizo, el complejo de inferioridad y la catarsis colectiva que el solitario encuentra en la comunión.

El propio Paz pensó, antes que en redactar un ensayo, en escribir una novela sobre "lo mexicano" según se lo contó a Julián Ríos en 1973 y asumió, al fin, que "esa novela es *El laberinto de la soledad*". Aun antes, en los años treinta, había visto, en la autobiografía novelada de Vasconcelos, en el *Ulises criollo* (1935), una novela de la "fabulación mítica de México".[7] Pero una "ficción libre o desatada" donde aparece un nuevo "héroe literario", tal cual lo vio el marxista Bolívar Echeverría, no llegó sino con Paz.

El Mexicano en su laberinto, solitario y quizá, algún día, contemporáneo de todos los hombres tras probarse en la Fiesta y en esa fiesta de fiestas que fue la Revolución mexicana, es un personaje que Paz "inventó", no sólo en la misma medida en que Freud inventó a su Moisés sino como Balzac creó a Vautrin o Pérez Galdós al doctor Centeno.

En ninguna de las páginas de *El laberinto de la soledad* aparece el *Moisés* pero es improbable que Paz, durante la redacción del libro, no se acordara de Freud. De esos "olvidos", si es que eso son y no influencias que por ser demasiado obvias desaparecen, está llena la historia de las ideas y su escritura. Paz, prevenido ante la "imitación extralógica" denunciada por el sociólogo francés Gabriel Tarde (a quien sí cita) no quería pasar como siervo de una teoría como lo había sido su antecesor Samuel Ramos, en *El perfil del hombre y la cultura en México* (1934), con el complejo de inferioridad de Adler.

El instinto de muerte es el eje sobre el que gravita *El laberinto de la soledad*, en un grado que ha permitido a lectores atentos como Thomas Mermall, recalcar la extrema fidelidad de Paz al espíritu de Freud en *El malestar en la cultura* (1930).[8] Vivir en el tiempo histórico, piensa Paz, implica existir bajo la represión y de ésta sólo se escapa con la abolición de la historia. Esa edad de oro –el punto donde se encontraron el psicoanálisis y el marxismo– estaba colocada, según Paz, en el principio y no en el final de la historia. Y corresponde al "principio del placer" freudiano que en Paz,

---

[7] Paz, *Obras completas, VIII. Miscelánea. Primeros escritos y entrevistas, op. cit.*, pp. 240 y 1443.

[8] Thomas Mermall, "Octavio Paz y el sicoanálisis de la historia", *Cuadernos Americanos*, año 27, 1, México, enero-febrero de 1968, pp. 98-114. Aparece también en Paz, *El laberinto de la soledad*, edición conmemorativa, recopilación y prólogo de E. M. Santí, FCE, México, 2000.

dice Mermall, se asocia a lo prenatal y a lo mítico. Siendo imposible ese regreso al reposo y la nada, la carta a jugar por un poeta como Paz, ajeno al nihilismo y sólo razonablemente pesimista, era el erotismo, el impulso vital.

La tensión dualista entre vida y muerte que Freud falla a favor de Tanatos, es corregida por Paz –con otros utopistas de su tiempo como Norman O. Brown y Herbert Marcuse– con un motivo dialéctico. Ante la imposibilidad de realizarse plenamente, el Mexicano en su laberinto (como el hombre en la historia misma) padece de esa malsana relación entre el padre y el hijo, el dominador y el dominado, que a lo largo de *El laberinto de la soledad* se expresa en la oposición entre el español y el indio, el violador y la chingada. Al pretender mermar la creciente infelicidad que se atribuye al hombre como víctima del Progreso y rehén de la historia tal cual la concibe Occidente, la utopía se aloja naturalmente en el seno inhóspito del pesimismo científico de Freud. Sólo años después, Paz leerá con entusiasmo *Eros y tanatos* (1959), de Brown, autor (hijo de un minero irlandés, nació, por cierto, en El Oro, Estado de México) con el cual pagará la cuota debida a los desarrollos anticapitalistas del freudismo y que le ayudará a hacer una brillante transición entre el surrealismo bretoniano y la contracultura de los años sesenta, manteniendo su confianza lírica en los poderes libertarios de Eros.

No fue Paz, debo aclararlo, un poeta especialmente interesado en el psicoanálisis en general ni el freudismo en particular. Paz no se psicoanalizó (aunque Rubén Gallo lo imagina en el diván de Freud pues hubo quien le quiso ofrecer asilo en México al padre del psicoanálisis)[9] y curiosamente, en una carta del 10 de enero de 1975 a Segovia, el poeta mexicano ofrece una pequeña explicación sobre la resistencia de los intelectuales al psicoanálisis, uno de los "tres dogmas vivos de Occidente", asienta, junto al catolicismo y al marxismo. El dogma de Freud, le dice Paz a Segovia, "es demasiado crítico para nuestros intelectuales –empieza como una exploración del subconsciente pero debe terminar con un examen de conciencia (que es lo que más odian ellos)".[10]

El médico moravo aparece casi siempre citado en pareja por Paz: Freud y Frazer en los primeros escritos, Freud y Breton debatiendo en *El arco y la lira*, Freud acompañado por Heidegger o por Einstein y, sobre todo, tutelarmente, Freud y Marx, a veces como el ying y el yang, en otras ocasiones como los dioses gemelos del panteón moderno. En los años ochenta, tras *Sor Juana Inés de la Cruz o las trampas de la fe* (1981), Paz relee a Freud en un ejercicio de mayor distancia histórica: Freud como moralista en compañía de Montaigne, Stendhal, Ortega, Dostoievski... Subrayada queda la relectura de Freud como parte de un asunto que a Paz le preocupaba mucho: la relación, en el poeta, de la manía y de la melancolía, tal como la consideraba la cautela

---

[9] Gallo, *Freud in Mexico, op.cit.* p. 326.

[10] Paz, *Cartas a Tomás Segovia (1957-1985), op. cit.*, pp. 173-174.

de Freud ante el misterio de la obra de arte. "Los poetas", le confesó Paz a Santí, con cierto alivio en 1989, "no son neuróticos, o son neuróticos que van más allá de la neurosis".[11]

Aquellos que Paul Ricoeur llamó los "maestros de la sospecha": Marx, Freud, Nietzsche, también son para Paz, los directores de conciencia de su época y personajes esenciales para él, como el marques de Sade, están mirados a través de Freud (aunque Paz no lo hubiese admitido). Pero Paz no escribió un ensayo propio sobre Freud, como si lo hizo otro poeta mexicano, Jaime García Terrés (*Los infiernos del pensamiento*, 1967). En *La llama doble* (1994), Paz concluye su trato con Freud con un homenaje breve del hombre que supo unir la experiencia del médico con la imaginación del poeta, "hombre de ciencia y poeta trágico".[12]

Viajes de arqueólogo que encuentra en las ruinas el retrato del presente, el *Moisés*, como *El laberinto de la soledad* son relatos de una enorme eficacia, que pueden ser corregidos una y otra vez y preservan su posición en el espacio porque el problema de la verdad, al cual tientan, les es, relativistas como son, ajenos. Su forma, a su vez, es desconcertante, lo cual es propio del ensayo moderno: James Strachey, editor de la Standard Edition de Freud, se siente obligado a prevenir al lector del *Moisés* por "cierta heterodoxia, y aun excentricidad, en su construcción".[13] De igual forma los reseñistas destacan la singularidad de *El laberinto de la soledad,* "una novela" que en realidad es un ensayo de nueve capítulos y un apéndice. Los enigmas nacionales, por serlo, no se pueden resolver y los libros que los relatan siempre conservan las propiedades del acertijo.

El Mexicano, como Moisés, es un hijo abandonado, un sospechoso de ilegitimidad que ignora su origen con la naturaleza de una misión que sólo se le revela con las tablas de la ley de la Revolución mexicana. Como Moisés cuando le advierte al ángel que le falta oratoria para cumplir la misión divina, el Mexicano es un impotente elegido por su impotencia y Paz le da la oportunidad de salvarse de la doble servidumbre, prehispánica y colonial, a la que se cree condenado. En *El laberinto de la soledad* no hay árboles antiquísimos, grutas y harpas, como en *Las obras de Ossian* (1785) de James Macpherson, la falsificación aceptada como relato de fundación de los celtas. Los bardos pseudo-homéricos con sus coros y fantasmas han sido sustituidos, en este relato de fundación del siglo xx, por una materia histórica que ha asombrado, como casi ninguna otra, a los modernos: la conquista de México, narrada desde los indicios nefastos que asustan a Moctezuma II y

---

[11] Paz, *Obras completas, VIII. Miscelánea. Primeros escritos y entrevistas, op. cit.*, p. 1216.

[12] Paz, *Obras completas, VII. Ideas y costumbres. La letra y el cetro. Usos y símbolos, op. cit.,* p. 881.

[13] James Strachey, "Nota introductoria" a Sigmund Freud, *Moisés y la religión monoteísta. Esquema del psicoanálisis y otras obras* [1937–1939] en *Obras completas*, XXIII, Amorrortu, Buenos Aires, 1996, p. 4.

le advierten del pavoroso fin de un ciclo alimentado por el sacrificio humano hasta la memoria de las mudas escenas que retratan el bautismo colectivo de miles de indios, pasando por el retrato de Cortés, héroe o antihéroe.

El profeta Moisés bien podría ser una ficción novelesca de Freud deducida a partir de fragmentos bíblicos y de muchísimas opiniones profesorales, como Macpherson dedujo a Ossian y valdría en tanto expresión de cómo el ateísmo decimonónico se vuelve extranjero en el siglo xx. Y si un cataclismo acabase con todas las bibliotecas y borrara de la memoria de las computadoras todas las versiones del Antiguo testamento, con el libro de Freud podría reconstruirse el relato bíblico de Moisés, aunque fuese con una inexactitud similar a la memoria fabricada que conservamos de la religión de los mayas o de los escitas. De igual forma, con un ejemplar de *El laberinto de la soledad* podría reconstruirse una versión legible de la historia de México a través de las aventuras del ser metahistórico y fantástico que es el Mexicano.

DE FANON A REYES

Otra manera de abordar por comparación *El laberinto de la soledad* es contrastándolo con *Los condenados de la tierra* (1961), del psiquiatra martiniqués Frantz Fanon, que puede leerse como un relato de fundación que tuvo una colosal y directa influencia política, a diferencia del *Moisés*, cuya lectura política requiere de paciencia o de ociosidad. Fanon es, "seguramente el heredero de Freud más problemático",[14] según Edward Said, su simpatizante, estableciendo el nexo de manera un tanto ambigua entre uno y otro en el examen de los no europeos por los europeos.

Los condenados de la tierra son también una "novela" y en ella también hay un personaje central, el colonizado y su hipóstasis, "el intelectual colonizado" que, en las antípodas del Mexicano de Paz, carece por completo de historia. Uno y otro personaje de Fanon, en sus diversos grados de conciencia (o de concientización) han sido moldeados por el colonialismo, al grado de que la "liberación nacional" no implica, en este relato de fundación, la vuelta a ningún origen.

Fanon es incapaz de apelar a alguna tradición histórica, real o mitológica, política o religiosa, a la que sus colonizados puedan recurrir. Para ellos no hay nada que reconquistar: ningún pasado nativo o indígena idealizado, ni se diga el cristianismo o el Islam. Si acaso el velo de la mujer argelina le parece a Fanon meritorio de una defensa política, como símbolo nacional y escudo contra la violación, tanto la física como la cultural. Pero el pasado

---

[14] Edward W. Said, *Freud y los no europeos*, traducción de Olivia de Miguel, Global Rythum, Barcelona, 2006, p. 41.

de las nuevas naciones es una prehistoria, "una repetición sin historia de una conciencia inmóvil".[15]

El poder que *El laberinto de la soledad* le otorga al mito, la explicación de una orfandad, en *Los condenados de la tierra,* es un horror primitivo que debe ser abolido, desenraizado. El contraste es enorme. Fanon rechaza a la otra Francia, la mitologizante en la que Paz se sentía tan cómodo, aquella en que Marcel Mauss, George Bataille, el Colegio de Sociología y, finalmente, Lévi-Strauss, buscaban el arte de la combinación entre la magia y la ciencia. Esa Francia fue también la del surrealismo, a la que Paz se adhirió en la posguerra, de la que Sartre y sus amigos se burlaban: culparon a Breton, él mismo coleccionista de arte primitivo, de enriquecer a la oferta turística francesa con los retazos de la asociación libre, los *collages* de Max Ernst y las máscaras africanas convenientemente catalogadas.

Para salir de su soledad –para decirlo pazianamente–, el colonizado no sólo debe dejar atrás el mundo mágico de la familia, la aldea y la comunidad, debe volver a su tierra nativa, una vez conquistado el poder político, para destruir, con la conciencia nacional recién conquistada, que en Fanon es una suerte de catarsis energética, ese universo tradicional de esclavitud y fanatismo. Es ajeno al elogio de la identidad tradicional que han ido desarrollando, en un par de siglos, los nacionalistas.

En el centro del laberinto dibujado por Fanon, cuyo horror por las muestras más modestas de "lo occidental" son chistosas en su censura de la pornografía, las novelas policiacas, el alcohol y las maquinitas tragamonedas, está, ya se sospechará, en ese fracaso narrativo que es para él el intelectual colonizado. Los intelectuales que viven bajo el colonialismo empiezan con el pie izquierdo, cuando su educación sentimental los impele, con fatal avidez, a nutrirse en la falsa "perspectiva universal" de la cultura europea. Como el paciente argelino que sale de la consulta del médico colonizador, en la narración de Fanon, sus intelectuales padecen del miedo a hacer de su cuerpo un campo de batalla entre la homeopatía tradicional y la alopatía occidental.

El intelectual colonizado que Fanon retrata vive, como lo diría Paz, en un laberinto de la soledad. El martiniqués que se la jugó por la Revolución argelina, no ofrece paliativos nacionalistas ni consuelos folclóricos que valgan. ¡Qué desgraciadamente universalista era, cómo lo sabía y como lo sufría! La cultura propia es y será un erial porque forma parte, en el mejor de los casos, de una historia prestada o impuesta, la occidental, ante la cual las llamadas culturas nacionales, limitadas a lo particular, jamás lograrán competir con lo universal. Es inútil que el intelectual colonizado intente lograr "la más extrema complicidad" con Rabelais, Diderot, Shakespeare, Poe.[16]

[15] Frantz Fanon, *Los condenados de la tierra,* prólogo de Jean-Paul Sartre y traducción de Julieta Campos, FCE, México, 1964, p. 125.

[16] *Ibid.,* pp. 199-200.

Comparar *El laberinto de la soledad,* con *Los condenados de la tierra* es abusivo, tan sólo por las diferencias biográficas que separan a Fanon de Paz, un rebelde muerto precozmente en 1961 antes de cumplir los cuarenta años y un poeta desaparecido en la vejez, habiendo alcanzado la plenitud de sus poderes. Pero comparten, como autores, un género –el moderno relato de fundación, panfletario y psicoanalítico– y un tiempo en el cual, como lo dice Paz al referirse a los filósofos de lo mexicano del grupo Hiperión, se impone "una larga reflexión sobre algo más vasto: la enajenación histórica de los pueblos dependientes y, en general, del hombre".[17]

Las diferencias entre ambos libros son, a su vez, las que separan a México, heredero del catolicismo español, tanto de Argelia, parte de la antigua Berbería invadida por los musulmanes y de Las Antillas, que con la excepción de ciudades como La Habana y Santo Domingo, significaron poco, cultural o religiosamente, para los europeos que las poblaron con colonos y las despoblaron con la esclavitud. Por la prosa de combate de Fanon no aparece el fantasma de fray Bartolomé de Las Casas y la idea, tan querida de los criollos, de concebir al Mar Caribe como el mediterráneo americano, debió parecerle fantástica al psiquiatra de La Martinica como generalmente les parece, remotísima y desagradable Hispanoamerica, a los escritores antillanos de lengua inglesa y francesa. Los dos Premios Nobel antillanos del fin del siglo xx, Derek Walcott y V. S. Naipaul han tenido la oportunidad de actualizar ese desprecio.

La comparación me importa porque ilumina por contraste la historicidad imperante en *El laberinto de la soledad*, la posición de Paz no frente a los nacionalistas con los que habitualmente se le agrupa sino junto a un universalista de otra estirpe, como Fanon. Por su antihistoricismo, es ejemplar la manera en que Fanon se desmarca no sólo de los identidades perdidas, sean raciales o étnicas, sino de toda apelación a la historia como forma de conocimiento.

El recuerdo del imperio azteca, se lee en una de las pocas referencias históricas que aparecen en *Los condenados de la tierra*, "no cambia en gran cosa el régimen alimenticio del campesino mexicano de hoy". Esa pasión arqueológica debe tolerarse, sugiere Fanon, como resultado de la rabia medio loca del intelectual por mantener el contacto con "la savia más antigua de su pueblo".[18]

Paz habló de Fanon, con simpatía, en 1976 y expuso la paradoja, originada en la "imitación extralógica" de Tarde, a la que conduciría aplicar sus ideas anticolonialistas a México. Paz se refiere a Fanon a propósito del fracaso de las modernizaciones y al hablar de la persona más diferente al

---

[17] Paz, *Obras completas, V. El peregrino en su patria. Historia y política de México, op. cit.,* p. 208.

[18] Fanon, *Los condenados de la tierra, op.cit.,* p. 191.

martiniqués que pudiera concebirse, Daniel Cosío Villegas, el historiador liberal mexicano.

"Un revolucionario del siglo xx, Frantz Fanon", dice Paz, "ha descrito la misma situación en uno de sus mejores libros: *Peau noire, masques blancs* (1952). Fanon explica la imitación extralógica dentro del contexto del colonialismo. Sus ideas no son enteramente aplicables al caso de México porque las sociedades que estudia son muy distintas a la nuestra. Ni los pueblos negros ni menos aún las naciones islámicas de África del norte son entidades mestizas; quiero decir: en México el proceso de 'aculturación' es ya tan avanzado que es irreversible. El islam está vivo en Argelia y Marruecos mientras que Huitzilopochtli y Tonantzin, para la mayoría de los mexicanos, son meros nombres".[19]

"Lo característico del caso mexicano", advierte Paz, "no es que las supervivencias precolombinas se presenten enmascaradas sino que es imposible separar la máscara del rostro: se han fundido. La vuelta a la 'cultura nacional' que pedía Fanon como primer paso de los pueblos coloniales para recobrar la conciencia de sí mismos, en México significaría, más que regresar a Tenochtitlán, volver a Nueva España".[20]

Es mejor que las antiguas civilizaciones pesen poco porque la ventaja del "condenado de la tierra" es nacer sin el peso muerto de la historia, había supuesto Fanon con una visión que no puede ser más contraria a la manera con que Paz (y antes que él una amplia escuela española e iberoamericana) entienden la historia universal. Sobre el terreno, cuando sea embajador de México en la India conocerá a los novatos emisarios de los países recién independizados, a los que juzga muy mal entre todos los diplomáticos en Nueva Delhi, a la vez, como viejo mexicano, es decir, antiguo europeo: "Te confiaré un secreto (a voces) reaccionario", le cuenta por carta a García Terrés el 17 de octubre de 1962, "los peores –los más pedantes, suntuosos y latosos– son los representantes de los nuevos países de África y Asia. Su ignorancia no es inferior a su vanidad".[21]

Paz le platica al poeta García Terrés no sólo el fastuoso tren de vida de quienes abrían nuevas embajadas en nombre de "los condenados de la tierra" sino que "el Alto Comisionado de Tangañika se sorprendió cuando le dije que México era independiente desde 1821 y se rió en mis narices cuando me oyó afirmar que la Universidad tenía cerca de 70 000 estudiantes: le pareció que le estaba tomando el pelo".[22] Tras comentar que aquellos diplomáticos culpaban sólo al imperialismo europeo de que sus pueblos estuviesen en la

---

[19] Paz, *Obras completas, V. El peregrino en su patria. Historia y política de México, op. cit.*, p. 444.

[20] *Idem.*, pp. 444-445.

[21] Octavio Paz/Jaime García Terrés, *Correspondencia*, FCE, México, 2014 (en proceso de edición).

[22] *Idem.*

Edad de piedra, Paz concluye diciendo que la más grave falta colonialista es "haber engendrado demagogos del tipo de Sukarno y compañía".[23]

Pero volvamos a Fanon y a los publicistas identitarios que en México lo leyeron o estuvieron expuestos a su influencia (tanto Guillermo Bonfil Batalla, con *México profundo. Una civilización negada* de 1987 o el subcomandante Marcos, cuya irrupción tanto perturbó a Paz en 1994), aparecen siempre atribulados por el peso, no propiamente muerto, de la historia. Lo que pesa es, precisamente, la sustancia de *El laberinto de la soledad*: el mundo precolombino y su subsistencia indígena, que contradicen el concepto fanoniano del Occidente como la otredad absoluta, una maldición casi extraterrestre que ocupa el mundo vacío del condenado. Sí, como lo vio Paz, vaya que el imperio azteca tiene que ver con la alimentación de los campesinos mexicanos. La historia entendida como el encuentro violentísimo y al final erótico, generatriz, entre lo español y lo indígena, es el principal alimento espiritual cuyo consumo puede nutrir a un solitario como el Mexicano.

En Paz el poeta siempre duda entre el instante poético y la historia con sus cuentas largas, entre la soledad y la comunión, disyuntiva manifiesta desde sus primeros ensayos. Por ello, en *El laberinto de la soledad*, el intelectual, a diferencia del Mexicano, o del colonizado, no parece ser un solitario, si se lee el capítulo VII, dedicado a la "Inteligencia" mexicana. Vasconcelos y Cuesta, sobre todo, son para Paz los escritores que dieron esa batalla mental para encontrar, más allá de la falsa o verdadera sumisión colonial, a México.

Vasconcelos mismo fue el primero, al reseñar *El laberinto de la soledad* tan pronto apareció, en sorprenderse al encontrar, en la "excelente prosa" de un poeta que formaba parte de "la juventud revolucionaria", una visión de México ajena al jacobinismo anticlerical y al aparatoso indigenismo de los ideólogos de la Revolución mexicana.[24] No era muy común, en esos años, cuando Vasconcelos vegetaba, desterrado, en el limbo de la extrema derecha, nacional católica y filonazi, reconocerlo, como lo hacía Paz en su avatar anterior como secretario de Educación Pública que había sido, entre 1921 y 1924, en el régimen del general Obregón.

Debe decirse, para empezar, que Paz tenía "una conciencia muy viva de la autenticidad y originalidad de nuestra revolución",[25] tal cual se dice en *El laberinto de la soledad*. Creía en la originalidad histórica de la Revolución mexicana, y, a pesar de los pesares, es probable que haya muerto creyendo en ella como un acontecimiento excepcional en un siglo identificado, como ningún otro, con las revoluciones. A mí, en una de nuestras últimas conversaciones, Paz me dijo apesadumbrado, que acaso en la Revolución mexicana,

---

[23] *Idem.*

[24] José Vasconcelos, "Octavio Paz y *El laberinto de la soledad*", en Paz, *El laberinto de la soledad, II*, edición conmemorativa, recopilación y prólogo de E. M. Santí, FCE, México, 2000, pp. 11-12.

[25] Paz, *Obras completas, V. El peregrino en su patria. Historia y política de México, op. cit.*, p. 193.

"en la que tanto creí",[26] había un error fatal o un fracaso. Pero compartía esa creencia casi ontológica en la magnificencia de la Revolución mexicana, no sólo con Vasconcelos sino otros escritores del país, desde los Contemporáneos (Cuesta, Torres Bodet) hasta con un marxista (Revueltas), pasando por el novelista jacobino Martín Luis Guzmán o por Daniel Cosío Villegas.

El laberinto de la soledad se presenta, así, como un relato de fundación que interroga la naturaleza de un suceso excepcional y no puede omitir la narración de las desventuras de Vasconcelos, un profeta extraviado, en principio, por su propia originalidad. "Las ideas de Vasconcelos", dice Paz, "no tenían parentesco con el casticismo y tradicionalismo de los conservadores mexicanos, pues para él, como para los fundadores de América, el continente se presentaba como futuro y novedad".[27]

Tarde o temprano Paz llegará a entender las tradiciones nacionales, la española, la francesa, pero, sobre todo, la mexicana a la manera de una página donde Ortega y Gasset da el ejemplo de Francia –el país más histórico. Se me ocurre que Ortega y Paz, en su encuentro en Ginebra en 1951 cuando el filósofo finalizó sus conversaciones con una orden: "aprenda alemán y póngase a pensar. Olvide lo demás", corren en líneas paralelas, como lo apuntaré enseguida. Aquel encuentro con Ortega, contará Paz, empezó con emoción y rabia, pues al comenzar su conferencia, "algunos provincianos profesores franceses y suizos se burlaban de su acento al hablar el francés". Por fortuna, fue Merleau-Ponty quien sirvió de escudero de Ortega. Al día siguiente, Paz lo encontró en el bar del Hôtel du Rhône donde hablaron, por ejemplo, de las "mujeres argentinas (más cerca de Juno que de Palas)" y lamentó en su recuerdo de 1980, que Ortega no haya usado "el tono familiar" y ante unos whiskies, reprobó a los incorregibles hispanoamericanos, que como Paz, vivían en París y escribían poemas: "la literatura ha muerto, es una tienda cerrada, aunque todavía no se enteren en París". No le sorprendió que Ortega supiera "poco de México y ese poco le parecía bastante"; en cambio, "dijo algo que habría estremecido a Plotino: pensar es una erección y yo todavía pienso".[28]

Francia es profunda, decía Ortega, porque es, a la vez, la nación más católica y la más anticlerical, la más republicana y la más laica, etc. De ello se desprende que la misma de Francia prohíbe la postulación de una sola Francia profunda.[29] De esa forma binaria, dual, ecléctica, Paz concilió el destino de México en la universalidad de la tradición española y católica,

---

[26] CDM, *Diario*, 24 de abril de 1997.

[27] Paz, *Obras completas, V. El peregrino en su patria. Historia y política de México, op. cit.*, p. 191.

[28] Paz, *Obras completas, II. Excursiones/Incursiones. Fundación y disidencia, op. cit.*, pp. 1061-1063.

[29] José Ortega y Gasset, *Obras completas, II. Cuaderno de bitácora, La profundidad de Francia*, Taurus, Madrid, 1983, p. 697.

salida imposible para un maniqueo como Fanon pese a lo feliz que se sentía escribiendo en francés.

Romántico trasnochado o surrealista *à la page*, por más que Paz creyese en la sacralidad poética de la violencia revolucionaria, en su naturaleza de fiesta, el resultado de esa violencia excepcional es integrador, una catarsis que, a diferencia de la fanoniana, acaba por unir al Mexicano con la tradición pues la guerra de 1910 recuperó aquella filiación de la cual el liberalismo del siglo XIX nos había alejado.

Pese a la diferencia enfática, ideológica, entre el ortodoxo que invoca a la defensora de la fe y el heterodoxo que buscará recobrar a la España renacentista, Vasconcelos y Paz están más cerca, en el momento de *El laberinto de la soledad*, de lo que parecen. No sólo coinciden en considerar al liberalismo decimonónico juarista como una "imitación extralógica" que alejó a México de sus raíces, sino, a la hora de tocar el tema de lo europeo y de lo no europeo, se alínean en el mismo lado. De Cuesta, su maestro directo, lo separa la estrechez de su clasicismo, que sólo es francés, como del que abominaba hipócritamente Fanon.

Cuesta, según Paz, desdeña la historia, olvida que Francia también es producto de la historia. Un Fanon invertirá el razonamiento de Cuesta: si el Occidente francés no lo es todo, entonces que sea el depósito de la nada. El crítico mexicano asumía, en 1932, que debe aceptarse entera esa gran tradición y asumirse como una universalidad que torna chabacano, accidental, todo particularismo, toda "cultura nacional" mientras que, como lo siente Fanon, ese mismo universalismo deberá negarse por completo, desenraizarse radicalmente. Cuesta, el afrancesado, compartiría con Fanon, el francófono, una impotencia parecida ante el dominio, bosquejado con cierta crudeza, del racionalismo europeo.

Entre Vasconcelos y Cuesta (y con éste, Ramos, el patito feo de la historia intelectual mexicana), en *El laberinto de la soledad* se prefiere el camino medio de Reyes o la elegancia con la que el polígrafo evade la elección suicida entre el ser y el no ser europeos. Empero, Paz consideraba extralógica, también, a la lengua española, la de Góngora, Quevedo, Cervantes y san Juan. Después de ellos "escribir, equivale a deshacer el español y a recrearlo para que se vuelva mexicano, sin dejar de ser español. Nuestra fidelidad al lenguaje, en suma, implica fidelidad a nuestro pueblo y fidelidad a una tradición que no es nuestra totalmente sino por un acto de violencia intelectual".[30]

No sé si Paz, en la segunda mitad de su vida, hubiera suscrito el plural en el que él se incluye en 1950 como víctima de un acto de violencia intelectual –la imposición de la lengua española a partir de la caída de México-Tenochtitlán

---

[30] Paz, *Obras completas, V. El peregrino en su patria. Historia política de México, op. cit.*, p. 202.

en 1521, lo cual, como agravio metodológico parece más propio del país colonizado que imagina Fanon que de la tricentenaria Nueva España cuyo elogio final hará Paz en *Sor Juana Inés de la Cruz o las trampas de la fe*, en 1981. ¿Qué lengua, además, no fue impuesta a sus hablantes, tras el colapso de Babel, mediante un acto de violencia intelectual? ¿A quiénes les fue impuesto el español? ¿A los primeros escritores mestizos que escribían en náhuatl y en latín? ¿A los escasos indios castellanizados durante el siglo XVI? Fanon, por otro lado, pese a la vacilante reivindicación del idioma criollo en *Piel negra, máscaras blancas*, no oculta su legítimo orgullo de compartir, con Sartre o con su admirado Michel Leiris, la lengua francesa.

En el reencuentro de México con la historia universal y con la tradición hispánica, la Guerra civil española ocupa una posición magnética, como lo acaba por revelar el capítulo VII de *El laberinto de la soledad*. Aquel bautismo de Paz en el siglo, como lo hemos visto, lo inicia en la fraternidad lo mismo que en la presencia inquietante de los otros, los enemigos reales e imaginarios de la causa.

Ese deslumbramiento se convierte, para Paz, en un círculo virtuoso, con el gesto del general Lázaro Cárdenas de asilar, a partir de 1939, a los intelectuales derrotados. Al recibir a los republicanos, México, entendido como el pueblo que protagoniza *El laberinto de la soledad*, se reintegra a la historia universal porque interviene, nada menos, que en España. Al abrir de par en par las puertas de su propia revista, *Taller*, a la redacción entera de *Hora de España* en 1938, a sus jóvenes derrotados y desterrados, Paz reproduce, como ya lo hemos visto, el gesto y lo eterniza, con un acto de una puntual belleza moral. Gracias a Reyes, a Cosío Villegas, que abre las puertas y al filósofo español Gaos, "el maestro de la joven 'inteligencia'" que las cruza seguido de los profesores y los poetas, la tradición letrada que separó a la nueva de la vieja España se torna, acaso por vez primera, en una sola.

Aquello que, según Paz, caracteriza a la "expansión y apogeo" del catolicismo en la Nueva España, su coincidencia en el tiempo con la decadencia cristiana en Europa, queda reparado, paradójicamente, por el éxodo republicano que, en México, apareció como una suerte de renacimiento. Esa idea apocalíptica, un tanto loca, aparece en un exiliado español y poeta en lengua francesa, Juan Larrea, autor de algunos libros olvidados, que como *Rendición del espíritu* (1943), influyeron en Paz. Más allá de los resultados propiamente literarios o de la atmósfera política que los hace posibles, la guerra en la península le ofrece, a *El laberinto de la soledad*, un desenlace histórico feliz.

Paz, en el medio siglo, aparece como un optimista. De manera directa la Revolución mexicana, de forma indirecta la guerra civil española, habían sido cataclismos históricos que alejaban a México de las abstracciones inánimes, llámense catolicismo o liberalismo y han obligado a sus intelectuales a establecer un compromiso o forma que sea expresión de "nuestros quereres particulares y de nuestros anhelos universales".[31]

El conflicto entre "la insuficiencia de nuestra tradición y nuestra exigencia de universalidad" no puede ni debe solucionarse y no toca a la "intelligentsia" presentarse como portadora de un proyecto salvador. Frente a la posibilidad de una filosofía mexicana, tal cual la planteaban Ramos y Leopoldo Zea, historiador del positivismo decimonónico, Paz vuelve a la figura ejemplar y aun muy novedosa del neurótico: "Los conflictos examinados en el curso de este ensayo habían permanecido hasta hace poco ocultos, recubiertos por formas e ideas extrañas, que si habían servido para justificarnos, también nos impidieron manifestarnos y manifestar la índole de nuestra querella interior. Nuestra situación era semejante a la del neurótico", una *creatura* para la cual la moral, como las ideas abstractas, "no tienen más función práctica que la defensa de su intimidad". Al exponer a la luz del día sus conflictos, el neurótico podrá resolverlos. Algo parecido nos ocurre a los mexicanos, concluye Paz.[32]

La neurosis del mexicano se cura, no tan milagrosamente, con una suerte de terapia intelectual muy distinta a la catarsis violenta que el psiquiatra Fanon ofrecía al penetrar en "la patología de atmósfera" que imanta a todo el mundo de los colonizados y describe la misión de los intelectuales militantes como un recorrido destinado a evacuar a su pueblo de la oscuridad de la caverna. En esa patología van incluidas, no sólo la deshonra del argelino por la violación de su mujer o el dolor del sobreviviente de una masacre colonialista, sino los remordimientos del torturador. Por desgracia, Fanon olvida decir que los primeros campeones contra la tortura fueron un par de franceses: primero Montaigne y luego Voltaire.

Esa melancolía colonial, dice Fanon, fue diagnosticada por los psiquiatras franceses, con un rosario de características psicopáticas, desde la tendencia homicida de los colonizados hasta su predisposición para accidentarse, pasando por sus reacciones pitiáticas, su escasa emotividad o la puerilidad sin curiosidad infantil que los caracteriza. Un doctor afirma que el africano es un europeo lobotomizado, diagnóstico compartido hipotéticamente por Fanon porque la identidad es una construcción del explotador. No hay curación propiamente dicha sino una batalla mental que devendrá, guiada por la violencia, en el hombre nuevo.

En las "novelas" de Paz y de Fanon toca al intelectual sacar al Mexicano, al colonizado, fuera del laberinto y alejarlo de esa zona en tinieblas donde reinan, encumbradas en una cultura nacional, la neurosis y otras patologías de la mente. Para Paz ese peregrinar es una sanación gradual que, nutriéndose de una tradición literaria común y esencialmente curativa, desemboca en la

---

[31] *Ibid.,* p. 205.

[32] *Idem.*

verdadera modernidad a la que pueden aspirar los "colonizados": el tiempo a compartir, en una ciudad bañada por el mediodía, por todos los hombres.

Fanon lo ve, lo sufre, al revés: el colonizado debe destruir la caverna donde estuvo cautivo, pues ésta es una cárcel dominada por la falsa conciencia. No es que Paz ignore la enajenación y la incertidumbre del Mexicano o del colonizado, adolescentes asombrados por su ignorancia de quiénes son, de dónde vienen y de cuál será su valor. Ante las tribulaciones de ese personaje, más psicológico que histórico, que es el Mexicano representado en *El laberinto de la soledad*, Paz, optimista, propone, como cura, a la madurez, entendida como el compromiso de asumir universalmente "el malestar de la cultura".

Los años de la inmediata posguerra, cuando redactó *El laberinto de la soledad*, fueron aquellos cuando Paz escoge a Breton contra Sartre aunque comparta mucho de "la patología de atmósfera" del sartreanismo, aquella contra la que se rebeló Camus con su mediodía mediterráneo y quien se hubiera opuesto sin duda a la violencia pregonada por Fanon, exactamente el "método" terrorista que lo separó de la liberación argelina.

Hijo a disgusto de la Revolución mexicana, Paz estaba, cuando apareció en 1959 la segunda edición de *El laberinto de la soledad*, quizá más cerca de Fanon que de Camus. Descreía de la revolución tal cual la profesaban los marxistas-leninistas de todas las obediencias, pero ansiaba la revuelta universal y al fracasar su remedo lírico, durante el 68, Paz descubrió la democracia y mucho más tarde se reencontró con el viejo liberalismo. Pero antes, en aquella posguerra parisina, encontraba que Europa, como se lamentaban por igual existencialistas y surrealistas, era un "almacén de ideas hechas" y "vive ahora como nosotros: al día. En un sentido estricto, el mundo moderno no tiene ya ideas. Por tal razón el mexicano se sitúa ante su realidad como todos los hombres modernos: a solas. En esta desnudez encontrará su verdadera universalidad..."[33]

Eso de que el mundo "robotizado" ya no tenía, estrictamente, ideas, porque se habían apagado, apenas, los entusiasmos ideológicos que pasmaron a Paz en su juventud, en los años treinta, es el lamento recurrente del desengañado, cuyo estilo se repite cada vez que a una generación le toca lamentar sus ilusiones perdidas. Pero esa orfandad, sumada a la que sufría el Mexicano y cuya morfología se expone en *El laberinto de la soledad*, le permite a Paz dar un paso adelante y dar por muerta y enterrada a la joven filosofía de lo mexicano. Obsoleta la "mera adaptación del pensamiento europeo" (la imitación extralógica), "la mexicanidad será una máscara que, al caer, dejará ver por fin al hombre".[34]

---

[33] *Ibid.*, pp. 208-209.

[34] *Ibid,* p. 209.

Esa orfandad compartida por millones es un acontecimiento nuevo en la historia, dado que, dice Paz corrigiendo a Valéry, lo que hunde a los hombres, en 1950, en la melancolía no es detenerse ante los cementerios de las viejas civilizaciones sino la posibilidad de que al hundirse la civilización occidental se hunda el hombre porque el mundo plural de las culturas "ha sido substituido por la presencia de una sola civilización y un solo futuro".[35] Ese miedo a la universalidad, esa "globalifobia" como diríamos hoy, es la que Paz vence y aquella que paralizó a Fanon.

Y esa angustia ante una "sola civilización y un solo futuro" que había sido la esencia del ensayo en España y en América Latina en un siglo y medio, acababa por ser, siempre, una meditación sobre el ser nacional, inclusive cuando se propone darle la espalda y negarlo. Nos proponemos curarnos de esa enfermedad y la cura se convierte en una nueva patología.

En una carta del 23 de noviembre de 1949, que acompañaba el envío de *El laberinto de la soledad*, Paz le decía a Reyes, el protector y el confidente que sustituía a los precozmente desaparecidos Cuesta y Villaurrutia: " el tema de México –así, impuesto por decreto de cualquier imbécil convertido en oráculo de la 'circunstancia' y el 'compromiso'– empieza a cargarme. Y si yo mismo incurrí en un libro fue para liberarme de esa enfermedad –que sería grotesca si no fuera peligrosa y escondiera un deseo de nivelarlo todo–".[36]

La "mexicanosofía" imperante en el periodismo y en la academia, de la que sólo se daría cuenta cabal al regresar en septiembre de 1953 a la Ciudad de México le mostraría ese "país borracho de sí mismo (en una guerra o en una revolución)" que "puede ser un país sano, plétorico de su substancia o en busca de ella. Pero esa obsesión en la paz revela un nacionalismo torcido, que desemboca en agresión si se es fuerte y en narcisismo y masoquismo si se es miserable, como ocurre con nosotros".[37]

Paz esperaba, y a largo plazo lo logró, que *El laberinto de la soledad* fuese lo contrario, le decía a Reyes, de los trabajos de "una inteligencia enamorada de sus particularismos" para la cual éstos ni son "obstáculos o como materia prima para sus más altas y libres creaciones", sino, solamente, ídolos. Concluye Paz su carta a Reyes: "Temo que para algunos ser mexicano consiste en algo tan exclusivo que nos niega la posibilidad de ser hombres, a secas. Y recuerdo que ser francés, español o chino sólo son maneras históricas de ser algo que rebasa lo francés, lo español o lo chino".[38]

---

[35] *Ibid,* p. 209.

[36] Reyes/ Paz, *Correspondencia (1939–1959), op. cit.*, p. 119.

[37] *Idem.*

[38] *Idem.*

LA INTERROGACIÓN NACIONAL

El largo naufragio de los imperios ibéricos llenó las bibliotecas de los ensayos y los novelones de la interrogación nacional, al grado que puede decirse, con Gaos, que, lo que antes se llamaba "psicología de los pueblos", es el género filosófico por naturaleza de los hispano-americanos. Uno se puede pasar muchos meses o años leyéndolo: es una espesa bibliografía cuyo origen puede ser fechado en 1845, con el *Facundo* y extenderse hasta bien entrado el siglo pasado, teniendo su esplendor hacia 1950, cuando aparece *El laberinto de la soledad*.

Una "desapacible atmósfera de hospital", como dijo Ortega y Gasset, invadió nuestro mundo hispano–americano a principios del siglo xx, urgencia que exigía el diagnóstico de males diversos y obligaba a recetar regeneraciones del más diverso calado, destacando, en España, las de Ángel Ganivet y las de Unamuno. Años antes de la pérdida de Cuba que asociaría al 98 español con el desastre, los portugueses, habitualmente más lúcidos que sus vecinos, ya se habían servido de la *saudade* para hurgar en la herida de la pérdida de su imperio y del extravío de su ser, tal cual se anuncia en la *Sobre la causa de la decadencia de los pueblos peninsulares* (1871), una conferencia del poeta Antero de Quental.

Parafraseando a George Santayana cuando habla, a propósito de Lucrecio, de la muerte del paganismo, digamos que en la cabecera de la España que se creía agonizar en 1898 y de la América Latina que empezó a sentirse mal, muy mal, había muchos doctores. Allá, la convalescencia se prolongó un par de décadas después de la guerra civil y la polémica, en el exilio, entre Américo Castro y Claudio Sánchez Albornoz (*España: un enigma histórico*, 1957) fue, más que un duelo historiográfico, el esfuerzo de dos grandes médicos, de escuelas rivales, por encontrar, para curarlo, el origen del mal. Acá, los latinoamericanos ignoraban si los aquejaban los dolores de la adolescencia o los de la vejez prematura. Se recetaba, como ante la calamidad sufrida por Madame Bovary, Ciencia, como decía monsieur Homais, o Religión, como lo sostenía su rival, el abate Bournisien.

No todos son ensayos buenos y algunos son malísimos, hay obras inspiradas que trascienden el género y otras que demuestran, como le escribía Paz a Reyes tras el parto de *El laberinto de la soledad* que no hay nada peor que un país ahíto de sí mismo, borracho de particularismo: se exige *africanizar, españolizar, mexicanizar.* Si la interrogación nacional fue una geografía imaginaria en español, cabe recorrerla releyendo a Pedro Henríquez Ureña, otro de los fundadores del género, con *Seis ensayos en busca de nuestra expresión* (1928) y pasar por lo abrupto, lo desértico, lo anfractuoso, lo infértil, lo selvático. Hay ciudad y campo, hay costa y hay cordillera, y cada sitio se expresa a través del artículo periodístico de combate, la palabrería hueca, el tono oratorio, la monografía académica, la charla filosófica y la conferencia académica, el manifiesto político, la ideología lanzada al vacío como granada, el poema didáctico y el poema a secas, la novela de tesis pero, sobre todo, a través el ensayo que incluye y a veces purifica todo lo demás.

El lector, al frecuentar el género, se topará con la América mala y la América buena junto a la otra España, con el casticismo, el criollismo, la mestizofilia, el indigenismo, la urgencia de mandarlo todo al diablo y ser reconocidos como europeos, pero unos europeos paradójicamente más europeos, pues nos ha costado el doble serlo, tal lo sugiere la "tradición de la herejía" propuesta, también en los años treinta, por Cuesta.

El género, además, fue espiritista, decadente, bergsoniano, católico, freudiano, marxista, fenomenológico, existencialista y hasta posestructuralista. Generalmente se predicaba pero no siempre y entre los augures y los charlatanes, sobresalieron escritores de primer orden, que, a veces y a pesar de sí mismos, hicieron libros maravillosos con intenciones canallas y al revés. Elogios del mestizaje, de la eugenesia o de la raza, dedicados al mundo indígena, a la España prehistórica y reconquistada, a todos y cada uno de los países americanos, a la ecumene ibérica entera, a estos libros los atraviesa un hilo conductor que sólo se encuentra tal cual leyendo obras viejas de los alemanes y de los rusos.

Ese hilo se deja ver cuando un imperio naufraga o queda a la intemperie la idea imperial que lo amparó y cuando una nación mal parida cree permanecer más de lo debido en una adolescencia desastrosa, temerosa de no alcanzar, en el horizonte, a la madurez. Los ensayos de interrogación nacional, transformados a veces en relatos de origen, no son solamente libros sobre las costumbres nacionales o los avatares históricos de éste o aquel pueblo: su esencia es la postulación de una herida ontológica, de un alumbramiento traumático o el diagnóstico de una enfermedad hereditaria que coloca a una nación (a veces con Estado, a veces sin él, hablando una lengua u aprendiendo, de malas, otra) en una situación límite de desarraigo. Ese desarraigo siempre se produce en relación con un punto geográfico que es y no es una convención: Occidente, que para los alemanes fue Francia; para los españoles lo que estaba más allá de los Pirineos; para los rusos del xix, Alemania que soñaba y deprimía al dormilón Oblómov; para las colonias africanas y hasta para la China republicana, la metrópoli. Para los latinoamericanos, Occidente primero fue ese imperio español en el que veían una madrastra y luego los Estados Unidos, que se convirtieron en un Occidente absoluto, recargado.

Yo creo que en el principio fue Unamuno. Con *En torno al casticismo*, ensayos publicados por el de Bilbao en 1895 y como libro en 1902, no en balde fueron traducidos al francés como *L´essence de l´Espagne*. Expresaban una conciencia del "nimbo colectivo" donde yace, actuante y dinámica, la "subconciencia" del pueblo que el filósofo no quería regalarle a los tradicionalistas. El temperamento paradójico y agonístico de Unamuno lo llevó más lejos y profundizó, poco después, en una profesión de fe anti europeísta donde, tras confesarse, revisa su doctrina previa y le da otra solución al problema:

"Vuelvo a mí mismo al cabo de los años, después de haber peregrinado por diversos campos de la moderna cultura europea y me pregunto a solas con mi conciencia: '¿Soy europeo? ¿Soy moderno' Y mi conciencia me responde: 'No, no eres europeo, eso que se llama ser europeo; no; no eres moderno, eso que se llama ser moderno'. Y vuelvo a preguntarme: 'Y eso de sentirte ni europeo ni moderno, ¿arranca acaso de tu ser español? ¿Somos los españoles, en el fondo, irreductibles a la europeización y a la modernización? Y en caso de serlo, ¿no tenemos salvación? ¿No hay otra vida que la vida moderna y europea? ¿No hay otra cultura o como quiera llamársela?'"[39]

Unamuno urge, patético, a que Europa misma se aleje de los caminos de la ciencia pues el viejo continente debería no sólo "españolizarse" sino "africanizarse a la antigua" pues africanos fueron, dice, Tertuliano y San Agustín. El filósofo se ha resentido del dicho que acusa a los españoles (o que acusaba, más bien, a Unamuno) de "rellenar con retórica los vacíos de la lógica" y responde con lo que, pareciendo sólo una salida de tono y una reducción al absurdo, es la materia misma, loca, de su doctrina: "Condenados como estamos a la España negra, si africanos nos consideran, africanos seremos entonces", parece que nos dijera Unamuno, variando con sorna, la frase, a tantos atribuida, de que "África comienza en los Pirineos".

El laberinto de la soledad fue la respuesta a cómo ser o cómo no ser europeo y moderno tal cual Paz se lo preguntó, como se lo habían preguntado todos quienes se preguntaron por el verdadero enigma, que es el enigma de Occidente. Y su respuesta sólo terminará de plasmarse en *Postdata* (1969), tras los acontecimientos de 1968 y si se me apura, creo que la respuesta completa, final, sólo llegará con *Sor Juana Inés de la Cruz o las trampas de la fe*.

Pero Paz se pone en posición, desde 1950, de responder a la interrogante de Unamuno. Toma de él la idea de que la "tradición eterna" ha de buscarse vivificando el pasado, tomándose a la historia como un examen de conciencia. Ese distanciamiento queda opacado por el entusiasmo que a Paz le produce la Revolución mexicana. La enorme diferencia *intrahistórica*, para decirlo en términos de Unamuno, entre la amargura socarrona del español en 1905 y la ansiedad optimista de Paz, cincuenta años después, está basada casi íntegramente en ese mito positivo y regenerador como no lo tuvo, por mucho rato, ningún país iberoamericano.

Tras la pérdida de Cuba en 1898, Unamuno predicaba su "africanización" con las manos vacías: ningún remedio ni paliativo podía ofrecer España que

---

[39] Miguel de Unamuno, *Ensayos, I*, prólogo y notas de Miguel de Candamo, Madrid, 1951, p. 902.

no fueran los consuelos espirituales de otra filosofía de la religión. En cambio, a Paz, como a todos aquellos que creían en las revoluciones, le parecía posible la curación del enfermo. La historia, además, se cura con historia: la Revolución sobrecargaba a México de sí mismo y no es extraño que haya sido un poeta republicano español, José Moreno Villa, uno de los primeros en destacar la dinámica presencia del pasado en el presente.

Vivida como una revelación solar, esa "súbita inmersión de México en su propio ser", la Revolución mexicana tuvo en *El laberinto de la soledad* su gran justificación mito-poética. Dijo Paz en un párrafo similar al de Moreno Villa en su *Cornucopia de México* (1940): "Villa cabalga todavía en el norte, en canciones y corridos; Zapata muere en cada feria popular; Madero se asoma a los balcones agitando la bandera nacional; Carranza y Obregón viajan aún en aquellos trenes revolucionarios, en un ir y venir por todo el país, alborotando los gallineros femeninos y arrancando a los jóvenes de la casa paterna. Todos los siguen: ¿adónde? Nadie lo sabe. Es la Revolución, la palabra mágica, la palabra que va a cambiarlo todo y que nos va a dar una alegría inmensa y una muerte rápida. Por la Revolución, el pueblo mexicano se adentra en sí mismo, en su pasado y en su substancia, para extraer de su intimidad, de su entraña, su filiación".[40]

Pese al enorme esfuerzo de interpretación de la Conquista, la Independencia y la Reforma, todo está concebido para situarlas como los prolegómenos de esa Revolución casi astronómica, la de 1910. Pese a todo soy europeo y moderno, parece responderle Paz a Unamuno, con una convicción que acaso el viejo vasco extrañó al morir, en 1936, rodeado de los demonios que él había convocado. "Somos, por primera vez en nuestra historia, contemporáneos de todos los hombres", dirá, a manera de respuesta a los agónicos y a los *africanos*, la frase más célebre de *El laberinto de la soledad*.

Las deudas de Paz con Unamuno son, también, filológicas. Unamunescas hasta el tuétano, resultan las páginas dedicadas, en el capítulo IV de *El laberinto de la soledad,* al régimen sintáctico y al estatuto moral del verbo chingar y al mexicano que se autoconcibe como "hijo de la chingada", es decir, de la Malinche, la intérprete india que como amante de Hernán Cortés se abre como mujer violada. Y además, como apuntó Bolívar Echeverría, cuando aparece *El laberinto de la soledad,* algo había de escandaloso,

---

[40] Paz, *Obras completas, V. El peregrino en su patria. Historia y política de México, op. cit.*, pp. 186-187.

En "Ocultación y descubrimiento de Orozco" (1986), Paz cita un fragmento de la *Autobiografía* (1945) de José Clemente Orozco similar al de Moreno Villa, aunque sólo referido a la Conquista y su eco: "Parece que fue ayer la Conquista de México por Hernán Cortés y sus huestes; tiene más actualidad que los desaguisados de Pancho Villa; no parece que hayan sido a principios del siglo XVI el asalto al Gran Teocalli, la Noche Triste y la destrucción de Tenochtitlan sino el año pasado, ayer mismo. Se habla de ello con el mismo encono con que pudo haberse hablado del tema en tiempos de don Antonio de Mendoza, el primer virrey." (Paz, *Obras completas, IV. Los privilegios de la vista, op. cit.*, p. 783).

todavía, en sacar a la chingada y a sus hijos de las cantinas y hacerlos entrar al mundo de la alta literatura.[41]

A través del filósofo español, Paz llega hasta Herder: el verbo chingar es nuestra lengua del paraíso. Si existe alguna "mexicanidad" legible en *El laberinto de la soledad*, esta habita en la chingada, el no-lugar, el país del nunca jamás en el que vemos condenados a errar, como en la Revolución, a nuestros semejantes. [42] Según le explicó el filólogo Manuel Cabrera, un antiguo condiscípulo de Paz en la ENP muy presente entonces en la familia Paz con su esposa María Ramona Rey en el París de 1950, con la metafísica Chingada, el Mexicano trascendía el pecado original que atribulaba a los españoles.[43]

Cuando explicaba, en *En torno al casticismo*, la romanización de España, afirmaba Unamuno que "la lengua es el receptáculo de la experiencia de un pueblo y el sedimento de su pensar". En las "palabras prohibidas, secretas" va a buscar el poeta Paz aquello cuyas huellas halla Unamuno, otro poeta, "en los hondos repliegues de sus metáforas (y lo son la inmensa mayoría de sus vocablos)" donde "como en los terrenos geológicos el proceso de la fauna viva" anida "el espíritu colectivo del pueblo". [44]

Cito a ese crítico de tan buen oído que fue Castro como representante de aquello que Paz, acostumbrado como criollo a retroceder horrorizado ante cualquier tipo de casticismo, fuese superficial o intrahistórico, no podía presentar en *El laberinto de la soledad*. Esa inmersión geológica unamunesca, que a Américo Castro lo llevó a concebir al hombre español como una suerte de extraterrestre, a Paz no podía llevarlo muy lejos por el camino de esa otra "historia de una inseguridad" que encarnaba la excepcionalidad del mexicano. De la lengua a la literatura, México no sólo tenía a la Revolución sino a la historia occidental de su lado. En lo que concierne a la parte europea de su origen, México quedaba, pese a todo, iluminado, receptor como era, un tanto mágicamente, antes de la oscuridad de la Contrarreforma, la claridad del Renacimiento: "La ausencia de casticismo, tradicionalismo y españolismo –en el sentido medieval que se ha querido dar a la palabra: costra y cáscara de la casta Castilla– es un rasgo permanente de

[41] Bolívar Echeverría, "Octavio Paz, muralista mexicano", Memoria del Coloquio Internacional por *El laberinto de la soledad* a 50 años de su publicación en *Anuario de la Fundación Octavio Paz*, Fundación Octavio Paz/FCE, México, núm. 3, 2001, p. 179n.

[42] En *La muerte de Artemio Cruz* (1962), Fuentes, a manera de exposición geométrico-spinoziana de las tesis pazianas, declina el verbo chingar en numerosas formas.

[43] Paz, *Obras completas, V. El peregrino en su patria. Historia y política de México*, op. cit., p. 118; Paz Garro, *Memorias*, op. cit., p. 183; Lafaye, *Octavio Paz en la deriva de la modernidad*, op. cit., pp. 99-100.

[44] Unamuno, *En torno al casticismo*, pp. 46-47 y Paz, *El laberinto de la soledad*, op. cit., p. 239.

la cultura hispanoamericana, abierta siempre al exterior y con voluntad de universalidad."[45]

"Ni Juan Ruiz de Alarcón, ni Sor Juana, ni Darío, ni Bello, son espíritus tradicionales, castizos", [46] agregará, sentando las bases de lo que será su teoría, un tanto suprematista, de esa heterodoxia, la que fundaría a la literatura latinoamericana. Paz oscila (como Américo Castro y como todos los grandes espíritus de ambas orillas) entre Unamuno y Ortega, entre la excavación en las ruinas de la nación, una aventura arqueológica de la cual bien puede no regresarse y el europeísmo escéptico que rechaza, tranquilizador, la excepcionalidad.

Ortega, antirrevolucionario conceptualmente, no podía haberle gustado a Paz pese a que su anticasticismo fuese orteguiano en 1950: si España es Europa, pese a todo, América deberá serlo de manera fatal, aunque excéntrica. Y profundizando el trazo hacia la caricatura podrá decirse (y más en los años posteriores al desastre europeo de la Segunda guerra del cual salió indemne, contra todo pronóstico, el general Franco) que América podrá no ser del todo española, pero representa, en potencia, a la verdadera Europa. Si leemos a Reyes y a los nuevos españoles de América (como se concebía Gaos), el Nuevo mundo será no sólo una Atenas sino el hogar de ese Renacimiento y de esa Ilustración que a España se le perdió en el camino.

VIAJE A LA PAMPA

En los años treinta del siglo XX aparecen, ocupados en la patología de una nación que empezó a desfallecer de improviso cuando había alcanzado una precoz madurez decimonónica, los médicos y curanderos argentinos, a quienes también he querido leer en paralelo con *El laberinto de la soledad*. Estos taumaturgos recuperan su historia clínica empezada por Domingo Faustino Sarmiento y convierten un poema ingenuo, el *Martín Fierro* (1872), no sólo en una epopeya nacional sino en un surtidor de problemas ontológicos. Cuando Ortega y Gasset visita por primera vez la Argentina, en 1916, lo hace con la conciencia emocionada de ir al país que, en el sur, era el contrapeso de los Estados Unidos. Su obra, dirá al regresar de Buenos Aires, será desde ese momento tanto argentina como española. Los argentinos también siguen de cerca (aunque algunos no lo confiesen) las *Meditaciones sudamericanas* (1930) de un conde báltico, Joseph Keyserling, a las que seguirá la aparición de un clásico, la *Radiografía de la pampa* (1933), de Ezequiel Martínez Estrada.

---

[45] Paz, *Obras completas, V. El peregrino en su patria. Historia y política de México, op. cit.*, pp. 136-137.

[46] *Idem.*

Paz, ocupado en el globo supra-ecuatorial (los Estados Unidos, Europa, la Unión Soviética, la India) nunca miró con demasiado detenimiento a América del Sur. Fue a Buenos Aires, la ciudad que competía con la de México por la capitanía cultural latinoamericana, sólo un par de veces, hacia el final de su vida. Iba, debe decirse, con la mejor de las intenciones, la de fundar una edición sudamericana de *Vuelta* que retribuyese lo que *Sur* había sido para él, en su juventud: la revista que difundió sus poemas desde 1938 en el continente, en la que colaboró con frecuencia hasta los años sesenta, donde Cortázar reseñó *Libertad bajo palabra* en diciembre de 1949, la tribuna desde la cual dio a conocer, en 1951, el artículo donde divulgaba el caso Rousset, que no quiso proponerle ni a *México en la cultura*, de Fernando Benítez o a *Cuadernos americanos*, de Jesús Silva Herzog, publicaciones temerosas del "que dirán" de los estalinistas.

"Llegas tarde, Octavio", le dijo en 1985 su queridísimo Bianco, secretario de redacción de *Sur* durante años y el único verdadero amigo común que tuvieron, en el medio siglo, Paz y Garro. Bianco murió meses después y *Vuelta Sudamericana*, tras un puñado de números dirigidos por Danubio Torres Fierro y Enrique Pezzoni, desapareció, sin pena ni gloria.

Pero volvamos a los libros argentinos. En mi opinión, para lo que yo necesito decir de Paz, el *Facundo* es ejemplar. No sólo es el libro más importante que se escribió en América Latina durante el siglo XIX sino el primero de nuestros modernos relatos de origen que deviene, al natural, en un ensayo de interrogación nacional: registra un momento histórico y lo transforma en mito.

Civilización y barbarie. Vida de Juan Facundo Quiroga (1845), de Sarmiento, es un tratado sobre la tiranía y sus fuentes, digno de un historiador de la Antigüedad. No hago sino repetir un tópico que resalta el refinamiento, la sensualidad y el primitivismo de una "biografía novelada", que como lo notó Borges, acierta desde el principio al elegir Sarmiento no al tirano Rosas como protagonista, sino a un caudillo menor. La vida de Facundo, ese "gaucho malo", se convertirá, desde entonces, en un modelo de todos los caudillos hispano-americanos, a quienes Sarmiento les da un aire árabe, él que creía que en la pampa resistía, aberrante y anacrónico, el espíritu de los antiguos musulmanes, invasores de la península en 711. Para Sarmiento, que visitó Argel (capital de la nueva nación elegida como propia más de un siglo después por Fanon) en 1846, España es africana (por árabe) y a la vez América viene a ser la Arabia de España. Y cuando se descubrió internacionalmente célebre, Sarmiento supo también que la pampa de Facundo era una experiencia romántica (y aquí léase romántico como sinónimo de moderno) equiparable a la suscitada por Walter Scott.

Épica nueva que exalta por contraste negativo el nacimiento de una nación que fracasó al querer ser tan inmaculadamente moderna como los Estados Unidos, el *Facundo* supera la disyuntiva didáctica de la que se sirvió

Sarmiento, aquello de la civilización de las ciudades resistiendo a la barbarie de los campos. Se colige en Sarmiento (y después en Ricardo Rojas con la *Euroindia* de 1926) que civilización y barbarie son una esencia bipolar surgida de la independencia de América.

De mis notas rescato tres puntos que me permitirán regresar, mejor armado, a *El laberinto de la soledad*. Tan pronto como empieza el *Facundo*, al presentar la soledad del argentino en la pampa, Sarmiento precisa que "esta inseguridad de la vida, que es habitual y permanente en las campañas, imprime, a mi parecer, en el carácter argentino, cierta resignación estoica ante la muerte violenta, que hace de ella uno de los percances inseparables de la vida, una manera de morir como cualquier otra, y puede, quizá, explicar en parte, la indiferencia con que dan y reciben la muerte, sin dejar en los que sobreviven, impresiones profundas y duraderas".[47]

Paz dice casi lo mismo en *El laberinto de la soledad* sobre la indiferencia de los mexicanos (y sobre todo, la de los forjados por la Revolución) ante la muerte, que "es la otra cara de nuestra indiferencia ante la vida. Matamos porque la vida, la nuestra y la ajena, carece de valor".[48] Pero mientras que Sarmiento atribuye ese estoicismo al fatalismo geográfico, en Paz impera otro fatalismo que a la vez es histórico y sistémico: se remonta al azteca, a quien no le pertenecían ni su vida ni su muerte. Desamparado, el azteca se convertirá en un melancólico al impactarse con el cristianismo; el mismo desamparo hará del argentino, según dice el *Facundo*, un arrogante atrevido. Al mexicano lo forja un exceso de civilización (un barroquismo, quizá) y al argentino, un exceso de barbarie. Pero el resultado es el mismo: una teoría de la violencia explicando la eterna historia de nuestra inseguridad.

Entre el *Facundo* y *El laberinto de la soledad* hay cien años de distancia donde se impone la lección probatoria de que el mundo histórico es una amalgama indisociable de civilización y de barbarie. Ante esa conclusión Paz, un optimista en 1950, nunca se resignó ante el relativismo: el péndulo debía mover inexorablemente a un país como México a compartir la evolución occidental a través de la Reforma, la Ilustración, la modernidad, y no a renegar de ella. Pero antes había sido Martínez Estrada quien subrayó, en las líneas finales de *Radiografía de la pampa,* que a Sarmiento le faltaba el siglo xx para saber que "civilización y barbarie eran una misma cosa, como fuerzas centrífugas y centrípetas de un sistema en equilibrio".[49]

---

[47] Domingo Faustino Sarmiento, *Facundo*, prólogo de Jorge Luis Borges, Emecé, Buenos Aires, 1999, p. 40.

[48] Paz, *Obras completas, V. El peregrino en su patria. Historia y política de México, op. cit.*, p. 96.

[49] Ezequiel Martínez Estrada, *Radiografía de la pampa*, edición crítica de Leo Pollmann, Colección Archivos UNESCO/CNCA, México, 1993, p. 256.

Lo que le está negado al gaucho, en el grado en que lo observa Sarmiento, es lo que define al mexicano forjado durante la Revolución mexicana: el autoconocimiento civilizatorio derivado de la catarsis que permite hacer verdaderamente propias y transformarlas a esas "ideas europeas" estáticas y contaminantes, del todo externas, que según Sarmiento, habían fecundado a América hacia 1800.

Un segundo punto tiene que ver con la sociología de Sarmiento, la de un lector de la Revolución francesa que ya no la ve como una escuela de la virtud republicana, del extravío terrorista o de la tentación cesárea, sino en tanto transformación brutal de la sociedad que no siempre es progresiva, como se lo enseñaron Guizot y Tocqueville al argentino. En la pampa que asola Facundo como en las llanuras del norte de México azotadas por Pancho Villa, imperan otras leyes que no son "accidentes vulgares". A través de la *mazorca* y de la *montonera*, de la conspiración para asesinar y de la tropa insurrecta de jinetes, Sarmiento descubre a la masa como dueña momentánea del mundo merced a esa pavorosa democracia que impera durante aquello calificado como "una guerra social".

A la guerra social como estado de naturaleza (deducida por Sarmiento de Victor Cousin), estado en que los caudillos si pudieran (dice el *Facundo*) la harían de Mahomas fundando nuevas religiones, se adhiere un tercer elemento que proviene del estatuto literario del *Facundo*. Para Sarmiento, su libro es un "libro sin asunto", una novela histórica "fruto de la inspiración del momento", "estado y revelación por sí mismo de sus propias ideas", y "un mito a la manera del héroe". Panfletario en su origen y artístico en su resultado, el *Facundo* sólo tiene una relación oblicua, propiamente ensayística con la verdad histórica. Como *El laberinto de la soledad*, se nutre de ella, pero la abandona pues quiere para sí el estatuto mítico del relato de origen.

Los mexicanos no solemos leer a Sarmiento. Paz le reservó un lugar discreto y ambiguo: en su libro sobre Lévi-Strauss lo destaca como un despoblador, exterminador de indios y en *Los hijos del limo* le aplaude su agudeza al haber reconocido, al visitar España en 1846, que los españoles como los hispanoamericanos –políticamente "ejecutores testamentarios" de Felipe II– sólo traducíamos a los europeos.[50]

El *Facundo* lo leyeron Reyes y Vasconcelos, hombres ligados al norte de México y a sus desiertos, a sus pequeñas y asediadas ciudades fronterizas: eran menos ajenos al mito y a la geografía de la pampa que Paz o cualquier otro escritor del Altiplano. Vasconcelos, tan argentino a veces, admiró el caudal civilizatorio del Río de la Plata y encontró en Sarmiento a un ejemplo de educador y político. Más aún: puede decirse que Vasconcelos es un Sarmiento fallido y *La raza cósmica* un *Facundo* donde ningún antihéroe está a

---

[50] Paz, *Obras completas, VI. Ideas y costumbres. La letra y el cetro. Usos y símbolos, op. cit.*, p. 1314n; Paz, *Obras completas, I. La casa de la presencia. Poesía e historia, op. cit.*, pp. 488 y 496.

la altura del arte. Si Sarmiento aparece poco en la obra de Paz, tampoco le da importancia el conde Joseph de Keyserling, a quien Martínez Estrada, pese a conocer la traducción francesa (1931) de las *Meditaciones suramericanas,* le costaba reconocer como a su estricto contemporáneo.[51]

Me he llevado algunas sorpresas al leer *Meditaciones suramericanas,* el libro maldito entre los ensayos de interrogación nacional, un eslabón perdido en la historia intelectual latinoamericana cuyas intuiciones, insensateces y groserías no son menores en el fondo que las firmadas por algunos de nuestros clásicos en español. Creyente en el mito de la Atlántida, fábula en aquellos años candidateada un día y otro también a ser evidencia histórica gracias a la entonces boyante arqueología de las civilizaciones perdidas, Keyserling tomó mucho de Freud (quien naturalmente no lo citaba) y al combinar el culto a lo irracional con el vitalismo bergsoniano y el evolucionismo de Ernst Haeckel, fue un *maître à penser* que puso al continente americano en el centro de la atención mundial como el laboratorio donde la historia y la naturaleza (sobre todo ésta) habían realizado sus interesantes experimentos, mismos cuyas evidencias saltaban a la vista del vagólatra conde.

Keyserling considera a Sudamérica (en la que expresamente incluye a México, país que no visitó) como "la levadura de la Creación" y describe emocionado las visiones asociadas a "los estratos más bajos" de la vida, a la pesadilla primordial de la serpiente y a el resto de los reptiles, que sufrió al visitar la Pampa: "Hay concretada allí en la naturaleza más fantasía genital que en ningún otro lugar del mundo".[52]

Me ha sido imposible, tan pronto como he leído las *Meditaciones suramericanas,* no encontrar antecedentes inconfesados de estilos, obsesiones e ideas, que aparecerán en muchos escritores latinoamericanos formados entre las dos guerras mundiales. Ese "mundo reptilíneo" que describe el conde, por ejemplo, debió alimentar las fantasías prehistóricas de José Revueltas en *Los muros de agua* (1940), esa primera novela en que las Islas Marías, colonia penitenciaria donde van a dar, acompañados de delincuentes, los presos políticos comunistas, se parece mucho a la pampa keyserlingniana. O que la definición del sudamericano, según Keyserling "el hombre absoluta y totalmente telúrico", haya sido percibida por el Neruda que trabajaba desde 1925 en la *Residencia en la tierra.*

Influido, sin duda, por la lectura del *Facundo,* que casi no cita tampoco, Keyserling sube el tono de su reportaje prehistórico de la pampa cuando ve brotar en ella "rojas fuentes de cálida sangre", debido a que, para los gauchos que la habitan, degollar es un oficio dulcísimo. No encuentra (como tampoco lo ve Sarmiento) mayor conciencia moral, ni arbitrio entre el bien y el mal

---

[51] Para la relación entre Vasconcelos y Sarmiento véase Krauze, *Redentores, op. cit.* pp. 90-91.

[52] Joseph, Conde de Keyserling, *Meditaciones suramericanas,* traducción de Luis López de Ballesteros y de Torres, Espasa-Calpe, Madrid, 1933, p. 31.

en el gaucho, ser para quien el homicidio cotidiano es una tarea más cercana a los oficios elementales del pastoreo y la ganadería.

Pues "en el mundo abisal", dice Keyserling, "falta todo límite preciso entre el hecho de matar y morir. Tal frontera sólo se concreta y precisa cada vez que de la noche de la Creación surge el Día de la creación..."[53] El primitivo, asume el conde, no mata, se inmola. Esta idea está detrás de las teorías de la guerra civil y de la revolución que escribirán, en la Argentina, Martínez Estrada y en México, Paz.

Como Lawrence, cuya *Serpiente emplumada* (1925) también leyó con provecho el mexicano Paz, el matadero atestiguado por Keyserling es una proyección fácilmente identificable del horror que esa generación vio salir de la Gran guerra. No atreviéndose el conde a asociar ese holocausto con la civilización europea, lo desplazaba a los confines del orbe. En un pensamiento apocalíptico que también aparecerá en Revueltas y otros escritores escatológicos, Keyserling confiesa que "en la Argentina volví a soñar varias veces un viejo sueño mío en el que había llegado a ser el último habitante de la tierra, de nuevo convertida en un astro lívido y reía de gozo por verme al fin solo".[54]

En ese punto el conde se separa del racismo más desagradable y exhibe su mestizofilia pues al carácter destructivo de toda guerra y conquista sólo lo redime la mezcla de razas, la asimilación que convierte al conquistador y al conquistado en paisanos de un mismo terruño, como ocurrió, leemos en las *Meditaciones suramericanas*, con el primer hijo de Cortés y la princesa india con la que se ayuntó. Elogia Keyserling a Vasconcelos por haber profetizado a la Raza Cósmica, teoría cuya "posibilidad" de realización le parece viable. La "tristeza del sudamericano", agregará, "entraña más valor que todo el optimismo de los norteamericanos y que todo el idealismo de la Europa moderna".[55]

Las opiniones de Keyserling sobre México lo convierten en uno de los primeros comentaristas internacionales del zapatismo, en los mismos años que el zapatista Paz Solórzano escribía aquellos artículos mecanografiados por su hijo Octavio. Decía el conde: "Cuando el principio de *la tierra a quien la trabaja* no es ya aceptado, no sólo se despueblan los campos, sino que degenera la sangre. Una vez degenerada la sangre, el espíritu no encuentra cuerpo alguno conforme a la tierra. Entonces el desarraigado llega a ser el prototipo de lo espiritual. Pero el desarraigado ha de querer destruir para que la tierra le sea patria".[56]

---

[53] *Ibid.*, pp. 66-67.

[54] *Ibid.*, p. 89.

[55] *Ibid.*, p. 302.

[56] *Ibid.*, p. 118.

Se ocupa Keyserling del culto de los indígenas mexicanos por la muerte, en términos empáticos con los de Lawrence, y antibolchevique, adelanta una visión negra que a su vez pintará Orozco en el Palacio de Gobierno de Guadalajara en 1937: los sacrificios humanos realizados por los antiguos mexicanos prefiguran la esclavitud del totalitarismo, asociación a la que recurrió Paz en algunas ocasiones.[57]

Finalmente, el conde escribe un párrafo del cual pudo desprenderse toda la filosofía de lo mexicano y su crítica, incluido *El laberinto de la soledad*: "Es posible que mis ojos hayan visto en Sudamérica más tristeza y dolor de los que en realidad existen. Pero ¿qué son todos los hechos del mundo frente a la imagen simbólica que despierta a la vida a nuestro más íntimo fondo personal?" En América Latina, concluye Keyserling, rotundo, "sólo en un lugar se ha llegado a la codeterminación por una conciencia verdaderamente metafísica: en México. Por consiguiente, la tristeza mexicana es la única que tiene como componente el sentimiento trágico de la vida".[58]

Acto seguido, el conde dice que lo contrario del "sudamericano" es el hindú, lo que nos podría llevar a *Vislumbres de la India* (1995), el último libro en prosa publicado en vida por Paz… Pero el párrafo de Keyserling es de 1930, no se olvide y no es del todo peyorativo. Especulaba el conde con "una futura mexicanización de América del Norte" que le daría a la amenazante civilización mecánica esa espiritualidad filosófica que el conde, predeciblemente, extrañaba en los Estados Unidos.

Reyes, que recibía las visitas de Keyserling cuando se hospedaba en el Hotel Plaza de Buenos Aires, le preguntó al conde por qué no había llegado hasta México cuando visitaba los Estados Unidos: "Me fue imposible… repuso-. Pero me acerqué hasta la frontera y, como soy zahorí, adiviné a México al respirar el aura que llegaba del otro lado." En San Antonio, Texas, harto el conde de la exaltación febril de los estadounidenses, descansó la vista en los mexicanos, hombres que consumían "todo el día en los bancos, bajo los árboles, charlando y discutiendo" y que a Keyserling le parecían los herederos de los filósofos atenienses, "de los paseantes del Iliso y de la Academia, de los peripatéticos del Liceo".[59]

Encontró Keyserling en los mexicanos, según interpretaba Reyes, predisposición filosófica al reposo, la serenidad y el esparcimiento. La violencia y el desarraigo, según el conde, le daban contenido metafísico a la tristeza mexicana. No es necesario tomarse demasiado en serio a Keyserling para notar su influencia, directa o indirecta, en Paz. Pero lo que importa es que estaba en el espíritu del tiempo esa tipología sagrada del carácter nacional,

---

[57] Paz, *Obras completas, IV. Los privilegios de la vista. Arte moderno universal. Arte de México, op. cit.*, p. 795.

[58] Keyserling, *Meditaciones suramericanas, op. cit.*, pp. 320-321.

[59] Reyes, "Keyserling y México", *Marginalia. Tercera serie [1940-1959], Obras completas*, XIII, FCE, México, 1989, pp. 570-571.

de su singularidad prehistórica, la averiguación genética –como síntoma de todo un malestar de la civilización– en el temperamento del español, del gaucho o del mexicano: nuestra inhumanidad –entendida como un déficit de civilización– ofrecía un diagnóstico de toda la humanidad.

Pero si Sarmiento y Keyserling no aparecen entre los antecedentes más comentados de *El laberinto de la soledad*, en el caso de Martínez Estrada, en "Vuelta a *El laberinto de la soledad*" (1975), es el poeta quien le confiesa a Fell que cuando escribió *El laberinto de la soledad* no conocía la *Radiografía de la pampa*, el siguiente y último avatar de la mitología argentina que me interesa comentar.[60]

El contraste de *El laberinto de la soledad* con la *Radiografía de la pampa* es el más exigente y el más fertil de los que pueden establecerse, porque Martínez Estrada fue autor de una prosa ensayística cuya belleza y cuya eficacia sólo es comparable con la de Ortega y la de Paz. Además, el ideal terapeútico de la *Radiografía de la pampa*, libro de historia e indagación "psicoanalítica", es similar a la que Paz se confió: revelar el misterio de una nación y prepararla para su curación mediante el análisis y la crítica.

La Conquista de la Argentina, narrada por Martínez Estrada, no puede ser más distinta, en su determinismo geográfico tan fiel a Taine, de la que leemos en *El laberinto de la soledad*. Los conquistadores aparecen, en la *Radiografía de la pampa,* como unos desencantados que "venían solos y de paso".[61] Y la España de la que se desprenden esos conquistadores carece de las virtudes renacentistas que Paz le concede de muy buen grado. Tan decadente es la península que Martínez Estrada considera imposible compararla con "los pueblos germanos, galos, itálicos, sajones". Calamidad entre las calamidades: España es un pueblo tan "esclerosado, pétreo, rupestre", que anticipa, desde el siglo xv, el aspecto de "¡un pueblo americano!"[62]

Ese "fatidismo" no viene de Keyserling, como lo creyeron algunos de los críticos de Martínez Estrada, se hunde lo mismo en Unamuno que en Sarmiento, en la atmósfera de hospital que cubrió toda la especulación filosófica en español. Pero lo que en Paz (o en los muralistas mexicanos) adquiere una dimensión cosmogónica, como es el caso de la violación de la india por el conquistador, en Martínez Estrada es "casual" y el mestizo que resulta de esa casualidad aventurera es poco menos que un extraterrestre y un angustiado, más parecido a los antihéroes existencialistas o a los africanos colonizados descritos por Fanon en *Los condenados de la tierra*, unos y otros, antiguos o modernos, verdaderos zombies. Sin embargo, esta idea de la conquista española de la Argentina no es histórica ni se desprende de una apreciación de la barbarie pampera en contraste con las civilizaciones

---

[60] Paz, *Obras completas, VIII. Miscelánea. Primeros escritos y entrevistas*, op. cit., p. 702.

[61] Martínez Estrada, *Radiografía de la pampa*, op. cit., p. 53.

[62] *Idem.*

indígenas de México o del Perú. Para Martínez Estrada, como para el viejo Vasconcelos, el indio, tras la Conquista, es una ruina étnica y biológica: "las ruinas del imperio azteca e inca, como las de Guatemala o Colombia, nos dicen menos que el más modesto cementerio de campaña y mucho menos que el tejido manual de la lana".[63]

Las diferencias entre la *Radiografía de la pampa* y *El laberinto de la soledad* son muy pronunciadas porque se basan en la negación y en el elogio, sucesivamente, de la calidad civilizatoria del mundo del emperador Carlos V frente al de Moctezuma II. Pero ello no obsta para no encontrar coincidencias significativas entre Martínez Estrada y Paz. Viniendo del *Facundo*, lo hemos visto, la idea que el argentino tiene de las guerras civiles, desde la Independencia hasta la época de Rosas, no es distinta a la de Paz. "Ley universal" (la llamará Martínez Estrada) o "gasto ritual" (dirá Paz aludiendo a Bataille y a Roger Caillois), la revolución deviene en fiesta. Más lírica en *El laberinto de la soledad* y casi nihilista en la *Radiografía de la pampa*, esa fiesta es tan parecida en ambos libros que se impone ratificar el hallazgo de un arquetipo que hace del carnaval la única expansión para el hispanoamericano, condenado por sus teóricos al "destierro de los hospitales", del que hablará, hablando estrictamente de sí mismo, como enfermo de neurodermatitis, Martínez Estrada.

Leemos en *La radiografía de la pampa*: "La alegría que se desata en ocasiones tan diversas es cruel, desesperada, hostil. No tiene el carnaval cortesía ni canciones; requiere la calle, la multitud, la ebriedad de las vendimias urbanas; porque el resto del año es triste y servil. Concentrada la orgánica necesidad de reír y gozar una existencia enclaustrada en problemas demasiado serios para nuestro verdadero estado social, entristecida por un peso de fórmulas que no podemos llevar sobre los hombros, se inflama en una represalia bulliciosa contra la seriedad contranatural de la vida cotidiana. La tristeza argentina, que desde los filósofos hasta los botarates han descrito, rodea al hombre. La alegría argentina, ésa es la que hay que estudiar, porque guarda la clave del humor sombrío, con sus corsos, sus festivales patrióticos, políticos y deportivos, sus picnis, y su teatro de agresión despiadada y sin ternura. El carnaval, como fiesta de la impersonalidad y del anonimato, de oprimidos y descontentos, es el estado alotrópico de la tristeza, su contracara, su antifaz".[64]

Y se dice en un fragmento, ya clásico, de *El laberinto de la soledad* sobre los días de fiesta: "Durante esos días el silencioso mexicano silba, grita, canta, arroja petardos, descarga su pistola en el aire. Descarga su alma. Y su grito, como los cohetes que tanto nos gustan, sube hasta el cielo, estalla en una explosión verde, roja, azul y blanca y cae vertiginoso dejando una cauda de

---

[63] *Ibid.*, p. 85.

[64] *Ibid.*, p. 165.

chispas doradas. Esa noche los amigos, que durante meses no pronunciaron más palabras que las prescritas por la indispensable cortesía, se emborrachan juntos, se hacen confidencias, lloran las mismas penas, se descubren hermanos y a veces, para probarse, se matan entre sí."[65]

"En ocasiones, es cierto, la alegría acaba mal: hay riñas, injurias, balazos, cuchilladas", acota, quizá pensando, como lo supone Krauze en *Octavio Paz. El poeta y la revolución*, en el horrible destino de su padre. Pero "también" concede Paz, "eso forma parte de la fiesta. Porque el mexicano no se divierte: quiere sobrepasarse, saltar el muro de soledad que el resto del año lo incomunica. Todos están poseídos por la violencia y el frenesí. Las almas estallan como los colores, las voces, los sentimientos. ¿Se olvidan de sí mismos, muestran su verdadero rostro? Nadie lo sabe. Lo importante es salir, abrirse paso, embriagarse de ruido, de gente, de color. México está de fiesta. Y esa fiesta, cruzada por relámpagos y delirios, es como el revés brillante de nuestro silencio y apatía, de nuestra reserva y hosquedad".[66]

A esa gana carnavalesca se suma una similar desconfianza ante los héroes republicanos que son "inauténticos" y no están a la altura del original temperamento popular. A Martínez Estrada le choca la imitación servil que hicieron los liberales argentinos, esos "creadores de ficciones", de la Constitución de los Estados Unidos, en 1853, tal como Paz lamenta la "imitación extralógica" emprendida, partiendo del mismo modelo, con las Leyes de Reforma en México. Pero el nieto de Ireneo Paz no hubiera llamado "seres diabólicos" a Juárez y a Lerdo, como lo hizo Martínez Estrada con Sarmiento y Rivadavia; no sé si hubiera aprobado la agria observación del ensayista argentino de que los héroes de su patria, muy lejos de la Santa Elena de Napoleón, terminan por redactar sus memorias en un asilo.[67]

El nombre de Ezequiel, me figuro, es judío y el de Octavio es pagano, lo cual tiene sentido si comparamos sus inmediatas posteridades. Como mexicano yo no alcanzo a leer en la *Radiografía de la pampa* una frase de esperanza y restitución como aquella de Paz al reconocer a los mexicanos como contemporáneos de todos los hombres. Al legado entero de Martínez Estrada lo ensombreció la naturaleza pesimista de la *Radiografía de la pampa*, su carácter freudiano y negativo de psicoanálisis interminable de una nación falsa, hechiza, la argentina; a Paz, pasados los sofocos y las calumnias, se le acabó por reconocer públicamente como un sanador, el poeta taumaturgo de la democracia mexicana. En su poesía, acaso sea "El cántaro roto" (1955), el poema donde el verso obedece a la prosa de *El laberinto de la soledad* y el poeta le propone a los mexicanos: "hay que soñar en voz

---

[65] Paz, *Obras completas, V. El peregrino en su patria. Historia y política de México, op. cit.*, p. 87.

[66] *Idem.*

[67] Martínez Estrada, *Radiografía de la pampa, op. cit.*, p. 64.

alta, hay que cantar hasta que el/ canto eche raíces, tronco, ramas, pájaros, astros,/ cantar hasta que el sueño engendre y brote del costado/ del dormido la espiga roja de la resurrección."[68]

"La soledad", concluye Martínez Estrada, "es la falta de historia".[69] Y si en la Argentina no hubo historia, es ilusorio esperar una sociedad, concluye la *Radiografía de la pampa*. Nada más contrario a la profusión de historia que alimenta *El laberinto de la soledad* pues la Revolución mexicana y el surrealismo le dan a Paz una confianza hipnótica en el pasado de la cual el apocalíptico Ezequiel, aferrado al mito regenerador del guevarismo, carecía, habiendo terminado su vida ligado a esa Revolución cubana que Paz recibió con tibieza y acabó por rechazar. A mayor pasado, menos confianza en el futuro: leyendo en paralelo a Martínez Estrada y a Paz, la Argentina aparece como un pueblo sin historia y México como la nación más vieja del mundo.

MEXICANOSOFÍA

La filosofía de lo mexicano es el gran tema de mi generación, decía con frecuencia Uranga al hablar de ese grupo Hiperión del cual él y Jorge Portilla dejaron una imagen agónica, desmedida y trágica. Ese intento fracasado de dar a la filosofía mexicana el respaldo del pensamiento que le era fatalmente contemporáneo, el de Heidegger y el de Sartre en su etapa pura, primero y a través del marxismo, después, es la aventura que corre paralela con la escritura y el desenlace de *El laberinto de la soledad*.

No es casual que Uranga, autor del *Ensayo de una ontología del mexicano* (1949) y de *Análisis del ser del mexicano* (1952), le haya puesto, impresa, una dedicatoria, en este último libro, a Paz: el tema pasó lentamente de los filósofos profesionales al gran poeta de su tiempo. En 1970, alquilado por el presidente Díaz Ordaz, Uranga consideró la de Paz, una "astenia crítica". La academia universitaria no aceptó que *El laberinto de la soledad*, aparecido en 1950 bajo el sello editorial de la revista *Cuadernos americanos,* fuera el libro que cerraba la puerta del canon, como Gaos se lo aseguró en privado.[70]

La historia del grupo Hiperión todavía no ha sido escrita con propiedad y es curioso que la fuente más útil sea José Gaos –muerto en 1969 cuando fungía de sinodal en el exámen profesional de uno de sus alumnos–, el discípulo de Ortega y Gasset que llegó exiliado a México tras la guerra Civil. Hizo Gaos de la filosofía mexicana, no sólo por conveniencia y gratitud, el

---

[68] Paz, *Obras completas, VII. Obra poética (1935-1998), op. cit.*, p. 263.

[69] Martínez Estrada, *Radiografía de la pampa, op.cit.*, p. 86.

[70] El texto de la solapa, nos recuerda Santí, lo hizo, sin firmarlo, el director de *Cuadernos Americanos,* Silva Herzog y se publicitó el libro con una frase de Usigli dedicada a la edición, el año anterior, de *Libertad bajo palabra* (1949), la primera reunión de los poemas de Paz. (Santí, prólogo a *El laberinto de la soledad, op. cit.*, pp. 48-49); en cuanto a Uranga, véase "La poca Paz de Octavio", *op. cit.*

motivo de su curiosidad intelectual, de su afán de universalismo. Digo que es curioso que sea Gaos el historiador de los llamados hiperiones porque estamos ante el raro caso del maestro que da cuenta de la obra de sus discípulos. Ante ellos, es juez y parte. Desde la Facultad de Filosofía y Letras de la UNAM, en su sede de Mascarones, Gaos los formó y los acompañó pero a la hora de examinarlos en esa trabajosa y oscura historia del pensamiento hispanoamericano redactada por el maestro español a lo largo de los años cincuenta, los reprobó, considerando insuficientes y problemáticas las razones de método filosófico a las que apelaban sus alumnos para respaldar una "filosofía del mexicano o de lo mexicano".[71]

En una vivísima crónica, *Los existencialistas mexicanos* (1982), Oswaldo Díaz Ruanova data el origen de ese estremecimiento filosófico en los años primeros de la década de los cuarenta y coloca a Villaurrutia, autor de *Nostalgia de la muerte,* como al Hölderlin legendario del grupo y a las novelas de Revueltas como aquellas que nutrían esa obsesión dual por el mexicano y la muerte. Pudo colocar al lado de Villaurrutia, al Gorostiza de *Muerte sin fin.* Encabezados por Leopoldo Zea, los fundadores del grupo Hiperión fueron Uranga, Portilla, Ricardo Guerra, Joaquín Sánchez MacGregor, Salvador Reyes Nevares, Fausto Vega y Luis Villoro, estudiantes que se dieron a conocer mediante un ciclo de conferencias dadas en la primavera de 1948 en el Instituto Francés de la América Latina de la Ciudad de México.

Antes de darle un vistazo a las ideas del grupo Hiperión es necesario hablar de Ramos. No es agradable hacerlo pues Ramos encarna la vieja y triste historia del profeta que muere –en este caso se esfuma– antes de llegar a la tierra prometida. Gaos mismo, que admiraba mucho a Antonio Caso y que tuvo que exponer "el sistema" de Vasconcelos con cierta imparcialidad, no dudó en completar con Ramos, sólo "un buen ecléctico", esa tríada de "luchadores esforzados pero vencidos" por la existencia de una filosofía hecha en México "que seguirá siendo tan discutible como cuando más lo haya sido".[72]

Discípulo de Caso, el primer filósofo profesional de México, Ramos se separó ruidosamente de él, anteponiendo al espiritualismo más o menos bergsoniano de su maestro, la doble influencia de la psicología profunda y de la filosofía de la circunstancia de Ortega. En *El perfil del hombre y la cultura en México* (1934), libro con el que Ramos inaugura el tema, no encontramos el vuelo profético de Martínez Estrada sino una adaptación honrada y seca de la teoría del resentimiento en la moral, de Max Scheler, y del complejo de inferioridad como lo expuso Alfred Adler.

---

[71] José Gaos, *Obras completas, VIII. Filosofía mexicana de nuestros días. En torno a la filosofía mexicana. Sobre la filosofía y la cultura en México*, prólogo de Leopoldo Zea y edición de Fernando Salmerón, UNAM, México, 1996, pp. 374-378.

[72] Gaos, *op.cit.*, p. 330.

La tesis que presentaba al mexicano como víctima del resentimiento y de la inferioridad, expuesta a través de una tipología que retrataba al "pelado", al habitante de la ciudad y al burgués, disgustó en el mundo oficial que se disponía a organizar a la Revolución mexicana en un Estado semicorporativo, predicando una ideología nacionalista a la que no le agradaba discutir ninguna inferioridad, real, supuesta o psicoanalítica. Además, Ramos estaba ligado a los Contemporáneos y en particular a Cuesta, en cuya efímera revista *Exámen,* consignada ante el juez por inmoralidad en 1932, el filósofo publicó dos fragmentos esenciales: "El psicoanálisis del mexicano" y "Motivos para una investigación del mexicano".[73]

En *El laberinto de la soledad*, Paz reconoce tan pronto como puede la deuda con Ramos y dice que éste le otorgó el único punto de partida posible y una idea perdurable: "el Mexicano es un ser que cuando se expresa se oculta; sus palabras y gestos son casi siempre máscaras."[74] Y, "mestizo vulgar", el pelado, "el héroe agachado sometido al complejo de inferioridad" y diseccionado por Ramos, tal cual lo ha estudiado Bartra, es el padre del Mexicano de Paz.[75]

Ramos quedó fatalmente, como ancestro. Y su esposa (la educadora y novelista Adela Palacios), amigos suyos como Salazar Mallén y discípulos fieles como Juan Hernández Luna, encajaron mal el eclipse de *El perfil del hombre y la cultura en México* ante *El laberinto de la soledad* y propalaron en distintos grados especies falsas que acusaban a Paz de plagio o al menos le querían cerrar, con el desprestigio, las puertas de la consideración académica. Nunca pudieron convencer a nadie de las culpas de Paz y sí, en cambio, apestaron con el tufo del resentimiento a la memoria de Ramos.[76]

Los hiperiones pusieron al día las tesis de Ramos, ajustándolas al lente heideggeriano y sartreano del medio siglo. Zea, autor de *Conciencia y posibilidad del mexicano* (1952), le dió al asunto respetabilidad académica y una vez agotada la mina mexicanista se mudo al filón, cuantitativamente más rico, de la filosofía americana, sosteniendo a lo largo de su larga vida un humanismo convencional y pacato, más o menos comprometido con las modas ideológicas y burocráticas: existencialismo, guevarismo, tercermundismo. Uranga, en cambio, sólo dejó como obra algunos fragmentos brillantísimos, que le hicieron decir a Paz, años después, que hubiera sido el gran crítico literario de aquella generación.[77] Este comentario de 1989 es muy generoso si se toma en cuenta que Uranga fue una de las plumas de alquiler

---

[73] De la revista *Exámen* hay una edición facsimilar: *Antena. Monterrey. Exámen. Número,* Revistas Literarias Mexicanas Modernas, FCE, México, 1980, pp. 249-328.

[74] Paz, *Obras completas, V. El peregrino en su patria. Historia y política de México, op. cit.*, p. 197.

[75] Roger Bartra, *La jaula de la melancolía*, Grijalbo, México, 1987, p. 107.

[76] Véase CDM, prólogo a Rubén Salazar Mallén, *Soledad/Camaradas*, CNCA, México, 2010.

[77] "Lástima", dijo Paz, "que haya escrito tan poco. Hubiera podido ser el gran crítico de nuestras letras: tenía gusto, cultura, penetración. Tal vez le faltaba otra cualidad indispensable: simpatía..." Citado por Luis Ignacio Helguera, "Emilio Uranga (1921-1988)", *Vuelta*, México, núm. 164,

que difamaron a Paz y a otros intelectuales simpatizantes del movimiento estudiantil de 1968. Lo llamó "novicia en trance académico", plagiario y anacrónico, entre otros calificativos e insultos. También, en 1943, estimaba *El positivismo en México*, de Zea, que reseñó tan pronto apareció, en *Sur*. No obstante, a Paz, como se nota en la carta a Reyes del 23 de noviembre de 1949, le incomodaba el protagonismo sartreano de los hiperiones.[78]

  La originalidad de los hiperiones estuvo más en su facha de filósofos agonistas, verdaderos existencialistas a la mexicana, algunos de ellos alcohólicos disfrazados de genios, ingobernables en su pensamiento apenas bocetado. Del "Ensayo de una ontología del mexicano" sale, empero, una lectura de Ramos que junto a *Los grandes momentos del indigenismo en México* (1950), de Luis Villoro –un hiperión diferente, goethiano–, alimentaría otra vertiente. Tras merodear en la gana de Unamuno que convierte en desgana, Uranga compara al carácter español con el mexicano, encontrando que uno es sustancia y el otro accidente. Dice al fin que si al mexicano se le entiende como el mestizo, estamos ante un fracaso, pues "El mestizo es un accidente del indio, una nada adherida al ser-en-sí del indio".[79]

  Uranga se colocaba en el otro lado, en la posición, para decirlo en los términos de Fanon, del "intelectual colonizado" que pese a su gran cultura filosófica europea no logra hacerse visible en el mundo. Criollos o mestizos, quienes se sienten "europeos de América", carecen de la fascinación que los verdaderos condenados, los indios, despiertan, como pasado remoto o como futuro, en las metrópolis. Lo que para el positivismo era el indio, un accidente vergonzoso, una rémora, se convertía, gracias a "el amor y la acción", en una posibilidad de salvación: recuperar social y espiritualmente al mexicano sustancial, el indígena.

  No es que Uranga fuera indigenista (ni lo era en ese entonces Villoro) sino que al deducirse de esa tipología ontológica el fracaso del mexicano sólo quedaba la idea marxista del proletariado como el gran agente universalizador (y nulificador) de las identidades. Ninguno de los hiperiones deseaba verse reducido a la cárcel de algún particularismo y casi todos le apostaron al "horizonte insuperable", como diría Sartre, del marxismo.

  Durante sus primeros quince años en México, Gaos dedicó, más allá de su trabajo de traductor eminentísimo, muchas páginas a las filosofías de la lengua española. Como lo dijo predesible y orteguianamente José Luis

---

febrero de 1989; Uranga; "¿Octavio no quiere la Paz de México?", *América*, núm. 1269, México, 4 de abril de 1970, pp. 8-9.

[78] Reyes/Paz, *Correspondencia (1939-1959), op. cit.*, p. 119. La reseña de *El positivismo en México* está en Paz, *Obras completas, VIII. Miscelánea. Primeros escritos y entrevistas, op. cit.*, pp. 332-338.

[79] Uranga, "Ontología del mexicano", en Bartra (selección y prólogo), *Anatomía del mexicano*, Plaza y Janés, México, 2002, p. 157.

Abellán, "al salvar la circunstancia" de los filósofos mexicanos e hispanoamericanos, Gaos salvaba la suya propia, republicano y socialista derrotado en la Guerra civil, y víctima de la ruptura, en el destierro, de su relación con Ortega, con quien se había peleado al defender a Reyes de la inquina del filósofo español.[80]

Gaos no puede sino partir del exámen del desastre de 98 y creer que España, al perder las isla de Cuba y Filipinas, se había independizado de su pasado colonial, lo cual la ponía por primera vez en condiciones de compartir a cabalidad su historia con sus antiguas colonias americanas. A esta condición enarbolada por Gaos como una bienaventuranza un tanto amarga e ilusa dado que la España vencedora en 1939 no era la que estaba en condiciones de compartir ese desamparo, se agregaba, diría yo, que México, al menos cierto México, al intervenir en la historia de España tomando partido por la República, culminaba su hispanidad, lo cual fue completado por el gesto de Paz de abrir su *Taller* a *Hora de España*.

Admira, sabe admirar Gaos. Quizá no poco de lo que dijo en honor de las filosofías de Caso y de Vasconcelos, haya sido gratitud del hombre de bien ante la hospitalidad, incluso la de aquellos que hubieran preferido negársela. Hay buena fe en Gaos cuando se lamenta de que España carezca de figuras que empalmen la unidad de la acción y del pensamiento como las de Simón Bolívar y José Martí. En América Latina el intelectual sabe hacer política en la ciudad-Estado, a la griega, diría Gaos.[81]

Hace Gaos las comparaciones necesarias entre Unamuno y Vasconcelos, por ejemplo: no le parece que uno, africanizante ni el otro, indostanófilo, sean excepcionales en ese reino de la "imitación extralógica" que es el hispanoamericano, para decirlo en los términos que preocupaban a Paz en *El laberinto de la soledad*. Ni Unamuno ni Vasconcelos le parecen verdaderos tradicionalistas: pertenecen a ese mismo fondo liberal que sale del 98.

Gaos se permite apuntes amargos. Recuerda a Henríquez Ureña diciéndole a los peninsulares que si tan urgidos están en tener un filósofo, que volteen hacia Santayana, que, como se sabe, era un español que escribía en inglés. Y juzga con benevolencia el deseo, la prisa, de los países hispanoamericanos por tener una filosofía peculiar, a la alemana, a la francesa, a la europea. También en España hubo ese deseo de que la filosofía llegara algún día a ser española, dice Gaos. Contra la decadencia española y su 98, el maestro encuentra saludable esa pasión por la pedagogía política, pedagogía que se vuelve "meditación sobre la utopía" que lo consuela en el Nuevo Mundo.

---

[80] José Luis Abellán, prólogo a Gaos, *Obras completas, VI. Pensamiento de lengua española. Pensamiento español*, UNAM, México, 1990, p. 17.

[81] *ibid.*, p. 79.

Entrando en materia mexicana, Gaos reconoce el ímpetu de Zea al frente de los hiperiones. Pero de inmediato, en la "situación" pintada por Zea en *Conciencia y posibilidad del mexicano*, reconoce la atmósfera de hospital que fastidiaba a Ortega. Cortésmente, Gaos no lo dice así, pero resume las taras mexicanas diagnosticadas por Zea, a saber, la "falta de algo", la "imitación", la "pena", el "mañana", la "gana", la "irresponsabilidad" y la "vergüenza", todas ellas hijas de una suerte de "soberbia" invertida. Tras "nuestro sentimiento de *inferioridad, insuficiencia, resentimiento, y reducción*", dice Zea y subraya Gaos, se oculta un fracaso colosal.[82]

Eso se dice del mexicano, al filosofar, en 1952. Junto al dictamen de Ramos, emitido casi veinte años atrás, uno diría que la cosa empeora. Pero es engañoso pues todos, incluyendo a Paz, ven con buenos ojos esa profundidad autocrítica, estimulada por la crisis (o el fracaso) de la Revolución mexicana, que es la pareja un tanto clandestina, de la filosofía de lo mexicano. Leyendo entre líneas no se ve que Gaos le conceda gran importancia filosófica a Zea y de la nueva generación el que realmente le importa es un filósofo de la historia ajeno al grupo Hiperión, Edmundo O´Gorman, cuya contribución no duda Gaos en comparar a la de Marcelino Menéndez Pelayo.

Finalmente, tras muchas cortesías y prolegómenos, Gaos dice que a "las conjugaciones inadecuadas de lo mexicano y lo universal" se deben los problemas de la filosofía que se proponen hacer los hiperiones. Concede Gaos que cada filosofía lleva el sello de su nacionalidad: Kant hubiera sido imposible en Francia y los griegos pasan por eidéticos, los chinos por moralistas prácticos, los franceses por racionalistas y los alemanes por metafísicos.

El tema de lo mexicano, razona Gaos en *En torno a la filosofía mexicana* (1952-1953), es legítimo. Pero hay que separar, prosigue, la manera esencialista de la existencialista a la hora de abordarlo. Anota Gaos que lo común, desde Unamuno, era proceder a la manera existencialista, presentando teorías históricas para respaldar a las identidades nacionales. Yo agrego: Martínez Estrada, Américo Castro, Paz y los hiperiones, todos ellos, localizaron con diferentes grados de convicción los accidentes históricos existenciales que han mandado al hospital a los pueblos hispano-americanos.

Ese existencialismo se fundaba en asumir que nos habíamos separado, por originalidad o por desgracia, del cauce principal de la aventura europea y que desandar el camino requería de temple utópico, de inventar necedades grandiosas como la raza cósmica de Vasconcelos o hacer del pasado indígena un futuro absoluto. Unamuno acabó por renunciar o hacer como que renunciaba a la imposible emulación de Europa y por ello admitió con sorna que a España no le quedaba más que africanizarse y a mucha honra. Dolía que ni en Quito ni en la Ciudad de México pudiera escribirse y eso lo

---

[82] Gaos, *Obras completas. VIII*, *op.cit.*, p. 171.

agrego yo, un libro nacional como *De Alemania* (1833), de Heinrich Heine y al hacerlo encarnar naturalmente en la historia universal.

Sugiere Gaos que el apetito por una esencia nacional filosóficamente verificable nos lleve de las esencias a la existencia y que ésta, tratándose de pueblos y naciones, no puede ser sino histórica y geográfica. En tanto fenómeno psíquico –si es que entiendo la ardua prosa de Gaos– la filosofía sólo puede definirse mediante la historia o a través de un subgénero de ésta, la historia de las definiciones. La ciencia de la literatura, dice a manera de ejemplo, es fatalmente historia literaria y todas las restricciones fenomenológicas y teoréticas no son suficientes para negarlo. Y dado que "el hombre no tiene naturaleza, sino historia" (diría Ortega y Gasset en *El hombre y la gente*) y que el mexicano no puede definirse porque se está formando perpetuamente como sujeto histórico "es problemático, como mínimo, que sea posible una filosofía de la esencia de lo mexicano y más aún, del mexicano".[83]

Gaos está objetando, en la raíz, buena parte de la obra mexicanista de sus discípulos; le parece "una especie de *folklore* trascendental o ni trascendental". Fue una refutación complicada no sólo por los deberes que unían al maestro con su circunstancia (España, México, el exilio, la verdad y la hospitalidad) sino porque toda psicología de los pueblos es tautológica.[84]

Ese esencialismo nutrido de la existencia histórica había consistido, en Keyserling, de un viaje a la prehistoria (que es propiamente lo único que tiene América, una historia natural). El conde atribuyó la personalidad de los hispanoamericanos a su reciente creación, a su inmadurez geológica mientras Martínez Estrada deduce el ser argentino, inspirado más en Taine que en Freud, del nacimiento accidentado y accidental de los gauchos, durante la conquista de la pampa. Américo Castro sitúa el pasmo que atribuye a los españoles a los efectos seculares del drama de 1492 cuando los reyes Católicos amputan a los judíos y a los musulmanes del reino.

Los hiperiones se parecen más a Unamuno, el menos historicista de esta familia de psicólogos nacionales. No explica mucho (pues supone que su público le conoce bien) don Miguel de qué episodio se traduce el carácter anticientífico y africano de los españoles, de la misma manera que Zea, Uranga y más tarde Portilla asumen, basados en Ramos, que la situación existencial del mexicano proviene del desarraigo. Ese componente historicista, ese exceso existencial es lo que se colma con *El laberinto de la soledad* y sustenta, con otros aspectos propios del duende del poeta, una perspectiva literaria y un imperio intelectual del que carecen los artículos, folletos y ensayos de los hiperiones. Pero Gaos no menciona a Paz más que de paso, en sus escritos sobre filosofía mexicana.

---

[83] Gaos, *Obras completas, VIII, op.cit.*, pp. 348-352.

[84] Rossi, "Una imagen de José Gaos" en *Obras reunidas*, FCE, México, 2005, p. 145.

Años después, en 1963, en una carta a Paz, Gaos lamentará la omisión y le pedirá disculpas con una profecía con motivo del Premio Internacional de Poesía de Knokee-le-Zoute, el primero de importancia que recibió el poeta, que se cumplirá en 1990: "Esta carta es, antes que nada, para felicitarle, con gran satisfacción por el premio internacional de poesía. Antesala del Nobel, preveo que el nuevo Premio Nobel de lengua española va a ser usted. En todo caso no deberían dárselo al poeta únicamente, sino conjuntamente al poeta y al prosista".[85]

El historicismo, en el otro extremo, no puede ser absoluto y lo limita el esencialismo: el hombre no sólo es historia y "todo antiesencialismo tiene por límite la imposibilidad de hablar sin logoi que de suyo son universales y eidéticos". "Si las filosofías", agrega Gaos, "desde la de Mileto hasta la de Hiperión, no tuviesen de común el ser todas Filosofías, no habría historia ni Historia de la Filosofía. Mas si México es un todo complejísimo pero, en su totalidad, singular, no todas sus partes, de todas clases, serían exclusivamente reales y singulares, sino que muchas son ideales y universales; lo común a todas las filosofías de la historia, la unidad de la Filosofía, bien parece ser la de una 'esencia'..."[86]

En ¿De quién es la filosofía? (1977), Uranga se vengó de su maestro Gaos (con mayor inteligencia que la usada contra Paz tras 1968) y en plan parricida desdeñó a toda la filosofía en español por no ser sistemática ni técnica y sugiere que estamos condenados a la subfilosofía. Aquello que Gaos rescató como el blasón de la filosofía hispano-americana, esa tradición de Unamuno y Rodó en que el oficio de pensar aparece como una confesión personal, le parece a Uranga una patraña, el dogma religioso que nuestros filósofos eligen para asegurar "la resurrección de la carne", incapaces de entender (con Santayana, dice) la comicidad que hay en la pretensión de edificar un sistema filosófico, debilidad aparecida cuando ya nada puede hacerse frente al azoro provocado por la historia.[87]

Ése era el estado de la cuestión al aparecer, en 1950, la primera edición de *El laberinto de la soledad*. La segunda edición, la de 1959, es la que han leído –sobre todo a partir de los años setenta en que se convirtió en bibliografía recomendada en la enseñanza pública universitaria y preuniversitaria– miles y miles de mexicanos. El Fondo de Cultura Económica, la gran casa editorial del Estado mexicano y editor de *El laberinto de la soledad* desde 1959, había vendido mucho más de un millón de ejemplares, a finales del siglo xx.[88]

---

[85] Gaos, "Correspondencia con José Vasconcelos, Octavio Paz, León Felipe y Leopoldo Zea", *Estudios. Filosofía-historia-letras*, Instituto Tecnológico Autónomo de México (ITAM), México, primavera de 1985.

[86] Gaos, *Obras completas, VIII, op. cit.*, p. 350.

[87] Uranga, *¿De quién es la filosofía?*, Gobierno del Estado de Guanajuato, 1990, p. 165.

[88] Víctor Díaz Arciniega, *Historia de la casa: Fondo de Cultura Económica (1934-1996)*, FCE, México, 1996, pp. 432-433; Rafael Vargas, "Recorrer el laberinto" en *La Gaceta del FCE*, México, num. 519, México, marzo de 2014, pp.7-8.

Mientras Gaos terminaba su examen de la filosofía de lo mexicano conminando a los jóvenes filósofos a reflexionar sobre los problemas concretos de México, Paz publicaba *El laberinto de la soledad* como resultado de una preocupación que se remontaba a principios de la década anterior. Tal como lo documenta Santí, en artículos como "El vacilón", "Don Nadie y don Ninguno" y "!Viva México!", publicados en *Novedades* en 1943, el joven Paz había contrastado la historia legendaria de México con la pobreza de su historia moderna, asociando a la fiesta, bajo la forma de una bomba de tiempo, la convulsión social (aunque no todavía con la Revolución).

La recepción de *El laberinto de la soledad,* reconstruida por Santí, fue discreta: cinco reseñas en México y tres en el extranjero (una de ellas, en *Sur,* del peruano Sebastián Salazar Bondy). Los hiperiones guardaron un silencio que se volvió aún más incómodo cuando Uranga publicó *Análisis del ser del mexicano* con la dedicatoria a Paz. El longevo Zea se esperó décadas para ir más allá de la cortesía y profundizar en *El laberinto de la soledad.* [89] Más de medio siglo después, ya no tenía nada qué decir.

No fue sino hasta 1953, regresando Paz a México una vez cumplidas sus primeras misiones diplomáticas en Francia, la India y el Japón, que los académicos abrieron fuego. El ataque en regla vino del entorno de Ramos, cuyo discípulo más celoso, Hernández Luna, publicó en *Filosofía y Letras,* la revista de la facultad, un desagravio en forma de reseña que, atufado de indignación nacionalista, sugería que era Paz, poeta y extranjerizante, quien estaba solo y no el mexicano. Ramos mismo había indicado el supuesto flanco débil, al decir en 1951 que la soledad era un privilegio de los aristócratas del espíritu, mientras que el hombre común –identificado con el mexicano– nunca padece de soledad...[90]

Quizá, a Ramos, se le hubiera aparecido diciéndole Unamuno: "El pueblo, el verdadero pueblo, el pueblo que trabaja y calla, es como el buey, ni alegre ni triste. Está por encima o por debajo de esta distinción o más allá o más acá de la alegría o la tristeza. Es serio, pura y sencillamente serio. Tiene horas de reir y tiene horas de llorar, pero en lo común ni rie ni llora... –Ni piensa–. Puede que tengas razón; ni piensa. Sueña."[91]

La segunda edición de *El laberinto de la soledad,* la de 1959 y que es la canónica, según ennumera Santí, traía muchos cambios y de importancia, haciendo olvidar el carácter un tanto hechizo de la edición original, una colección de ensayos transformada en relato de fundación y "novela"

---

[89] Leopoldo Zea, "Paz: a lo universal por lo profundo", *El Nacional*, México, 26 de abril de 1998, recogido en Enrico Mario Santí, *Luz espejeante. Octavio Paz ante la crítica*, ERA, México, 2009, pp. 51-56: L. Zea, "La identidad en el laberinto", *Anuario de la Fundación Octavio Paz*, 3, *op. cit.*, México, 2001, pp. 171-175.

[90] Santí en Paz, *El laberinto de la soledad, op. cit.*, pp. 49-54

[91] El párrafo de Unamuno lo cita Luciano G. Egido en *Agonizar en Salamanca. Unamuno, julio-diciembre, 1936,* Tusquets, Barcelona, 2006, pp. 219-220.

nacional. Se refina el tratamiento psicoanalítico, se abunda en el "romance familiar (Padre, Madre e Hijo mítico)" y Paz pone al día su desencanto ante el fracaso del régimen institucional de la Revolución mexicana, que sufre, en los años de 1957-1959, las más graves protestas sindicales de su historia, encabezadas por los trabajadores ferrocarrileros y los maestros.

La relevancia ganada por *El laberinto de la soledad* atrajo críticas ideológicas de mayor calado. Emmanuel Carballo, uno de los fundadores de la *Revista Mexicana de Literatura*, calificó al libro de ser "una mezcla –mal digerida– de sociología, psicología, historia y poesía".[92] Respaldado por el periodista Benítez, director de *México en la cultura*, Carballo, el crítico literario de la nueva generación y en ese entonces marxista un tanto vulgar dando lecciones de ortodoxia, acusa a Paz de trotskista, cargo que en 1959 ya era un tanto anacrónico y de mal gusto entre personas educadas.

También volvía a la carga Salazar Mallén, acusando a Paz de plagiarlo a él y a Ramos, aromatizando la segunda edición de *El laberinto de la soledad* con un tufillo a los años treinta. Salazar Mallén, que más tarde volvería a acusar a Paz de plagiarlo (en 1978 y en relación a los adelantos que de *Sor Juana Inés de la Cruz o las trampas de la fe* aparecieron en *Vuelta*) se decía autor de una pretérita explicación del complejo de La Malinche que se le habría birlado. Paz respondió recalcando el estímulo siempre reconocido de Ramos y afirmó que los plagios aducidos por Salazar Mallén formaban parte del acervo popular (y del dominio público) de la filosofía de lo mexicano y sus disciplinas concurrentes.[93] A la muerte de Salazar Mallén, en 1986, Paz tuvo palabras de afecto para su eterno contradictor.

Mientras que en la prensa literaria empezaba la larga marcha de los "marxistas ortodoxos" contra Paz, peregrinación fervorosa hasta la caída del muro de Berlín en 1989, a los filósofos profesionales, envalentonados por el silencio público de Gaos ante *El laberinto de la soledad*, les dio por "ningunearlo". Un buen ejemplo de esta actitud está en Abelardo Villegas, quien en una malhumorada nota a pie de página de *La filosofía de lo mexicano* (1960), lamenta haber sufrido reconvenciones "por no haber hecho un exámen profundo del libro de Octavio Paz" y tras reprocharle al libro su "bello estilo literario", llama la atención de que Paz sólo ha sustituido al "pelado" de Ramos por el "pachuco". Si Ramos creía que el pueblo era ajeno a la soledad como sentimiento literario o metafísico, Villegas introduce una duda, no tan necia, ante "el paralelogismo" entre la soledad y la comunión al cual Paz es afecto y dice, burlándose: "cuando somos racionalistas o positivistas, vivimos como los demás; cuando nos sentimos muy solos, también vivimos como los demás [...]. En la primera parte de su libro el mexicano

---

[92] Santí, en Paz, *El laberinto de la soledad*, *op. cit.*, p. 57.

[93] Paz, *Obras completas, V. El peregrino en su patria. Historia y política de México*, *op. cit.*, pp. 254-255.

está solo cuando se siente mexicano, indígena o zapatista y en comunión cuando se siente europeo, positivista o racionalista".[94]

Era improbable, más allá del resentimiento, que el ensayo de Paz gustara en la academia. Según el testimonio de Rossi, que lo leyó en 1951 como estudiante contemporáneo de la mexicanosofía en la escuela de Mascarones y que llegó a ser director adjunto de *Vuelta* en 1977, *El laberinto de la soledad* pertenecía "a lo que podríamos llamar 'literatura de iluminación', la que recoge las aventuras espirituales de un personaje con nombre propio, Octavio Paz en este caso. Esto es lo que distingue *El laberinto* de un libro académico, el movimiento del viaje espiritual que no es lo que usualmente encontramos en un libro de ese corte".[95]

El último espasmo metodológico de la filosofía de lo mexicano fue *Fenomenología del relajo* (1966), de Portilla, publicado póstumamente una vez que su autor, uno de los principales hiperiones, se suicidó. Concepto hijo de "la gana" unamuniana y gemelo del "choteo" cubano al que Mañach le había dedicado un ensayo en 1928, el "relajo" implicaba un grado de elaboración minuciosa –bizantina y decadente– de la irresponsabilidad, ya fuese ontológica o existencial, que los distintos tratadistas le habían achacado al eterno enfermo identitario. *Fenomenología del relajo*, empero, comparte con *El laberinto de la soledad* una capacidad de observación psicológica que no todos los ensayos de interrogación nacional poseen, el componente "novelesco". Esa sagacidad de observador les permite superar, sólo a ciertos ensayistas, esa discusión de autoridades entre textos que suele ser frecuentemente, como decía Rossi al comparar a Paz con los filósofos profesionales de su tiempo, la materia de la filosofía para entrar en "el ámbito de la realidad vivida."[96]

La conclusión de *Fenomenología del relajo*, sartreana y patética, pinta no sólo como autobiografía generacional sino expresa el callejón sin salida al que habían llegado los hiperiones. Disgregación y desorden, el relajo y su contraparte simétrica ("lo apretado", la solemnidad burguesa) dejarán de definir a la identidad del mexicano cuando deje de estar dividida entre poseedores y desposeídos. Del relajo, esa incapacidad del mexicano para adueñarse de su circunstancia y transformarla, nos librará, santo remedio, la sociedad sin clases.[97] Paz dijo, curiosamente pues no se estaba refiriendo al libro de Portilla, que de haber escrito *El laberinto de la soledad* en 1937, habría concluido de esa manera, que de la soledad nos libraría el comunismo.[98]

---

[94] Abelardo Villegas, *La filosofía de lo mexicano*, UNAM, México, 1988, pp. 211-212n.

[95] Rossi, "50 años. El laberinto de lo mexicano", *Letras Libres*, 120, México, diciembre de 2008, pp. 36-42. Posteriormente incluido como prólogo a la edición conmemorativa del cincuentenario de *El laberinto de la soledad* (FCE, 2009).

[96] *Ibid.*, p. 38.

[97] Jorge Portilla, *Fenomenología del relajo y otros ensayos*, FCE, México, 1985. p. 95.

[98] Sheridan, *Poeta con paisaje, op. cit.*, p. 199.

Preocupado por una orfandad del mexicano que asociaba, lector de Dostoievski a lo que uno cree, de joven, que es el nihilismo (y el único nihilismo verdadero es el ruso), Paz había utilizado la tercera persona, en "Poesía y mitología" (1942), para reprocharse que el poeta no haya podido "condensar en una novela la atmósfera mágica de México y todos los secretos e invisibles conflictos que mueven a la nación. Y así, como nación, somos un pueblo mudo. España habla al mundo a través de don Quijote, como Rusia a través de los Karamázov. Nosotros callamos. Carecemos de un héroe y de un mito".[99]

El héroe sería el Mexicano y el mito, el de su soledad en el laberinto, la "novela" que Paz publicaría en 1950 con el título de *El laberinto de la soledad*, libro que hemos visto forma parte de un linaje constituido por Unamuno, el conde de Keyserling, Martínez Estrada y los hiperiones mexicanos. El género acabaría por distinguir filosóficamente a aquellos pueblos que, como decía el cubano Mañach, se creían incapaces de componer a "76 grados Fahrenheit, que es nuestra temperatura media", un gran sistema filosófico.[100]

El género, debe decirse, es fastidioso: abochorna la averiguación existencial de la nacionalidad y habitarla, como vitalista, existencialista o fenomenólogo, provoca enfados como el de Paz cuando se repite a sí mismo (y acaba por hacerlo en voz alta para que lo escuche Reyes en aquella carta de 1947) que ha escrito *El laberinto de la soledad* para librarse de una enfermedad.

La interrogación nacional da la impresión, para quien se ejercita con ella, de ser menos propia de un "peregrino en su patria" que de un turista en su propio solar. Así veía Heine en madame de Staël a la mujer apasionada y un tanto ridícula cuyo ímpetu se agotaba recorriendo la pacífica Alemania. La señora buscaba endulzar sus caprichos probando Kant como si fuese helado de vainilla o Fichte helado de pistache, decía Heine, el judío intruso.[101]

Ese enervamiento del gusto, esa afectación por lo propio hace que los relatos de fundación y su comentario parezcan castillos en el aire. A fuerza de habitar en las nubes se escribieron libros como *En torno al casticismo*, *Radiografía de la pampa* o *El laberinto de la soledad*, palacios de la memoria histórica por los que logró transitarse con más certeza que en la mediocre vida misma, quimeras intelectuales derivadas de una "psicología de los pueblos" justamente tenida por sospechosa que se transformaron, al fin, en *De Alemania*, es decir, en historia universal.

Pero la explicación del carácter nacional, como lo vio bien Gaos, invitaba a la acción, lo cual, vista la historia de los intelectuales durante el siglo XX, no era necesariamente una buena idea ni una filantropía digna de aplauso. El caso es que tras escribir *El laberinto de la soledad* y en el curso de los años

[99] Paz, *Obras completas, VIII. Miscelánea. Primeros escritos y entrevistas, op. cit.*, p. 238.

[100] Jorge Mañach, *La crisis de la alta cultura en Cuba. Indagación del choteo*, Universal, Miami, 1991, p. 41.

[101] Heinrich Heine, *De l´Alemagne*, edición de Pierre Grapin, Gallimard, París, 1998, p. 428.

sesenta y setenta, Paz fue de los que tuvieron que decidirse. A esa decisión se le ha llamado de diversas maneras: responsabilidad socrática del educador, compromiso, negativa a darle el brazo a torcer a la traición de los clérigos. Tuvo que decidir Paz si se quedaba en el hospital unamunesco descrito por Ortega y Gasset, donde convalecían el español africanizándose o el propio Martínez Estrada que se enfermó de la piel mientras gobernó Perón o el acomplejado o relajiento mexicano, atacado de complejos graves de inferioridad neurótica. Se quiso quedar Paz, en el hospital, a curar a los enfermos, sin saber bien a bien si se quedaba de guardia, de enfermero, de médico en jefe, de radiólogo. Pero se quedó y decidió hacerlo porque confiaba en los poderes curativos manifiestos en *El laberinto de la soledad*. Tenía, además, que continuar con la narrativa del héroe y el mito, transformadas, en el tiempo de Freud, en una terapéutica.

Entrando los años sesenta, la Revolución cubana sustituyó a la Revolución mexicana como acontecimiento de redención. Con la fiebre generacional que tendría su clímax en 1968, la filosofía de lo mexicano y *El laberinto de la soledad*, como su conclusión o réplica, entraron en un estado de latencia. Pero sería justamente la generación del 68 –incluyendo en ella a un Paz que se releía y se ponía al día con *Postdata*– la que colocaría a *El laberinto de la soledad* como el libro de cabecera. Parafraseando lo que se decía del psicoanálisis, la interrogación nacional, como género literario y filosófico, es la enfermedad que se propone curar.

No fue necesario que Paz se propusiese "mexicanizar" el mundo ni "mexicanizar" Europa porque apareció en un momento más o menos dichoso en que una parte del pensamiento europeo, desde Lawrence y su *Serpiente emplumada,* ansiaban esa mexicanización. Y la escuela internacional a la que Paz perteneció –*grosso modo*, el surrealismo– se mexicanizó en su madurez, antes de la Segunda guerra, cuando vinieron a México Artaud y Breton, y quienes los siguieron, una estela de pintores y artistas como Leonora Carrington, Péret, Remedios Varo, Wolfgang Paalen, José y Katy Horna, Buñuel mismo… Ello mientras Paz, joven poeta, publicaba sus primeras averiguaciones sobre lo mexicano en *El Nacional*. No es que México fuese entonces "un país surrealista" como se dijo y se sostuvo hasta el cansancio, a partir de un dicho bretoniano, sino que el surrealismo acabó por ser mexicanista. Ese doble movimiento –el surrealismo mexicanizándose y Paz volviéndose surrealista como consecuencia natural de esa mexicanización– colocó al poeta mexicano en una situación de privilegio que ya no abandonaría durante el resto de su vida. A la vez, interlocutor y traductor, mitólogo y mito él mismo, mucho de ello se lo debía Octavio Paz a *El laberinto de la soledad*.

CAPÍTULO 8

De la India a la India

Es el doble de sí mismo,
el joven que cada cien años vuelve a decir unas palabras,
    siempre las mismas,
la columna transparente que un instante se obscurece y
    otro centellea,
según avanza la veloz escritura del destino.
En el centro de la plaza la cabeza rota del poeta es una
    fuente.
La fuente canta para todos.

"Fuente" (1949) en *La estación violenta* (1958)

DÍA Y NOCHE DE BOMBAY

Este capítulo empieza y termina con un viaje a la India pero tiene por tema central al alumbramiento, en la ciudades de México y París, de Paz, de un poeta-crítico rodeado, mientras corrían los años del medio siglo, de algunos otros escritores ya plenamente modernos. Que, excéntricamente, Oriente sea el derrotero de una experiencia mexicana, es un regalo a cuenta del genio de Paz.

Uno de sus libros más hermosos, *Vislumbres de la India*, Paz lo comienza recordando aquel 1951 cuando cumplía seis años en París trabajando para la embajada de México, cita en el 9 de la Rue Longchamp. La "medianía" de su posición explicaba, según él, que sus superiores se hubiesen olvidado de él sin trasladarlo, como era costumbre diplomática, a los dos o tres años hacia otro destino. A él no le incomodaba, decía, ese olvido y en su "interior" lo agradecía porque escribía y exploraba París, "que es tal vez el ejemplo más hermoso del genio de nuestra civilización: sólida sin pesadez, grande sin gigantismo, atada a la tierra pero con voluntad de vuelo".[1]

Pero de París habrá de despedirse precipitadamente cuando, una mañana, el embajador, Federico Jiménez O'Farrill, lo llamó a su oficina para mostrarle el cable que ordenaba su traslado a Nueva Delhi, capital de la nación que habiéndose independizado en 1947, formalizaba sus relaciones diplomáticas

---

[1] Paz, *Obras completas, VI. Ideas y costumbres. La letra y el cetro. Usos y símbolos*, op. cit., p. 1061.

con México. Tanta importancia se daba al nexo que se había designado a un ex presidente de México, Emilio Portes Gil, que lo había sido entre 1928 y 1930, como primer embajador. Triste por dejar París y receloso de que a Torres Bodet le haya "desplacido particularmente" su participación como orador en el acto de los anarquistas españoles del 18 de julio de 1951, Paz acató el traslado.

"Me dolería calumniar a Torres Bodet", dice Paz al recordar una vez más a aquel "mexicano eminente" pero su suspicacia la alimentó el poeta a la postre suicida, cuando años después, "oí al mismo Torres Bodet hacer, en una comida, una curiosa confidencia". Recordando los casos de Reyes y Gorostiza en México, y los de Claudel y Saint-John Perse en Francia, Torres Bodet dijo que debería "evitarse a toda costa que dos escritores coincidan en la misma embajada".[2]

Paz se despide del belga Michaux, de la museógrafa indo-francesa Krishna Riboud, quien lo obsequia con un grabado de la diosa Durga, y de Kostas, que lo encomienda con Arjuna y recibe una buena noticia del embajador Portes Gil, quien, por cierto, era el presidente de México cuando los imberbes Paz y Bosch fueron a dar un par de días a la cárcel. Deseoso de aplazar su llegada a Nueva Delhi para conocer a La Esfinge, el ex presidente cita a su personal en El Cairo, para que toda la legación mexicana se embarque, en un barco polaco, rumbo a Bombay en el egipcio Port-Said.

Pero donde Paz pone, en sus recuerdos, clasicismo, las Elenas, en los suyos, meten el desorden fantástico-romántico. Cuenta Laura Helena que "llegado el día en que él se tenía que ir a la India, oí como un pistoletazo en su cuarto. Me espanté y entré sin tocar la puerta. Mi padre cuando se desesperaba, tenía la costumbre de darse golpes en la frente con la palma de la mano".[3]

Ocurría que Paz creía haber perdido el barco y Garro, siguiendo el tópico del marido turulato que carece de orientación y sentido práctico, arregla todo para que él vuele de París a Adén, hoy en Yemen. Parece que no fue así: Paz se encuentra en El Cairo con Portes Gil quien decide tomar el avión hacía Delhi mientras el poeta sigue el plan original y toma el *Battory,* "un barco alemán dado a Polonia como compensación de guerra" cuya vida animada a bordo le da miga a Paz para escribir una evocación deliciosa, que incluye a "un marajá de rostro monástico", a una antigua amiga del escultor Brancusi y a unas monjas polacas ignorantes de que se dirigían al vasto Oriente donde el cristianismo había fracasado una y otra vez. Durante la escala en Adén, uno de los nidos míticos de Rimbaud y puerto que daba título a la novela de 1930, hoy clásica, de Paul Nizan, Paz se prepara para adentrarse, al fin, en Bombay.

---

[2] *Ibid.*, p. 1063.

[3] Paz Garro, *Memorias, op. cit.*, p. 216.

"Llegamos a Bombay una madrugada de noviembre de 1951. Recuerdo la intensidad de la luz, a pesar de lo temprano de la hora; recuerdo también mi impaciencia ante la lentitud con que el barco atravesaba la quieta bahía", dice en *Vislumbres de la India*. "A medida que avanzaba nuestro barco", contínua Paz, "crecía la excitación de los pasajeros. Poco a poco brotaban las arquitecturas blancas y azules de la ciudad, el chorro de humo de una chimenea, las manchas ocres y verdes de un jardín lejano. Apareció un arco de piedra, plantado en un muelle y rematado por cuatro torrecillas en forma de piña. Alguien cerca de mí", un geólogo hermano del poeta Auden, "y como yo acodado a la borda, exclamó con júbilo: *The Gateway of India!*"[4]

Paz, al fin, no sólo miraba con sus propios ojos el Oriente salido de los libros ilustrados en la biblioteca del abuelo Ireneo, sino describía sus misterios. Tras superar la aduana, encontró un taxi, "que me llevó en una carrera loca a mi hotel, el Taj Mahal", edificado por mala interpretación de los ingenieros indios, de espaldas al mar, "acto fallido" que mucho le dice sobre "la negación inconsciente de Europa". El hotel mismo le fascinó. Cuenta que "un servidor de turbante e inmaculada chaqueta blanca me llevó a mi habitación", donde se puso, a su vez, su propia camisa blanca para bajar "corriendo la escalera y me lancé a la ciudad" donde lo esperaba "una realidad insólita". Sigue una enumeración caótica de Bombay a la que habría que contar entre sus poemas en prosa más intensos.[5]

"Al anochecer regresé al hotel, rendido", sigue Paz. "Cené en mi habitación pero mi curiosidad era más fuerte que mi fatiga y, después de otro baño, me lancé de nuevo a la ciudad. Encontré muchos bultos blancos tendidos en las aceras: hombres y mujeres que no tenían casa. Tomé un taxi y recorrí distritos desiertos y barrios populosos, calles animadas por la doble fiebre del vicio y del dinero. Vi monstruos y me cegaron relámpagos de belleza", cuenta Paz y habla de las "putas pintarrajeadas y gitones con collares de vidrio y faldas de colorines".[6]

"Tomé otro taxi y volví a las cercanías del hotel. Pero no entré; la noche me atraía y decidí dar otro paseo" que lo llevó a sentarse al pie de un gran árbol, "estatua de la noche", para intentar el resumen de aquella larga jornada en Bombay. "¿Qué me atraía? Era difícil responder: *Human kind cannot bear much reality*", dice Paz, dado a ofrecer una respuesta inmediata cuando comparte sus preguntas y explica, casi cuarenta y cinco años después, que su "repentina fascinación" por la India no era insólita. Como Michaux, que así tituló su cuaderno de viaje en 1933, Octavio era un bárbaro en Asia: "en aquel tiempo era yo un joven poeta bárbaro. Juventud, poesía y barbarie no

---

[4] Paz, *Obras completas, VI. Ideas y costumbres. La letra y el certro. Usos y símbolos, op. cit.*, p. 1066.

[5] *Ibid.*, pp. 1067-1068.

[6] *Ibid.*, p. 1069.

son enemigas: en la mirada del bárbaro hay inocencia, en la del joven apetito de vida y en la del poeta hay asombro".[7]

Al día siguiente, Paz llamó a la escritora Santha Rama Rau y a su marido Faubion Bowers, autor políglota de una vasta obra de orientalista, a quienes había conocido en el *Battory;* le invitaron una copa y lo mandaron a visitar la isla de Elefanta a rendirle honores a Shiva y Parvati. Ella, la diosa, es un "chorro de agua" convertido "en una esbelta muchacha que es la primavera misma" cuyo siguiente avatar se le presentará a Paz después, en Marie José, el amor de su vida.

La semana siguiente tomará el tren rumbo a Delhi, travesía que lo llevará... a México. "Aquel viaje interminable, con sus estaciones llenas de gente y sus vendedores de golosinas y chucherías", la monotonía en la inmensidad, provocó, en el hombre que acababa de publicar *El laberinto de la soledad*, "la aparición de imágenes olvidadas de México. La extrañeza de la India suscita en mi mente la otra extrañeza, la de mi propio país".[8]

Acaban de ocurrir las matanzas de 1947 por la partición de la India entre los hindúes y los musulmanes, a la orilla del ferrocarril, lo cual le recordó aquel viaje de infancia, a los Estados Unidos, que acaso no fue a Los Ángeles, sino como dice en *Vislumbres de la India,* a San Antonio, Texas, donde su padre también estuvo exiliado. Su madre, doña Josefina, dice Paz, durante aquel viaje en tren con escolta militar, "tenía la obsesión de los ahorcados, con la lengua de fuera y balancéandose colgados de los postes del telégrafo a lo largo de la vía". No fue esa la primera vez que Octavio veía colgados: con salir de la capital, hacia Puebla, era ordinario toparse con ellos. Pero "al llegar a un lugar en donde había combatido, hacía poco, una partida de alzados con las tropas federales, me cubrió la cara con un movimiento rápido de la mano mientras que con la otra bajaba la cortinilla de la ventanilla. Yo estaba adormecido y su movimiento me hizo abrir los ojos: entreví una sombra alargada, colgada de un poste".[9]

No John Milton, sino López Velarde –"porque el tren va por la vía/ como aguinaldo de juguetería"– era quien lo había conducido de Bombay a Delhi, ciudad que pese a haber sido "planeada y construida en unos pocos años", como Washington, le pareció también fabulosa, hecha de "imágenes más que de edificios", propia de Victor Hugo, Walter Scott o Alexandre Dumas. Pero Paz tenía que abrir la embajada de México y casi no pudo salir de la "isla diplomática", esta vez instalada en el Hotel Imperial de Nueva Delhi, donde el prospecto de embajada de México, encarnado en el poeta y en su superior el consejero Luis Fernández MacGregor, se había instalado.

---

[7] *Ibid.*, p. 1070.

[8] *Ibid.*, pp. 1072-1073.

[9] *Idem.*

Tan pronto como puede, Paz le escribe a Reyes. Lo hace sin el lirismo recuperado cuarenta años después en *Vislumbres de la India* y sin esa primera impresión poética grabada en "Mutra", su primer poema indio, que aparecerá en *La estación violenta* (1958). A petición expresa de don Alfonso, Paz se sincera con él y le confirma su deseo de retornar, prolongando su "estancia en la India un año más y lograr mi regreso a México para marzo o abril de 1953" pues desea "aprovechar un poco esta experiencia oriental y conocer algo del país (especialmente el sur y los grandes templos medievales, como Konarak y Bhuvaneshwar, que sólo se pueden visitar en invierno". Quiere ascender, le dice a Reyes quien solía abogar sin mayor éxito por Paz ante el implacable canciller Manuel Tello Barraud, a primer secretario de embajada y luego a consejero "y salir nuevamente". Planea que no sólo Reyes sino el embajador Portes Gil, quien se ha ofrecido hablar de ello hasta con el presidente de la República, lo respalden en ese ascenso.

En el verano, además, Paz planea refugiarse en Cachemira para trabajar en una colección de ensayos, la mayoría ya escritos o publicados, que serán, al final de la década, *Las peras del olmo*. Y le cuenta a Reyes que tiene listo "un pequeño libro sobre la poesía" que no se atreve a llamar "poética" que será, muy poco tiempo después, un libro impresionante, *El arco y la lira*, destinado, fatalmente, a competir con la "retórica" del propio Reyes, *El deslinde. Prólegomenos a la teoría literaria*, aparecido en 1944.[10]

En la siguiente carta a Reyes, Paz agradece con entusiasmo el envío de la *Ilíada* alfonsina, cuyos alejandrinos le han permitido defenderse del calorón de mayo en Nueva Delhi. Hablando de la escritura de "Mutra" abre un largo paréntesis: "El calor, lo caliente: palabras que aquí tienen una dimensión devastadora, omnipresente y, me parece, maléfica. El país, contra lo que creía, es seco y desierto. Y lo peor es que pasa lo mismo con la gente. Temo ser injusto, pero el calor le ha chupado el alma. El calor y los ingleses. Por dentro, ¡qué aridez! Y qué gente tan vana y tan seria y sin sentido del humor! Las mujeres son en general hermosas pero huecas. Les falta la llama fresca de la sensualidad y la alegría. ¡Y eso en el país del tantrismo y los templos eróticos y el culto a Shiva!"[11]

Y le da a Reyes la noticia de que su estancia en la India no pasará de los seis meses: "Dentro de diez días salgo para Tokio. Voy como encargado de negocios allí. Es mi primera misión de responsabilidad. Estoy muy contento y procuraré hacerlo bien. Nunca me pareció malo el cambio a la India. Y hasta me ha traído suerte. Portes Gil, además, fue buen jefe",[12] lo cual contrasta con lo que Paz nos contaba, a la vez divertido y aquejado de vergüenza

---

[10] Reyes/Paz, *Correspondencia (1939-1959), op. cit.*, pp. 173-175.

[11] *Ibid.*, pp. 180-181.

[12] *Ibid.*, p. 182.

ajena retrospectiva, en las reuniones de *Vuelta*, que aquel ex presidente, apenas resignado a su exilio diplomático, violentaba sin fin el protocolo, ante la desesperación de sus subordinados. En las comidas se cambiaba de lugar en la mesa buscando la compañía del embajador de la Argentina, al cual deseaba hacer su compadre. Paz fue un diplomático discreto, sin mayores ambiciones que las del bienestar que le permitiría escribir gracias al tiempo que en aquel entonces ofrecía el servicio exterior. Pero cumplía, estricto, con sus deberes porque creía en la legitimidad internacional del régimen de la Revolución mexicana.

Paz termina esa carta a Reyes, del 13 de mayo de 1952, lamentando que el nuevo traslado lo sorprenda mientras copiaba el tercer capítulo de lo que será *El arco y la lira*. Y en otra, dirigida a Jean-Clarence Lambert, con quien preparaba las primeras traducciones al francés –poesía y prosa– de su obra, Paz le informa de la ignorancia absoluta de los indios de todo aquello que no sea cultura inglesa. Y le ofrece un apretado resumen de su primera impresión de la India, distante del entusiasmo retrospectivo de *Vislumbres de la India* o de la alegría absoluta vivida allí en los años sesenta: "De todos modos le diré que, en efecto, la India es un 'país misterioso', como dicen las agencias de turismo. Pero ese misterio escapa a las definiciones y, acaso, al lenguaje mismo. Es un misterio –exactamente como los verdaderos misterios de la antigüedad– que no se da a quien no está dispuesto a perderse." A la India, como quizá al México de *El laberinto de la soledad*, hay que entregarse sin la certeza de la "comprensión intelectual" pues ésta nos aleja del misterio y sí, "la India entonces se reduce a un 'país problemático': castas, miseria, hambre, tendencias políticas, etc. Temo que la India deje de ser país misterioso y se convierta en país problemático, como China, México y el resto de las naciones que han decidido dar la espalda a la Antigüedad".[13]

En *El laberinto de la soledad*, tras analizarla y de alguna manera decirle adiós amorosamente a nuestra propia antigüedad, ¿Paz había votado porque México le diera la espalda? Era demasiado temprano para saberlo. En Tokio, a donde llega la tarde del 5 de junio de 1952, no tuvo mucho tiempo de reflexionar sobre esa otra antigüedad perdida, colapsada o subterránea, que era la del Japón. Se le había acabado, por unos largos y amargos meses, la buena suerte.

---

[13] Paz, *Jardines errantes. Cartas a J. C. Lambert 1952-1992*, liminar de J. C. Lambert, Seix Barral, Barcelona, 2008, p. 2.

ATRAPADOS EN TOKIO

El episodio japonés fue breve y doloroso. Es bien conocido. Paz llegó orgulloso pues le tocaba abrir la embajada mexicana, cerrada desde que México le declarase la guerra al Eje el 28 de mayo de 1942. Encargado de negocios *ad interim*, Paz es recibido no sólo por las autoridades, sino por la Sociedad Japonesa de Amigos de México y un funcionario de la legación de Suecia, que era la que se había hecho cargo de los asuntos mexicanos tras la ruptura diplomática. Le entregó días después sus cartas credenciales al canciller Okazaki, se instaló en el Hotel Imperial de Tokio y de inmediato le escribe un primer informe a Tello, del sorprendente estado de bienestar general pues "no se ven mendigos" y "la gente parece sana y alegre". Ha encontrado, le dice al canciller, que "no se percibe odio al extranjero, ni se ven los rostros crispados tan frecuentes en las ciudades europeas. Tampoco nada que recuerde la atroz miseria de la India –ni la reserva y desconfianza, casi siempre enmascarada de autosuficiencia de la burocracia hindú".[14]

Encuentra en el Japón "muy americanizada a la juventud" pese (o debido) a la ocupación militar estadounidense. "En ningún país es tan profunda y visible la influencia de las maneras y costumbres de nuestros vecinos. La actitud de los americanos me parece correcta, aunque, como siempre, un poco despreocupada".[15]

Minutos después de terminado su informe, según relata Andrés Ordóñez, Paz recibe un cable con el anuncio de que México ya ha nombrado un embajador en el Japón, sin avisarle al recién llegado encargado de negocios. Pese a la sentencia de Torres Bodet, habría otra vez dos poetas en una embajada: el propio Paz y el nuevo embajador, el antiguo estridentista Manuel Maples Arce (quien lo había incluido, comparándolo con Apollinaire, en su *Antología de la poesía mexicana moderna*, publicada en Roma, en 1940), perteneciente a esa efímera vanguardia mexicana a la que el poeta-crítico nunca le concedió mayor importancia.

Antes de la llegada en barco de las dos Elenas, que dejan de mala gana París y tropiezan, como es habitual, con toda clase de obstáculos para salir y llegar a su nuevo destino, Paz, según un testimonio recogido por Sheridan, "disfruta de pequeños goces. Un amigo le presta una pequeña casa de papel en Kaziguara, a una hora de Tokio, donde se refugia los fines de semana a escribir. Luego del viaje en tren, tiene que caminar otra hora hasta la casita. Ahí una doméstica llamada Akiko le cocina arroz y le hierve pescado. La primera noche que pasó en la casa, la mujer le prepara un baño. Paz se mete en su cubo de madera lleno de agua caliente y luego, sorprendido, ve

---

[14] Citado por Ordóñez, *Devoradores de ciudades*, *op. cit.*, pp. 226-227.

[15] *Idem.*

entrar a Akiko, semidesnuda, con un hisopo de hierbas en mano, lista para propinarle un masaje".[16]

De ese medio año en Japón sacó un provecho literario que, como era frecuente en él, lo vincularía a otras personas y generaciones. Paz había conocido a Keene, el legendario orientalista, en casa de los Bowers (Faubion y Santha Rama Rao, la amistad hecha en el *Battory* rumbo a Bombay) en Nueva York, en diciembre de 1956. Días después, en casa de otro amigo común, Paz, Keene y Victoria Ocampo, directora y dueña de la revista, planearon el número 249 de *Sur* dedicado a la literatura japonesa moderna a fines de 1957, posterior a "Tres momentos de la literatura japonesa" (1954) aparecido, en *Las peras del olmo*. En su introducción a *Sur*, Paz se pregunta por qué el creativo nacionalismo literario japonés no ha sido imitado.[17]

En 1957 publicará, en México, *Sendas de Oku*, la primera traducción a una lengua occidental de Matsuo Basho, el gran poeta japonés del siglo xvii, versión realizada con el hispanista y diplomático japonés Eikichi Hayashiya. Después, en la época de *Plural,* compartirá esa pasión japonesa con Kazuya Sakai, el diseñador y artista argentino-japonés y más tarde se la heredará al poeta Asiain, secretario de redacción de *Vuelta* durante quince años y quien poco después de la muerte de Paz se fue a vivir al Japón, como diplomático y profesor.

Tres minutos de recogimiento le dedicó Paz en Basho An a "la diminuta choza sobre la colina de pinos y rocas en las inmediaciones del templo Kampuji, cerca de Kioto, donde vivió Basho una temporada, reconstruida un siglo después por Buson –al verla me dije: 'no es más grande que un haikú' y compuse estas líneas que clavé mentalmente en uno de los pilares: 'El mundo cabe/ en diecisiete sílabas,/ tú en esta choza'".[18]

"Poco a poco", le escribía a Lambert, "penetro en el mundo japonés. He leído un admirable y poético libro de cuentos de Soseki (¡qué extraño reencontrar a los románticos alemanes en un autor profundamente japonés!) y una sátira bastante más violenta que la de Orwell, de un poeta que se suicidó en 1927: Akutagawa"[19], uno de cuyos cuentos,"En el bosque", es el *Rashomon* filmado por Akira Kurosawa en 1950.

Poco duró el "recogimiento" del poeta en el Japón y menos aún la "felicidad burocrática" que aquel ascenso a encargado de negocios, aunque fuese interino, significaba para Paz. El 30 de julio de 1952 le pide auxilio a Reyes: "Don Alfonso: ¿podría usted hablar con Tello y explicarle que no me alcanza

---

[16] Sheridan, *Poeta con paisaje, op. cit.*, p. 454.

[17] Paz, *Jardines errantes. Cartas a J. C. Lambert 1952-1992, op. cit.*, p. 105; Paz, "Introducción", *Sur*, núm. 249, Buenos Aires, noviembre–diciembre de 1957, pp. 1-2.

[18] Paz, *Obras completas, IV. Los privilegios de la vista. Arte moderno universal. Arte de México, op. cit.*, p. 35.

[19] Paz, *Jardines errantes. Cartas a J. C. Lambert, op. cit.*, p. 14.

el sueldo?" Y tras citar aquello de Rubén Darío del " 'vasto dolor y cuidados pequeños' de que está tejida toda vida" le relata que vive "en un hotel con mi familia. Aunque es el mejor de Tokio, nos devoran los mosquitos (para no hablar de los precios: 24 dólares diarios por toda la familia –tres personas–, sin contar las comidas y demás […] En fin, ruina para la bolsa, desgaste en los nervios y mal sabor, que ya empieza de verdad a amargarme, en la boca".[20]

Para el 29 de septiembre, la situación es desesperada y Lambert y su esposa Lena, reciben las siguientes líneas de Paz: "Perdonen el laconismo. Pero atravieso por uno de los momentos más duros de mi vida. Helena está gravemente enferma. Aquí no veo la manera de curarla. Hemos pedido el cambio a Suiza, donde deberá hospitalizarse inmediatamente (se trata de algo en la columna vertebral y en el nervio de la espina). Aguardo *sin muchas esperanzas* la respuesta de México. Vivimos en un hotel y la vida no puede ser más desagradable y espantosa".[21]

Días antes, el 19 de septiembre, el doctor Suichi Fukase, director del Hospital Hibaya de Tokio, expide un certificado médico, que consta en el expediente diplomático de Paz, donde advierte que el padecimiento de la señora Garro "no es simplemente de los pulmones o de las vértebras, sino es una enfermedad del nervio espinal: Mielitis" y aconseja el traslado urgente de la paciente: "Por el mal que sufre la paciente, existe el peligro de que sin atención médica adecuada, su estado se agrave e incluso sobrevenga una parálisis completa. Por tanto no debe seguir viviendo en el Japón, considerándose necesario que se traslade inmediatamente a algún sitio alto, como Suiza, para someterse a una climaterapeútica prolongada."[22]

A sus casi catorce años, Laura Helena relata los hechos, en sus *Memorias*, ofreciendo una visión que es y no es la del Japón en el que sufrían sus padres. Narra los infortunios de la familia –apenas llegadas madre e hija, Paz se descalabra cayéndose tres pisos de un balcón– mientras ella se presenta como la protagonista secreta e ignorada que va y viene entre las fiestas del embajador de los Estados Unidos, Robert D. Murphy, con cuyos hijos hace buenas migas y recorre, con su kimono, los pasillos de un Hotel Imperial, diseñado por Frank Lyod Wright, que para ella es un castillo donde su padre se ha transformado en un ogro y su madre, casi en un cadáver. Pero aparece para protegerla una suerte de mago, nada menos que el joven y apuesto Yukio Mishima, ya célebre novelista, quien alquilaba una habitación en el hotel para escribir. Laura Helena se las arregla para festejar la única obra común exitosa que acometían sus padres en aquellos aciagos días: eran una pareja

[20] Reyes/Paz, *Correspondencia, 1939-1959, op. cit.*, p. 189.

[21] Paz, *Jardines errantes. Cartas a J. C. Lambert, op. cit.*, p. 22.

[22] Citado por Ordoñez, *Devoradores de ciudades, op. cit.*, pp. 228-229.

invencible jugando al póker, lo cual acrecentaba la menguada renta familiar con algunos dólares inesperados y muy bienvenidos.[23]

Según ella, Paz no creía en la gravedad de los síntomas de Garro hasta que Laura Helena pidió auxilio a la recepción del hotel, provocando que Paz, furioso, la golpease con el teléfono en la frente. El incidente precede a la aparición milagrosa del doctor Fukase, que pone en orden a la familia e inyecta a la enferma coramina, un poderoso estimulante glucosado del sistema nervioso.[24] Parece ser que Elena había reaccionado de manera casi fatal a la vacunación previa, inoculada de manera irresponsable ("vacunas puestas a lo loco") a la que había sido sometida para cumplir con los requisitos sanitarios para viajar desde Francia hasta el Japón.[25]

Paz estaba perdiendo la cabeza, según su hija, quien lo reporta maltratando a algunos de sus empleados locales y en esa circunstancia escribe "¿No hay salida?", uno de sus poemas más desesperanzados, incluido en la edición de 1960 de *Libertad bajo palabra*.

La situación era desesperada, al grado de que intervino el recién llegado embajador Maples Arce. Le envía al canciller Tello un telegrama urgente, "manifestándole que, en virtud de la gravedad del cuadro de la señora Garro, se dirigirá directamente al Presidente de la República para solicitarle el traslado urgente del segundo secretario Octavio Paz a alguna de las representaciones de México en Suiza y le solicita su apoyo en tal gestión. Manuel Tello le contesta en cifrado reconviniéndolo" por haber molestado "al señor presidente con un asunto que podía ser resuelto en la cancillería". [26]

El 23 de septiembre Maples Arce, según consigna Ordoñez, defiende el caso de los Paz con un "detallado telegrama rebosante de disciplinada pero muy firme gentileza" amparándose en el diagnóstico del médico japonés, defendiendo la opción de Suiza como la mejor alternativa, por la "amplia gama de hospitales que atendían a los pacientes de mielitis" y por ser un destino diplomático adecuado para las necesidades económicas y las capacidades profesionales de Paz.[27]

Aunque nunca se refirió a su intervención en su salida del Japón, en el prólogo de *Poesía en movimiento*, su antología de 1966, Paz reconoció en Maples Arce a "un auténtico vanguardista" que dejó "algunos poemas que me impresionan por la velocidad del lenguaje, la pasión y el valiente descaro de las imágenes", agregando que era "imposible desdeñarlo, como fue la

---

[23] Paz Garro, *Memorias*, *op. cit.*, p. 270.

[24] *Ibid.*, pp. 259-260.

[25] Rosas Lopátegui, *Testimonios sobre Elena Garro*, *op. cit.*, p. 200.

[26] Ordoñez, *Devoradores de ciudades*, *op. cit.*, p. 229.

[27] *Ibid.*, p. 230.

moda hasta hace poco".[28] El propio Maples Arce, en *Mi vida por el mundo* (1983) recordará las sobremesas que él y Paz compartían, pese a la adversidad.[29] Y Garro, como es habitual en ella cuando se trata de las personas avenidas a ayudarla, cubre de insultos a Maples Arce y a su esposa. Laura Helena atribuye la salvación de su madre a que ésta se la pidió al mismísimo presidente de México, en un telegrama muy gracioso.[30]

Las Elenas mandaron empacar sus antigüedades adquiridas en Oriente y salieron rumbo a Europa, el 2 de octubre, en una línea aérea escandinava donde le acondicionaron a Garro una cama. Hicieron escala en Rangún, Karashi y El Cairo, atravesaron un tifón y llegaron a Roma. Allí recibieron a los Paz, aliviados los tres de haber dejado atrás la pesadilla japonesa, el pintor Juan Soriano y Diego de Mesa, que por entonces vivían cerca de la Piazza di Spagna. Turisteando, padre e hija, debaten sobre la Roma cristiana y la Roma pagana.

El 23 de noviembre, la familia llega a Berna, donde Paz encuentra acomodo en la embajada hasta que a principios de 1953, el canciller Padilla Nervo, que ya tiene, para alivio de Paz al poeta Gorostiza como subsecretario, acuerda el traslado de Paz a la delegación de México ante los organismos internacionales de la ONU en Ginebra.

Paz le cuenta, desde Berna, a Lambert que su "infección en el ojo derecho" (no era la primera perrilla padecida) le ha impedido escribir y trabajar durante diez días pero se pone al día revisando las versiones que su traductor le propone en lo que debería ser y no fue un primer libro antológico de Paz, con ensayos y poemas, en francés. El poeta, de consuno con su esposa, ya se siente con fuerzas para aconsejar a Lambert respecto a la grave crisis conyugal por la que éste atreviesa.[31] Y por el lado de Garro, tras el duro tratamiento con cortizona recibido contra la mielitis, logra escribir, durante un mes y aliviada por una serie de curas de sueño, su primera novela, *Los recuerdos del porvenir*, publicada más de diez años después y precursora del realismo mágico. "Guardé la novela en un baúl", le contará a Carballo en 1980, "con algunos poemas de amor a Adolfo Bioy Casares, el amor loco de mi vida y por el cual casi muero…"[32]

"Llegamos a Ginebra en primavera", recuerda Laura Helena. "Las relaciones entre mis padres habían empeorado mucho. Yo no sabía por qué, pero

---

[28] Paz, *Obras completas, III. Generaciones y semblanzas. Dominio mexicano. Sor Juana Inés de la Cruz o las trampas de la fe, op. cit.*, p. 148.

[29] Manuel Maples Arce, *Mi vida por el mundo*, Universidad Veracruzana, México, 1983, p. 143.

[30] Rosas Lopátegui, *Testimonios sobre Elena Garro, op. cit.*, p. 203; Paz Garro, *Memorias, op. cit.*, p. 286.

[31] Paz, *Jardines errantes. Cartas a J. C. Lambert 1952-1992, op. cit.*, pp. 26-33.

[32] Rosas Lopátegui, *Testimonios sobre Elena Garro, op. cit.*, pp. 203 y 203n; Emmanuel Carballo, *Protagonistas de la literatura mexicana*, SEP; México, 1986, p. 504.

él hacia siempre lo contrario de lo que nosotros queríamos. El viaje en barco a Asia me había unido mucho a mi madre", agrega.[33] Las Elenas, cuando la hija entra en la adolescencia, empiezan a desarrollar lo que Paz describirá, en privado, como una *folie à deux*, a partir de una opinión sobre el caso de su amigo Cornelius Castoriadis, teórico marxista y además psicoanalista.[34]

Más allá de la exactitud del diagnóstico, la tempestad entre marido y mujer se convertirá, a lo largo de la década, en una tormenta entre padre e hija. En Ginebra, Laura Helena se reencuentra con el círculo de amigos de su madre quienes insistían, arribistas y ociosos, según Paz, en desclasarla y en ilusionarla con una vida de gastos desmedidos, frivolidades y colegios de élite ajenos al verdadero nivel socioeconómico de un diplomático mediano en Europa. Finalmente –pues era motivo de mucha tensión– se inscribió a Laura Helena en un liceo en Annemasse, para el cual tiene que cruzar a diario la frontera franco-suiza.[35]

Laura Helena concede que "no siempre había pleitos. Mi padre, ya lejos de Oriente y de sus problemas económicos, se puso a leer los Sutras, la filosofía budista, los poetas chinos y japoneses" y lo hacía, según su hija, siguiendo una costumbre que ella recordaba desde París y no dejaba de asombrarla. Paz buscaba la compañía de su familia y mientras las Elenas charlaban, lo cual no le molestaba, se llevaba al salón sus lecturas "y acomodaba los libros en un montón enorme, junto a su sillón, los tomaba y, uno por uno, hojeaba dos o tres páginas y exclamaba en voz alta. –¡Leído! Sólo si le gustaba mucho un poema del libro que estaba 'leyendo', nos lo repetía en voz alta dos o tres veces. –¡Qué maravilla es Li Po!– exclamaba, y tomaba otro libro". Laura Helena, "por temor a irritarlo" nunca se atrevió a inquirirlo sobre su manera de leer y cuando trataba el asunto con su madre, ella siempre le respondía lo mismo: "Es que tu papá es un ser muy raro."[36]

A Ginebra empiezan a llegar los amigos de París a compartir con el poeta que, como bien registra su hija, comienza a digerir su experiencia literaria en Oriente. Lambert, pasa temporadas completas con los Paz y a las visitas de Kostas, festejadas por todos, se agrega la del cuentista fantástico y poeta Mandiargues, amigo de los años surrealistas de la posguerra, quien en 1958 dirá que el mexicano "es el único gran poeta surrealista activo en el mundo moderno, en el que los demás han dejado de lanzar llamas y fuego".[37]

Ese otro André, nacido en 1909 y más importante en la vida privada de Paz que Breton, pasa por Ginebra con su muy hermosa esposa, la pintora

---

[33] Paz Garro, *Memorias, op. cit.*, p. 292.

[34] CDM, Conversación con Marie José Paz, 17 de marzo de 2014.

[35] Paz Garro, *Memorias, op. cit.*, p. 293.

[36] *Ibid.*, p. 296.

[37] André Pieyre de Mandiargues, *Aigle ou Soleil? NRF*, París, núm. 62, febrero de 1958, reproducido en Fabienne Bradu y Philippe Ollé-Laprune, *La patria sin pasaporte*, FCE, México, 2014.

Bona Tibertelli de Pisis. Paz se prenderá de ella desde esa fecha(o desde antes, en 1948, cuando la habría visto por primera vez), siendo ella la que cortará, pero hasta 1959, el nudo gordiano que lo unía con Elena. En esos días, el 6 de julio de 1953, Paz le escribirá a Lambert: "Todavía *no conozco* una tentativa amorosa que haya terminado bien. Acaso la esencia del amor consista en un breve choque y luego la separación, la muerte o la lenta transformación del amor en odio mutuo."[38]

"Aquí me aburro un poco, y siento la doble nostalgia de Oriente y México", le escribe Paz a Reyes, desde Ginebra, el 22 de marzo de 1953. El único asunto político que preocupa a Paz es el arresto de Victoria Ocampo por casi un mes en la Argentina, víctima de la tiranía peronista. El 15 de abril habían estallado unas bombas cerca de la Casa Rosada, en Buenos Aires, mientras Juan Domingo Perón daba un discurso y el peronismo acusó a los intelectuales de *Sur* de estar detrás el terrorismo. Alarmado Bianco le escribió a Paz pidiendo la solidaridad de los amigos, a través del Congreso por la Libertad de la Cultura, dirigido entonces por Denis de Rougemont y pidiéndole a Reyes (vía Paz) que moviese sus influencias, para que en caso de ser necesario la embajada de México en la Argentina estuviese alerta para proteger a Bianco, Bioy Casares, Borges y a las hermanas Victoria y Silvina Ocampo. Según Paz, Garro estaba muy preocupada y ella fue quien sugirió a Bianco que se asilará con los mexicanos. Nada de eso, por fortuna, fue necesario.[39] Yo creo que la escena se quedó en la mente de Garro, quien desquiciada en el otoño de 1968, tomará, quizá, algunos elementos de las persecusiones contra los de *Sur*, invirtiendo la trama para acusar a los intelectuales mexicanos de terrorismo contra el gobierno y asilarse ella misma, como lo pretendía fantasiosamente.

El regreso a México, discutido y anhelado en la correspondencia previa con Reyes, llegará, al fin, cuando el 18 de agosto de 1953, el nuevo canciller Luis Padilla Nervo aprueba su traslado a la Ciudad de México como subdirector de organismos multinacionales. Al año siguiente, el presidente Adolfo Ruiz Cortines asciende sorpresivamente a todos los directores generales de la Secretaría de Relaciones Exteriores al rango de "enviados extraordinarios y ministros plenipotenciarios" lo que facilitará que Paz, saltándose un escalafón, pueda ser en unos años embajador.[40]

Al inesperado ascenso diplomático se agrega su despido como becario, en 1954, de El Colegio de México, la antigua Casa de España cuyas puertas fueron abiertas para los intelectuales republicanos desterrados. Paz, con otros escritores, como Cernuda, Juan José Arreola, Alí Chumacero, Cardoza y Aragón, Augusto Monterroso, Marco Antonio Montes de Oca,

---

[38] Paz, *Jardines errantes. Cartas a J. C. Lambert 1952-1992*, *op. cit.*, p. 52; Sheridan, "Un amor de Paz (Elevación)", *Letras Libres*, núm. 190, México, octubre de 2014, p. 110.

[39] Reyes/Paz, *Correspondencia 1939-1959*, *op. cit.*, pp. 201-204.

[40] Ordoñez, *Devoradores de ciudades*, *op. cit.*, p. 232.

Rossi, Rulfo y Segovia, gozaba de ese estipendio de 600 pesos mensuales hasta que Cosío Villegas sustituyó a Reyes como director de El Colegio de México, quedando don Alfonso sólo como presidente honorario. El apoyo había sido solicitado por Paz para redactar *El arco y la lira*; el asunto no se ventiló sino diez años después, cuando tras la muerte de Cernuda, Paz lamentó que el poeta sevillano hubiese sido cortado del presupuesto, como él. En la *Revista de la Universidad*, octubre de 1963, Cosío Villegas contestó lamentando "la vanidad patólogica" de Paz y éste replicó señalando la pequeñez y la desmesura del historiador, amigo de las grandes obras y fanático de los problemas fútiles. La comunión de ambos, tras 1968, en la urgencia de la democratización del país, hizo que Paz le pidiese a Cosío Villegas que colaborase no sólo en *Excélsior,* sino en *Plural* como lo hizo, publicando allí sus últimos artículos don Daniel, a cuya muerte, en abril de 1976, el poeta homenajeó con un largo ensayo, "Las ilusiones y las convicciones". Empero, la herida nunca cerró del todo y Paz, en los tiempos de *Vuelta*, recordaba cada vez que podía el "odio a la literatura" de Cosío Villegas aunque respaldaba el entusiasmo de Zaid y Krauze por las ideas y las obras del historiador liberal.[41]

EL REGRESO DE LA SAGRADA FAMILIA

La "sagrada familia", como se le conocerá antes de disolverse en esos años cincuenta que reciben a Paz con avidez, regresa a México en un barco alemán hasta Nueva York donde toman el tren. "Padre, madre e hija formaron una trinidad deslumbrante", cuenta Elena Poniatowska.[42] Años después Bianco retratará al singular trio, transformado, en su única novela, *La pérdida del reino* (1978).[43] Ante las entonces usuales recepciones multitudinarias en la estación de trenes, Garro se encuentra a su avejentada familia tan empobrecida que los recién llegados han de socorrerlos y "gordísima" a su odiada suegra, doña Pepa, a la cual acusará después de haber ahorcado al Moshi-Moshi, un gato rumano que se trajeron de polizonte desde Ginebra y el cual fue una grata compañia para Paz durante la travesía trasatlántica. A Laura Helena la inscriben en el Liceo Franco Mexicano, de Polanco, y alquilan un departamento en un edificio redondo, en efecto horrible como recuerda Garro, en la esquina de Insurgentes y Viaducto Miguel Alemán, en el Distrito Federal.[44]

---

[41] Perales Contreras, *Octavio Paz y su círculo intelectual, op. cit.*, p. 80; Bartra, "¿Octavio Paz vs. Cosío Villegas?", en el blog de *Letras Libres*, agosto 29 de 2007.

[42] Elena Poniatowska, *Las siete cabritas*, ERA, México, 2000, p. 123.

[43] Sheridan, "Concordia. Las cartas de Octavio Paz a José Bianco", *Cuadernos Hispanoamericanos,* núm. 767, Madrid, marzo de 2014.

[44] Rosas Lopátegui, *Testimonios sobre Elena Garro, op. cit.*, p. 206.

Como diplomático en casa, Paz podrá, al fin, trabajar con sus pares. Si en Ginebra había resuelto "el envío urgente de unos técnicos para curar una epidemia en el ganado mexicano", en marzo de 1956 asistirá como delegado a una conferencia internacional sobre preservación de recursos naturales en Ciudad Trujillo, el ambiente en la SRE es más estimulante que nunca, al lado de Gorostiza, llamado por sus empleados "le poet Gorostièt" en recuerdo a que así lo llamaba Artaud, cuando anduvo en México a mediados de los años treinta.[45]

Desde ese puesto Paz, lejos y cerca de la izquierda como lo estará pendularmente a lo largo de la década, aboga por el ingreso de la China Popular a las Naciones Unidas y pide que México abra sus puertas a los refugiados húngaros escapados de la invasión soviética de 1956, como fue el caso de la familia de Lydia Baracs, judía húngara y esposa del crítico Martínez, diplomático y bibliófilo muy querido del poeta desde finales de los años treinta, cuando lo visitaba en la escuela de filosofía de Mascarones. El 22 de enero de 1957, Paz le pregunta a Martínez, si los familiares de Lydia lograron escapar, como venturosamente ocurrió.[46]

El laberinto de la soledad, que estaba en las librerías desde comienzos de la década sin ser todavía el clásico que llegó a ser, suscitaba ya los primeros ataques de la academia, empezando, como se dijo páginas atrás, por los de Hernández Luna, acompañado, desde la prensa, por los de Salazar Mallén.[47] Paz enfrentaba, sobre el terreno, la dificultad de ser a la vez poeta, intelectual y funcionario del régimen de la Revolución mexicana, al cual critica y sirve. En *El laberinto de la soledad*, hay un par de páginas muy entusiastas, en el capítulo VIII añadido a la edición de 1959, en cuanto a los logros de la Revolución y sus gobiernos: el aplauso para un Estado que es "el principal agente de la transformación social" capaz de borrar al "régimen feudal" (caracterización propia de los entonces influyentes mexicanistas soviéticos, que los hubo) gracias al reparto agrario, las obras de irrigación, las escuelas rurales, la recuperación de las riquezas nacionales y el enfrentamiento con el imperialismo que suscitó el uso del petróleo como palanca de la industrialización, el nacimiento de una clase media vigorosa, todo ello dicho en un tono que no oculta la satisfacción del funcionario. El análisis dado por Paz del descarrilamiento de la Revolución mexicana no es muy distinto al ofrecido en ese entonces por la izquierda aún leal al gobierno, la lombardista, de que "más dueña de sí, más poderosa también, la burguesía no sólo ha logrado su independencia sino que trata de incrustarse en el Estado, no ya como protegida sino como directora única."[48]

---

[45] Sheridan, *Poeta con paisaje, op. cit.*, pp. 457-461.

[46] Paz/Martínez, *Al calor de la amistad. Correspondencia, 1950-1984, op. cit.*, p. 20.

[47] Santí, Introducción a *El laberinto de la soledad, op. cit.*, pp. 136-137.

[48] Paz, *Obras completas, V. El peregrino en su patria. Historia y política de México, op. cit.*, p. 217.

Acto seguido, Paz certifica el fin de la alianza de los sindicatos con el Estado que los tuteló privándolos de su autonomía, a la luz de los movimientos sindicales ferrocarrileros y magisteriales de ese fin de década, mismos que lo entusiasmaron. En una carta a Lambert, del 3 de septiembre de 1958, le cuenta que hay en México "una gran transformación política y social" con "huelgas, protestas y movimientos estudiantiles" ante los cuales comienzan "a despertar" los intelectuales. Es "una misteriosa, espontánea y magnífica resurrección de la conciencia política del pueblo mexicano". Tranquiliza a Lambert (o se tranquiliza él, porque los comunistas, divididos en tres partidos, participaban activamente entre los ferrocarrileros y los maestros) al decirle que no se trata de "una conspiración comunista" sino de "un renacimiento de la izquierda –inclusive entre los intelectuales, empezando, oh, paradoja, por Carlos Fuentes…"[49]

Años antes, al poeta que regresaba a su país tras una década ausente, le impresionó, viajando al norte de México para dar unas conferencias, la sequedad y el desierto, en San Luis Potosí, que lo hará escribir, "El cántaro roto", donde su visión desolada empata con la de Juan Rulfo, a quien elogió oportunamente, en 1961 y desde París, cuando *Pedro Páramo* fue traducido al francés.[50]

"El cántaro roto", incluido después en *La estación violenta*, apareció en el primer número de la *Revista Mexicana de Literatura* (*RML*), publicación que según Cernuda, ya establecido en México, Paz "controlaba" sin que apareciese su nombre.[51] Ese poema, dirá Carlos Fuentes (1928-2012), el prolífico novelista, en ese entonces y durante la década siguiente, el amigo mexicano más entrañable de Paz, mostró la complejidad del poeta que regresaba. Mientras se condenaba a Paz por el supuesto 'elitismo' tanto de la *RML* como del grupo teatral Poesía en voz alta, "El cántaro roto" causaba furor.

Era, en buena medida, un poema político y escandalizaba a nacionalistas y xenófobos, "con su pregunta de piedra, jadeo y sabor a polvo: 'Sólo está vivo el sapo, sólo reluce y brilla en la noche el sapo verdusco, sólo el cacique gordo de Cempoala es inmortal'. Con esta pregunta en los labios marchamos los dos juntos, Octavio y yo y amigos como José de la Colina, en apoyo a Othón Salazar y su movimiento de maestros disidentes. Pasamos por la avenida Juárez bajo el balcón de la Secretaría de Relaciones Exteriores desde donde nos miraban, con asombro, nuestros jefes Padilla Nervo y Gorostiza. Nunca nos dijeron nada. Era posible ser funcionario y luchar por el sindicalismo independiente. Otros tiempos, en verdad. No había que ponerse la camiseta."[52]

---

[49] Paz, *Jardines errantes. Cartas a J. C. Lambert 1952-1959, op. cit.*, p. 125.

[50] Paz, *Obras completas, III. Generaciones y semblanzas. Dominio mexicano. Sor Juana Inés de la Cruz o las trampas de la fe, op. cit.*, pp. 457-458.

[51] Cernuda, *Epistolario, 1924-1963, op. cit.*, p. 577.

[52] Carlos Fuentes, "Mi amigo Octavio Paz", *Reforma,* México, 6 de mayo de 1998.

Fuentes dice una verdad a medias: el gobierno toleraba esos gestos disidentes en sus empleados escritores pero tomaba nota de ellos y los reprendía cuando lo consideraba oportuno. La participación en esa marcha y la firma posterior, en 1958, de un manifiesto con García Terrés y el propio Fuentes, en *El Espectador,* donde se vaticinaba la crisis del sistema político mexicano, le acarreó a Paz su primer problema con su protector Gorostiza (y no el único ni el más doloroso: por la renuncia de Nueva Delhi, lo reprenderá en privado, tras 1968) con quien después de comer y beber al mediodía, dedicaba todas las tardes, hasta la medianoche, a redactar informes diplomáticos. Gorostiza reprobaba que un funcionario público apareciera en manifestaciones y firmara desplegados, motivo por el cual habría sido castigado con la doble negativa de la SRE (ya estando Paz otra vez en París en 1960 y habiendo regresado Tello a la cancillería donde permanecerá hasta 1964) a darle permiso para ir a una atractiva conferencia del Instituto de Arte Contemporáneo en Washington.[53]

Paz, con todas esas contradicciones, regresaba a México cargado de la energía surrealista que le permitía ver a su país a través del filtro de las visiones, las cuales harán posible ese lustro fecundo que de 1954 a 1959 lo convierten, ya lo veremos, en uno de los pocos poetas pensadores de su tiempo, y en un generoso promotor de los nuevos escritores y del teatro contemporáneo. Lo había dicho, hasta con cierto candor, en una entrevista aparecida en *Sur* en 1953, poco antes de regresar: "Creo que México es uno de los lugares imantados del mundo. Y, por favor," le ruega a quien lo entrevista, Roberto J. Verdengo, con quien había visitado a Ortega y Gasset en Ginebra y quien sería después un conocido jurista argentino, "no veas en esta afirmación nada que huela a nacionalismo, verdadera gangrena moderna. México, quizá sea de los sitios donde pueda cobrar realidad el mito poético del Encuentro".[54]

En México se esperaba mucho de "esa cabecita de Octavio siempre pensando, siempre pensando", como la había descrito María Zambrano. "No importa", escribía Moreno Villa en 1951, uno de los pocos desterrados españoles interesados en descifrar a su nuevo país, "que Octavio se encuentre en París si desde allá piensa en México y en muchos problemas que seguimos todos, en muchos latidos de la tierra de hoy".[55] No se equivocaba Fuentes en describir la llegada de Paz como "una gran ola" que alborotaba todo, ni Poniatowska, dirigiéndose retóricamente al propio Octavio, recordando cómo "veías a México muy cambiado y lo repetías cada vez con mayor sorpresa. Yo te veía con verdadera devoción, ejercías sobre nosotros, Carlos Fuentes,

---

[53] Perales Contreras, *Octavio Paz y su círculo intelectual, op. cit.*, p. 81; Sheridan, *Poeta con paisaje, op. cit.*, pp. 468-469.

[54] Paz, *Obras, VIII. Miscelánea. Primeros escritos y entrevistas, op. cit.*, pp. 599-600.

[55] Paz Garro, *Memorias, op. cit.*, p. 108; José Moreno Villa, *Memoria*, edición de Juan Pérez de Ayala, El Colegio de México/Residencia de Estudiantes, Madrid, 2012, p. 433.

Marco Antonio Montes de Oca, Tomás Segovia, Gabriel Zaid, Juan García Ponce, Salvador Elizondo, José Emilio Pacheco, Homero Aridjis, un impacto fulminante".[56] Casi treinta años después, en 1971, se escucharán expresiones similares. Cada regreso de Paz a México significaba el fin de una cuenta en el tiempo, una re-vuelta.

La *RML*, podría ser contada, al menos en sus inicios, como otra de las revistas de Paz. Quizá cohibido por su carácter de funcionario público, no aparecía, como apuntaba maliciosamente Cernuda, en el directorio, aunque estuviese más presente en ella que en los últimos números de *El hijo pródigo*, porque se había ido de México o que en los meses finales de *Vuelta*, en 1997-1998 cuando ya mortalmente enfermo, la dejó en manos de un comité de redacción dirigido por Asiain y compuesto por Fabienne Bradu, Castañón, Sheridan y yo.

En 1955 son Fuentes –en ese entonces apenas el autor de *Los días enmascarados*, una colección de cuentos– y Carballo, los encargados de una revista donde la mano de Paz aparece y desaparece, según se hojean los números de esa primera época, al menos. Allí se publican, suyos: "El cántaro roto", *La hija de Rappaccini* (su única obra teatral publicada aunque es probable que haya sido coautor, sin haberlo reclamado nunca, de *Felipe Ángeles*, firmada por Garro y publicada hasta 1979), un par de traducciones de Hart Crane y sus ensayos sobre Pellicer. Sobre *El arco y la lira* se publican dos reseñas meditadas y elogiosas, las de Segovia y Manuel Durán, mientras que Paz logra, apoyado en el entusiasmo de Fuentes, desde entonces un especialista en extender redes seductoras aquí, allá y acullá, que en la revista colaboren Breton (sobre Tamayo), el poeta polaco Czeslaw Milosz (antiguo secretario de embajada, como Paz y Nobel de literatura exactamente diez años antes que él), Borges, Bioy Casares, Carrington, la crítica de arte francesa Geneviève Bonnefoi, Cernuda, J. M. Cohen (uno de los primeros entusiastas de Paz en Inglaterra y autor de la reseña anónima de *El arco y la lira* en el *Times Literary Supplement*), Cortázar, Camus y los amigos de París, como Papaioannou con una heterodoxa disertación sobre Marx que aparece en varias entregas o Yves Bonnefoy. Mandiargues, quien en 1958 visitará México con Bona y publica un cuento, "Clorinda", en la *RML,* que, signo de los tiempos amorosos de Paz, aparece sin el nombre de su traductora: Elena Garro.[57] Y es Mandiargues, para seguir con el melodrama, quien traducirá *La hija de Rappaccini* al francés, para la *NRF*, en agosto de 1959.

De los grupos de amigos (peleados y reconciliados con la recurrencia propia de la vida literaria) que se irán haciendo cargo de la *RML* hasta su desaparición, saldrán algunos de los principales consejeros y colaboradores,

---

[56] Poniatowska, *Octavio Paz. Las palabras del árbol,* Plaza y Janés, México, 1998, p. 58.

[57] Alain-Paul Mallard, "Octavio Paz et André Pieyre de Mandiargues, aller-retours", en Mandiargues, *Pages mexicaines,* Gallimard/Maison de l'Amerique Latine, París, 2009, p. 86.

mexicanos y latinoamericanos, de *Plural* y *Vuelta*: Fuentes, García Ponce, Segovia, el filólogo Antonio Alatorre, García Terrés (un aliado esencial desde difusión cultural de la UNAM), el filósofo Ramón Xirau y los poetas Zaid, Álvaro Mutis, Pacheco, Aridjis, Francisco Cervantes. Y por la *RML* pasaron también Rulfo (desde entonces avinagrado contra Paz pero cuya muerte consternó al poeta en 1986), Arreola, y por supuesto, Carballo, quien tras publicar un par de vulgares variaciones al estilo de *El laberinto de la soledad* en el número 4 de la revista, lo reseñó muy negativamente, como vimos, acusándolo de plagio y de trotskismo, al aparecer la segunda edición en 1959, lo cual motivó una terminante respuesta de Paz, ya desde París.[58]

POESÍA EN VOZ ALTA

Pero aquella época es más recordada por Poesía en Voz Alta, con la cual nace en México, según dirá Paz en 1963, "la verdadera vanguardia"[59], que por la *RML*. Es natural: la revista continuaba una tradición nunca del todo interrumpida desde el modernismo del fin de siglo, a través de *Contemporáneos, Examen, Taller, Letras de México, El Hijo Pródigo*, mientras que aquella compañía informal de poetas, pintores, cantantes, dramaturgos y actores, era una verdadera ruptura de la cual nació el México artístico de los años sesenta. Tenía un solo antecedente, recordó Paz, el teatro del grupo Ulises, de Villaurrutia y el pintor Agustín Lazo, a fines de los años veinte.

La primera temporada de Poesía en Voz Alta arrancó en junio de 1956, con un programa preparado por Arreola, el finísimo prosista que con *Confabulario* (1952) había logrado dividir a la narrativa mexicana entre los fantasistas y los realistas, aunque el conflicto fuese en buena medida un artificio para separarlo de su paisano Rulfo: no en balde un imparcial Borges tenía a ambos jaliscienses como dos de sus más grandes contemporáneos.

Arreola, además de fanático del tenis y del ping pong, era un ajedrecista fanático y había debutado como comparsa en la Comedia Francesa, gracias a Louis Jouvet, entre 1945 y 1946. En París, tanto Usigli como Paz lo ayudaron a sobrevivir. Entonces Octavio, según recordaba Juan José, le regaló un abrigo para el frío, al recién llegado. (Eso lo contó Arreola, charlista irrefrenable. Yo se lo escuché un par de veces). Veinte años después, reaparecerá ese abrigo-símbolo, entregado al pintor Francisco Toledo, desencadenando un ingrato recuerdo personal para Paz

En 1956, Paz compitió con Arreola por la dirección de Poesía en Voz Alta y de alguna manera, el derrotado nunca lo perdonó, aunque en el momento

---

[58] Paz, *Obras completas, V. El peregrino en su patria. Historia y política de México, op. cit.*, pp. 253-262.

[59] Paz, *Obras completas, IV. Los privilegios de la vista. Arte moderno universal. Arte de México, op. cit.*, p. 910.

decisivo aceptó actuar, pese a sus diferencias, en el estreno de *La hija de Rappaccini*. En aquella época, quizá, ambos competían por la simpatía de los escritores jóvenes a quienes Arreola, un extraño ilusionista con espíritu práctico, dio a conocer en ediciones como Los Presentes y Los Cuadernos del Unicornio. En 1972, Paz votó por el ingreso de Fuentes contra el de Arreola a El Colegio Nacional. A Paz no le gustaba el papel de Arreola en la televisión, en la cual incursionaba más como animador que como intelectual. La candidatura de Arreola, además había sido vetada, por razones personales, por el astrónomo Guillermo Haro Barraza (sin ninguna relación con el primo del poeta), esposo de Elena Poniatowska, veto en el que lo acompañaron algunos de sus colegas científicos.[60]

En un temprano balance de la experiencia, "El precio y la significación" de 1963, Paz decía, ninguneando a Arreola en cuanto a Poesía en Voz Alta, que "el nombre no expresa enteramente las ideas y ambiciones de sus fundadores. Ninguno de ellos –Juan Soriano, Leonora Carrington y yo– teníamos interés en el llamado teatro poético; queríamos devolverle a la escena su carácter de *misterio*: un juego ritual y un espectáculo que incluyese también al público. Recuerdo que Leonora Carrington propuso que los espectadores llevaran máscaras…"[61]

Poesía en Voz Alta le había permitido a Paz, además, hacer coincidir su divorcio con el inicio de la carrera literaria de Garro. Entre los méritos de aquel grupo teatral, apuntaba Paz, está el haber dado "a conocer las piezas cortas de un poeta dramático de primer orden, Elena Garro, que más tarde se revelaría también como notable cuentista y novelista. Una obra sorprendente por su obsesiva intensidad y su extraña fantasía", a lo cual se sumaron las experiencias teatrales de Héctor Azar y después, ese "temblor de tierra" que fueron los *happenings* pánicos de Alexandro Jodorowsky, el mimo chileno y después cineasta, que escandalizaba a las buenas conciencias mexicanas a principios de los sesenta.[62]

Paz creía –lo sabemos por sus cartas de 1962 a García Ponce– que Poesía en Voz Alta había fracasado debido al filisteísmo del público mexicano, quedando en calidad de leyenda, con sólo un libro sobre la compañía, el de Roni Unger (*Poesía en Voz Alta*, 1981) traducido al español apenas en 2006. En ello Paz es injusto: las primeras temporadas fueron éxitos de taquilla y las reacciones hostiles contra la compañía terminaron cuando *Un hogar sólido*, de Garro, ganó el premio oficial, escasamente vanguardista, de los críticos de teatro a la mejor obra nacional de 1957.[63]

---

[60] Perales Contreras, *Octavio Paz y su círculo intelectual, op. cit.*, p. 391.

[61] Paz, *Obras completas, IV. Los privilegios de la vista. Arte moderno universal. Arte de México, op. cit.*, p. 910.

[62] *Idem.*

[63] Perales Contreras, *Octavio Paz y su círculo intelectual, op. cit.*, p. 78.

En *Poesía en Voz Alta*, la investigadora estadounidense nos recuerda que apenas a fines de los años cuarenta, el teatro mexicano logró librarse del realismo comercial español, debido al director japonés Seki Sano, quien estrenó a Tennessee Williams. Después vinieron, gracias a Usigli y Novo no sólo los Sartre, los O' Neil, los Camus y los Miller, sino la obra de jóvenes dramaturgos como Sergio Magaña, Luisa Josefina Hernández y Emilio Carballido.

Iniciada gracias a una confluencia de lo doméstico y de lo público, Poesía en Voz Alta nace de las tardeadas sabatinas en que un matrimonio de filólogos, amigos de Arreola, Alatorre y Margit Frenk, recitaban y cantaban música ibérica del Renacimiento, pero también debido al apoyo inicial de García Terrés, quien logró que la UNAM rentara para el grupo el Teatro del Caballito. "Fuimos muchos", recordará Alatorre, "los que convivimos con Octavio durante los dos primeros programas, el 'programa Arreola' y el 'programa Paz'. Para todos, desde el director hasta el electricista, aquello fue un juego hermosísimo. Todos éramos iguales. Todos jugábamos a lo mismo, con el mismo entusiasmo y el mismo desinterés (quiero decir, sin otro interés que el de hacer bien las cosas)".[64]

Fue entonces cuando Paz y Carrington modificaron los planes, un tanto castizos (una *Égloga IV* medieval, la *Farsa de la casta Susana*, *Peribañez*, de Lope de Vega) de Arreola y se pusieron a trabajar en un Segundo programa que incluía tres breves obras francesas, de Jean Tardieu, Georges Nevereux y Eugène Ionesco, teloneando a *La hija de Rappaccini*. "El teatro que vamos a presenciar", dice el programa de mano firmado por Fuentes, es "producto del entusiasmo, de la labor de equipo, sin 'estrellas', producto de un auténtico taller universitario es, en verdad, teatro popular… El teatro vuelve a ser recreo, misterio, limpia diversión, conato de libertad".[65]

Fuentes insistió sin ningún éxito en el teatro, Paz desistió amargado porque su generación todavía arrastraba la idolatría romántica por el triunfo del escritor en la escena, que tantas frustraciones y equívocos acarreó, mientras que a Arreola todavía le faltaba publicar su única novela, *La feria* (1963) y algunas otras páginas perfectas. Poesía en Voz Alta, desde luego, no fue para Paz lo que el Teatro de la Abadía para Yeats en la Irlanda de principios de siglo, aunque a ambos, al irlandés y al mexicano, les impresionaba más el teatro Nô que la escenificación de un nuevo misterio religioso como el propuesto por el anglocatólico Eliot. Nunca osó Paz creer, como Usigli, que un verdadero teatro nacional podría contrarrestar "la mentira de México" que tanto les preocupaba a ambos. Pero Poesía en Voz Alta, su programa,

---

[64] Antonio Alatorre, "Octavio Paz y yo" en *El malpensante. Lecturas paradójicas*, núm. 28, Bogotá, febrero 1 / marzo 15 de 2001, p. 24.

[65] Roni Unger, *Poesía en Voz Alta*, traducción de Silvia Peláez revisada por Rodolfo Obregón, UNAM, México, 2006, pp. 59-60.

fue una de las contribuciones más discretas y perdurables, en su medida colectiva, de Paz a la cultura mexicana.

Aquel teatro pobre, insólito en México, con utilería mínima y ciclorama de rutina, con actores haciéndole de comparsas y tramoyistas, duró poco aunque dejó una rica herencia. ("Es interesante", me escribe Manjarrez, "que sólo los hombres y mujeres de teatro –muy en particular el salvaje Gurrola– fueron inmunes e indiferentes al poder creciente del Recién Venido", el Paz de 1971).[66] El tercer programa debió ser *Los cuernos de don Friolera*, de Ramón de Valle-Inclán, una propuesta de Paz que prendió los focos de alarma en las autoridades universitarias por su erotismo explícito. De mala gana, Paz, que adoraba a Valle-Inclán y nunca tuvo otra oportunidad de demostrarlo, pensó en cinco obras al estilo del Teatro Nô, de Mishima (con quien Paz y su hija se acababan de reencontrar en Nueva York), que también fueron rechazadas.

Finalmente, la puesta de un provocador *Libro del buen amor*, del Arcipreste de Hita, logró que la UNAM renunciara a seguir financiando a Poesía en Voz Alta. En enero de 1957, estando Paz en Nueva York, le escribe a García Terrés, temeroso de esa desvinculación, finalmente ocurrida.[67] Pero continuaron como compañía independiente y pusieron, entre otras, las obras de Garro y el último programa que le tocaría presenciar a Paz, camino de París otra vez, fue *Asesinato en la catedral*, de T. S. Eliot, dirigido por José Luis Ibañez y traducido por Jorge Hernández Campos, un magnífico poeta y feroz polemista que estaría muy cerca de *Vuelta* más tarde. Fue Paz quien propuso el misterio eliottiano, estrenada en septiembre de 1957 y en cuyo programa de mano Paz, en cierta forma, se despedía, destacando la coherencia de elegir *Asesinato en la catedral* pues "desde el principio nos propusimos jugar con fuego [...]. El teatro es fuego. Y lo que arde y se quema y resplandece o se vuelve ceniza es también la conciencia. La conciencia de todos, que es la de cada uno".[68]

Pero el gran día había pasado ya, ese 30 de julio de 1956 cuando se estrenó *La hija de Rappaccini*. No fue muy afortunada la puesta y resultó hasta chusca. La dirección fue de Héctor Mendoza, la música de Joaquín Gutiérrez Heras y la escenografía de Carrington. Ésta, alma visual y visible de la puesta, resultó poco funcional para los actores y de sus diseños fantásticos, el pesado e incómodo sombrero de flores para Beatriz (la mismísima hija de Rappaccini), por ejemplo, tenía a la actriz concentrada en evitar que se le cayera al suelo antes que en actuar. La crítica fue generosa, deslumbrados ante el lenguaje poético de *La hija de Rappaccini*, lo mismo los amigos que

---

[66] Héctor Manjarrez, correo electrónico del 31 de marzo de 2014.

[67] Carta de Octavio Paz a Jaime García Terrés, 23 de enero de 1957, incluida en la correspondencia Paz/García Terrés que el FCE publicará este año.

[68] Unger, *op. cit.*, p. 116.

los adversarios. [69] El par de escritores influyentes en el buen teatro mexicano y archienemigos entre ellos, Usigli (en esas fechas embajador de México en Beirut) y Novo, simpatizaron con la aventura de Paz en el teatro.

Esta adaptación ("son otras mis palabras y otra mi noción de mal", dice Paz[70]) de un cuento de Nathaniel Hawthorne, trata "el tema de la doncella convertida en viviente frasco de ponzoña" enviada para acabar con un enemigo cuando intentase copular o apenas tocarla, es popular en la literatura de la India y fue recogida por Richard Burton en *La anatomía de la melancolía*. Leído, se cuenta entre lo más vistoso de un género en el que Paz fue, también, un consumado maestro (de *¿Águila o sol?* a *El mono gramático*), la prosa poética, caballo de batalla de los surrealistas y de sus ancestros en el XIX (Bertrand, Nerval, Baudelaire, Rimbaud). En la escena, yo la he visto una sola vez en mi vida, el 23 de octubre de 2008, puesta en Guanajuato, en el festival cervantino, por tres talentos de mi generación, el director Antonio Castro, la escenógrafa Mónica Raya y el compositor Manuel Rocha. Me pareció, como a algunos medio siglo atrás, imposible y fascinante. Dicen que hay que ir a Versalles dos veces en la vida. Digo que hay que ver *La hija de Rappaccini* al menos una vez en la vida.

La hija de Rappaccini representó, mucho para Paz, mucho, en vida y poesía: fue, por un lado, el clímax de su devoción por Carrington, la pintora y escritora surrealista que había llegado a México en 1943, huyendo de la guerra y de los manicomios, de la mano del poeta Renato Leduc, primero su salvador y luego su Barba Azul. Ex mujer de Ernst, "la hechicera hechizada", como la llamó Paz, lo fascinaba. Es cosa de ver la idolatría con que aparece mirándola cuando los fotografían juntos.

Poco después en París, entre 1959 y 1960, Paz habitará, probablemente ya en compañía de Bona, un apartamento alquilado por Dominique Éluard en la rue de Douanier. En medio de toda la memorabilia surrealista que guardaba la viuda de Paul Éluard, "la foto que más me emocionó fue una de Leonora Carrington en la época en que vivía con Max Ernst. Una sonámbula escapada de un poema de Yeats, entre las rocas blancas y el mar verde del Norte: ojos de evocadora, gesto de profetisa,/ en ella hay la sagrada frecuencia del altar".[71]

Pero *La hija de Rappaccinni* fue esencialmente el embrujo que le permitió, al fin, abandonar la órbita de Garro, quien salía abiertamente en esos días con un millonario con aspiraciones literarias, Archibaldo Burns, una versión mexicana, bastante disminuida, de Bioy Casares. Burns le habría comprado a Garro un departamento en la rue de l'Ancienne Comédie, tras lo cual quedó arruinado y permitió que Paz bromeara con que Elena estaba

---

[69] *Ibid.*, pp. 66–67.

[70] Paz, *Obras completas, VII. Obra poética (1935-1998), op. cit.*, p. 1400.

[71] Paz, *Obras completas, IV. Los privilegios de la vista. Arte moderno universal. Arte de México, op. cit.*, p. 362.

condenada a vivir en la rue, pero de *l'eternelle comédie*.[72] El caso es que *La hija de Rappaccini* dejó a Garro en el pasado como a esa muchacha cargada de veneno de la cual se había enamorado, envenenándose. Beatriz, la hija de Rappaccini, se retrata así: "En mí empiezo y en mí termino. Me ciñe un río de cuchillos, soy intocable".[73]

Pocos años después, al fin divorciado de ella, le pregunta a Bianco por *Los recuerdos del porvenir*, el manuscrito de la novela que se publicará al fin en 1963, que le ha enviado. A Paz le pareció, siempre, una novela mayor, al grado que no sólo la hizo publicar sino batalló, con éxito, para que obtuviera el Premio Xavier Villaurrutia en 1964, según le contó a García Ponce en una carta. Paz, jurado del premio, le habría confesado algo distinto, a Usigli, ya desde Nueva Delhi: tras recomendar la novela con Francisco Zendejas, presidente del jurado, se abstuvo de votar, "por razones obvias".[74]

"¿Recibiste el libro de Helena?", le insiste a Bianco, "¿qué te parece? A mí me sorprende y maravilla: ¡cuánta vida, cuánta poesía, cómo todo parece una pirueta un cohete, una flor mágica! Helena es una *ilusionista*. Vuelve ligera la vida. Es hada (y también bruja: Artemisa, la cazadora, la siempre Virgen dueña del cuchillo, enemiga del hombre). Ahora la puedo juzgar con objetividad".[75]

Curado, meses después, le añade, a esa objetividad, una resignación melancólica también dirigida a Bianco, convencido de que "En eso, por lo menos, no me equivoqué... Su sensibilidad y penetración espiritual, es la mirada del verdadero creador, del poeta y nunca, ni siquiera en las circunstancias más sórdidas, renegué de ella... ¡Haberla conocido, amado y convivido tantos años con ella para terminar ahora con un elogio sobre su capacidad de escritora! ¿Sólo queda de nosotros lo que llaman la 'obra'...? me digo: puedes dormir tranquilo: conociste a un ser en verdad prodigioso".[76]

Debe decirse que Garro, pese a todo, respondió con lealtad de escritor a las alusiones a su persona en la poesía de Paz. En 1980, cuando ella misma publicaba *Testimonios sobre Mariana*, donde hay un Augusto que parece Octavio y una Natalia que podría ser la Chata, Garro le explicaba a Carballo

---

[72] En los libros memoriosos de Burns, *En presencia de nadie* (1964) y *Botafumeiro* (1994) no aparece Elena Garro. En una entrevista inédita, Burns, fallecido en 2011, le confesó a Patricia Vega que habiendo empezado a escribir una novela sobre Paz y Garro no se atrevió a continuarla (Patricia Vega, "Elena Garro o la abolición del tiempo" en Melgar/Mora, *Elena Garro. Lectura múltiple de una personalidad compleja*, op. cit., p. 97).

[73] Paz, *Obras completas, VII. Obra poética (1935-1998)*, op. cit., p. 316.

[74] Carta de Octavio Paz a Juan García Ponce, 24 de febrero de 1964, Papeles de Juan García Ponce, caja 26, carpeta 2, Biblioteca Firestone de la Universidad de Princeton; Carta de Octavio Paz a Rodolfo Usigli, 1 de mayo de 1965, en Ramón Layera, "Correspondencia Rodolfo Usigli/Octavio Paz", Revista LiterariaAzul@arte, www.revistaliterariaazularte.blogs.pot.mx

[75] Citado por Krauze, *Octavio Paz. El poeta y la revolución*, op. cit., pp. 150-151.

[76] *Idem.*

que ni ella ni su hija se ofendieron cuando Fuentes redactó "Las dos Elenas" (no tenían por qué: el cuento se trata de otra cosa, de una madre y una hija que comparten no sólo el patronímico sino el amante, situación en la que hasta donde se sabe y se sabe mucho, no incurrieron Elena y Laura Helena).

"Antes, en los años cincuenta," le cuenta Garro a Carballo, "Paz escribió su gran poema 'Piedra de sol'. Lo leímos y lo releímos juntos. 'No te ofendes', me preguntó Paz. 'No, tienes derecho a decir lo que te parezca, le dije. Y lo que le pareció fue llamarme 'pellejo viejo, bolsa de huesos' o algo así. No recuerdo bien y no tengo el libro a la mano. Más tarde, en Madrid, Federico Álvarez me leyó el otro gran poema de Paz, 'Pasado en claro', en el que me llama 'cabeza de muerta' o algo parecido. Tampoco se me ocurrió enfadarme. Puedes preguntárselo a Federico. El poeta mitifica y Paz quiso exorcizarme diabolizándome. Lo han hecho todos los poetas. Para eso sirve la creación poética".[77]

En fin, *Helena* Garro: Beatriz, la hija de Rappaccini, ceñida por "un río de cuchillos", Artemisa, "la siempre virgen dueña del cuchillo", sería para desgracia del poeta, aún más difícil como ex esposa que como esposa, pero, una vez obtenido el divorcio (un divorcio express de los que permitía la ley en Ciudad Juárez, Chihuahua, hasta 1970), por poder, el 15 de julio de 1959, Paz estaba en otra cosa: ansiaba reunirse con Bona.

Como a veces le ocurre a los varones al separarse y empezar una nueva relación, la mujer ida y la mujer que llega pueden llegar a ser una sola. En su presentación de la exposición mexicana de Bona, Paz también a ella la asociaba con Artemisa. La imaginación de la joven artista era "como un cuchillo desgarrado por un golpe de viento" capaz de cortar "la realidad en dos mitades". El de Bona, dice Paz, era un "mundo rajado como un pecho abierto por el cuchillo de Artemisa" y ella nos invitaba a descifrar las entrañas de la víctima.[78]

Paz esperaba casarse con Bona durante el año siguiente, según le contaba a Bianco. Esa confidencia tiene un origen chistoso: Bianco creía a Bona un señor y al aclararle que es la bella sobrina de Pisis, el pintor camarada de De Chirico, le acaba confesando, en una carta del 17 de octubre de 1960, sus planes, nunca realizados, de matrimonio.[79]

DE *EL ARCO Y LA LIRA* A *LA ESTACIÓN VIOLENTA*

Divorciado y enamorado, diplomático y disidente, fanático en el interrogatorio del *I Ching*, a la vez crítico y mitógrafo de la mexicanidad y activista del teatro de vanguardia, ese hombre se había convertido, en tres años, en

---

[77] Carballo, *Protagonistas de la literatura mexicana, op. cit.*, p. 516.

[78] Paz en *Bona: vingt-cinq ans d'imagination et de création*, Galerie de Seine, Paris, 1976, p. 35.

[79] Carta de Octavio Paz a José Bianco, 17 de octubre de 1960, Papeles de José Bianco, caja única, Biblioteca Firestone de la Universidad de Princeton.

uno de los grandes escritores del orbe hispanoamericano con la publicación, sucesivamente, de 1956 a 1958 de una poética (*El arco y la lira*), de una asombrasa colección de poemas *La estación violenta*, que culmina con un célebre poema largo, *Piedra de sol* (publicado aparte, antes, en 1957), aquellos de sus más cálidamente conservados por la memoria de la tribu.

A mí no me sorprende, como a Stanton, el silencio de don Alfonso ante el libro que pasaba claramente a sustituir a *El deslinde* (1944) en su breve reinado como la poética mexicana ante el Altísimo. Esa clase de polémica no estaba en su naturaleza ni tenía edad ni salud para desarrollarla. Se habrá sentido Reyes, otra vez y socráticamente, un partero bendecido por los dioses al ayudar a que *El arco y la lira* viese la luz. Había aparecido, según Juan Malpartida, "el libro de poética más bello y lúcido escrito en nuestra lengua", sólo comparable a algunos fragmentos de Machado, Borges, Reyes o José Lezama Lima, según el crítico español, nombres a los que otros han agregado los de Unamuno, Huidobro, Jiménez, Dámaso Alonso y Pedro Salinas. [80] Por su unidad de propósito, por la concentración (y la tensión) con que fue escrito, agregaría yo que supera todo lo anterior, antecedido, en cuanto tratadística, por *El deslinde* y precedido por *Poética y profética* (1985), de Segovia, uno de los jóvenes que comentó *El arco y la lira*, en la *RML*. No sin subrayar sus diferencias, le agradeció Segovia la entrada "en el verdadero clima de la poesía, y este clima es tanto más fecundo cuanto menos nos adormezca: cuantas más respuestas propias suscite".[81] El otro reseñista, Durán, también un poeta peninsular desterrado, termina su comentario anunciando que ha pasado el tiempo de Benedetto Croce y su *Estética* y ha comenzado el de Paz y *El arco y la lira*.[82]

Paz recibió una carta de Cortázar, el 31 de julio de 1956 donde el cuentista argentino le decía: "Y usted, poeta y de los mejores (cuánto me alegro de haberlo dicho alguna vez para los argentinos) ha sido capaz aquí de algo muy poco frecuente, de algo tan raro que sólo se da en clásicos excepcionales: la ejercitación dialéctica, la aplicación de una crítica y de una investigación sistemática, simultáneamente con la vigilancia infatigable del poeta…"[83] Desde Colombia, el poeta Jorge Gaitán Durán, conocido de Paz de los años de París, como Cortázar, admiraba, en *Eco*, el equilibrio logrado en *El arco y la lira* entre "el 'amor loco' por el lenguaje y la reflexión sobre el lenguaje". Finalmente, el joven poeta Rojas, en Concepción de Chile, se alegra de que,

---

[80] Juan Malpartida, "Un clásico moderno: *El arco y la lira*", en Santí, *Luz espejeante. Octavio Paz ante la crítica, op. cit.*, p. 232; Anthony Stanton, postfacio a la edición facsimilar de *El arco y la lira*, FCE, México, 2006, p. XLVIII.

[81] Tomás Segovia, "Entre la gratuidad y el compromiso", *Revista Mexicana de Literatura*, núm. 8, ciudad de México, noviembre–diciembre de 1956, p. 113.

[82] Manuel Durán, "La estética de Octavio Paz" en *Revista Mexicana de Literatura*, núm 8., ciudad de México, noviembre-diciembre de 1956, p. 136.

[83] Julio Cortázar, *Cartas, I*, (1937-1963), edición de Aurora Bernárdez, Alfaguara, Buenos Aires, 2000, p. 337.

al fin, aparezca un libro capaz de librar a los poetas de su desconfianza de "los exégetas y de los teóricos".[84] Quiso el azar objetivo que Rojas, llegando a México para recibir el primer Premio Octavio Paz de manos del poeta, le tocará ser uno de quienes le dedicasen unas palabras de despedida junto a su feretro, el 20 de abril de 1998.

Intentaré una reseña de *El arco y la lira*, un tratado que empieza por hacer una distinción capital entre poesía y poema. Paz distingue la universalidad de éste, pues "la única nota común" a todos los poemas es "que son obras, productos humanos, como los cuadros de los pintores y las sillas de los carpinteros" aunque los poemas tienen la particularidad de que en ellos técnica y creación, útil y poema son realidades distintas. Acto seguido, Paz retrocede ante el historicismo sin negarlo: "No quiero negar la existencia de los estilos. Tampoco afirmo que el poeta crea de la nada" pues el poeta –sea Góngora, Garcilaso o Darío– "se alimenta de estilos. Sin ellos no habría poemas" pero "los estilos nacen, crecen y mueren. Los poemas permanecen y cada uno de ellos constituye una unidad autosuficiente, un ejemplar aislado, que no se repetirá jamás".[85]

La poesía, así, tiene, una historia, el poema, no: pero "el poema", dirá Paz páginas más adelante, "sin dejar de ser palabra e historia, trasciende la historia". La trasciende por su univocacidad: "Y no sólo la historia nos hace leer con ojos distintos un mismo texto. Para algunos el poema es la experiencia del abandono; para otros, del rigor. Los muchachos leen versos para ayudarse a expresar o conocer sus sentimientos, como si sólo en el poema las borrosas, presentidas facciones del amor, del heroísmo o de la sensualidad pudiesen contemplarse con nitidez. Cada lector busca algo en el poema. Y no es insólito que lo encuentre: ya lo llevaba dentro."[86]

Paz resuelve en *El arco y la lira* su doble vida de los años treinta: el conflicto entre la poesía de comunión y la poesía de soledad, que lo atormentó tanto, queda desactivado al entenderse qué es del poema y qué es de la poesía: "la experiencia del poema se da en la historia, es historia y, al mismo tiempo, niega a la historia. El lector lucha y muere con Héctor, duda y mata con Árjuna, reconoce las rocas natales con Odiseo. Revive una imagen, niega la sucesión, revierte el tiempo. El poema es mediación: por gracia suya, el tiempo original, padre de los tiempos, encarna en un instante."[87]

---

[84] Stanton, postfacio a *El arco y la lira*, *op. cit.*, p. XLVII.

[85] Paz, *Obras completas, I. La casa de la presencia. Poesía e historia*, *op. cit.*, pp. 45-47.

[86] *Ibid.*, pp. 53-54.

[87] *Ibid.* pp. 55-56.

No todo está resuelto en *El arco y la lira* y la filosofía del lenguaje poético que expone será revisada en las siguientes ediciones, la francesa de 1965, traducida por Roger Munier, y la de 1967, en México, una vez hecha, por Paz, la lectura de Lévi-Strauss. El libro no oculta, además, su progenitura romántica: si no menciona a Alfred de Vigny como el primero que distingue al poema de la poesía, se va más atrás, asumiendo la identidad, en Herder y los alemanes, del lenguaje y el mito. Pero no es *El arco y la lira* un tratado histórico, sino la obra, también, de un crítico de la poesía contemporánea: algunas de sus simpatías y diferencias como lector (y director de revistas literarias que publicaban poemas) saltan, entre líneas, del libro: se entiende su admiración por Lautréamont (poniendo distancias del moralismo un tanto chato con que Camus lo había condenado poco antes en *El hombre rebelde*) o, mucho después, por el mexicano Gerardo Deniz, falso poeta hermético que ha logrado transmutar la fórmula científica en poesía. También, *El arco y la lira* fue una guía de perplejos y un oráculo manual: me puedo imaginar perfectamente a Daniel Sada, el llorado narrador mexicano, decidiendo su prosodia al leer, seguramente muy joven que "todo se puede decir en endecasílabos: una fórmula matemática, una receta de cocina, el sitio de Troya y una sucesión de palabras inconexas".[88]

"La poesía moderna se ha convertido en el alimento de los disidentes y de los desterrados del mundo burgués", afirma muy tajante Paz, entonces, no se olvide, *el* surrealista mexicano, para quien el poeta moderno es rebelde por antonomasia. A afinar esa declaración dedicará Paz un ensayo aún más radical ("Los signos en rotación", a partir de 1967, epílogo de *El arco y la lira)* y a temperarla, me parece, en *Los hijos del limo*. La naturaleza de esa disidencia, su núcleo, no está en el popularismo vernacular y su afán por reconciliar al poema con el lenguaje popular, esa tentación sufrida por cada generación de poetas, ya esté identificada por los comunistas, la contracultura y el rock, el infrarrealismo, las tribus urbanas o el indigenismo en todas sus variantes, tratando de reconciliar al poema con el lenguaje social. "Unos resucitan el folklore; otros se apoyan en el habla coloquial" olvidando que el primero es una curiosidad o una nostalgia y el segundo "no es un lenguaje, sino el jirón de algo que fue un todo coherente y armónico".[89]

Exponiendo una teoría del ritmo, Paz se las arregla para unir en un párrafo a Breton y a Reyes, al surrealismo y al neoclasicismo maurrasiano (que fue, en estética y con las uñas muy limadas, el de don Alfonso). Lo hace para distanciarse, con elegancia, lo mismo de la escritura automática, en el fondo un oxímoron y rechazar la magia, que "es una concepción del mundo pero no es una idea del hombre".[90]

---

[88] *Ibid.*, p. 104.

[89] *Ibid.*, pp. 70-72.

[90] *Ibid.*, p. 87.

Pero ese surrealista mexicano, al escribir *El arco y la lira*, duda. Se propone alejar al surrealismo de la magia. Metodológicamente, le parece más interesante Mallarmé que Breton. Y por ello recurre a ese linaje y para distinguir a la poesía de la prosa busca a Valéry. Paz, que domina ambas (como muy pocos, entre ellos, Valéry), las contrasta: "La figura geométrica que simboliza la prosa es la línea: recta, sinuosa, espiral, zigzagueante, mas siempre hacia delante y con la meta precisa. De ahí que los arquetipos de la prosa sean el discurso y el relato, la especulación y la historia. El poema, por el contrario, se ofrece como un círculo o como una esfera: algo que se cierra sobre sí mismo, universo autosuficiente y en el cual el fin es también un principio que vuelve, se repite y se recrea".[91]

El arco y la lira es, también, un retazo de historia de la poesía mundial escrita desde la excentricidad latinoamericana. Insiste Paz en la trascendencia del modernismo, el simbolismo parnasiano en español y de la vanguardia, en sus dos centros, Buenos Aires y la Ciudad de México, mientras muestra una genealogía en la cual una pareja de poetas chilenos –Huidobro y Neruda–, son "como un desdoblamiento de un mítico Darío vanguardista", mientras que en España, la reacción contra la poesía anterior fue menos violenta. Poética desplegada desde la lengua española y por ello, quizá por primera vez, en *El arco y la lira* se hace la comparación moral y rítmica entre los poetas franceses y los de lengua inglesa, la vigilan nombres que antes de Paz rara vez aparecían asociados: sí, Pound y Eliot, Dante y Baudelaire, pero también, por qué no, Milton y Machado, Yeats y Jiménez, Pope y García Lorca, Dryden y Alberti, Victor Hugo y Neruda. Paz se propone corregir, poniendo a su siglo XX en la mesa, la desaparición de España, "determinante en los siglos XVI y XVII", de la modernidad.[92]

Si Calderón "impresionó profundamente a los románticos alemanes e ingleses" no debe permitirse, otra vez, esa indiferencia que mutila en la medida en que para Paz, "el verso español combina de una manera más completa que el francés y el inglés la versificación acentual y la silábica", lo cual permite que los metros mayores hagan narrar a Berceo y Ercilla, y cantar a san Juan y Darío, permitan que "en pleno apogeo de la llamada 'poesía pura', arrastrado por el rítmo del octosílabo, García Lorca" vuelva a la anécdota, Reyes se sirva del alejandrino para traducir la *Ilíada* y Neruda fracase, en el *Canto general*, con el relato en verso libre.[93] Con la excepción de Machado y de Ortega, en español, afirma Paz, "la mayoría escribe mal y canta bien".[94] Tras *El arco y la lira, La estación violenta y Piedra de sol*, Paz será de los pocos en escribir bien y en cantar bien.

[91] *Ibid.*, p. 103.

[92] *Ibid.*, pp. 135, 120.

[93] *Ibid.*, pp. 124-125.

[94] *Ibid.*, p. 128.

Ahistórico, el poema permite que la poesía encarne en la historia: la *Divina Comedia* y *La Tierra Baldía* necesitan de los Upanishad, de Buda, de los mitos vegetativos, del folclore urbano, del coloquialismo del arrabal. Y esa encarnación brota del interior del poema, de la versificación. El ritmo es histórico: Hugo ataca la prosodia, Paul Claudel acude a la asonancia, Saint-John Perse a la rima interior como resultado de que el romanticismo francés vertió el vaso comunicante de la prosa hacia la poesía. Sin Rousseau y Chateaubriand no existen Aloysus Bertrand y Gerard de Nerval, para no hablar del "extraño poeta Baudalaire-Poe", endriago trasatlántico que "mina así las bases éticas y metafísicas del clasicismo".[95]

Al contraste entre la poesía y el poema, en *El arco y la lira*, le sigue el estudio de la "revelación poética", que Paz no puede ver sino como nutrida de lo sagrado, noción fértil de cuyo abuso el tratadista está consciente, de tal forma, que, en buena lid surrealista, rechaza la "mentalidad prelógica", en "el pensamiento salvaje" y aquí Paz se adelanta a Lévi-Strauss, al cual dedicará un libro (*Claude Lévi-Strauss o el nuevo festín de Esopo*, 1967), la vanguardia se justifica: su historia es universal, se remonta al principio de los tiempos y ha aparecido –ilusión bretoniana– para minar desde el centro a la razón occidental.

La poesía moderna, su salvajismo, supone Paz, es una forma de conocimiento que participa de lo sagrado y comienza con el descubrimiento de lo otro cotidiano, de "estados de extrañeza y reconocimiento, de repulsión y fascinación, de separación y reunión con lo *Otro*" que son también "estados de soledad y comunión" porque "como la religión, la poesía parte de la situación humana original –el estar ahí, el sabernos arrojados a ese ahí que es el mundo hostil e indiferente– y del hecho que la hace precaria entre todos: su temporalidad, su finitud".[96]

Sería exagerado decir que para Paz la poesía es una religión de salvación laica. No lo es decir, asumiendo la confusión entre la palabra poética y la palabra religiosa a lo largo de la historia, que para Paz la poesía es una forma superior de penetración en lo sagrado y a veces, en *El arco y la lira* es, llanamente, lo sagrado, "vida y muerte en un solo instante de incadescencia". Insiste en que el instrumento con el cual el poeta sacraliza al mundo y es imantado por éste, es la inspiración, la musa romántica llamada por Paz para tomar el lugar de la "escritura automática" del primer surrealismo, mas nonata que prematuramente envejecida. "El mundo", insiste Paz al decir que la poesía siempre es social aun cuando sea del todo hermética, "no está fuera de nosotros; ni, en rigor, dentro", la inspiración es esa voz que el hombre oye en su conciencia. Para los románticos, para Baudelaire y para Paz, "el hombre es un ser poético" y por su otredad habla la inspiración.[97]

---

[95] *Ibid.*, p. 120.

[96] *Ibid.*, pp. 175 y 191.

[97] *Ibid.*, pp. 211 y 213.

Los poetas del siglo xix, agrega Paz, carecieron de la claridad de Novalis y se rehusaron a admitir la primacía de la inspiración, fuesen Baudelaire, Mallarmé y Poe. Con la inspiración comunicándose con lo sagrado, el surrealismo se convierte, en *El arco y la lira*, en una superación dialéctica del romanticismo, en su medida de "radical tentativa por suprimir el duelo entre sujeto y objeto, forma que asume para nosotros lo que llamamos realidad". Más aún: tomando a la inspiración no como un sufrimiento sino como un arma, el surrealismo es más que una poética, es una visión del mundo.[98].

Era improbable que los surrealistas, diez años antes de la muerte de su fundador, que es cuando aparece *El arco y la lira*, lo adoptaran como un programa y eso Paz, figura marginal en un movimiento que el mismo Breton consideraba en edad de desintegrarse para permanecer en estado de latencia, lo sabía. Da el nombre general de "surrealismo" Paz a su propia poética, quizá el único desarrollo teorético del surrealismo. Los ignorantes y los mezquinos que le reprochan el haber llegado tardísimo al banquete del surrealismo, nunca dicen que fue ese mexicano quien, en el continente donde acaso esa escuela estimuló con mayor fuerza que en ningún otro orbe a tantos poetas (Aldo Pellegrini, Oliverio Girondo, Neruda, Huidobro, Moro, Lezama Lima, Julio Llinás, Owen, Carlos Oquendo de Amat, el grupo Mandrágora de Chile y saliendo de él, Rojas; Enrique Molina, Emilio Adolfo Westphalen, Alberto Girri), Paz le ofreció al surrealismo, con *El arco y la lira*, una poética entera.

Mucho de lo que hallaba Paz, como visión del mundo, en el surrealismo, se lo disputaron, durante los años sesenta y setenta, otros ismos, ofreciéndose resolver la escisión entre el objeto y el sujeto, como el posestructuralismo, del cual Paz fue un observador comprometido. Pero "su" surrealismo vino a sustituir el hueco dejado por un marxismo cuyo congelamiento conservaba a un cadáver y le permitió, siendo agnóstico, participar, mediante la poesía, de lo sagrado. Su surrealismo, concluyo, está lejos de ser el vademecum de un sectario: rechazó –aun en vida de Breton a quien sin duda temía disgustar– la escritura automática, la obediencia cientificista de Freud, el anticristianismo dizque blasfematorio, la afición por lo esotérico. Breton, le dirá Paz en una carta de 1975 a Roger Caillois, confundió a la poesía con la experiencia poética.[99]

El último capítulo de *El arco y la lira* no puede ser otro que el dedicado a la poesía y la historia. Paradójica, la poesía sostiene aquello negado por el poema: la sucesión y el tiempo. "Un pino es igual a otro pino, un perro

---

[98] *Ibid.*, pp. 218.

[99] Paz, *Obras completas, II. Excursiones/Incursiones. Dominio extranjero. Fundación y disidencia. Dominio hispánico, op. cit.*, p. 511.

es igual a otro perro" mientras que "con la historia ocurre lo contrario: cualesquiera que sean sus características comunes, un hombre es irreductible a otro hombre, un instante histórico a otro instante" y así encaja perfectamente decir, como lo hace Paz, que la experiencia poética es la revelación superior, por instántanea, de la condición humana. El hombre, dice Paz contra los cristianos, "no alcanza la vida eterna" pero crea "un instante único e irrepetible y así da origen a la historia", historia cuyo concentrado está en la poesía, como lo demuestra Dante.[100]

Ni la antigua épica ni el teatro moderno gozan de ese privilegio, partiendo de la base de que Paz entiende que los trágicos griegos, como Calderón y Shakespeare, fueron esencialmente poetas, y de la novela, Paz tiene una visión justa aunque esquemática y estrecha. La novela decimonónica, para Paz, es tan limitada como la revolución burguesa que la impulsa, enemiga de los poetas y a su manera alcahueta de los novelistas.

Poco a poco, Paz se va acercando al autorretrato como destino crítico. "Movido por la necesidad de fundar su actividad en principios que la filosofía le rehúsa y la teología sólo le concede en parte, el poeta se desdobla en crítico",[101] como es visible no sólo en Coleridge, quien al inclinarse sobre la anatomía del poema, gracias a su teoría de la imaginación, va de Kant a Heidegger, el filósofo-poeta que más apreciaba Paz, quien llama, para que le den la razón, a Blake, Hölderlin, Shelley, Wordsworth, Hugo, Nerval, Baudelaire…

Pero el surrealismo, remata Paz, fracasó al confiar en la Revolución rusa como a los jóvenes románticos les había ocurrido al entusiasmarse con la Revolución francesa. Ingenuamente, el surrealismo creyó que la sociedad comunista sería la sociedad surrealista: *in extremis*, al escribir aquel manifiesto en México sobre el arte revolucionario independiente con Trotski, Breton cerraba el capítulo. El antiguo jefe del Ejército rojo sería liquidado poco después en Coyoacán y la mala obra estalinista se iría revelando poco a poco como el crimen del siglo. Así, el poeta-crítico admite que "la poesía no ha encarnado en la historia, la experiencia poética es un estado de excepción y el único camino que le queda al poeta es el antiguo de la creación de poemas, cuadros y novelas. Sólo que este volver al poema no es un simple retorno, ni una restauración. Cervantes no reniega de don Quijote: asume su locura, no la vende por unas migajas de sentido común. El poema futuro, para ser de veras poema, deberá partir de la gran experiencia romántica".[102]

---

[100] Paz, *Obras completas, I. La casa de la presencia. Poesía e historia, op. cit.*, pp. 237-238.

[101] *Ibid.*, p. 287.

[102] *Ibid.*, p. 306.

Poeta-crítico y pensador, no teórico, Paz no tiene la respuesta sino en sus propios poemas aunque la siga buscando en "Los signos en rotación" y en *Los hijos del limo*, pero para 1956 ya ha establecido un diálogo cada vez más armonioso entre su prosa de pensamiento y sus poemas. Es preciso retroceder.

En 1942, había sido convidado a participar en el cuarto centenario del nacimiento de un san Juan de la Cruz al que él contrapone con Francisco de Quevedo, Paz airea su disyuntiva estética. Se trata de "Poesía de soledad y Poesía de comunión" (recogido en *Las peras del olmo* en 1957), pieza que se convertirá en un principio de partición que atraviesa toda la obra. Si entonces a la soledad la encarna Quevedo, la comunión se concentra en san Juan de la Cruz, mientras que llegando hasta *Sor Juana Inés de la Cruz o las trampas de la fe,* biografía intelecual de la poeta monja, sigue expresando, con toda complejidad, las consecuencias de esa oposición entre la irreductible, "maldita" individualidad del poeta y el fracaso fatal de sus deseos de comunión con la Iglesia, el partido, la humanidad. Para otro poeta-crítico con el cual será comparado Paz, el anglicano Eliot, san Juan de la Cruz será lo contrario: el poeta no de la soledad, sino de la comunión.

En 1949 publica lo que será su primer libro verdadero, según él, *Libertad bajo palabra,* recibido con cierta frialdad, al grado que su amigo y colega de embajada, el dramaturgo Usigli, regresando de París, al reseñarlo dice que Paz "se considera un poeta olvidado, que no interesa en México".[103] "Libro inscrito en el tiempo, cambiante",[104] llamará Santí a *Libertad bajo palabra*, obra de poemas de la familia de los *Cantos* de Pound, de *La realidad y el deseo*, de Cernuda, de *Cántico*, de Guillén, es decir, obra que se va nutriendo de la experiencia del poeta, libro nunca terminado, sometido a la intemperancia del creador frente a su creación.

Libertad bajo palabra, en su versión inaugural, puede ser reconocido a la distancia por dos de las frases-emblema que harán la publicidad del poeta: "Contra el silencio y el bullicio invento la Palabra, libertad que se inventa y me inventa cada día" y "palabras que son flores que son frutos que son actos".[105] Algunos poemas del libro, por otro lado, no germinarán del todo sino hasta el final de la obra: "Crepúsculo de la ciudad" se convierte en "Hablo de la ciudad", uno de sus últimos poemas largos.

Escribe el primer asedio a su padre muerto en "Elegía interrumpida" y el primero de sus retratos poéticos de ancestros, protagonistas, agonistas o antagonistas, el dedicado al marques de Sade, el gran personaje surrealista, encarnación a la que seguirán otras, llenando de fantasmas y de oráculos su mundo poético: Nerval, el utopista Charles Fourier, Hölderlin, Rimbaud. E

[103] Rodolfo Usigli, "Poeta en libertad" en Santí, *Luz espejeante. Octavio Paz ante la crítica, op. cit.*, p. 155.

[104] Santí, *El acto de las palabras. Estudios y diálogos con Octavio Paz,* FCE, México, 1997, p. 80.

[105] Paz, *Obras completas, VII. Obra poética, 1935-1998, op. cit.*, pp. 26 y 239.

"Himno entre ruinas", es el primer poema historiosófico de Paz en el cual México se cruza con la historia mundial y éstas aparecen como afluentes de una poética de la historia.

El Paz del medio siglo exacto, recordémoslo, es "el más surrealista" y a su admisión en el círculo bretoniano le sigue la lealtad estilística, como lo indica el crítico británico Wilson. Elige un género de alcurnia, entre los surrealistas, el poema en prosa, para escribir ¿Águila o sol? Péret no en balde traduce en 1957, uno de los "Trabajos del poeta", revelando a la figura sonámbula, más que soñadora, del poeta enfrentando, como surgido de un cuadro de Carrington, la rebelión de las palabras. ¿Águila o sol?, también, estuvo entre los libros comentados por el crítico fenomenológico Gaston Bachelard en el último de sus libros, La luz de la vela (1961).[106]

Breton había dicho, famosamente, en una entrevista que México era el único país surrealista del mundo pero con ello no estaba haciendo una exaltación de lo pintoresco mexicano, como se interpreta comúnmente el dicho (o el argumento, si se quiere) desarrollado después en "Souvenirs de Méxique" (1939). En el surrealismo de México veía Breton una doble combinación de inmemorial respiración sagrada, la de una civilización antigua en latencia (con más temor mórbido que admiración la había visto, una década antes, Lawrence) a la vez colmada de espíritu revolucionario. Así, México era para Breton, pasado y porvenir.

Una década más tarde, en París, aquello que Breton había encontrado en México lo encuentra Paz en Breton y si Breton había hecho surrealista a México, Paz "mexicaniza" al surrealismo, deliberadamente en El arco y la lira y libremente en "Piedra de sol". Y así como Breton "surrealistiza" a México al mismo tiempo que otras incursiones explícitas, implícitas, circunstanciales (el cineasta soviético Eisenstein, Kahlo, el pintor alemán Paalen), Paz concluye dándole una clave poético-mitológica mesoamericana, esa "mexicanización del surrealismo" iniciada por Péret y por el poeta español Larrea. Y ellos mismos, desde los años veinte, "mexicanizaron" Occidente.

Alain Bosquet, el poeta y crítico francés de origen ruso, concluyó en Verbe et vertige (1961) que Paz, creador de un "surrealismo telúrico", le había ofrendado a la visión bretoniana los esplendores "neomayas y neoaztecas"

---

[106] Paz se consideraba autor de "verdaderos cuentos", incluidos casi todos en "Arenas movedizas" (1949), como "Mi vida con la ola" o "El ramo azul", en la segunda parte de ¿Águila o sol? Cuando le presenté, ya impreso, el tomo I de mi Antología de la narrativa mexicana del siglo XX (FCE), a fines de 1989, se molestó de que hubiese incluido, allí, lo que él consideraba prosas poéticas y no los cuentos de los que se sentía muy satisfecho. Lo cuento, para ilustrar sus gustos y para dejar sentadas las libertades que podíamos tomarnos algunos de sus colaboradores en el terreno de nuestro propio aprendizaje literario. Si Paz me hubiese pedido que incluyese esto o aquello, lo hubiese complacido. Pero no se me ocurrió preguntarle ni a él, tampoco, le interesó saber qué pensaba yo incluir de él en la Antología, a decir verdad. (CDM, Diario, 16 de diciembre de 1989); Gaston Bachelard, La llama de una vela. Seguido de Instante poético e instante metafísico, traducción de Hugo Gola y Federico Gorbea, UAP, Puebla, 1986, pp. 90 y 113.

que las "costumbres didácticas francesas" y "las zambullidas germánicas en el subsconsciente" no habían podido darle. Nótese que, juiciosamente, Bosquet habla de lo "neomaya" y de lo "neoazteca", en Paz, como de un neologismo, es decir, de una mistificación propiamente poética y no de ninguna vindicación de autenticidad en la que el poeta mexicano pudo ofrecer de la cosmogonía mesoamericana.[107]

Ello también puede verse en "Mariposa de obsidiana", que según Hugo J. Verani, es una búsqueda de la otredad en lo azteca, que acaba mostrando otra cosa: las imágenes incongruentes brotadas de lo onírico y la supremacía de la comunión erótica para restablecer el equilibrio cósmico.[108] Si Kostas le había abierto los ojos, según recordaba Laura Helena, ante el arte horroroso de los aztecas, fue el surrealismo la herramienta con la que comprendió a los antiguos mexicanos. Paz lo admitió.

A los restos, arquelógicamente conservados por Paz a través de revisiones recurrentes, de la poesía comprometida de su primer periodo, le sigue "El cántaro roto", de *La estación violenta*, un poema que es propiamente una "visión" de México menos optimista que la impresa en *El laberinto de la soledad* en su primera edición. En "El cántaro roto", el paisaje de México equivale a sus pavorosas sequías y el poder, como lo veía simultáneamente Rulfo en *Pedro Páramo*, lo monopoliza, absolutamente, un cacique. En Rulfo, ese cacique es un fantasma que es el padre de todos los vivos y de todos los muertos, mientras que en "El cántaro roto", escrito también en 1955, es un mandamás obsceno, avatar de aquel "cacique gordo de Cempoala", a la vez arcaico y moderno, lujurioso y estéril, con el que se toparon los conquistadores españoles camino de México-Tenochtitlán.

La estación violenta (cuyo título se lo debe a Apollinaire) cierra con el más famoso y recitado de los poemas pazianos, "Piedra de sol", que pertenece a la clase de poemas, junto a los de Rimbaud y Neruda que los jóvenes memorizamos en su día con la ilusión de ser admitidos en esa orden (y ese orden) que Paz identificaba con el surrealismo, "la estrella de tres puntas": el amor, la libertad y la poesía. "Voy por tu cuerpo como por el mundo,/ tu vientre es una plaza soleada,/ tus pechos dos iglesias donde oficia/ la sangre sus misterios paralelos",[109] leemos en "Piedra de sol". Repitiendo un comentario que le oyó decir a Connolly sobre Pound, Pacheco dijo que guardaba tres ejemplares de su poesía, de Pound, uno para leer, otro para releer y otro para ser enterrado con él.[110]

---

[107] Alain Bosquet, "Octavio Paz o el surrealismo telúrico" en Santí, *La luz espejeante. Octavio Paz ante la crítica, op. cit.*, p. 272.

[108] Verani, "Mariposa de obsidiana": una poética surrealista de Octavio Paz" en Santí, *Luz espejeante. Octavio Paz ante la crítica, op. cit.*, p. 242.

[109] Paz, *Obras completas, VII. Obra poética (1935-1998), op. cit.*, p. 266.

[110] José Emilio Pacheco, "Descripción de 'Piedra de sol'" en Santí, *La luz espejeante. Octavio Paz ante la crítica, op. cit.*, p. 271.

El poema es estricto y libre a la vez porque Paz lo escribió utilizando 584 endecasílabos, iguales a la evolución sinódica del planeta Venus, 584 días que los antiguos mexicanos contaban al cerrar la conjunción de Venus y el sol como el fin de un ciclo y el principio de otro. Aunque el propio Paz (que hallaba, enfático, demasiado hispánico, a su poema más celebrado) previno a sus críticos de una interpretación del poema demasiado apegada a lo que Raquel Philips consideró "el modo mítico" que asociaría "Piedra de sol" con la cosmogonía azteca, esas consideraciones no pueden obviarse ante un poema de sus dimensiones, tan vastas que son clásicas y surrealistas a la vez, las de "un poema que caminaba hacia adelante pero que no temía caminar hacia atrás", según Victor Manuel Mendiola.[111]

"Piedra de sol" comunica a la poesía con la historia en congruencia con *El arco y la lira*: Abel, Agamenón, Sócrates, Robespierre, Trotski (ya se dijo), Lincoln, Madero, Madrid bombardeada en la guerra civil española, aparecen en "Piedra de sol" como contrapunto de la experiencia amorosa. "Todos los siglos", asevera el poeta, "son un solo instante/ y por todos los siglos de los siglos/ cierra el paso al futuro un par de ojos".[112]

"Piedra de sol", dice Pacheco, ilustra también una calamitosa historia de amor como la narrada por Abelardo sobre sus desdichas. Cinco nombres de mujer se reducen a una encrucijada, entre Melusina y Laura, cuya esencia es la creencia de Paz en que la naturaleza es energía erótica y la mujer, energía natural, tal cual lo fijó el agudo crítico venezolano Guillermo Sucre (*La máscara, la transparencia*, 1985). Otro de sus buenos lectores, Saúl Yurkiévich, dirá que la pasión amorosa, analogía y ritmo, es el principio de interpretación del mundo en Paz, notoriamente, desde "Piedra de sol". A Paz, concluye el crítico argentino Yurkiévich, le sale maravillosamente la "poesía positiva, la de la belleza manifiesta", lo cual agrava la contradicción que lo atormenta como poeta-crítico: entre mejor canta el poeta más fútil le parece el lenguaje de la poesía".[113]

Si entre los cincuenta y los sesenta el Premio Nobel no hubiese sido, como lo era entonces para escritores famosos (en aquellos días lo obtuvieron Camus, Boris Pasternak, Saint-John Perse, Quasimodo, Seferis, Sartre), sino un premio de la Academia Sueca para escritores desconocidos como ha llegado a serlo, según dijo un sardónico Borges, Paz, el autor de *El laberinto de la soledad, El arco y la lira* y *Libertad bajo palabra* (la de 1960) bien lo pudo ganar desde entonces, como uno de los pocos poetas-críticos del siglo, como sólo lo fueron, como él, W. B. Yeats, Valéry, Pound y Eliot. En esas

---

[111] Victor Manuel Mendiola, *El surrealismo de* Piedra de Sol *entre peras y manzanas*, FCE, México, 2011, p. 109.

[112] Paz, *Obras completas, VII. Obra poética, (1935-1998), op. cit.*, pp. 269-270.

[113] Saúl Yurkiévich, "Órbita poética de Octavio Paz" en Santí, *La luz espejeante. Octavio Paz ante la crítica, op. cit.*, p. 178.

fechas, no sólo Gaos, sino Saint-John-Perse y Huerta le habían pronosticado el Nobel.[114]

No a todo el mundo le gustaba Paz, por supuesto. Bioy Casares, todavía enredado de alguna manera con Garro, enumeraba *Libertad bajo palabra* entre los títulos absurdos, en 1957: "A continuación del título vigoroso, poemas deshilachados. Pero no agradables, no vayas a creer; en cuanto asoma la posibilidad del agrado, el poema reacciona, no se deja ganar por blanduras, y nos asesta una vigorosa, o por lo menos incómoda, fealdad. Así cree salvar su alma."[115] Borges, según el *Borges* de Bioy, se burlaba en 1960 de 'Agua y viento', de Paz. "Octavio Paz envió a *Sur* un poema de amor, con el verso: *tus pedos estallan y se desvanecen*. BORGES: 'Se vera a sí mismo como un conquistador de nuevas regiones para la poesía' BIOY: 'Menos mal que se desvanecen'".[116]

Menos gracioso fue Sabines, autor de *Tarumba* (1956) y competidor suyo en los años ochenta, al decir que Paz era una "gente sin casa y sin nombre. No es mexicano, ni europeo ni asiático; por eso no puede ser universal".[117] Ignorando que era un hombre sin ideas, como se lo hicieron ver de inmediato, Paz, desde Kabul, le había propuesto el nombre de Sabines a Arnaldo Orfila Reynal, todavía director del FCE, como uno de los jóvenes poetas que podrían trabajar con él y Alí Chumacero haciendo la antología de la poesía mexicana publicada en 1966 con el título de *Poesía en movimiento*, al final hecha con Aridjis y Pacheco.[118] Sabines se atormentaba al reconocer que "Octavio Paz, en realidad, es un problema mío". "Buen poeta" que para Paz podía ser clasificado entre el género "de los insistentes-rabiosos-expresionistas-apocalípticos-masoquistas", Sabines afirmaba a finales de la década: "He tratado de convencerme de que es un gran poeta, pero no lo he logrado. Como que hace su poesía asépticamente. No lo conozco personalmente. Se me hace que se pone delantal, mascarilla y guantes para escribir".[119]

Con mayor elegancia, Gabriela Mistral, la poeta chilena que ganó el primer Premio Nobel de Literatura para América Latina, le dijo años atrás a Paz algo similar: "Usted es, como Borges, Reyes y Huidobro, un europeo. En cambio yo soy latinoamericana, terrestre como Neruda y Vallejo." Así se lo contó Paz a Tomlinson en 1968, como al poeta inglés también le confió

---

[114] Paz/Martínez, *Al calor de la amistad. Correspondencia, 1950-1984, op. cit.*, p. 37; Huerta, "La hora de Octavio Paz", *op. cit.*, p. 202.

[115] Bioy Casares, *Borges, op. cit.*, p. 277.

[116] *Ibid.*, p. 695.

[117] Citado por Elva Macías en "Jaime Sabines" en *Punto de partida*, núm. 73-74, México, abril de 1982, pp. 15-17.

[118] Octavio Paz/Arnaldo Orfila, *Cartas cruzadas (1965-1970), op. cit.*, pp. 11 y 14.

[119] Macías, "Jaime Sabines", *op. cit.*

su opinión taxonómica, privada, de Sabines, de quien se expresó en público con interés y respeto.[120]

Max Aub, dramaturgo y narrador español refugiado en México que también escribió páginas llenas de admiración sobre Paz, se burla de él, en sus *Diarios, 1953-1972*, publicados póstumente. Anota Aub el 18 de febrero de 1956: "Octavio Paz, ya cargado de espaldas como Manolo Altolaguirre; son de esos poetas a los que parece que las alas que les iban a salir se quedaron a medias, atrofiadas, y las llevan a hombros, medio jorobados, arrastrando un poco los pies bajo su peso; para que todos sepan que son poetas. No lo olvidan nunca, les preocupa noche y día esa gracia que les cayó del cielo."[121]

PARÍS, OTRA VEZ

Quizá le pesaba la poesía. Pero le salieron las alas otra vez para regresar a París al encuentro de Bona. Cuatro aguafuertes de la pintora italiana ilustran la traducción francesa de *¿Águila o sol?*, aparecida en 1957 y según Sheridan, el avatar de Bona, "*Persefona*, recorre encendida de pasión correspondida los endecasílabos en presente de 'Piedra de sol'",[122] poema aparecido como pieza suelta, también en 1957, lo cual implicaría que algo hubo entre ellos cuando se conocieron en Ginebra en 1953.

Entre marzo y junio de 1958, Mandiargues y Bona visitaron México haciendo un recorrido por los alrededores del Distrito Federal, Acapulco y Zihuatanejo, así como la península de Yucatán, Tabasco y Chiapas. Paz los recibe como su anfitrión, haciendo publicar el ensayo de Ungaretti sobre Bona en la *RML* y organizándole una exposición individual de 18 óleos mixtos en la galería de Antonio Souza, que se inaugura el 8 de mayo de 1958 y a la cual Paz convoca a todos sus amigos, algunos de los cuales habrán notado el contraste entre la belleza de la pintora y la medianía de sus cuadros. La princesa Poniatowska, así conocida entonces cuando dominaba la crónica social del mundo artístico y literario, describirá a Bona como "casi incendiaria" con sus ojos enormes, la boca preciosa, el cabello negro que se levantaba en la nuca o convertía en trenzas para verse maravillosa".[123]

Los Mandiargues intiman con Carrington, conocen al joven poeta Montes de Oca y tienen un feliz encuentro con Reyes. Mandiargues recomienda a Reyes ("de la edad y de la especie de Ungaretti o de Cingria, con un aire de viejo chino") con Jean Paulhan, director de la *NRF*, en una carta del 14 de

---

[120] Sheridan, "*My dear Charles*, Paz le escribe a Tomlinson", *Letras Libres*, op. cit., p. 51.

[121] Max Aub, *Diarios 1953-1966*, edición, estudio introductorio y notas de Manuel Aznar Soler, CONACULTA, México, 2002, p. 94.

[122] Sheridan, *Poeta con paisaje*, op. cit., p. 465.

[123] Citada por Angélica Abelleyra, *Se busca un alma. Retrato autobiográfico de Francisco Toledo*, Plaza y Janés, México, 2001, p. 46.

mayo de 1958. Tarde, muy tarde, pues don Alfonso –la recomendación le habría sabido amarga al viejo quien se jactaba, con Paz, de ser el suscriptor más viejo de la *NRF*– morirá pocos meses después. Mandiargues escribe un elogio fúnebre de Reyes,[124] como lo hará, por supuesto, Paz, en 1960.

No sólo los Mandiargues pasan sus primeros días en la casa en la que habría de morir la madre de Paz, en la calle de Denver, cerca del antiguo centro de Mixcoac, sino en algunos trayectos, Paz viaja con ellos –desde Oaxaca los tres le envían una postal a Breton– y aparece en las fotos del matrimonio en Tepoztlán, Taxco y El Tajín. En Tecolutla, solos, según Sheridan, toman la decisión de vivir juntos. Años después, en 1966, Garro, en carta a Bianco, dirá que prefiere ser "víbora" a una degenerada como Mandiargues y "la Bona", sugiriendo que aquello fue un triángulo. Ya divorciados, Garro narra una visita de un Octavio deshecho por Bona y convertida en madre fugaz, lo consuela, en julio de 1962.[125]

En noviembre de 1958, Paz es enviado a París como delegado mexicano a la X Asamblea de la UNESCO y tras pasar por Londres, regresa a México sólo para despedirse porque en abril de 1959, el nuevo presidente Adolfo López Mateos lo nombra "encargado de negocios *ad interim*" ante el gobierno de Francia. Desde ese puesto le tocó a Paz monitorear la visita de Malraux a México de consuno con Martínez, entonces diputado federal, que fue uno de los anfitriones del francés.[126]

Aquel París, para quien ya podía suscribir aquella declaración de John Ashberry de que quien ha vivido una vez en París ya no puede disfrutar de ningún otro lado, incluyendo París, no le satisfacía del todo a Paz. En carta a Poniatowska, del 25 de mayo de 1960, le dice a su amiga que no ha encontrado mucho que valga la pena, salvo algunas películas, "pero todas de corto aliento". Los que importan siguen siendo "los jóvenes de los años veinte, los jóvenes de los años cuarenta" como Malraux y Breton, Sartre y Genet, cuya obra *Los negros*, "no tengo más remedio que admitirlo" vale la pena, lo mismo que, para compensar, la vieja *Tête d'or*, de Claudel. En general encuentra, "falta de grandeza".[127]

El 17 de junio Bona y él ya comparten un departamento en la Rue La Planche. De esa época hay un chisme contado en su diario por Julio Ramón Ribeyro, en el que el poeta uruguayo Ricardo Paseyro, yerno de Jules Supervielle, durante un *vernissage* en la Galería Drout, se habría encontrado con Paz y Mandiargues, atacando a éste último por cornudo pues "la mujer de P.

[124] Mandiargues, *Pages mexicaines, op. cit.*, pp. 96-97.

[125] Carta de Elena Garro a José Bianco, 16 de abril de 1966, Papeles de Elena Garro, Biblioteca Firestone de la Universidad de Princeton; Rosas Lopátegui, *Testimonios sobre Elena Garro, op. cit.*, p. 239; Garro, *Correspondencia con Gabriela Mora (1974-1980), op. cit.* p. 141; Sheridan, "Un amor de Paz (Elevación)", *op. cit.*

[126] Paz/Martínez, *Al calor de la amistad. Correspondencia 1950-1984, op. cit.*, pp. 22-23.

[127] Carta de Octavio Paz a Elena Poniatowska, 25 de mayo de 1960. Agradezco a Elena Poniatowska su gentileza al suministrarme una copia.

De M. vive con Octavio Paz". Según Ribeyro, Paz habría tratado de defender a Mandiargues, "pero Paseyro, que es delgado pero violento les pega a los dos. La mujer de P. de M., al ver maltratados a su esposo y a su amante, se lanza sobre Paseyro y le muerde un dedo. Paseyro grita Concubine!, y cae al suelo de dolor. Octavio Paz y P. de M., lo rodean y le gritan al unísono, Faux poéte, faux poéte!"[128]

Obtenida al fin la sentencia de divorcio, el 15 de junio de 1959, que lo separa legalmente de Garro, Paz debe esquivar, todavía, la inflexibilidad del canciller Tello, que le impidió asistir a su primera invitación del Instituto de Arte Contemporáneo en Washington, a cuya conferencia podrá sólo ir hasta 1961, acompañado de Bona. En diciembre de aquel año, Paz le cuenta a Martínez (entonces embajador en Lima) que Bona está inconsolable pues un proyectado viaje de la pareja al Perú se había cancelado debido a los preparativos de la Exposición del Arte de México, en la que Paz continuará su batalla por Tamayo.[129]

Es convidado, también, a la Bienal de Poesía de Knokee-le-Zoute, en Bélgica, que le abrirá el camino a su primer premio internacional, en 1963, motivo por el cual su ex esposa le manda un telégrama, emocionada. Esa conexión se debió en parte a Emilie Noulet, la crítica belga que, exiliada en México, había colaborado en *El Hijo pródigo;* esposa del escritor catalán Josep Carner, era madrastra de Ana, una de las mejores amigas de Garro.[130] Pero fue Martínez, quien del Perú había pasado a embajador ante la UNESCO, quien propuso formalmente a Paz para el premio.[131] Su nombre ya sonaba por los lares de la crítica europea, como lo había hecho constar Bachelard.[132]

En un testimonio recogido por Sheridan, el escritor peruano José Durand retrata a Octavio y Bona en París, tratando de reconciliar a la música y la poesía, escuchando a Edgar Varèse y haciendo *collages* en el suelo.[133] Pero esa relación deberá ser probada por la convivencia difícil, en París, de Paz con Laura Helena. El 30 de julio de 1960, la hija, en una carta dirigida, nada menos que a Torres Bodet, convertido en secretario de Educación Pública, se queja de que "una pintora amiga de su padre", instalada en la embajada, le impidió entrar a la casa para dormir, después de un viaje a

---

[128] Julio Ramón Ribeyro, *La tentación del fracaso. Diario personal, 1950-1978*, prólogo de Ramón Chao y Santiago Gamboa, Seix Barral, Barcelona, 2003, p. 245.

[129] Paz/Martínez, *Al calor de la amistad. Correspondencia, 1950-1984, op. cit.*, p. 32.

[130] Masson, "Chronologie", en Paz, *Oeuvres, op. cit.*, p. LXXVII.

[131] Paz/Martínez, *Al calor de la amistad. Correspondencia, 1950-1984, op. cit.*, p. 164n.

[132] Bachelard, *La llama de una vela, op. cit.*

[133] Sheridan, *Poeta con paisaje, op. cit.*, p. 470.

Cannes. La situación fue tan escandalosa que terminó en la delegación de policía, como bochornosa era ya la situación para Paz, quien un mes antes había tenido que impedir que su hija, ingobernable, diera una fiesta privada en la embajada. Una vez que llegó a la India, Paz le ordenó a su ex esposa y a su hija que no lo llamaran por teléfono y trataran con él cualquier asunto sólo por carta.[134] Todavía faltaba el episodio más doloroso en esa novela familiar, en 1968.

El amor por Bona, a cuyo amparo debe leerse *Salamandra [1958-1961]* (1962), se convierte pronto en un asunto infernal. En ese mismo libro, apunta Sheridan, Paz va, sobre ella, de versos encendidos a "versos ominosos, amarguísimos": "Tigre, novilla, pulpo, yedra en llamas:/ quemó mis huesos y chupo mi sangre."[135]

La ruptura con Bona comenzó con lo que Paz llamaría, en una confesión recogida por Krauze, "una puñalada trapera",[136] su escapada, en abril de 1962, y rumbo a Mallorca, con el joven pintor oaxaqueño Toledo, a quien Paz había acogido en París. Llegaron a viajar los tres juntos a Padua, narra Toledo. "Era, sobre todo", recuerda el pintor, "una mujer libre. Se había separado de André y planeaba casarse con Paz. Estaba con él y de repente llegué yo, por casualidad. Tenía apenas 20 años. Ella 35". "Era una mujer muy bella", concluye el pintor, "estuvimos juntos, viajamos". Mandiargues, resignado, no perderá la ocasión de contarle a Jean Paulhan, que Bona "a changé de Mexicain".[137]

Paz nunca perdonó a Bona ni a Toledo, aunque lamentó en 1991 no haberle dedicado un ensayo al gran heredero de Tamayo.[138] El breve texto sobre la exposición de Bona no aparece en sus *Obras completas* aunque, supongo, Paz autorizó que se publicase su presentación en *Bona, vingt-cinq ans d'imagination et creation* (1976).[139]

Bona, tras el fracaso definitivo de su relación con Paz en la India, regresó con Toledo y pasó una temporada con él en su Juchitán natal, en el istmo de Tehuantepec, previo paso por la Ciudad de México, donde según el pintor, los amigos del poeta, tan entusiastas con ella en 1958, le hicieron el vacío. Eso fue en 1966. Finalmente, Bona (fallecida en 2000) se volvió a casar con Mandiargues y tuvieron una hija en 1967. Las ternuras más explícitas de Mandiargues a Bona, en sus poemas, aparecen escritas en español. Mandiargues volvió a escribir, elogiosamente, sobre Paz, en 1978. Mucho antes,

---

[134] Perales Contreras, *Octavio Paz y su círculo intelectual, op. cit.*, p. 85.

[135] Sheridan, *Poeta con paisaje, op. cit.*, p. 471.

[136] Krauze, *Octavio Paz. El poeta y la revolución, op. cit.*, p. 152.

[137] Abeyllera, *Se busca un alma. Retrato biográfico de Francisco Toledo, op. cit.*, pp. 46-48; Sheridan, "Un amor de Paz (Caída)", *Letras Libres*, núm. 191, noviembre de 2014, México, p. 114.

[138] Paz, *Obras completas, IV. Los privilegios de la vista. Arte moderno universal. Arte de México, op. cit.*, p. 484.

[139] Varios autores, *Bona, vingt-cinq ans d'imagination et de création, op. cit.*

en la primera oportunidad que tuvo en París, Paz presentó a Marie José, su nueva mujer, con Mandiargues, muy gran señor en esas circunstancias.[140]

Sobre su relación con Bona, Paz dejó caer un velo de silencio, motivado también por el respeto debido, habitual entre las personas prudentes, por la pareja actual que en el caso del poeta mexicano lo sería por el resto de su vida. Llama la atención que críticos con fama de mundanidad, como el poeta Pedro Serrano, ignoren lo anterior y regañen a Paz por "el ocultamiento", por ejemplo, de Garro, como si el poeta, por ser un personaje público, no tuviera derecho a decidir a quién menciona o no en sus recuerdos personales, a organizar su intimidad de la manera que mejor le convenga. Grave sería que Serrano o yo, al hablar de la vida de Paz, omitiésemos a Elena o a Bona. Octavio Paz, en cambio, no es el biógrafo de Octavio Paz. Si él decidió escribir fragmentos autobiográficos sólo literarios y no personales, según la dudosa distinción que hace Serrano de unos y otros, es una decisión tan legítima como la de Salinger o Blanchot de no hacer público ningún dato autobiográfico.[141]

Y para seguir hablando de ocultamientos, es cosa curiosa, dada la rutinaria desenvoltura con que los franceses hacen públicas esas intimidades, que en las elegantes *Pages mexicaines*, de Mandiargues, álbum póstumo de viaje compuesto por casi todo lo que vio e hizo la pareja en México, en 1958, se omita decir que ese periplo terminó en un amorío entre Bona, la visitante y Paz, el anfitrión. Quienes han leído las cartas, inéditas, entre ambos, las tienen entre los grandes secretos del género.

El 1 de mayo de 1962, Paz, como culminación de una carrera diplomática (llegando a lo más alto del escalafón como resultado de un proceso administrativo, no de una decisión política), es nombrado embajador de México en la India. Así lo ratifica López Mateos, un presidente que fue el primero en darle a los gobiernos posrevolucionarios una activa dimensión "tercermundista"; la misión del poeta incluye, también, iniciar las relaciones de México con Ceilán (hoy Sri Lanka) y con Afganistán.

Paz recordará, tras decir que su insignificancia como diplomático le había dado libertad como escritor, en *Itinerario* cómo, "al cabo de veinte años de servicio, la persona que entonces era secretario de Relaciones Exteriores, Manuel Tello, me propuso un puesto de embajador, lo hizo con cierta abrupta franqueza y en esos términos: 'No le puedo ofrecer nada sino la India. Tal vez usted aspire a más pero, teniendo en cuenta sus antecedentes, espero

---

[140] Mandiargues, *Pages mexicaines*, op. cit, pp. 92–95; CDM, Conversación con Marie José Paz, México, 17 de marzo de 2014.

[141] Pedro Serrano, *La construcción del poeta moderno. T. S. Eliot y Octavio Paz,* CONACULTA, México, 2011, pp. 181-183. En esa falta de seriedad incurre, por cierto, Danubio Torres Fierro, quien en el prólogo a su antología *Octavio Paz en España, 1937* (FCE, 2007), omite por completo el nombre de Elena Garro.

que lo acepte.' No me ofendieron sus palabras ni el tono de su ofrecimiento: tómelo o déjelo. Acepté inmediatamente. En primer lugar, la India me atraía poderosamente, algo que no podía sospechar el alto funcionario; además, había que coger el toro por los cuernos y la India resultó ser un toro magnífico, como aquel de Góngora: 'Media luna las armas de su frente/ y el sol todos los rayos de su pelo...'"[142]

Paz llega a la India, tras dos semanas en la Ciudad de México para ver a su madre y arreglar el papeleo del caso, el 2 de septiembre de 1962. Arriba al subcontinente indio, reincidente, con Bona (en junio de ese año, en carta a Ashton, Paz daba por terminada la relación[143]) con quien hace un primer recorrido, desde Kabul hasta Ceylán, incluyendo Nepal y Camboya. La pintora italiana y el poeta mexicano se habían rencontrado en Estambul, de donde partieron por ferrocarril hacia Nueva Delhi.[144] Allá, en la Sublime Puerta, Bona le había tomado una foto a Octavio en el embarcadero, que lo dice casi todo, mirada atribulada y vacía. De la India a la India, entre diciembre de 1951 y septiembre de 1962, Octavio Paz se había hecho en París y en la ciudad de México, entre el huevo del Fénix y el ombligo de la luna, uno de los grandes poetas-críticos del siglo. Le esperaba, en la raya de los cincuenta años, la felicidad.

[142] Paz, *Obras completas, VI. Ideas y costumbres. La letra y el cetro. Usos y símbolos, op. cit.*, pp. 65-66.

[143] Perales Contreras, *Octavio Paz y su círculo intelectual, op. cit.*, p. 86.

[144] Masson, "Chronologie" en Paz, *Oeuvres, op. cit.*, p. LXXVIII.

CAPÍTULO 9

La gran revuelta

> El pensamiento
> revoloteando
> entre estas palabras
> Son
> tus pasos en el cuarto vecino
> los pájaros que regresan
> El árbol *nim* que nos protege
> los protege
> Sus ramas acallan al trueno
> apagan el relámpago
>
> Paz, *Blanco* (1966)

MARIE JOSÉ Y OTROS ENCANTAMIENTOS

"Once años más tarde", cuenta Paz en *Vislumbres de la India*, "regresé a Delhi como embajador de mi país. Permanecí un poco más de seis años. Fue un periodo dichoso: pude leer, escribir varios libros de poesía y prosa, tener unos pocos amigos a los que me unían afinidades éticas, estéticas e intelectuales, recorrer ciudades desconocidas en el corazón de Asia, ser testigo de costumbres extrañas y contemplar monumentos y paisajes. Sobre todo, allá encontré a la que hoy es mi mujer, Marie José, y allá me casé con ella. Fue un segundo nacimiento. Juntos recorrimos varias veces el subcontinente".[1]

Por desgracia, a diferencia de Elena Garro, Marie José Paz no ha publicado recuerdos o memorias aunque probablemente los ha escrito, privándonos, por ahora, de su versión de la historia porque "siempre he eludido hablar de Octavio y he intentado esconderme de mí misma".[2] Con los años, Marie José descubrió su vocación como collagista, a instancias del pintor Joseph Cornell, en el Cambridge de los años setenta y publicó también un puñado de alegres poemas, firmados con el anagrama de Yesé Amory. Algunos aparecieron en *Plural*, traducidos por Paz, mientras que en 1999 se publicó *Figuras y figuraciones* (1991-1994), obra de Octavio y Marie José

---

[1] Paz, *Obras completas, VI. Ideas y costumbres. La letra y el cetro. Usos y símbolos*, op. cit., pp. 1078-1079.

[2] Silvia Cherem, "Mari Jo, la vida sin Paz", *Reforma*, México, 10 de octubre de 1999.

Paz, donde a un caja de ella le sigue un poema de él. "¿Son una profecía, un acertijo,/ la memoria de un encuentro,/ los signos dispersos de un destino?", se pregunta el poeta en el que se titula "India", para responder así: "–Son el cetro del azar./ Lo dejó, al pie del árbol del tiempo,/ el rey de este mundo."[3]

En pocas ocasiones, *Marilló*, como la llamaba Octavio y como la seguimos llamando sus amigos, le ha confiado a los periodistas, cómo y cuándo conoció a Paz, recién llegado como embajador de México en la India. Fue en una fiesta, en la terraza del barrio de Sunder Nagar, en Nueva Delhi, a la cual Marie José Francine Jeanne, originaria de Córcega y Tramini por su apellido paterno, llegó en compañía de su esposo, el consejero político de la embajada de Francia en la India, con el cual estaba casada desde los 17 años. En septiembre de 1966, se manejó que Paz podía ser nombrado embajador en París, pero la cancillería mexicana lo consideró impropio, dado "el pequeño escándalo diplomático causado por su unión con Marie José".[4]

"Se presentó, preguntó de qué hablábamos y yo respondí que de Balzac", cuya *Modeste Mignon*, Marie José estaba leyendo y era una pequeña novela que Paz conocía bien. "Me sorprendió muchísimo", le cuenta ella a Silvia Cherem, "que un mexicano conociera de manera tan minuciosa esta obra de Balzac, y además llamó mi atención que fuera tan guapo. Tenía entonces 48 años, pero era tan vigoroso y atractivo, con su precioso cabello ondulado y su mirada azul que mantuvo hasta el final, que pensé que sólo tenía 30".[5]

Tiempo después, Marie José caminaba por la Rue du Bac, el 21 de junio de 1964, en París "y como entre sueños vio el reflejo de Paz en el cristal de un hotel: Pensé que era una visión, pero no tardé en reaccionar cuando Octavio, de carne y hueso, ya estaba a mi lado. Ese encuentro casual fue definitivo. Muy pronto me divorcié y desde entonces vivo con intensidad en un tobogán del tiempo, en el que me arrastró la pasión por él".[6]

En *Ladera Este (1962-1968)* [1969], Paz escribirá "Viento entero" sobre ese instante, su instante: "El presente es perpetuo/ Se abren las compuertas del año/ el día salta/ ágata/ El pájaro caído/ entre la calle Montalambert y la de Bac/ es una muchacha/ detenida/ sobre un precipicio de miradas".[7] Octavio y Marie José se casaron el 20 de enero de 1966 en la India: es probable, conjeturaba Rossi, un buen amigo de la pareja, que en treinta y tantos años nunca dejaran pasar una noche sin dormir juntos. El caso es que, gracias a Marie José, había terminado para Paz el tiempo del sacrificio y se

---

[3] Bradu, *Los puentes de la traducción. Octavio Paz y la poesía francesa*, *op. cit.*, pp. 211-230; Paz, *Obras completas, VII. Obra poética (1935-1998)*, *op. cit.*, p. 814.

[4] Paz/Martínez, *Al calor de la amistad. Correspondencia*, *op. cit.*, p. 185n.

[5] Cherem, "Marié Jo, la vida sin Paz", *op. cit.*

[6] *Idem.*

[7] Paz, *Obras completas, VII. Obra poética (1935-1998)*, *op. cit.*, p. 467.

cumplía la profecía de Cernuda, de que de las costillas de ese poeta, nacería "su compañera Eva".[8]

En *Vislumbres de la India,* Paz habla del viaje que hicieron a Vietnam, Camboya y Nepal, lo mismo que a Ceilán (le presentará sus credenciales al gobernador general de la isla el 22 de enero de 1963) y Afganistán (hará lo mismo con el rey el 6 de junio de 1963), países ante los cuales era embajador concurrente. "Cuando la situación internacional lo permitía", dice un Paz cuidadoso al no decir que sólo los primeros viajes fueron con Bona (quien a fines de 1962, dice Masson, abandona definitivamente la India[9]) mientras que la mayoría serán con su futura esposa: "viajábamos en automóvil de Nueva Delhi a Kabul, a través de Pakistán. Así pudimos visitar varias veces a Lahore y a otras ciudades, sin excluir naturalmente las venerables ruinas de Taxila. Al atravesar el Indo, nos salían al encuentro grupos de álamos y de chopos, árboles mediterráneos que nosotros saludábamos al pasar con el gesto que hacemos al encontrarnos con unos amigos a los que no se ha visto desde hace mucho."[10] Y de aquellos mismos viajes, Marie José, agrega: "Eran viajes en coche, maravillosos e inolvidables. Cruzábamos ríos y ciudades, y con la erudición y curiosidad de Octavio siempre descubríamos cosas nuevas."[11]

El principio de la gestión de Paz como embajador estuvo lleno de trabajo y sólo después aquella estancia se convertiría en la más fértil, intelectualmente, de las que han pasado los escritores mexicanos como diplomáticos. En la India, Paz escribe casi todos los poemas que irán a dar a *Ladera Este* (como "Viento entero", una plaquette publicada en Delhi en 1965) y con éste, sólo de poesía, *Discos visuales* (1968, con el pintor y diseñador Rojo) y *Blanco* (1967), a los que hay que sumar, en prosa, *Cuadrivio* (1965), *Poesía en movimiento* (la antología de poesía mexicana, prologada y armada por Paz en 1966), *Los signos en rotación* (publicado por *Sur* en 1965 y que se convertirá en epílogo de *El arco y la lira* después), *Puertas al campo* (1966), *Claude Lévi-Strauss o el nuevo festín de Esopo* (1967), *Corriente alterna* (1967) y la primera versión (un libro-objeto también hecho con Rojo) de *Marcel Duchamp o el castillo de la pureza* (1968). A esa fecundidad, fruto de la dicha de los años en la India con Marie José, contribuirá el semestre de profesor invitado que se tomó en la Universidad de Cornell (en Ithaca, Nueva York), de enero a julio de 1966.

Lo recibieron en Nueva Delhi el consejero Antonio González de León y su esposa Margarita, quienes, buenos amigos, lo acompañaron durante los ajetreados primeros meses, los de la visita de Estado de López Mateos, el

---

[8] Cernuda, *Epistolario, op. cit.*, p. 417.

[9] Masson, cronología de Paz, *Oeuvres, op. cit.*, p. LXXVIII.

[10] Paz, *Obras completas, VI. Ideas y costumbres. La letra y el cetro. Usos y símbolos, op. cit.*, p. 1079; Ordóñez, *Devoradores de ciudades, op. cit.*, p. 235.

[11] Cherem, "Marie Jo, la vida sin Paz", *op. cit.*

primer presidente mexicano que, dado a los viajes internacionales, recibió el mote popular de "López Paseos". Iniciaba la ola tercermundista y López Mateos debía corresponder a la reciente visita a México del primer ministro Nehru. Paz le confió a García Terrés, en carta del 17 de octubre de 1962, de haber quedado a la vez agotado (con un "rhume de cerveau") y satisfecho tras la visita del presidente.[12]

El 10 de septiembre de 1962 le había presentado sus cartas credenciales al presidente-filósofo Radhakrishnan. Uno y otro, el poeta y el filósofo, según se desprende de los discursos reproducidos por Sheridan, estaban en la misma vena: México y la India eran, o deberían ser, lo que después se llamaría "potencias emergentes" en un "mundo unido por la ciencia" y "dividido por las ideologías". Tras la visita de López Mateos, quien al parecer competía con la señora Bandaranaike, primer ministro de Ceilán por el Premio Nobel de la Paz, el poeta tiene tiempo, al fin, para organizar su vida de embajador y volver a escribir tras la devastación dejada por Bona, que según Sheridan, se separa de él en Kabul, partiendo la pintora italiana rumbo a Venecia.[13]

Tanto el norte como el sur del subcontinente serán impresionantes para Paz. "De Peshawar al Khyber Pass", recapitula en *Vislumbres de la India*, "las incontables invasiones de más de tres milenios pero, sobre los vagos recuerdos históricos, la realidad de la imaginación humana: Kipling, sus cuentos, sus novelas, sus poemas. Viejas tierras de Gandhara, donde han chocado ejércitos y religiones, ¿qué es lo que ha quedado de toda esa sangre derramada y de todas esas disputas filosóficas y religiosas?", se pregunta un poeta que murió apenas unos años antes de que los talibanes volaran los budas gigantes de Bamian, que él admiró, como todo ese "puñado de fragmentos" dejados por la Historia, que le parecen "a veces admirables y otras curiosos: la cabeza de un bodisatva que podría ser un Apolo, un relieve arrancado a un santuario, una procesión de guerreros kushanes e indogriegos, algunos con los rostros desfigurados por el celo musulmán, un torso, una mano, pedazos adorables de cuerpos femeninos corroídos por los siglos".[14]

"También viajamos mucho por el sur de la India", dice Paz, "Madrás, Mahabalipuram, Madurai, Tanjore, Chidambaran. Muchos de estos nombres aparecen en mis poemas de esos años. Y el salto, los saltos, a Ceilán, que hoy llaman Sri Lanka".[15]

Esa isla paradisiaca, cuenta Marie José, lograba que Paz se abstrayese por completo. Relata la ocasión en que caminó "frente a él en traje de baño

---

[12] Sheridan, *Poeta con paisaje, op. cit.*, p. 473; Paz/García Terrés, *op. cit.*

[13] Sheridan, *Poeta con paisaje, op. cit.*, p. 476.

[14] Paz, *Obras completas, VI. Ideas y costumbres. La letra y el cetro. Usos y símbolos, op. cit.*, p. 1080.

[15] *Ibid.*, p. 1081.

para provocarlo y él ni me vió, siguió su camino. Yo decidí detenerme y él siguió caminando sin darse cuenta ni mínimamente que me había parado. A mí me dio un coraje tremendo, mi orgullo femenino se vió lastimado y él, en su ensimismamiento, no escuchaba ni mi voz. Muchos metros después comenzó a buscarme desesperado. Me llevó tiempo, pero entendí que él estaba creando sus poemas mucho más allá de la realidad inmediata, como bien comprendí cuando empecé a hacer mis *collages*, en la creación no hay tiempos ni espacios. Aprendí a entenderlo y a respetarlo. Me di cuenta de que yo estaba dentro de su poesía, ¡qué me importaba todo lo demás!"[16]

Los Paz, además, pasaron una temporada en una casa prestada por un amigo de Colombo, "construida en un promontorio frente al mar y desde la que se podía ver la fortaleza de Galle, fundada por los portugueses en el siglo XVI". A Paz, su "enemigo más querido" le reservaba una última o penúltima señal: "Cuál no sería mi sorpresa cuando, un año después, me enteré de que Pablo Neruda había vivido en ese lugar treinta años antes y de que, según le cuenta a un amigo en una carta, lo había encontrado abominable. El hombre es los hombres; cada uno de nosotros es distinto. Y sin embargo, todos somos idénticos."[17] En efecto, Neruda había estado como diplomático también, en Ceylán, en 1930.

A partir de julio de 1963 se adquirió una residencia oficial y el embajador dejó el Hotel Ashoka, donde se había hospedado al principio. El 22 de septiembre, le anuncia a Martínez que en una semana ocupará la residencia aunque lamente que sea "una pena vivirla solo" y lo invita a pasar unos días en la India para compartir ese "jardín prodigioso de 3 000 metros"; según Sheridan, lleno "de árboles nim, chirimoyos y mangos, en la calle Prithviraj número 13, cerca de los jardines de Lodi".

El embajador se toma unos días para viajar con Antonio a Hong Kong y comprar aparatos eléctricos y aire acondicionado para la casa. De regreso se detiene en Macao y se replantea la naturaleza de la conquista española y portuguesa del Oriente, pero también la de América. Comienza a redactar el gran ensayo sobre López Velarde, "El camino de la pasión", que en tantas cosas se antoja una recapitulación sobre el fin de su matrimonio con Garro y su fracasada aventura con Bona, según lo interpreta Sheridan.[18] Las especulaciones de Paz sobre la naturaleza devoradora y feroz de la pasión en López Velarde se encadenan con su lectura del marqués de Sade. Ambas lecturas lo incitan también a redactar un ensayo sobre el amor y el erotismo que dejará guardado muchos años" y acabará por ser, *La llama doble*, aparecido en 1994. "Más sereno", se concluye en *Poeta con paisaje*,

---

[16] Cherem, "Marie Jo, la vida sin Paz", *op. cit.*

[17] Paz, *Obras completas, VI. Ideas y costumbres. La letra y el cetro. Usos y símbolos, op. cit.*, p. 1081.

[18] Sheridan, "Amar el amor", en *Letras Libres* núm. 183, México, marzo de 2014, pp. 22-27.

"disfruta el cambio de casa y agradece por fin salir del Ashoka. Pasan por Delhi amigos como Henri Michaux, los Tamayo, Miguel León-Portilla, el viejo trotskista Victor Alba."[19]

POETA DE VANGUARDIA, TODAVÍA

Para hablar de la poesía escrita por Paz en la India, hay que retroceder un poco hasta *Salamandra*, cuyos primeros ejemplares publicados por Joaquín Díez-Canedo (Paz editará en las tres editoriales mexicanas emblemáticas de la década: Joaquín Mortiz, Era y Siglo XXI), el poeta recibió en la India. Es el libro preferido de no pocos lectores de su poesía. Yo mismo, quizá, me cuente entre ellos, en compañía de Gerardo Deniz.[20] *Salamandra* trae el aliento incandescente soplando desde *Piedra de sol* pero se detiene en el límite de la aventura radical, en la que se empleará, más a fondo, el poeta durante buena parte de los años sesenta. El poema homónimo del libro simboliza, sobre todo, al erotismo en un monstruo, la salamandra, esa "hija del fuego" que sobrevive a éste sin quemarse, "nombre antiguo del fuego y antídoto contra el fuego", arquetipo, a vez, del encuentro sexual y de la mujer, de la pasión y de la paciencia.

A lo largo de *Salamandra* se expresan los conflictos paradójicos entre el tiempo puro y el apremio del instante sin que Paz tome los riesgos intelectuales, poéticos y tipográficos que caracterizarán a *Blanco,* anunciados en ese poema antiacadémico y contestatario que es "Entrada en materia". Y en *Salamandra*, a su vez, Paz deja de ser un poeta surrealista –de la manera en que lo haya sido– para dotarse de una voz inconfundible, propia, reconocida. Así lo intuye Alejandra Pizarnik, la poeta argentina a la cual Paz procuraba y autora de un ensayo sobre *Salamandra* publicado originalmente en francés.[21]

En *Salamandra*, donde se despide de Péret y Breton en "Noche en claro", Paz establece la jerarquía de sus antecesores directos, con un poema sobre Cernuda y otro sobre Tablada, a su manera un Yeats mexicano que inspiró poéticamente a dos siglos, pero, sobre todo, desplegando una sección titulada "Homenaje y profanaciones" donde continua su conversación con Quevedo, interrumpida sólo con su muerte. *Reflejos: replicas* (1996) fue uno de los ultimos impresos de su autoría que Paz tuvo en sus manos y es la conclusión de ese diálogo. El folleto finaliza con "Respuesta y reconciliación", un poema firmado el 20 de abril de 1996, dos años antes de su funeral.[22]

---

[19] Sheridan, *Poeta con paisaje*, *op. cit.*, p. 480.

[20] Gerardo Deniz, "Salamandra" en *Paños menores*, Tusquets, México, 2002, pp. 113-116.

[21] Alejandra Pizarnik, "*Salamandra*" en Santí, *Luz espejeante: Octavio Paz ante la crítica, op. cit.*, pp. 278-283.

[22] Paz, *Reflejos: réplicas,* Vuelta/El Colegio Nacional, México, 1996.

"El mismo tiempo", finalmente, es uno de sus poemas más reveladores y ofrece varios versos de *Salamandra* como claves de su historiosofía poética. Tras hablar de la muerte natural y asumir su fatalidad desde la Ciudad de México, con su Zócalo como el ombligo del mundo, el poeta es reconvenido por dos influyentes pensadores de la lengua española: Vasconcelos y Ortega. Uno, el mexicano, lo invita estoicamente a entregarse a la filosofía como preparación de la muerte. Otro, el español, le aconseja pensar en alemán y olvidarse de lo demás. A ambos espíritus chocarreros, el poeta les dice no y no. Ha rechazado la trascendencia filosófica a cambio del inmanentismo de la religión de la poesía: "Yo no escribo para matar el tiempo/ ni para revivirlo/ escribo para que me viva y reviva".[23]

La religión del poeta, asume, con Paz Baudelaire, está en buscar lo eterno en lo efímero, ésa es la "poética del instante". Poética que en Paz dado el tormento que le inflige la Historia no puede ser únicamente un misterio lírico, un acertijo verbal. El instante ocurre fatídicamente entre "la vida inmortal de la vida y la muerte inmortal de la historia", según dice, también, en *Salamandra*.

De haber terminado su obra con *La estación violenta* y *Salamandra*, habría quedado su poesía, sin duda, entre las más vivaces que produjo en América Latina el influjo arbitrario (¿de qué otra manera pudo haber influido?) del surrealismo y *Piedra de sol* lo tendría, a Paz, como el autor de un gran poema erótico-mítico. Pero fue su segunda estadía en Oriente, el mito personal del poeta-amante construido en la India, lo que lo convirtió en una leyenda viva de la literatura de su tiempo. Junto a Pound, Victor Segalen y Paul Claudel, el mexicano Paz fue otro de los grandes poetas "orientalistas" del siglo.

En Nueva Delhi el poeta se imantó de la cultura de la India al grado de convertirse no en un erudito, sino en algo más difícil de conseguir, en un hombre de casa (hace falta un estudio sobre el círculo indio de Paz, en el que destacaba el pintor Swaminathan). Yo fui testigo de su huella: pocos años después de su muerte, presencié, en una universidad india, las discusiones que *Vislumbres de la India* provocaba entre los *pandits*. Los secularistas, defensores del Partido del Congreso, lo tenían, a Paz, el amigo de Indira Gandhi, por su visión cosmopolita de la historia de la India, como un aliado esencial. En su contra estaban los nacionalistas, alentados en 2002 por las victorias del Bharatiya Janata Party, que lo rechazaban por ser uno de los principales antagonistas de la ancestral unidad religiosa de los indios, predicada en el *Rig Veda*.

Cuando terminó su disputa, los profesores indios de uno y otro bando, escucharon religiosamente, con sus invitados mexicanos (Fabienne Bradu y yo), los poemas de Paz. Y poco se difundió que a la muerte del poeta, a

---

[23] Paz, *Obras completas, VII. Obra poética (1935-1998), op. cit.*, p. 344.

firmar el libro de condolencias abierto en la biblioteca de la residencia que había sido la de Paz, acudieron todas las autoridades del Estado, encabezadas por el presidente de la República, los antiguos primeros ministros y Sonia Gandhi, la nueva jefa de la dinastía.[24]

Rebatido o exaltado, los indios lo colocaban, a Paz, en la mejor de las compañías, con Max Müller, el gran mitólogo alemán que organizó, en el Occidente del siglo XIX, el conocimiento de la India. Charles Malamoud, experto en sánscrito e hinduismo, a quien conocí en Guadalajara en 2011 en un homenaje a Paz, le dijo a su antiguo condiscípulo Lafaye, exégeta de Quetzalcóatl y de muchas otras cosas, que *Vislumbres de la India* se había "convertido en un texto de referencia para todos nosotros, indianistas de profesión".[25]

Y es que el escrutinio paziano abarcó el oscuro origen ario de los indios, la increíble, por fecunda, convivencia entre el budismo y el hinduismo, la universalidad de Nagarjuna, el papel del islam, las controversias monistas y dualistas entre las seis principales escuelas de la filosofía tradicional, el paralelo entre el arte del subcontinente y el medievo cristiano, la independencia de 1947 y Nehru y el Mahatma, sus héroes, el sublime, sensual y "barroco" arte erótico de la India, tal cual se muestra en Khajarao o Konarak, testimonio de la única civilización que ha creado, dijo Paz, "imágenes plenas y cabales de lo que es el goce terrestre". Estaban locos o ciegos, concluía, los filósofos y orientalistas que vieron en el budismo un nihilismo negador de la vida.

Finalmente, otro iniciado en los misterios de la India, el poeta cubano Sarduy, presencia constante en *Vuelta*, dijo deber "a Octavio Paz el regalo más extraordinario que alguien puede hacer: la India. Sin sus palabras y sin sus textos quizás nunca hubiera ido" y una vez allá, entendió que Paz, que en París (debió ser en 1969) estaba trabajando en Duchamp, entendió al "pensamiento asiático" del poeta como un "estilo": la "palabra que elucida y une a las dos *laderas*", a Oriente con Occidente, mediante un "pasadizo secreto".[26]

"La obra india", como la llama Rachel Philips, ¿produjo una amalgama al fundir con la metafísica brahmánica y budista el temperamento del poeta que venía de graduarse en el surrealismo? El tema sigue abierto. Buscando "la otra orilla", la armonía de los opuestos y profundizando en el tantrismo, la India, sobre todo la budista, traspasó la superficie en su obra y penetró hasta

---

[24] Edmundo Font, "Desde los jardines metafísicos de la luz aleccionadora", en *Octavio Paz and India. Some reflections,* edición de Anil Dhingara, Centro de Estudios Hispánicos de la Universidad Nehru/Embajada de México, 1999, p. 161.

[25] Lafaye, *Octavio Paz en la deriva de la modernidad, op. cit.*, p. 43.

[26] Severo Sarduy, "Paz en Oriente" (1990), *Obra completa,* edición de Gustavo Guerrero y François Wahl, Archivos UNESCO/Conaculta, París, 1999, pp. 1440-1443.

producir una "manera mítica" –la expresión es de Philips– tan importante
como la dejada previamente por la mitología prehispánica.

Amigo de Paz desde muy joven, Eliot Weinberger, su principal traductor al inglés, explica cómo el diálogo entre México y la India (Occidente/Oriente), se convierte en una correspondencia en la cual se encuentran, quizá, los mayas y el budismo. Paz cumple, dice Weinberger, no sólo con la profecía contenida en el japonesismo de Tablada, uno de sus maestros, sino con una misión de toda la vanguardia. Oriente, desde la primera visita en 1951, sosegó su ansiedad de romántico. Es probable que el poeta, como lo supone Weinberger, haya encontrado su Grecia en Oriente, como la había hallado Pound, a cuyo "método ideogramático" se acerca Paz, según Weinberger, en *Blanco*.

En *Blanco*, *Ladera Este* y *El mono gramático* (1974), esa angustia que se sosiega convierte a Paz, si es cierta la afirmación de Weinberger, en "un poeta religioso cuya religión es la poesía". En la no-trascendencia, en el inmanentismo de sus lecturas budistas acaban de establecer las bases de su "teología". Una teología esencialmente erótica: la mujer, que oficia de amante y de esposa universal, musa, diosa y yoguina, Eterno femenino travieso y cómplice (la propia Marie José, encarna, dice Paul-Henri Giraud, ese mito personal) está en el centro, estrictamente religioso, de un momento de esplendor erótico como los hay pocos en la poesía moderna. Se lee en *Blanco*: "el fuego te desata y te anuda/ Pan Grial Ascua/ Muchacha/ tú ríes –desnuda/ en los jardines de la llama."[27]

El viejo Paz decía que nunca tuvo el ánimo suficiente para convertirse al budismo (al *Madhyamika*, el que le resultaba filosóficamente más convincente) y prefirió estar, como mediterráneo y cristiano, en un *"cerca-lejos"*. No tan en el fondo y en privado, romántico en tanto que ilustrado, Paz decía que convertirse al budismo, pese a ser la gran herencia universal de la civilización india, era una de esas puerilidades que es mejor que un occidental se evite. Y en sentido estricto, su poesía carece de verdadera ansiedad metafísica, como lo dice Elsa Cross, la poeta mexicana asidua a los ashrams y cuyo camino hacia ellos empezó gracias a Paz.[28]

Pero si hubo en Paz una tentación religiosa, entendiendo la dificultad que estriba para él, romántico en tanto que ilustrado, permitírsela, estuvo en el tantrismo, el rito sexual que encarna la imagen de la cópula, perfecta identidad entre la vacuidad y la existencia. Paz entiende, según nos explica Cross, que en la unión de una pareja pueden verse, de forma literal o figurada, los dos aspectos del principio cósmico primordial: unión interior de la conciencia o *maithuna*, unión sexual. En sus dos variantes (budista e

---

[27] Paz, *Obras completas, VII. Obra poética (1935-1998)*, op. cit., s/p.

[28] Elsa Cross, "Los dos jardines", en Santí, *Luz espejeante: Octavio Paz ante la crítica*, op. cit., p. 331; CDM, Conversación con Elsa Cross, ciudad de México, 12 de marzo de 2013.

hinduista, reteniendo el semen o expeliéndolo), el tantrismo le fascina: así lo demuestra *Conjunciones y disyunciones* (1969), un concentrato tratado sobre ésta y otras herejías de la religión y del lenguaje, libro qué no se puede excluir del ciclo indio.

Ladera Este es un caleidoscopio de la India. No un libro de viajes (aunque algo de ello tiene) ni una interpretación de aquel país (la hará en *Vislumbres de la India*) sino una sucesión de poemas, uno a uno memorables, que saltan de la época de Babur al siglo xx, de Himachal Pradesh en los Himalayas hasta Vrindaban, ciudad donde Krishna se enamoró de Radha, pasando por el Ganges y el Yamuna. Aparecen, "consagradas" por un poeta mexicano, las tumbas y los mausoleos, como la de Amir Khursú, el fundador afgano de la poesía urdu o la de Humayán o aquellos que dejó la dinastía Lodi, el lingam, el yoni, los sacrificios de cabritos ofrecidos a Kali, las "vacas dogmáticas", el pipal, el baniano, la hoguera religiosa (Paz es el poeta más arbolado de su siglo), los y las occidentales –Artemisas y demonias– abandonados a su suerte por el Raj inglés en la India independiente y que constituyen, en varios poemas de *Ladera Este*, los únicos personajes curiosos, auténticos carácteres secundarios que habitan, según Weinberger, su poesía.

En *Ladera Este*, la ligereza, el coloquialismo, la chispa de las imágenes y un poco de humor (que nunca es mucho en Paz) muestran aquello que aprendió de los poetas norteamericanos (más allá de Pound y Eliot, William Carlos Williams y cummings) en los Estados Unidos durante la Segunda guerra. Sheridan asocia algunos de sus poemas indios a su entorno cotidiano en la embajada: "Alguna vez, Paz narró anécdotas divertidas: ante el frío de febrero decidió comprarles suéteres a algunos de los empleados. Paz observó que el jardinero no usaba el suyo y le preguntó la razón. El jardinero explicó que le había regalado prendas del mismo color a miembros de diferentes castas, y que ello hacía imposible su uso. Otro empleado llamado Hassan se enamoró de la hija del chofer. Como él era musulmán y ella cristiana, Hassan tuvo que convertirse al cristianismo y fue obligado a realizar un rito de purificación que consistió en quedarse en el jardín de la residencia por ocho días, armado de una espada de palo, dentro de un círculo. Paz pasaba y lo saludaba; Hassan, apenado, se alzaba de hombros. Este Hassan es el protagonista de 'Efectos del bautismo': 'El joven Hassan,/ por casarse con una cristiana,/ se bautizó./ El cura,/ como a un vikingo,/ lo llamó Erik./ Ahora/ tiene dos nombres/ y una sola mujer.' A Paz le divertía un Erik tan moreno… Y le divertía hacer epígramas, que hay también en *Salamandra*."[29]

Ante la India (o ante el poeta que ha atisbado en ella la compasión y la sabiduría) son llamados a comparecer, en *Ladera Este,* John Cage, las víctimas de Stalin, los estudiantes sacrificados el 2 de octubre de 1968 en

---

[29] Sheridan, *Poeta con paisaje, op. cit.*, p. 483; Paz, *Obras completas, VII. Obra poética (1935-1998), op. cit.*, p. 429.

Tlatelolco, la ya vieja Revolución mexicana. Y en el centro de todo, la mujer, el más alto alimento terrestre, como decía Novalis.

Blanco es el más ambicioso y comentado poema indio de Paz, aunque, cuenta Weinberger, haya en éste sólo tres palabras indias, una de ellas el árbol nim, a cuya sombra se casó con Marie José. Sea o no la versión simplificada de un mandala (los estudiosos difieren al respecto), *Blanco* es el gran poema "moderno" y abstracto de Paz, su propia versión del reto mallarmeano. Según Sucre, el poema desciende en línea directa de *Un Coup de dès:* la página como espacio donde ocurre el poema y el poema como un relieve. El verso se interrumpe, se quiebra, puede ser leído de maneras distintas: "tu cuerpo son los cuerpos del instante es cuerpo el mundo/ *pensado soñado encarnado visto tocado desvanecido.*" *Blanco*, afirma Giraud, es un *imago mundi,* una réplica legible del universo, poema sobre la iluminación de la conciencia y el lenguaje en el cual el amor es la piedra filosofal.[30]

La importancia que Paz daba a *Blanco* era enorme, como se puede apreciar en la correspondencia sobre el poema recabada por Santí en *Archivo Blanco* (1995). A Díez-Canedo, su editor, le explica, por ejemplo, desde Nueva Delhi, el 12 de octubre de 1966: "he escrito un largo poema que, naturalmente, formará parte del libro (casi concluido) que debo entregarte". Le explica que, inspirado en los rollos tántricos, "se trata de una composición, en el verdadero sentido de la palabra, de poco más de 300 versos. Tiene la particularidad de poder leerse de varias maneras, como los poemas barrocos o como la poesía 'kavya'. Puede leerse como un solo poema y asimismo como tres, cuatro (dos veces) y catorce poemas".[31]

Las dificultades, "pues no se trata de caprichos tipográficos" de su edición preocupan a Paz, como se lo cuenta al crítico uruguayo Emir Rodríguez Monegal, proponiéndole un fragmento de *Blanco* para la revista *Mundo Nuevo,* cuyas páginas "son bastante grandes, se prestan para una composición aireada, con tipos grandes y espacios generosos".[32] Igualmente, Paz le ofreció a James Laughlin las adaptaciones necesarias para que New Directions, la legendaria casa fundada a propuesta de Pound, hiciera una versión inglesa, *Configurations* (1971), donde aparece *Blanco* traducido por G. Aroul y revisada por Tomlinson. En francés, la versión fue de Claude Esteban.

En marzo de 1968, una vez impreso *Blanco* en la Ciudad de México, Paz le confía a Rojo su deseo de ir más lejos: "Desde hace mucho me preocupan las relaciones entre sonido, plástica y palabra" y a esa preocupación, le dice

---

[30] Paul-Henri Giraud, *Octavio Paz vers la transparecence*, prefacio de Hector Bianciotti, *Le Monde*/ PUF, París, 2002, p. 249.

[31] Paz, *Blanco/Archivo Blanco*, edición de E. M. Santí, El Equilibrista/El Colegio Nacional, México, 1995, p. 85.

[32] *Ibid.*, 94.

al pintor con quien hará *Discos visuales* ese mismo año, se debe su anhelo de "una versión fílmica, que concibo como una proyección del libro *(y del acto de leerlo)* en la pantalla. Esta película combinaría en forma dinámica las letras, la palabra hablada, las sensaciones visuales y auditivas y los diferentes sentidos".[33]

El poeta llegó a escribir el guión, como cuenta Santí, pensando en que el dramaturgo Ibáñez (con quien había trabajado en Poesía en voz alta) podía ponerlo si no en el cine, al menos en el teatro. El proyecto, filmado o escénico, nunca se realizó, aunque, al menos, el pintor estadounidense Adja Yunkers ilustró el poema, titulándolo *Iluminations*, "un *livre d'artiste* de edición limitada a 50 ejemplares".[34]

Paz cierra el ciclo de la India con un libro menos discutido pero acaso más prodigioso, *El mono gramático*, aparecido por primera vez, en francés, en 1972. Yo nunca lo había leído hasta que el propio Paz, ya muerto, me brindó póstumamente el escenario ideal para hacerlo. En aquel octubre de 2002 en que viajé a la India para participar en el homenaje que le hacía el embajador de México, Julio Faesler, de regreso, haciendo la ruta de Benares a Coyoacán, hube de aguardar mi conexión durante nueve horas en el aeropuerto de Nueva Delhi. Las dediqué a leer y releer, voluptuosamente acostado en el suelo, con mi maleta como almohada, *El mono gramático*.

Poema en prosa, antinovela, ensayo, *El mono gramático* cuenta (y descompone esa narración en la medida en que narra), el camino que conduce al poeta rumbo a Galta, ciudad en ruinas en las afueras de Jaipur, en el Rajastán. Por un lado –combino el resumen de Esteban, su traductor, nuevamente, al francés, con la interpretación de Giraud–, el narrador atraviesa un camino real repleto de monos, de *sadhus* y de leprosos en medio de la inmundicia característica de la India. A ese primer plano, propiamente terrestre, lo acompaña otro, conceptual, una habitación habilitada como caverna de Eros y escenario tántrico donde oficia Esplendor, nacida del sudor del demiurgo Prajâpati, mujer fabulosa que comparten diez deidades y la mujer que acaba de confundirse con el poema.

"El monograma del simio perdido entre sus similes", dice Paz, es el mono escondido entre los monos: Hanumán, hijo del viento que brinca desde los Himalayas hasta la bienaventurada isla de Ceilán, héroe y semidiós del *Ramayana* quien es, para la mitología hinduista, el inventor de la gramática y de la poesía. El hombre mismo es el mono gramático, "simio imitador", el "animal aristotélico" que escribe, copia del natural y a la vez es la "semilla semántica" y lo representa Hanumán, "espíritu santo de la India" y príncipe de las analogías. O para decirlo con Castañón, uno de los mejores lectores de ese libro en verdad singular: "Mono Gramático: el animal que cree en Dios,

---

[33] *Ibid.*, p. 102.

[34] *Ibid.*, pp. 238-239.

la bestia que babea sentido. Con la gramática disfraza su condición simiesca: llama a esa mascarada: poesía, cultura, religión."[35] El centro de *El mono gramático* es una reflexión sobre la fugacidad del lenguaje ante la cual la poesía acaba por sublevarse: "la fijeza es siempre momentánea."[36]

A Cortázar, quien pasó en compañía de su mujer Aurora Bernárdez, los primeros meses de 1968 con los Paz en la residencia de Prithviraj 13, le sorprendía lo joven y lo aventurero que era Paz, nacido como él, en 1914. El 6 de marzo de 1968 le contaba Cortázar a su amigo el pintor y poeta argentino Eduardo Jonquières: "Con Octavio llevamos ya muchas horas de charla, en la medida en que es posible hablar en paz teniendo junto a nosotros ese pájaro maravilloso y turbulento que es su mujer. Me maravilla cada vez más la lúcida y sensible inteligencia de Octavio, aunque esté muy lejos de sus criterios en muchas cosas. Lo que más me asombra en él es su juventud, su deseo de seguir adelante en la poesía; *Blanco*, su último poema, es el resultado de una larga meditación 'india' por una parte, y estructuralista por otra. Trabaja ahora en una serie de poemas 'en rotación' (¿leíste *Los signos en rotación*?), que se imprimirán con un sistema de tarjetas perforadas que permitirán diferentes lecturas, etc. Su interés por las búsquedas de los poetas concretos, lo que hace el grupo de Haroldo de Campos, el de Henri Chopin, etc., es conmovedor, porque todo llevaría a pensar que un hombre que ha llegado a una plena madurez en una línea poética se mantendría prudentemente al margen de las aventuras actuales. Y no es así, y frente a eso los resultados importan menos que la actitud de un hombre capaz de tirarlo todo por la borda y lanzarse a cosas que muchos de sus admiradores encontrarían insoportables."[37]

Paz, como veremos, sería capaz de "tirarlo todo por la borda" al renunciar a su puesto de embajador como protesta por la represión del movimiento estudiantil en México y abandonar, por ello y de manera abrupta, la India en octubre de 1968. Pero tuvo clara conciencia de la encrucijada personal, moral y política que se le presentaba, –esas encrucijadas en las que, por cierto, su querido Julio se perdía con frecuencia.[38] Paz mismo convivía, todavía felizmente, con sus dos personalidades. Era al mismo tiempo el embajador de México en la India y el poeta de vanguardia que en el Festival de Spoleto, en junio de 1967, fue a exigir a la comisaría la liberación de Allen

---

[35] Castañón, "*El mono gramático*: cima y testamento", en *Letras Libres* núm. 183, México, marzo de 2014, p. 44.

[36] Paz, *Obras completas, VII. Obra poética (1935-1998), op. cit.*, p. 551.

[37] Julio Cortázar, *Cartas a los Jonquières*, edición de Aurora Bernárdez y Carlos Álvarez Garrida, Alfaguara, México, 2010, p. 488.

[38] Paz, *Obras completas, II. Excursiones/Incursiones. Dominio extranjero. Fundación y disidencia. Dominio hispánico, op. cit.*, p. 1172.

Ginsberg, quien tras su lectura había sido arrestado, acusado de proferir palabras obscenas y acaso algo más, por la policía italiana.[39]

La encrucijada de Paz era, también, poética. Un camino lo llevaba a dispersarse en el silencio, como Marcel Duchamp, quizá. Había escrito en la India una obra maestra de la vanguardia internacional, *Blanco,* y preparaba otra *(El mono gramático),* experimentaba con los ingenuos y bondadosos *Topoemas* (1968) de los que le hablaría a Cortázar en sus noches de Nueva Delhi, que fueron sus caligramas en el modo de Apollinaire y Tablada. Pero su querido amigo Tomlinson –con quien hizo *Renga* en 1969, un poema a cuatro manos y en cuatro idiomas con el italiano Edoardo Sanguineti y el francés Jacques Roubaud, enclaustrados todos en el Hotel Saint-Simon de París– lo conminó a permanecer en la sintaxis.

El más joven, Tomlinson, ejerció esta vez el papel conservador: Paz no debía sacrificarse en el patíbulo del instante. ¿Quién fue, de los dos, el Wordsworth y quién el Coleridge? Poco importa. El caso es que en la correspondencia con el concretista brasileño Haroldo de Campos, reproducida por Manuel Ulacia, se aclara la disyuntiva. Creyendo halagarlo, Campos le festeja a Paz el creciente desdén de su poesía por "la tradición metafórica y discursiva". Y Paz le contesta que esa tradición y no otra, es la suya.[40] A veces tan joven a Paz, como Duchamp a los ojos de Breton, no le molestaba envejecer, fijar ideas.[41]

DOS TRANSPARENCIAS: LÉVI-STRAUSS Y DUCHAMP

Pero al poeta de *Blanco* lo acompañaba en la India no sólo el intérprete de Darío, López Velarde, Pessoa y Cernuda *(Cuadrivio)* sino el lector y crítico de dos de los grandes espíritus de su tiempo, Lévi-Strauss y Duchamp, pues Paz tenía el don, descubierto por Cortázar *in situ,* rarísimo en casi todo tiempo y lugar, de comprender a profundidad el presente. Hiriart me lo ratificó una tarde en San Ángel, cuando hablando de Octavio, alabó su capacidad para leer el presente como una "suerte de especialidad que tienes que cultivar desde muy joven y no es fácil cultivarla".[42]

Paz pudo conocer a Lévi-Strauss hacia 1950, en los domingos en que Paul Rivet abría a los amigos del Museo del Hombre el Palacio de Trocadero. Según uno de los contertulios, Lafaye, allí se juntaban Michel Leiris,

[39] Homero Aridjis, "Spoleto 40 años", *Reforma*, México, 15 de julio de 2007; CDM, Conversación con Marie José Paz, 17 de marzo de 2014.

[40] Manuel Ulacia, *El árbol milenario. Un recorrido por la obra de Octavio Paz*, Círculo de Lectores/Galaxia Gutenberg, Barcelona, 1999, p. 352.

[41] Calvin Tomkins, *Duchamp,* traducción de Mónica Martín Berdagué, Anagrama, Barcelona, 2009, p. 383.

[42] CDM, "El filósofo de la calle del Árbol", *Letras Libres, op. cit.,* p. 59.

Georges Bataille, Alfred Métraux y el político y etnólogo Jacques Soustelle, polémico autor de *La vida cotidiana de los aztecas* (1955), a quien Paz trató en México.[43]

A Paz no lo deslumbró ni el estructuralismo ni el postestructuralismo en cuanto modas intelectuales parisinas ni menos cuando se volvieron la vulgata de las universidades estadounidenses, que Paz frecuentó, anualmente, de 1969 a 1976. Los años en que se afilió al surrealismo lo habían vacunado contra el carácter "pandillero" como lo llamó Borges, de la cultura francesa, al grado de que desaprobaba en privado, sin sentir ganas o necesidad de hacerlas públicas, las expulsiones y los anatemas a los cuales era dado su maestro Breton. Por ello Paz congenió tan bien con Duchamp, con la persona y con la obra: el creador de los *ready-made* fue leal a Breton (ante cierta desesperanza de éste, que lo admiraba como un modelo de discresión y secrecía ajeno al estilo parisino de ser intelectual o artista pero a la vez ansiaba reclutarlo). Sin convertirse en su catecúmeno, Duchamp llevaba bien la condición de supremo compañero de viaje del surrealismo.

Encantado, en cambio, gracias a los genios individuales e intransferibles de Lévi-Strauss y Roman Jakobson, absorbió con toda libertad (como lo hace un poeta, no un profesor) al estructuralismo de los años de oro. *Claude Lévi-Srauss o el nuevo festín de Esopo,* escrito en la India, aparece en 1967 cuando el movimiento alcanzaba su cima, como lo apunta François Dosse, historiador del estructuralismo pero ninguno de los grandes escritores franceses se había atrevido, como Paz, a dialogar con los estructuralistas: algunos los aborrecían y otros los imitaban en secreto. Basta mirar la bibliografía crítica de las *Oeuvres* (2008), de Lévi-Strauss, para comprobar esa indiferencia. Inmune a la teoría, como supuesta explicación extraliteraria de la literatura, Paz no sólo se dejó influir por el estructuralismo en su poesía (Philips lo nota en *Blanco)* sino compartió sus notas de lectura con el público.

Sus libros sobre Lévi-Strauss y Duchamp habían aparecido en un solo volumen, en Gallimard, en *Deux transparents: Marcel Duchamp et Claude Lévi-Strauss* (1970). Paz, el parisino, como lo llama Lafaye, levantaba la mano. No en balde, el casi centenario Lévi-Strauss que lo sobrevivió, lo consideraba un contemporáneo, no nuestro, sino de Da Vinci. En los sesenta, Paz le hizo llegar su escrito vía un amigo común, el historiador François Furet. Se vieron varias veces en Francia y en febrero de 1979, estando el antrópologo nacido en Bruselas en México, Marie José y Octavio lo invitaron a cenar a él y al entonces joven filósofo español Savater. Una tercera invitada no llegó, por encontrarse enferma: Leonora Carrington. Lévi-Strauss, cuando los anfitriones anunciaron que la pintora anglomexicana faltaría a la cita, respiró hondo y confesó que así era mejor, pues había estado enamorado

---

[43] Lafaye, *Octavio Paz en la deriva de la modernidad, op. cit.*, pp. 33-34.

de ella (no fue el único) en los años treinta y verla otra vez le daba pánico. Temía volver a quedar *encantado*.[44]

En Lévi-Strauss le interesa a Paz, esencialmente, el moralista: como sucesor de Buffon antes que como contemporáneo de Althusser. El antropólogo "desconfía de la filosofía pero sus libros son un diálogo permanente, casi siempre crítico, con el pensamiento filosófico y especialmente con la fenomenología". Intrigado por las estructuras, para Paz, la obra del antropólogo francés, según Perales Contreras, fue tan importante para él como *La rama dorada* de Frazer, para Eliot.[45] Pero a Paz no le impresiona –el mismo Lévi-Strauss renunció a ella– la idea de que la antropología termine por ser parte de una teoría general de los símbolos, pues es "en cierto modo una filosofía: su tema central es el lugar del hombre en el sistema de la naturaleza".[46]

"Lévi-Strauss", agrega Paz, "continúa la tradición de Rousseau y Diderot, Montaigne y Montesquieu. Su meditación sobre las sociedades no europeas se resuelve en una crítica de las instituciones occidentales y esta reflexión culmina en la última parte de *Tristes tropiques* en una curiosa profesión de fe, ahora sí francamente filosófica", en la que se propone una suerte de síntesis antropológica entre el pensar marxista y la tradición budista.[47]

La prosa levistraussiana le recuerda a Paz la de Bergson, Proust y Breton, parentela que quizá el antropólogo no aprobaba como la suya. El mexicano le aplaude la variedad y la unidad de un pensamiento formado, según Lévi-Strauss, en la escuela del marxismo, la geología y Freud. Así, su obra, se presenta a los ojos de Paz, como "un paisaje, un rompecabezas: colinas, rocas, valles, árboles, barrancos. Ese desorden posee un sentido oculto; no es una yuxtaposición de formas diferentes sino la reunión en un lugar de distintos tiempos-espacios: las capas geológicas". El lenguaje, cierra Paz, es como el paisaje, diacrónico y sincrónico al mismo tiempo.[48]

Sería curioso releer *El laberinto de la soledad* a la luz de Lévi-Strauss (quizá así lo intentó involuntariamente en *Postdata*) descifrando la estructura del "mito" del Mexicano, estudiar la morfología de la Chingada como otro mito elaborado por un grupo social que "*ignora* su significado", o presentar el contraste entre la figura de la madre entre los mexicanos y los indios (unos querrían volver a ella, los segundos no podían salir de la madre India), según seguimos lo que Paz subraya en su Lévi-Strauss.

Lo esencial, en mi opinión, es que la lectura paziana es universalista y contraria al relativismo tan propio del postestructuralismo. Para él todos los

---

[44] CDM, conversación con Fernando Savater, Ciudad de México, 18 de abril de 2013.

[45] Perales Contreras, *Octavio Paz y su círculo intelectual*, *op. cit.*, p. 208.

[46] Paz, *Obras completas, VI. Ideas y costumbres. La letra y el cetro. Usos y símbolos*, *op. cit.*, p. 1248.

[47] *Idem.*

[48] *Ibid.*, p. 1249.

caminos se cruzan en un punto que no es Occidente y su civilización "sino el espíritu humano que obedece, en todas partes y en todos los tiempos, a las mismas leyes".[49] Esa universalidad, al leer el intento final de Lévi-Strauss de conciliar a Marx con el budismo, simulando una discusión con Pierce y con Sartre, demuestra que Paz (como Lévi-Strauss quien murió siendo presidente de la sociedad de amigos de Raymond Aron) admiró tanto a Marx (y a Engels, tan despreciado por los últimos marxistas) como acabó por aborrecer al bolchevismo en todas sus observancias.

Frente a la noción de "pensamiento salvaje", Paz es comprensivo: "Lo mejor y lo peor que se puede decir del progreso es que ha cambiado al mundo. La frase se puede invertir: lo mejor y lo peor que se puede decir de las socie-dades primitivas es que apenas si han cambiado al mundo." Pero de inmediato apunta lo que será su valoración histórica y moral de todas las sociedades humanas. La del Progreso "no es mejor que las otras sociedades, tampoco tiene el monopolio del mal. Los aztecas, los asirios y los grandes imperios nómadas del Asia central no fueron menos crueles, engreídos y brutales que nosotros. En el museo de los monstruos nuestro lugar, sobresaliente, no es el primero".[50]

El progreso, ¿existía en el arte de Occidente? Ése era el tema que seguía al exámen de Levi-Strauss y por ello Paz dedicó la siguiente década a Du-champ. A este genio del silencio y del disimulo, ermitaño y solidario quien a lo largo de su vida de dandi se dedicó más al ajedrez que al arte, enemigo del mercado artístico y su paradójico mecenas, Paz debió de conocerlo bien, de oídas, gracias a la veneración de Breton por el esteta refugiado en Nueva York que le puso en 1919 bigotes a la Mona Lisa. Además, en la primavera de 1957, Marcel y Tenny Duchamp habían sido recibidos en México por los Tamayo, muy cercanos a Paz en esos tiempos. Paz se encontró con Duchamp en la primavera de 1961 en el teatro Recamier de París, tras una puesta de *Las troyanas*, protagonizada por la actriz mexicana Pilar Pellicer, sobrina del poeta y entonces casada con el escultor James Metcalf, a la cual Paz asistió no sólo como gente de los surrealistas, sino en calidad de diplomático. Según Michael Taylor, Duchamp fue al estreno con "Bill y Noma Copley, el poeta y escritor mexicano Octavio Paz" con Metcalf. Gracias a Monique Fong, Duchamp escuchó una traducción al frencés del primer ensayo de Paz sobre él y mantuvieron correspondencia al respecto.[51]

En el prólogo a *Los privilegios de la vista*, el tomo de sus *Obras com-pletas* dedicado a la estética moderna y mexicana, Paz incluirá entre los momentos sublimes de su trato con el arte, junto a la visita con Breton de una muestra esquimal, a las lecciones de Kostas sobre arte bizantino, a "las

---

[49] *Ibid.*, p. 1277.

[50] *Ibid.*, p. 1311.

[51] Michael R. Taylor, *Étant donnés*, Philadelphia Museum of Art, Filadelfia, 2009, p. 134; María Minera, "La fuente de las apariencias. El caso Octavio Paz-Marcel Duchamp", *En esto ver aquello. Octavio Paz y el arte*, CONACULTA/INBA/MPBA, México, 2014, pp. 231-245.

correrías en Afganistán con Marie José", a la velada en que los Paz vieron "inventar" a Joseph Cornell (quien trabajó un tiempo con Duchamp y cuyas cajas éste le recomendó a Peggy Guggenheim), una tarde muy especial, calculo que de 1966. Fue aquella que pasaron los Paz "en el departamento de Marcel Duchamp, en Nueva York: Teny Duchamp en un ángulo de la pieza soleada, callada bahía de luz rubia; la risa de John Cage mientras discute una jugada de ajedrez con Merce Cunningham; Marcel y su perfecta cortesía, un poco *vielle France*, al ayudar a Marie José a ponerse el abrigo o su amor por una (no imposible) geometría asimétrica y una lógica de excepciones"...[52]

De ese medio, Paz sacó mucha amistad y alegría. El compositor Cage (apenas dos años mayor que él) lo adoraba (a él y a Marie José). Se habían conocido en 1964 en una parada de Cunningham en Nueva Delhi durante una gira mundial y durante su estancia, según le contaba Cage a Norman O. Brown, no quería separarse de ellos salvo para dormir. En los setenta, estando Paz en Harvard, se reunían en Nueva York y gracias a Cage, Paz hizo amistad con Cunningham, Robert Rauschenberg y Morton Feldman, otro compositor, discípulo de Cage. En ese círculo conoció a John Lennon y a Yoko Ono. Cage le escribió un mesostico en mal español:

> el esPíritu
> es unA
> el comienZo el cimiento

Paz, quien compartió su devoción por Cage con el brasileño Haroldo de Campos, le correspondió con "Lectura de John Cage" en *Ladera Este*.[53]

Pero volviendo a Duchamp, Paz comienza "El castillo de la pureza", primera parte de su *Apariencia desnuda. La obra de Marcel Duchamp* (la edición definitiva es la de 1978), con uno de esos paralelos en los que era un verdadero maestro y con los que hizo escuela, contrastando a Picasso con Duchamp, los "dos pintores que han ejercido mayor influencia en nuestro siglo". El fecundo inagotable y su contrario, aquel que hizo su última pintura-pintura en 1918, renunciando al arte "retiniano" con el *Gran Vidrio*, "*definitivamente inacabado* en 1923". "Picasso", propone Paz, "ha hecho visible nuestro siglo; Duchamp nos ha mostrado que todas las artes, sin excluir a la de los ojos, nacen y terminan en una zona invisible".[54]

---

[52] Paz, *Obras completas, IV. Los privilegios de la vista. Arte moderno universal. Arte de México*, op. cit., p. 36.

[53] Kenneth Silverman, *John Cage. Begin again. A Biography*, Knoptf, Nueva York, 2010, pp. 207 y 290-291.

[54] Paz, *Obras completas, IV. Los privilegios de la vista. Arte moderno universal. Arte de México*, op. cit., pp. 185-187.

A Paz no le sorprende que Duchamp haya sido el más literario de los pintores, estimulado por otro poeta-crítico, Apollinaire, acaso el más amado, por el mexicano, de sus ancestros. Paz recuerda que Duchamp nunca hubiera pintado *La novia puesta al desnudo por los Solteros, aun* hermanando la "trasposición" de Mallarmé con "la concepción del lenguaje como una estructura en movimiento" a la manera de Lévi-Strauss y la entonces nueva crítica francesa, sin contar con la influencia de ese otro ajedrecista más que aficionado: Raymond Roussel y sus *Impresiones de África* (en 1910, la novela y un año más tarde, la obra de teatro).

Para Paz, Duchamp es el moderno absoluto. No sólo le confiere su elogio mayor, el de ser, en realidad, un poeta, sino lo sigue en la unicidad de sus creaciones, las de la "mente más original del siglo", según, otra vez, Breton. Recordemos que cuando Paz llega al París de 1945, el soñado regreso de los bretonianos a la escena implicaba la canonización de Duchamp. Para Calvin Tomkins, la reticencia del propio Duchamp hizo que la exposición internacional del surrealismo, la de 1947, fuese el canto de cisne y no la resurrección del surrealismo. Pero cuando Duchamp hacía algo por primera vez, lo hacía por última vez.[55]

"El diablo Duchamp", me dijo Marc Fumaroli pensando en él y en Paz, "tenía el espíritu, el humor y una inteligencia aristocrática de tipo volteriano. El es uno de los *maîtres à penser* más punzantes del modernismo, movimiento artístico antidemocrático si los ha habido. La Iglesia, confrontada a la democracia, tuvo sus sacerdotes obreros y sus teólogos de la liberación. La república de las letras y de las artes, enfrentada al mismo fenómeno, ha buscado su salvación aristocrática en el esoterismo, la abstracción, la belleza singular, irrespirable y desconcertante, todo aquello que podía separar a las letras y a las artes del academicismo y de la retórica sin ponerlos a disposición del gran público y halagar a los burgueses con mayor facilidad. Duchamp nunca se desvió de esa ética sobrehumana y del rigor estético que la dirigía, al margen del mercado tanto como del partido. Como Breton, nunca buscó seguridad más allá de sus admiradores y de sus amigos".[56]

Con mayor sentido del humor que Breton (pero no con mucho más), Paz entendió que el *ready-made,* desde *Fuente,* el icónico urinario de 1917, era "un arma de dos filos" que impedía la legitimidad de su proliferación: "si se transforma en obra de arte, malogra el gesto de profanación; si preserva su neutralidad, convierte el gesto mismo en obra. En esa trampa han caído la mayoría de los seguidores de Duchamp: no es fácil jugar con cuchillos. Otra condición: la práctica del *ready-made* exige un absoluto desinterés.

---

[55] Tomkins, Duchamp, *op. cit.*, pp. 401 y 486.

[56] Marc Fumaroli, "La obra de Paz está todavía sin descifrar", entrevista de CDM, *Letras Libres*, núm. 183, México, marzo de 2014, p. 40.

Duchamp ha ganado sumas irrisorias con sus cuadros "la mayoría los ha regalado", escribía Paz en 1967.[57]

"Más difícil que despreciar el dinero es resistir a la tentación de hacer obras o de transformarse uno mismo en obra", concluye Paz, quien sufrió ambas tentaciones. Gracias a la ironía logró esa doble negación: "el *ready-made* ha sido su tonel de Diógenes. Porque, en suma, su gesto no es tanto una operación artística como un juego filosófico o, más bien, dialéctico: es una negación que, por el humor, se vuelve una afirmación."[58]

Si bien algo hubo de ascetismo en Duchamp hoy es difícil ignorar que además de ex pintor y ajedrecista, fue un curador independiente y un eficaz asesor de coleccionistas y museos. Perfecto en la construcción de su propia posteridad, el "mantenimiento" que le dio a su propia obra no fue la menor de sus genialidades. Basta con recordar (o imaginarse) la operación que hizo aparecer con sus *Dados* en el Museo de Arte de Filadelfia. Tras diseccionar el *Gran Vidrio* como "pintura de la crítica y crítica de la pintura" y examinar a sus herederos estadounidenses, Jasper Johns, Paz comparte la ambigüedad de Duchamp mismo ante el arte pop, que llegó a ser considerado un "neodadaísmo" que a diferencia de los gestos originales de Francis Picabia y del propio Duchamp, busca agradar y no provocar, actitud en la que un Andy Warhol fue en extremo consecuente. A Paz, en su década intelectualmente más radical, un Warhol (casi nunca lo menciona) debió parecerle un claudicante y la transformación del arte contemporáneo en una mercadería suntuosa repugnó y repugnaría lo mismo a Duchamp que a su exegeta mexicano, tanto como les hubiera aburrido el conservadurismo ramplón de quienes reaccionan solamente con indignación ante las estafas y disparates que por arte se venden en el siglo xxi. Pero un Duchamp y un Paz, el no-pintor y el poeta-crítico fueron aprendices de brujo: desataron fuerzas incontrolables que acabarían por volverse contra su matriz, lo moderno.

En junio de 2013, cuando le pregunté a Fumaroli, que fue amigo de Paz y quien actualmente es, gracias a *París-Nueva York-París. Viaje al mundo de las artes y de las imágenes* (2009), uno de los críticos más despiadados del llamado arte contemporáneo, insistió:

"Siempre he atribuido a Duchamp la responsabilidad de esa hechicería al revés que ha metamorfoseado a escala mundial las calabazas en carrozas e inversamente, las latas de Sopa Campbell en obras maestras de museo y de galería. Los *Ready-made* han sido la invención del diablo. Pero Duchamp, el dandi se cuidó mucho de sacar partido él mismo del hallazgo en inglés que le ha valido un culto de parte de las damas norteamericanas y de los coleccionistas neoyorkinos. Los verdaderos beneficiarios de esa idea brillante, son

---

[57] Paz, *Obras completas, IV. Los privilegios de la vista. Arte moderno universal. Arte de México, op. cit.*, pp. 204-207.

[58] *Ibid.*, p. 207.

los copiones a escala industrial, los Lichtenstein y los Warhol que pasaron de la idea al acto. La sociedad de consumo, su producción en serie y sus consumidores son el Salón y la Academia de la estética contemporánea."[59]

Si Lévi-Strauss distinguió a Paz entre los hombres del Renacimiento, el propio Paz destacó en Duchamp "su admiración y su nostalgia" por "los religiosos del Renacimiento" pues no estaba contra la Catedral, sino contra el museo y la galería. "Una vez más", dice Paz, desde la irrepetible experiencia duchampiana, "Apollinaire dio en el blanco: Duchamp intenta reconciliar arte y vida, obra y espectador". El "arte fundido a la vida", concluye Paz, "es arte socializado, no arte social ni socialista y aún menos actividad dedicada a la producción de objetos hermosos o simplemente decorativos. Arte fundido a la vida quiere decir poema de Mallarmé o novela de Joyce: el arte más difícil. Un arte que *obliga* al espectador y al lector a convertirse en un artista y en un poeta".[60]

Ante el deslumbramiento que significaron los *Dados (1º La cascada* y *2º El Gas de alumbrado)*, desembalados en Filadelfia poco antes de la muerte de Duchamp tras varios años de silenciosa elaboración y exhibidos sólo después de ésta, Paz, con "*water writes always in plural*", culminó al fin su Duchamp en 1978. Reinterpretando toda la obra desde ese monumento a la vez público y secreto que es *La novia puesta al desnudo por sus solteros, aun*, Paz observa como "la novia se transforma en un laberinto sexual y mental". Hecha de reflejos, alusiones y transparencias, la Novia posee una claridad que "nos ofusca y me temo que, frente a ella, este texto sea como la lámpara de gas que empuña la mujer desnuda del *Ensamblaje* del Museo de Filadelfia".[61]

Al negar la pintura "retiniana", dice Paz, Duchamp "rompe con la tradición moderna" y "reanuda inesperadamente" el vínculo con "la pintura de ideas", central en Occidente hasta que fue dada de baja por Baudelaire. Duchamp sería así el más literario de los pintores. La ascensión a su "castillo de la pureza" abunda en goznes, bisagras y puentes que, al cruzar, interpretamos con mayor o menor fidelidad gracias a que dejó numerosas notas de trabajo en la *Caja verde*, invitándonos, todo el tiempo, a testificar, como los Testigos Ocultos en el *Gran Vidrio*, como invitados estamos a mirar a través de la puerta española en Filadelfia. En ambos casos, según Paz, se trata de una "violación visual" que nos permite saber que "las dos apariencias de una misma aparición" se remontan al baño de Diana, a la perdición de Acteón y a la anamorfosis renacentista pues "la obra de Duchamp es bastante más

---

[59] Fumaroli, "La obra de Paz está todavía sin descifrar", *op. cit.*, p. 40.

[60] Paz, *Obras completas, IV. Los privilegios de la vista. Arte moderno universal. Arte de México, op. cit.*, p. 260.

[61] *Ibid.*, pp. 265-266.

tradicional de lo que comúnmente se piensa. Esta es, por lo demás, una de las pruebas de su autenticidad".[62]

Para interpretar a Duchamp no necesitamos convertirlo en un adorador secreto o hermético de Marsilio Ficino, de León Ebreo o de Bruno. Basta con insistir en que "su visión del amor y su idea de la *otra* dimensión se insertan en nuestra tradición filosófica y espiritual" vieja en dos mil quinientos años.[63] Con Duchamp, Paz acaba de postular su teoría estética más polémica, la de "la tradición de la ruptura", desarrollada con mayor detenimiento en *Los hijos del limo.*

"Octavio Paz", concluye Fumaroli, "admiró la especie de sacerdocio intelectual y libertino ejercido por ese príncipe del espíritu que fue Duchamp, no sin oponer implícitamente su línea de conducta a la tartufería de las estrellas internacionales del modernismo estalinista", el de Picasso, en quien supongo estaba pensando Fumaroli.[64]

EN MOVIMIENTO Y A CONTRACORRIENTE

Corriente alterna (1967), reunión de textos aparecidos entre 1959 y 1967, algunos de ellos, los impresos en México en *La cultura en México* y en la *Revista de la Universidad de México,* prueba que el Paz de los sesenta no sólo se concentra en las figuras emblemáticas y complementarias de Lévi-Strauss y Duchamp. El panorama ofrecido por Paz en el más orteguiano de sus libros, *Corriente alterna,* es vasto, aunque a algunos, como a Zaid, un crítico letal que estaba cambiando las maneras de leer y pensar en México, el libro "le pareció más brillante que esclarecedor. La diferencia es quizá la que hay entre dos técnicas de alumbrado: una consiste en llenar de luces y reflectores que dan a los ojos el exterior de un edificio, oscurecido a fuerza de tanto brillo; otra consiste en poner los reflectores aparte y dirigirlos al edificio, que entonces sí se ve".[65]

Paz entra en materia sin acudir sistemáticamente, como lo hará en el ensayismo de su última época, a la historia. Ensayos breves sobre la poética, como "¿Qué nombra la poesía?" o "Forma y significado" son explicaciones desprendidas de *El arco y la lira* que pretenden llegar de manera más directa al lector. Incluso cuando reseña, también conciso, tratándose del pintor peruano Szyzslo, la reedición de *La realidad y el deseo*, de Cernuda, donde juega con el fragmento como lo hace al juzgar a Kafka o al rechazar la doxa periodística en "Invención, subdesarrollo y modernidad" y también

---

[62] *Ibid.*, p. 323.

[63] *Idem.*

[64] CDM, entrevista a Fumaroli, "La obra de Paz esta todavía sin descifrar", *op. cit.*, p. 40.

[65] Gabriel Zaid, *Cómo leer en bicicleta*, Joaquín Mortiz, México, 1979, p. 65.

en "Paisaje y novela en México", elogio y comparación de *Bajo el volcán*
de Malcolm Lowry y *Pedro Páramo*, de Rulfo, a quien considera "el único
novelista mexicano que nos ha dado una imagen –no una descripción– de
nuestro paisaje".[66]

Le apasiona, en *Corriente alterna*, distanciarse (para mirarla mejor) de
la *Coatlicue* ("una obra de teólogos sanguinarios: pedantería y ferocidad"[67])
pero su tema esencial, punzante, es el presente: la analogía entre ciencia y
arte que nos permite ver un microscopio y los tankas tibetanos con un Ernst
o un Tamayo. En "Figura y presencia" compara al Dadá con el arte pop,
condenando a este último, como se verá en *Apariencia desnuda*, acaso con
menos énfasis –nunca perdía Paz el dominio de lo que escribía: no era lo
mismo un artículo que un ensayo o un tratado– por no ser ni "una rebelión
total" como Dadá ni "un movimiento de subversión sistemática" al estilo
del surrealismo.[68]

Frente a la entonces actual vanguardia angloamericana le recordaba su
naturaleza epigonal, "una suerte de repetición" de lo ocurrido en la Francia de
1915-1930, siempre preocupado Paz de la necedad imperante en los Estados
Unidos de creerse los inventores del *modernism*, palabra que le molestaba y
más aún si era usada en español, recordándole a quienes repetían "a Olson o a
Ginsberg en Lima, Caracas, Buenos Aires, Santiago, México o Tegucigalpa"
que hacerlo equivalía a ignorar "que esa revolución poética *ya fue hecha en
lengua española*" y, precisamente, no en España, sino en América.[69]

El Paz de los años sesenta, en la madurez, naturalmente negaba al joven
incierto de la década canalla, atormentado por la obediencia supuestamente
debida a los comunistas y por su otra naturaleza como poeta ensimismado,
para no decir puro. Para impedir que los jóvenes escritores de aquel tiempo
sufriesen lo que él, insistirá en el lugar central de la crítica, como promotor
de una revista hispanoamericana que fracasa, parecida a *Mundo nuevo* (finan-
ciada con fondos *non sanctos* provenientes, se decía, de la CIA, a través del
Congreso por la Libertad de la Cultura), la de Rodríguez Monegal o *Libre*,
de vida efímera pues anunciaba la división entre los intelectuales latinoamericanos ante la Revolución cubana, definitiva en 1971, tras el caso Padilla.[70]
En ese momento, también se abrió quizá la primera fisura en la amistad entre
Paz y Fuentes: mientras aquél lo defendía a capa y espada entre los jóvenes

---

[66] Paz, *Obras completas, III. Generaciones y semblanzas. Dominio mexicano. Sor Juana Inés de
la Cruz, op. cit.*, p. 477.

[67] Paz, *Obras completas, IV. Los privilegios de la vista. Arte moderno universal. Arte de México,
op. cit.*, p. 410.

[68] *Ibid.*, p. 397.

[69] Paz, *Obras completas II. Excursiones/Incursiones. Dominio extranjero. Fundación y disidencia.
Dominio hispánico, op. cit.*, p. 1144.

[70] Perales Contreras, *Octavio Paz y su círculo intelectual, op. cit.*, pp. 124-125.

escritores mexicanos, éste prefería hacer una revista del *Boom* que una con Paz. Entonces, no lo olvidemos, Fuentes era más famoso que Paz.[71]

Paz le propuso la revista a Arnaldo Orfila Reynal, cuando fundaba la editorial Siglo XXI, pero la propuesta no cuajó, como tampoco, según vimos pudo Paz conseguir apoyo (que no patrocinio) de Malraux. Finalmente, el llamado *Boom* latinoamericano (a Paz le repugnaba ese mote comercial) tuvo uno de sus nidos en *Mundo Nuevo* y de allí volaron hacia el castrismo, sobre todo, Cortázar y Gabriel García Márquez, con quien Paz nunca tuvo empatía personal, más allá de las diferencias políticas y cuya prosa le parecía "poesía aguada".[72]

La correspondencia de aquella época con Segovia, que acabaría por ser el primer secretario de redacción de *Plural* cuando el anhelado proyecto al fin pudo hacerse en México en 1971, delata esa ansiedad. A Paz le fastidiaban las divisiones entre quienes naturalmente deberían ser su gente (los García Ponce, los Huberto Batis, los Juan Vicente Melo, los José de la Colina) enfrentados a la UNAM y a Fuentes, hipercríticos contra *Poesía en movimiento* pero silenciosos frente a su villano de la década, un Torres Bodet que a la distancia parece prehistórico pero quien entonces, acompañado por Agustín Yáñez y Martín Luis Guzmán, era uno de los escritores oficiales.

Ante las quejas de Segovia (que no podemos leer debido a la lamentable decisión de no incluir las misivas de los corresponsales en el epistolario de Paz con él pero también con Pere Gimferrer y Lambert), Octavio le dice el 15 de mayo de 1967:

"Tu carta me deprimió. También me irritó. La melancolía no es mi especialidad. Tenemos la culpa de lo que pasa –y de lo que nos pasa. Preveía tu lento girar en el torbellino-remolino-tolvanera de México. La lenta asfixia del altiplano, el rito de la petrificación. El destino de los mexicanos es ser monumento público, momia o cascajo desparramado." Y tras ello, la ausencia en México de "imaginación crítica" y propone: "Dicho todo lo anterior –y tenía que decirlo– creo que la revista es indispensable y debe ser una revista de batalla. Me parece que es imposible soñar en una gran revista –implica demasiadas concesiones y compromisos. Te contesto con una suerte de gaceta, parecida al *New York Review of Books* –aunque con una tipografía decorosa. Una publicación mensual No bibliográfica pero sí *crítica*".[73]

El espíritu de aquella revista –cuyo núcleo serían Paz y Fuentes, más la generación de la Casa del Lago e hispanoamericanos dispersos como José Lezama Lima, Cortázar, Nicanor Parra, Molina– sale casi íntegro, de

---

[71] Paz, "Historia y prehistoria de *Vuelta*", entrevista con Samuel del Villar y Rafael Segovia, *Pasión crítica,* edición de H. J. Verani, Seix Barral, Barcelona, 1985; CDM, Conversación con Héctor Manjarrez, 20 de septiembre de 2012.

[72] Paz, *Obras completas, VIII. Miscelánea. Primeros escritos, op. cit.*, p. 1419.

[73] Paz, *Cartas a Tomás Segovia, op. cit.*, p. 123.

"Sobre la crítica", escrito en París en 1960, incluido en *Corriente alterna* y publicado en las *Obras completas* con algunas variantes y otro título: "El espacio del reconocimiento."

No es que falten buenos críticos en América Latina y en España, sostiene Paz y menciona al argentino Enrique Anderson Imbert, a Rodríguez Monegal y entre los jóvenes, al mexicano Carballo (en otra prueba de generosidad de Paz frente a sus malquerientes) y al venezolano Sucre, el único de los cuatro críticos que ha dejado una verdadera obra (no una historia exhaustiva, ni libros punzantes y atractivos, ni colecciones de entrevistas o diarios hechos de opiniones), aparecida hasta 1985: *La máscara, la transparencia* sobre la poesía hispanoamericana. Pero en 1967, se lamenta el poeta-crítico, no había ese "espacio intelectual" a la vez creador y consecuencia de la crítica, "que se alimenta de poemas y novelas pero a su vez es el agua, el pan y el aire de la creación" porque "la modernidad es el reino de la crítica: no un sistema sino la negación y la confrontación de todos los sistemas".[74]

Paz recuerda que Baudelaire, Kafka, Leopardi y los futuristas rusos, se alimentaron de crítica, tanto como lo hicieron Borges y Pessoa (a quien acababa de presentar ante el público en español, tras traducirlo, con *Cuadrivio*). Pero "si se pasa de la crítica como creación a la crítica como alimento intelectual, la escasez se vuelve pobreza. El pensamiento de la época –las ideas, las teorías, las dudas, las hipótesis– está fuera y escrito en otras lenguas", excepción hecha de Unamuno y Ortega, los únicos que nos salvan de seguir siendo "parásitos de Europa". Por último, si se pasa a la crítica literaria propiamente dicha, la pobreza se convierte en miseria. "Ese espacio al que me he referido y que es el resultado de la acción crítica, lugar de unión y de confrontación de las obras, entre nosotros es un *no man's land*. La misión de la crítica, claro está, no es inventar obras sino ponerlas en relación"[75] y para ello Paz se proponía continuar con la tradición de las grandes revistas literarias, el espacio natural donde prospera la crítica.

En los sesenta, Paz no es nostálgico ni melancólico y así como omite a Cuesta de *Poesía en movimiento*, no menciona a las revistas que hicieron posible, dentro y fuera de México, suyas o ajenas, que tiempo después aparecieran *Plural* y *Vuelta*. Se olvidaba un poco de *Contemporáneos*, de *Taller*, de *El hijo pródigo*, pero también de la *RML*, de la cubana *Orígenes* o de la colombiana *Eco* y encontraba decadente a *Sur*, su vieja madrastra, a la cual había renunciado su amigo Bianco y a quien le buscaba trabajo, desde noviembre de 1961, en México en esa época, tal como se lo pide a García Terrés, tan influyente en la UNAM y uno de los interlocutores privilegiados de Paz en los sesenta, por razones poéticas y eleusinas. Tras dirigir la *Revista*

---

[74] Paz, *Obras completas, II. Excursiones/Incursiones. Dominio extranjero. Fundación y disidencia. Dominio hispánico, op. cit.*, pp. 1146-1147.

[75] *Ibid.*, p. 1147.

de la Universidad de México, García Terrés fue nombrado embajador en Grecia.[76] Con él en Atenas y Paz en Nueva Delhi, la ruta de la seda parecía nuestra.

El programa crítico enunciado en *Corriente alterna* venía acompañado de nombres, algunos de los cuales aparecerían en los directorios y las páginas de las revistas pazianas de las últimas décadas del siglo. ¿Cómo era posible, se preguntaba Paz, que la miseria crítica conviviese con el esplendor de los Borges, los Neruda, los Reyes, los Carpentier, los Fuentes en contraste con los Lezama Lima, los Asturias (Premio Nobel de literatura en ese año de 1967) y la aparición de nuevos escritores como Juan Liscano, el chileno Rojas, H. A. Murena, Ernesto Mejía Sánchez? La respuesta era doble, para poblar esa tierra de nadie Paz mismo se había reinventado como poeta-crítico (ya tenía un tratado, *El arco y la lira* y en 1965 había publicado *Cuadrivio*, una colección de retratos literarios que Sainte-Beuve hubiera bendecido, justo porque estaban basados en la idea de que la biografía de un poeta es su poesía) y pregonaba por una batalladora revista literaria que acabaría por ser, en cierta medida, *Plural.*

Esa revista debía criticar "el auge del negocio editorial, un epifenómeno de la prosperidad de las sociedades industriales" basado en "la palabra éxito" que a Paz, en *Corriente alterna*, le produce bochorno: "no pertenece al vocabulario de la literatura sino al de los negocios y el deporte." Decía algo que hoy día, segunda década del siglo XXI, debe repetirse una y otra vez: "Nadie ignora que los agentes de los editores recorren los cinco continentes, de las pocilgas de Calcuta a los patios de Montevideo y los bazares de Damasco, en busca de manuscritos de novelas. Una cosa es la literatura y otra la edición".[77]

El crítico, asume Paz, no puede renunciar a su primera jurisdicción, la literatura de su idioma aunque "para mí", dice, "las literaturas modernas son una *literatura*" pero es intolerable que los críticos hispanoamericanos esperen la bendición de Nueva York o París para abrir la boca. Un Caillois, concluye, "no descubrió a Borges pero hizo algo que no hicimos los que lo admirábamos cuando era un escritor minoritario (en el fondo lo sigue siendo): leerlo dentro de un contexto universal". En vez de eso, se queja Paz esta vez, repiten nuestros críticos "como mirlos persas o loros americanos lo que dicen anónimos revisteros de Chicago o Milán" sin leer a Borges como lo hizo Caillois "desde la tradición moderna y como parte de esa tradición".[78]

Así hablaba, fuerte, Paz, desde Nueva Delhi y no es extraño que se hubiera llevado el centro de la literatura mexicana a donde él estaba. Un centro magnético capaz de atraer muchas cosas, algunas enumeradas en *Corriente*

[76] Paz/García Terrés, *Correspondencia, op. cit.*

[77] Paz, *Obras completas, II. Excursiones / Incursiones. Dominio extranjero. Fundación y disidencia. Dominio hispánico, op. cit.*, p. 1149.

[78] *Idem.*

alterna. Después nos acostumbramos sus lectores a que cada dos o tres años, Octavio reuniese en libros sus notas, artículos y ensayos, y los publicaba con títulos que parecían talismanes: *Conjunciones y disyunciones, El signo y el garabato, El ogro filantrópico, In/mediaciones, Al paso, Convergencias, Sombras de obras, Tiempo nublado, Hombres en su siglo, Pasión crítica, La otra voz*, etcétera.

Corriente alterna fue el modelo de esa capacidad combinatoria, de ese caos creador, que en aquel libro convoca a Michaux y a Aldous Huxley en su divergente poética de las drogas, al clasicismo surrealista en Remedios Varo, a los relatos fantásticos de Mandiargues, al cine filosófico de Buñuel, a la relectura de Nietzsche, la cuestión del ateísmo o la dialéctica según Marx y Sartre, a la traída revuelta-revolución-rebelión, a su creencia en la probabilidad de un nuevo marxismo surgido de los disidentes del Este, Leszek Kolakowski (luego un clásico de *Vuelta*) y Jan Kott, a su desdén de la atroz Revolución cultural china (que a él, como a muchos en esos años, le parecía en el mejor de los casos, una "pantomima épica"), a su análisis de Jakobson (ese libro que no escribió y habría completado su trilogía moderna con Lévi-Strauss y Duchamp) o ese puñado de aforismos donde se entrega a la pasión utópica de los años sesenta y siempre, siempre, al contraste de Occidente con la India: "*Cambiar el mundo y cambiar la vida*: estas dos fórmulas, que tanto conmovían a Breton, son el resumen de la sabiduría moderna de Occidente. Si un samyasin las oyese y las *comprendiese*, después de recobrarse de su natural estupefacción, las saludaría con una carcajada que interrumpiría por un instante la meditación de todos los Budas y el largo abrazo erótico de Shiva y Párvati."[79]

El regreso de Paz a la escena mexicana, del cual ya no se movería y desde donde ejercería, durante los últimos veinte años de su vida, una jefatura espiritual más allá de la literatura, comienza a mitad de los años sesenta. A sus libros admirables se suma *Poesía en movimiento*, la antología más influyente de ese siglo mexicano. Si *Cuadrivio* era un canon exquisito y exigente, que aclaraba por qué Darío, más allá de las demagogias, era el libertador de la poesía en español, rescataba a López Velarde del patrioterismo e iluminaba la sombría vida erótica de un patriarca, daba a conocer a un genio impar (un Pessoa que sería tan importante para la literatura secular como Duchamp para la pintura) y colocaba a Cernuda (que acababa de morir en México en 1963, no olvidado pero si relegado y menospreciado) como un contemporáneo capital, hacer *Poesía en movimiento* implicaba toda una decisión: arremangarse la camisa y regresar de lleno al fragor de la vida literaria local. Ese gesto lo distingue tanto de Reyes como de Fuentes. Don Alfonso vivió más años fuera de México que Paz (un cuarto de siglo, con sus pausas, contra los casi veinte de Octavio) y regresó a conciliar, no a dividir, siéndole ajeno, como se le

---

[79] Paz, *Obras completas, VI. Ideas y costumbres. La letra y el cetro. Usos y símbolos, op. cit.*, p. 1378.

reprochó el celo batallador del Paz disidente y vanguardista. Y Fuentes, pese a su influencia y prestigio fue, desde muy joven, una figura verdaderamente cosmopolita (al estilo de Diego Rivera) sin tiempo ni verdadero interés en ejercer el poder literario a través, por ejemplo, de una revista. Ni aun en los años más conspicuos de la llamada Mafia, desde la primera *RML* hasta 1968, Fuentes, activo, influyente y generoso, se interesó en penetrar a través de las capas geológicas de la vida local como lo hizo Paz, acostumbrado además a las ligas jerárquicas propias del servicio exterior y de la militancia de izquierda. O como dijo el novelista y cuentista Álvaro Enrigue, a pregunta expresa sobre quién mandaba en la literatura nacional tras la muerte de Fuentes en 2012: "No creo que Fuentes haya sido un mandón. Un narrador no tiene tiempo para estar mandando a nadie."[80]

En *Cartas cruzadas*, la correspondencia entre Paz y Orfila Reynal (en este caso sí, de ida y vuelta), puede escucharse la fragua de esta antología. Es Paz quien propone al FCE un proyecto con el que soñó toda su vida sin lograrlo, "una antología general de la poesía en lengua castellana". Lo hace el 18 de junio de 1965, cuando Paz está indignado por la hoy olvidada invasión estadounidense a la República Dominicana y quiere un libro que contribuya "a afirmar la unidad de nuestros pueblos, hoy más que nunca amenazada. Saber que tenemos un pasado en nada inferior al de los angloamericanos tal vez nos de fuerzas para afrontar lo que venga. (Santo Domingo no ha sido lo primero ni será lo último.)"[81]

Orfila Reynal, quien en noviembre de ese año sería destituido como director del FCE por haber traducido y publicado *Los hijos de Sánchez*, de Oscar Lewis, obra sociológica sobre la pobreza en México, considerada denigratoria de la nación por el gobierno de Gustavo Díaz Ordaz, rechazó el proyecto de Paz (lo consideraba incosteable y demasiado académico, necesitado de un apoyo, por ejemplo, de la UNESCO) y a cambio le propuso, al poeta embajador algo más modesto, una antología de la poesía mexicana moderna que sustituyese a la de Castro Leal, que Paz había criticado severamente en 1954.

Paz aceptó el encargo siempre y cuando, estando en Nueva Delhi, se tratase de una "selección colectiva" en la que participaran cuatro poetas y un crítico, quienes al final fueron sólo Paz, desde luego, Chumacero, Pacheco y Aridjis. El primero, nacido en 1918 y autor de tres libros (*Páramo de sueños, Imágenes desterradas, Palabras en reposo*) en que se encontraban, en opinión no sólo de Paz sino de todo México, un puñado de poemas perfectos, fue hasta su muerte en 2010, uno de los editores de referencia del FCE y durante pocos años un crítico literario constante y famoso por haber reseñado negativamente *Pedro Páramo*, opinión impopular de la que nunca se

---

[80] Miguel de la Vega, "Disfruto más leer que escribir", entrevista a Álvaro Enrigue, *Revista R, Reforma*, 12 de enero de 2014.

[81] Paz/Orfila, *Cartas cruzadas, op. cit.*, pp. 11-12.

retractó. Pacheco, nacido en 1939 y fallecido en 2014, batallaba por heredar y lo logró, el lugar de Reyes como el hombre de letras por antonomasia del país: poeta, antólogo, periodista literario, novelista y cuentista. Aridjis (1940), el hijo michoacano de un inmigrante griego que durante años fue el poeta más joven en todas las antologías, era ya autor de un libro espléndido (*Mirándola dormir*, 1964) y después haría una carrera de diplomático y ecologista (con novelas temáticas en honor de ese propósito y de otros) que culminaría en la dirección del PEN Club Internacional.

El poeta-embajador, desde el principio, no quería repetir el trago amargo de *Laurel:* una antología que al pretenderse representativa provocase la furia de los grandes representados y una antología que excluyese a los más jóvenes. El Paz de los sesenta quería aventura (en esas cartas a Orfila Reynal lo felicita por publicar a Lévi-Strauss) y luchó porque *Poesía en movimiento*, la expresase hasta el límite de la prudencia: "Para mí", le dice al todavía director del FCE el 20 de octubre de 1965, "una antología de poesía mexicana debe responder, sobre todo, al criterio de originalidad del poeta, quiero decir, a la *novedad* de la obra". Por ello, dice que Gutiérrez Nájera, López Velarde y Tablada "agregan algo que no existía en la poesía de sus antepasados inmediatos", como es el caso de Manuel José Othón, "poeta tradicionalista" que "no se parece a los académicos de su época" como, después, el vanguardismo de Owen o Novo, no se parecía al de su tiempo. Quien haya seguido este capítulo entenderá, creo, lo que Paz se traía entre manos: aplicar sobre el terreno de la poesía mexicana, "la tradición de la ruptura": "Mi idea es que, si en verdad existe una tradición poética en México, esa tradición se manifiesta por sus cambios y variaciones: tradición no es repetición sino movimiento."[82]

Quería restringir Paz el número de antologados a 18, 24 o 42 nombres solamente y cuando vio que la editorial estaba pensando en un libro con 150 poetas, decidió, por primera vez, que su punto de vista era incompatible con el de los demás antologadores, habida cuenta, le decía a Orfila Reynal, de que las antologías al uso de la poesía alemana traían sólo 56 poetas y la Faber ("ingleses y yanquis"), 58. "Francamente", suspiraba, "no creo que tengamos una tradición más rica que la de esos países. Recuerdo, además, que la mexicana sólo es una parte de la poesía hispanoamericana".[83]

Esa primera amenaza de retiro surtió su efecto y en nombre de Chumacero, Pacheco y Aridjis, Orfila Reynal le hacía saber a Paz: "Piensan que es una buena opinión la suya de efectuar la edición de la *Antología* con un criterio restrictivo, y que la lista que usted ha formado" era aceptable pero –allí empezaban los asegunes antolométricos– proponían eliminar, de la lista octaviana, a las poesías en prosa (género insigna de los surrealistas, adorado por Paz) de Arreola y Julio Torri, lo mismo que a Usigli, que había

---

[82] *Ibid.*, p. 31.

[83] *Ibid.*, p. 32.

abandonado la poesía por la dramaturgia y excluir de los cinco miembros de
La espiga amotinada, el grupo de jóvenes poetas sociales apadrinados por el
catalán Agustí Bartra, a tres, dejando sólo al más maduro: Juan Bañuelos.
Quien tome en sus manos *Poesía en movimiento*, descubrirá que Paz se
impuso en el número final de antologados (42) y en la gran mayoría de sus
propuestas. A cambio se le mayoriteó en los casos de Torres Bodet, Elías
Nandino y algunos otros.

En esas estaban cuando vino la ominosa expulsión de Orfila Reynal del
FCE, que dirigía desde 1948, acontecimiento que ilustraba el autoritarismo
y la xenofobia (don Arnaldo, por argentino, según los gacetilleros diazor-
dacistas, había permitido la denigración de México, por un gringo, Lewis)
del régimen y presagiaba males mayores. Pero tanto más sorprendente fue
la rápida reacción de la sociedad literaria, un mes después de su despido,
antes de la Navidad de 1965, constituía con tres millones de pesos, Siglo
XXI Editores, ejemplo de las virtudes de la iniciativa privada en un país
donde se esperaba (y se espera) que la cultura sea alimentada por el Estado.
Enterado, el embajador Paz se solidarizó con la nueva casa y de inmediato
quiso ser uno de los muchos accionistas. *Poesía en movimiento* (que todavía
no tenía título) se convirtió en uno de los principales libros de la oferta inicial
de la editorial.

El 18 de febrero de 1966 se reanudaron las "hostilidades" antolométricas,
con Paz más cerca, como escritor en residencia de la universidad de Cornell
y quejándose con Orfila Reynal de que Chumacero (que había abandonado
también, aunque temporalmente, el FCE) no le escriba: para Octavio la edad
era un principio de jerarquía (cuando, en los noventas, llamaba por teléfono
para excusarse de no asistir a una reunión de la mesa de redacción de *Vuelta*
y dar alguna instrucción, pedía hablar "con el mayor" entre los presentes).
Acepta la inclusión de todos los "espigos" a cambio de incluir entre los
jóvenes a Sergio Mondragón, director de una revista de vanguardia, *El corno
emplumado*, que a Paz le interesaba, como le importaba que Siglo XXI
publicara *Life against Death*, de O' Brown y *Silence*, de John Cage y hasta
algo de Hannah Arendt;de la misma manera en que Paz se convirtió en
prologuista entusiasta en 1973 de *Las enseñanzas de don Juan*, del mítico
Carlos Castaneda, en su opinión, un antropólogo-poeta.[84]

Ese Paz no podía sino insistir ("Nos proponemos una antología no de la
mejor poesía mexicana moderna que conciben la poesía como aventura y
experimento"[85]) y en su insistencia pretendía excluir a sus dos protectores:
Cuesta (tímidamente lo defendió Chumacero y es curioso que las razones
pazianas para excluirlo sean similares a las usadas por el propio Cuesta para
sacar a relucir la tijera en su antología de 1928) y Reyes "porque su obra

---

[84] Paz, *Obras completas, II. Excursiones/Incursiones. Dominio extranjero. Fundación y disidencia.
Dominio hispánico, op. cit.*, pp. 469-483.

[85] Paz Orfila, *Cartas cruzadas, op. cit.*, p. 49.

–admirable en muchos aspectos–, es una *pausa* entre el posmodernismo y la vanguardia" y aunque "es un excelente poeta posmodernista e 'Ifigenia cruel'" un gran poema, lo suyo no es ni la *aventura* de Tablada ni la *experimentación* de López Velarde.[86] Pero Pacheco defendió a muerte a Reyes al grado de querer abandonar el trabajo y Aridjis, tras un encuentro con él en Nueva York, se desentendió del proyecto, dejando claro que lo apoyaba en todo.

Pese a la petición de Orfila Reynal de encontrar alguna solución de compromiso, Paz insistió en que ésta no era posible. O era aquella una antología del "decoro" literario, respetuosa de la tradición consagrada, donde incluir a Torres Bodet sería "como cargar de piedras a una bailarina" o era, como él la quería, aventurera y experimental.[87] "El libro", concluye Paz su carta a Orfila Reynal del 9 de agosto de 1966, "será 'representativo' de la poesía mexicana moderna pero no de mis gustos, ideas e inclinaciones".[88] El 10 de agosto de 1966, el director de Siglo XXI recibía un cable desde Nueva Delhi: Paz renunciaba a ser coautor de *Poesía en movimiento*. Mas aún, decía Paz, recién aparecida *La poesía mexicana del siglo XX* (1966), de Carlos Monsiváis, que juzgaba estupenda, la antología a cuatro manos resultaba superflua.

Entre cartas que se cruzaban y se perdían, a Paz le disgustaba la sensación de que en México hacían como que lo obedecían sin cumplirle. Lamentaba la renuencia de Chumacero y Pacheco a cartearse personalmente con él, delegándolo todo en Orfila Reynal. En fin, que la amenaza de renuncia del embajador, estando el libro en prensa y siendo uno con los cuales la nueva editorial se lanzaría al ruedo, surtió otra vez efecto. Se reanudaron las negociaciones y esta vez Pacheco sí le escribió a Paz, diciéndole que tanto Alí como él habían cedido a todas sus objeciones y recomendaciones: "el libro, en términos generales, refleja *su* visión de la poesía mexicana" pero dado que él mismo se consideraba un poeta "decoroso" y no aventurero, su presencia en la antología resultaba "grotesca" y proponía que una vez aparecido el libro la discusión entre los antologadores se hiciese pública, *por mor* de salud intelectual.[89] Chumacero, en una carta personal, llamó a la concordia y tras regañar a Paz ("Octavio: Otra vez la burra al trigo"),[90] redujo al mínimo los puntos de controversia. En esencia, a cambio de aceptar todas las sugerencias de Paz, Pacheco y Chumacero lograron que Torres Bodet, "el rey burgués", según nuestro hombre en Nueva Delhi, permaneciese en la antología. Tanto detestaba en esos años Paz a Torres Bodet que, deprimido por la pobre acogida de *Claude Lévi-Strauss o el nuevo festín de Esopo* en

---

[86] *Idem.*

[87] *Ibid.*, p. 69.

[88] *Idem.*

[89] *Ibid.*, p. 80.

[90] *Ibid.*, p. 91.

el México de 1967, se queja, en carta a Jorge Guillén del 18 de diciembre, de que no puede esperarse otra cosa de "sus paisanos recién alfabetizados por Torres Bodet".[91]

Esta batalla entre los antiguos y los modernos en la que el más viejo apostaba decididamente por la modernidad, quedó resuelta y *Poesía en movimiento* apareció como un hito en la historia de la lírica local. A casi medio siglo de impresa, aunque tratándose de antologías nadie queda nunca satisfecho ("Ese maldito libro", lo llegó a llamar Paz), es una obra canónica. Abre con un prólogo de Paz, firmado el 17 de septiembre de 1966, donde resuenan las monedas del *I Ching* sobre la mesa del jardín de la residencia de Prithviraj 13, usado por el prologuista para establecer "un sistema de coordenadas" como su amigo Cage lo hacía para componer. *El libro de las mutaciones* le permite presentar brillantemente, por parejas, a los poetas más jóvenes: Montes de Oca (el Trueno) y Pacheco (el Lago), Zaid (el Agua abismal) y Aridjis (el Fuego). "Las relaciones entre estos cuatro poetas", dice, "forman una suerte de tejido que, en sus dibujos, revela el contenido del cuadro. Esas relaciones son dinámicas, quiero decir: contradictorias y complementarias. La forma más simple de la contradicción es dual: esto no es aquello".[92]

Con el resto de la juvenilia, no hubo tanta suerte: de los autores de La espiga amotinada pocos han pasado la prueba del tiempo, mientras que las poetas seleccionadas, como Isabel Fraire y Thelma Nava nunca dieron mucho más de qué hablar. Cosa distinta ocurrió con José Carlos Becerra, un joven poeta ya maduro muerto en un accidente automovilístico en Brindisi, Italia, en 1970 y con Francisco Cervantes, quien murió en 2004 logrando su cometido de ser un heterónimo queretano de su amado Pessoa.

Poesía en movimiento antologa a los poetas mexicanos, tras el prólogo de Paz, de adelante hacia atrás: comienza con Aridjis y Pacheco terminando con Tablada. En medio, entre otros, Segovia, Rosario Castellanos, Sabines, García Terrés, Bonifaz Nuño, Hernández Campos (descubrimiento afortunado hecho por Paz de último momento), Arreola con poemas en prosa, Margarita Michelena, Huerta, Paz mismo, Owen, Usigli, Novo, Nandino, Villaurrutia, Torres Bodet *(hélas!)*, Gorostiza, Maples Arce, Pellicer, Ortiz de Montellano, Leduc, Torri, Reyes y López Velarde… Medio siglo después, sólo desaparecieron de la escena poética, de los de mediana edad en 1966, Manuel Calvillo (un buen poeta amigo de Garro en el que Paz se empeñó y quien había sido protagonista dos años antes de un extraño incidente relacionado con el asesino de Kennedy) y el hispano-mexicano Durán. Fue escandalosa la ausencia de Cuesta pero no, como se dice a tontas y a locas,

---

[91] Carlos Rubio Rosell, "Exponen cartas de Paz en Madrid", *Reforma*, México, 25 de marzo de 2014.

[92] Paz, *Obras completas, III. Generaciones y semblanzas. Sor Juana Inés de la Cruz o las trampas de la fe*, *op. cit.*, p. 157.

la de Eduardo Lizalde (cuyo primer gran libro de poesía, *Cada cosa es Babel* apareció simultáneamente que la antología) ni la de Deniz, entonces inédito. Leyendo las *Cartas cruzadas* entre Paz y Orfila se aprende mucho de cómo mandaba Octavio, *primus inter pares* siempre. Había impuesto su convicción de que "querer ser moderno parece locura: estamos condenados a serlo, ya que el futuro y el pasado nos están vedados. Pero la modernidad no consiste en resignarse a vivir este ahora fantasma que llamamos siglo XX. La modernidad es una decisión, un deseo de no ser como los que nos antecedieron y un querer ser el comienzo de otro tiempo."[93]

Este moderno decidido llegaría a la ciudad de México para una breve visita, en el verano de 1967, a dar su discurso de ingreso a El Colegio Nacional, institución creada en 1943, a iniciativa del presidente Manuel Ávila Camacho para reunir a los maestros de la nación que entonces fueron quince científicos, humanistas, escritores y pintores. Casi un cuarto de siglo después habían muerto, de los escritores fundadores, Mariano Azuela, Vasconcelos y Reyes, sustituidos por el crítico Castro Leal, el novelista Yáñez y Torres Bodet. Paz le cuenta a Lambert, en carta del 10 de junio de 1967, su emoción ante un retorno significativo por ser la presentación de Marie José ante la sociedad mexicana, ante la cual "se prepara al viaje con la intrepidez de una encantadora de serpientes. Con la protección de Durga –la diosa veneradora del demonio-bufalo– vencerá a las serpientes mexicanas. Por mi parte yo me serviré de tu *s* para acallar los silbidos. Ya ves que no nos faltan talismanes mágicos".[94]

En efecto, Marie José causó sensación en México. Aub anotará en su diario, con fecha del 1 de agosto de 1967: "Octavio Paz, rejuvenecido. ¿Tendrá uno siempre la edad de su mujer?"[95] Y Paz regresaba a México, además, en plan grande, moderno "manando profecías" como dice uno de sus versos y el discurso de ingreso donde revisa su antipatía heideggeriana contra la técnica, "La nueva analogía: poesía y tecnología", es leído en clave crítica de aquella década revoltosa (para Paz siempre será mejor la revuelta que la rebelión o la revolución) y en clave profética. "Ahora la técnica completa de una manera más total la empresa de la crítica, ya que la suya incluye a la crítica misma y a su idea del tiempo. La tierra y el cielo que la filosofía había despoblado de dioses se cubren paulatinamente con las formidables construcciones de la técnica", dice Paz e insiste en que la mera existencia del arma atómica volatiliza la idea de progreso. Previendo el dominio del hipertexto, diserta sobre los *ready-made* y presenta la novedad de Duchamp. Reconciliado con la técnica tan temida en *El laberinto de la soledad* y en *El*

---

[93] *Ibid.*, p. 136.

[94] Paz, *Jardines errantes. Cartas a J. C. Lambert, 1952-1992, op. cit.*, p. 182.

[95] Aub, *Diarios, 1967-1972, op. cit.*, p. 89.

arco y la lira, Paz afirma que "la técnica cambia a la poesía y la cambiará más y más" porque interviene en su transmisión, recepción y composición. Pero esos cambios profundos "no la desnaturalizan" sino "la devuelven a su origen, a lo que fue al principio: palabra hablada..."[96]

La técnica no ha hecho de la poesía algo más oral de lo que era en 1967: la era digital le ofrece algo a la vez más simple y más complejo como tampoco es creíble pensar, en 2014, que "la técnica ha cambiado al mundo" pero no "nos ha dado una imagen del mundo".[97] En ese entonces, empero, las palabras de Paz entusiasmaron a los científicos (que fueron quienes gestionaron su ingreso en El Colegio Nacional ante la reticencia de los colegas de Paz) porque aunque Castro Leal, Torres Bodet y Yáñez (que con *Al filo del agua* fundaba en 1947 la novela moderna en México) habían sido modernos ya no lo eran: previsiblemente el poeta venido de la India con Duchamp y Lévi-Strauss en cada mano, les habría parecido la encarnación del pensamiento salvaje. Signo de los años sesenta, fue *l'acceleration de l'histoire* descrita por Élie Halévy. Entonces se dejaba muy rápido de ser moderno. Los escritores jóvenes, naturalmente, reaccionaron con regocijo ante su ingreso a El Colegio Nacional, por lo que tenía de humillación para la vieja intelectualidad del régimen y por lo que tenía de triunfo renovador. "Por eso acepta Octavio Paz la capa de mandarín", escribió Huberto Batis en *La cultura en México* el 16 de agosto de 1967, "porque los jóvenes aceptan su distinción y su magisterio, para seguir demandándoselo".[98]

Aquello que Paz tenía entre las consecuencias de "la ruptura de la analogía" se convertía en una profecía de lo que estallaría un año después, en 1968 y por todo el mundo. Les decía Paz a sus doctos colegas: la irracionalidad desafiaba a la razón y al progreso. Se han creado, decía, "zonas crepusculares, habitadas por semirrealidades: la poesía, la mujer, el homosexual, los proletarios, los pueblos coloniales, las razas de color. Todos esos purgatorios e infiernos vivieron en ebullición clandestina. Un día, en el siglo xx, el mundo subterráneo estalló. Esa explosión aún no termina y su resplandor ilumina la agonía de la edad moderna".[99]

"En los últimos años", finalizaba Paz su discurso, "dos movimientos han sacudido a Occidente: la revuelta del cuerpo y la rebelión de los jóvenes", movimientos que el poeta consideraba materia germinada en la poesía de Blake, Rimbaud y Lautréamont. Recordará a Farinata degli Uberti confiándole a Dante "que después del Juicio final, los condenados perderán su único privilegio: la doble vista" y "no podrán predecir el futuro porque ya no habrá

---

[96] Paz, *Obras completas, I. La casa de la presencia. Poesía e historia*, *op. cit.*, p. 383.

[97] *Idem.*

[98] Huberto Batis, "El ingreso de Octavio Paz a El Colegio Nacional" (1967) en *Casa del tiempo*, *op. cit.*, marzo de 2014, p. 23.

[99] Paz, *Obras completas, I. La casa de la presencia. Poesía e historia*, *op. cit.*, p. 389.

futuro". Esa idea, aterradora para los modernos, dice Paz en su admonición, porque hemos sobrevalorado el futuro, debe preocuparnos pues los tiempos no son irreales, sino intocables: "nadie tocará el mañana, nadie toca el ahora. Cada civilización es una metáfora del tiempo, una versión del cambio."[100]

Proféticamente, uno de los viejos amigos que rencontró en México fue el novelista José Revueltas, el hermano de Silvestre, con quien pasó una noche conversando y cuyas novelas estaban alcanzando un creciente reconocimiento entre los jóvenes.[101] Nadie podía saber que un año después Revueltas sería el símbolo intelectual del movimiento estudiantil de 1968 y que el próximo encuentro entre él y Octavio sería en la cárcel de Lecumberri.

El entusiasmo que rodeaba a Paz puede sentirse rescatando algunos fragmentos publicados de las cartas que le escribía Fuentes. Le dice desde Roma, el 28 de enero de 1966, a su maestro: "Tu paso por esta provincia césarea (polvo al polvo; Roma a los tarquinos democristianos) nos dejó exaltados, aturdidos *and panting for more*. Siento, ahora que se nos quedaron un millón de cosas en el tintero, o en la lengua, que también me sabe a tinta. No terminaste de explicarme tu proyecto de libro sobre el tercer mundo y la revolución. Y tu nueva perspectiva de las futuras relaciones entre EEUU y América Latina me inquieta terriblemente, me obliga a revisar muchos conceptos… Leo a Keynes, a Pareto, a Gaetano Mosca, a Burnham, a Raymond Aron, *The Coming Caesars, The End of Ideology*, para tratar de entender el nuevo fenómeno del elitismo tecnocrático…"[102]

Desde París, el 11 de abril, Fuentes comparte su exaltación ante la década que todo lo prometía: "Sí, ¿cómo decir No a nuestro tiempo? Todos los *establishments* han generado sus mecanismos de defensa, tan sutiles en los Estados Unidos y tan grotescos en la URSS." Y la hermandad de Fuentes (entonces casado con la actriz Rita Macedo y con una hija, Cecilia) se transfiere a Marie José, a quien acaba de conocer: "Hacen una pareja maravillosa" y después se pregunta, jugueteando con la privanza que había establecido con los Paz: "La verdad sobre la peluca de Marie José nos dejó estupefactos; ¿quién es Marie José? Sin duda una revelación oculta, una hechicera disfrazada para encantarnos impunemente…"[103]

La época es alegre, llena de pequeñas leyendas. Una de ellas cuenta que la noche vieja de 1967 se reunieron en casa de Fuentes en Belside Park, en Hamsptead, varios amigos a celebrar el año nuevo, entre ellos, el anfitrión y su esposa (que por estar indispuesta no bajó a cenar), Octavio y Marie José, Guillermo Cabrera Infante y Miriam Gómez, Mario y Patricia Vargas Llosa,

---

[100] *Ibid.*, pp. 393-394.

[101] CDM, conversación con Álvaro Ruiz Abreu, Ciudad de México, 23 de enero de 2014.

[102] Carlos Fuentes, "Seis cartas a Octavio Paz", en *Octavio Paz*, edición de Pere Gimferrer, Taurus, Madrid, 1982, p. 17.

[103] *Ibid.*, pp. 18-19.

el crítico chileno David Gallagher y el narrador mexicano Héctor Manjarrez, con sus esposas y la profesora inglesa Jean Franco. Cabrera Infante y Miriam Gómez llevaron como postre un pastel de chocolate con hachís, que a su vez les había regalado el actor Ben Carruthers, cuyo contenido se reveló como una sorpresa cuando los comensales lo estaban degustando. Algunos se molestaron por el atrevimiento y le hicieron el feo al postre, no así los Paz (en ello coinciden todas las fuentes recabadas), quienes se terminaron felices sus rebanadas en aquella recordada y misteriosa velada londinense, en uno de los primeros encuentros de Vargas Llosa y Cabrera Infante con quien sería en el futuro un aliado capital, el propio Octavio. Cabrera Infante recordó la anécdota como un símbolo de la osadía del poeta frente al mundo: "Octavio lo tomó como el manjar que era y se lo llevó a la boca" pues era "un intelectual que no vacila en enfrentar la experiencia más provocadora de la cultura".[104]

Pero la pesadilla de la historia se desplazaba hacia México, y desde julio de 1968 los estudiantes sofocados por el autoritarismo, estaban marchando en las calles buscando su propia "versión del cambio". Habían decidido decirle *sí* al tiempo presente. En una carta no enviada, del 4 de septiembre, Fuentes lo presiente y se lo hace saber a Paz: "No sé dónde ni cuándo te escribo; hay demasiados desgarramientos; una noche de borrachera y el cielo lunar de París alfombrado para los borregos y horas enteras de conversación con Pepe Bergamín y luego con Alejo Carpentier y después con Buñuel y García Márquez [...] José Emilio Pacheco se fue a dormir y yo fastidiado porque la noche es de Restif de la Bretonne y ya no hay con quien conversar pero siempre tengo el recurso de acudir a ti y escribirte una carta, aunque después no la mande (qué boludez, como dicen los ches). Todos estamos tan desolados, tan alegres, tan confundidos, como si de repente el parto y la muerte fueran simultáneos (¿no la han sido siempre?) y bueno, mañana Rita y Cecilia se van a México que ni tú ni yo volveremos a reconocer y yo, puto que soy, me largo a Mallorca, lejos del terror supremo del país que *escogí* para mí..."[105]

---

[104] Guillermo Cabrera Infante, "Todos de alguna forma alrededor de Octavio Paz", *El Ángel,* suplemento cultural de *Reforma*, núm. 19, México, 24 de marzo de 1994, p. 29; David Gallagher, correo electrónico a CDM, 5 de abril de 2014; Héctor Manjarrez, correo electrónico a CDM, 31 de marzo de 2014.

[105] Fuentes, "Seis cartas a Octavio Paz", *op. cit.*, pp, 21-22; las primeras cartas dadas a conocer por la prensa, una vez abierta parcialmente la correspondencia de Fuentes resguardada por la Universidad de Princeton, el 15 de mayo de 2014, confirman ese tono franco y festivo del novelista ante el poeta. Lamentablemente, ya no tuve tiempo de consultar esa colección. (Virginia Bautista, "Carlos Fuentes y Octavio Paz. Amistad cálida" en *Expresiones*, suplemento de *Excélsior*, México, 16 de mayo de 2014).

EL 2 DE OCTUBRE

El 4 de septiembre de 1968, cuando Fuentes le escribe ese desahogo madrugador a Paz, las organizaciones de ultraderecha marchaban hacia la Basílica de Guadalupe para rogar por la paz en el país, amenazada por el movimiento estudiantil, al cual el presidente Díaz Ordaz, en su informe del 1 de septiembre, había amenazado sin taxativas a los estudiantes: "No quisiéramos tomar medidas que no deseamos, pero que tomaremos si es necesario; lo que sea nuestro deber, lo haremos; hasta donde estemos obligados a llegar, llegaremos" y había aludido a los intelectuales como los conjurados: "¡Qué grave daño hacen los modernos filósofos de la destrucción que están en contra de todo y a favor de nada!"[106] No se sabe quién, entre los intelectuales con los que contaba todavía el régimen de la Revolución mexicana en cantidad suficiente, fue la pluma de alquiler que le escribió ese discurso al xenófobo Díaz Ordaz o lo alertó contra "los modernos filósofos de la destrucción".

El suplemento *La cultura en México*, nació en 1962 debido al entusiasmo del periodista Fernando Benítez por la Revolución cubana. Su indignación, poco después, por el salvaje asesinato de Rubén Jaramillo, un antiguo zapatista obcecado en el reparto agrario, dio al suplemento un decidido carácter opositor. Por estar injertado en la popular revista *Siempre!*, que llegaba a todos los rincones de un país todavía mal comunicado y donde la televisión no acababa de imponerse como vector de la opinión, el suplemento se convirtió en una modesta oposición intelectual democrática que tenía entre su público no sólo a la todavía pequeña clase universitaria de la ciudad de México sino a cientos de profesores de primaria, secundaria y preparatoria en la provincia. Los nombres de Paz y Fuentes, los más célebres y celebrados, como los de Pacheco, Monsiváis y Zaid fueron reconocidos desde entonces como propios por muchos lectores, más de allá de los confines de la llamada Mafia, que incluía a los pintores que habían roto con el muralismo, encabezados por José Luis Cuevas y era caricaturizada como elitista por los envidiosos y los nacionalistas de viejo cuño que celebraban la famosa cortina de Nopal que protegía a México de las "ideas extranjerizantes."

La cultura en México cubrió no sólo el mayo parisino de 1968 y los disturbios estudiantiles en los Estados Unidos, cada vez más violentos, sino también, como indica Jorge Volpi en *La imaginación y el poder. Cronología intelectual del 68*, lo ocurrido en Checoslovaquia y Polonia, esa "revolución en la revolución", como la llamaba Pacheco, quien por su dominio de la prensa en inglés (él y Monsiváis habían sustituido al francés por el inglés

---

[106] Jorge Volpi, *La imaginación y el poder. Una historia intelectual del 68,* ERA, México, 1999, p. 282.

como la lengua franca, siguiendo el ejemplo de Novo) fue el cronista a cargo, en *La cultura en México*, de la revuelta juvenil.

Mirar hacia el Este tenía su importancia pues el régimen mexicano, acompañado tan sólo desde 1959 por Cuba, se concebía como un régimen revolucionario aunque, desde luego, no marxista. Se olvida con frecuencia que el gobierno de México no sólo se había abstenido a la hora de votar la expulsión de Cuba de la Organización de Estados Americanos en enero de 1962 (por iniciativa del poeta Gorostiza) sino Díaz Ordaz, presidente desde 1964, fue un valedor internacional insistente, aunque de escasa relevancia, del Vietnam bombardeado por los Estados Unidos.

A la distancia, la represión del 2 de octubre en México que dio fin al movimiento estudiantil, acabará por parecerse más al final de la Primavera de Praga en agosto de 1968, aplastada por los tanques soviéticos, que al mayo francés, disuelto sin saldo sangriento gracias al horror genético de la Francia profunda (que ya incluía al Patido Comunista y a la Confederación General de Trabajadores) contra la revolución. En Checoslovaquia, un esclerótico régimen revolucionario, al intentar reformarse desde adentro, había sido liquidado; en México, los estudiantes y muchos de sus profesores, con un modesto pliego democrático, también fueron derrotados al atreverse a proponer la reforma de su propio y artrítico Estado que había convertido a los XIX Juegos Olímpicos, a inaugurarse el 12 de octubre, en una magna autocelebración de la eterna paz social lograda por la Revolución mexicana. Que el 68 mexicano era más parecido a las rebeliones en el Este lo notará el propio Paz en *Postdata*: "México y Moscú están llenos de gente con mordazas y de monumentos a la Revolución."[107]

No faltaban tampoco los liberales, que atendiendo sólo al aspecto universitario de la revuelta de 1968 decían, orondos, que México no sólo había tenido ya su Revolución en 1910, sino su propio conflicto estudiantil, felizmente resuelto con la autonomía de la Universidad Nacional, en 1929. Así decía un editorial de la propia revista *Siempre!* en junio de 1968.[108]

Pacheco festejaba el fin de la guerra fría y la liberalización del bloque socialista, que aunada al resquebrajamiento de los Estados Unidos entre los asesinatos de Martin Luther King y Robert Kennedy, las efímeras victorias vietnamitas aplaudidas por las masivas protestas contra la guerra en las grandes ciudades norteamericanas y la radicalización de los negros, auguraban una situación revolucionaria. Pacheco, muy lejos de ser un radical, aplaudía la arenga a favor de los estudiantes ("los rebeldes sin causa, los insurrectos irredentos del mundo, los insoportables abogados del diablo") que, en nombre

---

[107] Paz, *Obras completas, V. El peregrino en su patria. Historia y política de México, op. cit.*, p. 326.

[108] Volpi, *La imaginación y el poder. Una historia intelectual del 68, op. cit.*, p. 169.

del *Boom*, el también joven y ya célebre novelista Vargas Llosa hace en Caracas al recibir el Premio Rómulo Gallegos por *La casa verde*.[109]

Monsiváis, un muchacho de origen protestante, cuando serlo en el México católico era peligroso, también fue un homosexual activo aunque no público. Vivió hasta su muerte en 2010 en la colonia Portales, un barrio de clase media baja, en la casa de su madre, quien había llegado a ser toda una personalidad local de la Iglesia metodista. Durante la década, en la radio y hasta en la televisión, Monsiváis se había convertido en el ingenio satírico de la literatura mexicana, intransigente en su obsesión por la tolerancia y antiautoritario en su fastidio por la lóbrega vida pública mexicana.

Un agudo crítico de cine y literatura, Monsiváis era un enterado del pop y del *camp*, ejercitado en la lectura del *new journalism*; presumía, paradójico, de tener treinta años sin haber conocido Europa. Por su capacidad de trabajo y su valentía, pero también por su habilidad como eminencia gracias a que dominaba México a través del teléfono, saldrá del 68 como el principal referente moral de la nueva izquierda gracias a que convirtió, respaldado por Benítez, a *La cultura en México,* en la memoria viva y activa del 68. Desde entonces Monsiváis jugará el papel que el cosmopolita Fuentes desdeñará varias veces al alejarse de Paz. Será Monsiváis la cabeza de la oposición de izquierda a Paz, oposición casi siempre leal, en alguna ocasión muy agresiva.

Durante los primeros meses de 1968, Monsiváis festeja en *La cultura en México* la resistencia estudiantil en París y en los Estados Unidos, como augurio del fin del hipócrita mundo burgués. A semanas de que estallase aquí el movimiento estudiantil como resultado de la brutalidad policiaca con que se disolvió un pleito entre pandillas juveniles, el 24 de julio, Monsiváis lamentaba lo lejos que está México de ese mundo exterior vigoroso en rebeldía: sin sindicalismo independiente y sin división de poderes, con la reforma agraria fracasada y en manos, la opinión pública, de una prensa corrompida.

Más lúcido, según lo registra Volpi, fue Pacheco, quien no veía que las condiciones mexicanas fueran tan distintas a las que antecedían las rebeliones estudiantiles en el resto del planeta. El estado burocrático, capitalista o socialista, estaba en crisis. Tras la noche de las barricadas del 10 de mayo en París, el viejo general De Gaulle se despeñaba en el basurero de la historia y los estudiantes, al fin aliados con los obreros, abrían recuperado la llave perdida de la revolución. Para *La cultura en México*, como para medio planeta, los estudiantes radicales Daniel Cohn-Bendit y Rudi Dutschke eran las celebridades que combinaban el resurgimiento de la vieja izquierda heterodoxa europea con el antiautoritarismo despótico tan paradójico en la revuelta del 68.

El más célebre de los "filósofos de la destrucción", según la clasificación diazordacista, Herbert Marcuse, un personaje menor de la Escuela de

---

[109] *Ibid.*, pp. 165-166.

Frankfurt empeñado en fusionar los pensamientos de Freud y Marx, había estado en México en 1966. Planeaba reunirse con su viejo amigo Erich Fromm, que vivía en Cuernavaca, para darle seguimiento a sus añejas polémicas. Los principales libros de Marcuse, *El hombre unidimensional* y *Eros y civilización*, los había traducido, para Joaquín Mortiz, García Ponce, en 1964 y 1965. Recuerdo perfectamente los ejemplares de uno y otro en manos de mi padre. Así era en mi casa, como en algunas otras de la ciudad. Decía Pacheco: "Así como *Los condenados de la tierra* es la Biblia del Poder Negro, los rebeldes de las sociedades opulentas afirman que el ideólogo de la rebelión moral, política e intelectual de los jóvenes es Herbert Marcuse."[110]

A veces pesimista, otras optimista sobre el destino de esa sociedad industrial que había hecho indistintos y complementarios al capitalismo estadounidense y al comunismo soviético, Marcuse fue un filósofo confuso que soñaba con imponer una platónica y totalitaria república de Eros. En México había dialogado con los filósofos locales, instando a dinamitar en ambos bloques, con el deseo y la violencia, la sociedad industrial represiva. Un mes antes de que comenzará el movimiento, *La cultura en México* reprodujo una de las mesas redondas verificadas dos años atrás, entre Marcuse, André Gorz, Serge Mallet y el politólogo mexicano Víctor Flores Olea. Marcuse había concluido su charla de 1966 en la UNAM, respaldando "la dictadura de los individuos libremente asociados contra las fuerzas represivas, aun en el seno del propio socialismo".[111]

Pacheco, al hacer la crónica del fracaso de la nueva comuna de París a sus escasos dos meses, se quejaba desolado de que "la bandera tricolor vencía a las banderas rojinegras, el chovinismo reaccionario al internacionalismo revolucionario, el miedo, la timidez, el temor a la inseguridad y aun a la pérdida de las comodidades –todo lo que aplana y embota nuestras vidas– triunfaban una vez más sobre la imaginación, la valentía, la generosidad, el optimismo anárquico".[112]

El reportaje más impactante o delirante, según se le vea, será publicado en *La cultura en México*, el 31 de julio de 1968, presentado de la siguiente manera: "Carlos Fuentes, testigo y actor de la rebelión de los jóvenes en París, ha escrito un reportaje de lo visto y vivido por él que no tiene antecedentes en nuestra literatura. Reportaje-crónica, reportaje-cuento, su maestría sólo puede compararse a la forma en que trataron los acontecimientos de su tiempo José Martí, Hemingway y Mailer."[113]

---

[110] *Ibid.*, p. 195.

[111] *Ibid.*, p. 193.

[112] *Ibid.*, p. 208.

[113] *Ibid.*, p. 209.

Publicado poco después como libro por ERA como *París: la revolución de mayo*, el reportaje de Fuentes, dice Volpi, "según la leyenda que él mismo construyó entonces, en medio del campo de batalla, entre las barricadas, el novelista sacaba su libreta de notas y escribía sus ideas sobre lo que veía. Mientras los jóvenes lanzaban bombas o frases célebres, Fuentes analizaba el comportamiento de los jóvenes y lo discutía allí mismo".[114]

Hay quien duda, inclusive que Fuentes haya estado allí en los días álgidos de mayo, varado en Londres, desde donde era imposible cruzar hacia Francia, como seguramente lo deseaba fervientemente el autor de *La muerte de Artemio Cruz*. Como fuese, su testimonio, sólo reeditado como libro hasta 2005, expresaba, a través de la joven estrella de la literatura mexicana, lo que soñaba buena parte de lo que muy poco después quedaría bautizada como "la generación del 68".

Algunos fragmentos escogidos de *París: la revolución de mayo*, hablan por sí solos del entusiasmo de Fuentes: "La imaginación toma el poder con adoquines y con palabras, primero. El pavé, el bello y humilde adoquín de las calles de París, ha adquirido hoy un rango casi fetichístico: fue la primera arma de contrataque de los estudiantes brutalizados por la policía; el arma, como ha dicho Sartre, no de la violencia, sino de la *contraviolencia* de centenares de miles de estudiantes que jamás hicieron otra cosa que defenderse."[115]

Fuentes, como los más jóvenes Monsiváis y Pacheco, había sido educado lejos del marxismo de los años treinta, ortodoxo u heterodoxo; en cambio, los hacía arder el golpe de calor de la Revolución cubana, ante la cual Paz fue extrañamente frío desde un principio: antes del caso Padilla, salvo un par de elogios de cajón al Che Guevara y aquella carta a Roberto Fernández Retamar donde decía que le gustaba de ella lo martiniano y no lo marxista, la Revolución cubana está ausente en su obra.[116]

En su relato del París de las barricadas, Fuentes se presenta como un entusiasta de la heterodoxia marxista y tras enumerar las ingeniosas citas (de san Agustín a Santayana, pasando por Péguy, Gide, Lenin y Rimbaud) que los estudiantes pintaban en los muros, reafirma su nueva obediencia-desobediencia: "Las banderas negras, la nueva vigencia del pensamiento de Bakunin y Rosa Luxemburgo, pueden asustar no sólo a los reaccionarios tradicionales sino a los dogmáticos del socialismo. Pero para los jóvenes revolucionarios de Francia, Alemania, Inglaterra, es sólo el correctivo permanente de su profunda visión marxista, un 'marxismo desempolvado' como diría Fidel Castro"[117] quien, cuando Fuentes no acababa de escribir su crónica

---

[114] *Ibid.*

[115] Carlos Fuentes, *Los 68. París-Praga-México*, Debate, México, 2005, pp. 32-35.

[116] Rafael Rojas, "El gato escaldado. Viaje póstumo de Octavio Paz a La Habana", *Anuario de la Fundación Octavio Paz*, México, núm. 1, 1999, p. 165.

[117] Fuentes, *Los 68, París-Praga-México*, *op. cit.*, p. 37.

de mayo, al respaldar la invasión de Checoslovaquia por las tropas del Pacto de Varsovia, le daba un portazo a la sarabanda del 68.

Tras citar a Marcuse, Fuentes incurre, condenando la guerra de Vietnam, en la elocuencia charlatana tan propia del 68 francés, misma que se convirtió en vulgata académica progresista: la democracia "burguesa", aunque parezca el mejor de los mundos posibles es en realidad el peor al ocultar el más eficaz de los universos concentracionarios: "vivimos la forma más sublimada del genocidio: un Dachau del espíritu rodeado por los brillantes objetos perecederos de una Disneylandia del consumo." Fuentes explica por qué es Vietnam lo que provoca la revuelta mundial de los jóvenes y festeja que las insurrecciones se hayan trasladado de la periferia al centro, a ese centro que tanto los comunistas ortodoxos como los "sociólogos de la abundancia" consideraban inapto para la revolución.[118]

Después de reportar la solidaridad de los intelectuales con la revolución de mayo, convencidos como él de que "Marx ha regresado a Europa de un largo paseo por las tundras, los campos de arroz y los cañaverales de la periferia", Fuentes registra a Marguerite Duras y a Michel Butor tomando por asalto "la esclerótica Société des Gens de Lettres", a Louis Mallé y Alain Resnais estableciendo "los Estados generales del cine" y a Godard filmando todo en las calles, señalando desde luego a los primeros traidores, Claude Lelouch y Alain Delon. Fuentes no resiste la tentación de incluirse entre quienes "presidimos, junto con Sartre, Nathalie Sarraute y un grupo de artistas, escritores y editores hispanoamericanos, un vasto encuentro con cinco o seis mil estudiantes en la Cité universitaire…"[119]

Aub, un viejo lobo socialista desengañado y guarecido en México, anotaba en sus *Diarios*, el 24 de julio: "Excelente el reportaje-ensayo de Carlos Fuentes acerca de los sucesos de Mayo en París pero, ¡tan ingenuo a veces! No es la primera vez que descubren mediterráneos desde la Sorbona. Irrita que percepción tan fina no se dé cuenta de la verdadera relación de fuerzas. Curioso: cómo intervengan o no, salgan bien o mal los acontecimientos, se salvan siempre Malraux y Aragon."[120]

Es fácil ensañarse con ese Fuentes dándole la razón, treinta años después, a Jean Guéhenno cuando decía que hacer la revolución es, para los intelectuales, la mayoría de las veces, una forma de la mundanidad. Más tarde, en "El tiempo de Octavio Paz" (1971) y en *Terra nostra,* su gran novela de 1975, Fuentes le dará mayor consistencia a su 68 francés, en el fondo y como debe ser en un novelista, por lo que aquello tenía de novelesco y no de mera propaganda. Como testigo de su tiempo Fuentes tendía a ser, me

---

[118] *Ibid.*, p. 47.

[119] *Ibid.*, p. 85.

[120] Aub, *Diarios, 1967-1972, op. cit.*, p. 140.

temo, un *name dropper*, una de esas personas que le cuentan a los demás, aderezadas como opiniones propias, lo que acaban de leer en el periódico.

Pero en mayo de 1968, el maestro Paz compartía el entusiasmo del discípulo Fuentes. Verdadera pasión siente Paz por sus "*aveugles lucides*", como llama a los rebeldes en su pequeño poema francés de *Ladera Este*.[121] El 17 de junio Paz, al pie de los Himalayas, le escribe a Tomlinson (y el 19 de agosto le escribirá a Lambert casi la misma carta: "Se bamboleá el mediocre orden del 'mundo desarrollado'. Me emociona y exalta la reaparición de mis antiguos maestros: Bakunin, Fourier, los anarquistas españoles. Y con ellos el regreso de los videntes poéticos, Blake, Rimbaud, etc. La gran tradición que va del romanticismo alemán e inglés al surrealismo. Es mi tradición, Charles: *la poesía entra en acción*. Creo que estamos a punto de salir del túnel que empezó con la caída de España, los procesos de Moscú, el ascenso de Hitler, el túnel cavado por Eisenhowers, Johnson y las tecnocracias capitalistas y comunistas nos dijeron que era el camino del progreso y el bienestar. Cualquiera que sea el resultado inmediato de la crisis francesa", Paz aventura que la historia mundial está en los albores de un cambio decisivo.[122]

No es muy distinto lo escrito en 1968 a su recapitulación de 1995: "El último año de mi estancia en la India coincidió con las grandes revueltas juveniles. Las seguí, desde lejos, con asombro y con esperanza", felicitándose Paz de que esos acontecimientos –cuyo significado él "no comprendía" tan claramente como lo presumía Fuentes– estuviesen dirigidos no por los viejos comunistas sino por "un ánimo libertario".[123]

"La rebelión estudiantil de París", continúa Paz en *Vislumbres de la India*, "en 1968, fue la más inspirada y la que más me impresionó. Los dichos y los actos de aquellos jóvenes me parecían la herencia de algunos grandes poetas modernos a un tiempo rebeldes y profetas: un William Blake, un Victor Hugo, un Walt Whitman. Mientras cavilaba sobre estos temas, el verano de 1968 se nos echó encima. El calor excesivo nos obligó, a Marie José y a mí, a buscar un retiro temporal en un pequeño pueblo en las estribaciones de los Himalayas, un antiguo lugar de veraneo de los ingleses: Kasauli. Nos instalamos en un hotelito, el único del pueblo, todavía regenteado por dos viejas señoras inglesas, sobrevivientes del British Raj. Llevé conmigo un excelente aparato de radio que me permitía oír diariamente las noticias y comentarios de la BBC de Londres".[124]

Mientras se paseaba con Marie José por Kasauli, Paz no se podía concentrar ni en las montañas inmensas ni en las llanuras de la India. Mentalmente

---

[121] Paz, *Obras completas, VII. Obra poética (1935-1998), op. cit.*, p. 447.

[122] Sheridan, "*My dear Charles*, Paz le escribe a Tomlinson", *op. cit.*, p. 51.

[123] Paz, *Obras completas, VI. Ideas y costumbres. La letra y el cetro. Usos y símbolos, op. cit.*, p. 1237.

[124] *Idem.*, pp. 1237-1238.

vagaba por el París de la revuelta: "Durante esas semanas sentí que mis esperanzas juveniles renacían: si los obreros y los estudiantes se unían, asistiríamos a la primera y verdadera revolución socialista. Tal vez Marx no se había equivocado: la revolución estallaría en un país avanzado, con un proletariado madurado y educado en las tradiciones democráticas." Desde allí, confiaba el poeta, se derrumbarían, después del capitalismo, "los regímenes totalitarios que habían usurpado el nombre del socialismo en Rusia, China, Cuba y otros países".[125]

En el siguiente párrafo, la reflexión de Paz toma un extraño rumbo, como si el mayo francés lo hubiera *confirmado* como surrealista, confirmación que creíamos, no requería de ninguna nueva prueba: "La poesía, heredera de las grandes tradiciones espirituales de Occidente, entraba en acción" porque realizaba los sueños de los románticos decimonónicos y de los surrealistas. "A mi nunca", dice después en ese párrafo de 1995, "me habían conquistado enteramente la poética y la estética del surrealismo. Practiqué en muy raras ocasiones la 'escritura automática'; siempre creí –y lo sigo creyendo– que en la poesía se combinan, de manera inextricable, la inspiración y el cálculo. Lo que me atrajo del surrealismo, sobre todo, fue la unión entre la poesía y la acción. Esto era, para mí, la esencia o sentido de la palabra *revolución*."[126]

"Los acontecimientos pronto me desengañaron", dirá el poeta que veía en el mayo francés a la revolución surrealista, *todavía*. "La explicación del fenómeno no estaba en el marxismo, sino quizá, en la historia de las religiones, en el subsuelo psíquico de la civilización de Occidente. Una civilización enferma; las agitaciones juveniles eran como esas fiebres pasajeras pero que delatan males más profundos. Regresamos a Delhi y allí me esperaba otra noticia: en la ciudad de México había estallado otra revuelta estudiantil".[127]

¿Qué estaba pasando en México? Sigo, resumida y comentada, la bitácora propuesta por Volpi en *La imaginación y el poder. Una historia intelectual del 68*. Tras el incidente del 22 de julio en que unas pandillas habían atacado una escuela preparatoria privada, las autoridades del Instituto Politécnico Nacional (la escuela técnica fundada por el general Cárdenas que era el polo popular frente a la más clasemediera y elitista, en ese entonces, UNAM) pidieron protección policíaca, temiendo, como ocurrió, la repetición de los incidentes. El cuerpo de granaderos (cuya disolución, por ser el brazo armado del régimen, acabará por pedir el movimiento estudiantil) reprime con fuerza desmedida a los manifestantes y hiere a algunos profesores. El asunto se complica el 26 de julio, aniversario de la toma del cuartel Moncada por Fidel Castro, cuando son convocadas dos manifestaciones: una, autorizada,

[125] *Ibid.*, p. 1238.

[126] *Idem.*

[127] *Ibid.*, p. 1239.

por estudiantes oficialistas protestando por la represión policiaca de los días anteriores y otra, por la Juventud Comunista, para festejar a la Revolución cubana. La intentona de los estudiantes por llegar hasta el Zócalo, la antigua plaza de la ciudad donde Hernán Cortés decidió fundar una nueva nación sobre las ruinas de México-Tenochtitlán, tan presente en la poesía de Paz, se topó con los granaderos. Ése era un espacio reservado para las ceremonias del Estado de la Revolución mexicana.

El 28 de julio la mecha está encendida: los estudiantes han ocupado las preparatorias, la escuela de economía del IPN se declara en paro y en un acto histórico, la rivalidad entre esa escuela y la UNAM termina en la elaboración de un pliego petitorio común cuyas exigencias son la desaparición de las organizaciones estudiantiles de la ultraderecha, expulsión de los estudiantes del PRI de las escuelas, indemnización a los heridos y a los muertos (es la primera vez que se habla de estudiantes asesinados), excarcelación de los detenidos, desaparición del cuerpo de granaderos y derogación del artículo 145 del código penal, que databa de la Segunda guerra mundial y daba manos libres al gobierno ante todos aquellos que considerara culpables del "delito de disolución social".

De ese primer pliego petitorio destaca un punto: la pretensión de expulsar de las escuelas a los estudiantes afiliados al partido oficial, tradicional fuente de empleo y reclutamiento cuya "misión principal es la dominación política, no por la fuerza física sino por el control y la manipulación de los grupos populares",[128] como se dirá en *Postdata*. Los estudiantes estaban cometiendo una suerte de delito de lesa majestad: desconocían al régimen de la "revolución hecha gobierno", como gustaban de decir al autocelebrarse.

A fines de julio, la prensa nacional, la más servil del continente, comienza el linchamiento de los estudiantes, acusándolos de ser agitadores profesionales y vendepatrias. Finalmente, las principales figuras del gobierno, el secretario de gobernación Luis Echeverría (presidente del país en 1970) y Alfonso Corona del Rosal, regente del departamento del Distrito Federal, acompañados de los procuradores (fiscales) de la ciudad y de la república justifican la intervención del ejército en el IPN y en la UNAM "para resguardar y restablecer el orden nacional". Un célebre bazucazo destruye la puerta barroca de la EPN, el antiguo colegio jesuita donde había estudiado Paz. Se empieza a hablar de muertes y desapariciones, la mayoría de ellas nunca fehacientemente demostradas. Finalmente, el 31 de julio, el rector de la UNAM, el ingeniero Barros Sierra, toma partido por los estudiantes y ante veinte mil de ellos, exige, con un enorme número de profesores, la desocupación militar de las escuelas. Se compromete a defender, contra el gobierno y hasta las últimas consecuencias, la autonomía universitaria.

---

[128] Paz, *Obras completas, V. El peregrino en su patria. Historia y política de México, op. cit.*, p. 335.

Empiezan entonces a aparecer, en la prensa, voces favorables a los estudiantes, como la del regiomontano Alvarado, un viejo amigo de Paz y algunos ex comunistas o militantes en la izquierda del PRI. El principal estalinista del país y jefe de un partido satélite, el Popular Socialista, Lombardo Toledano, tiene otra opinión: lo que está ocurriendo en la ciudad de México es "una burda imitación de París. La verdadera izquierda nada tiene que ver con los disturbios y borlotes estudiantiles que carecieron de sentido ideológico; la reacción y el imperialismo fueron los únicos favorecidos con el espectáculo que se ofreció".[129]

El 1 de agosto se lleva a cabo la primera gran manifestación, conocida como la del rector pues es Barros Sierra quien la encabeza. Se calcula que marcharon ochenta mil manifestantes aunque las actuales técnicas infográficas de conteo de personas en actos públicos rebajarían, sin duda y con mucho, las tradicionales cifras del 68. Es probable también que buena parte de la clase media viese con espanto la rebeldía estudiantil pues nunca antes México había sido tan próspero y estable. Lo que era evidente es que nunca antes tampoco, en la historia de México una cantidad tan grande de ciudadanos libres habían decidido ejercer su derecho constitucional a la manifestación pública.

Díaz Ordaz, el presidente temeroso de los "filósofos de la destrucción", ofrece su "mano tendida" a los inconformes. Un jovencísimo articulista de *Excélsior*, Hiriart, escribe que la represión brutal "dio razón" a las acciones estudiantiles mientras que la Federación Nacional de Estudiantes Técnicos, oficialista, acusa por primera vez a "provocadores maoístas y trotskistas" de querer boicotear las próximas Olimpiadas. Los anticomunistas más radicales, como Salazar Mallén, Roberto Blanco Moheno y Jorge Prieto Laurens, exigen la liquidación del movimiento.[130]

El 4 de agosto se publica el pliego petitorio definitivo de los estudiantes, seis medidas que en su sencillez denunciaban la naturaleza intrínsecamente antidemocrática y autoritaria del régimen y que en su sencillez, también, resultaban razonables para miles de ciudadanos, más allá del estudiantado y sus familias. "La libertad para los presos políticos", primera petición, incluía a los líderes del movimiento ferrocarrilero de 1959: Valentín Campa y Demetrio Vallejo, presos desde hacía casi una década.

Cuatro días más tarde se constituye el Consejo Nacional de Huelga (CNH) que representa a los líderes estudiantiles de la UNAM y del IPN pero también a los de las conservadoras universidades Iberoamericana y La Salle (jesuitas y lasallistas), de la combativa universidad agrícola de Chapingo y del pequeño y prestigioso Colegio de México, además de reunir a los estudiantes del Distrito Federal con representantes de las universidades provincianas. Los maestros, a su vez, encabezados por el ingeniero Heberto Castillo, el filósofo

---

[129] Volpi, *La imaginación al poder. Una historia intelectual de 1968, op. cit.*, p. 229.

[130] *Ibid.*, pp. 233-234.

Eli de Gortari y el periodista Manuel Marcué Pardiñas (los tres acabarán presos ese año), forman la Coalición de Maestros Prolibertades Democráticas. Rulfo y Revueltas, según apunta Volpi, con los jóvenes escritores de *La cultura en México*, se vuelven *habitués* de las manifestaciones, mientras García Ponce (detenido por andar en silla de ruedas como Marcelino Perelló, uno de los líderes del CNH) y la poeta Rosario Castellanos, respaldan con artículos muy comprometidos al movimiento.

En pocas semanas, casi todos los intelectuales mexicanos han repudiado al régimen, con la excepción de los más viejos: el novelista de la Revolución, Guzmán, que usufructuaba en México la franquicia del *Time*, Novo (a quien se le acusa de haber declarado su alegría ante la ocupación militar de la ciudad universitaria, lo cual según él, fue una respuesta irónica) y Yáñez (el secretario de educación pública que habría querido renunciar y al cual Díaz Ordaz atajó con un legendario "a mí ningún pendejo me renuncia"). Monsiváis ironiza: a diferencia de los estudiantes, los viejos escritores adictos al régimen creen que la Revolución mexicana no sólo es la más original de la historia sino aquella que tiene "una garantía inmortal de permanencia".[131]

Mientras Corona del Rosal, el general a cargo de la ciudad, habla abiertamente de una conjura contra México, algunos intelectuales tradicionalmente afines al régimen, como el novelista Ricardo Garibay empiezan a deslindarse mientras que el sociólogo Pablo González Casanova previene a los estudiantes de que serán duramente reprimidos. Tras la manifestación del 13 de agosto, los estudiantes se organizan en cientos de brigadas para informar a la población y pedir su solidaridad material con el CNH.

El 16 de agosto, Cosío Villegas, el respetado liberal, empieza –pese a su cortesía inicial– sus corrosivas críticas, contra el régimen, más preocupado, decía, por garantizar "la paz olímpica" que por la salud del país. Ante la imprevista magnitud del movimiento estudiantil diversas voces gubernamentales (como el embajador Paz desde la India) empiezan a proponer que se abran canales de diálogo. El CNH lo exige público el 22 de agosto. Por pocos días parece que empezarán las negociaciones pero cuando en un mitin en el Zócalo se iza en el asta una bandera rojinegra del CNH, el 27 de agosto, los duros retoman la iniciativa, mientras el Comité de Intelectuales, Artistas y Escritores radicaliza su discurso, denunciando "las supercherías democrático burguesas" que han mediatizado y traicionado a la Revolución mexicana.[132]

El 28 de agosto, los estudiantes que habían decidido pernoctar en el Zócalo hasta el 1 de septiembre, día del informe presidencial, fueron violentamente desalojados y el régimen organiza un acto de desagravio a la bandera nacional

---

[131] *Ibid.*, pp. 238-251.

[132] *Ibid.*, pp. 264-265.

al cual son obligados a asistir miles de burócratas. Zaid, que se convierte en otra de los voces más incómodas para el régimen, denuncia a los secretarios de Estado Yáñez y Torres Bodet, "escritores poderosos" por contribuir a las mentiras del gobierno.[133]

Las amenazas de Díaz Ordaz, declara el CNH, demuestran que no existe una verdadera voluntad de diálogo desde el gobierno, mientras el ya entonces vetusto líder sindical oficialista, Fidel Velázquez, le exige al presidente la supresión del movimiento estudiantil. Grupos sociales, desde los campesinos de Topilejo, pueblo cercano a la ciudad de México y asociaciones de taxistas, empiezan a movilizarse a favor de los estudiantes.

Por su parte el rector Barros Sierra pide a los estudiantes que vuelvan a clases, el CNH decide continuar la huelga hasta que no se satisfaga el pliego petitorio. El 13 de septiembre se produce la llamada "manifestación del silencio" en la cual los estudiantes deciden no enarbolar consignas y substituir las imágenes del Che Guevara o de Mao por la de los héroes mexicanos. La marcha silenciosa de unas 200 mil personas impacta a la nación: yo la presencié, a los seis años y la recuerdo como un acontecimiento ensordecedor. El silencio me pareció el ruido. Desobedeciendo a mis padres, la sirvienta me llevó a ver "la peregrinación". Creo que esa palabra dice mucho: los mexicanos peregrinaban no tras el estandarte de la virgen de Guadalupe, como lo hacían cada 12 de diciembre, sino tras una nueva intercesora, la democracia.

El 18 de septiembre el ejército ocupó la Ciudad Universitaria, detuvo a mil quinientos estudiantes y el rector Barros Sierra presentó su renuncia pero la junta de gobierno de la UNAM no la aceptó. Se elige a Tlatelolco, la llamada Plaza de las Tres Culturas por estar compuesta de una antigua iglesia colonial, las ruinas prehispánicas del reino aliado de los aztecas y de entonces modernísimos edificios departamentales, para los mítines de estudiantes, acogidos calurosamente por los habitantes del sitio.

El 2 de octubre, finalmente, llega. La crónica de *Excélsior*, el diario menos ligado al régimen, informará al día siguiente que el mitin, convocado por el Consejo Nacional de Huelga se inició a las cinco y media de la tarde. Con centenares de manifestantes, "estudiantes, hombres y mujeres, señoras con niños" empezaron a llegar "decenas de agentes policiacos, vestidos de civiles" entre ellos. Mientras el primer orador anunciaba que el movimiento seguiría hasta "despertar la conciencia cívica y politizar a la familia mexicana" dos helicópteros empezaron a sobrevolar la pequeña plaza, llena ya con unas cinco mil personas. "De pronto, tres luces de bengala aparecieron en el cielo. Caían lentamente. Los manifestantes dirigieron, casi automáticamente, sus miradas hacia arriba. Y cuando comenzaron a preguntar de

---

[133] *Ibid.*, p. 268.

qué se trataría, se escuchó el avance de los soldados. El paso veloz de éstos fue delatado por el golpeteo de los tacones de las botas."[134]

Según *Excélsior*, de inmediato "se inició la balacera. Con ello la confusión. Nadie observó de dónde salieron los primeros disparos. Pero la gran mayoría de los asistentes aseguraron que los soldados, sin advertencia ni previo aviso, comenzaron a disparar". La Plaza de las Tres Culturas se convirtió en un infierno entre las ráfagas de las ametralladoras y los fusiles de alto poder que obligaban a salir a los estudiantes del lugar y que "zumbaban en todas las direcciones". No pocos "se protegieron en escalinatas y en los vestigios prehispánicos de la plaza".[135]

Los periodistas nacionales y extranjeros, con fotógrafos y camarógrafos, se tiraron al suelo. Una de esas periodistas era la italiana Oriana Fallaci, quien salió herida de Tlatelolco y cuyo testimonio dio la vuelta al mundo. Ella, cuando vio las luces de bengala y los helicópteros, comenzó a gritar: "Muchachos, algo malo va a pasar. Ellos han lanzado luces. Ellos han lanzado luces" y recibió como respuesta: "¡Vamos, no estamos en Vietnam, usted no está en Vietnam!" y Fallaci replicó: "En Vietnam, cuando un helicóptero arroja luces, es porque desean ubicar el sitio que van a bombardear."[136]

Aparecieron tanquetas, narra el reportero de *Excélsior* y "decenas de personas tiradas 'pecho a tierra', se protegían con las manos en la cabeza. El tiroteo era generalizado. El ruido de la balacera, tiros de metralla, rifles de alto poder, pistolas, se confundían con los gritos. El fuego intenso duró 29 minutos. Luego los disparos decrecieron". Muchas personas querían entrar a los edificios de la unidad habitacional contigua y otras deseaban huir. En uno de ellos se decía que estaban, el edificio Chihuahua, pertrechados varios dirigentes del CNH, algunos de los cuales fueron detenidos esa misma noche.[137]

Las luces de bengala era la señal esperada por el Batallón Olimpia, compuesto de guardias presidenciales vestidos de civil e identificables por un guante blanco, que apostado en los azoteas de los edificios, disparó contra la multitud para hacer creer a los soldados (ignorantes del operativo paramilitar) que los agresores eran los estudiantes, motivo por el cual la tropa empezó a disparar sin orden y concierto. El general al mando de la operación, José Hernández, recibió un balazo en el tórax. Es sorprendente, además, que dada la crudeza de los acontecimientos y la confusión en que ocurrieron, el número de víctimas mortales haya ido decreciendo con los años. Paz, en *Postdata*, habla de que "*The Guardian*, tras una investigación cuidadosa,

---

[134] Ramón Ramírez, *El movimiento estudiantil de México (Julio/diciembre de 1968), 2. Documentos*, ERA, México, 1998, pp. 388-389.

[135] *Idem.*

[136] *Ibid.*, p. 344.

[137] *Ibid.*, p. 389.

considera como la más probable: 325 muertos",[138] aunque las estimaciones más recientes hablan de menos de 100. Es extraño que en una ciudad como la de México, gobernada por la izquierda desde 1997 y donde el 2 de octubre es día de luto oficial, nadie se haya animado a dar más nombres de los asesinados ese día.

Jorge G. Castañeda, un antiguo comunista convertido a posiciones liberales que le permitieron ser canciller en el gobierno de Vicente Fox, ha dicho que exagerar el número de víctimas fue conveniente, durante décadas, para ambas partes: a los gobiernos del PRI, esa reputación genocida les permitía hacerse temibles ante una izquierda dispuesta a llevar el luto eternamente y sedienta de martirologio.[139] Paz, con su polémica interpretación sacrificial del 2 de octubre en *Postdata*, contribuyó paradójicamente al poderoso mito regenerador del 68. Caricaturizando esa visión de Paz no faltó quien dijera que la sangre derramada en Tlatelolco alimentaría un nuevo ciclo, un nuevo sol.

Lo que no es un mito es que las Olimpiadas se desarrollaron en paz. El CNH decretó una "tregua olímpica" y al terminar ésta, con los juegos, aumentaron las denuncias públicas del crimen de Estado al tiempo que el movimiento se descubría del todo derrotado.

El gobierno, pese a que hubo protestas frente a algunas de sus embajadas, no pagó, como dice Castañeda, mayor costo político internacional por la represión y Díaz Ordaz murió convencido de que había salvado a México de una conjura comunista. En su siguiente informe, el 1 de septiembre de 1969, en un gesto inusual entre los autócratas latinoamericanos, asumió toda la responsabilidad por la represión. Al inaugurar los juegos, recibió una fuerte rechifla en el estadio olímpico y algunos estudiantes se las ingeniaron para que el papalote de una paloma negra de papel sobrevolara el palco presidencial en muda señal de luto.

El embajador Paz no pensaba lo mismo del 68 mexicano que el poeta Paz del 68 francés. A fines de agosto, recibe en Nueva Delhi, por órdenes del secretario de Relaciones Exteriores, Antonio Carrillo Flores, la instrucción de elaborar un informe sobre qué medidas tomaría la India en caso de enfrentarse a agitaciones estudiantiles como las que sufría México. El 6 de septiembre, Paz contestó con un informe oficial y una reflexión personal, que como bien dice Sheridan, será el germen de *Postdata*. En aquel informe, Paz le dice a su jefe "el problema me preocupa y me angustia" y se atreve a enviarle "reflexiones que nadie me ha solicitado" porque "si me he excedido como funcionario, creo que he cumplido mi deber de ciudadano". "Los disturbios estudiantiles", apunta el poeta, "forman parte de nuestro desarrollo" y no son "una crisis social sino política" iniciada hace más de diez años con

---

[138] Paz, *Obras completas, V. El peregrino en su patria. Historia y política de México, op. cit.*, p. 331.

[139] Jorge G. Castañeda, *Mañana o pasado. El misterio de los mexicanos*, traducción de Valeria Luiselli, México, 2011.

los movimientos sindicales magisteriales y ferrocarrileros. "En el fondo", dice el embajador Paz, "el problema consiste en introducir un equilibrio entre el desarrollo económico, el social y el político. Agrego que la reforma de nuestro sistema político aceleraría el progreso social" y sería benéfico para la economía. "La reforma de nuestro sistema político", concluye, "requiere no sólo realismo sino imaginación política".[140]

En la nota manuscrita, personal, que acompaña ese oficio confidencial, rescatada por Krauze de los archivos de Carrillo Flores, dice Paz: "La segunda parte de mi informe contiene apreciaciones personales sobre la situación mexicana porque no pude ni quise contenerme" y le reafirma que las nuevas clases mexicanas, hijas de nuestra propia versión de la abundancia son grupos que "de un modo intuitivo encuentran que nuestro desarrollo político y social no corresponde al progreso económico. Así, aunque a veces la fraseología de los estudiantes y otros grupos recuerde a la de los jóvenes franceses, estadounidenses o alemanes, el problema es absolutamente distinto. No se trata de una revolución social, aunque muchos de los dirigentes sean revolucionarios radicales, sino de realizar una reforma en nuestro sistema político. Si no se comienza ahora, la próxima década será violenta…"[141]

Desde que comenzó el movimiento, Paz contempló la posibilidad de renunciar y volver a México en noviembre a buscar trabajo en la universidad o en El Colegio de México. Así se lo confiaba, por carta, a Tomlinson, el 3 de agosto: "Parece que la represión en México es severa, brutal… Temo que estos disturbios fortifiquen aún más a la derecha. La herencia revolucionaria se disipa… Desde hace bastante tiempo proyecto renunciar a mi puesto y lo que ahora ocurre contribuye o disipa mis últimas dudas."[142]

Días después, el 27 de septiembre, insiste con Tomlinson sobre la incongruencia moral que significa para él permanecer en la diplomacia mexicana y le precisa que ya había: "iniciado el trámite para obtener mi retiro. Lo que pasa ahora me revela que lo debería yo haber hecho antes. Todo esto me tiene apenado, avergonzado y furioso –con los otros y, sobre todo, conmigo mismo."[143]

En agosto, también, Paz escribe una primera versión de su famoso poema sobre el 68, "México: Olimpiada del 68", aquel que le enviará el 7 de octubre a los organizadores de la paralela olimpiada cultural que le habían pedido, meses antes del inicio de la agitación estudiantil, un poema de tema olímpico. Considerándolo una cursilería, Paz se había negado a participar

---

[140] Paz, "Un sueño de libertad: cartas a la cancillería", precedidas de una nota de E. Krauze, *Vuelta*, México, núm. 256, México, p. 10.

[141] *Idem.*

[142] Krauze, *Octavio Paz. El poeta y la revolución*, *op. cit.*, p.162; Sheridan, "*My dear Charles*, Paz le escribe a Tomlinson", *op. cit.*, pp. 51-52;

[143] Sheridan, "*My dear Charles*, Paz le escribe a Tomlinson", *op. cit.*, p. 52.

en un certamen de esa naturaleza, pero ocurrida la matanza de Tlatelolco, reconsidera y como un gesto de ironía envía aquel poema que dice, en el paréntesis más célebre de nuestra poesía: "(Los empleados/ municipales lavan la sangre/ en la Plaza de los Sacrificios)".[144]

Ocurre, según averiguó Perales Contreras en la Biblioteca de la Universidad de Amory, que la primera versión del poema se titulaba "Agosto de 1968" y reflejaba la indignación del poeta al saber que los tanques habían ocupado el Zócalo en la Ciudad de México, como estaban en las calles tanto de Praga o de Chicago.[145] Esa primera versión, como la segunda, estaba dedicada al pintor Adja Junkers (ilustrador de *Love Poems for Marie Jose* y de una edición de lujo de *Blanco*) y a su esposa, la crítica de arte Dore Ashton. Paz les explica que los versos en cursivas (*"La vergüenza es ira/ vuelta contra uno mismo:/ si Una nación entera se avergüenza/ es león que se agazapa/ para saltar"*) los había tomado de una carta de Marx a Arnold Ruge en 1843. El poema hizo escuela y muy pronto Bañuelos, Pacheco y Zaid (autor de una oportuna relectura del soneto 66 de Shakespeare), entre otros, publicaron sus memoriales de Tlatelolco.

La renuncia de Paz a la embajada, con estos antecedentes, pierde todo carácter caprichoso o intempestivo. Fue el resultado de una reflexión de días y semanas, como se lo hace saber a Carrillo Flores (canciller estimado por algunos intelectuales por su "pragmatismo" lo cual en un régimen autoritario podía ser hasta una bendición) en la carta de renuncia del 4 de octubre de 1968. "Anoche, por la BBC de Londres", le dice con toda franqueza a Carrillo Flores, "me enteré de que la violencia había estallado de nuevo. La prensa india de hoy confirma y amplía la noticia de la radio: las fuerzas armadas dispararon contra una multitud, comprendida en su mayoría por estudiantes. El resultado: más de veinticinco muertos, varios centenares de heridos y un millar de personas en la cárcel. No describiré a usted mi estado de ánimo. Me imagino que es el de la mayoría de los mexicanos: tristeza y cólera".[146]

Le recuerda al cnciller en su carta, sus veinticuatro años en la diplomacia mexicana y le dice "no siempre, como es natural, he estado de acuerdo con todos los aspectos de la política gubernamental pero esos desacuerdos nunca fueron tan graves o tan agudos como para obligarme a un examen de conciencia. Cierto, desde hace diez años, precisamente al final del periodo presidencial de Ruiz Cortines y ante ciertos desórdenes y manifestaciones obreras y estudiantiles, expresé públicamente que era necesaria una reforma de nuestro sistema político, si queríamos evitar nuevos trastornos

---

[144] Paz, *Obras completas, VII. Obra poética (1935-1998), op. cit.*, p. 445.

[145] Perales Contreras, *Octavio Paz y su círculo intelectual, op. cit.*, p. 108.

[146] Paz, "Un sueño de libertad. Cartas a la cancillería", *op. cit.*, p. 11.

y el regreso de la violencia –esa violencia que ha ensombrecido nuestra historia".[147]

Por primera vez con toda claridad, Paz dice que el régimen del partido revolucionario fundado en 1929 entrañaba un "compromiso" que habiendo sido "saludable en su origen" para la nación, ya no lo era. Era el mexicano un régimen ogresco, como lo caracterizaba la década siguiente en *El ogro filantrópico*. Comienza Paz una travesía que aún en 1985 cuando publica "Hora cumplida (1929-1985)" en *Vuelta* y afirma que el PRI ha terminado su misión histórica, causó escándalo en el partido oficial.

Entonces, en octubre de 1968, lo que parecía abrirse para el país era una nueva eternidad, que ya no transcurriría en la paz autoritaria sino en la zozobra civil: "Basta leer a la prensa diaria y semanal de México en estos días para sentir rubor: en ningún país con instituciones democráticas puede encontrarse ese elogio casi totalmente unánime al Gobierno y esa condenación también unánime de los críticos. No sé si estos últimos tengan la razón en todo", concluye Paz, seguro, en cambio, de que la oposición tiene casi del todo cerrada la libertad de expresión, información y discusión.[148]

La solicitud de renuncia, lo explican Ordóñez y Sheridan, burocráticamente no podía tener otra forma que la "puesta en disponibilidad" pues el reglamento diplomático mexicano no contemplaba la posibilidad de renunciar. La palabra *disponibilidad* fue utilizada maliciosamente no sólo por los gacetilleros gubernamentales. Al día siguiente de abandonar la presidencia, el 2 de diciembre de 1970, lo primero que hizo Díaz Ordaz fue denigrar a Paz insistiendo, en unas declaraciones ante la televisión, en que no había sido un renunciante sino un despedido.[149]

La renuncia de Paz presentada a Carrillo Flores decía así: "Ante los acontecimientos últimos, he tenido que preguntarme con lealtad y sin reservas mentales al Gobierno. Mi respuesta es la petición que ahora le hago: le ruego que se sirva ponerme en disponibilidad, tal como lo señala la Ley del Servicio Exterior Mexicano. Procuraré evitar toda declaración pública mientras permanezca en territorio indio. No quisiera decir aquí, en donde he representado a mi país por más de seis años, lo que no tendré empacho en decir en México: no estoy de acuerdo en lo absoluto con los métodos empleados para resolver (en realidad: reprimir) las demandas y problemas que ha planteado nuestra juventud".[150]

---

[147] *Idem.*

[148] *Ibid.*, p. 11.

[149] Sheridan, *Poeta con paisaje, op. cit.*, p. 487; Ordóñez, *Devoradores de ciudades. Cuatro diplomáticos en la diplomacia mexicana, op. cit.*, p. 238; Xavier Rodríguez Ledesma, *Escritores y poder. La dualidad republicana en México, 1968-1994*, Universidad Pedagógica Nacional, México, 2001, pp. 109-110.

[150] Sheridan, *Poeta con paisaje, op. cit.*, pp. 487-489.

El 16 de octubre, Carrillo Flores le responde amablemente, invitándolo a tomarse unos días para reflexionar y consultar con otros colegas del servicio exterior. Inclusive le dice que su informe anterior lo había comentado con el presidente. Díaz Ordaz le habría dicho sibilinamente a su canciller que "la intuición de los poetas es a veces la más certera". El canciller, por cierto, no estaba en México en su oficina, en esa Torre de Relaciones Exteriores situada a pocos metros de la Plaza de las Tres Culturas (torre que según la fabulación de Díaz Ordaz iba a ser tomada por el CNH el 2 de octubre) pero le dice a Paz lo que le contaron: "No es exacto en cambio que el Ejército haya hecho los primeros disparos ni menos sobre una reunión pacífica. Los soldados empezaron a hacer fuego cuando su comandante ya había sido herido por la espalda. Y el grupo que se hallaba en el Edificio Chihuahua tenía y usaba armas de alto poder. Ésa era la razón por la que se iba a proceder a su detención."[151]

Lo que Carrillo Flores no sabe o no cuenta es que ese grupo que "tenía y usaba armas de alto poder" era el paramilitar Batallón Olimpia que había disparado a mansalva contra soldados y estudiantes para destruir, en una sola tarde de sangre, física y moralmente, al movimiento democrático.

La renuncia de Paz a la embajada de México en la India, fue, como dijo Krauze, "su hora mejor", una decisión histórica que puso "un límite histórico al poder imperial de la Presidencia de México",[152] uno de esos momentos que lo convirtieron, a cabalidad, en "un hombre en su siglo", el ciudadano que toma la decisión más sabia en la circunstancia más ardua. De los miles y miles de funcionarios que el Estado mexicano tenía el 2 de octubre nadie, salvo Paz, renunció a su puesto. Ningún otro.

El mismo día en que amablemente le pedía reflexión, Carrillo Flores aceptó la renuncia de Paz y lo puso en disposición. De inmediato le llegará al presidente de la India, una carta de Díaz Ordaz informándole que ha decidido poner fin "a la misión que el señor Octavio Paz venía desempeñando". En *Vislumbres de la India* leemos que discreta y amable "Indira Gandhi, que ya era primera ministra, no podía despedirme oficialmente pero nos invitó, a Marie José y a mí, a una cena íntima, en su casa, con Rajiv, su mujer, Sonia, y algunos amigos comunes". Hubo un homenaje de despedida en The International House y el corresponsal de *Le Monde*, Jean Wetz, publicó un "extenso comentario sobre el caso".[153]

"Las semanas que me esperan (después de 'la fatal decisión') son horribles –revisar papeles, guardar libros, deshacerse del pasado o, mejor dicho, rehacerse frente a lo pasado", le escribió Octavio a Juan Almela, que todavía no usaba su nombre de pluma como poeta, el de Gerardo Deniz. Finalmente,

---

[151] Paz, "Un sueño de libertad. Cartas a la cancillería", *op. cit.*, pp. 11-12.

[152] *Ibid.*, p. 6.

[153] Paz, *Obras completas, VI. Ideas y costumbres. La letra y el cetro. Usos y símbolos, op. cit.*, p. 1241.

los Paz tomaron el tren hacia Bombay, donde se embarcaron en el *Victoria*, un barco que hacía el servicio entre el Oriente y el mediterráneo, obligado a tornear África porque el canal de Suez estaba cerrado por el conflicto árabe-israelí. "El viaje de Delhi a Bombay fue emocionante, no sólo porque me recordaba el que había hecho unos veinte años antes, sino porque en algunas estaciones grupos de jóvenes estudiantes abordaban nuestro vagón, para ofrecernos las tradicionales guirnaldas de flores."[154]

En México, pese a los acontecimientos de Tlatelolco –de los cuales millones de mexicanos que no leían la prensa no tuvieron otra noticia que las del rumor– se respetó la llamada "tregua olímpica" ofrecida por el propio CNH. El 19 de octubre, *Excélsior* anuncia, como noticia secundaria, *CESA RELACIONES A OCTAVIO PAZ* y días después, los cuatro principales hacedores de *La cultura en México*, Benítez, Pacheco, Monsiváis y Rojo, al desmenuzar los comunicados oficiales donde se anunciaba el "despido" de Paz en contraste con el ya difundido poema "México: Olímpiada de 1968" dicen: "Allí queda, por un lado, la prosa burocrática de los que no dimiten nunca, punto final a una honrosa trayectoria de veinticinco años, y por el otro, un breve poema donde la ira y el desprecio han sido expresados con una claridad deslumbradora. Su terrible peso ha inclinado la balanza a favor de la justicia y de la verdad sin equívocos y ya de una manera definitiva, pues tal es el privilegio de un gran poeta."[155]

Al de *La cultura en México* siguieron otros dos desplegados donde la inmensa mayoría de los intelectuales mexicanos respaldaban, orgullosos, a Paz. Pero entre las excepciones había un par, dolorosísimas y estridentes, que hacían del drama nacional, un drama familiar: Elena Garro y Laura Helena Paz Garro.

DRAMA DE FAMILIA I

Aquel verano de 1968 había traído para los Paz la peor de la noticias. El 19 de septiembre, Octavio le escribe a Lambert, informándolo de la cancelación de un viaje a Japón que harían para olvidarse de las Olimpiadas en México, posteriores a las primeras conferencias de Paz que hubiera dado en El Colegio Nacional, también canceladas después de Tlatelolco y de la renuncia: "Hace unos días sucedió algo horrible: la única hermana de Marie José, su marido y su hijo perecieron en un accidente aéreo de Air France, entre Córcega y Niza, del que sin duda te habrás enterado por los periódicos."[156]

---

[154] Sheridan, *op. cit.*, p. 491: Paz, *Obras completas, VI. Ideas y costumbres. La letra y el cetro. Usos y símbolos*, *op. cit.*, p. 1241.

[155] Volpi, *La imaginación y el poder. Una historia intelectual del 68*, *op. cit.*, p. 380.

[156] Paz, *Jardines errantes, Cartas a J. C. Lambert*, *op. cit.*, p. 192.

La pesadilla continuó por cuenta de las Elenas, ante las cuales Paz puso tierra de por medio en la India, recibiendo sus cartas pero, al menos, no sus telefonazos, que lo sacaban de quicio. Y algo más, en carta a Martínez desde Nueva Delhi, el 7 de abril de 1965, se franquea con su amigo preguntándole por un buen abogado debido a la muerte de quien había tramitado su divorcio con Garro en 1959: "He sabido (noticias indirectas pero que me merecen crédito) que quien tú sabes [Garro, obviamente] dice con frecuencia que nuestro divorcio no es 'legal'. Sé que a veces amenaza con intentar una acción judicial, destinada a anularlo. *No creo* que lo intente y sé que, si lo intentara, fracasaría: estoy seguro de la legalidad de mi divorcio –para no hablar de su legitimidad moral, sentimental y psicológica. De todos modos, deseo consultar el caso con un abogado."[157]

Mientras Octavio disfrutaba con Marie José de la India, de Duchamp y de Lévi-Strauss, de *Poesía en movimiento* y sus querellas antolométricas y escribía *Blanco*, a Garro, en México desde junio de 1963, le había dado por el activismo político, ligada a las organizaciones agrarias del PRI, destinadas a perpetuar la manipulación de "los hijos consentidos del régimen" como los llamaban, paternales y rutinarios, los jilgueros del régimen.

En ese ambiente, Garro se reencontró con un amigo de juventud, el político tabasqueño Carlos A. Madrazo, presidente del PRI entre 1964 y 1965, muerto misteriosamente en un accidente aéreo en 1969 y quien pretendía reformar el partido (Paz mismo lo creía) pero cuyas verdaderas intenciones nunca quedaron del todo claras. Acaso con las mejores intenciones, Garro se empeñó en el trabajo con los campesinos, fervorosa creyente en el nacionalismo rural de la Revolución, una virginidad cuya pérdida atormentaba a los mexicanos cada sexenio después del cardenismo, como puede leerse en *El asesinato de Elena Garro* (2005), recopilación póstuma de sus artículos de ese periodo. Pero ella, sobre todo, idolatraba a Madrazo a quien veía como el salvador providencial que México estaba esperando y que por primera vez venía de Tabasco, tierra de mesías. Garro, en los sesenta, nunca formó parte de la izquierda, como lo quisieron hacer creer a los desmemoriados, aquellos tartufos que la trajeron de regreso a México en 1993 para librar una última batalla, dizque ideológica, contra Paz.

Tan no era de izquierda Garro que entre 1964 y 1967, por su notorio anticomunismo y sus buenas relaciones entre los políticos y escritores nacionales, Charles William Thomas, de la estación de la agencia en la Ciudad de México, trató de reclutarla como agente de la CIA y la uso como involuntaria y estrambótica informante.[158]

No sólo eso: hasta resultó, a lo lejos, involucrada en el asesinato de Kennedy, si es que es cierto que ella estuvo con Lee Harvey Oswald en una fiesta de

---

[157] Paz/Martínez, *Al calor de la amistad. Correspondencia, 1950-1984, op. cit.*, p. 67.

[158] Rosas Lopatégui, *Testimonios sobre Elena Garro, op. cit.*, pp. 257-258.

beatniks en la que se bailó twist en casa de la supuesta amiga mexicana del magnicida, el 30 de septiembre de 1963, un lunes, días antes de que, una vez fracasadas sus diligencias para obtener visados en las embajadas de Cuba y la URSS, el asesino abandonara la Ciudad de México rumbo a Dallas. Cuando las Elenas vieron en la TV al asesino de Kennedy corrieron a la embajada... de Cuba a gritarles "asesinos" desde la calle. Entonces, el poeta e historiador Calvillo, amigo de Elena, aquel cuya inclusión en *Poesía en movimiento* defendió Paz en 1966 y al cual los demás antólogos querían eliminar por haberse comportado "de un modo indecente" contra Orfila Reynal al salir el argentino del FCE, les suplicó, según parece, que se ocultaran y las ayudó a esconderse.

Sólo se sabe de cierto que Calvillo era un escritor desafecto a la izquierda intelectual solidaria con Orfila Reynal. Garro negó la historia en 1992 pero Philip Shenon entrevistando al periodista Francisco Guerrero Galván, sobrino de Garro, la confirmó en 2013. Garro vió o creyó ver al futuro asesino de Kennedy en septiembre de 1963. Un dato más entre los muchos que la condujeron a la crisis paranoica de octubre de 1968.[159]

Garro había estado merodeando el movimiento estudiantil, por curiosidad sin duda pero también como observadora de los acontecimientos, enviada por Madrazo o por su protector Norberto Aguirre Palancares, el jefe del Departamento Agrario de Díaz Ordaz. También era informante de la policía política del régimen, la Dirección Federal de Seguridad (DFS), como se sabe tras la desclasificación de documentos realizada en 2006 por el Instituto Federal de Acceso a la Información, de México. No resultó ser una informante muy confiable, como lo había comprobado la CIA al descartar su reclutamiento. Thomas dijo que, pese a sus contactos, Garro "tiende a

---

[159] Philip Shenon, *JFK: Caso abierto. La historia secreta del asesinato de Kennedy*, traducción de J. M. Mendoza Toraya, J. F. Varela Fuentes y A. Marimón Driben, Debate, México, 2013. El libro no parece muy serio, por lo menos en lo referido a México, pues el autor no leyó nada de lo previamente publicado aquí sobre Elena Garro y el caso Kennedy. Desconoce lo aparecido en Lopátegui (*Testimonios sobre Elena Garro*, 2002), reproduciendo falsedades como que Garro estudió en las universidades de Berkeley y París. Shenon parece ignorar el carácter fantasioso de un personaje que en algo le sirve para fundamentar su tesis. En cuanto a Manuel Calvillo, su hijo, el embajador Tomás Calvillo Unna me dijo (correo electrónico del 17/01/2014) que su padre no fue "agente encubierto" de la Secretaría de Gobernación sino sólo un amigo de Garro. Shenon lo presenta, a Manuel Calvillo, como "agente involuntario" de la CIA, según testimonio de Thomas (pp. 598, 599, 691). Juan Pascual Gay, autor del único estudio crítico-biográfico de Calvillo (*Cartografía de un viajero inmóvil: Manuel Calvillo*, El Colegio de San Luis, San Luis Potosí, 2009) no menciona a Garro entre las amistades de Calvillo y considera su papel en el despido de Orfila Reynal del FCE como resultado de una lamentable confusión. En 1965 Calvillo era secretario particular de Mauricio Magdaleno, subsecretario de cultura de la SEP, cuyo secretario era Agustín Yáñez. Como materia para una novela de Garro, todo el expediente es sabrosísimo.

romantizar los acontecimientos al reportarlos y hace difícil determinar el grado de credibilidad y la verdadera utilidad de la información que de ella extraemos".[160]

Y es que Garro hacía y decía lo que se le daba la gana, libérrima en su locura, la miel de su indudable genio literario. El 17 de agosto publica en la *Revista de América*, un desaforado artículo titulado "El complot de los cobardes", en el cual, tras culpar por primera vez a los intelectuales de azuzar a los estudiantes, su propio pánico toma dimensiones apocalípticas: "En los tumultos provocados, según los rumores, existen millares de muertos e incinerados secretamente por el gobierno. También se cuentan por millares los detenidos y los heridos en las cárceles. ¿Por qué entonces los intelectuales no buscan a las familias de las centenas de asesinados y heridos para presentarlos a la opinión pública? ¿Por qué no piden seriamente un castigo para los autores intelectuales de estas masacres?"[161]

El 6 de octubre de 1968, uno de los miembros más radicales del CNH, Sócrates Campos Lemus, detenido en Tlatelolco, declaró a la prensa que algunos políticos del entorno de Madrazo habían ayudado materialmente al movimiento, entre ellos "la escritora Elena Garro" quien en la oscuridad del Cine Chapultepec, le había dicho a Campos Lemus (un agente provocador o un muchacho amenazado o ambas cosas a la vez) que el político del PRI le daría al movimiento estudiantil el apoyo popular que le faltaba. Dijo haber comprado armas para los estudiantes en Chihuahua y haber estado en Cuba en el verano de 1966.[162]

La denuncia de Campos Lemus desquició a Garro y un día después fue ella quien apareció haciendo graves acusaciones en *El Universal*. Desde la entrada periodística es notorio que estamos ante un punto de no retorno. Aquella que en París presumía de codearse no sólo con los grandes intelectuales franceses sino con algunos aristócratas y quien lucía en las fiestas (prestados, según su hija) trajes de los diseñadores de mayor prestigio, es descrita "escondida en un misérrimo departamento de esta ciudad y temerosa de ser asesinada por terroristas que la amenazaron de muerte", nos dice el redactor. La escenografía no cambiará durante el resto de las vidas de Garro y de su hija: persecución y miseria, locura y codependencia de la cual surgirán, como un milagro, novelas asombrosas.

Las "sensacionales declaraciones" del 7 de octubre en *El Universal* las divide cabalísticamente en siete incisos: 1) los líderes del CNH le pidieron

---

[160] Rosas Lopátegui, *Testimonios sobre Elena Garro, op. cit.*, p. 259; las cuarenta y seis hojas del Archivo General de la Nación (AGN) que el IFAI puso a disposición para su consulta en «www.verde-halago.com/garro.pdf.»

[161] Rosas Lopátegui, *El asesinato de Elena Garro*, prólogo de Elena Poniatowska, Porrúa/UAEM, México, 2005, p. 371.

[162] Volpi, *La imaginación y el poder. Una historia intelectual del 68, op. cit.*, pp. 347-348.

a Garro que intercediera ante Madrazo para que encabezara la agitación contra el gobierno de México; 2) Que si Madrazo aceptaba, los estudiantes harían de él un doctor Martin Luther King; 3) Los estudiantes planeaban asesinar a Echeverría, secretario de Gobernación y a Aguirre Palancares, jefe del Departamento Agrario; 4) No son los estudiantes los responsables de la agitación, sino quinientos intelectuales mexicanos y extranjeros incrustados en la UNAM y en el IPN; 5) Entre ellos figuran Silva Herzog (el veterano director de *Cuadernos Americanos*), el filósofo Ricardo Guerra, Flores Olea (aquel que había dialogado con Marcuse en 1966), Monsiváis, Zea, director de la Facultad de Filosofía y Letras, así como los poetas Lizalde, Mondragón, Shelley, los pintores Cuevas y Carrington, "así como asilados sudamericanos y de otros países, incluso 'hippies' de Estados Unidos y muchos otros más son los que han llevado a los estudiantes a promover la agitación y el derramamiento de sangre, y ahora esconden la cara. "Son unos cobardes, unos cobardes", insiste ella; 6) Garro considera al rector Barros Sierra como el "principal responsable de toda la conspiración que se encunó" en la Ciudad Universitaria y 7), Garro, presentándose como anticomunista y católica, refuta las acusaciones de Campus Lemus: "Yo no he conspirado contra el gobierno de México. No le he hecho daño y no le temo. Temo sí a aquellos con los que estuve vinculada, sin formar parte de ellos, y que me consideran como reaccionaria a su movimiento".[163]

La entrevista, realizada en presencia de Laura Helena, abunda en despropósitos que naturalmente habrán hecho sonreír a Fernando Gutiérrez Barrios, el jefe de la DFS que en los años cincuenta ayudó a Fidel Castro a regresar a Cuba desde su exilio mexicano, al parecer informante lo mismo de la CIA que del G–2 cubano, además del exterminador de las guerrillas urbanas en el México de los setenta. Las ocurrencias de Garro, en un momento en que no era improbable que se desatase una represión al estilo de las sufridas años más tarde en el cono sur, indignaron y asustaron a quienes acusaba.

Monsiváis, según ella uno de los cobardes conspiradores, me contó que semanas después de las declaraciones a *El Universal*, Garro, dizque escondida, lo llamó para pedirle dinero prestado, como si nada hubiera pasado. "Estaba totalmente ida", recordaba Monsiváis.[164] Y curiosamente, Revueltas, ángel de la guarda del movimiento y comunista heterodoxo, no aparecía en las listas de Garro (aunque será acusado en la carta de Laura Helena a su padre), siendo el único gran escritor mexicano encarcelado tras 1968, movimiento del cual se declaró "autor intelectual" en una ironía contra la Garro y como un acto de generosidad moral con los estudiantes presos.

El desvarío de Garro llegó hasta Buenos Aires. Escribe Bioy Casares el 22 de octubre de 1968 en el diario, sólo conocido póstumamente, de su

---

[163] *Ibid.*, pp. 353-355.

[164] CDM, Conversación con Carlos Monsiváis, Ciudad de México, 21 de noviembre de 2004.

privanza con Borges: "Después de comer llamo a Borges para hablar de una contestación a un telegrama de Helena Garro, que pide telegrafiemos nuestra solidaridad a Díaz Ordaz, ministro de gobernación mexicano [sic], por los últimos sucesos. Explica Helena que los comunistas mexicanos tirotearon al pueblo y al ejército y ahora se presentan como víctimas y calumnian; hay peligro de que el país caiga en el comunismo. Además, pide un telegrama firmado por Victoria, Silvina. Etcétera. BORGES: 'Victoria, como Mallea, es una de las personas que para darse importancia quieren saber exactamente lo que firman. Es como si un soldado exigiera en la acción una justificación para cada una de las operaciones, para cada vez que se va a apretar el gatillo'. En cuanto a Silvina, es también cavilosa. Mucho me temo que nuestro telegrama ('Rogamos haga llegar nuestra adhesión al gobierno de México') reúna sólo tres firmas: Borges, Peyrou y yo." Y en efecto: con imperdonable frivolidad –ni siquiera sabían que el presidente era Díaz Ordaz– Borges, Bioy y Manuel Peyrou le hicieron llegar su adhesión al gobierno de México, como consta en archivos.[165]

Ernst Jünger, el guía espiritual de Laura Helena, recibió el mismo llamado a solidarizarse con el régimen mexicano: "No pasa una semana sin que me lleguen esas señales de vidas que 'están a un tris de caerse'. Así, este telegrama desde México: *Helena vous prie envoyer télégrame appui governement mexicain. Effet empêcher atroce danger prise de pouvoir caïnites. Comités étrangers ont tiré sur la armée et peuple. Votre pouvoir spirituel seul peut annuler effet desmoralisant. Votre disciple qui vous aime plus que vous savez. Helena.*"

El veterano escritor alemán se la tomó con calma y sabiduría, anotando en su diario el 30 de noviembre de 1968 y no enviando ningún telegrama: "No es un caso aislado. Subyace en él la confusión entre potencia espiritual y poder. Léon Bloy pensó con igual ingenuidad que Helena. Es mejor atenerse a lo que dice Li-Tai-Pe: ¿Qué es un poeta contra quien mata a un millar de seres humanos?"[166]

¿Qué ocurrió con Garro en ese verano de 1968? Una vez cruzadas accidentalmente las supuestas actividades reformistas de Madrazo con el movimiento estudiantil, la envergadura de las manifestaciones hizo que Garro temiera que la represión caería fatalmente sobre los jóvenes y terminaría cobrándose víctimas entre la disidencia, más o menos tolerada, del partido oficial. Pero también, presa en una crisis paranoide, habría querido comprar protección para ella y para su hija a cambio de seguir informando a la policía política de lo que ocurría entre los intelectuales involucrados

---

[165] Adolfo Bioy Casares, *Borges*, Debate, Madrid, 2006, p. 1237; Dora Luz Haw, "Apoya Borges en 68 a Díaz Ordaz", *op. cit.*, 1 de abril de 2004.

[166] Ernst Jünger, *Pasados los setenta, I. Diarios (1965-1970). Radiaciones, 3,* traducción de Andrés Sánchez Pascual, Tusquets, Barcelona, 2006, p. 528.

con el movimiento. Jugando al doble agente, Garro terminó probablemente por ser una espía espiada y, creyendo servirse de la DFS, permitió que ésta se sirviera de ella, sin mayor éxito: Gutiérrez Barrios no detuvo a ninguno de los conjurados señalados por la novelista, aterrada por la denuncia en su contra de Campos Lemus y por las consecuencias que podría tener para ella y para Laura Helena la noticia de la renuncia de Paz en Nueva Delhi.

Las mentiras de Garro, porque eso fueron finalmente, lastimaron a numerosos escritores y artistas que no sólo la admiraban sino la querían. Fueron también el precedente de una insidiosa campaña del régimen y sus corifeos contra los intelectuales, legible en novelas como *La plaza* (1971), de Luis Spota o en libelos novelados como *El móndrigo*. Garro nunca gozó del equilibrio emocional necesario para pedir perdón y en cambio inventó una espesa y novelesca conspiración en su contra por parte de esos intelectuales agraviados que la obligarían al exilio, patraña cuya absoluta falsedad recalcó en 2005 nada menos que Poniatowska, la autora de *La noche de Tlatelolco* (1971), el libro-símbolo del movimiento estudiantil.

Devastado por Tlatelolco, tal como lo recuerda Marie José e ignorante de si pasaría a convertirse, por primera vez en su vida, en un desterrado político como tantos de los poetas que amaba, es fácil imaginarse el estado de ánimo de Paz en esas primeras semanas de octubre. Pero lo peor no había llegado aún. Repartiéndose, inclementes, los papeles en la villanía común y dado que Garro no mencionaba al renunciante embajador en la India en sus denuncias del 7 de octubre, tocó a Laura Helena, de 29 años, arremeter contra Paz el 23 de octubre en *El Universal* con una patética y abierta carta al padre anunciada en calidad de otra "sensacional revelación" donde, en el mejor de los casos, la hija convertía a su padre en el "chivo expiatorio" de una conspiración comunista:

"Hace mucho que no dialogamos. El diálogo entre tú y yo siempre fue difícil. Recuerdo que cuando tenía cinco años pedí algo y me lo negaste. Te dije: 'Dame una razón', y tu respuesta fue: 'La razón es que soy el más fuerte'. Pero no siempre empleaste ese argumento y tuvimos diálogos inteligentes, aunque nuestras ideologías fueran diferentes: por ejemplo, te negabas a que creyera en el Arcángel San Miguel, y te empeñabas en que creyera en los invisibles microbios. Era parte de la educación moderna. Tus argumentos materialistas eran tan vanos para mí como los míos para convencerte de los milagros. La diferencia estribaba en nuestra diferencia de edades y cultura. Tu educación fue positivista, con todas las consecuencias que tan limitada teoría acarrea."

"Ahora veo que no has escapado todavía al Siglo de las Luces –continúa–, que, para mí, como para una enorme mayoría de jóvenes, sólo significa la persecución de las hadas, de los milagros, de los bosques, de los héroes, de los mitos, del amor y de la poesía. En fin, la muerte de Dios. El asesinato de los Kennedy prueba que existen los héroes y que somos millones los que nos identificamos con estos héroes modernos y renegamos de los materialistas nihilistas que los asesinaron."

"Mientras yo exigía la presencia creadora del hombre, tú me imponías al hombre tecnificado y sustituías el amor al prójimo por la lucha de clases: a Cristo por Marx, el teórico económico fracasado del odio. Sus premisas falsas han sido remendadas por viejos de 80 años, como Althusser, Marcuse, Lévi-Strauss, quienes se empeñan a representar a los jóvenes y en sostener 'verdades' rebasadas. Primero, por la realidad política; segundo; por la realidad económica, tercero; por la ciencia moderna, fundada en el Romanticismo Alemán de fines del siglo XVIII y no en el materialismo marxista positivista burgués del siglo XIX, y cuarto; por sus penosos frutos artísticos. Ya que allí por donde pasan los cascos de sus caballos marxistas, no retoña la hierba."

"Los viejos que se pretenden guías o inspiradores de la juventud, en realidad son sus enemigos. Revisemos a los discípulos que han recogido su herencia: físicamente seres degenerados, que reniegan de su calidad masculina o femenina. Que niegan la superación espiritual, que permita convertirse en héroe, como Sigfrido; santo, como San Francisco de Borja, o amante, como Tristán. Que ignoran la disciplina y la ascesis necesarias para alcanzar la iluminación, y se refugian en la mercantil aventura de la droga. Engañados por los materialistas, algunos jóvenes compran con 10 pesos un viaje al Paraíso. Paraíso abolido por el Siglo de las Luces, ¡patética contradicción!"

"Los Rudi Dutschke, Cohn-Bendit, beatles, hippies, yipis, etc., son los que escucharon la frase muerta de los intelectuales fracasados: 'el naufragio de la cultura occidental'. Basta para desmentir esta afirmación rígida, y que sólo demuestra el fracaso de estos intelectuales frente a la cultura occidental, el misterio, la belleza trágica y la solemnidad que alcanzó el entierro nocturno del verdadero héroe de los jóvenes: Robert Kennedy, igual que el de aquellos caballeros medievales, que reposan en las catedrales góticas. Frente a las palabras muertas de los intelectuales están también las graves palabras de Ted Kennedy pronunciadas en la Catedral de San Patricio y escuchadas por millones de jóvenes, que no aceptamos la prédica de los intelectuales, que reniegan del amor para practicar la promiscuidad física, ya que han sustituido a la idea por la técnica erótica. Estos señores, que también niegan al héroe, exaltan al antihéroe: es decir, al clandestino, al joven sin cara y sin nombre, entrenado para el crimen y la delación, y cuya conducta está inspirada en Al Capone y en su mafia. Estos viejos, ante el fracaso de sus 'verdades', han empleado la mentira de la publicidad para sostener falsedades evidentes, tales como la teoría de la ambigüedad: no existe el bien, ni el espíritu, ni el mal, todo es ambiguo, tan culpable es la víctima como el verdugo. Pero cuando son ellos los que reciben los golpes, sí existe la víctima inocente: ellos, y el malvado verdugo. En realidad, estos viejos creen en la impunidad para sus propios crímenes y sólo tratan de sembrar la confusión para lograr sus fines.

32

32. Marie José y Octavio en Querétaro, principios de los años setenta.

33

34

33. Paz en Harvard, fotografiado por Marie José Paz en los años setenta.
34. Paz y Marie José, La Jolla, California, 1973.

35

36

37

35. Paz y Benítez, el gran jefe del periodismo cultural en México: nunca se quisieron, siempre se toleraron. México, 1971.

36. Un nexo olvidado: Octavio Paz y Heberto Castillo anuncian el 21 de septiembre de 1971, la formación de un nuevo partido de izquierda. El poeta se retirará pronto, convencido por Gabriel Zaid, de que sería más efectivo dar la batalla cultural por la democracia con una revista.

37. Paz y Buñuel otra vez juntos. En 1951 defendieron a *Los olvidados* y en 1977 aceptaron, cada uno en su disciplina, pero juntos, el Premio Nacional de Arte en el Palacio Nacional de México.

38

39

38. Carlos Fuentes, nombrado por el presidente Luis Echeverría Álvarez embajador de México en Francia en febrero de 1975, atestigua un encuentro entre Paz y el propio Echeverría. Este "dictador constitucional", como Paz llamaba a los presidentes mexicanos, fue con el que más batalló el poeta.

39. Carlos Monsiváis y Octavio Paz en los tiempos de su polémica del invierno 1977-1978. Monsiváis nunca dejó de ser su opositor más leal y el contacto personal nunca se interrumpió entre el Hades y el Olimpo, que según la prensa literaria de la época, uno y otro presidían.

40

41

40. Invitado a leer poesía en la Facultad de Filosofía y Letras, Octavio Paz interrumpe su participación micrófono en mano, al recibir las primeras noticias de la matanza del 10 de junio de 1971.

41. Paz, Marie José y Cuevas, en San Ángel, 1971.

42

43

42. Entre críticos y pintores, años setenta: Ramón Xirau, Paz, Juan García Ponce y Salvador Elizondo escuchan a Manuel Felguérez.

43. Marco Antonio Montes de Oca, Marie José, Paz y un jovencísimo David Huerta.

44

45

44. La fraternidad de los poetas: Robert Creely, Elizabeth Bishop (la foto fue tomada en su casa), Paz y Robert Duncan, años setenta.

45. Primer libro sobre Paz: el de Claire Céa, en 1965, editado por Pierre Seghers.

46

47

46. La UNAM, territorio siempre inhóspito: en 1972 Paz la recorre acompañado de Montes de Oca y Carlos Fuentes.

47. Paz y Elizondo: gurú y dandi, años setenta.

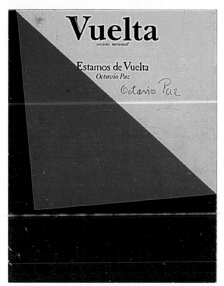

48

49

48. Diciembre de 1976: *Vuelta* sale a la luz. Ejemplar autografiado por Paz.

49. Efraín Huerta y Octavio Paz llegan juntos a la lectura colectiva del 9 de octubre de 1977.

50

51

50. Aquel día leían, Rubén Bonifaz Nuño, Jaime García, Terrés, Ulalume González de León, Esteban Escárcega, Efraín Huerta, Eduardo Lizalde, Octavio Paz, Hugo Gutiérrez Vega, Tomás Segovia e Isabel Frayre.

51. Un siglo en un día: Huerta, Lizalde y Paz.

52

53

52, 53. Cuando un espontáneo empezó a interrumpir la lectura de Paz, Huerta, impedido de hablar por una reciente laringotomía se solidarizó con su compañero de los años treinta con un abrazo.

54

55

54. Paz con Eduardo Matos Moctezuma, descubridor del Templo Mayor, años ochenta, a un costado del Zócalo de la Ciudad de México.

55. Severo Sarduy, el amigo de *Tel Quel*, y Paz, frente al Pompi, París, c. 1980-81.

56

57

56. En casa, fotografiado por Marie José, años ochenta.

57. Paz, Damián Bayón, Mario Vargas Llosa y Guillermo Cabrera Infante, Cambridge, Inglaterra, años ochenta.

58

58. Años ochenta: el poeta después de una lectura.

59

59. Con Milan Kundera, uno de los disidentes del Este que encontró en *Vuelta* su casa. París, años ochenta.

60. Paz firmando ejemplares. Contra lo que se piensa, el poeta adoraba al "lector común".

Cuando ellos toman el poder en algún país, los culpables se multiplican por millones."

"Te daré un ejemplo: al mismo tiempo que estallaron los motines estudiantiles en México, estallaron en Cuba. Aquí hubo 50 muertos y 100 detenidos. En Cuba hubo centenares de fusilados y millares de encarcelados. Al mismo tiempo, también, los soviéticos asesinaron a un país entero: Checoslovaquia. ¿Por qué los intelectuales de la liberad para los mexicanos aceptan el crimen de los jóvenes cubanos; del pueblo checo; de los intelectuales rusos, como Pavel Litvinov, Larissa Daniel, etc., y el ametrallamiento de centenares de jóvenes alemanes, que tratan de escapar de la Alemania del Este? Porque la rigidez cadavérica se ha apoderado de sus mentes y de los países en los que estos enterradores colectivos reinan."

Tras delatar a "los grotescos seguidores locales" de Althusser como Barros Sierra, Villoro, Flores Olea, Francisco López Cámara, José Luis Ceceña, Zea, Guerra y José Revueltas, Laura Helena continúa instruyendo a su padre en la doctrina junguiana y le advierte: "Si quieres reflexionar sobre este párrafo de Jung no te sorprenderá lo sucedido en México a algunos jóvenes a quienes sus maestros han privado del goce del espíritu para convertirlos en máquinas locas de destrucción, en beneficio de sus mezquinos intereses personales."

A "los maestros, sentados en sus cátedras marxistas, apoltronados, han llegado a esa extinción de la personalidad autónoma", Laura Helena suma a aquellos que sufren de la "inflación monstruosa del yo" como Cuevas, Fuentes, Monsiváis, Castellanos y Castillo.

"Conozco tu lucidez, que te permitirá ver la miseria moral e intelectual de los promotores de la tragedia que se desarrolla en México y de la que hablas 'de oídas'. Un poeta no puede fiarse de informaciones y menos cuando corre sangre. La tragedia es un género que supera a la banalidad de las agencias noticiosas. Yo sé que tú no eres banal y conozco demasiado bien a tus 'informadores privados': a algunos de los cuales nombro en el párrafo anterior. Para ellos era más cómodo buscar al Gran Responsable antes que asumir ellos el riesgo de perder sus 'chambas'."

"Tu no presenciaste en el anfiteatro 'Che Guevara' sus vibrantes insultos, ni sus llamadas al crimen, al sabotaje y a la sedición. Tampoco hablaste, como yo lo hice, con sus víctimas, los jóvenes terroristas, a quienes tus 'corresponsales' dotaron de armas de alta potencia, dinamita y odio. Tu condena debió ser dirigida a los apoltronados que arrojaron a la muerte y a la destrucción a jóvenes desposeídos de fortuna y a los cuales arrebataron también el futuro, para ellos, los intelectuales, hacer mejor su mezquina política local."

"Debes saber que estos directores del desastre no han tenido ningún escrúpulo. Primero: en dejarlos caer y renegar de los caídos. Segundo: en entregarlos a la policía, en cuyas manos, siento decírtelo, están muchísimo más seguros que entre sus secas cabezas enfermas de ansia de poder. Tercero:

en cubrirlos de injurias, que van desde cobardes, asesinos, espías, traidores, delatores, provocadores, granujas, etc., sólo porque perdieron la sangrienta batalla de Tlatelolco, que los intelectuales organizaron, y a la cual, por supuesto, no asistieron."

"Debo decirte que no ha habido una sola voz, excepto la del gobierno, que se preocupe por la suerte de estos jóvenes destruidos por sus guías materialistas y, por lo tanto, oportunistas. Los cincuentones han escogido el silencio de la muerte frente al gobierno: la calumnia de los cobardes frente a los jóvenes caídos y el insulto de las 'comadres' frente a mí, sólo porque me negué a asumir la responsabilidad que a ellos correspondía y su lugar en la cárcel, ya que fui involuntaria testigo de su complot."

"Volvamos a ti. Si cuando yo tenía cinco años era válida la razón del más fuerte, no veo por qué ahora aduces para tu renuncia el 'uso de la fuerza ejercita sobre gente pacífica'. Los jóvenes, de cuya amistad no reniego, no eran pacíficos, y la razón que ha convertido en casi indefendibles a estos violentísimos jóvenes, a quienes no conoces, es la carencia de una causa justa y la turbiedad de las cabezas dirigentes de su pérdida."

"Sin embargo, a pesar de haber servido de instrumentos a intelectuales y políticos locales, es necesario defenderlos y rescatarlos de sí mismos. Creo que es un crimen permitir que mi generación sea entregada al Moloch materialista devorador de almas y a sus grotescos y criminales secuaces."

"Recuerdo una de tus frases predilectas: 'Hay que asumir su propia responsabilidad'. Yo he asumido la mía: estoy con los jóvenes víctimas y en contra de sus maestros. Si tú te consideras unido al grupo de estos maestros, te felicito y me siento orgullosa de tu renuncia. Pero temo que hayas sido el 'chivo expiatorio' de los héroes del hueso. Entre mis amigos terroristas nunca oí tu nombre. En cambio, se barajaban con admiración los de Fuentes, Ramón Xirau, Luis Villoro, Cuevas, Siqueiros. Tú eras un embajador obsoleto y burgués..."

"Pero, en fin, tus amigos, los Tomases Segovias de *Los recuerdos del porvenir*, sentados, tambaleantes, a la diestra del poder y de la fuerza, que aman tanto, inclinaron el índice y te echaron a los leones. Ya ves que, por distintos caminos, nos encontramos una vez más en la misma arena... Tu hija, Helena Paz."[167]

El mundo al revés: en la lucha de las generaciones, el poeta con los jóvenes, la hija con los viejos. El embajador en la izquierda, su antigua familia en la derecha. Lo que en *Poesía en movimiento* era crítica literaria, tras

---

[167] "La sinrazón de la violencia de los jóvenes", *El Universal*, 23 de octubre de 1968. Reproducida parcialmente por Volpi, *La imaginación y el poder. Una historia intelectual del 68, op. cit.*, pp. 374-376 y por Fernando Vizcaíno, *Biografía política de Octavio Paz o la razón ardiente*, Algazara, Málaga, 1993, pp. 121-122.

Tlatelolco se vuelve no sólo drama nacional, sino drama de familia, Octavio con los modernos, las Elenas, con los antiguos.

No sé si Paz creyó lo que Laura Helena adujo más tarde y sin demasiada convicción de que esa carta había sido manipulada o hasta inventada por el gobierno. Su madre, en carta al propio Paz del 24 de julio de 1974 y fechada en Madrid, da por hecho que la autora es Helena Laura (como ella le decía a veces): "Considero que en ella trataba de aclararte algunos puntos que tú ignorabas, por estar en las antípodas…"[168] Todavía en 1980, antes de la pasajera reconciliación con su padre en la siguiente década, Laura Helena se jactaba de haberla escrito: según ella fue el propio Díaz Ordaz quien le dijo que la carta había salvado a su mamá de treinta años de cárcel.[169]

¿Qué burócrata de la DFS, cuál de las plumas alquiladas del régimen hubiera podido escribir esta enloquecida condena esotérica de la década de los sesenta, llena de hadas, idolatría por los Kennedy y del riguroso anticomunismo que le heredó su madre, abundante en todas las baratijas y asombros del tradicionalismo antimodernista de una joven mujer cuyo decoroso libro de poemas, *La rueda de la fortuna* (2007), llevaría un prólogo de Jünger, corresponsal de ella desde los años sesenta, a la cual visitaba en 1982 en una pensión parisina de la rue de Varennes? ¿La consideraba el alemán como una "poeta en tiempos de indigencia", un ser profetizado por Hölderlin?[170]

El romántico oscuro que había en Paz, en esa lucha –incesante en todo verdadero moderno– con el crítico ilustrado que también era, aparecía, desfigurado, altanero y mostrenco, en su hija. Ella fue, quizá, la herida que en Paz nunca cerró. En una de las contadas ocasiones en que habló de Laura Helena, fue Poniatowska la que le escucho decir, refiriéndose a Garro: "Lo que no puedo perdonarle es lo que le ha hecho a nuestra hija."[171]

La embajada de México en París, convertida en una comisaría abiertamente dedicada a la persecusión de disidentes mexicanos en Europa, hizo imprimir bajo la forma de un folleto que simulaba ser de Siglo XXI, la editorial disidente de Orfila Reynal, la carta atribuida a Laura Helena con un membrete denigratorio que lo presentaba, al embajador renunciante, como: "Le poète Octavio Paz, postulé par lui même pour le Prix Nobel de

---

[168] Garro, *Correspondencia con Gabriela Mora, op. cit.*, p. 53.

[169] Carlos Landeros, "En Madrid con las dos Elenas", *Siempre!*, núm. 1415, 6 de agosto de 1980, p. 43; Laura Helena ratificó esa entrevista con Díaz Ordaz en "Refuta hija espionaje de Garro", *Reforma*, México, 7 de octubre de 2006.

[170] Jünger, *Pasados los setenta III. Radiaciones V. Diarios (1981-1985)*, traducción de Carmen Gauger, Tusquets, Barcelona, 2007, p. 118; Jünger, "Ónice", prólogo a Helena Paz Garro, *La rueda de la fortuna*, FCE, México, 2007, p. 11.

[171] Poniatowska, prólogo a Rosas Lopátegui, *El asesinato de Elena Garro, op. cit.*, p. 27.

Littérature, et nomme par lui même au 'Comissariat de l' inminent Gouvernement Étudiant-Ouvrier de Mexique'."[172]

Advertido de que los Paz se dirigían a París, el embajador de México, el historiador Silvio Zavala empezó a hacer averiguaciones sobre la posibilidad de demandar a Paz, tan pronto pisase suelo del hexágono, por supuestas injurias al jefe de Estado mexicano, pretensión que los abogados franceses consultados y los no pocos amigos que Paz conservaba en la SRE, desecharon por notoria improcedencia legal y política, según resume Ordóñez.[173]

La publicación, desde Nueva Delhi, de la entrevista en *Le Monde*, a la que le siguieron otras en Francia, no sólo le había dado resonancia internacional a la renuncia, poniendo histérico, además, al embajador de México en Francia. Traía consigo también la semilla de la cual crecería la discordia, en pocos años, entre Paz y la izquierda mexicana: "En México es necesario ante todo exorcizar la violencia, al mundo azteca […] No creo en lo mexicano. Sin embargo creo que los mexicanos nos encontramos condicionados por la historia […] El peligro para el país es que vive literalmente sus mitos más oscuros en vez de sublimarlos. En todo caso estos mitos se vengaron al salir a plena luz el 2 de octubre."[174]

En noviembre, Octavio y Marie José llegan, por mar, a Barcelona donde los espera la mitad del *Boom* latinoamericano y la mitad de la *gauche divine* catalana: Fuentes y García Márquez, Pere Gimferrer y Carlos Barral, entre algunos otros.[175] Paz no regresaba a Barcelona desde 1937 y a España, salvo una fugaz estancia en Mallorca a principios de la década, tampoco había vuelto.

Antes de embarcarse en el *Victoria* rumbo a Europa, los Paz visitaron los santuarios de Shiva y Párvati en la isla de Elefanta, vecina de Bombay. No soy el primero de los biógrafos de Paz, ni seré el último, en citar esa "invocación" con la que el poeta, concluyendo los años dorados de su vida, se despide de la India: "Shiva y Párvati:/ la mujer que es mi mujer/ y yo,/ nada les pedimos, nada/ que sea del otro mundo:/ sólo/ la luz sobre el mar,/ la luz descalza sobre el mar y la tierra dormidos."[176]

---

[172] René Aviles Fabila, "Unas palabras sobre Helena Paz Garro", *Crónica*, México, 11 de febrero de 2013.

[173] Ordóñez, *Devoradores de ciudades. Cuatro escritores en la embajada mexicana, op. cit.*, pp. 244-245.

[174] Volpi, *La imaginación y el poder. Una historia intelectual del 68, op. cit.*, p. 377.

[175] Perales Contreras, *Octavio Paz y su círculo intelectual, op. cit.*, p. 110.

[176] Paz, *Obras completas VII. Obra poética (1935-1998), op. cit.*, p. 487.

CAPÍTULO 10

El ogro y el peregrino

Reconciliación une lo que fue separado, hace conjunción
de la escisión, junta a los dispersos: volvemos al todo y así
regresamos a nuestro lugar. Fin del exilio.

Paz, *El mono gramático* (1970)

PAZ RELEE *EL LABERINTO DE LA SOLEDAD*

A Julio Scherer García, el director de *Excélsior* que en 1971 le ofreció dirigir la revista *Plural* bajo el patrocinio del periódico, en la última de las sustanciosas entrevistas que le concedió, Paz le dijo: "Evocas mi regreso a México en 1971, después de doce años de ausencia. Aunque en octubre de 1968 había dejado la Embajada de México en la India, no creí que fuese cuerdo volver al país inmediatamente. Aparte de la hostilidad gubernamental, me habría visto envuelto en querellas estériles y circunstanciales, lo mismo con el poder público que con la oposición. Decidí esperar un poco: era claro que la represión no podía prolongarse y que pronto se abrirían espacios libres que harían posible la crítica y el debate."[1]

Paz no sólo acabó por regresar para envolverse en querellas que no resultaron estériles sino decisivas. Y el temor a que la represión se recrudeciese en México era, contra lo que él dice retrospectivamente, muy fuerte. Es notorio en las cartas con Orfila Reynal donde, quizá alertado de la vigilancia de la embajada de México en París, prefiere que la correspondencia se le siga enviando a Niza, a casa de la madre de Marie José, donde el matrimonio venido de la India había pasado sus primeras semanas en Francia tras el desembarco barcelonés. "Aumentarán los efectivos del ejército mexicano" lee Paz en *Le Monde* y se lo comunica, preocupado, a Orfilia Reynal, deseándole un feliz año de 1969.

Las discusiones anteriores a Tlaleloco sobre cómo y cuándo volver a México, me cuenta Manjarrez, entonces en Londres, eran muy distintas, entre Paz y sus amigos, y expresaban un miedo metafísico, más que real. Esas conversaciones, dice el narrador "eran muy comunes entre los (pocos) mexicanos que vivíamos en España, Francia, Holanda, Escocia e Inglaterra,

---

[1] Paz, *Obras completas, VIII. Miscelánea. Primeros escritos y entrevistas*, op. cit., pp. 1233-1234.

y que nos holgábamos con la tolerancia y la civilización de las capitales europeas. Pero entre Octavio Paz y Carlos Fuentes, Octavio Paz y Héctor Manjarrez, Carlos Fuentes y Héctor Manjarrez y los tres juntos, cobraban ese tono un poco hiperbólico que el tema de Estados Unidos cobraba, en los años veinte, entre Ezra Pound, Edmund Wilson, Ernest Hemingway, Scott Fitzgerald y tantos otros. ¿Cómo volver a ese país sólo interesado en el dinero?, se preguntaban ellos. Cómo volver a Mexiquito, donde el PRI corrompe o encarcela o mata, la burguesía es ignorante, las mujeres son mustias, nadie lee y un escritor se asfixia".[2]

Algo similar le decía Paz a Martínez, en una carta muy anterior, del 12 de agosto de 1966: "Ya conoces la relación mórbida, de péndulo, que me acerca y me aleja de mi país. Me fascina y me aterra. Misterio semejante al de un imán que alternativamente atrae y rechaza. Lo curioso es que muchos jóvenes sienten lo mismo" y cita a Fuentes, a Cuevas, a Aridjis.[3]

Volver a México, tras el 2 de octubre, era una decisión con el aura de la gravedad política. Paz quería destinar todas sus energías a la liberación de José Revueltas, encarcelado en noviembre ("Su caso es más importante que el mío"[4]), adueñarse del PEN Club mexicano para convertirlo en un foco de resistencia intelectual y hacer, finalmente, su revista hispanoamericana, emocionado por haberse encontrado a tantos cómplices en apariencia bien dispuestos en el muelle de Barcelona. También, le urgía que Siglo XXI publicara un libro colectivo sobre el movimiento estudiantil con García Ponce, Monsiváis, Zaid y Pacheco, más los que desearan sumarse. Orfila Reynal respondió con cautela a los entusiasmos octavianos, porque estaba sobre el terreno y creía, viejo lobo (y además empresario) que cualquier paso en falso podría ser fatal para su editorial: "esta actitud cautelosa" no implica –se disculpa Orfila Reynal con Paz– "una cobardía o una renunciación, sino un procedimiento correcto examinado política y moralmente".[5]

Al final aquel libro, cuyo indíce llegó a tener muy hecho Paz, quedó en sólo una buena intención de la que salió indirectamente, *La noche de Tlatelolco* al sugerirle Orfila Reynal a Poniatowska que empezase a reunir testimonios mediante entrevistas. Tampoco se publica entonces la revista que lo obsesionaba, renunciando Paz a seguirles pidiendo dinero a los franceses para financiar algo que era responsabilidad histórica de los latinoamericanos. La revista, concluye Paz, "debe hacerse en México y Argentina".[6]

---

[2] Héctor Manjarrez, correo electrónico a CDM, 4 de febrero de 2014.

[3] Paz/Martínez, *Al calor de la amistad, op. cit.*, p. 75.

[4] Paz/Orfila, *Cartas cruzadas, op. cit.*, p. 189.

[5] *Ibid.*, pp. 202-206.

[6] *Idem.*

Los Paz permanecen en París, en su hotel preferido, el Saint-Simon, hasta principios de abril de 1969, cuando se escribe a cuatro manos, en el sótano de ese hotel, *Renga.* Marie José bromeará en el sentido de que ella los tenía a pan y agua hasta que acabaran de escribir el poema colectivo. Más solemne, Claude Roy registrara en el prólogo del libro, que cuatro poestas "desaparecieron bajo tierra durante una semana. En los mitos, los retiros subterráneos auguran siempre la eclosión de una mies..."[7] El peregrinaje académico por los Estados Unidos inicia poco después: primero en Pittsburgh (allí reciben la visita de doña Josefina, la madre de Octavio y ven con ella la llegada del hombre a la luna el 20 de julio de 1969), después en Austin, donde Paz dará la conferencia de la cual surge *Postdata* y donde permanecerá tres meses, regresando a Europa para ocupar la cátedra Simon Bolívar como *overseas fellow* de la Universidad de Cambridge, gracias a la iniciativa de un nuevo amigo: George Steiner.[8]

En Cambridge, Inglaterra (dos años después estará en Cambridge, Massachusets) desde enero de 1970, Paz recobra cierta calma, digamos que poética, que le permite comentar con Tomlinson las primeras traducciones al inglés que de sus poemas hace Weinberger, iniciar la lectura del *Preludio* de Wordsworth que lo llevará a *Pasado en claro,* participar en lecturas poéticas como la del 15 de abril en el Institute of Contemporary Arts o discutir el regreso a México con un joven escritor que llevaba una década en Europa y a quien quería tener cerca, Manjarrez. Le envia a Tomlinson una "genealogía espiritual" de tres párrafos donde destaca sus lecturas de Quevedo, Góngora, Mallarmé, Nerval, Novalis, Baudelaire, Rimbaud, "Apollinaire, Michaux, como sus extremos", así como sus amistades con Breton y Cernuda, subrayando su "breve participación en las actividades del grupo surrealista en las postrimerías del movimiento" y de su "poesía y vida" resalta el "viaje a la India, encuentro con Marie José."[9]

Rodríguez Monegal, el crítico uruguayo y biógrafo de Borges, se desvive, mientras tanto y al final sin éxito, por hacer uno más de los números monográficos de los *Cahiers de l' Herne,* ésta vez dedicado a Paz convocando a una lista de escritores y artistas, hecha con el propio poeta, muy útil para ubicar ese momento en la vida internacional del poeta. De los extranjeros, Rodríguez Monegal invita a los amigos de *Renga* y a Weinberger, Pierre Zekeli, Monique Fong, Ashton (la crítica de arte, esposa de Junkers, con quien tiene una correspondencia muy nutrida esos días), Camilo José Cela, Rachel Philips y Jason Wilson (ambos autores, más tarde, de libros críticos

---

[7] Octavio Paz, Jacques Roubaud, Eduardo Sanguinetti y Charles Tomlinson, *Renga*, presentación de Claude Roy, Joaquín Mortiz, México, 1972, s/p.

[8] Perales Contreras, *Octavio Paz y su círculo intelectual*, *op. cit.*, p. 111.

[9] Sheridan, "*My dear Charles*, Paz le escribe a Tomlinson", *op. cit.*, p. 50.

importantes sobre Paz en inglés), Laughing, Sucre, Enrique Pezzoni, Lezama Lima, Jorge Guillén, Saúl Yurkiévich (un joven crítico argentino que lo ha deslumbrado en París), Keene, Balthus, Susan Sontag (quien le escribiría a Paz desde París poco después urgida de colaborar en *Plural*: "estoy quebrada y cualquier cantidad de dinero, por pequeña que sea, ayuda"[10]), Celso Lafer, Néstor García Canclini y O. Brown, éste último, a quien tanto admiró Paz en los sesenta, dijo gustar mucho de su obra.[11] Pero que el número no saliese muestra también que su importancia internacional apenas se asentaba: un par de años después casi todos ellos serán colaboradores de *Plural*.

"El mexicano no es una esencia sino una historia", dice Paz tan pronto puede hacerlo en la nota introductoria firmada en Austin, Texas, el 14 de diciembre de 1969, de *Postdata* (sólo la primera edición salió sin la t y el gramático Uranga se lo reclamó), libro donde el autor relee *El laberinto de la soledad* a la luz de los acontecimientos del 68 de los que había sido protagonista.[12] Aunque aquello de que el mexicano es historia y no esencia, es una idea que puede desprenderse de una lectura cuidadosa de *El laberinto de la soledad*, es obvio que éste, siendo una demostración de lo cargado de historia que estaba México, no dejaba de ser una caracterología del Mexicano, por más que Paz intente separarse de los ontólogos y de los filósofos, de la mexicanosofía. El éxito del libro, su belleza ensayística, lo había convertido, por la vía de la negación, en la culminación del género. Así como Paz era un moderno antimoderno, podía ser a la vez filósofo y antifilósofo de la mexicanidad, o lo fue, como veremos, hasta *Postdata*.

Casi treinta años después de la primera edición, Paz pasa de lo caracterológico a lo simbólico, dando inicio a *Postdata* en el mismo punto de partida de donde comenzaba *El laberinto de la soledad*, hablando de los Estados Unidos (el principal refugio académico del embajador renunciante) en comparación con México. Entre 1950 y 1968 una y otra modernidad (una harta del Progreso, otra huérfana de democracia) habían entrado en crisis. Si los Estados Unidos aprenden a dialogar con su propia *otredad*, decía un optimista Paz, es decir, "con sus negros, sus chicanos y sus jóvenes", podrán hacerlo con México. A Paz, en su conversión a la democracia liberal comenzada en 1968, le parecía encomiable que los inventores del Progreso, lo criticasen. Más tarde, en concordancia con otro buen amigo suyo, Jean-François Revel, encontrará en los Estados Unidos, el país revolucionario por excelencia, del cual ha salido el ecologismo y los derechos civiles de segunda y tercera generación, como lo creía. Pero en *Postdata*, Paz no había dejado del todo de ser "antiyanqui" ni abandonaba aún el camino

---

[10] Perales Contreras, *Octavio Paz y su círculo intelectual, op. cit.*, p. 198.

[11] *Ibid.*, pp. 129-130.

[12] Paz, *Obras completas, V. El peregrino en su patria. Historia y política de México, op. cit.*, p. 315; Uranga, "El ideal de Octavio Paz", *América*, núm. 1268, México, 11 de abril de 1970.

virtuoso pero sin destino, de la tercera vía. Su "desaprendizaje" tropezaba con la idea esencialista, quizá heideggeriana, de que Occidente distribuye "la ataraxia, el estado de ecuánime insensibilidad que los estoicos creían alcanzar por el dominio de las pasiones, la sociedad tecnológica la distribuye entre todos como una panacea". Esa enfermedad no la diagnosticaron ni Marx ni Tocqueville y Paz lamentaba en *Postdata* que el mundo posindustrial, no nos cure "de la desdicha que es ser hombres pero nos gratifica con un estupor hecho de resignación satisfecha y que no excluye la actividad febril" pese a que la realidad, con su violencia, hizo que ese "año axial, 1968 mostró la universalidad de la protesta y su final irrealidad: ataraxia y estallido, explosión que se disipa, violencia que es una nueva enajenación".[13]

El párrafo de *Postdata* expresa que al ya veterano surrealista y al eterno romántico que Paz era, lo obsesiona la incapacidad de Occidente de curarnos de "la desdicha de ser hombres", enormidad no muy lejana a la expresada, con toda su grosería conceptual, por su hija Laura Helena en su carta al padre de octubre de 1968. Esa "religiosidad" paziana que él sublimó a través de la poesía, incomoda a los liberales del siglo XXI: ¿por qué Occidente u Oriente, se preguntan, por qué cualquier tipo en una sociedad política, debe ocuparse de "la desdicha de ser hombre"? A Paz, poeta taumaturgo, le parecía inmoral no hacerse esa pregunta.

A ambos, padre e hija les preocupaba lo mismo en 1968 y en ello, en su conflicto, son ejemplares del espíritu de su tiempo. Fracasado el comunismo, irrelevante la experiencia budista (nada más antibudista que una historio-sofía como la de Paz) para los occidentales desengañados o encallecidos, a la hija le queda la religiosidad del pensamiento tradicional, a la vera de Jung o Jünger; al padre emprender una nueva conciliación que en el fondo sabe imposible entre el romanticismo y el liberalismo, ya no entre Marx y Rimbaud según sugería el menú surrealista, sino entre Fourier y Tocqueville. "El progreso", afirma, "nos ha dado más cosas, no más ser".[14]

Si el poeta seguía buscando nuevos caminos, como lo admiraba, en él, Cortázar, su huésped en Nueva Delhi; Paz el pensador busca y no encuentra donde asirse y *Postdata*, enfrentado a esa doble prueba de fuerza que es el octubre mexicano, expresa esa incertidumbre. No es su mejor libro, es tan sólo una conferencia ampliada y reescrita dada en la Universidad de Texas a un año del 2 de octubre pero es acaso el que mayores expectativas causó: ¿el embajador renunciante se convertiría en el poeta de la rebelión mexicana? ¿Daría el consuelo del ojo por ojo u ofrecería, en nombre de esa "nación entera" que se "avergüenza", como dirá Paz parafraseando al joven Marx, la otra mejilla?

---

[13] Paz, *Obras completas, V. El peregrino en su patria. Historia y política de México, op. cit.*, p. 323; sobre Heidegger y Paz véase Evodio Escalante, *Las sendas perdidas de Octavio Paz*, ediciones sin nombre/UAM Iztapalapa, México, 2013.

[14] *Ibid.*, p. 324.

Pero *Postdata* decepciona, por buenas y malas razones. Era la obra, según Manjarrez, de un "hombre muy vulnerable emocionalmente. Tenía a veces desplantes autoritarios, pero yo creo que en esa época todavía no sabía exactamente qué pensaba. Estaba, todavía, descubriendo el mundo".[15]

Pacheco, en la discusión sobre "Los intelectuales y la política" publicada en *Plural* en octubre de 1972, afirmaba que "las actitudes *morales* que asumieron algunos de estos escritores durante 1968, particularmente la renuncia de Octavio Paz a la embajada de la India, despertaron expectativas *políticas* que no formaban parte de su proyecto…" Paz, en la conversación con Scherer de 1977, aclara que Pacheco se confunde (y con él se confundieron muchos durante varios años, agrego yo) pues "la eficacia *política* de mi actitud, consistió en que fue la expresión de una decisión *moral*".[16]

La propia decepción de Paz estaba en ver cómo el mayo francés resultó ser "una explosión" que se disipó, muy pronto convertida, tanto por "el mundo tantálico de objetos que se gastan y disipan apenas los poseemos", como por la izquierda radical, en una "nueva enajenación" capaz de imitar a "los jóvenes fanáticos que recitan el catecismo de Mao –de paso: mediocre poeta académico– cometen no sólo una falta estética e intelectual sino un error moral".[17]

Paz quisiera hablar del placer, la palabra prohibida que regresa en París o Berkeley y relacionar, otra vez a Blake con los estudiantes hartos del Progreso. Lo hará, más tarde, apaciguados los ánimos, en *Los hijos del limo*, en el ensayo sobre Fourier, pero en 1969, su obligación moral es hablar de México, que Díaz Ordaz había convertido en la Moscovia latinoamericana.

La afinidad mayor de los estudiantes mexicanos, en el concierto del "año axial" es, con quienes sufrieron la intervención soviética (y en el futuro, Tlatelolco 1968 se despliega en Tiananmen 1989) aunque de inmediato, este hombre de la Revolución mexicana hace la salvedad decisiva. Su nación, dice, es excéntrica, "castellana rayada de azteca" (López Velarde) y vive no un periodo prerrevolucionario, sino posrevolucionario cuya crisis tiene una solución aparentemente fácil: "hacer pública de verdad la vida pública", como lo decía Cosío Villegas, aquel antiguo malqueriente suyo (y viceversa) que se convertirá en su aliado liberal.

En contraste con los estudiantes franceses, "los mexicanos no se proponían un cambio violento y revolucionario de la sociedad ni su programa tenía el radicalismo de los de muchos grupos de jóvenes alemanes y norteamericanos", afirma un Paz que subraya la ausencia, en México, de "la tonalidad orgiástica

---

[15] CDM, Conversación con Héctor Manjarrez, Ciudad de México, 20 de septiembre de 2012.

[16] Pacheco, "México 1972: Los escritores y la política", *Plural* núm. 13, México, octubre de 1972, p. 25; Paz, *Obras completas, VIII. Miscelánea. Primeros escritos y entrevistas*, op. cit., p. 737.

[17] Paz, *Obras completas, V. El peregrino en su patria. Historia y política de México*, op. cit., pp. 325-326.

y pararreligiosa de los *hippies*" porque el movimiento fue reformista y democrático. Ello "a pesar de que algunos de sus dirigentes pertenecían a la extrema izquierda", concluye Paz quien enseguida afirma que ese anhelo de *democratización* no era una "maniobra táctica" sino una ponderación de las circunstancias y el peso de la realidad objetiva: "ni el temple del pueblo mexicano es revolucionario ni lo son las condiciones históricas del país. Nadie quiere una revolución sino una reforma: acabar con el régimen de excepción iniciado por el Partido Nacional Revolucionario hace cuarenta años."[18]

Con este párrafo, sumado a la interpretación sacrificial del 2 de octubre, empezará el desencuentro de Paz con la izquierda que a lo largo de los setenta (y sobre todo después de la siguiente represión, la del 10 de junio de 1971) considerará cerrado el camino de la "apertura democrática" del régimen de la Revolución mexicana, justamente porque el nuevo presidente resultó el gran "gesticulador", un autócrata demagogo que se rodeaba de intelectuales no para escuchar sino para ser oído.

Los estudiantes del 68 transformaron al ex embajador Paz en un reformista democrático y cuando los líderes de aquellos estudiantes se convirtieron al radicalismo marxista-leninista (el regreso, en los setenta, de la década canalla de los años treinta) en todas sus obediencias (siguiendo el paradójico desenlace de la gran revuelta mundial de 1968), Paz se convirtió en un "embajador obsoleto y burgués" como se lo advirtió Laura Helena. Ya veremos como ocurrió todo eso.

El segundo capítulo de *Postdata*, el dedicado a "El desarrollo y otros espejismos" es el más fechado del libro, al grado que Paz mismo, en las *Obras completas*, desechó tres páginas de glosa periodística. Me importa destacar el trotskista que sobrevivía agónico en Paz, muy preocupado en que la añeja contradicción entre las fuerzas productivas y las relaciones de producción postulada por Marx no hubiese resultado en revoluciones socialistas en los países desarrollados (lo del mayo francés había sido para él, el espejismo visto a lo lejos desde los Himalayas).

Esa misma falta de concordancia hacía del crecimiento económico de México un obstáculo para las urgentes reformas sociales lo cual le permite definir, sin darle ese nombre preciso, al dominio del PNR-PRM-PRI a la manera elucubrada por Trotski, como un régimen bonapartista, es decir, "una organización burocrática-política relativamente autónoma y que comprende a las burocracias de las organizaciones obreras y campesinas". Ese rasgo, dice, lo comparte el régimen mexicano sólo con los países llamados socialistas: "El PRI está incrustado en el capitalismo mexicano pero no es el capitalismo mexicano."[19]

---

[18] *Ibid.*, pp. 328-329.

[19] *Ibid.*, p. 346.

A lo largo de *Postdata,* Paz se va alejando de las abstracciones marxisti-zantes sobre la verdadera "naturaleza" del régimen priísta para anticiparse a la crítica liberal que Cosío Villegas dirigiría contra el echeverriato. "Frente a la pesadilla de la dictadura personal sin más límites que el poder del caudillo y que terminaba casi siempre en una explosión sangrienta", dice Paz al explicarse la "paz y estabilidad" traída a México por el PRI, "los jefes revolucionarios idearon un régimen de dictadura institucional limitada e impersonal. El presidente tiene poderes inmensos pero no puede ocupar el puesto sino una sola vez; el poder que ejerce le viene de su investidura y desaparece con ella"...[20]

En México, advierte Paz, "hay un horror que no es excesivo llamar sa-grado a todo lo que sea crítica y disidencia intelectual" y no sólo un intercam-bio de miradas, como se sugería en *El laberinto de la soledad,* es peligroso entre mexicanos, sino "una diferencia de opinión se transforma instantánea e insensiblemente en una querella personal. Esto es particularmente cierto por lo que toca al presidente: cualquier crítica a su política se convierte en sacrílegio" aunque esa veneración desaparecía cuando el presidente elector, ya despojado del cargo, era ofrecido en sacrificio a la opinión pública por el nuevo dictador constitucional.[21]

Entre las virtudes del PRI, Paz todavía no menciona, como lo hará en *El ogro filantrópico* (1979), el haber salvado a México del terror ideológico pro-pio de las revoluciones, pero apunta su independencia del poder militar (es notoria la exculpación del ejército, utilizado por un régimen civil armado de paramilitares como un chivo expiatorio, por casi todos los testigos y analistas mexicanos del 2 de octubre), una excepción en la historia latinoamericana. En los primeros días de 1994, cuando ocurre la rebelión neozapatista, a Paz le horrorizará el regreso a la escena de los fantasmas decimonónicos que acompañaron al México de don Ireneo, su abuelo: el ejército (enviado por el presidente Carlos Salinas de Gortari a sofocar el brote) y la Iglesia, cuyos catecúmenos liberacionistas habían amamantado a los indígenas rebeldes y cuyo obispo, don Samuel Ruiz de Chiapas, era a la vez juez y parte: mediador en el proceso de paz iniciado casi de inmediato pero solidario con los neozapatistas.

Volviendo a *Postdata*, dice que en México "no hay más dictadura que la del PRI y no hay más peligro de anarquía que el que provoca la antinatural prolongación de su monopolio político".[22] En varias ocasiones se usa en *Postdata* sin remilgos la palabra "dictadura" lo cual es interesante dado el enfado que le causó Vargas Llosa a Paz al referirse al régimen del PRI, en la televisión mexicana, como la "dictadura perfecta" en 1990. Se declara

---

[20] *Ibid.*, p. 337.

[21] *Ibid.*, p. 338.

[22] *Ibid.*, p. 340.

pesimista sobre la posibilidad de que el PRI mantenga su independencia del ejército. En el clima ominoso de 1969, hasta que el candidato Echeverría no guardó aquel minuto de silencio por las víctimas del 2 de octubre en Morelia, se temía la eminente imposición de una dictadura cívico-militar en el país, como puede verse en las cartas cruzadas de Fuentes y Orfila Reynal con Paz.[23]

Siguen las páginas de *Postdata* referidas a la dependencia que Paz considera sólo económica de México con los Estados Unidos, pues la relación debe ser analizada penetrando en los "estratos más profundos", como los que él visitó en *El laberinto de la soledad*. La lectura reciente de Georges Dumézil le confirma que las civilizaciones son "estilos de vivir y morir". No podía ser dependentista ni tomarse muy a pecho la cantaleta setentera (repetida al unísono por la izquierda radical, los nacionalistas más rancios del PRI y la vieja derecha hispanófila) sobre la "penetración cultural" del imperialismo norteamericano, alguien que como Paz tenía tanto orgullo de la tradición cultural del español y lamentaba que en los *Cantares* de Pound, aparecieran "todas las civilizaciones y todos los hombres, excepto el mundo precolombino y la América hispano-lusitana". De esa ignorancia tampoco estuvo exento otro poeta admirable, Wallace Stevens mientras que, dice Paz, "las visiones que tenemos los latinoamericanos de los Estados Unidos son descomunales y quiméricas", hijas de "la cólera, la envidia y la obsequiosidad", lo mismo en el caso de Darío quien veía en el primer Roosevelt un Nabucodonosor o Borges, que exaltó en El Álamo, Texas, a los enemigos de los mexicanos. Los Estados Unidos, concluye, son "al mismo tiempo y sin contradicción, Goliat, Polifemo y Pantagruel".[24]

En los problemas del desarrollo económico, Paz confiesa, mediante otra nota a pie de página de 1993, ya no reconocerse en aquella confianza suya en el dirigismo estatal pues "como casi toda mi generación" dice que sufrió "la influencia combinada de Marx y Keynes", entendió después (y aquí la lectura de Zaid en los setenta lo transformó pues como es común entre los literatos, Paz sabía poco de economía, como lo mostró calamitosamente Pound) que el intervencionismo estatal mexicano era también otro de los fardos legados por el patrimonialismo.[25]

Nuestro moralista se desplaza hacia su terreno preferido y dice que crisis políticas como la mexicana tras Tlatelolco son, en realidad, "crisis morales" anunciadas entre nosotros tempranamente, en los años cuarenta, por Silva Herzog y Cosío Villegas, ante las cuales de nada nos servía mirar aún la pintura mural de nuestros estalinistas, ni pasar de su "oratoria pintada" a "la oratoria en verso (poesía mural) del nacionalismo en general. Analizando a los actores

---

[23] Paz/Orfila, *Cartas cruzadas*, *op. cit.*, p. 189; Fuentes, "Seis cartas a Octavio Paz", en Gimferer, *Octavio Paz*, *op. cit.*

[24] Paz, *Obras completas, V. El peregrino en su patria. Historia y política de México*, *op. cit.*, p. 345.

[25] *Ibid.*, p. 347n.

de esa crisis moral, Paz comienza por la clase media, nacida gracias al desarrollo posrevolucionario y carente de un lugar definido qué sólo lo tendrá en una democracia, mientras que aunque "el proletariado mexicano no es esa clase satisfecha y arrogante que en París abandonó a los estudiantes y en Pittsburgh desfiló contra los negros", es un "grupo privilegiado" frente al lumpenproletariado urbano y al campesinado. "Estoy convencido", dice, que uno de los puntos vulnerables del régimen está precisamente en las organizaciones obreras" mediatizadas y burladas por las corrompidas burocracias sindicales. Aquí Paz comete el mismo error que toda la izquierda mexicana al creer que sin la previa democratización de los sindicatos no habría democracia política. La alternancia de 2000 y las victorias electorales de la oposición que la precedieron se dieron ante la indiferencia de los grandes sindicatos, tanto los oficiales como los independientes, cuyos miembros empezaron a votar, como ciudadanos, por la oposición sin transformar sus momificadas organizaciones que desvalorizadas por la globalización, subsisten como cotos feudales y antidemocráticos ya entrado el siglo XXI. Aquello de que la clase obrera era el ariete del régimen, como lo afirmaban quienes trataron de revigorizar al nacionalismo mexicano con algo de marxismo italiano, era una falsedad en la que todos creímos, Paz incluido.

Justo en los años en que México empezaba a ser un país demográficamente urbano y no rural, Paz profesa en *Postdata* el anticampesinismo: "nunca ha habido ni habrá un Estado campesino" como lo comprueba el escrúpulo del cura de Hidalgo de arrasar la Ciudad de México con sus ejércitos campesinos en octubre de 1810 o la famosa repugnancia de Zapata ante la silla presidencial en 1914 que ilustra su destino trágico (aislamiento y muerte atroz) que el caudillo del sur compartió con uno de sus letrados, el abogado Paz Solórzano. La utopía zapatista, empero, permanecerá resguardada en el corazón del poeta.

De la relectura de *El laberinto de la soledad* hecha por Paz, volvamos a los motivos del disgusto causado por *Postdata* entre los estudiantes radicalizados tras Tlatelolco y a quienes Paz encuentra, en consonancia con Marcuse, temerosos por su propia depauperización. Ocurre que en *Postdata,* libro antirrevolucionario, se rechaza sin asomo de duda una solución revolucionaria a la crisis de México que no era otra cosa entonces, como en toda América Latina, que la guevarista: "Las teorías sobre la guerrilla del infortunado comandante Guevara (la disidencia intelectual no excluye ni el respeto ni la admiración) fueron y son un extraño renacimiento de la ideología de Blanqui en pleno siglo XX. Extraño por inesperado y por desesperado."[26]

Hijo de la Revolución mexicana, Paz considera que con ella México había tenido suficiente en cuanto a revoluciones echadas a perder por ocurrir desdichadamente en países atrasados contrariando la famosa profecía de Marx y agigantando el Estado burocrático, fenómeno imprevisto tanto por

---

[26] *Ibid.*, p. 358.

los liberales como por los marxistas. Muy tempranamente, en 1946, Paz pudo leer, porque se encontró una copia a máquina en un armario de la embajada en París, *La Bureaucratisation du monde* (1939), del marxista italiano Bruno Rizzi, quien lo había enviado a los diplomáticos mexicanos para que se lo remitiesen a Trotski, huésped del gobierno de México.[27]

De esa certidumbre antirrevolucionaria Paz nunca se movió, desde *Postdata* hasta su muerte y todo aquel que postulara la posibilidad, la urgencia o la necesidad de otra Revolución mexicana, fuese armada o pacífica, democrática o socialista, obrera o indigenista, tuvo en Paz a un formidable adversario ideológico.

El siguiente capítulo de *Postdata*, es el más célebre, "Crítica de la pirámide" en un libro que se debió llamar, según lo deseaba Paz, *Olimpiada y Tlatelolco*, pero que Orfila Reynal, temeroso de la represión, objetó, aceptando la sugerencia de Laurette Séjourne (su esposa, la ex de Serge) de ponerle el más ambiguo de *Postdata*, que el autor aceptó.[28]

Tras disertar sobre el diálogo del México desarrollado y su otro yo a la vez ctónico y miserable, Paz entra en materia, escribiendo un epílogo para *El laberinto de la soledad* en 1969. El carácter de México y del mexicano, como el de todos los pueblos y sus habitantes, es ilusorio, es "una máscara; al mismo tiempo, es un rostro real. Nunca es el mismo y siempre es el mismo. Es una contradicción perpetua: cada vez que afirmamos una parte de nosotros mismos, negamos otra. Lo que ocurrió el 2 de octubre de 1968 fue, simultáneamente, la negación de aquello que hemos querido ser desde la Revolución y la afirmación de aquello que somos desde la Conquista y aun antes".[29]

No sólo era el régimen de Díaz Ordaz, el asesino confeso, quien había actuado contra los estudiantes en Tlatelolco, sino la otredad, interior e intrahistórica: "el *otro* México no está afuera sino en nosotros: no podríamos extirparlo sin mutilarnos", afirmaba, tajante, Paz. "Es un México", decía el poeta un poco en funciones de psicoanalista, "que, si sabemos nombrarlo y reconocerlo, un día acabaremos por transfigurar: cesará de ser ese fantasma que se desliza en la realidad y la convierte en pesadilla de sangre". La del 2 de octubre era entonces una doble realidad: "un hecho histórico y una representación simbólica de nuestra historia subterránea o invisible. Y hago mal en hablar de representación pues lo que se desplegó ante nuestros ojos fue un acto ritual: un sacrificio."[30]

---

[27] *Ibid.*, p. 650n.

[28] Paz/Orfila, *Cartas cruzadas*, *op. cit.*, p. 189.

[29] Paz, *Obras completas, V. El peregrino en su patria. Historia y política de México, op. cit.* pp. 368-369.

[30] *Ibid.*, p. 369.

Las palabras estaban dichas: *acto ritual, sacrificio*. Y se inspiraban en un pluralismo ontológico que se remonta al cristianismo y al cual Paz llega a través de los románticos, de Unamuno y de Karl Jaspers: lo real, como el pecado, es una responsabilidad colectiva, contagiosa. Eran todavía los tiempos en que resonaba "la culpa colectiva" elevada por Jaspers como propia de todos los alemanes por el nazismo. Pocos años atrás, José Revueltas, en *Los errores* (1964), su novela antiestalinista, se había preguntado si nuestro siglo "lleno de perplejidades, será designado como el *siglo de los Procesos de Moscú* o como el *siglo de la Revolución de octubre*",[31] pregunta que incomodó tanto a los pocos comunistas mexicanos, como agravió, la de Paz, a los cientos de ciudadanos devastados por el 2 de octubre.

Volver responsabilidad colectiva lo que después empezó a conocerse como un "crimen de Estado", dolía más aún porque quien la postulaba era nada menos que el intachable poeta-embajador que había renunciado como protesta ante los hechos. En 1976, Monsiváis, en un volumen colectivo (*En torno a la cultura nacional*) que reunía las investigaciones históricas de su grupo de entonces (Héctor Aguilar Camín, José Joaquín Blanco y Pacheco), se quejaba de que la "poderosa versión mítica" de Paz sea "aprovechada y degradada por sus lectores de dentro y de fuera". En *A donde yo soy tú somos nosotros. Octavio Paz: crónica de vida y obra* (2000), uno de sus libros que se escuchan con mayor estática (murmullos que apenas dejan oír al gran murmurador –qué diferencia con ese libro verdadero dedicado a Novo), Monsiváis no alude al asunto. No fue sino hasta 2008, con motivo del cuarenta aniversario del movimiento estudiantil, cuando se permite la claridad y se anota victorioso, un mérito democrático, contra Paz: "Convertir a la protesta estudiantil del 68 de un acto sacrificial a uno de los más grandes agravios a los derechos humanos, ha sido una de los más importantes victorias de los sobrevivientes a esa represión."[32]

Paz trató de hacer aún más enfática su posición al prologar en 1973 la edición en inglés de *La noche de Tlatelolco*, de Poniatowska, diciendo que la "operación militar" contra los estudiantes, "asumió la forma casi religiosa de *un castigo desde lo alto*", una venganza divina dictada por el Dios Padre colérico que castiga ejemplarmente. Insistió en que "los orígenes de esa actitud se hunden en la historia de México", la azteca y la colonial, petrificando al gobernante, "que deja de ser un hombre para convertirse en un ídolo", pero nada de eso fue suficiente y Paz abandonó cualquier otro intento de utilizar el simbolismo descarnado refiriéndose a los hechos políticos, hábito que le dejó al Fuentes de *Tiempo mexicano* (1972) y libros sucesivos. Quizá

---

[31] José Revueltas, *Obras completas, 6. Los errores*, ERA, México, 1979, p. 223.

[32] Monsiváis, "La nación de unos cuantos y las esperanzas románticas. Notas sobre el término 'cultura nacional' en México" en *En torno a la cultura nacional*, SEP/80, México, p. 217; *Reforma*, México, 5 de octubre de 2008.

Paz entendió que había cometido un error de tacto: desde el terremoto de Lisboa de 1755 a los modernos les molesta el simbolismo y la alegoría, tan eclesiásticos, para juzgar las desgracias de los hombres.

En su entrevista de 1993 con Scherer García, viéndose excluido de las conmemoraciones por el 25 aniversario del movimiento, resumió así la recepción de *Postdata*: "Mis ideas fueron criticadas con dureza lo mismo por los voceros del gobierno que por los intelectuales de izquierda." Que lo hicieran los primeros, era lógico, mientras que los segundos parecían no darse cuenta "de la contradicción que había entre su pasión revolucionaria, su culto al Che Guevara o a cualquier otro santón de la izquierda, como Mao, y la significación real del movimiento en que habían participado: la democracia".[33]

Paz entendía bien que para ellos, los radicalizados tras la represión y los que ya lo eran pero lo ocultaban por razones tácticas bien explicadas por Lenin cuando inventó el bolchevismo, la democracia era "un episodio en la lucha de clases, un escalón en el camino hacia la toma del poder. Su ideología y sus actitudes", concluye Paz, ilustraban una observación de Marx: "los hombres hacen la historia pero casi nunca tienen conciencia de lo que realmente hacen…"[34]

Scherer García lo interroga en 1993 sobre "ciertas afirmaciones tuyas [que] te opusieron a la corriente general" y Paz responde sobre la naturaleza universal de la revuelta, la rebelión contra el padre, el elemento orgiástico, la exaltación del placer y la libertad, aspectos que en México, a la izquierda marxista-leninista que monopolizó la memoria del 68 nunca le interesó discutir, con la excepción, aplaudida por Paz en 1993, de Luis González de Alba, el único dirigente del CNH y ex preso político que ha revisado desde entonces, con ojos críticos y autocríticos, el movimiento. Finalmente, en aquella entrevista, Scherer García le pregunta "¿Y tu idea de ver la represión del 2 de octubre como un ritual de sacrificio?" Paz responde: "Fue una interpretación arriesgada pero no insensata ni carente de fundamento. Hay una continuidad en la historia de México (como en la de todos los pueblos) y esa continuidad es secreta: está hecha de imágenes, creencias, mitos y costumbres."[35]

La exclusión aducida por Paz en 1993 continuó después de su muerte. El Memorial del 68 en el antiguo edificio de la Secretaría de Relaciones Exteriores, inaugurado en 2007 por la UNAM y otras instituciones, minimiza la importancia de Paz al renunciar en 1968 y la polémica importancia de *Postdata* en la interpretación del movimiento. Apenas aparece "México:

---

[33] Paz, *Obras completas, VIII. Miscelánea. Primeros escritos y entrevistas*, *op. cit.*, p. 1234.

[34] *Idem.*

[35] *Ibid.*, pp. 1235-1236.

Olímpiada de 1968" reproducido en un muro. La izquierda olvida con frecuencia que la condena de Paz de la represión en Tlatelolco fue moral antes que política. Al convertirse las razones morales en políticas, decidió volver al país, como lo hizo Victor Hugo tras el derrumbe del Segundo imperio en 1870, lo cual no le impidió, al francés, considerar atroz el vandalismo de los revolucionarios al derribar la columna de Vendôme durante la Comuna de París. Hugo, antibonapartista, era hijo del mundo de Napoleón, tanto como Paz lo era de la Revolución mexicana y por ello condenó el terrorismo de izquierda, desatado en el país tras el 10 de junio de 1971.

Postdata finalizaba con un Paz haciendo la cartografía simbólica de Tlatelolco: "el paisaje es histórico y de allí que se convierta en escritura cifrada y texto jeroglífico." Allí resalta a la pirámide como "la representación geométrica y simbólica de la montaña cósmica", propia de Mesoamérica. Si la pirámide, esa plataforma-santuario, es el mundo y ese mundo fue México-Tenochtitlán, todo se conecta: para los aztecas, "la ecuación danza = sacrificio se repite en el simbolismo de la pirámide" propio de un pueblo donde la política era religión y la religión, política. La pirámide, sobre cuya ruina Cortés edifica una nueva nación, asegura para Paz, en *Postdata*, una nefasta continuidad sacrificial desde aquellos tiempos hasta el 2 de octubre en Tlatelolco, una plaza "imantada por la historia" donde lo ocurrido aquella tarde "se inserta con aterradora lógica dentro de nuestra historia, la real y la simbólica".[36]

La explicación puede ser inoportuna y pedante. De ella salieron novelas charlatanas que profesaban una especie de esoterismo de izquierda, como las de Antonio Velasco Piña en los años ochenta, así como *El laberinto de la soledad* alimentó, sin que Paz lo pudiera prever, un primer 'nacionalismo' chicano. Escandalizó no sólo a las víctimas del 68, sino a quienes consideraban tal cual lo pintó Rivera en sus murales de Palacio Nacional, acuático e idílico al mundo de los aztecas, apenas manchado por las gotas de sangre de los sacrificios humanos que hoy han sido científicamente establecidos como el eje económico-religioso de aquella civilización. Paz, como el pintor Orozco, encontró a "los émulos de los aztecas no están en Asia sino en Occidente, pues sólo entre nosotros la alianza entre política y razón metafísica ha sido tan íntima, exasperada y mortífera: las inquisiciones, las guerras de religión y, sobre todo, las sociedades totalitarias del siglo XX".[37] "Los aztecas" fueron "los nazis del mundo precolombino", le había escrito Paz a Orfila Reynal, el 19 de febrero de 1969.[38]

Siguiendo la línea curativa de *El laberinto de la soledad*, Paz, criticando al Museo Nacional de Antropología del arquitecto Pedro Ramírez Vázquez,

---

[36] Paz, *Obras completas, V. El peregrino en su patria. Historia y política de México, op. cit.*, pp. 370-372, 389-390.

[37] *Ibid.*, p. 381.

[38] Paz/Orfila, *Cartas cruzadas, op. cit.*, p. 196.

inaugurado en 1964 como un templo al aztecocentrismo de la mexicanidad, cree que "la crítica de México y de su historia – una crítica que se asemeja a la terapéutica de los psicoanalistas– debe iniciarse por un examen de lo que significó y significa todavía la visión azteca del mundo" porque, dice en *Postdata*, "el régimen se ve, transfigurado, en el mundo azteca. Al contemplarse, se afirma. Por eso, la crítica de Tlatelolco, el Zócalo y Palacio Nacional –la crítica política, social y moral del México moderno– pasa por el Museo de Antropología y es asimismo una crítica histórica".[39]

A diferencia de otros mitógrafos, Paz ofrecía, una vez más taumaturgo y con mayor precisión que en *El laberinto de la soledad*, una curación. Había que oponer a esa petrificación tripartita (Zócalo, Tlatelolco y museo) la crítica, "el ácido que disuelve las imágenes". La crítica, dice cerrando *Postdata*, "no es el sueño pero nos enseña a soñar y a distinguir entre los espectros de las pesadillas y las verdaderas visiones". La crítica, insiste Paz, es "la imaginación curada de fantasía". Es aquello que "nos dice que debemos aprender a disolver los ídolos: aprender a disolverlos dentro de nosotros mismos. Tenemos que aprender a ser aire, sueño en libertad".[40]

El "sueño en libertad" tocó tierra cuando Paz regresó a México a principios de 1971. Intentó formar un partido de oposición pero esta vez la crítica encarnó en una revista, *Plural* donde un grupo de escritores estuvieron entre los responsables de volver una antigualla al México trazado en *Postdata* y llevar al país al modesto y caótico mundo de la democracia.

EL 10 DE JUNIO Y EL CASO PADILLA

A fines de enero de 1971, casi dos meses desde que Díaz Ordaz dejara el poder, los Paz llegaron a Acapulco desde Southampton, pasando por el canal de Panamá. La calidez de la recepción no la olvidaron nunca y desde entonces pese a los viajes tan frecuentes, las amarguras políticas y las decepciones que acompañan a la vejez, el poeta no volvería a irse definitivamente: "Octavio Paz estaba tan apegado a la Ciudad de México como el exiliado Dante a Florencia" escribió Harold Bloom.[41] De los mexicanos, le escribe a Tomlinson, el 19 de marzo, lo que más le sorprende "es la manera de mirar, como si te miraran desde la otra orilla de la realidad". Agradece lo bueno y lo no tan bueno, desde las "danzas en nuestro honor" hasta "los silencios, la infinita gama de silencios", pasando por "las copas de tequila y las de estricnina, los manjares envenenados, los abrazos, las espinas, las puñaladas, las sonrisas, las muecas…"[42]

---

[39] *Ibid.*, p. 393.

[40] *Ibid.*, pp. 393-394.

[41] Harold Bloom, *Genios. Un mosaico de cien mentes creativas y ejemplares*, traducción de Margarita Valencia Vargas, Anagrama, Barcelona, 2005, p. 655.

[42] Sheridan, "*Dear Charles,* Paz le escribe a Tomlinson", *op. cit.*, p. 53.

Algo similar le escribe a Rodríguez Monegal, contándole que tan pronto desembarcó en Acapulco, "no había parado de ser zarandeado de aquí para allá por la inesperada, maravillosa y homicida cordialidad de los mexicanos […] Ya se cansarán y me echarán al bote de basura".[43]

Según cuenta Poniatowska, los Paz se instalan en la calle de Galeana, en San Ángel, en unas casitas que rentaba Sol Arguedas. Estaban cerca de los González de León y de los Cuevas, y no muy lejos de la casa de Xirau, el filósofo y poeta mexicano-catalán que había publicado *Octavio Paz: el sentido de la palabra* (1970), el primer libro íntegramente dedicado a él en español y quien desde 1964 dirigía la revista *Diálogos*, uno de los modelos de *Plural*.

Se encontró Paz a la comunidad intelectual aturdida todavía por efecto del 68 pero esperanzada por la apertura democrática prometida por Echeverría, que si bien nunca fue su amigo, como se ha dicho, se identificaba con la Generación del Medio Siglo (la de Fuentes), a la que pertenecían no pocos amigos y colaboradores del poeta. Echeverría, pese al 68, parecía más confiable que Díaz Ordaz, el hierático autócrata odiador de intelectuales. Se había formado en el cardenismo más duro, según relata Krauze en *La presidencia imperial* (1997) y se presentaba como un nuevo Cárdenas dispuesto a devolver su vigor social a la maltrecha Revolución mexicana y curar la herida del 68, sacando de la cárcel a los presos políticos, tanto a los del movimiento estudiantil como a los líderes sindicales encerrados desde 1959. El gabinete presidencial quedó compuesto en 78 por ciento por egresados de la UNAM y según cálculos de Zaid, su crítico más feroz, Echeverría hizo crecer 1688 por ciento el presupuesto de la principal universidad del país, transformada, como quería la izquierda, en una universidad de masas.[44]

Una de las primeras cosas que hizo Paz en México fue ir a visitar a José Revueltas en la cárcel de Lecumberri. "El domingo pasado" le cuenta Revueltas a Andrea, su hija bienamada, "vino a verme Octavio Paz. Vino en compañía de Montes de Oca. Como siempre magnífico, limpio, honrado, ese gran Octavio que tenía más o menos ocho años de no ver o algo así. Ya te escribiré. Nuestro tema fue, por supuesto, Heberto Padilla".[45]

Paz, cuyas meditaciones le parecían a Revueltas "brillantes y disparatadas a la vez (disparatadas en el sentido en que lo decía Bergamín)",[46] estuvo con el heterodoxo mexicano, según cuenta Poniatowska, "toda una mañana

---

[43] Perales Contreras, *Octavio Paz y su círculo intelectual*, *op. cit.*, p. 131.

[44] Krauze, *La presidencia imperial*, Tusquets, México, pp. 370-371.

[45] Revueltas, *Obras completas, 26. Las evocaciones requeridas (Memorias, diarios, correspondencias)*, ERA, México, 1987, pp. 217-218.

[46] *Ibid.*, p. 111.

sentado a su lado, al solecito, frente a su celda. A la hora de la despedida ambos subieron al torreón, el único lugar del cual podía verse el cielo".[47]

Que el nexo más vivo y cálido de Paz con el 68 fuese, regresando a México, José Revueltas, no sólo se debía al amoroso y común recuerdo de Silvestre, "Neptuno de la música" como lo llamó Octavio cuando el compositor murió en 1940, ni a que a la segunda novela de su estricto contemporáneo del año 1914 (El luto humano, 1943) hubiese sido reseñada muy favorablemente por él. Se debía a "Aquí, un mensaje a Octavio Paz", texto enviado desde la cárcel el 19 de julio de 1969, donde le cuenta cómo lo lee su joven compañero de celda, Martín Dozal.

Dozal, quien saliendo de la cárcel ejerció como maestro de primaria hasta su jubilación, me dijo en 2014: "Desde la renuncia, Paz fue uno de los nuestros, por más grandes que hayan sido después nuestras diferencias. Revueltas lo amaba justamente porque habitaban universos distintos. Yo le regalé, cuando nos visitó en mayo de 1971 en la crujía, un barquito de madera de esos que hacíamos los presos para entretenernos."[48] Román, el más joven de los hijos de Revueltas en cambio, recuerda que su padre lamentaba, en sus últimos años, "el giro a la derecha" de Paz.[49]

"Han venido desde los años y los sueños más distantes y más próximos y aquí están en la celda que ocupamos Martín Dozal y yo, su Baudelaire, su Proust, mi Baudelaire, mi Proust, nuestro Octavio Paz", le escribe José Revueltas. "Martín Dozal lee a Octavio Paz, tus ensayos, los lee, los repasa y luego medita largamente, te ama largamente, te reflexiona, aquí en la cárcel todos reflexionamos a Octavio Paz, todos estos jóvenes de México te piensan, Octavio, y repiten los mismos sueños de tu vigilia. Un día cualquiera de este mes de julio", sigue el autor de Los errores, "Martín cumplió 24 años y realmente ésa es la cosa: está preso por tener 24 años, como los demás, todos los demás, ninguno de los cuales llega todavía a los treinta y por eso están presos, por ser jóvenes, del mismo modo en que tú y yo lo estamos también, con nuestros cincuenta y cinco cada uno, también por tener esa juventud de espíritu, tú, Octavio Paz, gran prisionero en libertad, libertad bajo poesía".[50]

Dozal había decidido empezar una huelga de hambre a un año de su encarcelamiento y José Revueltas hizo publicar el mensaje en La cultura en México. Evocaba el "país ocupado por el siniestro cacique de Cempoala", personaje maligno en "El cántaro roto" de Paz: "No, Octavio, el sapo no es inmortal, a causa del hecho vivo, viviente, mágico de que Martín Dozal, este maestro, en cambio, sí lo sea, este muchacho preso, este enorme muchacho

---

[47] Poniatowska, Octavio Paz. Las palabras del árbol, op. cit., p. 130.

[48] CDM, Conversación con Martín Dozal, Ciudad de México, 20 de febrero de 2014.

[49] CDM, Conversación con Román Revueltas Retes, Ciudad de México, 4 de julio de 2012.

[50] Revueltas, Obras completas, 15. México 68. Juventud y revolución, prólogo de Roberto Escudero y edición de Andrea Revueltas y Philippe Cheron, ERA, México, 1978, pp. 215-216.

libre y puro." En otras celdas y crujías, continúa Revueltas en su efusión lírica, pese a "la noche de Cempoala" y pese a "la noche de Tlatelolco" en todo México Paz es venturosamente leído, "cuando ya creíamos perdido todo, cuando mirabas a tus pies con horror el cántaro roto".[51]

José Revueltas fue liberado el 13 de mayo de 1971 pero el gozo se fue al pozo en una de las maniobras más arteras en la historia de la política mexicana. Dejo a Krauze el resumen de los acontecimientos del 10 de junio, el jueves de Corpus. Entonces un joven estudiante de historia en El Colegio de México, en su doble calidad de testigo presencial (estaba en el Casco de Santo Tomás con su amigo Aguilar Camín y ambos hicieron la crónica para *La cultura en México*), Krauze, más tarde subdirector de *Vuelta*, dirá décadas después en *La presidencia imperial:* "Lo hechos ocurrieron el 10 de junio por la tarde. Grupos de jóvenes armados de grandes varillas (típicas del arte marcial del kendo) se abalanzaron contra la pacífica marcha golpeando y apresando estudiantes. Los llevan a una calzada paralela, donde a golpes de macana y cachazos los meten en vehículos policiales y hasta en ambulancias empleadas con el mismo objeto. En la operación no sólo participan provocadores de sexo masculino: también hay jóvenes mujeres que se usan de gancho para atraer a los estudiantes a los vehículos. Desde la azotea de una vecindad donde una familia de maestros le ha ofrecido refugio, dos jóvenes amigos [Aguilar Camín y Krauze] atestiguan la escena: 'Una nueva oleada de garroteros se agrupa sobre la calzada… y parte a un trote marcial, colectivo, voceando 'Arriba el Che Guevara' y corean sus voces. Pasan frente a nosotros, traen garrotes amarillos idénticos en una mano y piedras en la otra, llegan frente a los tanques antimotines que han quedado estacionados al principio de la calzada… y allí reinician sus gritos 'Che Guevara', al tiempo que lanzan piedras contra los cristales de un comercio."[52]

"Era obvio", continúa Krauze, "que se trataba de un grupo de provocadores adiestrado para fingirse estudiantes. El batallón Olimpia redivivo". Tampoco se supo con exactitud, como el 2 de octubre, cuántos murieron en aquel "jueves de Corpus" famoso porque los provocadores ingresaron a los hospitales y a la Cruz Verde "a rematar a los estudiantes heridos en sus lechos".[53]

"Esa misma noche", dice *La presidencia imperial*, "el presidente Echeverría apareció en televisión y dijo que ordenaría una investigación, 'caiga quien caiga'. El 11 de junio, los periódicos de la ciudad, sin excepciones, vivieron un fugaz momento de libertad absoluta: reportaron los hechos con veracidad y e indignación. El grupo paramilitar que había intervenido era

---

[51] *Idem.*

[52] Krauze, *La presidencia imperial*, *op. cit.*, pp. 372-373.

[53] *Idem.*

conocido como los Halcones. A los pocos días, dos altos funcionarios renunciaban a sus puestos: el regente del Departamento del Distrito Federal Alfonso Martínez Domínguez y el jefe de la policía Rogelio Flores Curiel. La investigación prometida nunca llegó. Pero buena parte de la opinión pública, y por supuesto, los intelectuales integrados al gobierno tomaron como buena la versión de que el crimen había sido una trampa tendida contra "el presidente progresista" contra "los emisarios del pasado", como el propio Echeverría llamó al regente de la ciudad y al jefe policíaco al despedirlos de sus puestos.[54] Días después, el procurador Julio Sánchez Vargas, el fiscal del Estado contra los líderes estudiantiles de 1968 y a quien Echeverría recompensó en 1970 pidiéndole que permaneciera en el cargo, también renunció.

La tarde del 10 de junio, Paz estaba en el Auditorio Justo Sierra de la Facultad de Filosofía y Letras que había mudado de nombre, tras el 68, por el de Che Guevara, convertido ese sitio desde entonces en el *sanctasanctorum* de las sectas ultraizquierdistas mexicanas. En el viaje de 1967, su visita a la facultad había sido muy grata.[55] Los tiempos habían cambiado y en cuanto a Paz, el mensaje de *Postdata*: el poeta iba a empezar su lectura rodeado de mantas de repudio que decían: "Fábrica de poesía sin vida", "La poesía está en la calle", "Poesía sin compromiso igual a juguete pequeñoburgués", "Salta la palabra a la calle y se hace la manifestación", "Ya no dibujen las letras: vívanlas", "Paz: estamos en la calle defendiendo tu derecho a hacer poesía", "Los hombres decentes están en la calle", "Fuera Paz" y otras pancartas que exigían la salida de González Casanova, el rector de la UNAM depuesto en noviembre de 1972 por la izquierda más retrógrada del país, de la cual se volvería profeta.

Paz no se amilanó aquel 10 de junio, esas circunstancias lo excitaban y en otras peores se las había visto en la década canalla. Estaba dispuesto a iniciar su lectura, titulada "Los signos de rotación" cuando empezaron a llegar las primeras noticias de la represión en las calles del Casco de Santo Tomás y de la Rivera de San Cosmé. La lectura, obviamente, se suspendió y esa misma noche se realizó una reunión de intelectuales en casa de Fuentes en la cual Paz se encontró con el recién liberado José Revueltas, ya un poco tomado. Ante la enormidad grotesca del 10 de junio y "mientras se discutía qué podíamos hacer, Revueltas se me acercó y con una sonrisa indefinible me susurró al oído: '¡Vámonos todos a bailar ante el Santo Señor de Chalma!'"[56] Irse a bailar a Chalma, a ritmo de violín y tamborcillo, es popularmente una rogativa ante las causas desesperadas.

---

[54] *Idem.*

[55] CDM, Conversación con Eugenia Revueltas, Ciudad de México, 12 de febrero de 2014.

[56] Paz, *Obras completas, III. Generaciones y semblanzas. Dominio hispánico. Sor Juana Inés de la Cruz o las trampas de la fe, op. cit.*, p. 467.

De aquella reunión, que el novelista Salvador Elizondo, un dandi que había marchado con ánimos anarquistas en el 68, describió como una ida a tomar la copa en casa de Fuentes,[57] salió la llamada "Declaración de los 14 intelectuales". En ella, Benítez, Cuevas, Elizondo, Fuentes, García Ponce, el pintor Alberto Gironella, el poeta Eduardo Lizalde, Monsiváis, Montes de Oca, Pacheco, Paz, el psicoanalista Santiago Ramírez, el filósofo Luis Villoro y Zaid condenaban la represión inaudita contra la primera manifestación independiente que se había intentado llevar a cabo después del 2 de octubre. Los puntos esenciales de la carta eran: 1) que el derecho a manifestarse es una libertad constitucional la cual no puede supeditarse a ningún reglamento o voluntad de la autoridad; 2) que los estudiantes habían sido agredidos por grupos paramilitares cuya existencia constituía una gravísima amenaza contra el orden jurídico y las garantías constitucionales y 3) La opinión pública debe saber quién adiestró y pagó a esas bandas y a quiénes sirven.[58]

El 2 de octubre pareció ser un día aciago pretendidamente expulsado de la cuenta del tiempo por la "tregua olímpica". Algo muy distinto ocurrió con el 10 de junio de 1971, fecha inaugural de un torrente de crítica intelectual contra el presidencialismo despótico que bajó o subió de intensidad durante casi treinta años, pero ya no se interrumpió. El descaro de la operación –que tuvo entre sus principales víctimas a los reporteros gráficos de la prensa leal al régimen– impidió su silenciamiento.[59]

Martínez Domínguez, el regente de la ciudad despedido como presunto responsable del "halconazo", le confesó a Castillo, el lider de los profesores en 1968 y dirigente del Partido Mexicano de los Trabajadores (el PMT, en cuyos orígenes Paz participó), que Echeverría había organizado la agresión paramilitar del 10 de junio para deshacerse de la vieja guardia del PRI y culparla del 68. Todo con el tiempo, le salió al revés: secretario de Gobernación durante el 2 de octubre se le culpa lo mismo de aquella matanza que de la del 10 de junio. Sus posteriores medidas represivas, como el golpe al *Excélsior* hicieron que se multiplicara la prensa independiente y naciese, entre otras, la última revista de Paz, *Vuelta*.

---

[57] Salvador Elizondo, "El mamotreto. Diarios, 1967-1971" en *Letras Libres*, núm. 115, México, julio de 2008, p. 51.

[58] Rodríguez Ledesma, *Escritores y poder, op. cit.*, pp. 120-121.

[59] Yo mismo, que tenía nueve años y estudiaba muy cerca del Casco de Santo Tomás, en la calle de Miguel Schultz, fui resguardado, con todos mis compañeros en la escuela hasta las once de la noche, cuando nuestros profesores consideraron prudente hacernos recoger por nuestros padres. Durante los días siguientes, la directora de aquella escuela activa, Carola Ureta, una devota cardenista, con los periódicos en la mano, reunió, no sin cierta temeridad, a niños, padres y maestros para discutir los hechos, poniendo hincapié en lo que decían Paz, Fuentes y Benítez, intelectuales a quienes la malicia de Echeverría, debe reconocérsele, convirtió en figuras cuyas declaraciones ocupaban las ocho columnas y llegaban hasta algunos salones escolares.

El asilo brindado por el presidente a Hortensia Bussi, la viuda de Salvador Allende, mismo que pretendió extender al agonizante Neruda hicieron de él, al decir de los resignados izquierdistas mexicanos víctimas de sus paradojas, "luz de la calle y oscuridad de la casa". Legó al país una falsa apertura democrática (en 1976, su sucesor, José López Portillo ganó la presidencia sin... contendientes legalmente reconocidos) y una economía arruinada por el populismo. Adalid tercermundista e informante de la CIA, anfitrión generoso de cientos de exiliados sudamericanos y soldado de la guerra fría, fue a propósito de Echeverría –exculpándose de toda responsabilidad en el 2 de octubre– la última vez que Paz hizo una aclaración pública en la prensa.[60]

En noviembre de 2006, Echeverría fue sometido a arresto domiciliario como presunto responsable por genocidio en 1968 y 1971. Aunque fue exonerado por la prescripción de las causas y otras complicaciones jurídicas, se convirtió en el primer ex presidente mexicano sometido a tal pendencia judicial. Y aunque a una opinión pública ya acostumbrada a los altos estándares propios de la creciente cultura de la justicia universal y los derechos humanos, le supo a poco, a tardío y a insuficiente, ese arresto debió tener, me parece, un efecto simbólico mayor.

Días después del 10 de junio, una fracción no desdeñable de los intelectuales mexicanos, encabezados por Fuentes y Benítez, avaló la versión ofrecida por Echeverría de los hechos. Fuentes dijo que sería "un crimen histórico" aislar al presidente, rodeado por la extrema derecha, la mano negra actuante el 10 de junio y Benítez afirmó que la opción de los mexicanos era "Echeverría o el fascismo". Paz mismo, el 16 de junio, publicó en *Excélsior* "Las palabras y las máscaras", artículo del que se arrepentiría publicamente y no lo incluiría nunca entre sus libros. "Desde hace seis meses", escribió en respaldo del presidente, "vivimos en plena rectificación de los nombres. El Presidente Echeverría inició su gobierno usando un lenguaje que no tardó en alarmar a los partidarios de las palabras-máscaras y poco a poco, no sin vencer nuestro natural escepticismo, ha acabado por conquistar a la mayoría de la opinión independiente".[61]

Paz iba más lejos y como ocurrió con la izquierda más moderada (fueron los comunistas, convencidos de que había que recuperar la libertad de manifestación, ejerciéndola, quienes insistieron en marchar), consideraba inoportuna esa manifestación. Condenaba a los extremistas de incurrir en una provocación pues el motivo original de la manifestación del 10 de junio, solidarizarse con los estudiantes de Nuevo León cuyas principales demandas habían sido cumplidas, una vez destituido el gobernador de ese Estado: "Entonces vino el 10 de junio: un grupo de insensatos convocó

---

[60] "El Nobel se gana con obras: Paz", *Reforma*, México, 11 de febrero de 1998.

[61] *Excélsior*, Ciudad de México, 16 de junio de 1971, p. 7; citado por Armando González Torres, *Las guerras culturales de Octavio Paz*, Colibrí, México, 2002, pp. 87-88.

a una manifestación de los equivocados, no para celebrar la victoria de Monterrey, sino para denunciarla como una derrota." Paz condenaba a "la extrema izquierda" por realizar, inconsciente, "una operación de corrupción lingüística y política" y hacer de una victoria, otra derrota".[62]

Tras exigir la consabida investigación y el castigo a los culpables, decía Paz: "El Presidente ha devuelto la transparencia a las palabras. Velemos entre todos para que no se vuelvan a enturbiar. Echeverría merece nuestra confianza. Y con ello, cada vez que sea necesario, algo más precioso: nuestra crítica."[63]

En pocos meses, Paz admitió que "las palabras volvieron a empañarse" y así se lo aclaró en 1977 a Scherer García, ya como director de *Proceso*: "El presidente no cumplió su promesa. Así lo dije en una entrevista con Solares, un mes después o dos después de la promesa presidencial, y en muchos artículos en *Plural*." Acto seguido lamenta que Fuentes, Benítez y Cuevas, entre otros, decidieran "colaborar con el régimen y darle su apoyo público. No estuve de acuerdo con su posición y así se los dije, en privado, varias veces. Nunca pensé que yo tenía derecho a condenarlos. Además, ¿cómo olvidar las actitudes valerosas de Fuentes y Benítez en tantas ocasiones –un ejemplo: ante el asesinato de Jaramillo– mientras muchos de sus críticos de ahora no chistaban". Paz aclara que no eran "inmunes a la crítica y en *Plural* se publicaron algunos artículos más bien severos sobre su posición. Pero me parece que hay cierta diferencia entre la crítica de un Zaid, por ejemplo, inflexible y cortés, y los ladridos y los aullidos de tantos perros y chacales que merodean por las afueras de la literatura".[64]

Paz acabó por compartir, en 1972, la "inflexible" opinión de Zaid, quien con su carta de septiembre de ese año, firmaba, me parece, el acta de nacimiento del grupo de Paz, más allá de la "pluralidad" de la revista *Plural*. En ella, conminaba a Fuentes en los siguientes términos: "Te propongo lo siguiente: a) Que tomes como verdadera transformación el que se enjuice a los responsables de la matanza de Corpus. Si Echeverría falta a su palabra, el escepticismo nacional, 'demasiado hondo y, por desgracia, demasiado justificado', como tú mismo dices, se hará más hondo y, por desgracia, demasiado justificado, b) Que fijes un plazo (el que quieras) y lo anuncies publicamente, c) Que anuncies también que 'tu apoyo condicionado' al régimen terminará en esta fecha, si la investigación sigue en veremos."[65]

Zaid estaba de acuerdo con Fuentes en que había que aprovechar la "apertura democrática" de Echeverría aunque fuera "hipócrita" y le advertía

---

[62] *Idem.*

[63] *Idem.*

[64] Paz, *Obras completas, VIII. Miscelánea. Primeros escritos y entrevistas, op. cit.,* p. 739.

[65] Gabriel Zaid, "Carta a Carlos Fuentes", *Obras completas, 3. Crítica del mundo cultural,* El Colegio Nacional, México, pp. 238-242.

que si "para salvar a México de las Fuerzas del Mal, hay que someter la vida pública a las necesidades del ejecutivo" el país jamás abandonaría su presente autoritario.[66]

La respuesta de Fuentes, evasiva, decía que así como el gran Cárdenas había sido secretario de Gobernación durante el Maximato, a Echeverría podía perdonársele haber ocupado el mismo puesto con Díaz Ordaz. Consideraba la petición de Zaid un chantaje, limitándose Fuentes a repetir el estribillo –apoyar lo bueno del gobierno y rechazar lo malo– de la vieja izquierda colaboracionista de Lombardo Toledano. En ese espíritu Fuentes le organizó, en calidad de acto de reconocimiento internacional, a Echeverría, en junio de 1972, un encuentro de primer nivel con intelectuales liberales estadounidenses, en el Waldorf Astoria de Nueva York, al que asistieron, entre otros, Arthur Miller, William Styron, John Womack, Hanna Arendt, Arthur Schlesinger Jr., Aaron Copland y I. F. Stone.

Paz, como director de *Plural,* viajó desde Harvard, donde estaba dando clases y palabras más, palabras menos, dijo que lo que México necesitaba era democracia aunque fuera la despreciada "democracia formal". Hubo otras reuniones, como aquella entre el presidente, Paz, Cosío Villegas y Jesús Reyes Heroles, el ideólogo priísta que efectuaría, a principios del siguiente sexenio, la primera reforma política. Todos los testimonios coinciden en que Echeverría hablaba con todos pero no escuchaba a nadie.[67] A Cosío Villegas, ejemplarmente, lo convidaba al diálogo mientras lo mandaba hostigar al grado de que el viejo liberal pensó en exiliarse en España tras la divulgación de un libelo en su contra cuya escritura se atribuyó al venal ex filósofo Uranga.[68] A Paz, el presidente le mandaba regalos baladíes, como cestas de fruta y canastas navideñas con caviar y champaña, que Marie José tenía instrucciones de devolver de inmediato a Los Pinos, la residencia oficial de los presidentes mexicanos.

La verdadera respuesta de Fuentes vino en 1975, cuando le aceptó a Echeverría la codiciada embajada de México en París, puesto al que hubo de renunciar en abril de 1977 cuando el sucesor de Echeverría como presidente, López Portillo, tuvo la torpe idea de nombrar como primer embajador de México en la España constitucional a… Díaz Ordaz, quien también dimitió veinte días después, abucheado en ambas orillas del Atlántico. A Fuentes no le quedó sino renunciar y la suya quedó como una parodia de la renuncia de Paz en Nueva Delhi nueve años atrás. "Un gesto digno y que desarmará a sus enemigos y envidiosos", lo calificó Paz en carta a Gimferrer.[69]

---

[66] *Idem.*

[67] Rodríguez Ledesma, *Escritores y poder*, *op. cit.*, pp. 130-131; Perales Contreras, *Octavio Paz y su círculo intelectual*, *op. cit.*, pp. 141 y 154.

[68] Daniel Cosío Villegas, *Memorias*, Joaquín Mortiz, México, 1976, p. 294.

[69] Paz, *Memorias y palabras. Cartas a Pere Gimferrer 1966-1997*, *op. cit.*, p. 150.

Las diferencias de opinión centradas en cuál debía ser la relación de los intelectuales con el poder político en general y con el supuesto Orden nuevo de Echeverría, no terminaron en ese entonces con la amistad de Paz y Fuentes (a quien había conocido en París en 1950) y fueron discutidas públicamente, de manera muy rica, a lo largo de 1972 tanto en *La cultura en México* como en *Plural*. Incluso, en noviembre de ese año, Paz contestó el discurso de ingreso de Fuentes a El Colegio Nacional explicándole al público por qué al novelista, en un texto luego recogido en *In/mediaciones* (1972), lo perseguía "la cólera, la irritación y la maledicencia". Lo retrataba como un "escritor apasionado y exagerado, ser extremoso y extremista, habitado por muchas contradicciones, exaltado en el país del *medio tono* y los *chingaquedito*, paradójico en la república de los lugares comunes, irreverente en una nación que ha convertido su historia trágica y maravillosa en un sermón laico y ha hecho de sus héroes vivos una asamblea de pesadas estatuas de yeso y cemento, Fuentes ha sido y es el plato fuerte de muchos banquetes caníbales".[70]

Mientras Paz se movía de la posición de Fuentes a la de Zaid, lo cual prueba la importancia que para él siempre tuvieron las ideas de los más jóvenes, se gestaba otra fractura en lo que los profesores llaman "el campo intelectual". Si en el grupo que orbitaba, por decirlo así, en torno a *Excélsior* y al recién nacido *Plural* convivían quienes creían en Echeverría y los que no, *La cultura en México*, "coordinada" por Monsiváis desde marzo de 1972, se radicalizaba, abriendo contra Paz un frente de izquierda que ya nunca se cerraría, aunque cambiasen los protagonistas, como fue el caso de Krauze, crítico del liberalismo ese año y luego prominente liberal.

El propio Krauze cuenta cómo se reunieron con el curioso propósito de "darle en la madre a Paz", molestos por "la interpretación surrealista" en *Postdata*, que trayendo a cuento "a los viejos dioses y mitos para explicar la matanza de Tlatelolco" atenuaba "la culpa de los asesinos". A "Los jóvenes críticos", prosigue Krauze en *Octavio Paz. El poeta y la revolución*, les irritaba su "estetización de la historia" y "su súbito y para ellos inexplicable abandono de la vía revolucionaria". A esos jóvenes intelectuales que "no eran revolucionarios de fusil, pero veían con simpatía y esperanza a los focos guerrilleros en el estado de Guerrero y buscaban documentar, en las huelgas o manifestaciones de descontento, señales de una inminente insurrección popular", el "reformismo" político de Paz les resultaba insoportable.

Reunidos en el departamento que el poeta David Huerta, hijo de Efraín, el antiguo camarada de Paz, tenía en la calle de Magnolias, estos *angry young men* acaudillados por Monsiváis (además del anfitrión, Manjarrez, Aguilar Camín, Aguilar Mora, Carlos Pereyra y otros) armaron un número de *La*

---

[70] Paz, *Obras completas, III. Generaciones y semblanzas. Dominio mexicano. Sor Juana Inés de la Cruz o las trampas de la fe, op. cit.*, p. 492.

cultura en México titulado contra el liberalismo mexicano de los setenta: "Pensábamos que el adjetivo 'liberal' era un estigma evidente y hablábamos peyorativamente de las libertades formales, la libertad de expresión y la democracia. Valores aguados. Asegurábamos que en el México revolucionario de los setenta ese pensamiento anacrónico no tenía cabida. Tratábamos, literalmente, de 'expulsar a los liberales'" del discurso público.[71]

La respuesta de Paz, sin firma, apareció en *Plural*, en el número 11, de agosto de 1972: "Desprestigiar términos como 'libertad de expresión' y 'democracia', tildar peyorativamente de 'liberales' a quienes defienden y practican concretamente, sin excesivas ilusiones pero con la intención política de ofrecer alternativas, la libertad de expresión y la opción democrática, ha sido táctica de todos los movimientos totalitarios de nuestro tiempo. Los grandes teóricos del socialismo, de Marx y Engels, a Kolakowski y Kosic, pasando por Rosa Luxemburgo ('La libertad es siempre la libertad del que no piensa como usted'), jamás difamaron los conceptos de libertad de expresión y democracia; los consideraban dialécticamente, conquistas humanas inseparables de la vida interna de los partidos revolucionarios, dentro y fuera del poder, e inseparables de la vida colectiva en el socialismo triunfante. No es ése el caso de Lenin, cuyas tendencias autoritarias fueron la semilla de la perversión estalinista."[72]

Paz, como lo haría durante toda la década, se presentaba como un socialista democrático heterodoxo, un antiestalinista que no aceptaba ser llamado, peyorativamente, liberal. El artículo de Paz es recordado en *la petit histoire* de la literatura mexicana por referirse a "K/C" como "un medio cerebro en dos cuerpos" porque Krauze y Aguilar Camín habían firmado una de las invectivas. Tras conocer a Paz en el entierro de Cosío Villegas en marzo de 1976, Krauze se convirtió pocos años después en subdirector de *Vuelta* y recuerda aquel artículo como un "doble coscorrón" que en el fondo del alma agradeció como "lector secreto" que ya era de *Plural*.[73] Aguilar Camín, a su vez, jefe de *Nexos*, la revista rival de *Vuelta*, diez años después, tras acusar a Paz de haber "envejecido mal" y de estar a la derecha de sí mismo, rectificó sus opiniones políticas con motivo de la incredulidad que compartieron él y el poeta frente al alegado fraude electoral de 1988.[74]

La irritación radical contra Paz ocultaba una pasión ominosa: la guerrilla urbana, que el poeta no dudó en llamar terrorista en *El ogro filantrópico*, había prendido en México tras la represión del 10 de junio. La decepción de Paz, emocionado ante el utopismo del 68, no podía ser más honda: "La

---

[71] Krauze, *Octavio Paz. El poeta y la revolución, op. cit.*, pp. 180-181.

[72] *Plural*, núm. 11, México, agosto de 1972, p. 41.

[73] CDM, Conversación con Enrique Krauze, Ciudad de México, 22 de enero de 2014.

[74] Jaime Sánchez Susarey, *El debate político e intelectual en México*, Grijalbo, México, 1993, p. 66n.

revuelta estudiantil, al agotarse, dejó un reguero de pequeños grupos de sectarios fanáticos que, a su vez, han engendrado las bandas terroristas. Los jóvenes de esa década descubrieron el antiguo manantial de la libertad; sus sucesores lo han cegado."[75]

La izquierda (y algunos liberales) dicen que aquella fue la reacción lógica a la cerrazón y al maquiavelismo de Echeverría. Verdad a medias: la deriva guerrillera (de inspiración maoísta, trotskista o guevarista) se dio en todo el planeta, lo mismo en democracias como la alemana, la italiana o la uruguaya que bajo dictaduras como la argentina o en regímenes autoritarios como el mexicano. Fue un mal de una década, más horrible quizá, que los treinta: no había una causa romántica y justa que defender como la guerra de España.

En 1973, al condenar el golpe del 11 de septiembre en Chile, Paz no podía ser más sombrío y pesimista: "El continente se vuelve irrespirable. Sombras sobre las sombras, sangre sobre la sangre, cadáveres sobre cadáveres: la América Latina se convierte en un enorme y bárbaro monumento hecho de las ruinas de las ideas y de los huesos de las víctimas. Espectáculo grotesco y feroz: en la cumbre del monumento un tribunal de pigmeos uniformados y condecorados gesticula, delibera, legisla, excomulga y fusila a los incrédulos." Igualmente a disgusto con el Nixon que "se lava las manos sucias de Watergate en el lavamanos ensangrentado que le tiende Kissinger" que con Brejnev inaugurando "nuevos hospitales psiquiátricos para disidentes incurables", Paz concluye que "en Praga los tanques rusos y en Santiago los generales entrenados y armados por el Pentágono, unos en nombre del marxismo y los otros en el del antimarxismo, han consumado la misma 'demostración': la democracia y el socialismo son incompatibles".[76]

Le preocupa mucho a Paz que, guardando las proporciones, el 10 de junio en México y el 11 de septiembre en Santiago de Chile, fuesen leídos como fracasos definitivos de la posibilidad de construir el socialismo en democracia. Y es que en América Latina, montoneros argentinos, miristas chilenos y tupamaros uruguayos combatían, a menudo entrenados en Corea del Norte o en Cuba, a crudelísimas dictaduras militares con la explícita intención de sustituirlas por dictaduras del proletariado. Dictadura que a algunos de los jóvenes de *La cultura en México*, al pretender la expulsión de los liberales a las tinieblas exteriores, les apetecía. Por fortuna abandonaron esa tentación y formaron parte notoria, empezando por Monsiváis, de la transición democrática en el país.

Tan agitada como la mexicana por sus relaciones con el nuevo avatar de su "ogro filantrópico" estaba, con el caso de Heberto Padilla, toda la intelectualidad latinoamericana. El poeta cubano cuyo *Fuera del juego* había

---

[75] Paz, *Obras completas, VI. Ideas y costumbres. La letra y el cetro. Usos y símbolos, op. cit.*, p. 259.

[76] *Ibid.*, p. 525.

ganado el Premio Julián del Casal en La Habana en 1968, fue víctima de una curiosa forma de censura: publicado, dada su calidad literaria, su libro aparecía con la advertencia en forma de prólogo de la Unión Nacional de Escritores y Artistas de Cuba, donde se desautorizaba al autor por contrarrevolucionario. Padilla no recibió el dinero del premio ni la recompensa adicional, un viaje a la URSS.

El 29 de abril de 1971, Padilla y su esposa, la poetisa Belkis Cuza Malé fueron arrestados por la policía cubana y apareció una primera carta de protesta que García Márquez se negó a firmar, iniciando allí su carrera como incondicional de la dictadura, carrera, debe decirse que inició vacilante, convencido de que había gérmenes de estalinismo en Cuba que... Fidel denunciaría pronto.[77] Sí la firmaron Paz, Sartre, Vargas Llosa, Juan Goytisolo, Sontag, Cárlos Franqui y todavía, Cortázar, quien se negaría a rubricar la segunda carta, entregado al castrismo como después lo estaría al sandinismo, oficiando de inocente cantor de gesta. Para Paz, quien publicó en *Siempre!* "Las 'confesiones' de Heberto Padilla", el texto de su rompimiento con el régimen de Castro; la segunda carta era propia de decepcionados por la Revolución cubana, motivo por el cual se abstuvo de firmarla, escribió en 1993, "porque sentí que era ajeno a la decepción que lo motivaba: yo no había compartido las excesivas esperanzas con que la mayoría de mis colegas vieron el movimiento cubano".[78]

En esas confesiones, que acaso Padilla escribió presionado por la policía política, hablaba de sus errores en lo que a Paz le pareció una parodia de los procesos de Moscú. "Supongamos", agrega, "que Padilla dice la verdad y que realmente difamó al régimen cubano con sus charlas con escritores y periodistas extranjeros: ¿la suerte de la Revolución cubana se juega en los cafés de Saint-Germain des Près y en las salas de redacción de las revistas literarias de Londres y Milán?"[79]

Fidel Castro había condenado, en el ínterin, "a los señores intelectuales burgueses y libelistas y agentes de la CIA", a esos "pseudoizquierdistas descarados que quieren ganar laureles viviendo en París, Londres, Roma "en vez de estar en la trinchera de combate", según cuenta Goytisolo en sus memorias, donde, también registra que en esos días las autoridades culturales de La Habana decretaron el monolitismo ideológico y ordenaron la liquidación de la homosexualidad y de las religiones africanas.[80] Vargas Llosa, a su vez, renunció al comité de redacción de *Casa de las Américas*, la revista que exportaba la Revolución cubana a la intelectualidad mundial. El novelista

---

[77] Perales Contreras, *Octavio Paz y su círculo intelectual*, op. cit., p. 118.

[78] Paz, *Obras completas, VI. Ideas y costumbres. La letra y el cetro. Usos y símbolos*, op. cit., p. 170.

[79] *Idem.*, p. 171.

[80] Juan Goytisolo, *Obras completas, V. Autobiografía y viajes al mundo hispánico*, Galaxia Gutenberg/Círculo de Lectores, Barcelona, 2007, pp. 450-451.

peruano todavía se esforzó por mostrar su renuncia como un desacuerdo por el caso Padilla y no como una condena general del castrismo. Paz fue más lejos: "Todo esto sería únicamente grotesco si no fuese un síntoma más de que en Cuba ya está en marcha el fatal proceso que convierte al partido revolucionario en casta burocrática y al dirigente en césar."[81]

Revueltas, "afligido", preso él mismo en Lecumberri, protestó hondamente, como sólo él sabía hacerlo, con una carta abierta publicada en *La cultura en México*: "Heberto Padilla dice en su carta una verdad, por la cual renuncia a la verdad: se arrepiente de haber intentado esclarecerse, y se esclarece así, mistificadamente, en la *otra* verdad. ¿Qué mayor tortura para un escritor que la de oponer su obra a la razón de Estado y tanto más si ese Estado es socialista? Los 'herejes' de la Edad Media se sometían con mucho menor resistencia a las exigencias morales del 'dolo bueno' que al plomo derretido en la cuenca de los ojos."[82]

La defensa oficial de la condena de Padilla (quien sólo pudo abandonar Cuba en 1980 con la vida destruida por el alcoholismo para morir veinte años después en Alabama) tocó al vate "arielista" cubano Roberto Fernández Retamar, quien creyó hilar fino, al homologar a los servidores del imperialismo que defendían a Padilla, con Calibán. La defensa extraoficial tocó a Cortázar, quien escribió un largo y lamentable dizque poema dizque en prosa, "Policrítica en la hora de los chacales", donde la cursilería se pone al servicio del totalitarismo: "Tiene razón Fidel: sólo en la brega hay derecho al descontento…"[83] Quizá todo el caso quede resumido en las líneas que Cabrera Infante le dirigió a Jorge Edwards, el inolvidable cronista del caso Padilla en *Persona non grata* (1973 y 1991): "No hay delirio de persecución allí donde la persecución es un delirio."[84]

"Curiosamente", dice John King, "los cubanos no atacaron a Paz: una señal evidente de que, en términos de la causa, sabían que habían perdido a Paz desde muchos años atrás".[85] A la muerte de Paz, los editores de *Casa de las Americas* lo homenajearon comparándolo con Vasconcelos: como el "maestro de América", el poeta mexicano fue un buen latinoamericano que había sido víctima de "una involución dramática", es decir, convirtiéndose, a buen entenedor, pocas palabras, en un fascista.[86]

[81] *Idem.*

[82] José Revueltas, *Obras completas, 18. Cuestionamientos e intenciones,* edición de Philippe Cheron y Andrea Revueltas, ERA, México, 1978, p. 283.

[83] *Libre. Revista de crítica literaria (1971-1972),* introducción de Plinio Apuleyo Mendoza, edición facsimilar, El Equilibrista/Turner, Mexico-Madrid, 1990, p. 128.

[84] Edwards, *Persona non grata,* Tusquets, Barcelona, 1990, p. 334n.

[85] John King, *Plural en la cultura literaria y política latinoamericana,* traducción de David Medina Portillo, FCE, México, 2011, p. 99.

[86] Rojas, "El gato escaldado. Viaje póstumo de Octavio Paz a La Habana", *op. cit.*, p. 165.

PLURAL (1971-1976)

"El sueño de Octavio era la revista y la revista se hizo", me dice Manjarrez, a quien se le ofreció la secretaría de redacción y la rehusó.[87] Atrás habían quedado los escarceos de los años sesenta que fueron de la comida con Malraux pidiendo una ilusoria ayuda francesa, desinteresada, a la "precipitación" de Fuentes, "quien había hablado de nuestro proyecto" con amigos y no tan amigos de Paz, asunto que vino a dar en una buena pero efímera revista: *Libre* (1971-1972) cuya dirección se turnaron Goytisolo, Jorge Semprún y Vargas Llosa, entre otros. Su gran momento fue cuando publicaron las actas taquigráficas del caso Padilla.

Siguiendo en este apartado la ordenada exposición de John King (*Plural en la cultura literaria y política latinoamericana,* 2011) y los datos, obtenidos de las correspondencias de Guillermo Cabrera Infante, Severo Sarduy y Rodríguez Monegal, por Perales Contreras en *Octavio Paz y su círculo intelectual* (2013), se colige que en el fracaso de *Libre* estuvo, en su medida latinoamericana, el éxito de *Plural*. Paz, contra Cortázar y García Márquez, apostó por disidentes cubanos de distinto perfil pero ambos insobornables, como Cabrera Infante y Sarduy, excluidos o autoexcluidos de *Libre*, como Rodríguez Monegal mismo.[88] *Plural* tendría una alianza táctica con los novelistas del *Boom* pero nunca se convertiría en su instrumento, como lo querían Cortázar y Fuentes.

Hija del caso Padilla pero también de la ambigüedad de la apertura democrática de Echeverría –represión en la calle, voz para los intelectuales– *Plural* se hizo una realidad gracias a la buena voluntad de Scherer García, quien puso al más importante de los diarios mexicanos –cuya independencia se había acrecentado en 1968 y 1971– a disposición de Paz. "Al nombre de la revista" que sería mensual, de cultura e ideas, según cuenta Scherer García, "le dimos vueltas y revueltas, como le gustaba decir a Octavio. La pluralidad en el país ya era una exigencia de la época". "De pronto, como ocurre siempre, dijo Octavio con la certeza de un enigma resuelto: *Plural*."[89]

Comenzó a tender puentes el poeta, escribiendo infatigablemente hacia los cinco confines del mundo. Con *Plural* quedó claro que su prestigio intelectual se acrecentaba. Consiguió ensayos de Lévi-Strauss y Michaux, pagados correctamente porque por primera vez en su ya larga trayectoria de editor literario, tenía, con *Excélsior*, el respaldo de una empresa solvente que

---

[87] Héctor Manjarrez, correo electrónico a CDM, 4 de febrero de 2014.

[88] Perales Contreras, *Octavio Paz y su círculo intelectual, op. cit.*, p. 124.

[89] Adolfo Castañón, Marie José Paz y Danubio Torres Fierro (editores), *A treinta años de Plural (1971-1976)*, FCE, México, 2001, p. 3.

significaba, además, un lujo en aquella época: hacer numerosísimas llamadas telefónicas internacionales.

Paz le brindó a King copias de las misivas enviadas tanto a amigos como Cage, Tomlinson, Pierre Klossowski (sobre quien García Ponce publicará "Teología y pornografía" en *Plural*), Goytisolo, Steiner o Ashton como a otros que no lo eran: Noam Chomsky (colaborador en el número 3), Roland Barthes (a quien Paz conoció en 1969, gracias a Sarduy, sin que hubiera química entre ellos), Michel Foucault...

Las ideas de *Tel Quel* nunca penetraron en *Plural*, revista donde se prefería a los ensayistas de la tradición hispanoamericana (como el argentino Murena, muerto en esos días) y a franceses de heredad surrealista, que consideraban que "la teoría, como el poder, es totalitaria".[90] En enero de 1975, *Plural* (que tenía a Sarduy, uno de los telquelianos, como colaborador) hizo arreciar el fuego contra el posestructuralismo, publicando una entrevista de Steiner contra *Tel Quel* y su torre de Babel.

Plural se convirtió en la casa de Sarduy y Cabrera Infante (a quienes una solidaridad efectiva, como la de Paz, les era regateada por doquier), de los argentinos Bianco, del crítico de arte Damián Bayón, del matrimonio peruano compuesto por el pintor Szyslo (quien ya recuerda al Paz de 1950 en París como jefe de la literatura latinoamericana acuartelado en los altos del Café Flore)[91] y la poeta Varela, lo mismo que el poeta Haroldo de Campos del Brasil y un crítico joven, Julio Ortega, del Perú, quien defendía al gobierno militar de izquierda de su país que, por sus engañosos símiles con el cardenismo, fue benignamente tratado en *Plural*.[92]

Miro el número 1 de *Plural* de octubre de 1971 y lo recuerdo, sin duda con vaguedad, como un símbolo del espíritu de la época. La nueva clase media mexicana, universitaria y de izquierdas tuvo al fin, con *Plural*, una ventana al mundo: todos nos asomábamos por ella, hasta los adolescentes curiosos, que sin entender gran cosa, la percibíamos. En aquel número, además de Lévi-Strauss, Michaux (ideogramas chinos), venía un reportaje de Poniatowska sobre el festival de Avándaro (el Woodstock mexicano) y un artículo de Gastón García Cantú (uno de los críticos severos pero corteses de *Postdata*) sobre Iglesia y Estado en México, un retrato literario de Lezama Lima por Xirau, otro ensayo de Harold Rosenberg sobre el arte contemporáneo de aquellos días y una mesa redonda sobre la modernidad de la literatura mexicana donde participaban Paz, Fuentes, García Ponce, Montes de Oca y Gustavo Sáinz, entonces una joven promesa de la novelística. Las viñetas eran de Cuevas y el suplemento central lo firmaba, dedicado a

---

[90] King, *Plural en la cultura literaria y política latinoamericana*, *op. cit.*, p. 215.

[91] *Ibid.*, p. 44.

[92] Perales Contreras, *Octavio Paz y su círculo intelectual*, *op. cit.*, pp. 183-184.

"Kenko: el libro del ocio", Kazuya Sakai (1927-2001), un pintor argentino de origen y educación japonesa que se convirtió en el alma visual de la revista, diseñándola y contagiando, a lo largo de un lustro, la pasión de Paz por Oriente. Sakai, el primero en traducir al español algunas páginas de *La historia de Genji,* sería el segundo secretario de redacción de *Plural* y su director artístico.

La correspondencia entre Segovia, secretario de redacción de *Plural* y Paz, una vez que éste viajó a Harvard (donde estuvo desde finales de octubre de 1971 hasta el verano de 1972) a dar sus clases, muestra, como dice King, la cocina de la revista, cuyos 25 mil ejemplares deberían estar destinados, insistía Octavio, a que no fuese "una revista mexicana para Nueva York y Europa, sino una revista de nivel internacional para Latinoamérica".[93]

Como después de Segovia (quien estuvo sólo un año en la segunda posición de la revista) lo corroborarían de la Colina, Danubio Torres Fierro, Krauze, Asiain y Ruy Sánchez, quienes fueron jefes o secretarios de redacción de *Plural* y de *Vuelta,* el ritmo de trabajo con Paz era intenso aunque el poeta retribuía a sus colaboradores compartiendo con ellos su ancho mundo. "Eramos una sociedad de amigos: como la taberna del Dr. Johnson, recordará de la Colina."[94]

Resume King que "a propósito del segundo número le remitió a Segovia una avalancha de diagnósticos y recomendaciones": además de las consiguientes llamadas telefónicas, el 14 de noviembre escribió una carta de siete páginas a espacio simple; luego otras más cortas los días 15, 19 y 20 de noviembre. La del 14 de noviembre contiene un breve pasaje introductorio, donde se disculpa con Segovia por el hecho de que estén condenados a tratar sólo de *Plural* y, por tal razón, nunca tienen tiempo de hablar de las bellezas de Cambridge o acerca de "Dore Ashton y Adja Junkers, y un cuadro que nos regaló Joseph Cornell, la exposición de Tamayo, John Cage y una curiosa cena en su casa con John Lennon y su japonesita".[95]

Paz, políticamente, es cauto respecto a Cuba ("Hay que ganarse el derecho de criticar a Cuba *en lo que sea criticable,* criticando antes a otros regímenes latinoamericanos, empezando por el de México", le escribe a Segovia), rechazaba que hubiese en *Plural* no sólo artículos periodísticos sino la manera periodística de proceder, hoy fatalmente imperante que concibe al lector como un escolapio y le daba gran importancia a la última sección "Letras, letrillas, letrones" donde debe haber humor, agudeza, chispa. Insistía en que *Plural* debía traducir lo mejor que se publicase en el mundo si no podía pedir colaboraciones internacionales exclusivas, muchas de las cuales

---

[93] King, *Plural en la cultura literaria y política latinoamericana, op. cit.,* p. 111.

[94] *Ibid.,* p. 207.

[95] *Ibid.,* p. 119.

llegaron, firmadas por un viejo conocido de la India como John K. Galbraith o por intelectuales de Nueva York como Daniel Bell, Irving Howe o Sontag. Varios de ellos se quejaban, cariñosos y francos, con Octavio cuando consideraban que se les estaba pagando poco o le pedían publicar algo lo más pronto posible cuando pasaban por algún apuro o cuando necesitaban publicar más para cubrir alguna urgencia. Como dice King, él mismo historiador de *Sur*, la revista argentina, moribunda desde 1970, había sido sustituida por *Plural*, que homenajeó a su antecesora argentina, en 1975-1976 gracias a las entrevistas de Torres Fierro con las sobrevivientes figuras argentinas. [96]

King percibe de inmediato la formación de un grupo mexicano que en mayo de 1975 y durante el último año de la revista, aparecería como consejo de redacción pero que a principios de 1972 ya se asomaba con Elizondo, el autor de *Farabeuf o la crónica de un instante* (1965), que había cambiado a la narrativa mexicana, con Zaid y con Ulalume González de León, poeta y principal traductora de la revista, quien en el segundo número ya presentaba una versión de Lewis Carroll. En aquel consejo de redacción de *Plural*, una vez constituido, me contaba Segovia (quien sin romper del todo se alejaría de Paz, hacia la izquierda, en las siguientes décadas) eran escasas las discusiones políticas, dada la profundidad del anhelo democrático compartido. En *Vuelta* la situación sería distinta.[97]

A las presencias de Segovia, de la Colina y García Ponce, conocidos de Paz desde los tiempos de la *RML* y de Poesía en voz alta, se sumó Alejandro Rossi, venezolano de origen italiano y mexicano de adopción desde el medio siglo, cuando había llegado a estudiar filosofía con Gaos. Rossi publicó en octubre de 1973 un valiente artículo sobre el golpe en Chile. Mientras Paz, en la página anterior mencionaba en "Los centuriones de Santiago" el aire fascista abrasador en la abyección con el cual había sido saqueada la casa de Neruda y destruidos sus libros y papeles, Rossi, en su columna, el "Manual del distraído", más tarde el título de su libro clásico publicado por vez primera en 1978, decía: "Ahora bien, seamos sinceros y reconozcamos que el Gobierno de Unidad Popular era un caos, aquello económicamente no tenía pies ni cabeza, un juego que satisfacía impulsos morales, manías igualitarias, pero el país, mientras tanto se arruinaba. Una especie de festival ético –hermoso desde luego– aunque con las horas contadas. Por Dios, nada contra Allende como persona, salvo sus sueños."[98] Nacido en Florencia, Rossi llamó la atención de Paz sobre la lectura italiana del golpe en Chile: el compromiso histórico entre los comunistas y los demócrata-cristianos.[99]

---

[96] *Ibid.*, pp. 127, 171, 181-183.

[97] CDM, Conversación con Tomás Segovia, Ciudad de México, 29 de abril de 2011.

[98] Alejandro Rossi, "Manual del distraido", *Plural*, núm. 25, México, octubre de 1973, p. 52.

[99] CDM, Conversación con Alejandro Rossi, México, 7 de septiembre de 2006.

Desde entonces pero de manera más visible en *Vuelta*, Paz contaría con dos mentes a la vez literarias y analíticas, pensadores diferentes y complementarios, los autores de las dos columnas sobre las que llegaría a descansar *Plural*, "El manual del distraído" y "Cinta de Moebio": de la manera en que Rossi, liberal conservador y Zaid, anarquista cristiano, se complementaron, en la divergencia, hablaré más adelante.

Prosigo mirando *Plural*. Consigno en desorden cómo a través de la revista hablaba Paz y cómo la revista, sus colaboradores, sus colegas, lo fueron haciendo a él, en la última parte de su vida. Se ha dicho, con razón, que las revistas, de *Taller* a *Vuelta* son parte de la obra de Paz. Pero yo preferiría insistir en lo que Paz toma de los otros, una de las claves de su vitalidad. Por ejemplo: los nuevos poetas de los que se va rodeando y que lo acompañarán hasta el final. Como el venezolano Sucre, después tan dominante como crítico, que aparece desde el primer número, más tarde los concretistas brasileños (el suplemento del número 8) o dos entrañables amigos españoles de Paz, Ríos (quien traducirá y presentará a Raymond Roussell) y Pere Gimferrer (su principal corresponsal en esa década), que se contarán entre sus más fieles críticos, muy presentes en *Plural,* como lo estuvo, un poco menos, Jaime Gil de Biedma. Entre los más jóvenes poetas mexicanos, Alejandro Aura, Carlos Isla, José Joaquín Blanco (a fines de la década, crítico feroz de Paz), Jaime Reyes o Ulises Carrión, uno de los últimos vanguardistas mexicanos, con quien Paz discutió en *Plural*.

Leer, por ejemplo, por primera vez en español el "Stalin" de Osip Mandelshtam, traducido por Deniz, como memorable fue releer la sintética demolición de Mayakovski por el mismo traductor, un químico políglota (Juan Almela es su nombre civil) que se convertiría en un extraño y célebre poeta. O encontrarse con los poemas de Michaux, con las prosas de Beckett traducidas por Esther Seligson (la introductora, a su vez, de Cioran en México, en el número 4 de *Plural)*. Con Javier Sologuren junto a Montes de Oca –en cada poema una metáfora asombrosa– y todos ellos, escoltados por sueños que se recuerdan como si uno los acabase de soñar, de Jean-Paul Richter, a su vez escoltado por Nerval (preferido de Segovia). En el número 6 me encuentro con una conversación de Durán con Nicanor Parra (nunca hubo empatía entre él y Paz, jamás he sabido por qué) y veo aparecer, sin advertencia previa, en *Plural*, al mago René Daumal.

Entre los nuevos poetas hispanoamericanos promovidos por *Plural* estaba Rojas, a quien Paz le había conseguido trabajo en México (aunque al final se decidió por Caracas) porque había ido a parar, desterrado de Chile, a la Alemania siniestra de Honecker en el este, como le había recomendado a Pizarnik. A Pizarnik, tan entusiasta de *Salamandra*, Paz la invitó a que probase la prosa crítica cuando la agobiase el agotamiento del estro. Otro rarísimo que salió de la Argentina gracias a *Plural* fue Roberto Juarroz mientras que a Girri le tocó ser rescatado del lento naufragio de *Sur*.

Si en la poesía, como señala King, Paz se retiene un poco en *Plural* (en *Vuelta*, más suya, su gusto, como su edad, será más imperativo), en el ensayo el pluralismo de *Plural* sorprende: están excluidos los estalinistas recalcitrantes y desde luego, los fascistas, fuesen criollos o mestizos, pues a *Plural* la regía la idea de ensanchar el centro para democratizar América Latina, lo que parecía, en los años setenta, insensato. Democratización de la política pero también del gusto: del ensayo de Guillén, un poeta de la generación del 27, sobre Valéry a los de Aron y Bell sobre la sociedad industrial. Ambos postulaban una teoría adoptada por Paz y en buena medida refutada por la caída del muro de Berlín: la existencia, con problemas semejantes, de una sola sociedad industrial dividida en dos bloques políticos.

En *Plural* también apareció la carta pública del 19 de enero de 1972 en la cual Paz se dirige a Adolfo Gilly, el trotskista argentino preso en Lecumberri desde 1966 cuando se dirigía a contactar a la guerrilla guatemalteca y autor de *La revolución interrumpida* (1971), cuya reinterpretación de la Revolución mexicana apasionó a Paz. Esa carta aceleró la liberación de los últimos presos políticos de la década anterior.[100] También en ese número de *Plural*, el quinto, apareció la correspondencia de Gide y Serge. Tampoco pasaron inadvertidas en *Plural* las muertes de los dos grandes críticos del siglo en lengua inglesa: Wilson (el obituario fue de Harry Lavin, quien llevaría a Paz a Harvard) y Cyril Connolly (recordado por su amigo y colega en *Horizon*, Spender).

De la respuesta de Gilly a Paz a los artículos de Cosío Villegas, del trotskismo al liberalismo, *Plural* se distinguió por escandalizar dándole voz a los disidentes del Este, empezando por Solzhenitsyn, cuyo *Archipiélago Gulag* (1973), tuvo en el director de *Plural* a un defensor apasionado pese a las agudas diferencias que tenía con el cristiano ruso.

Encontramos a Kolakowski disertando sobre el dinero, a Gil de Biedma releyendo a Pound, a Sontag escribiendo en memoria del anarquista Paul Goodman en 1972 y a Cortázar llorando a Neruda un año después. Un viejo conocido de Paz, de los años treinta, Cardoza y Aragón estuvo presente en *Plural* (como lo estuvo Augusto Monterroso, el otro guatemalteco-mexicano) recordando la visita de Artaud a México y hallamos a Jean Dubuffet retratado por Tamayo. *Plural*, con sus dossiers pictóricos, fue la casa de los Vicente Rojo, los José Luis Cuevas, los Manuel Felguérez, los Brian Nissen, los Gunther Gerzso, los Roger Von Gunten. La Generación de la Ruptura pictórica mexicana, no sin retraso, tuvo en *Plural* a su revista. No podía ser de otra manera. Sí Paz sólo hubiese escrito sobre pintura moderna y contemporánea

---

[100] CDM, Conversación con Adolfo Gilly, ciudad de México, 7 de mayo de 2013; "por cierto, cuando en 1972 salí de Lecumberri y me llevaron desde mi celda al avión del destierro en Europa, dejé todos mis libros a los presos políticos que aún no salían e hice la elección del náufrago en la isla desierta: llevar uno solo conmigo. Me llevé *La estación violenta*", me cuenta Gilly. (Correo electrónico a CDM, 11 de junio de 2013.)

sería recordado como un magnífico crítico de arte, categoría que, por cierto, compartió con Fuentes, también brillante en el género.

En "Letras, letrillas, letrones" hay de todo como en botica: coscorrones y no pocas notas sin firma, muchas escritas probablemente por Paz como aquella en que se consigna que el Premio Nobel de 1972 haya recaído en el generoso Heinrich Böll y no en el mejor escritor alemán, Jünger, el autor preferido de su hija, cuya novela, *Eumeswil* (1977), Le hubiera encantado prologar, tal como se lo pidió Gimferrer en 1979.[101] Pero aquello no se hizo.[102] Hay comentarios ásperos sobre política mexicana; festejos onomásticos, minucias poéticas (Larrea deconstruyendo a Vallejo); regaños a quienes defendieron la represión en el 68, como Usigli, remitido al infierno de los ex-escritores; cartas de los lectores y rectificaciones de la revista; proyecciones firmadas por Zaid sobre la semana laboral de 40 horas o la pelea entre Aridjis y Pacheco (dos de los socios de Paz en *Poesía en movimiento*), donde el primero se queja de una reseña negativa del segundo, quien responde con una copla…

Plural fue una revista más de críticos de arte que de literatura (aunque estuvieron Rodríguez Monegal y Ángel Rama, adversarios) y en ella se batieron, lo consigna King, Damián Bayón, Gaëtan Picon, Juan Acha, Jorge Alberto Manrique y Marta Traba. Aunque colaboraron todos los miembros del *Boom* –con la notoria ausencia de García Márquez– la narrativa fue menos atendida en *Plural* que la poesía, el arte o el ensayo, no obstante que fueron colaboradores frecuentes no sólo Vargas Llosa (como crítico publicó en *Plural* su revisión de *Madame Bovary*), Fuentes y José Donoso. Estuvo Borges pero también los novísimos argentinos de entonces como Hector Bianciotti, Manuel Puig o Luisa Valenzuela. O Álvaro Mutis, un colombiano de México y Juan Carlos Onetti, cuyo arresto en 1974 por la dictadura uruguaya fue motivo de denuncia y preocupación en la revista. Aparecieron los jóvenes mexicanos como José Agustín, Fernando Del Paso, González de Alba, Federico Campbell o Hiriart cuyos *Cuadernos de Gofa* (1981), Paz recomendara calurosamente, pero sin éxito, con Gimferrer, entonces en Seix Barral, para su publicación en la península. Finalmente, releo la inolvidable versión de de la Colina de la *Prosa del transiberiano* de Blaise Cendrars o su redescubrimiento de Ramón Gómez de la Serna. Y a lo largo de los años de *Plural*, se insistió en mantener vivo, más allá de la historia literaria, al surrealismo, yendo a uno de sus ancestros, el utopista Charles Fourier, cuyo centenario festejó la revista con ensayos de Barthes, Klossowski, Italo Calvino (luego un asiduo en *Vuelta*) y un ensayo del propio Paz.

Desde *Plural*, Paz hacía política diaria y pagaba deudas con su pasado. Lo que aparecía en la revista alimentaba su obra y viceversa: además de

---

[101] Paz, *Memorias y palabras. Cartas a Pere Gimferrer 1966-1997*, *op. cit.*, p. 179.

[102] "El Premio Nobel y la virtud", *Plural*, México, núm. 15, diciembre de 1972, p. 39.

algunos de sus poemas capitales, *Los hijos del limo* y *El ogro filantrópico* no se entienden sin la revista donde se fermentaron. Para muchos, pero no para todos, Paz era *Plural* mientras que para Paz casi todo lo que aparecía en la revista (contando, naturalmente, con aquello que lo contristaba o lo enfurecía) formaba parte de su mundo. Como en los años de *Taller* y de *El hijo pródigo*, entre los treinta y los cuarenta, Paz habría logrado hacer, con *Plural*, otra vez, de México, el ombligo de la luna, oriente y occidente.

El *Plural* de Paz dejó de publicarse abruptamente, apenas aparecido su número 58, cuando Scherer García y su grupo fueron expulsados del diario el 8 de julio de 1976 por una mayoría de cooperativistas (*Excélsior* era formalmente una cooperativa) que, instigada por Echeverría, tomó el control del diario. *Siempre!* fue la única públicación que se arriesgó a difundir la renuncia solidaria de Paz y su gente con la dirección depuesta. El grupo de *Plural* afirmaba que "sólo un periódico independiente como *Excélsior*, hecho y escrito por hombres libres, podía publicar una revista con vocación crítica como *Plural*. De allí nuestra indignación ante la forma en que se ha procedido contra *Excélsior* y sus dirigentes". Terminaba para Paz otra primavera, como se había esfumado, tras el 2 de octubre, el sueño de la India y el poeta y sus amigos temían lo peor: "Es imposible no interpretar lo sucedido como un signo de que avanza hacia México el crepúsculo autoritario que ya cubre casi toda nuestra América."[103]

Hubo protestas internacionales. En *The New York Review of Books* salió una carta en solidaridad con *Plural* firmada, entre otros, por Woody Allen, Chomsky, Elizabeth Hardwick, Galbraith, Arthur Miller, Philip Roth y Gore Vidal. Cioran, desde París, mandó decir: "¡Cuando pienso que ustedes en México, rindieron un brillante homenaje a Cyril Connolly y que en París nadie señaló la desaparición de aquel que idolatraba todo lo que era francés!" El rumano concluía su dicho con las siguientes palabras: "*Plural* era un reproche a la in curiosidad intelectual, un desafío, una bofetada elegante." Y Goytisolo resumió el sentir de los hispanoamericanos: "Era una de las poquísimas revistas en lengua española en las que podíamos expresarnos, y es como si hubieran quitado del todo algo del escaso oxígeno que estábamos respirando."[104]

El golpe de Echeverría a *Excélsior* fue contraproducente, un berrinche autoritario ocurrido pocos meses antes del final del sexenio, que es cuando los presidentes mexicanos, monarcas absolutos pero sólo por seis años, solían enloquecer. Tanto el diario como *Plural* (el nombre era propiedad de la cooperativa) siguieron publicándose y la revista de Paz se convirtió en una caricatura al servicio de la más rancia izquierda latinoamericana, dirigida primero por Eduardo Rodríguez Solís y luego por Labastida, uno

---

[103] King, *Plural en la cultura literaria y política latinoamericana*, *op. cit.*, p. 285.

[104] Perales Contreras, *Octavio Paz y su círculo intelectual*, *op. cit.*, p. 254n.

de los poetas de La espiga amotinada incluidos en *Poesía en movimiento*, quien asegura haberle pedido, sin éxito, a la nueva dirección de *Excélsior* abandonar el nombre de *Plural*.[105] Pero el 6 de noviembre de 1976 apareció la revista semanal de Scherer García, *Proceso*, que sería un dolor de cabeza para los gobiernos mexicanos durante el siguiente cuarto de siglo y de los expulsados de *Excélsior* salieron, también, los periodistas que fundarían dos nuevos diarios de izquierda, *unomásuno* en 1977 y *La Jornada* en 1984.

En sus cartas a los amigos, Paz pronto se repuso del susto y la indignación inicial y sacó de la necesidad, virtud: "En fin, trataremos de resucitar la revista, con otro nombre y de manera independiente. Ya te pondré al corriente de lo que ocurra…", le escribía a Donald Sutherland (el poeta, no el actor): "Mientras tanto –¿Qué decía Baudelaire que no hay mejor remedio para olvidar las penas que escribir sobre temas sublimes."[106] La nueva revista, *Vuelta*, apareció oficialmente el 1 de diciembre de 1976 aunque circulaba desde un par de semanas atrás en algunos pocos quioscos capitalinos y en las manos de muchos lectores felices. El dicho asevera que cuando un grupo de jóvenes quiere cambiar el mundo, se pone a hacer una revista. A veces eternamente joven, Paz logró cambiar muchas cosas en México y en América Latina, con tan sólo una revista.

TRES, CUATRO AUTOBIOGRAFÍAS

Los años de *Plural* coinciden con la publicación de tres de los grandes poemas autobiográficos de Paz, *Pasado en claro* (1975), "Vuelta" y "Nocturno de San Ildefonso" (incluidos en *Vuelta* de 1976), como si el ciclo memorioso, la vuelta al pasado, fuese la otra mitad de un círculo cerrando la intensa actividad intelectual destinada a actuar sobre el presente, como lo implicaba, para el poeta, dirigir *Plural*.

Paz convoca a la musa de la memoria siguiendo el modelo de "Himno entre ruinas", el poema, firmado en Napolés en 1948, que originalmente daba término a la primera edición de *Libertad bajo palabra,* es la frontera, para Xirau, entre el primer Paz y el de la madurez. En aquel poema el poeta sufre por primera vez la "característica *caída*", como la llama Gimferrer en Lecturas de Octavio Paz (1980): "*Nueva York, Londres, Moscú./ La sombra cubre al llano con su yedra fantasma,/ con su vacilante vegetación de escalofrío,/ su vello ralo, su tropel de ratas./ A trechos tirita un sol anémico./ Acodado en montes que ayer fueron ciudades, Polifemo bosteza.*"[107]

---

[105] CDM, Conversación con Jaime Labastida, Ciudad de México, 13 de febrero de 2013.

[106] Perales Contreras, *Octavio Paz y su círculo intelectual*, op. cit., p. 253.

[107] Paz, *Obras completas, VII. Obra poética (1935-1998), op. cit.*, p. 238.

Esa caída es doble. Lo mismo es, como lo cree Gimferrer, la caída en el instante, que la caída en la historia, como lo pienso, con otros lectores de Paz. En la primera caída, el poeta "cae hacía fuera de la realidad habitual, es decir, hacia dentro de sí mismo, momento de tránsito que lleva hacia el núcleo del poema…", según Gimferrer. Pero también nos lleva hacia esa caída en la historia de la cual surge lo que yo entiendo por la historiosofía de Paz, es decir, la reflexión sobre el sentido y los fines de una Historia a la que el poeta se siente, a la vez condenado sin remisión de condena y atraído de manera profética.

En "Himno entre ruinas", recordemos, "cae la noche" sobre las pirámides de Teotihuacán, la antiquísima ciudad de los dioses vecina del Valle de México que fue abandonada muchos años antes del imperio azteca, en cuya cúspide *los muchachos fuman mariguana*". Acto seguido, Paz nos lleva a una escena erótica: sólo la mujer lo salva y tras ese descanso, la caída en la Historia es aún más profunda y deja ver a las grandes ciudades del siglo xx por donde caminan los humanos, "*bípedos domésticos*".[108]

El hastío moderno, el horror de la enajenación y el totalitarismo, el fracaso de la redención revolucionaria, ese "huevo del fénix" que buscaba Paz en la Europa de 1945, no son elementos extrapoéticos que la Historia introduce circunstancialmente en la poesía de Paz, autor de poquísimos "poemas circunstanciales", entendidos como aquellos en que el poeta se distrae, por indignación o por complacencia, en un tema menor, ajeno a la médula de su poética. Si acaso, el Paz joven, el autor de "¡No pasarán!", "Oda a España" o de "Elegía a un compañero en el frente de Aragón", justamente porque aceptaba la crítica de los Contemporáneos de que un verdadero poeta no podía dedicarse a la poesía comprometida por ser circunstancial (hasta Alberti se lo dijo tempranamente), buscó una solución.

Lo encaminó hacia la salida –poeta que se convierte en poeta crítico al fin y al cabo– la reflexión en "Poesía de soledad y poesía de comunión" y acabó por hacer de la caída en la Historia una de las dos naturalezas de su poesía, siendo la otra, la mujer. Por eso le dio vueltas y revueltas a "Entre la piedra y la flor", para despojarlo de su contingencia y por eso ni las "Intermitencias del oeste" en *Ladera Este* ni "Aunque es de noche", el poema suscitado por la lectura de Solzhenitsyn o "París: Bactra: Skíros", a la memoria de Papaioannou, incluídos en *Árbol adentro*, pueden ser leídos como circunstanciales. Como no es circunstancial el antimodernismo en Eliot o la historia rusa en Anna Ajmátova, Boris Pasternak o Joseph Brodsky. Para decirlo con Valéry, para Paz y los poetas de esa familia espiritual, la Historia, con mayúsculas, sólo puede hacerse poesía mediante una Política del Espíritu. En cambio creo (o más bien lo propongo para la discusión) que el relativo fracaso de Pound y Neruda como poetas historiosóficos estuvo en

---

[108] *Ibid.*, pp. 237-238.

su incapacidad para hacer poéticamente verosímiles a la crítica de la usura o a la canción de gesta del comunismo.

Sin duda el periodo de la India es el menos historiosófico para Paz al grado que la primera línea de "Viento entero" (publicado como plaquette en Nueva Delhi, 1965) es "El presente es perpetuo". La no-historia de la India, aunque sea falsa como lo prueba el poeta en *Vislumbres de la India*, creaba un estatismo, ambiente favorable a la caída en el instante, a lo circulatorio, a formas diacrónicas, a la adoración de Eros, el Esplendor de *El mono gramático*. Las "Intermitencias del oeste" llaman a Paz a capítulo, al capítulo de la Historia, dándole fin a la fuga india del poeta, que terminó junto con los fabulosos años sesenta. Y como en los sueños proféticos de Jean Paul, la pesadilla volvió a anegarse de cadáveres.

El regreso a México en 1971 es un retorno pleno a la Historia: las intermitencias dejan de serlo. Primero, la Historia encarna en la ciudad. Eso es *Vuelta* (que precede a *Pasado en claro* en el orden dado por Paz a su poesía), la historia de dos ciudades, la del pasado de Paz y la de su presente, en los tres poemas ("Vuelta", "A la mitad de esta frase" y "Petrificada petrificante") dedicados a la Ciudad de México, a la que Paz regresa para convertirla en su residencia principal, fin y principio de todos sus viajes, obsesión quemante. Y quien lo reintroduce a México no puede ser otro que el fantasma de López Velarde, uno de los cuatro poetas, junto con Pessoa, Cernuda y Darío, que integraban *Cuadrivio*. A pesar de los pesares Paz volverá al "edén subvertido que se calla/ en la mutilación de la metralla", la famosa "tristeza reaccionaria" evocada por López Velarde, a la que ha de resignarse quien regresa al país transformado, para bien y para mal, por la Revolución mexicana. El edén subvertido para Paz es, en realidad, un "latido de tiempo".[109]

Paz recupera Mixcoac. Años después, en un corto documental de Robert Gadner, veremos al poeta detenerse frente a la antigua casa familiar y jugar a las canicas, por un par de minutos, con un niño. Es el pueblo donde pasó su infancia y adolescencia, ya convertido en un barrio más de la Ciudad de México y cerca del cual, en la calle Denver, vivirá su madre hasta su muerte: "Camino hacia atrás/ hacia lo que dejé/ o me dejó/ Memoria/ Inminencia de precipicio", se lee en "Vuelta". La memoria, una vez más, lo precipita en la Historia: recuerda aquel trabajo suyo de juventud contando, en el Banco de México, los billetes condenados a la incineración. La mención al dinero –como toda su generación, en la izquierda o en la derecha, Paz es anticrematístico– lo lleva a la de otras servidumbres, como la de la Iglesia Cívica que gobierna México, ese PRI simbolizada por los "licenciados zopilotes", esa omnipresente multitud de abogados al servicio de los corrompidos regímenes de la Revolución a los que el Paz de "Vuelta" suma a "los coyotes ventrílocuos/ traficantes de sombra/ los beneméritos/ el cacomixtle ladrón

---

[109] *Ibid.*, pp. 633, 637.

de gallinas/ el monumento al Cascabel y a su víbora/ los altares al máuser y al machete/ el mausoleo del caimán con charreteras/ esculpida retórica de frases de cemento".[110]

"A la mitad de la frase..." es otra muestra, durísima, de la fatal caída en la Historia porque nacer es caer: "nacicaída", la llama Paz. La caída está ligada a la muerte dramática de su padre, pero también, otra vez, a la caída en la Historia propia del tiempo de las revoluciones porque en Paz la única poesía que escapa de los límites de la polis es la erótica: "Nuestros oráculos son los discursos del afásico,/ nuestros profetas son videntes con anteojos", dice en ese mismo poema, donde se concluye con la "Historia:/ basurero y arcoiris".[111]

La Ciudad de México, tal cual aparece en "Petrificada petrificante", es el escenario ideal para que el poeta ejerza como "jardinero de epitafios". Llamada "Pecho de México", "escalera de los siglos", "desmoronado trono de la ira", "obligo de la luna", su ciudad natal comparte con la Nueva Delhi de *Ladera Este*, su condición de urbe virreinal y sedienta condenada a abrazarse, molida por el polvo de la historia. Para Paz, el agua ausente es sinónimo de regeneración: "¿Dónde está el agua otra?"[112]

Son palabras mayores las del "Nocturno de San Ildefonso", uno de los poemas más bellos de la lengua. Continúa "Vuelta" y la profundiza, como *Pasado en claro* eleva la potencia de todos los poemas memoriosos. El poeta vuelva a *caer*, como lo ilustra Gimferrer, viene la noche y aparece "México hacia 1931" en el cual el joven poeta se abre paso entre los memorables "Gorriones callejeros,/ una bandada de niños/ con los periódicos que no vendieron/ hace un nido". Llega así al antiguo Colegio de San Ildefonso, la sede de la ENP, donde cursó sus estudios: "A esta hora/ los muros rojos de San Ildefonso/ son negros y respiran:/ sol hecho tiempo,/ tiempo hecho piedra,/ piedra hecha cuerpo".[113]

Antes de llegar al vecino Zócalo, la gran plaza que en Paz siempre es magma de los recuerdos, se aparecen los adolescentes venidos de las novelas leídas como alimento terrestre formativo. Comenta Gimferrer: "Cortés vió ese Zócalo, pero el pasado que surge ante nosotros no es el pasado remoto de la ciudad, sino –como en la visión callejera del principio de ese movimiento– un pasado próximo, cotidiano, y sin embargo herida lejana ya: la adolescencia del poeta. Un adolescente tiene héroes adolescentes (Aliosha Karamazov y Julien Sorel); héroes, nótese, que son además ideólogos, disputadores y polemistas. Como sus héroes, un adolescente es un ideólogo y polemiza con

---

[110] *Ibid.*, p. 635.

[111] *Ibid.*, pp. 639, 641-642.

[112] *Ibid.*, pp. 642-647.

[113] *Ibid.*, p. 667.

otros adolescentes; construyen, en la discusión y el diálogo, ciudades del pensamiento, no menos reales que las ciudades en que viven".[114]

En *Pasado en claro*, los héroes históricos y literarios se mezclan con los recordados juegos infantiles: junto a Príapo y el capitán Nemo, "Abderramán, Pompeyo, Xicoténcatl,/ batallas en el Oxus o en la barda." Testifica una higuera cuyo tronco está abierto, rajado, hendido, premonición de la mujer que en "Nocturno de San Ildefonso" vuelve a interrumpir la caída del poeta en la Historia: "Mujer: fuente en la noche/ Yo me fío a su fluir sosegado".[115]

El centro moral de "Nocturno de San Ildefonso" son los años treinta, la década canalla. Allí leemos la conmovedora autocrítica de Paz, adoptada por pocos entre esa generación entonces devota de la aurora revolucionaria: "todos hemos sido,/ en el Gran Teatro del Inmundo;/ jueces, verdugos, víctimas, testigos,/ todos/ hemos levantado falso testimonio/ contra los otros/ y contra nosotros mismos."[116] De manera ejemplar, como había ocurrido desde *Piedra de sol*, la caída en la Historia, termina en el lecho y la historiosofía, gracias al poema, se transforma en gratitud erótica. Ese proceder es, para mí, el centro de la poesía de Paz: "Todavía estoy vivo./ El cuarto se ha enarenado de luna./ Mujer:/ fuente en la noche./ Yo me fío a su fluir sosegado".[117]

"Nocturno de San Ildefonso" se transmuta en *Pasado en claro*, 628 versos que el crítico peruano José Miguel Oviedo divide en doce etapas y un epílogo, en un proceso de *anagnórisis,* que para Paz es una poética: todo poema trata de la poesía. Oviedo examina la disposición del poeta al viaje, inspirado (o empujado) por *El preludio*, de Wordsworth (leído con Tomlinson en la primavera de 1970): "La oscura atmósfera inicial, el desconcierto del que emprende el viaje, se resuelven, tras una serie de peripecias dramáticas, en una visión de claridad, de saber; ese triunfo se apoya en una derrota: el yo comprueba que es sólo la sombra de una realidad verbal, una voz que emerge del vacío buscando a alguien; concluido el poema, esa conciencia se disuelve en el silencio, en la nada".[118]

A esa toma de conciencia ("Un charco es mi memoria./ Lodoso espejo: ¿dónde estuve?") la acompaña la descripción del valle de México, el remoto "(estampas: los volcanes, los cúes y, tendido,/ manto de plumas sobre el agua,/ Tenochtitlán todo empapado en sangre)" y el propio, la infancia de Paz y sus juegos, el estudio de la adolescencia (cuyo antecedente encuentra Oviedo en *¿Águila o sol?*) y la aparición de la Historia que se cuela en los

---

[114] Gimferrer, "Lectura de Nocturno de San Ildefonso" en Santí, *Luz espejeante. Octavio Paz ante la crítica, op. cit.*, p. 379.

[115] Paz, *Obras completas, VII. Obra poética (1935-1997), op. cit.*, pp. 683, 675.

[116] *Ibid.*, pp. 670-671.

[117] *Ibid.*, p. 675.

[118] José Miguel Oviedo, "Los pasos de la memoria. Lectura de un poema de Octavio Paz", Santí, *Luz espejeante. Octavio Paz ante la crítica, op. cit.*, p. 387.

juegos de los niños, presididos en la distancia por ese venerable príncipe de los aventureros, don Ireneo, patriarca de la casa de Mixcoac. Enseguida, los conocidos retratos de la madre ("mirada niña de la madre vieja/ que ve en el hijo grande un padre joven") y del padre arrasado ("Yo nunca pude hablar con él./ Lo encuentro ahora en sueños,/ esa borrosa patria de los muertos./ Hablamos siempre de otras cosas".)[119]

Hay misticismo, según Oviedo, en los viajes al pasado de Paz, pero un misticismo escéptico usado para desligarse de las espiritualidades convencionales y ahondar en la propia, esa suerte de religión de la poesía. Subraya Oviedo y yo con él: "No me multiplicaron los espejos/ codiciosos que vuelven/ cosas los hombres, números las cosas:/ ni mando ni ganancia. La santidad tampoco:/ el cielo para mí pronto fue un cielo/ deshabitado, una hermosura hueca/ y adorable. Presencia suficiente"…[120]

Por ese camino llega Paz, en *Pasado en claro*, a los versos que bien podrían definir toda su historiosofía: "Ser tiempo es la condena, nuestra pena es la historia./ Pero también es el lugar de prueba"…[121]

El ciclo memorioso va más allá del trío de grandes poemas, e incluye varios poemas largos de *Árbol adentro* (1987), como es el caso, entre otros, de "1930: vistas fijas" y de "Kostas", el homenaje de Paz a su amigo, el resumen final, junto con el enfático "Aunque es de noche", de su historiosofía. En *Árbol adentro*, empero, la memoria va cediendo su lugar a esos poemas epigramáticos que le permitirán sobrevivivir en esa *Antología Griega* que la posteridad va recopilando, como la serie "Al vuelo" o "Hermandad".

El verdadero lugar de la prueba no es exactamente la Historia sino otro sitio contigüo en el mapa paziano, llamado "poesía y historia", como se titula uno de los capítulos de *El arco y la lira*. Por ello, no he querido leer *Vuelta* y *Pasado en claro* sin *Los hijos del limo*, esa autobiografía intelectual diferida. Pero antes de hablar de ese libro de 1972, resultado de las conferencias Charles Norton Eliot de la universidad de Harvard, quisiera regresar al punto donde se había detenido el pensamiento poético de Paz, "Los signos en rotación" de 1964, publicados originalmente por *Sur* y después agregados como epílogo a la segunda edición de *El arco y la lira*. Aquel texto, acaso el último manifiesto poético del surrealismo, es el preferido de quienes gustan del Paz más radical pero no por ello exento de contradicciones pues en ese mismo año, el 18 de julio, le escribía al a su manera clasicista Bianco (nacido en 1908): "Queda poca gente como tú en este mundo de pop art, 'pintura informal', poetas comunistas o neo-dadaístas".[122]

---

[119] Paz, *Obras completas, VII. Obra poética (1935-1998)*, *op. cit.*, pp. 273, 681-682, 689.

[120] *Ibid.*, p. 690.

[121] *Ibid.*, p. 693.

[122] Carta de Octavio Paz a José Bianco, 18 de julio de 1964, Papeles de José Bianco, caja única, Biblioteca Firestone de la Universidad de Princeton; CDM, conversación con Eduardo Milán, ciudad de México, 5 de septiembre de 2013.

Desmesurados, "Los signos en rotación", lamentan la imposibilidad de "poetizar la vida social" y "socializar la palabra poética", soñando con un comunismo poético que no estaba a la vista pero que el 68 francés, para Paz, como para muchos vanguardistas en espera de la jubilación pondría al día fugazmente. Esa esperanza bretoniana en "cambiar la vida, transformar el mundo" lleva a un Paz antiliberal a condenar la sociedad de consumo donde "la pluralidad se resuelve en uniformidad sin suprimir la discordia entre las naciones ni la escisión en las conciencias" y "la vida personal, exaltada por la publicidad, se disuelve en vida anónima".[123]

Más aún, Paz, en el orden de la pregunta retórica de T. W. Adorno sobre si se podía escribir poesía después de Auschwitz, célebre desde que el filósofo alemán la enunció en 1951, el poeta mexicano se pone a tono y se pregunta a su vez si después de *Una temporada en el infierno*, de Rimbaud, "se puede escribir un poema sin vencer un sentimiento de vergüenza" o seguir el camino al poeta precoz que encarnó lo absolutamente moderno y dedicarse a la acción (la revolución) o escribir "ese poema final que sea también el fin de la poesía", ya sea a la manera de Rimbaud mismo o a la de Mallarmé. A esa pregunta le sigue la última profesión de fe marxista de Paz: "Aunque la sociedad que preveía Marx está lejos de ser una realidad de la historia, el marxismo ha penetrado tan profundamente en la historia que todos, de una manera u otra, a veces sin saberlo, somos marxistas".[124]

El 68 primero, el 89 después, barrió con la consigna bretoniana, convirtiéndola en un anhelo, en mi opinión, a la vez tan obvio y tan remoto como los Diez Mandamientos. En 1990, anotando sus *Obras completas*, Paz afirma que "veintiséis años después" de escritos "Los signos en rotación", "el enorme fracaso histórico del marxismo-leninismo es un hecho incontrovertible" pero no ha surgido "un nuevo pensamiento crítico y creador" que para el Paz tardío tomará la forma de una esperanza capaz de reconciliar liberalismo y socialismo, la tercera vía, esa esquiva quimera. Empero, la descripción paziana del mundo en 1964 está todavía muy aderezada con el horror heideggeriano por la técnica que Paz tratará de rectificar después en "La nueva analogía: poesía y tecnología", su discurso de ingreso a El Colegio Nacional en 1967. La visión de "Los signos en rotación" le resultará simpática a muchos críticos actuales de la globalización y el posmodernismo. "Hoy", a diferencia de la situación del hombre antiguo, dirá en 1964, "no estamos solos en el mundo: no hay mundo. Cada sitio es el mismo sitio y ninguna parte está en todas partes".[125]

---

[123] Paz, *Obras completas I. La casa de la presencia. Poesía e historia, op. cit.*, pp. 310-311.

[124] *Ibid.*, pp. 311-313.

[125] *Ibid.*, pp. 315-316.

En 1964, finalmente, al poeta sólo le queda la escritura de poemas-críticos como a *Un coup de dés,* cosa que, para decirlo llanamente, hará Paz entre *Blanco* y *Pasado en claro*, mientras que muchos antiguos vanguardistas nunca resignados a la cancelación del sueño bretoniano, intentaran en otras escuelas (el estructuralismo y sus metáforas) hacer lo que describía Gracq con sarcasmo: mandar a la guerra a Mallarmé haciéndolo cargar con una mochila llena de teorías revolucionarias. Paz, finalmente, se pregunta cómo será la poesía cuando acaben de morir los vanguardistas en un escenario de fin de la historia donde el acabamiento de ésta todavía se identifica (en el caso de Paz, con tristeza) con el fracaso libertario del marxismo.

El poeta-crítico se relee a sí mismo: así como *Postdata* es una crítica de *El laberinto de la soledad*, *Los hijos del limo* son una respuesta a "Los signos en rotación" iniciada con la pregunta esencial para Paz, la de qué es ser moderno. "Imán del presente y la piedra de toque del pasado", "nuestro futuro es eterno", "semejante al presente fijo del cristianismo", afirma Paz de la modernidad para empezar a contar su propia historia. El tema de la tradición de la ruptura, postulado en *Poesía en movimiento* se universaliza en *Los hijos del limo* al decir que "la historia de la poesía moderna –al menos la mitad de esa historia– es la de la fascinación que han experimentado por las construcciones de la razón crítica".[126]

El cuento, nos va diciendo Paz, a lo largo de *Los hijos del limo*, empieza con Hölderlin, cuya esencia es el Eros y la Polis, porque el tema de Hyperion es al mismo tiempo "el amor por Diotima y la fundación de una comunidad de hombres libres". El recorrido terminará con la presencia de una ausencia: ese poeta mexicano que aún en los sesenta seguía creyendo que el marxismo era "la última tentativa del pensamiento occidental por reconciliar razón e historia".[127]

Autobiografía intelectual diferida y sólo a ratos involuntaria, Paz subraya en la vida de Wordsworth, uno de los momentos más felices del bardo de los lagos cuando escuchó decir a un viajero recién desembarcado en Francia que Robespierre había muerto. El autor del hiperbólico y pomposo *Preludio* detestaba, nos recuerda Paz, a los tiranos: al jefe del Terror de 1793, siguió en la lista Napoleón, odioso tras haberse coronado ante el Papa. Como lo hará Paz en "Vuelta" y en *Pasado en claro*, "ante los desastres de la historia y la 'degradación de la época', Wordsworth se vuelve a la infancia y a sus instantes de transparencia: el tiempo se abre en dos para que, más que ver la realidad veamos, a través de ella".[128]

---

[126] *Ibid.*, p. 446.

[127] *Ibid.*, pp. 314, 447.

[128] *Ibid.*, p. 450.

Más clara no puede ser la identificación cuando páginas más abajo, nos dice Paz que ver "el conflicto entre los primeros románticos y la Revolución francesa" como una simple lucha entre el autoritarismo y la libertad es insuficiente. En el siglo XIX y en el XX, el conflicto sobrepasó esa disyuntiva y su intensidad sobrecoge con "los casos de Esenin, Mandelshtam, Pasternak y tantos otros poetas, artistas y escritores rusos; las polémicas de los surrealistas con la Tercera Internacional; la amargura de César Vallejo, dividido entre su fidelidad a la poesía y su fidelidad al Partido Comunista así como todas las querellas del realismo socialista."[129]

"La poesía moderna ha sido y es una pasión revolucionaria, pero esa pasión ha sido desdichada", asegura Paz y añade que no "han sido los filósofos, sino los revolucionarios, los que han expulsado a los poetas de su república" porque "la razón de la ruptura ha sido la misma que la de la afinidad: revolución y poesía son tentativas por destruir este tiempo de ahora, el tiempo para instaurar *otro* tiempo". Así, la conclusión no puede ser más amarga y más autobiográfica, en *Los hijos del limo*: "el tiempo de la poesía que es el de la historia de la desigualdad, no es el de la revolución, el tiempo fechado de la razón crítica, el futuro de las utopías: es el tiempo de antes del tiempo, el de la 'vida anterior' que reaparece en la mirada del niño, el tiempo sin fechas".[130]

Tras advertir que el romanticismo alemán, pese a las aparatosas conversiones al catolicismo de algunos de sus protagonistas, está estrechamente ligado al protestantismo, pasa Paz al espinoso asunto de la debilidad del romanticismo en el mundo hispánico, derivada de lo anémica que fue nuestra ilustración, pues el primero, nos dice, al ser una reacción contra ésta, lo determina la segunda. La "autofagia" sufrida por España al mudar de los Austrias a los Borbones, dando como resultado a la insípida España del siglo XVIII provocará un siglo XIX lamentable para la península, salvo por el testimonio de algunos solitarios como José María Blanco White, el canónigo sevillano que se exilió en Inglaterra y tras abandonar el catolicismo, poeta en lengua inglesa, predicó la libertad de conciencia. A Blanco White, entonces redescubierto por Goytisolo como consuelo antifranquista, seguirá un largo trecho desértico hasta que a partir de 1927 la vanguardia española, aquella que, en plena guerra civil, lo recibió de joven en Madrid, Valencia, Barcelona. A Paz, pese a que fue llamado "atormentado y tortuosamente confuso epigonillo" de Unamuno, nunca le interesó mucho (excepción hecha de Valle-Inclán) la "regeneración" del 98.[131]

Los hijos del limo se convierten, de ser una breve historia del romanticismo y de la vanguardia, en otra meditación sobre la otredad de la literatura

---

[129] *Ibid.*, pp. 451-452.

[130] *Ibid.*, p. 452.

[131] Rafael Gutiérrez Girardot, *Pensamiento hispanoamericano*, UNAM, México, 2006, p. 271.

hispanoamericana. A diferencia de los conservadores (en el XIX, Lucas Alamán, en el XX, Vasconcelos), Paz fue fiel a su abuelo. Como don Ireneo, el liberal antiespañol que leía encarnizadamente a los clásicos castellanos y para quien Pérez Galdós, uno de los favoritos de su nieto, era *el* novelista moderno, Paz dice que la separación de España fue "una desacralización" capaz de librarnos del absolutismo monárquico y del catolicismo ultramontano. "Nos empezaron a desvelar seres de carne y hueso, no los fantasmas que quitaban el sueño a los españoles"[132] y América Latina se arrojó a los brazos de la modernidad decimonónica, ésa que el Paz de *El laberinto de la soledad* despreciaba como "imitación extralógica".

No ve con buenos ojos Paz al positivismo (los jóvenes enemigos de su abuelo quienes lo arrojaron del círculo de don Porfirio) y aunque "cambiamos las máscaras de Danton y Jefferson por las de Auguste Comte y Herbert Spencer"[133] en ese momento, los caminos de España y América Latina se separaron. En la península se vuelven prosélitos de Krause, "un obscuro pensador idealista alemán", mientras que en esta orilla, el positivismo se vuelve la ideología oficial de México y el Brasil.

Todo en Paz es poesía e historia, esta última, sin la primera, le sabe a poco. Grecia es incomprensible sin Homero, Alemania sin Hölderlin y la América Latina decimonónica sin Darío (otro de los héroes de *Cuadrivio*) y el modernismo resulta ser "la respuesta al positivismo, la crítica de la sensibilidad y el corazón –también de los nervios" a aquella fe en el Progreso. Destaca aquí Paz lo que los otros occidentales no han querido entender de la literatura hispanoamericana cuando entre 1880 y 1890 se libera en La Habana, México, Bogotá, Santiago de Chile, Buenos Aires y Nueva York. Esos lectores americanos de Baudelaire, son poetas para quienes su modernismo es una "modernidad antimoderna", una "negación de cierta tradición española. Digo cierta porque en un segundo momento los modernistas descubrieron la otra tradición española, la verdadera." Su afrancesamiento en realidad era un cosmopolitismo, nos dice: "para ellos París era, más que la capital de una nación, el centro de una estética". Y Paz no se queda en la superficie pues los modernistas consumaron la "reforma del verso castellano" regresando a la irregularidad métrica de la primitiva lírica peninsular. Esa versificación irregular rítmica Paz la encuentra consonante con la analogía romántica. Un cosmopolitismo que es autenticidad, una revolución métrica en sentido inverso a la emprendida por Garcilaso y los italianizantes del siglo XVI.[134]

En España, arguye Paz, entendieron tarde al modernismo hispanoamericano, confundiendo (Machado y Jiménez) al "lenguaje hablado" con "la

[132] Paz, *Obras completas, I. La casa de la presencia. Poesía e historia, op. cit.*, p. 496.

[133] *Ibid.*, p. 497.

[134] *Ibid.*, p 503.

poesía popular", la segunda ficción romántica obra de Herder, el primero una realidad, "el lenguaje vivo de las ciudades modernas, con sus barbarismos, cultismos, neologismos."[135]

Toca entonces en *Los hijos del limo* conectar al romanticismo con la vanguardia para el árbol genealógico del propio Paz. Ambos, dice, fueron movimientos juveniles en revuelta contra la razón. En los dos "el cuerpo, sus pasiones y sus visiones –erotismo, sueño, inspiración– ocupan un lugar cardinal; ambos son tentativas por destruir la realidad visible para encontrar o inventar otra –mágica, sobrenatural, superreal". Son "dos grandes acontecimientos históricos [que] alternativamente los fascinan y los desgarran:" la Revolución francesa y el imperio de Napoleón, la Revolución rusa y "el Cesarismo burocrático de Stalin" con sus Procesos de Moscú. Romanticismo (que en América latina equivale a nuestro modernismo) y vanguardia, son para Paz una verdadera patria en el tiempo, que pretendieron unir al arte con la vida. Trotski, leemos en *Los hijos del limo*, entendió a medias ese ímpetu, capaz de conmoverse ante el suicidio de Esenin.[136]

"La contradicción entre la época y la poesía, el espíritu revolucionario y el espíritu poético" fue más "vasta y profunda" de lo creído por Trotski cuando finalmente condenó a la poesía no sólo en nombre del espíritu moderno, sino de la Revolución soviética pues "el caso de Rusia no es excepcional, sino exagerado. Allá la contradicción asumió caracteres abominables: los poetas que no fueron asesinados, o que no cometieron suicidio, fueron reducidos al silencio por otros medios".[137]

Paz adelanta elementos de su crítica del bolchevismo, que será la materia de *El ogro filantrópico* y recuerda en *Los hijos del limo* que "las razones de esa hecatombe proceden tanto de la historia rusa –ese pasado bárbaro al que aludieron más de una vez Lenin y Trotski– como de la crueldad paranoica de Stalin. Pero no es menos responsable el espíritu *bolchevique*, heredero del jacobinismo y de sus pretensiones exorbitantes sobre la sociedad y la naturaleza humana".[138]

Quiere al fin, cerrar, derrotado, el caso. Su derrota, que es la del romanticismo y la de la vanguardia: "Ni los filósofos ni los revolucionarios pueden tolerar con paciencia la ambigüedad de los poetas que ven en la magia y en la revolución dos vías paralelas, pero no enemigas, para cambiar al mundo". Paz no lo dice pero creo que podría haberlo dicho: entre los heroísmos de Trotski (a quien lee como testigo y juez del ocaso de la vanguardia) está no sólo haber resistido a Stalin sino haberse reunido con Breton y Rivera en Coyoacán,

---

[135] *Ibid.*, p. 509.
[136] *Ibid.*, p. 512.
[137] *Ibid.*, p. 514.
[138] *Idem.*

cuando el joven Octavio no osaba presentarse ante el surrealista francés, pese a las insinuaciones de Cuesta, su abogado del diablo. "La tentación de la muerte se llamó *revolución* para Mayakovski, *magia* para Nerval".[139]

"*Amor/humor y magia/política*", asegura Paz, son las formas adoptadas por la oposición central entre el arte y la vida, oposición ante la cual los poetas modernos, desde Novalis, han fracasado en sus intenciones de resolverla o disolverla. Antes incluso que Rimbaud queriendo "cambiar la poesía *para* cambiar la vida", Góngora, en *Soledades*, incluye una diatriba contra el comercio, la industria y el descubrimiento de América. Paz no tiene una solución ante lo insoluble y apela al "remedio heroico-burlesco" de Duchamp y James Joyce.[140]

Asumido ese fracaso, las últimas páginas de *Los hijos del limo* son otra breve historia, esta vez de las aventuras de la vanguardia y la política, a la cual se suma una nueva variante, inexistente para los románticos, las literaturas del Nuevo Mundo, la de los Estados Unidos, que gracias a Poe y a Whitman se convierte, para los europeos, en la expresión no de un país, sino de un futuro. Cosmopolita y políglota, la vanguardia es también hispanoamericana desde sus antecedentes: José Martí presenta al autor de *Hojas de hierba* a sus lectores en 1887. Llegan a Europa los nuevos bárbaros, sean Rivera encontrando a Ehrenburg o Huidobro a los cubistas, pero del lado de acá, "Duchamp exhibe en Nueva York y juega al ajedrez en Buenos Aires" y Arthur Cravan, "se interna en México para desaparecer, como Quetzalcoatl, en una barca en las aguas del golfo".[141]

La vanguardia en lengua inglesa, contra el patrioterismo de la excepcionalidad norteamericana, que Paz padecía en sus semestres en los campus de la Costa Este, se nutre de Apollinaire y de Laforgue. El cosmopolitismo es la esencia de una vanguardia en la cual Paz exige un lugar para los poetas hispanoamericanos y para él mismo, como culminación autobiográfica, junto a los Rilke, los Benn, los Pessoa, los Ungaretti… Por ello se remonta a Sor Juana Inés de la Cruz, quien mezcla "la nota mexicana y la mezcla de idiomas: latín, castellano, náhuatl, portugués y los dialectos populares de indios, mestizos y mulatos" pues su americanismo, como el de Borges, fue "un cosmopolitismo" que "expresa una manera de ser mexicana y argentina. Si a Sor Juana se le ocurre hablar de pirámides, citará a las de Egipto, no a las de Teotihuacán…"[142]

La vanguardia hispanoamericana, insiste Paz, es central, tras 1915, para la literatura moderna y pobre de aquellos que lo ignoran. Los austeros Reyes

---

[139] *Ibid.*, p. 517.

[140] *Ibid.*, pp. 522-523.

[141] *Ibid.*, p. 527.

[142] *Ibid.*, p. 558.

y Jorge Guillén, el bilingüe Huidobro, inquietan al autor de *Los hijos del limo*. Tan "nativista" fue Pound como el joven Borges y Pellicer debe ser leído junto con Williams Carlos Williams, como Ricardo Molinari junto a Villaurrutia; a la vanguardia la tienta, en España, el tradicionalismo, como los casos de García Lorca y Alberti mientras que sólo en Chile hubo un surrealismo ortodoxo, el de Mandrágora (de donde saldrá Rojas, el poeta al cual Paz le cedió, moribundo, el testigo) mientras "la influencia de Neruda fue como una inundación que se extiende y cubre millas y millas –aguas confusas, poderosas, sonámbulas, informes".[143] Después vendrá la generación de Paz, entre la que él menciona en *Los hijos del limo* a Parra, Girri, Sabines, Cintio Vitier, Juarroz, Mutis…

Se equivocaba tanto la vanguardia en la izquierda como en la derecha: "El fascismo de Pound, antes de ser un error moral, fue un error literario, una confusión de géneros" de la misma manera en que los seguidores de Charles Maurras, los Eliot, querían restaurar un anacronismo compuesto de clasicismo, racionalismo, monarquía y catolicidad.[144] *Los hijos del limo*, que podrían titularse como aquel libro de Lizalde, *Autobiografía de un fracaso*, expresan la imposibilidad descubierta y manifiesta de unir a la poesía con la revolución, no lo convirtió en un neoconservador ni en un tradicionalista. Su única tradición fue la Reforma, el romanticismo y la Revolución. ¿Cómo se conciliaría en el futuro, la otra voz, poesía e historia? Paz, el visionario, ésta vez no tenía una respuesta. El marxismo se agotó pese a haber sido "la expresión coherente y más osada de la concepción de la historia como un proyecto lineal progresivo"[145] o acaso por ello. Los estructuralismos, que empezaban a decaer cuando Paz dio sus conferencias en Harvard en 1972, no lo convencían: "Una ciencia de la literatura como la que pretenden algunos estructuralistas franceses (no ciertamente Jakobson) sería una ciencia de objetos particulares. Una no-ciencia. Un catálogo o un sistema ideal perpetuamente desmentido por la realidad de cada obra".[146] La nueva analogía, otra síntesis hegeliana, fueron manifestaciones del espíritu que no aparecieron en vida de Paz. Pero murió buscándolas.

A mediados de los años setenta, Paz ya era lo suficientemente importante como para recibir la verdadera consagración, la de la crítica acerba, detallada y seria. En mayo de 1974, Michael Wood, crítico literario y cinematográfico (y más tarde buen amigo de Paz[147]) publicó una reseña no muy favorable de *Children of the Mire*, la traducción inglesa de *Los hijos del limo*, titulada

---

[143] *Ibid.*, p. 564.

[144] *Ibid.*, p. 549.

[145] *Ibid.*, p. 571.

[146] *Ibid.*, p. 582.

[147] CDM, Conversación con Michael Wood, Chicago, 8 de noviembre de 2013.

"Dazzling and Dizzying" en *The New York Review of Books*. Wood, reconociendo la honorabilidad de Paz al renunciar a la embajada mexicana en la India tras el 2 de octubre, consideraba a la analogía paziana de la masacre con el sacrificio azteca como frívola, falta de tacto y melindrosa, lo cual habla de que la irritación ante *Postdata* había cruzado las fronteras.

Incómodo ante Paz y su figura, Wood lo retrata así: "A veces juguetón, a veces ampuloso, cosmopolita y provinciano, lúcido y confuso, valiente y evasivo, Octavio Paz es la idea platónica del intelectual latinoamericano, y no es el menor de sus logros haber llenado con encanto, distinción e ironía ese difícil y agotador papel. Porque el intelectual en América Latina es crítico, payaso, sacerdote, agitador radical y maestro de escuela: todo al mismo tiempo, 'un hombre para todas las estaciones'. Debe evaluar el pasado, mofarse del presente, bendecir a los nuevos movimientos artísticos y literarios, alentar con discreción el tipo correcto de revolución y componer cartas rituales de recomendación para su país y sus compatriotas. Entre otras cosas. Lo que es sorprendente de Paz no es que haya escrito algunos disparates en los últimos años, sino que no haya hecho algo peor que eso; y lo que es aún mejor, el que haya escrito mucha poesía que está lejos de ser un disparate".[148]

Como si desarrollara los escrúpulos de Zaid ante *Corriente alterna*, en el sentido de que la prosa de Paz era más brillante que esclarecedora, Wood desconfiaba de *Los hijos del limo* por estar compuesto más de epigramas que de ideas y lo culpaba de mirar el pasado a través de Rimbaud o Breton, encontrando dudoso lo que a mí me encanta de *Los hijos del limo*, su naturaleza de reflexión del propio Paz sobre sus orígenes. Discrepaba de su obsesión por la otredad: *otras* voces, *otras* religiones, *otras* caras de la modernidad, *otra* tradición hispánica, *otro* romanticismo y *otra* vanguardia, para acabar rechazando el libro como una fábula, "atractiva y poderosa" pero fábula al fin.

En 1978 apareció en México, *La divina pareja. Historia y mito en Octavio Paz*, de Jorge Aguilar Mora, la primera crítica seria de Paz, la única hasta esa fecha que lo entendía como el autor de un pensamiento. Aguilar Mora, también novelista y poeta, había sido alumno de Barthes en París. Allí conoció a Paz, en el Hotel Saint-Simon, acompañado, a veces del propio Barthes y de su buen amigo Sarduy. Habiendo estado en Tlatelolco aquella tarde del 2 de octubre, Aguilar Mora tenía mucho que contarle a Paz. Así, en *La divina pareja*, no puede sino hacer eco de su desconcierto ante la interpretación sacrificial de la matanza, agregando que el primero en rechazarla, apenas aparecida *Postdata*, fue Arturo Cantú, desde Monterrey.[149]

---

[148] Michael Wood, "Dazzling and Dizzying", *The New York Review of Books*, 16 de mayo de 1974.

[149] Arturo Cantú, "Octavio Paz: Una mala interpretación de Tlatelolco", *Armas y Letras*, Monterrey, junio de 1969.

La divina pareja pese a sus muchas páginas abundantes de antinomias (similares a las que rechaza en el poeta) y espesa palabrería, sigue siendo la crítica más interesante que sobre Paz se ha escrito al detectar, en efecto, la existencia de esa "divina pareja" compuesta, en su obra, por la historia y el mito, asociación que a Aguilar Mora le parecía muy censurable, sin que dijera ideológicamente, por qué. Atinada, también, era la crítica de Aguilar Mora, quien fuera en 1968 representante del El Colegio de México ante el CNH, a la creciente desafección de Paz hacia el marxismo, al cual el poeta regañaba por ser determinista y luego se lamentaba de que sus profecías no se cumplieran, contradicción muy frecuente entre quienes, viniendo del orden marxista, se han desengañado de él.

El problema con Aguilar Mora es que nunca se sabe desde dónde habla y aunque su singularidad sea significativa, nunca ha dejado de ser lo que los franceses llaman actualmente, con cierto fastidio, un nietzscheano de izquierda. En 1978, Aguilar Mora, espíritu sofisticado rodeado de marxistas vulgares que no atinaban a rechazar a Paz por otros motivos que los de ser "un renegado" o "un reaccionario", se cuidaba en *La divina pareja* de presentarse como marxista. Pero muy *à la page* (y en esas fechas Aguilar Mora pasaba por deleuziano), acusaba a Paz de compartir el discurso dominante asignado en México por "el poder" a los intelectuales. Criticaba Aguilar Mora, con tino, el corazón de su pensamiento, la tradición de la ruptura, dudando de su noción a la vez actualista e historicista de modernidad y lo emplazaba a definirla más allá de sus brillantes juegos de palabras, pues Paz se negaba a diferenciar la tradición antigua (si la había) de la tradición moderna. Sin haber roto nunca del todo con Paz, el gran poeta Segovia, el primer secretario de redacción de *Plural*, fue más cruel que Aguilar Mora con "la tradición de la ruptura", considerando el concepto paziano un disparate mexicano equivalente al que definía al partido oficial como "Revolucionario Institucional".[150]

Encontraba engaño y trampa, Aguilar Mora, en la negativa de Paz a situar sus libros en su contexto histórico (gran error, según él, de *El laberinto de la soledad*), pues "el mito sería la máscara de la historia para relativizarse", lo regañaba por interpretar nietzscheanamente a Marx y marxistamente a Nietzsche y lamentaba su preocupación por la libertad individual que sólo garantizaban las "democracias burguesas". Detectó contradicciones que a la luz del estructuralismo en el cual se educó Aguilar Mora resultan severas, como aquella padecida en el corazón de *El arco y la lira* donde conviven la unicidad de la imagen poética con su destrucción en el lenguaje, punto en el que Paz, se reconoce en *La divina pareja*, se adelantó a la poética de Jakobson aunque sin la jerga que Aguilar Mora pondera pero por fortuna se abstiene de usar.

---

[150] CDM, Conversación con Tomás Segovia, Ciudad de México, 29 de abril de 2011.

Pese a que cuando Paz se opone al capitalismo lo hace de manera conservadora, a pesar de que Aguilar Mora encuentra a Cuesta más lúcido que Paz al concebir la tradición (la estrechez clasicista de Cuesta se hermana con la estrechez posestructuralista de *La divina pareja)* e inclusive considerando su inclusión del poeta entre los humanistas hipócritas que quieren que "la comunicación sea la base de todo sentido", varias de las críticas dirigidas en *La divina pareja* contra las ideas de Paz, resultan más elogiosas que muchas de las incluidas en tantos ensayos serviles que se empezaron a escribir en esas fechas. Véase sino este retrato de Paz como el autor de un "recorrido deslumbrante" por "nuestras ideas" como "escenógrafo, coreógrafo, *metteur en scène* que no quiere perderse uno solo de los signos de nuestro tiempo…" O la descripción, unas líneas más arriba, de la obra paziana como "un gran baile de máscaras donde el principal invitado es precisamente la máscara y cuyo momento culminante será la caída de esa máscara. Pero en ese gran salón donde la otredad acapara la atención por sus numerosos disfraces falta con mucha frecuencia un espejo."[151]

Le tomo la palabra a Aguilar Mora. Me parece que los poemas memoriosos de los setenta y *Los hijos del limo* son ese espejo que extrañaba él en *La divina pareja*, concediendo que la imagen reflejada no es la misma para Paz, para Aguilar Mora o para mí, por supuesto. Un segundo libro suyo, un inquietante díptico sobre Paz y Rulfo *(La sombra del tiempo,* 2010) es en buena medida una interesante, por introspectiva, relectura de *Los hijos del limo*. Sí, tiene razón Aguilar Mora en que Paz nunca renunció a la esperanza de que la historia tuviera una finalidad y que el apocalipticismo, notorio en *El arco y la lira* y en "Los signos en rotación", expresaba más que un verdadero fin de época, la decepción de Paz ante el fracaso de sus ilusiones revolucionarias, rematadas en el 68. Dice Aguilar Mora que para entonces Paz ya se había hundido en "la egolatría"[152], lo cual puede ser cierto pero a mí me parece intrascendente: estaba llegando a su fecunda vejez y en ella hizo lo que todos los hombres cabales, interpretar su propia vida y ordenar testamentariamente su propia obra.

Tras resaltar *Los hijos del limo* por su "originalidad intelectual, virtuosismo estilístico, debilidad histórica y narcisismo desmesurado", Aguilar Mora concede que, menos que "un análisis diacrónico de la poesía moderna occidental" es el testimonio de "las últimas estaciones en la travesía intelectual"[153] de un poeta que no le gusta mucho pero cuya obra de pensador lo ha ocupado durante casi cuarenta años. Se insiste en *La sombra del tiempo* en lo que ya Zaid y Wood habían señalado de otra manera, en que

---

[151] Jorge Aguilar Mora, *La divina pareja. Historia y mito en Octavio Paz,* ERA, México, 1978, p. 91.

[152] Aguilar Mora, *La sombra del tiempo,* p. 39.

[153] *Ibid.,* p. 49.

"el virtuosismo" del estilo paziano "es en parte culpable de las afirmaciones superficiales y contradictorias; y también de las omisiones autodestructoras" éstas últimas, las de poetas que Aguilar Mora admira y Paz, teniendo otras ínfulas que las de distinguido y erudito profesor universitario, no tuvo el tino de conocer o de admirar con la minucia del más consecuente de sus críticos. Uno esperaría de Aguilar Mora, algo más: una historia de la poesía hispanoamericana donde llene esos huecos históricos en cuanto al romanticismo y al modernismo que en Paz tanto le irritan y encuentra tan malintencionados. Su intuición es que nuestra vanguardia fue originalísima y endógena, gracias a sus ídolos, Huidobro y Vallejo, a quienes el autor de *Los hijos del limo*, "por ceguera o por envidia", ninguneó.[154]

Impulsado por esa manía profesoral, Aguilar Mora dispone de una larga digresión donde recalca las lagunas históricas en las que Paz incurre en *Los hijos de limo* para llegar a su obsesión: Paz como falsificador de su obra poética, merced a las supresiones o pulimientos hechos a lo largo de todas las ediciones de sus poemas. Al poeta que más se ha ufanado de practicar la "autocrítica activa", al finado Pacheco, curiosamente nadie lo ha acusado de falsificador. Yo no lo haría pero debo repetir –lo dije en vida de JEP– que sus maniáticas correcciones estropeaban casi siempre sus poemas. A los Aguilar Mora no les indigna esa manipulación porque fue obra de un poeta políticamente correcto que, jeremíaco y ecologista, carecía de ideas interesantes.

Aceptando sin conceder que Paz sea ese falsificador, Aguilar Mora, no sé si al corriente de la edición definitiva de las *Obras completas,* cuya miscelánea incluye por voluntad expresa del poeta la mayoría de sus poemas comprometidos de los años treinta, convierte lo que era un juicio ideológico (el renegado ocultando su pasado revolucionario) en una tragedia narcisista: Paz buscaba lo imposible, "rescatar el poema ideal de lo que él consideraba la torpe expresión de su juventud. Quería cambiar la idea del poema, no el poema concreto. Y como no lo podía hacer, estaba siempre inventando nuevos argumentos para justificar sus contradicciones". Está entre quienes creen que *Luna silvestre* (1933), su primer libro, está fuera del corpus: no es cierto, los siete poemas se recogen en la *Miscelánea*. El cotejo textual no le importa a nuestro materialista, convencido del platonismo de Paz. Se trataría, agrega, de un proceso fatal y vertiginoso: "Paz le imponía a su propia vida, pero no a la que estaba cambiando, sino a la que ya no podía cambiar, lo que más amaba como Idea".[155]

Aquí Aguilar Mora debió releer al Barthes de *S/Z* y decirnos cuáles son esos poemas, disgregándolos, que Paz manipuló hasta ponerlos a tono con su supuesta Idea platónica de poeta hermoseando la estatua de su juventud, más allá del manido asunto de averiguar por qué el joven Paz no entendió la

[154] *Ibid.*, p. 72.
[155] *Ibid.*, p. 65.

novedad radical del surrealismo sino hasta la posguerra. Quien sí hizo ese análisis y esas cuentas fue Santí, centrándose en el libro que probaría las falsificaciones pazianas *(Libertad bajo palabra* y sus metamorfosis) y destacando algo más humano: las dudas, la inseguridad de un poeta que, lejos de haber pretendido ser ese Rimbaud con cuya imagen se le caricaturiza, fue autor de un "libro total que a la vez se autolimita; deliberada y sucesiva revisión de un ciclo en la vida y la obra de un poeta; cadena de palabras que eslabonan el paso del paso de ese poema en el tiempo".[156]

Es decir, a Paz se le reprocha, como pensador y como poeta, el ejercicio público de la autocrítica y esa conducta, usando la regla de un bolchevismo mental que no osa decir su nombre, es presentada como una claudicación urdida por las mañas de un renegado. En *Vuelta*, en *Pasado en claro*, en *Los hijos del limo*, Paz, al contrario, dio una lección moral de transparencia. Puso su obra de poeta en claro.

EL OGRO FILANTRÓPICO

Paz nunca estuvo a la vez tan cerca y tan lejos de la izquierda militante como en los años setenta. Como Yeats en 1925 aunque en el otro extremo del arco político, a nuestro poeta no le bastaba con hacer política: quería fundar su propio partido. Exultante de esa adrenalina que sólo la política concentra, le escribía a Lambert, desde Cambridge, el 25 de octubre de 1971: "Nuestra situación –y la de mis amigos y la mía– no es fácil: estamos entre la espada del PRI y el muro del PC. Y a nuestra izquierda, el charco de los extremistas, las ranas trotskistas y los sapos maoístas. Mi posición es la misma y se ajusta a lo dicho en *Postdata*. (Por cierto: creo que será mejor cambiar el título en la edición francesa: *Critique de la Pyramide*.) A pesar de todo, trabajamos por fundar un partido político. ¿Quiénes? Pues algunos de los recién salidos de la cárcel –estudiantes, dirigentes obreros y profesores como Heberto Castillo, Cabeza de Vaca, Demetrio Vallejo– y algunos intelectuales (Fuentes, Benítez, yo, etc)".[157]

En el invierno de 1977-1978, cerrando su famosa polémica con Monsiváis, consideraba irrecuperable casi por completo a la izquierda mexicana. En primer término, decía Paz, su identificación con el "desgaste" de la Revolución mexicana, la ha puesto en crisis y en segundo lugar, la suya refleja la crisis universal de "la idea socialista" y del marxismo, cuyos aspectos más notorios enumeraba el poeta: desde el Gulag hasta la actividad novedosa de los disidentes del Este europeo, el conflicto chino entre Lin Piao y la Banda de los Cuatro, la tensión prebélica entre China y la URSS, las matanzas en Camboya, los cismas yugoeslavo y albanés, la emergencia del eurocomunismo. "Si la

---

[156] Santí, introducción a *Libertad bajo palabra [1935-1957]*, Cátedra, Madrid, 1990, p. 63.

[157] Paz, *Jardines errantes. Cartas a J. C. Lambert 1952-1992, op. cit.*, pp. 214-215.

izquierda mexicana", concluye Paz, "quiere salir de su letargo intelectual debe comenzar por hacerse un riguroso 'examen de conciencia filosófica y política'", como lo estaban haciendo en Europa.[158]

Paz rechazaba, por ser un pretexto, la omnipresencia autoritaria del PRI como causa principal de la debilidad de la izquierda mexicana: en condiciones mucho más severas, organizaciones verdaderamente arraigadas entre los trabajadores, como los partidos comunistas de España e Italia, habían sobrevivido. En México, a principios de la década, después del 10 de junio y cuando era evidente que Echeverría había actuado de manera zafia, se involucró en un Comité Nacional de Auscultación y Coordinación, en noviembre de 1971, para crear un nuevo partido político de izquierda, que fuese socialista sin ser marxista-leninista. El 21 de septiembre de 1971, por medio de un desplegado en los periódicos y una entrevista con Jacobo Zabludovsky, el periodista al frente del principal noticiario de la televisión, Paz, con Fuentes y Luis Villoro, Castillo, algunos miembros del CNH que habían estado presos y Vallejo, el veterano líder ferrocarrilero de 1958, llaman a una discusión con "el propósito de definir la naturaleza, el programa y las metas de un organismo, movimiento o partido que sume los esfuerzos, constantes pero dispersos de quienes luchan por la independencia económica, la justicia social y la libertad política en México".[159]

La tercera vía soñada por Paz y por tantos desengañados del estalinismo y reacios a admitir la superioridad efectiva y moral de la llamada "democracia burguesa" le habrá recordado en 1971, quizá, a las discusiones entre Sartre y Rousset, antes de su ruptura provocada por la denuncia de los campos de trabajo en la URSS, al organizar el Rassemblement Démocratique Revolutionaire (RDR), para reunir a todos los izquierdistas sin partido que no quisiesen elegir entre la URSS y los Estados Unidos, albeando en 1948 la guerra fría. Paz habrá recordado lo que Rousset le replicaba a Sartre: un "rassemblement" y no un partido, impediría que miles de ciudadanos quedaran expuestos al desierto del apoliticismo.[160]

Sin embargo, Paz, en términos de organización política no tenía mucho que ofrecer. No era lo suyo y ello es notorio en su carta pública de 1972 a Gilly. Incluida en *El ogro filantrópico*, en esa carta en que, por interpósita persona, volvía a estrechar la mano de Serge y dialogando con un trotskista prisionero en algo mitigaba su silencio en agosto de 1940, además de criticarle al argentino su creencia en la influencia de la revolución mundial sobre la Revolución mexicana, como si fuese la luna sobre las mareas, le

---

[158] Paz, *Obras completas V. El peregrino en su patria. Historia y política de México, op. cit.*, pp. 730-731.

[159] Citado por Vizcaíno, *Biografía política de Octavio Paz, op. cit.*, p. 151.

[160] Jean Paul Sartre/David Rousset/Gerard Rousenthal, *Discussions sur la democratie*, Gallimard, París, 1949, pp. 7-9.

plantea que como consecuencia del 68 y del 71, deberá organizarse una "alianza popular"[161] que retome el cardenismo en condiciones democráticas. Es decir, hacer lo que se propuso, bien o mal, más de veinte años después el movimiento de Cuauhtémoc Cárdenas, muy cercano a Gilly, quien salió de Lecumberri con *La estación violenta* como único equipaje.

Como en la Francia de 1948, en el México de los setenta, fracasó la organización de la tercera vía y Paz, rápidamente, se desvinculó de la militancia. Lo hizo, quizá influido, una vez más, por Zaid, quien en su participación en la mesa redonda de *Plural*, "Los escritores y la política", en octubre de 1972, se había preguntado qué hubiera pasado si dos de los grandes intelectuales mexicanos de los años treinta, el socialista Lombardo Toledano y el católico Manuel Gómez Morín, en vez de haber sido fundadores de partidos (uno del Partido Popular, a la vez nacionalista y estalinista, otro del Partido Acción Nacional, pálida y desdentada remembranza criolla de la Acción Francesa), hubieran creído más en la palabra impresa: "si en vez de tratar de crear una base electoral independiente, hubieran intentado crear un público exigente, una zona de la vida nacional regida por las exigencias de la verdad pública. Si, para poner ejemplos de acuerdo con sus intereses, Gómez Morín hubiera hecho un *The Economist* y Lombardo Toledano un *New Statesman*".[162]

En efecto, Paz fundó *Plural* y no un partido político. Pero todavía en 1974, tras una conferencia de Revueltas –quien dudaba entre formar una "alianza popular neocardenista" como la preconizada por Paz, Gilly y Fuentes o impulsar una "nueva izquierda socialista independiente"–[163] apareció en "Letras, letrillas, letrones", de *Plural,* una nota sin firma, casi seguramente de Paz. El redactor animaba a la creación de un movimiento democrático "que recoja lo que todavía está vivo de la doble herencia del socialismo internacional y de la Revolución mexicana"[164] y saludaba los sanos esfuerzos realizaban Castillo y Vallejo, quienes habían fundado, en septiembre de 1973, el PMT. El partido resultó ser otra secta nacionalista, escasamente votada en su única presentación electoral en 1985 y alérgica a los partidos marxistas-leninistas con los que finalmente se fusionó de mala gana en 1988, creando el Partido Mexicano Socialista (PMS), de efímera vida.

El verdadero parto de los momentos ocurrió ese año pero en otro lado: la izquierda del PRI se escindió con el hijo de Cárdenas al frente, apoderándose poco después del aparato legal del PMS y nació así el Partido de la Revolución Democrática (PRD), la primera gran organización de la izquierda mexicana

---

[161] Paz, *Obras completas, V. El peregrino en su patria. Historia y política de México, op. cit.*, p. 645.

[162] Zaid, *Obras completas, 3. Crítica del mundo cultural, op. cit.*, p. 244.

[163] Revueltas, *Obras completas, 19. Ensayos sobre México*, prólogo, recopilación y notas de Ph. Cheron y A. Revueltas, ERA, México, 1985, p. 231n.

[164] "Una bocanada de oxígeno" en *Plural*, núm. 30, México, marzo de 1974, p. 77.

que recogió, con las excepciones del caso y contra los buenos deseos de Paz, lo peor del socialismo internacional y lo peor de la Revolución mexicana.

Quizá la mejor manera de seguir la evolución de Paz a lo largo de los años setenta será releer, comentándolo, *El ogro filantrópico* (1979), libro dedicado, en cada una de sus cuatro partes a cuatro amigos, sin contar la dedicatoria general, que es para Papaioannou. Ellos fueron Zaid, el poeta y pensador que a principios de la década había trastornado sus certidumbres ideológicas; Krauze, el joven historiador del caudillaje intelectual que había criticado a Paz desde *La cultura en México* y quien al convertirse al liberalismo, había puesto al poeta maduro frente al bruñido espejo de la tradición de don Ireneo; Lizalde, el poeta erótico, satírico y filosofante que, al lado de José Revueltas, fue abandonando las ligas leninistas hasta aceptar la catástrofe totalitaria y finalmente, Vargas Llosa, quien en la década siguiente se transformaría en un valeroso liberal y en la figura latinoamericana más cercana a Paz. Al justificar las dedicatorias, Paz decía no estar unido a ellos por "ninguna creencia o doctrina; ni profesamos las mismas ideas ni formamos un grupo" pero se sentía unido a ellos por la "independencia moral y entereza, pasión e ironía. Son escritores que prefieren los hombres de carne y hueso a las abstracciones, los sistemas y las ortodoxias. Los definen, doblemente, la conciencia y el corazón".[165]

En el prólogo reafirma su convicción de que el intelectual no debe servir a ninguna iglesia o partido. Ello no quiere decir que deba abstenerse de escribir *literatura política*, subraya Paz, que "es lo contrario de la literatura al servicio de una causa. Brota casi siempre del libre examen de las realidades políticas de una sociedad y de una época" donde incluye lo mismo al tratado que al panfleto, "del *cahier de doléances* al manifiesto, de la apología al libelo" de la utópica Ciudad del Sol a *El 18 Brumario de Luis Bonaparte*. "A esa tradición", advierte Paz, pertenece *El ogro filantrópico*, cuya esencia es el Estado, "la gran realidad del siglo XX" y su personaje central (no la burguesía o el proletariado), el autor de "los prodigios, crímenes, maravillas y calamidades de los últimos 70 años". Sus burocracias, dice Paz, son esa realidad totalitaria de Hitler, Stalin y Mao desconocidas por los viejos anarquistas. Del Estado resalta su doble condición de enormidad e irrealidad. Es omnisciente y omnipresente, no es una presencia sino una dominación, es el Desencarnado y la Impersona pues "no tiene rostro. No sabemos qué es ni quién es" pues "como los budistas de los primeros siglos, que sólo podían representar al Iluminado por sus atributos, nosotros conocemos al Estado sólo por la inmensidad de sus devastaciones".[166]

---

[165] El prólogo y la dedicatoria a *El ogro filantrópico* (cuyo contenido se dividió en varios tomos de las *Obras completas*) está en Paz, *Obras completas, VI. Ideas y costumbres. La letra y el cetro. Usos y símbolos, op. cit.*, pp. 485 y 485n-494.

[166] *Ibid.*, pp. 487-490.

Después, pasa a advertirnos de que hablará de esa Impersona en México, el Estado mexicano, sus falsificadores desde Tlacaélel, el consejero del tlatoani y el par de obispos pirómanos de la Nueva España: Juan de Zumárraga y Diego de Landa. Insiste en el derrotero de *El laberinto de la soledad* y de *Postdata:* como nos enseñaron, dice, Tucídides, Maquiavelo y Michelet, el conocimiento histórico es terapéutico y "no se limita a ofrecer al paciente remedios sino que comienza por ser un diagnóstico de su mal", diagnóstico que en el caso de las sociedades "es particularmente difícil", escollo librado por Paz en *El ogro filantrópico*, a la vez, una disección del Estado y un ejemplo clásico de literatura política.[167]

El ogro filantrópico da inicio con la conversación de Paz con Claude Fell, el hispanista francés, que es el tercer y último acto en ese drama que son *El laberinto de la soledad y Postdata*. En ella respalda su interpretación simbólica de México, su creencia en la intrahistoria y ratifica, en esa entrevista aparecida en *Plural* en noviembre de 1975, su creencia en ese México profundo que casi veinte años después, antes de los festejos de su ochenta aniversario, se le aparecerá, con la rebelión neozapatista de 1994, como una revelación súbita, quizá, del fantasma del padre, de quien le contaría a Fell: "Mi padre pensó desde entonces que el zapatismo era la verdad de México. Creo que tenía razón" pues "el zapatismo fue una verdadera revuelta, un volver al revés las cosas, un regreso al principio".[168]

Todo ello lo lleva a una declaración romántica, antiliberal y antimoderna que será tomada muy en cuenta por aquellos que lo consideran sólo un compañero de viaje, en sus últimas décadas, del liberalismo. Éste, como el positivismo y la modernización son "movimientos" que "tienen en común el querer borrar, por decirlo así, la mancha, el pecado original de México; el haber nacido frente y contra el mundo moderno. Zapata es la negación de todo eso. Zapata está más allá de la controversia entre los liberales y los conservadores, los marxistas y los neocapitalistas: Zapata está *antes* –y tal vez, si México no se extingue, estará *después*".[169]

En 1975, Paz estaba "desaprendiendo" la versión tradicional de la Revolución mexicana y había dejado de creer en que había sido una sola revolución: más bien fue el choque violento entre tendencias antagónicas. Alerta, Paz estaba sufriendo la influencia de lecturas recientes que actualizaban la discusión sobre el movimiento de 1910, como *La revolución interrumpida, La Revolución Mexicana* (1973), de Jean Meyer y *Zapata y la revolución mexicana* (1969), de Womack, con quien debatió en Harvard en noviembre de 1971.

---

[167] *Ibid.*, p. 490.

[168] Paz, *Obras completas, VIII. Miscelánea. Primeros escritos y entrevistas, op. cit.*, pp. 709-710, 712.

[169] *Ibid.*, pp. 712-713.

Dialogando con Fell, Paz se presenta como un romántico, vindicador de la revuelta como una vuelta a la edad de oro. Ha dejado de esperar, al fin, la revolución en los países industrializados profetizada erróneamente por Marx, lo cual lo pondrá en disposición de dialogar con los disidentes rusos. Como despedida, Paz le recuerda a Fell aquella frase de Marx en *El manifiesto comunista* que "Luis Buñuel pensó en utilizar como subtítulo de su película *La edad de oro*" consagrada a la suerte del amor moderno. "La frase de Marx es, en español, un alejandrino perfecto: *En las aguas heladas del cálculo egoísta*" y por ello "el amor y la poesía son marginales".[170]

El momento capital para Paz, en cuanto a México en *El ogro filantrópico*, es el abandono, al fin, que sólo pondrá en riesgo el 94 neozapatista, del tema de la Revolución mexicana como una revolución traicionada, querella que venía, a la vez del trotskismo (todo revolución que se respete acaba por ser traicionada y para impedirlo ésta debe ser, idealmente, permanente) y de los decepcionados por la confiscación de la Revolución mexicana por el PRI, que había sustituido, una vez terminada la Segunda guerra mundial, a ese peculiar "frente popular" a la mexicana que fue el partido del general Cárdenas.

En ese decurso es esencial el homenaje dedicado por Paz a Cosío Villegas con motivo de su muerte en 1976, "Las ilusiones y las convicciones", publicado en *Plural*. Presenta a don Daniel como depositario de virtudes que Paz admiraba en otros, como el "escepticismo viril" y el "sobrio escepticismo". Se burla un poco de la cientificidad de la sociología, que Cosío Villegas quiso fundar en México dando un curso de "sociología mexicana" en 1923. Aquello en realidad era "una disolución de la sociología en la etnografía y de la etnografía en la historia" donde el objeto de su descripción "no era una tribu primitiva sino la sociedad mexicana moderna", crítica que podría aplicarse, por qué no, al propio *Laberinto de la soledad*.[171]

Habían sido precisamente Cosío Villegas y José Revueltas, quienes fueron, tan diferentes, "la independencia misma",[172] según le dijo Paz a Scherer en 1977, quienes habían empezado a hablar de la Revolución mexicana hecha gobierno en los años cuarenta como de una "revolución traicionada", acritud que al fin hizo suya Paz en 1976 al culpar al PRI de consumar esa traición. Los méritos que le encontraba al partido oficial aun en la segunda edición, la de 1959, de *El laberinto de la soledad*, eran reconocidos a regañadientes por Paz releyendo a Cosío Villegas, quien la daba por fracasada en lo esencial. La Revolución ni había instaurado un régimen democrático (el anhelo de Madero), ni había traído la prosperidad y la dignidad a la ciudadanía, principalmente a los campesinos, ni era la constructora de una

---

[170] *Ibid.*, p. 724.

[171] Paz, *Obras completas, V. El peregrino en su patria. Historia y política de México*, *op. cit.*, pp. 431, 433.

[172] Paz, *Obras completas, VIII. Miscelánea. Primeros escritos y entrevistas*, *op. cit.*, p. 738.

nación verdaderamente moderna. Frente al siglo XIX, despreciado antes por Paz y ensalzado por Cosío Villegas, el hijo del abogado zapatista se permitía decir que sólo el Porfiriato era "decididamente inferior a la Revolución: en el tamaño de los monumentos que uno y otro régimen han erigido a sus prohombres", pues había que comparar a "las modestas estatuas del Paseo de la Reforma con la tribu de cíclopes revolucionarios" con que el PRI lleno las plazas y los jardines de la Moscovia mexicana.[173]

De la mano de Cosío Villegas –y de la de Krauze, quien en ese mismo número de *Plural* adelantaba un capítulo de su biografía de don Daniel que aparecerá en 1980– Paz se reconciliará con el siglo XIX conservador, leyendo al coco de los liberales, Alamán, maestro tanto de Vasconcelos como de Cosío Villegas: "Uno procede de la tradición bíblica, es un profeta metido a historiador, y su historia es una suerte de juicio final; el otro viene de los grandes historiadores del siglo XVIII y XIX, especialmente los ingleses, y su libro no es una galería de ángeles y monstruos…"[174]

Más aún, la relectura de Vasconcelos, consecuencia de la de Alamán, preparará a Paz para dialogar con la espiritualidad "reaccionaria" de Solzhenitsyn. Vasconcelos, dice Paz, "percibió admirablemente la conexión entre protestantismo, capitalismo y democracia burguesa" y fue perspicaz, como el gran disidente soviético, al describir "los efectos corrosivos y desintegradores del espíritu moderno –aridez en el alma y agitación maquinal del apetito vital–". Pese a la "pasmosa simplicidad" de sus visión maniquea que ofrece "una respuesta para cada enigma, suprime las excepciones y mutila a la realidad".[175]

Cosío Villegas lo lleva, también, a un tema que debió atormentar los insomnios del viejo Ireneo en Mixcoac, el porqué fracasó el "experimento liberal y democrático" de la República Restaurada de 1867, sustituida por "el régimen autocrático de Porfirio Díaz", la respuesta de la "realidad rugosa" a "la construcción demasiado geométrica y diáfana" de la restauración republicana, cuyo pecado capital fue expulsar al Partido Conservador de la historia de México. Sin su enemigo histórico, los liberales perdieron su "capacidad política creadora" y se convirtieron en la casta que administró "científicamente" el botín incautado a los conservadores.[176]

Finalmente, Paz comparará no sólo la modesta estatuaria porfirista con el estalinismo arquitectónico de la Revolución mexicana, sino al régimen de don Porfirio con el imperio del PRI, que la imaginación popular, tras el 68, asoció sin remedio. Concediendo que el PRI había librado a México

---

[173] Paz, *Obras completas, V. El peregrino en su patria. Historia y política de México, op. cit.*, p. 436.

[174] *Ibid.*, p. 439.

[175] *Ibid.*, p. 440.

[176] *Ibid.*, pp. 441, 442, 446.

del terror ideológico propio de los regímenes comunistas –creo que es a Fell a quien Paz se lo dice por primera vez– considera poca cosa al positivismo de los porfiristas en comparación con el nacionalismo confuso y gaseoso del PRI, "un sincretismo hecho de fragmentos de diversos evangelios y revelaciones",[177] especialmente vistoso debido a todos los héroes de la Reforma y la Revolución homenajeados plásticamente por la pintura mural revolucionaria de Rivera y Siqueiros.

Cosío Villegas "inteligente, irónico e incorruptible" perdió las ilusiones, "como la mayoría de los intelectuales de nuestro siglo" pero guardó sus convicciones liberales, mismas que a Paz le permitieron, cosa curiosa, entender por primera vez ese conservadurismo mexicano aborrecido por su padre y su abuelo, encontrando (gracias a Womack y al francés Meyer, quien se convertiría en el mexicano que salvó del olvido ignominioso a la Guerra cristera de 1926-1929) conservadora a la revuelta zapatista del abogado Paz Solórzano. Al entender el régimen ogresco mexicano, Paz pudo escribir "El ogro filantrópico", el ensayo aparecido ya en *Vuelta*, en agosto de 1978, que dará título al libro que examinamos.

El fortalecimiento del Estado, su no-extinción era una constatación enigmática y dolorosa para los intelectuales del siglo xx, sobre todo para aquellos formados en la tradición marxista, fuese la bolchevique o la socialdemócrata. Tras décadas de adelgazamiento del Estado gracias a la llamada ola neoliberal que han compartido los gobiernos de izquierda y de derecha, el horror sentido por Paz por la Impersona estatal, su preocupación teórica por desentrañar, en *El ogro filantrópico*, la naturaleza de las burocracias políticas, parecerá insólita a los nuevos lectores, pues a la opinión actual le preocupan las gerencias horizontales y difusas que dominan la globalización. Curiosamente, el sueño utópico de Hayek, de Marx y de los anarquistas, es el mismo, ayer y hoy: un mundo sin Estado. Utopía al fin, ese sueño permanece fuera de la historia, pese a las enormes transformaciones de las últimas décadas, a la luz de la vigencia del poderoso Estado empresarial chino o de las rebeliones electorales mexicanas que en 1988 y en 2006 estuvieran cerca de restaurar, en nombre de la democracia, al viejo y omnívoro Estado populista.

RUPTURA CON LA IZQUIERDA

"El ogro filantrópico", un resumen histórico del Leviatán en el mundo y en México, termina por dar una visión menos acerba del PRI, cuya "reforma es inseparable de la del país", admite Paz. El PRI "no es terrorista, no quiere cambiar el mundo ni salvar a los hombres: quiere salvarse a sí mismo. Por eso quiere reformarse". La pregunta, concluye Paz, planteada a los mexicanos

---

[177] *Ibid.*, p. 448.

después de 1968 "no consiste únicamente en saber si el Estado podrá gobernar sin el PRI sino si los mexicanos nos dejaremos gobernar sin un PRI".[178]

A toro pasado se pueden decir muchas cosas. En cuanto a la naturaleza del PRI, tema también de la carta a Gilly, Paz fue algo más sofisticado que buena parte de la izquierda (y de la derecha panista) que veían en el partido gobernante a una simple agencia gubernamental gestora de lo que en el siglo XIX se llamaba empleomanía, misma que se extinguiría, junto con el PRI mismo, con el Estado de la Revolución mexicana. Desalojado electoralmente del poder, el PRI regresó, aligerado con 37% de los votos, al gobierno en 2012 sin ni siquiera someterse a la cirugía plástica que sufrieron en la antigua Europa del Este, los partidos comunistas derrocados en 1989, algunos de los cuales también volvieron al poder gracias a las urnas.

El Estado mexicano forjado por el PRI estaba mejor preparado de lo que creíamos, mal que bien, para la alternancia en el gobierno. A Paz, lo mismo en 1988 que en 1994, lo horrorizaba que una desaparición súbita del PRI –a mí me lo dijo una vez, como a otros amigos– hundiese al país en una guerra civil a la yugoeslava.[179] Un año antes, le había dicho a Scherer García: "El sistema funcionó medio siglo. Aunque haya perdido su razón de ser, no es posible desmantelarlo de una plumada sin exponerse a graves trastornos. La sabiduría política aconseja la prudencia".[180] Los mexicanos, pacientes, se dejaron gobernar por el PAN, el heredero del viejo partido conservador expulsado de la historia de México que tan antipático le era a Paz.

El ogro filantrópico está en buena medida dedicado a interpelar a la izquierda mexicana, a sacudirla. Lo hacía un hombre que había regresado a México en 1971 dispuesto a militar en ella, detalle que se olvida. Los "regaños" de Paz –pues como tales eran sufridos– herían a una izquierda hipersensible porque, además de provenir de un escritor con un enorme conocimiento de la tradición socialista, los propinaba con la gran autoridad moral de la renuncia de Nueva Delhi. No se puede hacer historia de la izquierda latinoamericana sin *El ogro filantrópico* que, además fue uno de los primeros diálogos, en lengua española, con los entonces conocidos, como si fueran extraterrestres, bajo el rótulo de "los disidentes del este". Tras la polémica con Monsiváis, que aunque estuvo cerca del PCM en su temprana juventud no fue nunca propiamente un marxista, el único que se dispuso a dialogar con Paz fue Bartra, uno de los dos principales intelectuales comunistas en esos años finales del partido (el otro, el ortodoxo Enrique Semo, fue uno de quienes intervinieron con vehemencia contra Paz siguiendo a Monsiváis).

---

[178] *Ibid.*, p. 421.

[179] CDM, "Paz, Octavio", *Diccionario crítico de la literatura mexicana 1955-2011*, FCE, México, 2012, p. 485.

[180] Paz, *Obras completas, VIII. Miscelánea. Primeros escritos y entrevistas, op. cit.*, p. 1260.

Aliviado por la renovación eurocomunista, Bartra, director de la efímera revista *El machete* (1980-1981) que escandalizó a los estalinistas por su heterodoxia, escribía, poco antes de las elecciones legislativas de 1979 donde el PCM reaparecía en las boletas: "Tengo la incómoda pero juguetona intuición de que el primero de julio alguna de las urnas de la ciudad de México recibirá un voto preñado de profunda simbología; la pluma temblorosa de Octavio Paz, en un acto contradictorio, tachará la hoz y el martillo en la boleta electoral. ¿Por qué no?" [181]

A la pregunta de Bartra seguía el siguiente comentario: "Quien lea con ojos atentos su libro de ensayos más reciente, *El ogro filantrópico,* no dejará de percibir la enorme fascinación y la poderosa atracción que el marxismo ejerce sobre el poeta. Ésta es la razón por la cual Octavio Paz no puede dejar de hacer constantes referencias críticas al socialismo", fantasma e interlocutor privilegiado de sus "obsesiones y pesadillas, es el que le suministra la necesaria colección de imágenes rotas, esperanzas destrozadas y mitos resquebrajados con los que quiere descifrar y sacar a la luz el sentido oculto y profundo de la historia política contemporánea". "Las bofetadas que con tenaz regularidad reparte Octavio Paz a los marxistas son dolorosas porque van cargadas de razón", concluía Bartra, no sin decir que Paz estaba en "una áspera guerra consigo mismo" al batallar contra el marxismo.[182] Arnaldo Córdova, autor de *La ideología de la Revolución Mexicana* (1973), donde quiso rejuvenecer el nacionalismo revolucionario con algo de Gramsci, pensaba, burlón, otra cosa, que Paz "tenía un concepto de la izquierda muy propio y muy conveniente: para él era el conjunto de los seguidores del Partido Comunista soviético, de Castro o de Mao. No sabía que había un pensamiento de izquierda, marxista, que era diferente. Ese pensamiento a él no le interesaba. Quería un enemigo a modo y era a ése al que siempre estaba retando. Probablemente le hubiera encantado que Leonid Bréhznev o Fidel Castro se dirigieran a él y lo invitarán a polemizar como él quería, probablemente en la Plaza Roja o en la Plaza de la Revolución".[183]

A diferencia de Córdova, Bartra mismo sí libraba una guerra interior, como la vivió el propio Paz. Entre los marxistas mexicanos, fue el intelectual que tras la caída del muro de Berlín, decidió dejar de ser marxista para seguir siéndolo. En julio de 1980, Bartra logrará que Paz regrese a la UNAM (a la que no iba desde la tarde aciaga del 10 de junio), para discutir, con él y con el filósofo Villoro, en un seminario del Instituto de Investigaciones Sociales, sus *Redes imaginarias del poder político.* En 1987, invitado por

---

[181] Bartra, *El reto de la izquierda. Polémica del México actual,* Grijalbo, México, 1982, pp. 113-114.

[182] *Idem.*

[183] Arnaldo Córdova, "Octavio Paz y la izquierda", *La Jornada,* México, 1 de julio de 2007.

Manuel Vázquez Montalbán, Bartra será de los pocos ponentes mexicanos en el cincuenta aniversario del congreso de Valencia presidido por Paz.

No sé si como especulaba Bartra, Paz habrá votado por el PCM en 1979. (Quien sí lo hubiera hecho, por haber visto ondear "esa bandera maravillosa" en la esquina de su casa días antes de aquellas elecciones, fue el misántropo Elizondo. A él recurro para paliar en algo la solemnidad de lo político: "nadie entendió", dijo, "que mi gesto 'comunista' era un gesto fáustico: un retorno a la juventud. Seguramente acabaré votando por los sinarquistas…"[184]) Es probable que Paz en 1985 lo haya hecho por el PMT (partido desvinculado de la tradición estalinista, según comentaba ese mismo año), mientras que en 1982 vio con beneplácito la candidatura, presentada por los trotskistas, a la presidencia de la República de Rosario Ibarra de Piedra, a quien la desaparición forzada de su hijo, durante los operativos antiguerrilleros de los años setenta, había llevado a la política.

En los momentos de crisis, en el 88 y en el 94, como tantos mexicanos educados y crecidos bajo el Arca de la Alianza de la Revolución mexicana, Paz habrá preferido, a pesar de los pesares, a la vieja enfermedad, el PRI contra los pretendidos remedios, que le parecían peores.[185] En 1997, finalmente, en las elecciones para jefe de gobierno del Distrito Federal, las primeras en sesenta años, Paz dijo que votaría por su amigo Carlos Castillo Peraza, del PAN, uno de los pocos intelectuales dados de alta entre los políticos conservadores mexicanos.

Al saludar la Reforma política de 1977-1978, que devolvía sus derechos políticos al PCM, a un partido de izquierda colaboracionista (el Partido Socialista de los Trabajadores) y al Partido Demócrata Mexicano (un avatar del sinarquismo, un "fascismo" mexicano de los años treinta originado por la Guerra cristera), Paz escribió páginas clásicas en la historia de la lenta transición mexicana. Él mismo, debe decirse, fue de los abogados de su parsimonia, desde *El ogro filantrópico* hasta los textos políticos de los años noventa. Una transición no tripulada desde un PRI aprendiendo a dejar de ser abrumadoramente hegemónico para ser sólo mayoritario, como lo propuso en 1988, le parecía peligrosísima, ante la impaciencia de algunos de quienes ya estábamos con él en *Vuelta*.

En *El ogro filantrópico*, Paz le daba su lugar al católico y conservador PAN, a quien la ley mexicana le impedía ostentarse como lo que era realmente, un partido demócrata cristiano que nos recordaba, palabras de Paz, que "Lucas Alamán no es menos central para México que Benito Juárez".[186]

---

[184] Elizondo, "Tiempo de escritura. Diarios, 1977-1980", *Letras Libres*, núm. 117, México, septiembre de 2008, p. 50.

[185] Braulio Peralta, *El poeta en su tierra. Diálogos con Octavio Paz,* Raya en el agua, México, 1999, p. 49.

[186] Paz, *Obras completas, V. El peregrino en su patria. Historia y política de México, op. cit.*, p. 459.

Eterno derrotado por el PRI, "el brazo político del poder" que había nacido inventado por éste, el PAN estaba en 1979 al borde de la extinción: tres años atrás las divisiones internas le habían impedido, por primera vez desde su fundación en 1939, presentar candidato a la presidencia. Paz le reconocía, haberse librado, con mayor éxito que la izquierda, de sus pecados de origen, los heredados de la Acción Francesa: el antisemitismo y el monarquismo.

En relación al PCM, Paz lamentaba en 1978 la paradoja de que abrazase el pluralismo democrático, "sin renunciar al centralismo democrático leninista". Ello le parecía lógico dado que, entre sus nuevas devociones, los comunistas mexicanos estuviesen más cerca de los eurocomunistas franceses, los más conservadores e ignorasen la lección, más cercana y admirable, del venezolano Movimiento al Socialismo (MAS). Lo encontraba, al PCM, condenado a ser un partido universitario y lamentaba la nula influencia en él de heterodoxos como el poeta ex comunista Lizalde y el recién fallecido Revueltas. En marzo de 1981, el PCM renunció a la dictadura del proletariado y aprobó el programa democrático más avanzado de su historia, basado en la libertad política para todos los ciudadanos, incluyendo los sacerdotes, que el jacobinismo de la Revolución mexicana había despojado del voto. En aquel momento, Bartra y años después el último secretario general del PCM, Arnoldo Martínez Verdugo, admitieron sentirse muy cerca de algunas de las ideas de *Plural* y *Vuelta*.[187]

A fines de ese mismo año, el PCM se disolvió y al fusionarse con otros grupos estalinistas y nacionalistas, se deshizo de su programa en aras de la unidad en el Partido Socialista Unificado de México (PSUM). Cuando se apoderaron de su sucesor, el PMS, los priístas disidentes se encontraron, el año de la caída del muro de Berlín, con una ruinosa organización marxista-leninista, votada por menos de 5% del electorado, más retrógrada en 1988 que en 1981. Cinco años después, Paz contrastaba el crecimiento electoral del PAN con la persistente división de la izquierda: "los organismos débiles, lo mismo en el campo de la biología que en el de la política, tienden a la escisión y a la dispersión".[188]

Como es natural, las críticas y hasta el desdén, como lo calificaría Monsiváis, que Paz mostraba por la izquierda que de buen o de mal grado transitaba por las vías legales, era incomparable con el horror que le provocaba la guerrilla urbana en el continente: "Los grupos guerrilleros latinoamericanos, generalmente compuestos por jóvenes de la clase media, han fracasado porque no son representativos de las aspiraciones populares. Más que una disidencia revolucionaria son una excepción nihilistica. Oscilan entre Viriato

---

187 Armando Ponce, entrevista a Arnoldo Martínez Verdugo, *Proceso*, México, 13 de septiembre de 2011.

188 Paz, *Obras completas, V. El peregrino en su patria. Historia y política de México, op. cit.*, pp. 461-462.

y Fantomas. Son una nostalgia y una impaciencia que se resuelven en un charco de sangre".[189]

Después del 10 de junio, nacieron al menos un par de organizaciones guerrilleras en México, la Liga Comunista 23 de Septiembre y el Frente Revolucionario Armado del Pueblo. Asesinaron al empresario regiomontano Eugenio Garza Sada y secuestraron al suegro del presidente Echeverría, Guadalupe Zuno. La guerrilla fue reprimida por las fuerzas de seguridad del Estado, en México, con saña similar a la usada en otros países del continente aunque sus proporciones fuesen mucho menores dado el pobre poder de fuego de los terroristas mexicanos, quienes, a diferencia de los tupamaros o los montoneros no combatían a una dictadura militar, sino a un régimen considerado mundialmente como de izquierda, que asilaba perseguidos sud-americanos y había sido un aliado fiel de Allende y lo era, históricamente, de Castro. A fines de la década, el coletazo de la violencia guerrillera tocó a Paz de cerca: el joven filósofo Hugo Margáin Charles, autor de un puñado de reseñas en *Vuelta*, murió, en septiembre de 1978, al desangrarse mientras la Liga Comunista 23 de septiembre intentaba secuestrarlo. Margáin Charles era hijo del embajador de México en los Estados Unidos y había sido el ganador del cuadro de Tamayo que se había rifado para comenzar las acti-vidades de *Vuelta*. Días después llegó a la oficina de *Vuelta* una amenaza de muerte para Paz y el resto de sus colaboradores: "Margáin era el perro que había que matar para seguir con el proceso de acabar con la rabia", según se desprendía del texto del anónimo, nos cuenta Krauze, entonces secretario de redacción de la revista.[190]

"Los auténticos guerrilleros [siempre cuentan] con la simpatía y el apoyo de la población", dice Paz quizá recordando a los zapatistas que fascinaron a su padre, en un párrafo de 1973 que, además, anticipa su am-bigüedad ante el levantamiento neozapatista ocurrido veinte años después. Por el contrario, lo vivido entonces en América Latina no era "verdadera-mente" una guerrilla para Paz, sino la acción de "una banda de aventureros suicidas" cuyos actos "favorecen fatal aunque involuntariamente a las ten-dencias más reaccionarias y autoritarias del país", desplazando la discusión política al campo de las "operaciones militares y policiacas". En contra del blanquismo de esos "muchachos de la clase media que transforman sus obsesiones y fantasmas personales en fantasías ideológicas en las que el 'fin del mundo' asume la forma paradójica de una revolución proletaria... sin proletariado",[191] Paz publicará en *Plural* esas enérgicas condenas que aparecerán más tarde en *El ogro filantrópico*.

---

[189] *Ibid.*, pp. 661-662.

[190] Krauze, *Octavio Paz. El poeta y la revolución, op. cit.*, pp. 230-231.

[191] Paz, *Obras completas, V. El peregrino en su patria. Historia y política de México, op. cit.*, pp. 661-662.

En cuanto a los "enfermos" de Sinaloa, los ultraizquierdistas que pretendían convertir a la universidad en una escuela de cuadros revolucionarios, "podría decirse, parodiando a Baudelaire, que han puesto en la política la ferocidad natural del amor". Y en contra de quienes llamó "doctores montoneros" del terrorismo, clandestinos en Buenos Aires y Montevideo o asilados en la Ciudad Universitaria de México y en La Habana, utilizó el poeta a Marx y a Engels y hasta a un Trotski, según Paz "recobrado en parte de su intoxicación bolchevique" como argumentos contra una "lectura terrorista del marxismo". Recalcaba que "las sonrisas con que nuestros intelectuales contemplaban todavía hasta hace poco las proezas de los extremistas se han transformado en muecas de sorpresa" y reprobación.[192] Recordaba Paz la lección de la historia latinoamericana: el jefe montonero, sea su ideología la de Robespierre, Garibaldi, Lenin, Mao o Guevara, si fracasa, muere, si triunfa se convierte en un dictador.

Cuando apareció *El ogro filantrópico* en 1979, la ruptura política definitiva de Paz con la izquierda mexicana se estaba consumando sin remedio y ella se debió a dos hechos puntuales: su decisión, a principios de 1980 y con motivo de la invasión soviética de Afganistán, de participar con un comentario semanal de cinco minutos en el programa *24 Horas*, el principal noticiario nocturno de la televisión mexicana y la condena que hiciera de la huelga impuesta por el Sindicato de Trabajadores de la UNAM, rota por la policía en 1977.

El conflicto sindical universitario se resolvió incruentamente y los dirigentes detenidos fueron rápidamente liberados. Paz, supongo, meditó a fondo las consecuencias de su incursión en una televisión privada que era la voz oficiosa de un régimen autoritario que aunque daba sus primeros pasos efectivos de pluralismo, con la reforma política, sólo admitía la libertad de prensa y sólo hasta cierto grado (como lo acababa de probar el caso *Excélsior*) en un país notorio por su bajísimo índice de lectura de periódicos.

Invitado por Miguel Alemán Velasco, hijo del ex presidente Alemán, Paz aceptó tiempo después la oferta de Televisa, "a condición de hacerlo con entera libertad y sin censura alguna", según dice Eusebio Rojas Guzmán, su secretario privado desde la India que en ese momento todavía trabajaba con él.[193]

Aquella colaboración entre Paz y la principal empresa televisiva de habla hispana se mantuvo el resto de la vida de Paz y consistió, sobre todo, en el respaldo de la televisora en programas especiales sobre la obra del poeta, como los que hiciese Héctor Tajonar para festejar los 70 años del poeta (*Conversaciones con Octavio Paz*), exposiciones como *Los privilegios de la*

---

[192] *Ibid.*, pp. 671-675.

[193] Eusebio Rojas Guzmán, *Octavio Paz y su mundo de palabras*, Ventana, Guatemala, 1993, p. 40.

vista (Televisa tuvo un tiempo su propio museo) que reunió en 1990 una espectacular muestra del arte comentado por el poeta a lo largo de su obra en ocasiones imprevistas, como cuando se proyectó en televisión abierta *El encuentro por la libertad* de 1990 y en publicidad para la revista *Vuelta*, que nunca rebasó 9% del total de anuncios publicados.[194]

Televisa, casi un monopolio en contubernio con el régimen del PRI, empezó a mostrar una creciente apertura al mundo que a Paz no le convenía desaprovechar. En sus apariciones comentaba de preferencia asuntos internacionales y aunque no se abstenía de criticar el presidencialismo, le daba cierto voto de confianza al relevo de Echeverría en la presidencia, su antiguo secretario de Hacienda. López Portillo, un hombre frívolo y derrochador con aspiraciones frustradas de novelista y catedrático de teoría del Estado, no aspiraba a atraerse políticamente a los intelectuales. El 18 de junio de 1981, por ejemplo, hubo una cena en el departamento de los Paz con López Portillo y la gente de *Vuelta* en la cual sólo se habló de la restauración del Templo Mayor, de los sacrificios humanos aztecas y del suicidio de Antonieta Rivas Mercado en Nôtre Dame. Elizondo, que nos narra el convivio en sus *Diarios*, llegó a su casa con "violentos vómitos nerviosos de tanto que me había esforzado por estar calmado todo el día".[195]

No fue sino hasta la huelga sindical universitaria cuando el conflicto de Paz con la izquierda quedó del todo ligado a su presencia en Televisa pues el poeta respaldó al rector de la UNAM, Guillermo Soberón, en su petición de que la televisora transmitiese clases para los estudiantes privados de ellas por un paro sindical que amenazaba con prolongarse indefinidamente.

En *El ogro filantrópico*, Paz rechazó con firmeza que a su falta de influencia en los sindicatos, provocada por haberle entregado los suyos, en nombre del frente popular cardenista, a Lombardo Toledano y al eterno lider Fidel Velázquez, el PCM, no pudiendo ser un partido obrero se convirtiese en un partido universitario. El partido estaba interesado, según Paz, en dominar el estratégico sindicato de empleados provocando una huelga de diecisiete días en la que se perdieron "cuatrocientos millones de pesos" y "se derramaron océanos no de sangre, sino de tinta." Paz veía en la actitud de los comunistas en la UNAM una réplica de lo intentado, en esa misma institución por los conservadores en los años treinta, intentando violar la esencia de la autonomía universitaria, que era "la libertad de cátedra y de investigación, el pluralismo ideológico y filosófico, la independencia de la vida académica de las contingencias de la política y del sindicalismo" para imponer valores clericales antagónicos.[196]

[194] Malva Flores, *Viaje de Vuelta. Estampas de una revista*, FCE, México, 2011, p. 91.

[195] Elizondo, "Regreso a casa. Diarios, 1981-1982" en *Letras Libres*, núm. 118, México, octubre de 2008, pp. 53-54.

[196] Paz, *Obras completas, V. El peregrino en su patria. Historia y política de México, op. cit.*, p. 707.

Años después de la muerte de Paz, José Woldenberg, la figura pública más respetada de la democracia mexicana por haber sido el ingeniero de la transición al frente del Instituto Federal Electoral a principios del siglo XX, comentaría lo sucedido entre Paz y la izquierda en ese entonces: "El 7 de julio de 1977 doce mil policías irrumpieron en Ciudad Universitaria para romper la huelga del STUNAM. Entonces yo era el secretario de Educación Sindical y Promoción Cultural de aquel sindicato que intentaba reunir a los trabajadores académicos y administrativos y que demandaba la firma de un contrato colectivo único de trabajo".[197]

El texto de Paz en *El ogro filantrópico*, dice Woldenberg, un demócrata de izquierda de aquellos que el poeta quería para México, "me (nos) resultó irritante, agresivo, incluso –cosa rara en Paz– mostraba desconocimiento de los hechos" pues se omitían las corrientes adversas al PCM que competían por el sindicato, entre las cuales estaba la de Woldenberg, que de todas maneras acabó uniéndose a los comunistas en el PSUM, en 1981. Mayor miga tiene el siguiente párrafo, cuando Woldenberg nos recuerda que aquellas demandas sindicales criticadas por Paz con una dolorosa "descalificación en bloque, propia de una mirada pasajera y distante" tan no eran insensatas que pocos años después se aprobaron, todavía gobernando el PRI, como derechos constitucionales. Y más tarde, admite Woldenberg, la huelga, más la estudiantil que la sindical, se convirtió, en una arma recurrente contra la universidad.[198]

Así fueron los últimos años setenta para Paz, construyendo lo que en la década siguiente sería lo que describiré como su jefatura espiritual, más allá de las revistas literarias, haciendo política ante los partidos, los sindicatos y la televisión. Haberse rehusado, en 1977, a aparecer en Televisa por ser aquella televisora el eco autoritario de un régimen que para el propio Paz había cumplido su ciclo, hubiera tenido su equivalente, dos años después, en que los primeros diputados comunistas, menos de veinte entre casi trescientos priístas, se hubiesen rehusado a ocupar los escaños ganados en las urnas por ser aquel cuerpo legislativo un instrumento servil del presidente como lo fue hasta que el PRI perdió la mayoría parlamentaria en 1997. Además y como parte de su evolución final hacia el liberalismo, gracias, en buena medida, a la compañía intelectual de Krauze y de Zaid, Paz había perdido la fobia antiempresarial tan característica de la vieja y de la nueva izquierda.

Su incursión, aunque episódica, en la televisión privada lo descalificó de manera indeleble ante la izquierda que desde entonces lo incluyó entre los servidores de los poderes fácticos. No pocos amigos (el novelista García Ponce, por ejemplo, consejero editorial de *Vuelta*), lamentaron lo que consideraban una mácula en su independencia. A muchos de sus odiadores,

---

[197] José Woldenberg, "Octavio Paz. Remembranza" en Anthony Stanton (ed), *Octavio Paz. Entre poética y política*, El Colegio de México, 2009, p. 204.

[198] *Idem.*

que no lo leían en *Vuelta* o habían dejado de hacerlo, les era suficiente con descalificarlo por hablar en la odiada televisión privada. Pero él, que había meditado sobre la relación de la poesía con la tecnología, no podía privarse de usar, como intelectual y como poeta, los medios audiovisuales. Haciéndolo ganó una presencia mediática insólita en la historia literaria de México pero también la fama pueril sufrida por quien deja de ser leído para ser entrevisto y medio escuchado en una pantalla. Curiosamente, a un veterano de la izquierda como Gilly, quien compartió con Paz un fracasado intento de debate en Televisa en abril de 1978 con los entonces llamados "nuevos filósofos" (Bernard-Henry Levy y sus amigos), las apariciones de Paz en la televisión le parecían entonces muy dignas de atención. Y no fueron pocos (yo mismo me los he topado, sobre todo en provincia) quienes llegaron a los libros de Paz tras mirarlo y escucharlo en la pantalla chica.[199]

"No estoy cerca del poder ni de Televisa. He usado a Televisa como Televisa me ha usado a mí de la misma manera en que todo mundo usa un medio de comunicación. También he colaborado en *La Jornada* y nadie dice que soy agente de ese periódico",[200] le dijo Paz a una reportera de *La Jornada,* el periódico que todavía celebraba a sus adversarios antes de convertirse en la tribuna de la ultraizquierda que es actualmente, cuando recibió el anuncio en Nueva York de que había ganado el Premio Nobel de Literatura en octubre de 1990.

LA POLÉMICA CON CARLOS MONSIVÁIS

Los años setenta quedaron coronados por la polémica entre Paz y Monsiváis. Ésta se originó tras la entrevista que Scherer García le hizo a Paz, con motivo del Premio Nacional de Literatura que acababa de recibir, en *Proceso* el 5 y 12 de diciembre de 1977, a la cual contestó Monsiváis en la misma revista a lo largo de ese invierno. Hubo, también, una réplica y una contra replica de Paz también publicada en *Proceso*. Para recordarla, utilizaré la cronología comentada aparecida en el segundo número de *Nexos* de febrero de 1978, la revista rival de *Vuelta*. Aunque algo sesgada a favor de Monsiváis, la tentativa de neutralidad realizada por *Nexos* (para quien Paz ya es un conservador en el Olimpo) ilustra bien cómo fue visto el duelo por el público intelectual.

Antes de hacer el resumen, *Nexos* ofrece sus conclusiones: la polémica "nos entregó la imagen de un Paz que inventaba los cargos ajenos para mejor deshacerlos, a la vez que rehuía los puntos difíciles, y a un Monsiváis notoriamente inhibido en el uso de su repertorio crítico, respetando a Paz mucho más de lo que Paz lo respeta a él. Para evitarse lo que sería –suponemos– el

---

[199] CDM, Conversación con Adolfo Gilly, ciudad de México, 27 de mayo de 2013.

[200] Angélica Abelleyra, "El Nobel no es pasaporte a la inmortalidad: Paz", *La Jornada*, México, 12 de octubre de 1990, p. 4.

intolerable escarnio de rectificar en público tres o cuatro opiniones mal formuladas. Paz se dedicó en sus respuestas a generalizar sus puntos de vista y a matizar, como al paso y al descuido, sus rotundos juicios previos. Monsiváis se aferró a las frases de Paz que habían originado su réplica y luchó infructuosamente durante tres artículos por restituir en el lector al aliado imposible: la memoria de lo dicho una o dos semanas antes por él o por Paz o por el cabeceador de *Proceso*".[201]

Nexos (revista a la cual Monsiváis estaría muy cercano durante casi todos los años ochenta) valora ante el público una polémica que fue mucho más allá de una simple bronca de mafias literarias. Entre Paz y Monsiváis, aseguran los redactores nexonitas, hay grandes diferencias y oscilaciones "entre los refinamientos de la Alta Cultura a las grotecidades de la cultura de masas, de los temas universales de la cultura moderna y la nítida resonancia internacional de una obra a la radicación geográfica, semántica y lingüística de la otra; del Edén poético a los 'basureros' del periodismo mexicano; de la crítica moral e histórica de la vanguardia a la crónica demorada de Agustín Lara o las mitologías televisivas. De la Historia como escenario de las luchas encarnadas, a la historia como crónica de particularidades tangibles. Del conservadurismo político a la solidaridad expresa –anarquizante y sentimental– con las luchas populares".[202]

Nexos sabe que el duelo es desigual, entre el autor universal de *El laberinto de la soledad* y la creciente resonancia nacional del autor de *Amor perdido* (1976), quien será el primer beneficiado por la polémica. Tras el 68 y la intentona de 1972 de "expulsar del discurso" a los liberales de *Plural*, la polémica con Paz del invierno de 1977-1978, acaba por convertir al omnipresente Monsiváis, sin duda alguna, en la gran figura intelectual de la izquierda. A su vez, el cronista de la vida mexicana durante medio siglo, sufre escisiones a su izquierda, como cuando en noviembre de 1977, Aguilar Mora, David Huerta y Manjarrez se separan de *La cultura en México* porque uno de los colaboradores (Rolando Cordera) había asumido un cargo menor en el gobierno de López Portillo, pero sobre todo por el respaldo monsivarita a *Nexos*, revista "culturalista" y según entiendo a los quejosos, por ello, no marxista, aunque en ella, por décadas, escribieron casi todos los profesores marxistas de las más variadas obediencias.[203]

La ambigüedad que amparaba Monsiváis y le criticaban quienes entonces se sentían ideológicamente más puros, fue en mi opinión su mayor virtud y la que más réditos le ofreció como personaje en esa democratización política y moral de México a la que estrecha e inolvidablemente estuvo ligado, asunto

---

[201] "Cabos sueltos", *Nexos*, núm. 2, México, febrero de 1978, p. 8.

[202] *Ibid.*, pp. 7-8.

[203] Sánchez Susarrey, *El debate político e intelectual en México, op. cit.*, p. 57n.

que Paz le reconocía. Así que Monsiváis estaba y no estaba en *Nexos*, dirigía *La cultura en México* y publicaba en todas las revistas mexicanas (inclusive publicó en cuatro ocasiones en *Vuelta)*, fue a la vez culturalista *(what ever that means* ello lo convirtió en una estrella de los estudios culturales en el campus estadounidense), fue el único intelectual de izquierda que no sólo firmaba desplegados (los firmaba todos) sino militaba en todas las causas, sin perder nunca la interlocución con el gobierno (lo que fue una garantía para no pocos de sus amigos radicales) aunque se rehusó a las suplicas de las sucesivas dirigencias del PSUM, del PMS y del PRD para encabezar sus listas como candidato a diputado federal.

Monsiváis, falso *outsider* convertido en predicador peripatético (su formación protestante nunca fue ajena a esa elección), era un rival de consideración para Paz, quien, para tomar la jefatura espiritual, le venía muy bien distanciarse de él. Paz hizo de la definición estilística una estrategia de combate y Monsiváis no fue su primera víctima pero sí la más célebre: "Monsiváis no es un hombre de ideas sino de ocurrencias. Su pecado es el discurso deshilvanado, hecho de afirmaciones y negaciones sueltas. Su ligereza convierte con frecuencia en enredijo y en sus escritos aparecen las tres funestas *fu*: confuso, profuso y difuso".[204]

Esa descalificación la cargó Monsiváis toda su vida, lo mismo que la definición de su prosa, pues, según decía Paz, su adversario era "más ocurrente de lo que permite imaginar el estilo chicloso de algunas de sus frases".[205]

Más allá de la esgrima polémica, en la cual Paz no podía sino ganarle a Monsiváis, discípulo como era el poeta de su abuelo Ireneo, de Breton, de Lenin y de Trotski (de las muchas o pocas cosas que se aprende profesando la fe bolchevique está el arte de injuriar, en el cual fueron insuperables aquellos rusos), el tema central, como lo colegirá quien haya seguido a Paz a lo largo de los setenta, era la izquierda, la mundial y la de México.

Paz festejaba que Monsiváis, en su crítica, se hubiera expresado "con tanta franqueza" sobre los crímenes del estalinismo. El poeta lo invita entonces a dar el siguiente paso, admitir que "no hay socialismo verdadero en los llamados países socialistas" y dejar de escudarse en sus supuestas "conquistas irrenunciables", paso que a Paz mismo le costó muchas vacilaciones dar, no pudiendo ya sostener en 1977 aquella frase con la que cerraba su artículo en *Sur* de 1951: "los crímenes del régimen burocrático son suyos y bien suyos, no del socialismo".[206] Ese paso, lo que convierte a Paz en ganador de la polémica (sí, las polémicas se ganan y se pierden), lo dio Monsiváis en la siguiente década, una victoria cuando su propia homosexualidad lo

---

[204] "Cabos sueltos", *Nexos*, no, 2, *op. cit.*, p. 7; la versión recogida por Paz (*Obras completas, V. El peregrino en su patria, op. cit.,* pp. 724-741) es algo distinta al montaje que hizo *Nexos*.

[205] "Cabos sueltos", *Nexos*, núm. 2, *op. cit.*, p. 7.

[206] Paz, *Obras completas, VI. Ideas y costumbres. La letra y el cetro. Usos y símbolos, op. cit.*, p. 169.

sensibilizó ante los crímenes del castrismo contra los homosexuales, piedad que se amplió contra toda las víctimas del totalitarismo comunista.

El método crítico-periodístico del cronista a Paz siempre le pareció una calamidad y lo dijo al responderle en la polémica, deplorando su "curiosa aportación a la literatura mexicana: Monsiváis dedica su talento y no sé cuantas horas a la semana a hurgar en los basureros del periodismo para pepenar" toda clase de trivialidades muy ajenas a su "defensa beligerante de las conquistas irrenunciables del socialismo."[207]

Monsiváis, parafraseado por *Nexos*, dibuja a Paz como "un hombre de ideas (fijas y de las otras)" y su talento, "con ser universal, no es omnisciente aunque suela pretender dogmáticamente el monopolio de la discrepancia e insista en inscribirse en el género grande por el tranquilo método de confinar a sus contrincantes en el hoyo populista del género chico". Le reconoce Monsiváis a Paz tanto la renuncia de Nueva Delhi como la solidaridad con Scherer García al abandonar *Plural* pero lo acusa de tener "por pésimo consejero al afán de pontificar y su problema es la ilusión de totalidad, su capacidad de reducirlo todo para entenderlo mejor".[208]

La obsesión de Paz por el estalinismo le impide ver, advirtió Monsiváis durante la polémica, la riqueza analítica y la valentía moral de la izquierda mexicana ("vasta, variada y compleja", decía) de aquellos años, que combatía, sobre todo en la provincia, "los odios caciquiles y a la racionalidad homicida de gobernadores, porros y guardias blancas" o a la Tendencia Democrática de los electricistas, una escisión sindical que entusiasmaba a Monsiváis y a sus compañeros en esos años.

Era difícil un acuerdo en ese punto, Monsiváis hablaba sobre el terreno y Paz se remitía a la gran batalla del siglo, que para el poeta seguía siendo la esencial en 1977 cuando el prestigio de los regímenes comunistas, dominantes en medio planeta, era inmenso (para no ir más lejos: eran los tiempos en que Chomsky negaba el genocidio de Pol Pot como una patraña de la CIA) como improbable algún examen de conciencia, al menos en América Latina, como los que exigía Paz.

Tampoco miraba el poeta, ciertamente, a esa "izquierda social" que Monsiváis presumía y la abundante vulgata académica marxista que en ese entonces producían las universidades públicas mexicanas que Echeverría, hábilmente, había convertido en un cómodo nicho para los intelectuales de izquierda, que con pocas excepciones (el prematuramente fallecido Carlos Pereyra, entre éstas) valían gran cosa para Paz. Antes tenía que aparecer un Teodoro Petkoff, el fundador venezolano del MAS, en México, para que el poeta le diese credibilidad a esa renovación pregonada por Monsiváis, que de hecho sólo ocurrió durante el episódico PCM de 1979-1981, cuando el

---

[207] Paz, *Obras completas, V. El peregrino en su patria. Historia y política de México, op. cit.*, p. 732.

[208] "Cabos sueltos" en *Nexos*, núm. 2., *op. cit.*, p. 8.

partido, además de abandonar la dictadura del proletariado (sustituyéndola con un eufemismo) y pedir la disolución de los bloques (la OTAN y el Pacto de Varsovia), vindicaba en su programa los derechos de los homosexuales.

Entre quienes saltaron a la palestra en ese invierno, destacó el crítico literario Blanco, quien le reprochó a Paz capitalizar lo prestigioso sin comprometerse con sus riesgos: los Contemporáneos sin el reto moral de la homosexualidad, el nacionalismo sin el patrioterismo, el surrealismo sin la escritura automática y el socialismo sin el estalinismo.[209] Paz respondió agradecido, en cambio, al reparo de González de Alba, reconociendo que en su conversación con Scherer García había errado al "no aclarar que mis críticas estaban dirigidas a los doctores de las Escrituras revolucionarias y no a los militantes, ni sobre todo, 'a esa fuerza subterránea compuesta por aquellos que ignoran a veces hasta el término izquierda'"; lamentaba no haber reconocido con toda claridad, concluye, a los que "dan la cara, pelean, pierden los empleos y son encarcelados, golpeados y maltratados".[210]

Otro frente era la caracterización del PRI, cuya "influencia nefasta", decía Paz, no justificaba ni la indigencia del pensamiento de izquierda en México representado en sus partidos. Los indudables sufrimientos de sus militantes se debían también a la debilidad y a la dispersión de organizaciones que burócratas e ideólogos no habían sabido hacer fuertes dentro de la sociedad. Tampoco estaban de acuerdo en dónde estaba la derecha. Según Monsiváis, no estaba en el irrelevante PAN sino en el régimen, aliado a la Iniciativa Privada, palabra que el autor de *Días de guardar* (1970) pronunciaba con cierto temor de Dios. Esa alianza podía arrastrar a México hacia el "fascismo de la dependencia", decía Monsiváis y acusaba a Paz de sustituir la contradicción sagrada entre explotados y explotadores por la que oponía al México subdesarrollado con el desarrollado, noción herética, supongo, por funcionalista. Lo indignó también que el poeta dijese que "nuestro país sobrevive gracias a su tradicionalismo" y no gracias a los imperialistas. A ello replicó Paz que viendo la devoción nacional por la virgen de Guadalupe era obvio que, "las creencias, en general, duran más que las ideologías".[211]

En 1977, Paz seguía pensando, como le dijo a Scherer García, que el socialismo era, quizá, "la única salida racional a la crisis de Occidente" siempre y cuando no se crea socialismo a "las ideocracias que gobiernan en su nombre en la URSS y en otros países".[212] No fue sino hasta 1993, en otra entrevista con Scherer García, cuando Paz se atrevió a dar el siguiente paso, el que

---

[209] *Ibid.*, p. 19.

[210] Paz, *Obras completas, V. El peregrino en su patria. Historia y política de México, op. cit.*, pp. 732-733n.

[211] *Ibid.*, pp. 727-728; "Cabos sueltos", *Nexos*, núm. 2, *op. cit.*, p. 17.

[212] Paz, *Obras completas, VIII. Miscelánea. Primeros escritos y entrevistas, op. cit.*, pp. 735-736.

daba verdadero horror a quienes venían de la izquierda heterodoxa, admitir que un régimen comunista no sólo no era igual a una democracia liberal sino inferior a ella según todos los raseros económicos, sociales y éticos. Paz dijo entonces que él nunca había caído "en el sofisma o en la confusión de equiparar los regímenes totalitarios comunistas con las democracias liberales capitalistas".[213] Se engañaba Paz: ¿qué otra cosa es la tercera vía que tanto lo ilusionó a él y a otros muchos, sino creer a ambas sociedades equivalentes y por ello buscar otra cosa?

A la distancia se advierte que Paz utilizó a Monsiváis para remachar su ruptura con la izquierda y que el cronista, al desafiarlo, le sirvió para concluir con su proceso de reinserción en México, primero en la izquierda y luego contra ella, al fracasar su participación en su imposible reforma. "Ni predico el apoliticismo de los escritores ni lo condeno", concluía Paz su polémica con Monsiváis, aseverando que tampoco condenaba la afiliación de éstos a partidos, cofradías, sectas o fraternidades. "Lo que he dicho es que el escritor debe hablar, si su patria, su partido o su Iglesia matan, oprimen o mienten", afirmaba y luego citaba a Engels a su favor. Y citaba a aquellos escritores, de izquierda o de derecha, que, a lo largo del siglo, habían puesto a su conciencia por encima de sus pasiones, los Orwell, Gide, Bernanos, Breton, Serge, Camus, fraternidad en la que Monsiváis nunca acabó de ingresar.[214] Sin ser un estalinista ni haberlo sido nunca, el célebre cronista era capaz de dejarse filmar con un retrato de Stalin como telón de fondo en alguna manifestación de la izquierda mexicana, donde nunca falta un grupúsculo que lo enarbola.

Savater contó, en varias ocasiones, que el México que él conoció, el de 1979, era como un pueblo del Oeste al cual iban llegando los jóvenes pistoleros a probar su puntería contra Paz, el viejo tirador que invariablemente, los desarmaba y hería o algo peor.[215] El pleito con Paz era una consagración y a Monsiváis esa polémica lo dio su lugar como su interlocutor principal, el jefe de la oposición leal en la república de las letras. En los últimos años de la Guerra fría, aquella polémica dividió a la escena intelectual en dos grandes trincheras, la de *Vuelta* y la de *Nexos*: pasar en medio de aquel fuego cruzado, sin bandera blanca o salvoconducto, era peligroso y aquellos que no se alineaban en uno u otro campo, se arriesgaban a padecer cierta marginalidad.[216] Quienes en aquellos años optamos, en cambio, por *Vuelta* y su causa, teníamos la ilusión de llevar una "vida peligrosa" al estilo de las protagonizadas por Octavio en 1937, 1951, 1968, 1976. A Paz, como dijo

---

[213] *Ibid.*, p. 1242.

[214] Paz, *Obras completas, V. El peregrino en su patria. Historia y política de México, op. cit.*, p. 736.

[215] CDM, Conversación con Fernando Savater, ciudad de México, 18 de abril de 2013.

[216] CDM, Conversación con Héctor Manjarrez, ciudad de México, 20 de septiembre de 2012.

Vargas Llosa, "las polémicas no lo desmoralizaban, sino lo enardecían"[217] y ese ardor era contagioso.

Nexos, además, estaba sólo transitoriamente ligado a Monsiváis, como se vió en 1988 cuando Aguilar Camín y su núcleo abandonaron la izquierda y reconocieron, como lo hizo Paz, a un gobierno de origen dudoso, como el de Salinas de Gortari. Un par de años después, tras la caída del muro de Berlín y la disolución de la URSS, los nexonitas reconocieron que se habían equivocado defendiendo a esos regímenes arrojados al famoso basurero de la historia. El 16 de julio de 1990, en la presentación de *Pequeña crónica de grandes días*, la recolección de los artículos de Paz sobre el invierno de 1989, me tocó ver y escuchar la honradez con que Aguilar Camín, el jefe de *Nexos*, hizo pública su contrición.

Monsiváis siguió su camino en soledad. Ya no necesitaba de un grupo, siendo, como lo definió Castañón, el último nombre de escritor que las multitudes mexicanas son "capaces de reconocer".[218] Aplaudido en la calle e interceptado frecuentemente por la gente que con sus teléfonos inteligentes se fotografiaban con él, Monsiváis encarnó una popularidad alternativa a la de Paz. Uno prefería, concedámoselo los redactores de *Nexos* en 1978, el Olimpo. El otro, el Hades, el infierno ruidoso de la plaza pública, la manifestación política y el mercadillo de fruslerías y antigüedades.

En 1991, al prologar el tomo de sus *Obras completas* dedicado a la literatura mexicana, Paz dio su opinión final sobre Monsiváis, dividido entre su partido y la literatura: "Ejerce la crítica como una higiene moral y también como un combate; por fortuna, a veces él mismo se convierte en un campo de batalla: entonces pelean en su interior sus ideas y sus prejuicios…"[219]

A su muerte, Monsiváis escribió: "A Paz siempre le han importado, y fascinado, los contrastes que cada idea o persona albergan. Ese método de comprensión de los extremos, de integración y cotejo, le ha facilitado el acceso a las revelaciones que iluminan su poesía y su prosa. Eco de la dialéctica de su juventud, rechazo del maniqueísmo, confrontación que se resuelve en el igualamiento". Paz, reconocía, le había enseñado a rechazar el maniqueísmo. No todo era luz y tinieblas, reconocía Monsiváis, pensando quizá en el dilema pecado/no pecado que a él lo formó.[220]

---

[217] "Mexicano universal", entrevista con Mario Vargas Llosa, *Letras Libres,* núm. 183, México, marzo de 2014, p. 50.

[218] Adolfo Castañón, *Nada mexicano me es ajeno. Seis papeles sobre Carlos Monsiváis,* UACM, México, 2005, p. 49.

[219] Paz, *Obras completas III, Generaciones y semblanzas. Dominio mexicano. Sor Juana Inés de la Cruz o las trampas de la fe, op. cit.,* p. 29.

[220] Carlos Monsiváis, *Adonde yo soy tú somos nosotros: crónica de vida y obra,* Raya en el agua, México, 2000, p. 1002.

Siendo los afectos ajenos inescrutables y los de Monsiváis más todavía, me da la impresión de que su afecto por Paz, el maestro absoluto, creció con los años. Nunca, además, rompieron el contacto telefónico y por esas llamadas se cruzaba la esencia y el accidente de nuestra cultura. En la última Nochevieja del poeta, la de 1997, Marie José invitó a brindar en la casa de Alvarado a algunos amigos, escogidos no sólo entre sus camaradas de *Vuelta*, sino entre aquellos que habían escrito con él la historia íntima de la literatura mexicana. Aquella noche estaban, entre otros, Zaid y Basha Batowska, Poniatowska, Guillermo Sheridan y Fabienne Bradu. El primero en llegar fue Monsiváis, angustiado por la reciente matanza de Acteal, y fue también el último en irse.[221]

De los años finales de los setenta no sólo quedó para la posteridad la polémica con Monsiváis, sino el "recuerdo" que del jefe espiritual en ascenso inventaría el novelista chileno Roberto Bolaño en *Los detectives salvajes* (1998). En ese entonces, Bolaño formaba parte de un grupo de poetas líricamente menesterosos pero que lo albergaron a él, un futuro novelista de talento (suele suceder: Gautier y Nerval fueron amigos del licántropo Pétrus Borel). En *Los detectives salvajes*, Bolaño establece una relación juguetona con la imagen de Paz: en un capítulo, los visceralistas (trasunto de los verdaderos infrarrealistas, una vanguardia provinciana de aquellas criticadas en *Corriente Alterna* por ignorar, en Tegucigalpa o en el metro Balderas, a las viejas revoluciones poéticas hechas en español) fantasean con secuestrar al poeta y en otro, una supuesta secretaria de Paz narra los encuentros de su jefe en el Parque Hundido de la Ciudad de México con un desconocido que resulta ser Ulises Lima, el héroe de la novela, con quien, entre otras cosas, el viejo poeta juega una suerte de rayuela invisible sobre el pavimento. En algunas lecturas, los infrarrealistas interrumpieron a Paz con chistes, consignas e ironías, como aquella del 9 de octubre de 1977 en el Palacio de Minería cuando hubo de ser Efraín Huerta (protector de los infrarrealistas) quien callara a sus huestes con un abrazo en público para Octavio, su viejo amigo y compañero de lectura esa tarde. Al año siguiente, en la Librería Universitaria de la avenida de los Insurgentes hubo de ser el hijo de Efraín, el poeta David Huerta quien acompañara a Paz frente a otra, hoy se diría "intervención" de los infrarrealistas que terminó con el público mandando callar al alborotador. Calculo que Paz, con la distancia, habrá visto con indulgencia aquellas inocentadas vanguardistas tan parecidas a las suyas, cuando se graduaba de "guerrillero de la poesía", en los tempranos años treinta.[222]

---

[221] CDM, Conversación con Carlos Monsiváis, Ciudad de México, 21 de noviembre de 2004.

[222] Roberto Bolaño, *Los detectives salvajes*, Anagrama, Barcelona, 1998. pp. 171 y 501-511; CDM, conversación con Andrea y Eugenia Huerta, Ciudad de México, 17 de diciembre de 2011.

ENTRE FOURIER Y SOLZHENITSYN

Sólo Paz era capaz de interrumpir, en *El ogro filantrópico*, su libro más político, enderezado contra la izquierda mexicana y el partido casi único que gobernaba el país desde 1929, con un homenaje a Fourier, el utopista francés muerto en 1837. A Paz, tras el desengaño del 68, otro fracaso de los poetas como revolucionarios, la advocación de Fourier, presente ya en *Los hijos del limo*, le permitía seguir dándole vueltas y revueltas a la revuelta romántica.

La vindicación del placer por Fourier hubiera sorprendido a Baudelaire y a otros hijos del romanticismo, convencidos de que la modernidad se medía alejándose del pecado original, que los obsedía, decía Paz. Y tenía razón, su Fourier era una figura más útil para él y los años sesenta del siglo xx que como figura de una historia del romanticismo y de la vanguardia.

Presentando el número 11 de *Plural*, en agosto de 1972, Paz recordaba la *Oda a Fourier,* de Breton; traducida por Segovia, hablaba de la actualidad de Fourier. Recordando que el surrealista fue condenado lo mismo por los estalinistas (Aragon) que por los existencialistas (Sartre) por esa fuga hacia la utopía, innecesaria dado que el marxismo era el dueño del pasado, del presente y del porvenir, Paz decía que un cuarto de siglo más tarde, "la *Oda a Fourier*, sin perder nada de su magnetismo poético, adquiere una actualidad *crítica* extraordinaria. No es extraño: a medida que los males de la sociedad civilizada se extienden como una suerte de lepra universal" común a los sistemas capitalista y socialista.[223]

¿Por qué era una "piedra de toque" el pensamiento de Fourier? Porque había predicado Fourier la duda absoluta, dice Paz, confiando en los impulsos del cuerpo, exaltando, también, la "desviación absoluta" de todas las morales, mostrándonos que "el camino más corto entre dos seres es el de la *atracción apasionada*". Los sueños de Fourier, argumentaba el poeta de 58 años, no son fantasías sino la crítica de la sensibilidad a los dogmas, las abstracciones y las camisas de fuerza. Si Sade y Freud hacen "su crítica de la civilización" partiendo "del cuerpo y sus verdades", en Fourier, a diferencia de ellos, "no hay en él apenas huella de la moral judeo-cristiana". Para Sade "el placer es agresión y transgresión" y para Freud es "subversión", para el utopista francés, todas las pasiones, incluyendo a la que "él llamaba 'manías' y nosotros perversiones y desviaciones, son notas del teclado de la atracción universal".[224]

Más allá de la "estética nihilista de la excepción erótica", propia de Sade y de la "terapéutica pesimista" freudiana, Fourier reintegra las excepciones,

---

[223] Paz, *Obras completas, VI. Ideas y costumbres. La letra y el cetro. Usos y símbolos, op. cit.*, p. 677.

[224] *Idem.*

regidas por un "principio matemático universal" desplegado como un aba-
nico pues tejidos jeroglíficos, los cuerpos únicos y diversos, siempre "dicen
lo mismo porque no son sino variaciones de la pareja *deseo/placer*."[225]

Fourier separa a Paz lo mismo de Marx, Lenin y Trotski que del conservador liberal Edmund Burke, todos ellos defensores de la moral judeocristiana,
mientras que en Harmonía, el país del utopista, "el trabajo es un juego y
un arte porque está regido por la atracción pasional". Fourier, junto con
Blake, fue de los primeros críticos de la sociedad industrial, un precursor
del ecologismo y el primero que llamó sofistas a los economistas por creer
que un mayor número de "productos manufacturados, constituye un aumento
de riqueza".[226]

A esa presentación le sigue "La mesa y el lecho", otro de sus grandes
ensayos, donde el rescate en Francia de un libro olvidado, *Le nouveau monde
amoreux*, de Fourier, permite que Paz lo traslade a su propio tiempo y circunstancia. La utopía foureriana consiste en un mundo donde todos son su-
jetos libres consagrados "al amor y el gusto, la comunión y el convivio, la
Erótica y la gastrosofía". En ella, "el erotismo es la pasión más intensa y
la gastronomía la más extensa". Paz no puede, acto seguido, sino comparar
aquella tierra con los Estados Unidos en los que pasó, por temporadas, buena
parte de los años setenta. Una vez más vemos funcionando el prodigioso
sistema de analogías en Paz donde concluye que a diferencia de la comunión
que la comida significa en los países hispanoamericanos, allá, "la preocupación maniática por la pureza y el origen de los alimentos corresponde al racismo y al exclusivismo. La contradicción norteamericana –un universalismo
democrático hecho de exclusiones étnicas, culturales, religiosas y sexuales–
se refleja en su cocina".[227]

Ello lo lleva a contrastar las cocinas mexicanas e india y volver a los Estados Unidos, a Nueva York como Alejandría, pronosticando lo que décadas
después se conocerá como el multiculturalismo y haciendo al final un elogio
de la libertad sexual sin traspasar los límites del "puritanismo" bretoniano: el
sexo sólo alcanza su plenitud como expresión del amor loco. Adelantándose
a lo que será *La llama doble*, advierte, preguntándose cómo saber si la
gente hace más el amor gracias al trastorno de las costumbres: "No sé si
hay más encuentros eróticos; estoy seguro de que no hay maneras distintas
de copular. Quizá la gente hace más el amor" aunque "la capacidad de amar
y sufrir no aumenta ni disminuye" pues "el cuerpo y sus pasiones no son
categorías históricas", lo cual lo previene contra las versiones posmarxistas
del feminismo y lo hace decir que "es más difícil inventar una nueva postura

---

[225] *Ibid.*, pp. 677-678.

[226] *Ibid.*, pp. 678-679.

[227] *Ibid.*, pp. 685-686.

que descubrir un nuevo planeta" porque en el erotismo y en las artes, "la idea del progreso es particularmente risible".[228]

Así como en los años cincuenta en París, Octavio, "el príncipe, el Bello tenebroso", como lo llamaban las Elenas, rebaja los fortísimos licores de Sade con el agua clara de Camus, en los años setenta, un Paz solar y maduro, contrasta a la Harmonía de Fourier con el Gulag, el horror concentracionario salido de las páginas de la inapelable denuncia de Solzhenitsyn, publicada por primera vez en Occidente en diciembre de 1973. *El archipiélago Gulag*, es uno de los pocos libros de los cuales puede decirse sin duda alguna que cambiaron la historia y Paz así lo entendió, saldando su última deuda con el desengaño. De cómo había terminado su *desaprendizaje* trata "Polvos de aquellos lodos", aparecido en *Plural* en marzo de 1974.

Paz se remonta a marzo de 1951, cuando Victoria Ocampo le publicó, en el número 197 de *Sur*, su resumen y documentación del caso Rousset, titulado "David Rousset y los campos de concentración soviéticos". Hace historia de la previsible actitud que ante el caso tomaron, no digamos los comunistas que demandaron a Rousset ante los tribunales parisinos y perdieron, sino de los sofismas utilizados por Sartre (quien en 1974 tras haber sido vedette del maoísmo nativo ya no sabía ni qué decir sobre "la violencia en la historia") y Maurice Merleau-Ponty para aceptar una realidad documentable pero sujeta a una justificación dialéctica, como lo hizo este último, primero en *Humanismo y terror* (1947) y luego en su retractación, *Las aventuras de la dialéctica* (1955).

Recuerda Paz al París de 1951 donde empezó a sentir las ondas del sismo destinadas a arruinar a esa Revolución de octubre. Cita a Breton cuando la describía en aquellos años como que "una bestia fabulosa semejante al Aries zodiacal: 'si la violencia había anidado en sus cuernos, toda la primavera se abría al fondo de sus ojos'. Ahora esos ojos nos miraban con la mirada vacía del homicida".[229]

Descartada desde el medio siglo "la utilidad económica" de los campos de trabajo, como lo supo Paz cuando leyó a Arendt y después a Robert Conquest (*El Gran Terror*, 1968), quedaba claro que los campos era una geografía única en la historia destinada a castigar a los vencidos mediante el terror preventivo: "Las confesiones y las autoacusaciones convierten a los vencidos en cómplices de sus verdugos y así la tumba misma se convierte en basurero". A los campos fueron a dar no sólo los verdaderos o falsos disidentes, sino hasta 15 millones de soviéticos inocentes tratados como delincuentes y "según los peritos en esta lúgubre materia" en aquel año de 1974 el Gulag, pese al deshielo de Jruschov, alojaba aún a uno o dos millones de personas.[230]

---

[228] *Ibid.*, p. 697.

[229] *Ibid.*, p. 181.

[230] *Ibid.*, p. 183.

Las reacciones de santa indignación ante la blasfemia de Solzhenitsyn, recogidas por Paz, se recrudecieron cuando el escritor, expulsado de la URSS en 1974, se mostró como un cristiano ortodoxo adversario del hedonismo y del materialismo occidentales, en declaraciones muy discutibles para el poeta mexicano pero que no le quitaban una coma de verdad a *El archipiélago Gulag*. En México sólo José Revueltas estuvo a la altura, como solía estarlo en esas circunstancias. Entrevistado por Ignacio Solares en 1974, Revueltas declaró: "Literariamente, Solzhenitsyn es un gran heredero de sus paisanos Tolstói y Dostoievski. No es de este mundo y, por lo mismo, es profundamente actual. Con pocos escritores vivos, como él, se puede tener la plena seguridad de que será un clásico". E inquirido sobre la reacción de la izquierda que acusaba al disidente soviético de ser "utilizado por el imperialismo para llevar agua a su molino", Revueltas es nuevamente categórico: "la verdad es siempre revolucionaria, no importa de dónde ni cómo surja. Solzhenitsyn tenía que decir su verdad y esa verdad, de una u otra forma, dentro de éste o de cualquier sistema político, nos alimenta a todos".[231]

Contra el intento desesperado de Lukács, el marxista húngaro, de "rescatar" a Solzhenitsyn diciendo que sus primeras obras eran representativas del "realismo socialista", patraña que en México reprodujo en *Diorama de la cultura* de *Excélsior*, con su frecuente ingenuidad política Pacheco (y contra la cual Paz se quejaba en "Polvos de aquellos lodos"), Revueltas decía: "Y hay que ver lo que produjo el inmovilismo más antirrevolucionario. Resulta contradictorio, pero Dostoievski, a pesar de ser un reaccionario –él sí–, a pesar de su obsesión religiosa, nos enseña más sobre el mundo que todas las obras del realismo socialista juntas". Y la conclusión que podría ser un epitafio a la conciencia, libre y rigurosa a la vez, de Revueltas: "Si el estalinismo fue lo que dice Solzhenitsyn, hay que proclamarlo así. Punto".[232]

Paz detecta la escalofriante sutileza del libro de Solzhenitsyn desde su subtítulo: *1918-1956*. Es decir, el Terror se origina con Lenin y Trotski, es consustancial al régimen bolchevique y el célebre estalinismo es sólo su periodo genocida más agudo. En "Gulag: entre Isaías y Job", aparecido en *Plural* en diciembre de 1975 y también incluido en *El ogro filantrópico*, Paz corta el nudo gordiano del mito bolchevique sustentado en la bondad intrínseca de la URSS, esa "superstición difícilmente erradicable" prueba que la vieja diferenciación teologal entre *sustancia y accidente* opera en los creyentes de nuestro siglo con la misma eficacia que en la Edad Media: la sustancia es el marxismo-leninismo y el accidente es el estalinismo".[233]

---

[231] Ignacio Solares, "La verdad es siempre revolucionaria" (1974), en A. Revueltas y Ph. Cheron (compiladores), *Conversaciones con José Revueltas*, ERA, México, pp. 128-129.

[232] *Idem.*

[233] Paz, *Obras completas, VI. Usos y símbolos. Ideas y costumbres. La letra y el cetro, op. cit.*, p.208.

El archipiélago Gulag, dice Paz, "no es un libro de filosofía política sino una obra de historia; más exactamente: es un *testimonio* –en el antiguo sentido de la palabra: los mártires son los testigos– del sistema represivo fundado en 1918 por los bolcheviques y que permanece intacto hasta nuestros días", pese a que los deshielos lo tornaron menos grotesco y monstruoso.[234]

Releo yo mismo *El archipiélago Gulag* en busca de aquello que los franceses llaman "el efecto Gulag". ¿Por qué ese libro fue la pieza decisiva, ya no en el desencanto sino en la execración final del bolchevismo, por tantos intelectuales occidentales, como Paz? Partiendo (para ya no insistir en Trotski, los procesos de Moscú o las denuncias de la hambruna genocida en Ucrania tras la colectivización de la tierra) del XX Congreso del partido soviético en 1956 y su denuncia a puerta cerrada de los crímenes de Stalin, no queda sino insistir en la relatoría cronológica: Budapest en aquel año y Praga en 68; Pasternak y *El doctor Zivago;* la internación psiquiátrica de los disidentes; el fracaso de la ilusión rival, la maoísta, que en la estadística del genocidio resultó aun más mortífera que la soviética; la suerte del trotskismo, que como la Reforma, se dispersó en decenas de sectas, algunas de ellas preocupadas en la correlación entre la Revolución mundial y los extraterrestres (no es broma); la disipación de los sueños del 68 francés ignorados en las urnas por el elector de a pie; el caso Padilla en 1971, alejando a las verdaderas inteligencias latinoamericanas de La Habana; la huida desesperada hacia 1980 de miles y miles de personas de los paraísos victoriosos de Vietnam y Cuba, y un largo etcétera que termina donde comienza, en *El archipiélago Gulag*.

Ese testimonio, quizá, a diferencia de las doctas disquisiciones heterodoxas que Paz devoraba en *Partisan Review* o escuchaba a través de Serge o Kostas, escapaba a "la cárcel de conceptos" del marxismo. Solzhenitsyn no explicaba por qué había fracasado el comunismo ni discutía qué clase de sociedad era aquella según la patrología marxista. Sólo detallaba el horror sufrido por millones desde su comienzo, cuando los comisarios tocaban la puerta en la madrugada. Fue un horror que no perdonó a nadie, empezando por los propios verdugos y terminando con los héroes, que como Solzhenitsyn mismo, venían de derrotar a los nazis.

Tras despedirse de Lenin (a quien le dice adiós con un extravagante elogio de *El Estado y la Revolución* que juzga anarquizante) y de Trotski (muerto en contrición, nos dice, por haber destruido a los partidos revolucionarios no bolcheviques), Paz examina, en *El ogro filantrópico*, la tradición cristiana eslava, antigua pero no primitiva como Rusia misma, de Lev Shestov y Vladimir Soloviev a Milosz y Brodsky. Compara la excentricidad acrítica de los mundos ruso e hispanoamericano, hermanos por la ausencia de la Ilustración. Todo ello para discrepar del cristiano Solzhenitsyn, prefiriendo entre los

---

[234] *Ibid.*, p. 190.

disidentes soviéticos al socialdemócrata Roy Medvedev y al liberal Andrei Sajarov, ambos presentes en *Plural* tanto como Howe, lector neoyorkino de *El archipiélago Gulag:* estos tres últimos más cercanos a la tradición en la cual Paz acabó por reconocerse, la de Herzen.

Del cristianismo de Solzhenitsyn, que no encuentra dogmático ni inquisitorial, le conmueve la búsqueda de la verdad y el ejercicio de la caridad, virtudes que encontrará en José Revueltas, a quien recordará como "el verdadero cristiano" de la literatura mexicana por haber roto con el "clericalismo marxista" y espiritualmente superior al persignado Vasconcelos, quien "terminó abrazando el clericalismo católico".[235]

A Paz, de Solzhenitsyn, "el valeroso y el piadoso", le molesta su ignorante arrogancia, hija de "cierta indiferencia *imperial*, en el sentido lato de la palabra, ante los sufrimientos de los pueblos humillados y sometidos de Occidente". Lo cual me lleva a unas líneas poco citadas del Octavio pagano y anticlerical, las cuales algunas pocas, quizá, suscribimos, cuando se detiene y dice disentir de Solzhenitsyn porque, en realidad, "los cristianos no aman a sus semejantes. Y no los aman porque nunca han creído *realmente* en el *otro*. La historia nos enseña que, cuando lo han encontrado, lo han convertido o lo han exterminado". En la esencia de los cristianos, "como en sus descendientes marxistas, percibo un terrible disgusto de sí mismos que los hace detestar y envidiar a los otros, sobre todo si los otros son paganos," lo cual sería la "fuente psicológica" de todas las inquisiciones y crímenes que comparten cristianos y marxistas.[236]

Ese mismo Octavio descreído y agnóstico agregaba, un poco antes, que quienes creyeron de buena o de mala fe en el comunismo cometieron algo más que "meros errores o fallas en nuestra facultad de juzgar. Han sido un pecado, en el antiguo sentido religioso de la palabra: algo que afecta al ser entero. Muy pocos entre nosotros podrían ver frente a frente a un Solzhenitsyn o a una Nadezhda Mandelshtam. Ese pecado nos ha manchado y, fatalmente, ha manchado también nuestros escritos. Digo esto con tristeza y con humildad".[237]

Para paliar esa tristeza, en ese mismo número de *Plural*, el 30, Paz no sólo publicaba su primer ensayo sobre Solzhenitsyn sino "Aunque es de noche", aquel poema que dice "Alma no tuvo Stalin: tuvo historia".[238] Creo entender por qué entre quienes consideran ocasionales las ideas políticas de Paz y condenadas a desaparecer sus páginas de prosa menudean

---

[235] Paz, *Obras completas III. Generaciones y semblanzas. Dominio mexicano. Sor Juana Inés de la Cruz o las trampas de la fe, op. cit.*, p. 475.

[236] Paz, *Obras completas, VI. Ideas y costumbres. Usos y símbolos. La letra y el cetro, op. cit.*, p. 209.

[237] *Ibid.*, p. 207.

[238] Paz, *Obras completas, VII. Obra poética (1935-1998), op. cit.*, pp. 731-733.

aquellos hombres de izquierda (algunos de ellos queridos amigos míos) que reconocen haberse equivocado. Se autocritican sin arrepentirse, ajenos a esa contrición cristiana por el pecado que pedía, extralógico y religioso, el pagano Paz.[239] Insisto: sin Trotski y sin Stalin y sin Zapata, la poesía de Paz, a mí, me sería irreconocible. Un poeta neocomunista como Óscar de Pablo, por ejemplo, define *Piedra de sol* como "un texto político" donde el autor se sitúa "entre la esclavitud y el deseo de libertad". Claro, De Pablo lamenta que ese "reconocimiento histórico" se transforme, antihistórico y antipolítico, en una vindicación de "la única liberación posible" que para Paz, según él, sería el subjetivo combate erótico, el único que valdría la pena librar. Pese su reduccionismo, añorante del realismo socialista y su desabrida estética, prefiero el procedimiento de De Pablo que la condescendencia de quienes desean que la posteridad de Paz flote sin el riesgo de que la hundan las piedras de la política. Otro adversario ideológico de Paz, Cardoza y Aragón, decía que a los estetas les producía un "inmenso desasosiego" su pasión política, narcicista y demoniaca.[240]

No sólo la lectura de *El archipiélago Gulag* hizo creer a Paz que cerraba un capítulo, sino fue decisivo un encuentro personal, con el poeta y disidente soviético Brodsky, que ganaría el Premio Nobel de Literatura tres años antes que él. Al fin podía abrazar, en Brodsky, a un disidente soviético de carne y hueso. Para Krauze aquello fue, para Paz, uno de sus Kronstadt, la represión bolchevique de los marinos anarquistas en 1921 que para muchos simbolizó el fin de su esperanza en la Revolución de octubre. A un episodio de ese orden, acabó por enfrentarse, según Bell, todo intelectual de izquierda.[241]

En la casa del crítico Harry Levin, la Navidad de 1974, cuando llegó Brodsky, sopló "una ráfaga blanca y negra, como si hubiese entrado con los visitantes la noche y sus torbellinos de nieve". El poeta ruso venía en el plan de Solzhenitsyn, lanzando diatribas contra la sociedad estadounidense, "su hedonismo y su vacío interior". A Levin le sorprendió lo mucho que aparecía, en Brodsky, la palabra *alma*, desterrada de las universidades regidas por "el cientismo, el empirismo y el positivismo lógico", según se quejaba el ruso, alegre de que el poeta mexicano sí lo comprendiese, lector como era Paz de Shestov y Berdiáyev, los filósofos cristianos rusos. Treinta años atrás, en la posguerra parisina, a Paz, el romántico, le había encantado compartir esas lecturas con el rumano Cioran, mientras que al Paz liberal que estaba germinando, al fin, en Cambridge, le incomodaba que Brodsky, otro grande,

---

[239] CDM, Conversación con Anthony Stanton, 3 de junio de 2013; David Huerta, "Un árbol esbelto y fuerte" en *Letras Libres*, México, núm. 183, marzo de 2014, p. 13.

[240] Óscar de Pablo, "El relojero divino", *Nexos*, núm. 433, México, enero de 2014, p. 92; Cardoza y Aragón, *El río. Novelas de caballería, op. cit.*, p. 762.

[241] Krauze, *Redentores. Ideas y poder en América Latina, op. cit.*, p. 247.

lo creyese de acuerdo con él sólo por haber reconocido "un eco de Shestov" en sus palabras. Paz se presentará en 1978 disintiendo de los disidentes "el regreso a la antigua sociedad, en caso de que fuese posible, significaría la substitución de una ortodoxia por otra".[242]

Aunque el cuento de las dos revoluciones, la rusa y la mexicana, distaba, para Paz, de haber llegado a su desenlace, es notorio que *El ogro filantrópico*, escrito desde *Plural*, significó para Paz un alivio moral. Esa doble vida fantasmal de la década canalla terminaba con la lectura de *El archipiélago Gulag*, como había terminado, con el 2 de octubre, su "servidumbre voluntaria" ante el ogresco y filantrópico régimen de la Revolución mexicana.

1977 no sólo fue el año en que ganó el Premio Jerusalén de Literatura, abogando en la Ciudad Santa por dos estados, uno para los israelíes y otro para los palestinos, como solución a un conflicto ya entonces viejo. También ese año fue el último en que hizo su visita anual (otoño-invierno) a Harvard pues en agosto se enfermó gravemente su madre doña Pepita, de 85 años. Ya no quiso arriesgarse a que ella sufriese un nuevo percance estando él ausente, según le explicó por carta a Levin, su jefe en el departamento de literatura comparada.[243] Las estancias en los Estados Unidos habían aireado su universo intelectual, que pese a los años de la Segunda guerra en San Francisco y Nueva York, seguía siendo hasta los setenta, intelectualmente muy latino. Ese periodo le permitió alegrarse, por ejemplo, en una carta a Gimferrer, de que los franceses al fin descubrieran a Karl Popper, un buen tónico para que se curaran de su ya añeja intoxicación de hegelianismo.[244]

Y desde principios de la década hizo en Harvard amistades entrañables, como la de la poeta Elisabeth Bishop, que según sabemos gracias a la publicación de su exhaustivamente chismosa correspondencia con Robert Lowell, al principio le interesaba más la "glamorosa" Marie José que Octavio, cuya poesía no le gustaba mucho y a quien consideraba un poco parlanchín. Esas reservas desaparecieron pronto y en 1974 considerara a los maravillosos Paz "un par de soles en mi deprimente cielo". En 1975, Bishop visitó México invitada a Cuernavaca por los Paz y apareció con él en un programa de TV junto con Mutis, Brodsky y el poeta yugoeslavo Vasko Popa.[245]

Tenía, desde el 1 de diciembre de 1976, una revista propia, independiente: *Vuelta*, y Paz fue libre hasta de enfermarse de cierta gravedad. En abril de 1977, tras descubrir que orinaba sangre, se le extirpó un tumor maligno en

---

[242] Paz, *Obras completas, VI. Ideas y costumbres. La letra y el cetro. Usos y símbolos, op. cit.*, pp. 259-260, 262.

[243] Perales Contreras, *Octavio Paz y su círculo intelectual, op. cit.*, p. 264.

[244] Paz, *Memorias y palabras. Cartas a Pere Gimferrer 1966-1997, op. cit.*, p. 155.

[245] Elizabeth Bishop/Robert Lowell, *Words in Air. The Complete Correspondence*, edición de Thomas Travisano y Saskia Hamilton, Farrar, Strauss & Giroux, Nueva York, 2008, pp. 699, 706, 717, 768 y 781.

el riñón que acaso hizo metástasis en el cáncer en los huesos que lo mató casi veinte años después. Según le contó a Sutherland, camino del quirófano se consoló pensando en Plotino:[246] ante la cercanía de la muerte en Octavio siempre imperó el pagano. Pero a mediados de marzo ya estaba recuperado y tenía ánimo para continuar su correspondencia con Gimferrer, con quien estaba preparando la edición de 1979 de su *Obra poética* en Seix Barral: "La famosa convalecencia que uno tiende a idealizar pensando en las de la infancia –el sol tibio entrando por la ventana, el lento despertar del cuerpo, el soñar con los ojos abiertos y el sueño sin sueños– "es bien distinta a la crudeza postoperatoria. Incómodo, víctima por primera vez de una operación seria, le decía al amigo catalán, "el aburrimiento del enfermo es algo así como la acedia de los monjes –inmovilidad del cuerpo y agitación del espíritu".[247]

"Además, no todo es negro y hay momentos magníficos" como dormir bien ("¿Por qué diablos los clásicos compararon el sueño con la muerte? Los románticos tenían razón: el sueño es la otra vida?"), "oír –pero realmente oír– un poco de música, sobre todo del siglo XVIII", leer cuentos fantásticos chinos.[248] Tres años después, en 1980, Octavio y Marie José se cambiaron de departamento, del 143-601 de la calle de Lerma, en la misma colonia Cuauhtémoc, al Paseo de la Reforma 369-104, esquina con Río Guadalquivir. Estrenaron un espacioso departamento, contiguo al emblemático Ángel de la Independencia, con un patio interior que aislaba la biblioteca del resto de la casa. Hasta la fecha, allí es donde se conservan los libros de Paz.

Entre la renuncia a la embajada en Nueva Delhi en octubre de 1968 y la publicación de *El ogro filantrópico* en febrero de 1979, Paz había sido ese "peregrino en todas partes", como lo llamó su leal adversario Monsiváis. Por su patria había peregrinado, yendo en viaje poético a la memoria del joven que fue y demostrando la energía pública de la que era capaz no sólo el director de *Plural* sino, por primera vez en la historia de México, un poeta.

El peregrino miraba de frente al ogro.

---

[246] Perales Contreras, *Octavio Paz y su círculo intelectual*, *op. cit.*, pp. 264-265.

[247] Paz, *Memorias y palabras. Cartas a Pere Gimferrer 1966-1997*, *op. cit.*, pp. 146-147.

[248] *Ibid.*, pp. 147-148 y 155.

CAPÍTULO 11

La jefatura espiritual

Los dialécticos exaltan la sutileza
Los casuistas hisopean a los sayones
Amamantan a la violencia con leche dogmática
La idea fija se emborracha con el contra
El ideólogo cubiletero
                          afilador de sombras
en su casa de citas truncadas
trama edenes para eunucos aplicados
bosque de patíbulos   paraíso de jaulas
              Imágenes manchadas
        escupieron sobre el origen
carceleros del futuro   sanguijuelas del presente
     afrentaron el cuerpo vivo del tiempo
        Hemos desenterrado a la Ira

Paz, "Petrificada petrificante" (1976)

PROBLEMAS DE LA JEFATURA ESPIRITUAL

El genio de Octavio Paz pertenece a una especie rara, la de los poetas-críticos y en el siglo xx, tal como lo dijo Cortázar en su elogio del poeta mexicano. Sólo W. B. Yeats, Valéry, Pound, Eliot, me parece a mí, comparten con Paz esa conjunción de hondura analítica y grandeza poética. Los cuatro fueron tan influyentes como ensayistas que como poetas y es imposible disociar, en ellos, a la prosa del verso, a la sensibilidad y a la inteligencia. De los cinco, si es que ello quiere decir algo, tres fueron premios nobel, Valéry murió en la víspera de obtenerlo y Pound muy probablemente lo hubiera sido de no mediar su episodio mussoliniano. Pero este quinteto a la vez lo fue de cinco jefes espirituales. No sólo organizadores públicos o privados de la cultura como editores literarios o promotores del teatro, sino figuras públicas, hombres políticos, poetas exotéricos y clérigos dispuestos a dar la batalla por un conjunto de verdades universales y trascendentes: verdaderos intelectuales.

Yeats, Valéry, Pound, Eliot y Paz acabaron por ser poetas nacionales en la heterodoxa manera en que el siglo xx les permitió serlo. En contra de su equívoca voluntad, probablemente. Las desdichas y las canalladas del nacionalismo irlandés, toda su mitología poética, son incomprensibles sin Yeats, su poeta, autor de "Pascua de 1916", poema tan significativo para la rebeldía contra los británicos, como lo fue "México: Olimpiada de 1968" para los estudiantes mexicanos y sus familias durante las décadas que siguieron al 2 de octubre en Tlatelolco. Senador de la República de Irlanda y después simpatizante del fascismo y del nazismo, Yeats amaba tanto la política como su amigo y ex secretario Pound, quien soñó con llegar al Capitolio para instruir desde allí al mundo sobre sus teorías económicas. No pudiendo llegar, le abrieron aquel micrófono en Roma. Internado en el manicomio de Saint-Elizabeth entre 1946 y 1958, Pound lo convirtió en un vestíbulo político para la derecha estadounidense, tratando de influir en ella, a pesar del confinamiento y la depresión. El sufrido y discreto Eliot, en cambio, al hacerse súbdito británico, vivió en una sociedad aún más renuente que los Estados Unidos a aceptar lo que los anglosajones llaman actualmente, redundantes, "intelectuales públicos" y sin embargo la jefatura espiritual de Eliot se extendió sobre el siglo desde sus oficinas de Faber & Faber. El poeta de *Tierra baldía*, al convertirse a la Iglesia anglicana y "criticar al crítico" en sus memorables ensayos, le dio vida a una paradoja, la de un modernismo conservador. Fue el poeta de la enfermedad (la modernidad) y de su remedio, la comunidad religiosa, según él. Y en cuanto al francés Valéry, causa asombro leer sus biografías y encontrarse con el número de actos oficiales a los cuales acudía cada semana, sin descanso, este viejo poeta con fama de ex poeta, proyectando, con sus "miradas sobre el mundo actual", la mesura aristocrática y liberal con la que habríamos de resignarnos a la muerte de nuestra civilización, a cuyo lecho de moribunda acudía, con una puntualidad casi oficinesca y sin muchos paliativos que ofrecer, el autor de *El cementerio marino*.

No es que Paz "amara la política" por capricho o ambición como decía de él la revista *Time* cuando ganó el Premio Nobel de Literatura en octubre de 1990,[1] según leí, sino que un jefe espiritual estaba obligado, en el siglo XX, a ejercerla, entendida no sólo como política diaria (a la que trataron de meterse Yeats y Pound), sino como política del Espíritu, diría Valéry. A diferencia del resto de los jefes espirituales que fueron poetas, la *cosa mentale* de Paz siempre estuvo en el universo de la izquierda. No fue militante del Partido Comunista, pero estuvo cerca de serlo cuando regreso de la Guerra civil española en el invierno de 1937; nunca militó en las sectas trotskistas de las que venía huyendo su maestro Serge y tras ver fracasadas sus ilusiones de presenciar la verdadera revolución proletaria en la Europa de la posguerra, el poeta Paz empezó su carrera como jefe espiritual escribiendo un diagnóstico de la mexicanidad, *El laberinto de la soledad*, libro cuyo remedio psicoanalítico –empezar por hablar de México como trauma– estuvo en latencia

---

[1] "He loves politics" (*Time*, octubre 22 de 1990).

hasta que estalló en 1968. Con *Postdata* no tuvo más remedio que ofrecer la medicina que México necesitaba, la democracia y regresó al país en 1971 queriendo fundar un partido político (fantasía que Yeats también tuvo) y no pudiendo hacerlo, decidió emprender una *kulturcampf* democrática y liberal con un par de revistas literarias *(Plural y Vuelta)* que apoyadas en un grupo literario con varias inteligencias en beligerante contradicción, lo convirtieron en el jefe espiritual más escuchado en la lengua española, como lo había sido treinta, cuarenta años atrás, Valéry desde la *NRF*, un modelo de revista política-cultural muy distinto a las pequeñas revistas de vanguardia que Pound empezó a difundir antes de la Primera guerra mundial, pero similar a la revista *Criterion* (1922-1939) de Eliot.

Francisco Romero, el historiador argentino de quien tomé la categoría de "jefe espiritual", la usa para referirse, sobre todo, a un par de filósofos, Benedetto Croce y Ortega, cuya ejemplar *Revista de Occidente* estuvo también en el origen de Paz como editor literario.[2] Los jefes espirituales que acompañarían a Paz en mi libro, como cómplices discretos, habrían de ser, también, poetas en los cuales el pensamiento, la actividad pública y la poesía misma fueran inseparables, una sola esencia. El jefe espiritual es más que el poeta comprometido, que el caudillo cultural (la noción de Krauze utilizada originalmente para la generación mexicana de 1915), que el organizador de la cultura y me parece que entre los poetas de la lengua española, sólo Paz lo fue. La inmensa influencia de Neruda, patrocinada por el Partido Comunista, nunca se tradujo en un pensamiento legible en libros y ninguno de los grandes poetas españoles del 27, algunos de ellos ensayistas notables (como Jorge Guillén y un poco más académico, violentando su carácter, Cernuda) llegó a ser un jefe espiritual, como lo fue, su maestro Antonio Machado, si le damos al *Juan de Mairena*, como yo se la doy, categoría de pensamiento crítico. Hubo jefes espirituales entre los prosistas, como Nikos Katzanzakis, Thomas Mann, Romain Rolland o André Gide. Lo fue también Rabindranath Tagore.

Como figura, el jefe espiritual, suele ser figura pública, exóterica y hoy se diría mediática. Varios de los jefes espirituales del siglo xx, incluyendo a Sartre y a Paz, usaron sin pudor alguno la entrevista, periodística y televisada, como vehículo de las ideas en acción que pretendían imponer. Imponer, dije. El jefe espiritual es por naturaleza una figura de autoridad, expuesta al exceso, a la vanidad, al mesianismo, al fracaso filosófico. La jefatura espiritual y su voluntad de dominio causa problemas. No sé es jefe espiritual sin enemigos ni sin prosélitos. Invariablemente choca, negocia, se acerca o se separa del principe, como llamaba Paz, a veces, al ogro filantrópico. En México, Reyes no había querido ser jefe espiritual. Lamentará Paz que

---

[2] Francisco Romero, *Ortega y Gasset y el problema de la jefatura espiritual y otros ensayos*, Losada, Buenos Aires, 1960.

su mentor de los años cincuenta, el reservado don Alfonso, el poeta de la prosa, el autor de "muchas páginas perfectas", no nos haya enseñado a pensar, "lo admiro como *artista* pero no como pensador ni como crítico". "A mí me hubiera gustado", rematará Paz en 1981, "que hablase más de política. Reyes tenía autoridad e inteligencia para hacerlo."[3] En privado, usaba términos aun más duros contra el apoliticismo de Reyes, a quien quiso y admiró con gratitud pero del cual no se consideraba discípulo. Era natural que simpatizase más con el destino trágico de Vasconcelos, quien cuando fue candidato a la presidencia en 1929 y fracasó, los mexicanos no lo quisieron como sedicioso jefe espiritual. Después Vasconcelos se refugió, con sus abominables opiniones de la vejez, en todo aquello que negase su ascendiente sobre el prójimo semejante.

Prefigurada en *El laberinto de la soledad*, su misión como jefe espiritual la tomó Paz tras la renuncia de Nueva Delhi y la afinó en *Postdata*, donde aparece no sólo el ensayista en funciones de médico con su receta en la mano sino el taumaturgo entusiasmado por el calor de su don, una irradiación de poeta, como es claro para quien lea *Vuelta* y *Pasado en claro*. Es probable que no haya un momento de iluminación en que Paz haya decidido aceptar esa misión religiosa, como se supone le ocurrió a Eliot antes de la conversión anglicana. Ese vaivén ("Doy vueltas en mí mismo/ y siempre encuentro los mismos nombres,/ los mismos rostros/ y a mí mismo no me encuentro"[4]) tan propio de su poesía, cuando Paz es y no es Paz, como en "Petrificada petrificante", quizá lo fue llevando, de círculo en círculo, hacia esa posición central. Pero yo quisiera localizar, para mi tranquilidad, un momento preciso de su itinerario y me lo ha ofrecido Marie José Paz, en una de las pocas entrevistas periodísticas que ha concedido, cuando recuerda, que saliendo de Nueva Delhi rumbo a Bombay, en la estación de ferrocarril de la capital india, los "emocionó", a ella y a Paz, "la cantidad de gente que fue a despedirnos y lo mismo ocurrió en las estaciones del largo camino a Bombay: estudiantes y gente común que expresaba su solidaridad con Octavio con guirnaldas de flores y dulces como si fuese un gurú, un poeta-gurú".[5]

Gurú, voz sánscrita de origen polémico, quiere decir maestro espiritual, pero se refiere también a lo pesado, a aquel que soporta el peso del conocimiento del mundo y funda escuela. Desde los testimonios más viejos, como los del viejo Huerta en los años de *Barandal*, esa clase de jefatura se anunciaba y acceder a ella se tornó irresistible para Paz. Desde muy joven fue un *zoon politikon* y eso explica muchas cosas de su vida, como en la de los otros poetas-críticos, algunos irrefrenables en su voluntad de dominio

---

[3] Paz, *Obras completas, VIII. Miscelánea y primeros escritos, op. cit.,* pp. 759 y 1159.

[4] Paz, *Obras completas, VII. Obra poética (1935-1998), op. cit.,* p. 640.

[5] Ana Cecilia Terrazas, "Octavio Paz. Sus virtudes y defectos" (1994), en *Octavio Paz. Voz que no se calla, luz que no se apaga,* edición especial núm. 44 de *Proceso,* México, marzo de 2014, p. 79.

intelectual, como Pound, otros discretos y eficaces como Eliot y Valéry, contradictorios como Yeats y Paz, a la vez creyentes en una religión personal e íntima, la de la poesía e impacientes por curar públicamente a sus naciones, a toda la cristiandad o a la civilización occidental.

Entre las peleas de los rijosos años setenta, Paz se tomaba sus descansos con la Musa Décima (cuando la actriz Sharon Stone manifestó su deseo de conocer a Octavio, a quien admiraba, interrogada sobre si no sentía celos, Marie José dijo que tras haber competido con Sor Juana ya nada la arredraba).[6] Hacía 1976, según nos dice Paz, tenía escritas las tres primeras partes de un proyecto que databa de 1950, cuando de *Sur* (otra vez Bianco como instigador) le pidieron un artículo para conmemorar el tercer centenario del nacimiento de la monja. En 1981 concluía y publicaba el resultado de su incursión para medirse con la más alta de las figuras literarias del pasado mexicano y encontrar la medida exacta de su propio tamaño como jefe espiritual. Equiparable en dimensión y en aliento a *El arco y la lira*, *Sor Juana Inés de la Cruz y las trampas de la fe* es uno de sus grandes libros. Parece ser una biografía a secas, es un examen de la poesía del siglo XVII en la hora final del Barroco y es algo más, ni espontáneo ni inocente, el cumplimiento de una misión. Algunos, como Vargas Llosa, lo consideran el mejor de sus libros. Paz fue a medirse con Sor Juana, a probar ante ella su jefatura espiritual. Como lo dijo una sorjuanista poco afecta a Paz, Margo Glantz: "Sor Juana es tan grande, tan extraordinaria, que ¿en qué genealogía podía inscribirse Paz si no era en la de Sor Juana?"[7]

SOR JUANA INÉS DE LA CRUZ, *C'EST MOI?*

Ante la pregunta que le hicieran Tetsuji Yamamoto y Yumio Awa en 1989, hablando, en principio, de México y el Japón de "¿Qué relación tiene Sor Juana con usted?", Paz contestó que su profunda atracción hacia ella era por el "poeta que reflexiona y que ama las ideas. En seguida, veo en Sor Juana al intelectualidad que, por fidelidad a su vocación, tiene una relación difícil, desventurada, con su medio. Sor Juana fue vencida pero su derrota fue la de un escritor independiente frente a una ideología cerrada y una clerecía despótica. Su derrota, como ella dice en poema, también fue triunfo. En este sentido, Sor Juana es una figura absolutamente moderna, algo que no se puede decir ni de Lope de Vega ni de Góngora ni de Quevedo ni de Calderón ni de los otros grandes poetas de su siglo en España. En fin, yo no podría decir, como

[6] CDM, *Diario*, 25 de mayo de 1995 y 17 de diciembre de 1997; sobre la admiración de Sharon Stone por Paz véase *Reforma*, México, "Hace aclaración sobre Paz y Stone", 26 de mayo de 1995 y "Paz la vuelve loca", 7 de junio de 1996.

[7] CDM, Conversación con Margo Glantz, Ciudad de México, 13 de enero de 2012.

Flaubert de Madame Bovary, *Madame Bovary c'est moi*. Pero sí puedo decir que me reconozco en Sor Juana…"[8]

Ciertamente, la alocución original de Flaubert, según Albert Thibaudet que lo sabía todo sobre el autor de *Madame Bovary*, no tuvo otra intención, en el novelista, que prevenirse, fastidiado, de quienes lo inquirían sobre si su desdichada heroína había sido tomada de la vida real, de la nota roja de algún pueblito en especial. "¡Madame Bovary soy yo!" quería decir, simplemente, que Flaubert lo había inventado todo. No era del todo cierto pues se inspiró en alguna noticia sobre el suicidio de una adúltera, pero la expresión se convirtió en una reivindicación del novelista como Dios.[9]

Siendo real e histórica, Juana Inés de la Cruz habría sido un espejo en el cual Paz, megalómano, se habría querido mirar y algo tendría, además, *Sor Juana Inés de la Cruz o las trampas de la fe*, de autobiografía simulada. Perales Contreras así lo sugiere, diciendo que la personalidad del poeta corresponde a la que él atribuye a Juana Inés. En realidad, Paz está discutiendo la personalidad de la monja jerónima con su biógrafo-psicoanalista, Ludwig Pfändl y lo corrige en cuanto a un narcisismo crítico o más bien "autocrítico, y esto es lo que la distingue del narcisista vulgar y del simple neurótico. Sor Juana no se mira para admirarse sino que, al admirarse, se mira y, al mirarse, se explora. Está más cerca del Narciso de Valéry que del de Ovidio."[10] Si es narcisismo que los grandes escritores se midan con los grandes escritores, ojalá que nuestra literatura se convierta en el jardín de los Narcisos.

Al contrario de lo que pienso de los poemas memoriosos y de *Los hijos del limo*, los cuales funcionan como autobiografías poéticas y críticas, creo que más allá de la identificación primordial que se establece entre el biógrafo y su materia, salvo alguna coincidencia a la cual yo no le doy la importancia que le dan otros, como la relación de la futura monja con su abuelo o el asunto del padre ausente, *Sor Juana Inés de la Cruz o las trampas de la fe*, no es una autobiografía ni velada ni conjetural.[11] Nada más distinto a la vida de Paz que la de Sor Juana. El paralelo no procede entre la gloria, la caída y, otra vez, la gloria: la vida conventual de una genial poetisa, ávida de conocimiento y habilísima en ganarse a su favor al palacio virreinal frente al ascenso constante de un joven poeta que a los veintitrés años, en la España de 1937, se codea, tonsurándose, con los grandes poetas de su tiempo, iniciando una carrera literaria que culminará con el Premio Nobel. A su muerte será honrado con

---

[8] Paz, *Obras completas, VIII. Miscelánea. Primeros escritos y entrevistas, op. cit.*, p. 755; Tereza Barreto, "Sor Juana sou eu", *Folha de San Paulo*, 11 de noviembre de 1999.

[9] Albert Thibaudet, *Flaubert*, Gallimard, París, 1935, pp. 92-93.

[10] Perales Contreras, *Octavio Paz y su círculo intelectual, op. cit.*, p. 290; Paz, *Obras completas, III. Generaciones y semblanzas. Dominio mexicano. Sor Juana Inés de la Cruz o las trampas de la fe, op. cit.*, p. 665.

[11] Serrano, *La construcción del poeta moderno. T.S. Eliot y Octavio Paz, op. cit.*, pp. 186-193.

unos funerales nacionales en los que sólo faltó, lo cual es del todo lógico tratándose de Paz y de su México, la Iglesia Católica. Caída en desgracia ante sus valedores palaciegos y humillada por el misógino arzobispo Aguiar y Seijas, la muerte de Juana Inés, durante la epidemia de 1695 resulta un final piadoso, habiendo sido despojada previamente de su biblioteca, de su música y del placer y del apremio de escribir.

Paz se sirve naturalmente de lo que sabemos de la formación de Juana Ramírez de Asbaje y hace la tarea de leer y anotar a Pfändl, Dorothy Schons, Alfonso Méndez Plancarte y Ermilo Abreu Gómez, pero descubrimos pronto que no estamos leyendo una biografía más –Paz despreciaba, me parece, el género– sino otra cosa nombrada al final, por el mismo autor, un "ensayo de restitución". ¿Qué restituye *Sor Juana Inés de la Cruz o las trampas de la fe*? Estamos ante una serie de restituciones. La primera es histórica. Empieza el libro, muy al gusto de Paz, con la presentación de un panorama, aprendido en Toynbee y en Spengler más que en Marx, de aquella "sociedad singular", la Nueva España, por la que el poeta en *El laberinto de la soledad* había mostrado simpatía, para sorpresa y beneplácito del viejo Vasconcelos en 1950, una simpatía inusual tratándose del nieto de un jacobino y del hijo de un revolucionario quien formaba filas entre los marxistas. Arremetiendo contra la doxa nacionalista, hoy en desuso pero todavía muy popular en 1981, Paz descarta la idea de que la Nueva España haya sido "un interregno, un paréntesis histórico, una zona vacía en la que apenas si algo sucede".[12] A esa misma falsificación, la que presenta a un México cautivo en manos de una potencia extranjera, nacionalizando al "régimen de Moctezuma", opresor de todas las naciones indias que corrieron raudas y veloces a auxiliar al conquistador Cortés, Paz agrega y rechaza una variante en apariencia más benigna, "agrícola y biológica" donde se concede que los tres siglos del virreinato, son el periodo de gestación mientras que la Independencia es la madurez natural de la nación. A la hermética Sor Juana, cabe agregar, le interesaban, en el *Primero sueño*, las pirámides de Egipto, no las de México. Al surrealista Paz, las de Egipto y las de México.

Sor Juana Inés de la Cruz o las trampas de la fe corrige *El laberinto de la soledad* como lo exigía un Paz que entraba a sus setenta años: la historia de México, como su geografía, es "abrupta, anfractuosa" y "cada periodo histórico es como una meseta encerrada entre altas montañas y separada de los otras por precipicios y despeñaderos". "El tajo de la conquista", dice Paz, "es de tal modo neto y profundo que casi todos sentimos la tentación de ver al mundo precolombino como un todo compacto y sin fisuras" mientras que el virreinato católico y la república laica son "dos proyecciones excéntricas y marginales de la civilización occidental: la primera, Nueva España, fue

---

[12] Paz, *Obras completas, III. Generaciones y semblanzas. Dominio mexicano. Sor Juana Inés de la Cruz o las trampas de la fe, op. cit.*, pp. 579-580.

una realidad histórica que nació y vivió en contra de la corriente general de Occidente, es decir, en oposición a la modernidad naciente; la segunda, la República de México fue y es una apresurada e irreflexiva adaptación de esa misma modernidad. Una imitación, diré de paso, que ha deformado a nuestra tradición sin convertirnos, por lo demás, en una nación realmente moderna".[13]

¿De qué tamaño es la corrección? Por razones cronológicas, la Revolución mexicana desaparece de la escena y a lo largo del libro pareciera que el virreinato se convierte, en su lugar, en la matriz de nuestra historia desplazando a 1910 mientras que reaparece, contra el siglo XIX y su liberalismo más o menos triunfante, el cargo de "imitación extralógica", mismo que se extiende al México de principios de los años ochenta, tan lejano, como se veía entonces, de la verdadera modernidad que para Paz ya era, sin ninguna duda, la democracia. Gracias a Sor Juana, so pretexto de ella, el poeta ensancha su tiempo histórico, su México, enriquecido constantemente por sus reflexiones sobre el arte precolombino iniciadas con un artículo en *Sur* en 1947 sobre la escultura antigua del país y culminadas, en los años noventa, con sus "Reflexiones de un intruso" sobre el desciframiento de la escritura maya. Así, puede armarse una historia informal de México[14] con las *Obras completas* de Paz, historia que iría desde Tlacaélel hasta el subcomandante Marcos y donde impera esa poética de la historia que David Brading encontró parecida al talento hallado por Carlyle en Shakespeare, un "talento que pudo haber convertido *La historia de Inglaterra* en una especie de *Iliada*, casi tal vez en una especie de Biblia".[15]

Sería inaceptable pretender que de la historia de México leída y escrita en fragmentos por Paz puede salir una Biblia –nada podría ser más antipático a su educación y a sus propósitos–. Pero a la manera de Carlyle y Shakespeare, *Sor Juana Inés de la Cruz o las trampas de la fe* es una dramatización épica (como puede ser la épica para un romántico moderno y desencantado) del virreinato que le da otra densidad a la historiosofía de Paz: Sor Juana lo enfrenta, además, a un problema sin solución, detectado por Brading, el de qué tanto éxito tuvo "México" en su negación de la Nueva España.

La segunda restitución corresponde al dominio de la historia literaria. Desdeñoso de la erudición excesiva –creo que no necesitó de muchos libros para dibujar su cuadro de la Nueva España– y a la vez obsesivo cuando se trataba de agotar un emblema, un concepto o un verso, Paz, empieza su

---

[13] *Ibid.*, p. 580.

[14] Con una compilación de Adolfo Castañón y un prólogo de Jean Meyer, se hizo una antología en ese sentido: Octavio Paz, *Huellas del peregrino. Vistas del México independiente y revolucionario*, FCE, México, 2010.

[15] David Brading, *Octavio Paz y la poética de la historia mexicana*, traducción de Antonio Saborit, FCE, México, 2002, p. 100.

verdadera tarea al definir a la novohispana como una "literatura trasplantada" lo cual, en mi opinión, lo regresa a uno de los puntos más discutibles de *El laberinto de la soledad*, esa noción un tanto identitaria de lo "imitación extralógica". Lo mismo en el caso del liberalismo decimonónico que en el del español en América, ¿cuántos siglos de oscuridad se necesitan para que lo trasplantado se vuelva nativo? La propia obra sorjuanina prueba que aquella literatura había enraizado con rapidez en su nuevo suelo y por ello era a la vez nueva y universalmente hispánica. Toda idea, toda literatura, alguna vez fue trasplantada y yo no veo que en ello la novohispana haya sido singular. Es sólo reciente, contabilizable en cinco siglos, el trasplante.

Paz cala más hondo al disponer de la escena en que se desarrollará el drama de Sor Juana, "una cultura verbal: el púlpito, la cátedra y la tertulia" que al disponer de "la gran invención literaria de la Edad Barroca: el concepto, la unión de los contrarios, expresa con extraordinaria justeza el carácter de la época", carácter que el poeta crítico va revelando con una facilidad a la vez histórica y filosófica. Pese a el sincretismo religioso pregonado por los jesuitas que dominaban intelectualmente, la Contrarreforma católica había fracasado. Pero ese sincretismo, dice Stanton de *Sor Juana Inés de la Cruz o las trampas de la fe*, "tenía su equivalente en la estética barroca, una estética que permitía la asimilación de los particularismos, las singularidades y las irregularidades dentro de una armonía universal",[16] lo cual le permitió a la poetisa entrar en contacto con la obra del jesuita alemán Atanasius Kircher y su amalgama, erudita y charlatana a la vez, de ciencia, magia, alquima y religión. A ello debe sumar la doble pasión de Juana Inés por la música, la de las esferas, pregonada por Pitágoras, y la música a secas, la que acaso compuso o su gusto, comentado por Paz, por los instrumentos y la teoría musical.[17] Aunque atrasada en un siglo, Sor Juana se conecta con una de las tradiciones universales que fluían, subterráneas, como la del hermetismo

---

[16] Stanton, "Sor Juana Inés de la Cruz o las trampas de la fe" en *Literatura mexicana*, núm 1, UNAM, México, 1990, p. 243.

[17] *La haine de la musique*. Aunque alguna vez se presentó confabulado con Elisa, la esposa chilena del surrealista, contra el célebre horror de la música que padecía Breton, de todas las artes, la música fue la que menos le interesó a Paz. Disfrutaba, sin duda, de los madrigales de Gesualdo y en sus convalecencias, de Haydn y Mozart. Le escribió un poema a Anton Webern, otro a su querido John Cage, dejó testimonio de compositores como Silvestre Revueltas (a quien virtualmente salvó de la indigencia en el París de 1937) y Carlos Chávez (*Obras completas*, III, *op. cit.*, pp. 533-540), y fue homenajeado por mexicanos como Mario Lavista y Daniel Catán, y poco más. Los enterados vendedores de Casa Margolín, por décadas la mejor tienda de música clásica de la Ciudad de México, contaban la anécdota, sin duda malévola, de que alguna vez Octavio se había presentado en la tienda, los había regañado por no tener el último disco de Cage pero se había llevado *Las cuatro estaciones*. La última vez que lo vi, el 17 de diciembre de 1997, no sé a cuento de qué, dijo que "la música estaba llena de frivolidad". Azorados, Sheridan, la compositora Marcela Rodríguez y yo, nos salimos a fumar un cigarrillo al patio de la Casa de Alvarado. Creo que los poetas se dividen entre los que aman la música y los que aman la pintura. Paz pertenecía, resueltamente, a los últimos. (CDM, *Diario*, 20 de noviembre de 1995 y 17 de diciembre de 1997).

renacentista y Paz la saca del claustro, la coloca, de frente, en el mundo de las ideas, como ella hubiera querido ante el horror de los clérigos de antaño y de antier.

Tercera restitución: la interligibilidad de la crítica. En los primeros ochenta cuando todavía no era del todo evidente el reflujo de la logorrea posestructuralista, antes de las muertes prematuras de Barthes y Foucault, dominaban las universidades los prosélitos de la Escuela del Resentimiento, como la calificó Bloom. Y sin embargo, Paz no es tampoco un Bloom y su explicación del Barroco o de cómo hermetismo y platonismo confluyen en Sor Juana, carece de la pedantería de un Bloom, quien antes de convertirse en un "intelectual público" o en crítico a la antigua, era capaz de escribir un *Yeats* (1970) donde explica esotéricamente la esotería de Yeats, abuso que sólo le tolerarían un puñado de eruditos y sus alumnos más dilectos. El ecléctico Paz, como lo señaló Stanton, se mueve virtuosamente entre el psicoanálisis, la estilística, el formalismo y "un contextualismo de orientación histórica" corre el riesgo de acercarnos tanto a Sor Juana hacia el presente que los nexos con su mundo se aflojan y ello produce "una tensión que a veces parece a punto de estallar".[18] Demasiado del presente en el pasado, quizá: no otra cosa es la lectura de un clásico cuando lo hace un gran crítico. A efecto de comparación, el Barroco se vuelve una tierra, para el neófito o para el joven poeta educado por su tiempo, si no habitable al menos discernible en un mapa y un clásico como Juana Inés, puede leerse dentro de la historia de la poesía universal. Cuando Paz dice que *El divino Narciso* (1689) es un *collage* como aquel en el que "sobresalen Eliot y Pound",[19] provoca una mueca de disgusto en el erudito y la aprobación del *lector común*. "Poesía del intelecto ante el cosmos", el *Primero sueño*, insiste Paz, es una "extraña profecía del poema de Mallarmé: *Un coup de dés jamais n' abolirá le hasard,* que cuenta también la solitaria aventura del espíritu durante un viaje por el infinito exterior e interior".[20]

Paz, también, en un momento en que ya empezaba a ser rechazado por ser un escritor "reaccionario" restituye en Sor Juana a la mujer: aguzó su inteligencia y al final, la perdieron, a la monja, errores, imprudencias o temeridades que le hubieran sido perdonados a cualquier otro clérigo varón. Por ser mujer, Juana Inés fue más inteligente y a la vez más vulnerable que ninguno de sus contemporáneos. Si "en la diosa [Isis] se condensan las obsesiones de Juana Inés",[21] la imagen de la maternidad y la norma de la sabiduría, la monja es una "letrada insigne" maestra en la vida cortesana, en la política y en la crematística, amistada a un grado cuya intimidad desconocemos con la

---

[18] Stanton, "Sor Juana Inés de la Cruz o las trampas de la fe", *op. cit.*

[19] Paz, *Obras completas, III. Generaciones y semblanzas. Dominio mexicano. Sor Juana Inés de la Cruz o las trampas de la fe, op. cit.*, p. 1102.

[20] *Ibid.*, p. 1111.

[21] *Ibid.*, p. 828.

virreina María Luisa, condesa de Paredes. Con paciencia, Paz descarta toda las suposiciones, incluida la lésbica y regaña a Pfändl por psicoanalizar a la poetisa y no a sus atormentados, repugnantes y cómicos censores, cuya patológica misoginia deja pasar el profesor. Cumplió Sor Juana con todas las convenciones de su época, fue una esclava de su estilo y lo acató magistralmente hasta que pudo liberarse y escribir un puñado de versos eróticos imperecederos en las condiciones de la mayor restricción retórica, como lo hizo en tantos otros géneros que cultivó.

No le dio ese don su genio femenino, como diría Julia Kristeva y no Paz, pero si se demuestra en *Sor Juana Inés de la Cruz o las trampas de la fe* que "los grandes momentos de la poesía erótica han coincidido con la libertad de la mujer: son índices de la madurez de una civilización". Si Juana Inés amó a la virreina, real o sublimadamente y pudo hacerse oír, entró a la "aristocracia del corazón" opuesta a la "nobleza de la sangre". En un asunto que volverá a tratar en *La llama doble*, su tratado final sobre el amor y el erotismo, Paz asume que el amor hace iguales a los amantes porque se funda en esa nobleza de las almas. Habrá sido aquello, como lo había sido para Guinizelli y Dante, una "doble subversión: la poesía y el amor negaron al matrimonio, a las jerarquías y a los linajes".[22] Las feministas quedaron más o menos satisfechas con una restitución en la que Paz se pregunta, más de una vez, si cabe llamar feminista a una monja de las postrimerías del siglo XVII.[23] Feminista o no, es inútil buscar, al menos en las grandes literaturas europeas de su tiempo, una voz como la que se escucha a través de la *Respuesta a Sor Filotea de la Cruz* (1691) que es además, lo dice Paz, "un documento único en la historia de la literatura hispánica, en donde no abundan las confidencias sobre la vida intelectual, sus espejismos y sus desengaños".[24]

Su Sor Juana, fue también, una restitución de la poetisa al mundo laico y profano que ocasionó el desagrado de una Iglesia católica a la cual el autoritarismo, más jacobino que liberal, del PRI, despojó de casi toda su influencia intelectual. Entre sus letrados, sólo los teólogos de la liberación escribían en los periódicos y se exhibían en las aulas públicas: a menudo resultaban más fieles a la izquierda que a la mitra. A Paz le divirtió mucho el rubor eclesiástico y seguramente, donde se encontrase, también a su difunto abuelo don Ireneo, liberal y sospechoso de masonería. Paz, tras dar testimonio de la calidad filológica de las *Obras completas* de Sor Juana, al cuidado de Alfonso Méndez Plancarte, revisa las mentiras piadosas de los exegetas católicos, que como éste último, combinan "la omisión del hecho

---

[22] *Ibid.*, p. 885.

[23] Stephanie Merrim, "Toward a Feminist Reading of Sor Juana" en *Feminist Perspectives on Sor Juana Inés de la Cruz*, Wayne State University Press, Detroit, 1991, p. 16.

[24] Paz, *Obras completas, III. Generaciones y semblanzas. Dominio mexicano. Sor Juana Inés de la Cruz o las trampas de la fe, op. cit.*, p. 1191.

demasiado humano con el aderezo de los incidentes píos y con frecuencia imaginarios" participando así "de la hagiografía y del acta de acusación del fiscal". "El resultado", concluye, "fue una Sor Juana ñoña: incienso, agua bendita, ramos de azahar y, debajo del catre, uno o dos cilicios."[25]

Reintegrada al mundo, al demonio y la carne de la literatura universal y sometida a la crítica, esa Sor Juana no podía sino asustar a la clerigalla, desde el punto de partida biográfico de Paz: Juana Ramírez de Asbaje, que famosamente soñó con vestirse de hombre para poder asistir a la Real y Pontificia Universidad, sólo podía realizar su vocación literaria, optando, racionalmente, por tomar los hábitos. Paz no duda de la sinceridad de su fe, sino de la de su vocación, lo cual implica que, asediada por Aguiar y Seijas, que se presentó como arzobispo en 1680 clausurando teatros y condenando las letras profanas, Sor Juana, maestra en el arte de "doblarse sin quebrarse", abjuró de sus supuestos errores, aterrorizada pero no contrita. No sin gracia, Paz explica que la cantidad abrumadora de poesía de circunstancias que Juana Inés escribió derivaba más de su oficio, que de su fe, contra los intentos de la Iglesia mexicana de presentarla como controversista y hasta teóloga: "Los poemas cortesanos de Sor Juana fueron sus artículos, sus conferencias y sus lecciones universitarias: el precio que tuvo que pagar para que la dejaran tranquila y poder escribir aquello que su fantasía, su inspiración o su capricho le dictaban".[26]

Hasta abril de 1996, pasados los fastos del tercer centenario de la muerte de la monja un año atrás, festejados oficialmente en la Universidad del Claustro de Sor Juana con Paz como el encargado de la oración fúnebre, el académico y latinista Tarcisio Herrera Zapién, se atrevió a probar la veta satírica: "Más por monja que por musa,/ Paz a Sor Juana mal ve,/ y en todo un libro la acusa./ Mas para acusarla él usa trampas de muy mala fe". Raudo y veloz, Paz le respondió, recordando los tiempos del *Café París* en que volaban de un extremo a otro de las tertulias las saetas (o los avioncitos de papel) con versos envenenados: "Ese ofidio enroscado en la academia/ es un quídam que llaman fray Tarcisio;/ su mente debilucha sufre anemia,/ mamó bilis y añora al Santo Oficio." Y en cuanto otro de sus impugnadores, el sacerdote Alfonso Castro Pallares, escribió: "El presbítero Castro/ hizo estudios en Roma/ hoy predica en un rastro/ ya que es buey con diploma". Y mejor homenaje no podía recibir Paz que una alusión de Norberto Rivera Carrera, arzobispo primado de México, quien desde el púlpito de la catedral metropolitana, dijo el 24 de abril de 1996, que Juana Inés "había sido tomada como rehén de plumas ligeras o malintencionadas". Desde posiciones "jacobinas o agnósticas", dijo el primado, "se ha tratado de dibujarla –o de desdibujarla […] interpretándola con doctrinas filosófico-eróticas ajenas a

---

[25] *Ibid.*, p. 985.

[26] *Ibid.*, p. 970.

la monja de Nepantla". Sin mencionarlo, Norberto tomaba la defensa de su predecesor Aguiar y Seijas, pues "se ha pretendido enlodar a personajes de la historia eclesiástica" con la intención de enlodar, atacar y denigrar a la Iglesia "con argumentos dignos de la Edad de las Luces". El arzobispo denuncia "el mito de una persecución sin cuartel que, presuntamente, sufrió nuestra poetisa [...] Sor Juana aparece para estos 'admiradores' suyos como un animalito acorralado por una terrible jauría, los mastines de la Iglesia [...] Juana Inés, para esos tales, fue perseguida por sus ideales feministas y por su quehacer poético, hasta hacerla 'abjurar' de estas supuestas herejías".[27]

Galardonado con el ataque eclesiástico, Paz entró en virulenta polémica con la academia universitaria, otro de sus placeres. El historiador de la ciencia, Elías Trabulse y sus defensores, Jorge Alberto Manrique y Edmundo O'Gorman, lo acusaron, desde que dio en 1974 en El Colegio Nacional las conferencias preparatorias de lo que sería *Sor Juana Inés de la Cruz o las trampas de la fe*, de plagiar ideas ajenas y de exagerar (como también lo creyó Alatorre) la influencia de Kircher sobre la monja novohispana. El lío se extendió hasta 1979 y no fue el único. Más tarde Paz se apresuró a reconocer que Guillermo Schmidhuber (por cierto, el último amigo común de Paz y Garro) había encontrado el final perdido de *La segunda Celestina*, comedia inconclusa de Agustín de Salazar y Torres terminada de escribir por una Juana Inés de veintiséis o veintisiete años, atribución que, tras alguna vacilación, Alatorre negó, lo cual acabó de agriar la vieja amistad entre el eminente filólogo y el poeta, que se remontaba a las temporadas de Poesía en Voz Alta. Esa *Segunda Celestina*, apadrinada, en efecto, por Paz, fue publicada por *Vuelta* en su colección literaria y Alatorre, también en *Vuelta,* argumentó su contrariedad frente a lo que consideraba una atribución falsa.[28]

De todas las restituciones que traía consigo *Sor Juana Inés de la Cruz o las trampas de la fe*, juzgo la más importante, la poética (y gnoseológica), pues Paz lograba respaldarse, como poeta crítico, en las visiones de Juana Inés. Visiones las suyas que venían del fondo de la tradición filosófica occidental, el platonismo, así haya sido a través de divulgadores como Kircher y no fuentes originales, como Plotino que son la negación de todo aquello de lo que se nutre un poeta como Paz y nosotros, sus lectores, acostumbrados a esa unidad entre el autor y la obra que el Barroco niega, por más ejercicios de impersonalidad, como los de Eliot, haya intentado la poesía moderna. Sor Juana, así, se convierte para Paz en el pasado absoluto, la piedra de

---

[27] Rodrigo Vera, "En versos, la guerra por Sor Juana", *Proceso*, México, núm. 1764, 22 de agosto de 2010, p. 62.

[28] Paz, *Obras completas, III. Generaciones y semblanzas. Dominio mexicano. Sor Juana Inés de la Cruz o las trampas de la fe, op. cit.*, pp. 1325-1337; Perales Contreras, *Octavio Paz y su círculo intelectual, op. cit.*, pp. 290-292; Alatorre, "Octavio Paz y yo", *op. cit.*, p. 26.

fundación que le permite ser él. Buscó en ella no su vida, sino su contrario y en ella también, trató, como es frecuente entre los poetas, de otear su propia posteridad. Si Sor Juana es una figura final, emblemática del acabamiento de una época, ese Barroco que ella cierra, Paz también lo fue: probablemente el último.de los grandes intelectuales propios, específicos del siglo XX, el jefe espiritual de una literatura. Todo poeta teme por su posteridad y trata de resguardar esos pocos versos antológicos que lo salven. Paz no podía sino pensar, quiero imaginarme, en el Faetón de Sor Juana ("Por eso su héroe es Faetón: poesía del fracaso"[29]), el inepto conductor del carro del sol, el ahogado a quien los dioses, conmiserados, convierten en cisne.

Ambas están en el final de un tiempo, no en el principio, los dos pueden ser acusados de llegar tarde, una a la poesía y al teatro barrocos, cuyo telón ella baja y otro, merced a *l'acceleration de l'histoire* que convierte el paso de las generaciones en el dominio de la duración corta, al surrealismo. La poesía de Paz, como la de Sor Juana (en el *Primero sueño)*, ha sido censurada por ser "intelectual" y cabría defenderla en términos semejantes a los utilizados por el mexicano en desagravio de la novohispana, como visiones del espíritu en viajes por el infinito. En Paz, si lo finito es la historia, lo infinito no está asociado a la divinidad sino al erotismo, a la mujer y si asoció su poesía a alguna gnoseología fue a la del amor: amando se conoce y "el poema es el acto de conocer". Sin escribir poemas del orden más puramente epistemológico, como los de Mallarmé o Gorostiza, Paz comparte con el *Primero sueño* el procedimiento del visionario: aquel que en sueños deja el cuerpo para viajar con el alma. Ese desprendimiento hace de Paz, como lo trataré de ilustrar más adelante, un poeta visionario.

La descripción que hace Paz del *Primero sueño* podría aplicarse, generalizando, a sus propios poemas largos: "El viaje –sueño lúcido– no termina en una revelación como en los sueños de la tradición del hermetismo y del neoplatonismo; en verdad, el poema *no termina*: el alba titubea, se mira en Faetón y, en esto, el cuerpo despierta. Épica del acto de conocer, el poema es también la confesión de las dudas y las luchas del Entendimiento. Es una confesión que termina en un acto de fe: no en el saber sino en el afán de saber".[30] Quizá Alatorre tenía razón cuando discrepaba en 1991 de la interpretación complejísima –hermetizante y astronómica– hecha por Paz del *Primero sueño*.[31] En vez de ligar el poema a Luis de Góngora y a Fray Luis de Granada, como era evidente y filológicamente apropiado, Paz asoció a su poética con la de Sor Juana, a través del remoto Kircher y el inacabamiento

---

[29] Paz, *Obras completas, III. Generaciones y semblanzas. Dominio mexicano. Sor Juana Inés de la Cruz o las trampas de la fe, op. cit.*, p. 971.

[30] *Ibid.*, p. 1146.

[31] Alatorre, "Lectura del Primero sueño", *Diversa de mí misma entre vuestras plumas ando. Homenaje internacional a Sor Juana Inés de la Cruz*, edición de Sara Poot Herrera, El Colegio de México, 1993, pp. 102-111.

atribuido al *Primero sueño* acaba por asemejarse a la "vuelta" de *Pasado en claro*: "Estoy en donde estuve."[32]

Las páginas finales de *Sor Juana Inés de la Cruz o las trampas de la fe* son fascinantes. Al asedio sufrido por la monja, al final anulada como lo fue Hispasia de Alejandría, lo acompaña, otra vez, la historia, en la calle, los motines populares de 1692 que arruinan el poder virreinal y fortalecen al belicoso arzobispo, preparando el escenario para que la monja, ya ex poetisa, muera contaminada al curar a los enfermos. Paz no puede evitar el regreso de sus propios fantasmas, de la década canalla entera, a aquello que privó su alma, durante el resto del siglo, a tantos escritores, sobre todo comunistas: "Mi generación vio a los revolucionarios de 1917, a los compañeros de Lenin y Trotski, confesar ante sus jueces crímenes irreales en un lenguaje que era una abyecta parodia del marxismo, como el lenguaje santurrón de las protestas de fe que Sor Juana afirmó con su sangre son una parodia del lenguaje religioso."[33]

Ese paralelo le pareció a Dario Pucini, hispanista italiano y él mismo biógrafo, en 1967, de Sor Juana, una comparación más útil para entender al poeta mexicano que a la monja novohispana.[34] Por supuesto, el paralelo, aunque harte, es imposible de evitar para Paz y en todo caso, no es entre él y Sor Juana sino entre el siglo de ella y el de su biógrafo. Paz habría sobrevivido a los poderes que destruyeron a Sor Juana en el siglo XVII y a José Bosch en el XX, para hablar del personaje más simbólico y conspicuo en la autobiografía paziana.

Como "imagen de la contradicción" describe Paz a Sor Juana: "fue expresión acabada y perfecta de su mundo y fue su negación. Representó el ideal de su época: un *monstruo*, un caso único, un ejemplar singular. Por sí sola era una especie: monja, poetisa, música, pintora, teóloga andante, metáfora encarnada, concepto viviente, beldad con tocas, silogismo con faldas, criatura doblemente terrible: su voz encanta, sus razones matan".[35]

¿Y si ese *monstruo* fuera el *Fausto* escrito sin esa intención por Paz, una mujer que vende su alma por la poesía como forma de conocimiento y a la cual, fatalmente, se le termina el plazo? ¿La Faustina que demuestra que toda biografía es fáustica, es decir, el desempeño de un alma? ¿Ese diálogo entre la monja novohispana y el poeta mexicano, ambos los más grandes de sus siglos, no nos autorizaría a pensar en el acabamiento de lo premoderno? ¿En el Barroco agotado no veía también Paz el reflejo del final del extraordinariamente largo instante moderno en él vivió? ¿No es lo fáustico aquello

---

[32] Paz, *Obras completas*, VII. *Obra poética (1935-1998)*, *op. cit.*, p. 696.

[33] Paz, *Obras completas*, III. *Generaciones y semblanzas. Dominio mexicano. Sor Juana Inés de la Cruz o las trampas de la fe*, *op. cit.*, pp. 1267-1268.

[34] Dario Pucini, "La Sor Juana de Octavio Paz", *Vuelta*, núm. 187, México, junio de 1982, p. 30.

[35] Paz, *Obras completas*, III. *Generaciones y semblanzas. Dominio mexicano. Sor Juana Inés de la Cruz o las trampas de la fe*, *op. cit.*, p. 977.

que se asoma cuando la modernidad no acaba de nacer y no es ese ímpetu lo que se lamenta cuando la modernidad parece fracasar? ¿Qué otra cosa es el antimodernismo de Eliot y de todos los reconvertidos conservadores al cristianismo sino horror y contrición por la desmesura fáustica? ¿No es ésa clase de libros desmesurados y narcisistas los que les da por escribir a algunos de los jefes espirituales, desde el *Fausto* a los *Cantares*? Fue al propio Goethe a quien Heine le dijo, interrogado por el dueño de Weimar sobre qué estaba escribiendo, que precisamente eso escribía en esos días: un *Fausto*. *Sor Juana Inés de la Cruz o las trampas de la fe* es el *Fausto* que Paz tenía que escribir para terminar su peregrinaje y reafirmar la jefatura espiritual.

QUEMA EN EFIGIE

El 7 de octubre de 1984, Paz recibió el Premio de la Paz de los libreros de Frankfurt, en el marco de la concurrida feria internacional. Tras las palabras del presidente de la República Federal Alemana, Richard von Weizsaecker, Paz leyó su discurso de recepción, titulado, "El diálogo y el ruido". Sorprendiendo a los periodistas, pues días antes se había negado a responder preguntas de orden político, Paz, tras hablar del año de la Gran guerra en que nació y aceptar resignadamente la ambigüedad del Estado, que "preserva la paz y desata la guerra" condenó a "las ideologías nacionalistas, intolerantes y exclusivistas sobre la paz" pero subrayó que "los Estados ideológicos son por naturaleza belicosos. Lo son por partida doble: por la intolerancia de sus doctrinas y por la disciplina militar de sus élites y grupos dirigentes. Nupcias contranaturales del convento y del cuartel".[36]

Minutos después, en una ceremonia que Televisa transmitía, lo cual contribuyó al escándalo que se avecinaría, Paz tras lamentar que la guerra se hubiera hecho trashumante anunció que haría una excepción en su propósito de no referirse en concreto a ninguno de los conflictos que desasosegaban al mundo, con América Central debía hacer una excepción, pues esa guerra "me toca muy de cerca y me duele; además, es urgente disipar las simplificaciones de tirios y troyanos". No se trataba únicamente de "un episodio de rivalidad entre las dos superpotencias" ni tampoco de "una contienda local sin ramificaciones internacionales" pues "es claro que los Estados Unidos ayudan a grupos armados enemigos del régimen de Managua; es claro que la Unión Soviética y Cuba envían armas y consejeros militares a los sandinistas; es claro también que las raíces del conflicto se hunden en el pasado de América Central".[37]

---

[36] Paz, *Obras completas, VI. Ideas y costumbres. La letra y el cetro. Usos y símbolos, op. cit.*, pp. 537-538.

[37] *Ibid.*, p. 539.

Tras dar el bosquejo histórico que habituaba hacer antes de una reflexión política, recuerda que, hijas de la desintegración del antiguo imperio español, las repúblicas latinoamericanas y entre ellas, su eslabón más débil, las de América Central habían nacido "sin clara identidad nacional" y con la excepción insólita de Costa Rica, habían sucumbido al "mal endémico de nuestras tierras", el caudillismo militar, aclarando algo intragable hasta la fecha para la izquierda latinoamericana que "los Estados Unidos no inventaron ni la fragmentación ni las oligarquías ni los dictadores bufos y sanguinarios pero se aprovecharon de esta situación, fortificaron a las tiranías y contribuyeron decisivamente a la corrupción de la vida política centroamericana".[38]

Sin negar la "responsabilidad histórica" de los estadounidenses, Paz explicó que "a la sombra de Washington nació y creció en Nicaragua una dictadura hereditaria", la de los Somoza, derrocada por un levantamiento nacional, abandonada al final por los Estados Unidos. Pero "poco después del triunfo, se repitió el caso de Cuba: la revolución fue confiscada por una élite de dirigentes revolucionarios. Casi todos ellos proceden de la oligarquía nativa y la mayoría ha pasado del catolicismo al marxismo-leninismo o ha hecho una curiosa mescolanza de ambas doctrinas. Desde el principio los dirigentes sandinistas buscaron inspiración en Cuba y han recibido ayuda militar y técnica de la Unión Soviética y sus aliados. Los actos del régimen sandinista muestran su voluntad de instalar en Nicaragua una dictadura burocrático-militar según el modelo de La Habana. Así se ha desnaturalizado el sentido original del movimiento revolucionario".[39]

Aseguraba el poeta que "la pacificación de la zona no podrá consumarse efectivamente sino hasta que le sea posible al pueblo de Nicaragua expresar su opinión en elecciones en verdad libres y en las que participen todos los partidos". Ello no era imposible, remataba Paz, elecciones las había habido también en El Salvador y allí el pueblo había votado por soluciones equidistantes de la "doble violencia que aqueja a esas naciones: la de las bandas de ultraderecha y la de los guerrilleros de extrema izquierda".[40]

El discurso de Frankfurt encendió los ánimos como ninguna otra declaración hecha por escritor alguno en México y quizá en toda América Latina. El Frente Sandinista de Liberación Nacional (FSLN) no sólo no ocultaba su impaciencia en reproducir el modelo cubano sino tenía un Plan B en caso de fracasar la imitación de La Habana con todo y sus comites de defensa de la Revolución: copiar el autoritarismo y la corrupción del régimen del PRI, otro de sus grandes valedores desde la lucha guerrillera contra Somoza. No pudiendo hacer lo primero, en vísperas de la caída del muro de Berlín,

---

[38] *Ibid.*, pp. 539-540.

[39] *Idem.*

[40] *Ibid.*, pp. 541-542.

se dedicaron, como se supo después, a robar, dejando vacías las arcas del Estado. Los diplomáticos mexicanos, a su vez, trataban de preservar la paz en la zona y disuadir a los estadounidenses de una intervención directa, mientras el presidente López Portillo viajaba con frecuencia a Managua instando a los sandinistas a copiar lo mejor y no lo peor de las revoluciones-madre, la mexicana y la cubana. La de los sandinistas, así, no sólo era una causa de toda la izquierda, sino del régimen priísta, su sostén por razones ideológicas y geopolíticas: una Nicaragua alineada con Castro y los soviéticos, multiplicaba el poder de México frente a los Estados Unidos. Por ello, la unanimidad de la reacción contra Paz.

La opinión general la sintetizó uno de los estalinistas de guardia de *El Día*, el periódico de la izquierda del PRI que había fundado Ramírez y Ramírez, el amigo de juventud de Paz: "Octavio Paz se ha ubicado en el campo del anticomunismo mercenario y se ha convertido en uno de los instrumentos propagandísticos de Reagan".[41] Lo condenaron, también, amigos suyos como Cuevas o Vlady, el hijo pintor de Serge, el crítico literario Blanco ("el proceso de derechización de Octavio Paz es cada vez más acelerado y ya no existe la menor diferencia entre su inspiración poética y la inspiración de Kirkpatrick") o el viejo Cardoza y Aragón, quien asumía con tristeza que Paz era "un poeta totalmente opuesto a un Pablo Neruda o a un César Vallejo y a otros escritores latinoamericanos que luchan contra el imperialismo en América Latina". El más heterodoxo de los marxistas de aquella década, Bartra, con quien Paz había regresado a la UNAM en 1980, para discutir sobre "el socialismo realmente existente" a propósito de *Las redes imaginarias del poder político*, también desaprobó el discurso.[42] Finalmente, 229 profesores de todas las universidades mexicanas y de varias extranjeras expresaron su "más enérgico rechazo" al discurso de Frankfurt en el tenor de "conceder a los mercenarios contrarrevolucionarios contratados por la CIA los eufemismos de 'disidentes demócratas, conservadores', etcétera, y presentar la farsa electoral en El Salvador como 'un ejemplo admirable' de la voluntad demócrata de ese pueblo" les parecía, en el mejor de los casos, deformación o ignorancia.[43]

Fernando Vizcaíno, testigo presencial de los hechos, cuenta e interpreta lo que sucedió después: "Sindicatos, partidos políticos, estudiantes y escritores se manifestaron contra Paz en las calles de la ciudad de México, en la prensa y hasta en la Cámara de Diputados. El día 11 de octubre más

---

[41] Héctor Ramírez Cuéllar, "El filósofo de Televisa", *El Día*, México, 11 de octubre de 1984.

[42] Bartra, "Una discusión con Octavio Paz", *La Jornada Semanal*, México, 21 de octubre de 1990, pp. 15-27.

[43] "Abrumadora condena a las declaraciones de Octavio Paz contra la revolución nicaragüense", *Proceso*, núm. 415, México, 15 de octubre de 1984, pp. 50-55.

de 5 mil personas tomaron las calles de la ciudad de México y demandando la muerte del poeta marcharon con pancartas hasta la embajada de los Estados Unidos. Entre la multitud destacaban unos diez personajes que vestían boina y camisa militar. Con ese pobre atuendo, que no se puede llamar uniforme, y con movimientos y consignas querían evocar la imagen revolucionaria de Ernesto Guevara. Aunque también había uno que vestido con andrajos buscaba tropezar de continuo emitiendo sonidos vagos; cargaba sobre su cabeza un gran monigote de dos metros de altura y cabeza cuadrada, con el logotipo de Televisa, que representaba a Octavio Paz. Tras hora y media de porras a los sandinistas y mueras al gobierno de los Estados Unidos, la gente formó un gran círculo alrededor del monigote. Mientras éste era bañado en gasolina y elevado sobre un grosero palo, se repetía en coro esta frase que lejos de ser una consigna política parecía más bien un conjuro cantado en derredor de un tótem mítico: '*Reagan, rapaz, tu amigo es Octavio Paz*'".[44]

Uno de los primeros en escribir una biografía política de Paz, Vizcaíno, se lo propuso como resultado de haber sido testigo de la quema en efigie del poeta, aquella tarde, al caer la noche: "No intentaré decir ahora lo que sentí mientras su efigie, crujiendo entre las llamas, se doblegaba ante los ojos ardientes de la muchedumbre emocionada. En esos momentos mis pensamientos fueron vagos y en apariencia pronto olvidados" pero aquello cristalizó en resolver lo que para él era el enigma de Paz. "Cuando las llamas cesaron", termina Vizcaíno su relato, "luego de que la efigie se doblegó por completo, la multitud estalló en aplausos. Entonces los más exaltados se arrojaron, como tribu sobre un animal vivo, a los restos aun palpitantes hasta acabar con la efigie del poeta. En seguida vino de súbito un silencio apenas alterado por gritos aislados y poco a poco la masa comenzó a disolverse tras haber saciado su odio. La hoguera fue real; está documentada en los principales diarios de México y fue presenciada por quien escribe estas líneas".[45]

Para Paz, la quema en efigie, fue otro punto de no retorno. Aunque se tomó los hechos con su habitual valentía, sin dejarse amedrentar y como acicate de sus posiciones cada día más lejanas de la izquierda en la que incómodo y todo, había intentado mantenerse durante los años setenta, aquel 11 de octubre, lo justificó, le dio, según sus propias palabras, "cierta satisfacción melancólica". El incidente le daba, íntimamente, la razón, en contra del belicoso marxismo-leninismo en todas sus variantes criollas. Pero no le creo mucho cuando trata de tomárselo a la ligera y en carta a Gimferrer le dice que "mi primera reacción fue la risa incrédula…"[46]

---

[44] Vizcaíno, *Biografía política de Octavio Paz o la razón ardiente*, *op. cit.*, p. 163.

[45] *Idem.*

[46] Krauze, *El poeta y la revolución*, *op. cit.*, p. 247.

Tomó nota, enterado en el curso del viaje a la India y el Japón que siguió a Frankfurt, no sólo de los hechos sino de la soledad que lo rodeó tras la faramalla de los ultras y de los muchos amigos suyos que no dijeron una palabra en su defensa. Ciertamente, no todos cuyo silencio lamentó, eran sus enemigos personales ni adictos al fanatismo ideológico, sino intelectuales que, ante esas circunstancias, prefieren desdeñarlas, no darle importancia a lo lamentable y a lo trágico-cómico: seguir adelante privando de mayor publicidad de la que merecen a los fanáticos. El problema es que Octavio no era de esos: toda ofensa, toda calumnia, debe de ser contestada. La quema en efigie era simbólica y repudiarla, solidariamente era de una enorme importancia en el enorme espacio simbólico, también, que Paz le daba a la amistad. Uno de quienes nada dijeron sobre lo ocurrido la tarde del 11 de octubre, fue Fuentes y el silencio de quien había sido uno de sus amigos más queridos, su "escurridizo" hermano menor, le dolió en el alma, por más que fuese evidente que políticamente estaban cada más lejos. No les pedía Paz, internamente, ni a él ni a quienes estaban en una posición similar a la de Fuentes, que se desvincularan del sandinismo sino que *a pesar* de su lealtad ideológica o de conveniencia pública, reprobasen un acto bárbaro. Según cree Marie José Paz, aquello contribuyó a que tomase a mediados de 1988, la decisión, personal y política, de publicar en *Vuelta* el ensayo de Krauze contra Fuentes, que le costaría al poeta la amistad del novelista.[47]

Entre la propia gente de *Vuelta*, según me lo contaron después, hubo quien pensó que Octavio estaba sobrerreaccionando ante el incidente. Otros, como De la Colina, salieron en su defensa, advirtiendo, sardónico, que era la manera en que la izquierda mexicana festejaba al Big Brother, en aquel orweliano año de 1984. Pero es hora de entender cómo Paz había llegado a su discurso de Frankfurt, repasando uno de sus libros de la década: *Tiempo nublado* (1983), un clásico político de aquella breve y angustiosa segunda guerra fría transcurrida entre la invasión soviética de Afganistán en 1979 y la caída del muro de Berlín una década después, en medio de lo cual ocurrió lo imprevisible: la empatía de Reikaivik entre Ronald Reagan y Mijaíl Gorbachov.

Tiempo nublado, escrito desde América Latina, es una verdadera visión del mundo en 1980. Y comienza caracterizándola a través, como siempre, de la historia. El neotomismo, destinado a defender a la catolicidad de las herejías luteranas y calvinistas, fue al mismo tiempo, la sustentación política del imperio español y algo más que una filosofía, primero para los clérigos y luego para los intelectuales: una actitud mental. "Nuestros intelectuales", dice el poeta, "han abrazado sucesivamente el liberalismo, el positivismo y ahora el marxismo-leninismo" y en casi todos ellos, "no es difícil advertir, ocultas pero vivas, las actitudes psicológicas y morales de los antiguos

---

[47] CDM, Conversación con Marie José Paz, Ciudad de México, 17 de marzo de 2014.

campeones de la neoescolástica". Antes juraban por santo Tomás, ahora por Marx, concluye Paz.[48]

Pese a que la historia de la democracia latinoamericana "no ha sido únicamente la historia de un fracaso" y en aquel entonces sólo se sostenían las democracias en Venezuela y Costa Rica, Paz ve en el caso cubano una irregularidad histórica: Fidel Castro era el primer dictador, quien en nombre del comunismo, rechazaba por completo la legitimidad republicana que casi todas las naciones latinoamericanas eligieron hacia 1821. Antes del cubano, todos nuestros dictadores, aun los más crueles y longevos, llegaban al poder presentándose como salvadores excepcionales, prometiendo ejercer su dominio sólo durante y después de convocar a elecciones. Algunos, como Porfirio Díaz se reeligieron una y otra vez sin renunciar al rito constitucional de hacer periódicas elecciones fraudulentas (hábito formal que heredó el PRI). Cuba, dice Paz en el primer ensayo de cierta extensión que le dedicó a esa Revolución que, a diferencia de la mexicana y la rusa, nunca le calentó los pies al poeta, es una dictadura revolucionaria fracasada a la vista de la fuga de 100 mil cubanos, en 1980, por el puerto del Mariel. No eran burgueses ni disidentes políticos, como quienes huían en la misma época de Camboya y Vietnam, sino "hombres y mujeres del pueblo, desesperados y hambrientos".[49] Cuba era menos libre que en 1959 y sus ciudadanos muchos menos prósperos. Y seguía siendo un país dependiente, ya no de los Estados Unidos sino de la Unión Soviética, que sin correr los riesgos de Napoleón III en México, se había hecho de una colonia en las narices de los Estados Unidos, sin derramar una gota de sangre, aunque poniendo al mundo al borde de una guerra nuclear.

Tras Cuba, América Central. Antes de comentar el ensayo de Zaid que desde *Vuelta* (julio de 1981) le dio la vuelta al mundo, documentando la guerra en El Salvador como un sanguinario duelo entre las élites gobernantes y sus hijos antes que como una guerra popular contra la oligarquía y el imperialismo, Paz prefiere, en un rasgo característico que me gusta mucho, hablar de crítica literaria. La intoxicación teórica padecida por ésta última, víctima del asedio posestructuralista y deconstruccionista, que saqueando las ciencias sociales convirtió a los académicos en practicantes de una inversión nefasta, al no ver "al autor como al creador de un lenguaje, sino al lenguaje como al creador de un autor",[50] era hermana de la intoxicación ideológica que impedía entender lo que realmente pasaba en América Central, como antes había nublado la visión del comunismo en general. Para Paz, la crítica, literaria o política, es una higiene moral, obligada a la transparencia, que no al simplismo. Despojado el conflicto salvadoreño de su carácter maniqueo,

---

[48] Paz, *Obras completas, VI. Ideas y costumbres. La letra y el cetro. Usos y símbolos*, op. cit., p. 97.

[49] *Ibid.*, p. 109.

[50] *Ibid.*, p. 127.

de su naturaleza de batalla entre el bien y el mal donde los fines justifican los medios terroristas de rojos y blancos, como lo hacía Zaid, se veía otra cosa, menos heroica y salvífica que la presentada por los doctores marxistas y sus propagandistas. No era la crítica de Zaid, "pragmatista o no" la que "excluye a las masas: son las élites, revolucionarias o reaccionarias, las que las excluyen, por la fuerza de las armas, mientras dicen obrar en nombre de ellas".[51]

Como en 1971, cuando se enfrentó a Echeverría, Zaid, un poeta con formación de ingeniero que se rehúsa a ser fotografiado y no concurre a actos públicos, se convertía en la conciencia crítica, primero de *Plural* y luego de *Vuelta*. El discurso de Frankfurt de Paz y su ulterior quema en efigie es difícil de concebir sin la demostración empírica hecha por Zaid de que las revoluciones centroamericanas expresaban, en el caso salvadoreño, el desprecio de las elecciones, por la extrema derecha y la extrema izquierda, como el espacio natural para dirimir los conflictos. Tan es así que los acuerdos de Chapultepec dieron fin a esa guerra en 1992 y abrieron el camino de una alternancia que culminó con la reciente reelección de un gobierno de izquierda democrática. Y tan pronto como se efectuaron en 1990, elecciones libres, los sandinistas perdieron, ocasionando el llanto de la izquierda mexicana, al grado de que Miguel Ángel Granados Chapa, un periodista con bien ganada fama de ecuánime, les recomendó recuperar el poder tan pronto como les fuera posible y no necesariamente mediante la vía electoral.[52]

En *Tiempo nublado*, aquel anónimo redactor de agudos comentarios políticos desde la embajada de México en París a fines de la Segunda guerra mundial, se convierte en uno de los más atendidos analistas de la escena internacional con los que ha contado la lengua española. Opina sobre China, Israel y los palestinos (siempre sosteniendo la urgencia de dos Estados allí) o sobre esa equívoca expresión, "tercer mundo". Desde entonces, como lo dirá el periodista español Juan Cruz, el lugar natural de Paz será el centro de la mesa. Para él, en *Tiempo nublado*, los setenta se salvan por la aparición, al fin, en Occidente de los disidentes de los llamados países socialistas, quienes logran al fin, ser oídos. Paz extraña, frente al honor que viene del Este, "un movimiento de autocrítica moral comparable". Además, los remordimientos de Occidente se llaman antropología, como decía Lévi-Strauss citado por Paz. "El panorama espiritual de Occidente", concluye, "es desolador: chabacanería, frivolidad, renacimiento de las supersticiones, degradación del erotismo, el placer al servicio del comercio y la libertad convertida en la alcahueta de los medios de comunicación. Pero el terrorismo [que prospera en España, Italia, Alemania] no es una crítica de esta situación: es uno de sus síntomas".[53]

---

[51] *Ibid.*, p. 131.

[52] Sánchez Susarrey, *El debate político e intelectual en México*, op. cit., p. 69n.

[53] Paz, *Obras completas, VI. Ideas y costumbres. La letra y el cetro. Usos y símbolos*, op. cit., p. 281.

La comparación entre el mexicano y el estadounidense, caracterológica en *El laberinto de la soledad*, en los ensayos que hacen de *Tiempo nublado* un visión general de la política contemporánea, es llevada hasta sus últimas consecuencias. Por primera vez –y en ello contaron mucho las visitas anuales que desde 1969 a 1976 hizo a las universidades norteamericanas– entra de lleno el poeta al examen de la originalidad histórica de los Estados Unidos, la cual no radica ni en la renuncia epicúrea y estoica, ni a la vida pública ni en la supeditación del súbdito ante el poder. La revolución de la modernidad más radical y completa es la de los Estados Unidos, "una inversión de valores que es al mismo tiempo política y ética: el fundamento de la sociedad es la vida privada". Pero ello se traduce, en una política exterior tentada, siempre, por el aislacionismo, que a veces la sufren los republicanos, a veces los demócratas. Atrapados en el presente, ello provoca que los norteamericanos padezcan "una congénita dificultad para entender al mundo exterior y orientarse en sus laberintos" lo cual hace de su política exterior, imprevista, violenta y corta de miras.[54] A veces a su pesar, pero los Estados Unidos están en el centro de la Historia.

La indiferencia de la mayoría de los ciudadanos de los Estados Unidos ante la vida pública, su ignorancia del mundo (que en el caso de México "es una imagen en blanco, una inmensa laguna mental e histórica"[55]) y el consumismo, ese hedonismo estéril, "una glotonería", una dimisión de la tensión vital, es lo que Paz reprueba en aquel país. Sus críticos liberales, en el siglo XXI, le reprochan, entre otras cosas, su creencia, no sé si romántica o virtuosa, en que la sociedad de mercado empobrece la vida espiritual de los ciudadanos.

Quienes piensan que algo cambió en Paz durante los años ochenta, tienen razón y *Tiempo nublado* es el primer libro de un poeta decidido, con muy pocas dudas, por la sociedad abierta no sólo como presente, sino como futuro. La historiosofía o el romanticismo, aunque reaparecerán esporádicamente aquí y allá, en su prosa de pensamiento o en sus últimos poemas, dejan de ser esenciales para él, como lo corroborará la caída del Muro de Berlín. No es que Paz pensara, como el fugaz Fukuyama, en que el triunfo del liberalismo fuese el fin de la historia; sí era, para Paz, el fin de la visión hegeliano-marxista de la historia: "La historia", concluirá en *Pequeña crónica de grandes días*, "no es un absoluto que se realiza sino un proceso que sin cesar se afirma y se niega. La historia es tiempo: nada en ella es durable y permanente. Aceptarlo es el comienzo de la sabiduría".[56]

---

[54] *Ibid.,* p. 316.

[55] *Ibid.*, p. 160.

[56] *Ibid.*, p. 421-422.

Por ello, por primera vez en su periplo intelectual, los Estados Unidos aparecen como "el mejor de los mundos posibles", digo yo, subrayando lo posible por encima de lo mejor: en su excentricidad, encarnan la modernidad. Ellos mismos, como república imperial, la garantizan. Por ello, los estadounidenses (Paz piensa en los entonces recientes años de la presidencia de Jimmy Carter) no pueden conformarse con una política defensiva y disuasoria frente a la URSS, imperio basado en la guerra ideológica en el exterior y el despotismo totalitario en el interior, las dos notas constitutivas del régimen soviético y de sus países vasallos. No hay traza de ninguna de estas dos plagas en los países democráticos de Occidente. A diferencia del Paz *soixante-huitard,* el de *Tiempo nublado*, no seguirá equiparando (no son "monstruos gemelos",[57] dirá en 1983) a los Estados Unidos y a la URSS, al capitalismo y al comunismo como simétricos ni acompañará cada condena de la segunda, con la búsqueda de algo equivalente que condenar, en los primeros.

Esa doble condena era un mantra propio de la mala conciencia de la izquierda heterodoxa, ligada a la cada vez más tenue esperanza en la bondad original de la Revolución rusa y sus réplicas aquí y allá. En febrero de 1982, cuando Sontag, solidarizándose con los obreros polacos, dijo que "el comunismo era el fascismo con rostro humano", se suscitó un escándalo entre los intelectuales de Nueva York.[58] El siglo había ido consumiendo las coartadas de la heterodoxia y ya no sólo se trataba de sostener la superioridad de Occidente, sino de defenderla sin temor al desprestigio entre las almas bellas. Eso pensaba también Castoriadis, según consigna Paz en *Tiempo nublado*.[59] El pensador griego exageró, a la luz de lo ocurrido entre la perestroika y 1992, la naturaleza militarista del Estado soviético, cuyo ejército permaneció mudo, inmóvil y acaso aliviado, tanto ante la pérdida de su imperio europeo como ante la reducción de su territorio asiático hacia las viejas fronteras de Rusia. Pero esa obligación de defender a las sociedades liberales y democráticas, a Castoriadis, como lo pudimos ver y oír en México en 1990, no le impedía estudiar y denunciar, radical e intransigente, las inequidades y los horrores del capitalismo.

Paz desconfiaba de la "decadencia" como tema y en boca de la opinión pública estadounidense de 1980 lo hallaba tan común, como recurso intelectual de autoanálisis al utilizado por Marx, Spengler o Benda y en ese tenor, le preocupaba más, su equivalente religioso, el fin del mundo, que para los hombres del siglo XX por primera vez podía ser, gracias a la común responsabilidad de soviéticos y estadounidenses, una novedad radical, la autodestrucción atómica de la humanidad o la degradación irreparable,

---

[57] *Ibid.*, p. 347.

[58] Perales Contreras, *Octavio Paz y su círculo intelectual, op. cit.*, p. 437.

[59] Paz, *Obras, VI. Ideas y costumbres. La letra y el cetro. Usos y símbolos, op. cit.*, p. 330.

debida al desastre ecológico, del planeta. Pero más allá de ese par de temas, a la vez filosóficos y periodísticos, Paz prefería ver a los Estados Unidos, ya en una clave tan puramente liberal como la de Alexis de Tocqueville. A este pensador y viajero, Paz sólo lo leyó con cuidado, según mi apreciación, al preparar los ensayos de *Tiempo nublado*. Y ganar el premio francés que lleva el nombre del descubridor no de América, sino de su democracia y recibirlo de manos del presidente François Mitterand y en el bicentenario de la Revolución francesa, lo llenó de felicidad. "Con frecuencia", dirá en ese libro, "se compara a los Estados Unidos con Roma", paralelo inexacto pero útil. "Para Montesquieu la decadencia de los romanos tuvo una causa doble: el poder del ejército y la corrupción del lujo. El primero fue el origen del imperio, la segunda su ruina. El ejército les dio el dominio ante el mundo, pero, con él, la molicie irresponsable y el derroche. ¿Serán los norteamericanos más sabios y más sobrios que los romanos, mostrarán mayor fortaleza de ánimo? Parece dificilísimo" aunque "hay una nota que habría animado a Montesquieu: los norteamericanos han sabido defender sus instituciones democráticas y aun las han ampliado y perfeccionado. En Roma, el ejército instauró el despotismo cesáreo; los Estados Unidos padecen los males y los vicios de la libertad, no los de la tiranía".[60]

En el siglo actual, que comenzó con los atentados del 11 de septiembre seguidos de la errática reacción del gobierno de los Estados Unidos y ha tenido su momento estelar (y probablemente, su gran decepción) en la elección de Barack Obama como presidente, no se puede negar que los males de los Estados Unidos siguen siendo, como lo afirmaba Paz en *Tiempo nublado* en 1983, los de la libertad, no los de la tiranía. La urgencia de las naciones del extinto imperio soviético por encontrar un lugar, cargando con todos sus lastres, en el Occidente democrático y liberal, lo convenció: pese a todo, la tradición liberal había sobrevivido a los fuegos del siglo xx gracias a los Estados Unidos. Lo admiraron las arquitecturas intelectuales construidas por John Rawls y Robert Noczik (con quien debatirá en 1982), aunque en sus grandes y mutuamente excluyentes abstracciones extrañaba la pasión europea por excelencia, la pasión por la historia. Fue fiel a una de sus visiones más queridas, lograr una nueva síntesis, entre liberalismo y socialismo. Pero acabó por aceptar la esencia del pacto entre la democracia y el liberalismo tal cual regía en los Estados Unidos. Lo firmó, por así decirlo, en 1993, reconociendo que fortalecidas por su victoria tras medio siglo de guerra fría, estaban obligadas a "mirarse frente a frente" y a aceptar que la democracia (para la cual la crisis es una segunda naturaleza) "no es un absoluto ni un proyecto sobre el futuro: es un método de convivencia civilizada".[61] El "antiyanqui" que fue Paz durante décadas, como tantos intelectuales latinoamericanos

---

[60] *Ibid.*, pp. 313-314.

[61] *Ibid.*, p. 77.

(para no hablar de sus colegas franceses, ciudadanos de uno de los pocos países importantes que nunca ha estado en guerra con los Estados Unidos), murió asombrado por esa "apariencia de inocencia" que es la ingenuidad de la nación que, oscilante entre Epicuro y Calvino, castigó a su escritor maldito (Pound) no con condecoraciones ni con el patíbulo, sino con el manicomio. Eso lo intrigaba tanto como, cuando niño, saber el nombre en inglés de la palabra cuchara.

Los ensayos dedicados al "imperio totalitario" en *Tiempo nublado*, no pueden sino ser leídos de cara al siguiente libro político de Paz, *Pequeña crónica de grandes días* (1990) publicado un mes antes de la celebración en la ciudad de México, de la reunión convocada por *Vuelta* para festejar "la experiencia de la libertad" que vivían los países del Este, en ese interregno que va de la caída del muro de Berlín a la desintegración de la URSS. Siete años atrás, no es que Paz profetice lo ocurrido (nadie lo hizo, fallaron los sovietólogos, lo mismo que las "leyes de la historia") sino que ofrece una serie de visiones que en 1989 y 1990 se materializarán. Todavía en pugna con quienes serán derrotados por la Historia en esas fechas, en *Tiempo nublado*, Paz machaca la naturaleza despótica, religiosa y militarista del imperio heredero del zarismo y advierte que dada la ineficacia de la política internacional de las democracias, la fragilidad de la Unión Soviética está en la dominación ejercida sobre su propio pueblo y sobre el resto de sus naciones vasallas: "Rusia es una sociedad jerárquica de castas y es una sociedad industrial. Por lo primero está condenada al inmovilismo; por lo segundo, al cambio".[62]

Los enervados sectarios que habían quemado a Paz en efigie, acaso alguno de ellos habrá reparado en que le prendieron fuego no sólo a un poeta, sino a un visionario. Visión modesta, aquella, la del discurso de Frankfurt, pero exacta: los sandinistas debían probar su legitimidad revolucionaria en unas elecciones libres. Reprobaron. A partir de noviembre de 1989, esa visión (no sólo de Paz sino de otros espíritus libres) se volvió actualidad, periodismo y el poeta tomó la pluma para "croniquear" en un periódico, como lo había hecho desde San Francisco, en 1945, durante la fundación de las Naciones Unidas. Ese testigo ya veterano obtendría, también, en 1990, su año fabuloso, el Premio Nobel.

ONDA EXPANSIVA: LA CAÍDA DEL MURO DE BERLÍN

La caída del Muro de Berlín, la noche del jueves 9 de noviembre de 1989, fue la mayor alegría política que recibió Paz en su vida, la confirmación de sus visiones (ensoñaciones de libertad y pesadillas de esclavitud) durante medio siglo. La Historia, "madre de lo desconocido", le había dado la razón a los escrúpulos, acaso nunca musitados, del joven poeta ante la excomunión de

---

[62] *Ibid.*, p. 331.

Gide en Valencia; la Historia, que "es lenta", acudía a agravar lo divulgado por Paz desde *Sur* en 1951 y "los crímenes del régimen burocrático", convertidos en la naturaleza de los regímenes autoproclamados socialistas habían sido finalmente repudiados por los ciudadanos de Hungría, Checoslovaquia y República Democrática Alemana, quienes desde el otoño, empezaron a abrir las fronteras, culminando la fiesta con la demolición cívica, a punta de pico y pala, del Muro; la Historia, que "es tiempo" donde "nada en ella es durable y permanente", le devolvía a Paz, me imagino, los recuerdos fraternales e íntimos de Bosch, el joven hereje enloquecido por la persecución y del sabio Serge, a quien sólo un infarto detuvo en la búsqueda de por qué el sueño más generoso de Occidente se había transformado en otra, al parecer eterna, cárcel de pueblos y en un presidio de millones.[63]

Como suele suceder cuando se presentan los acontecimientos históricos en la vida de las personas vulgares, me desesperaba no encontrar, en mi *Diario* de aquellos días, cosa distinta que chismes, banalidades y alegrías, consignadas, perezosamente, hasta encontrarme con que el miércoles 22 de noviembre de 1989 tuvimos reunión de *Vuelta* con Octavio y éste llegó exultante. Nos contó que la mañana del día 10 le había llamado desde París, su amigo el historiador François Furet, poco tiempo después autor de una reflexión definitiva sobre el amor de los intelectuales por el comunismo (*El pasado de una ilusión*, 1994), eufórico, casi gritándole, *"On a gagné, Octavio! On a gagné, Octavio!"* Más tarde, ya más propiamente sentencioso, como era él, nos dijo: "Esto no es la muerte del socialismo democrático. Nadie ha hablado nunca en contra de ese ideal. Lo que presenciamos es la derrota total del bolchevismo. Hay que decirlo".[64]

En ese invierno de 1989/1990, urgido de prestar testimonio, Paz publicó una serie de artículos en *Excélsior*, los cuales fueron reproducidos en algunos otros periódicos del mundo. Lo hizo allí y no en *Proceso*, *La Jornada* o *Vuelta*, porque ese diario era todavía el principal de México y aunque lo había abandonado en 1976 en solidaridad con la dirección depuesta, la gravedad de los acontecimientos, merecía, en su opinión, la mayor de las difusiones. Esa infidelidad, la de volver a escribir momentáneamente en un *Excélsior* dirigido aún por quien había expulsado a Scherer García fue para muchos de los estupefactos desengañados de aquellas semanas, más importante que el contenido de los artículos de Paz, poco después reunidos en *Pequeña crónica de grandes días*, que cierra una trilogía compuesta por *El ogro filantrópico* y *Tiempo nublado*.[65]

---

[63] *Ibid.*, p. 422.

[64] CDM, *Diario*, 27 de noviembre y 22 de diciembre de 1989.

[65] Supongo que Scherer García, siempre generoso con Paz, lo perdonó, pues en octubre de 1993 lo volvió a entrevistar, con todos los honores, en *Proceso*. Esa entrevista apareció como complemento de *Itinerario*.

Pequeña crónica de grandes días da comienzo con un "apunte justifi-
cativo", firmado el 31 de enero de 1990, donde Paz dice inspirarse en los
Grandes anales de quince días (1621) de Quevedo, quien comenta minucias
históricas, en comparación con la gran mutación que el poeta mexicano se
proponía registrar. (En el mundo del Paz en la cima, el que yo conocí, los
Quevedo, los Baudelaire o los Neruda, se paseaban por su vida con una
familiaridad que estaba lejos de ser una impostación. Él vivía con ellos,
más que con nosotros). Para ahuyentar el regocijo al que lo invitaba que la
"única crítica de verdad irrefutable", la de los hechos, lo hubiese favorecido,
invocaba una vez más, temeroso, a la esquiva musa de la historia, que es "una
caja de sorpresas" y hacía memoria de sus travesuras hasta decir: "Siempre
creí que el sistema totalitario burocrático que llamamos 'socialismo real'
estaba condenado a desaparecer. Pero en una conflagración; y temí que en
su derrumbe arrastrase a la civilización entera. La política de las democracias liberales de Occidente, errática y con frecuencia egoísta, no podía
inspirarme confianza. No pensé que el cambio pudiera hacerse en la forma
relativamente pacífica en que, hasta ahora, se ha realizado. Aunque sabía que
el Imperio soviético estaba minado por las aspiraciones a la independencia
de las naciones sometidas, no me imaginé que la crisis se manifestase tan
pronto y con tal pujanza."[66]

Manifiesta su temor ante un regreso a 1914, la balcanización nacionalista
y su esperanza del nacimiento, al fin, de una "auténtica comunidad europea" y
confiesa que "a pesar del testimonio de los disidentes y de otros indicios, creí
que la sociedad civil y las tradiciones rusas, lo mismo las religiosas que las
culturales, habían sido mortalmente dañadas por setenta años de dictadura
comunista; hoy me maravilla su vitalidad. Preví el desgaste progresivo del
sistema comunista, debido a su inferioridad económica, política y cultural,
aunque compensada por su gigantesco poderío militar y por los errores de
sus adversarios; no preví que un hombre y un grupo, colocados precisamente
en lo alto de la pirámide burocrática, ante la descomposición del sistema,
se atreverían a emprender una transformación de la magnitud de ésta que
presenciamos. Es verdad que lo han hecho obligados por las circunstancias",
admite Paz pero asume con admiración que "Gorbachov y su gente se han
mostrado más sabios y valerosos que los reformadores de otras épocas y de
otros países. Pienso en la muerte de Necker y de tantos otros. Ojalá que la
diosa ciega de la historia, la Fortuna, no los abandone".[67]

Obligado por el formato periodístico, ese periodista que fue Paz en la
tradición de los verdaderamente grandes, de Marx a Orwell, da un resumen
de Rusia y de sus revoluciones en 1917, sorprendido de cómo "el trabajo

---

[66] Paz, *Obras completas, VI. Ideas y costumbres. La letra y el cetro. Usos y símbolos*, *op. cit.*, pp.
416-417.

[67] *Ibid.*, p. 417.

subterráneo del tiempo se manifiesta con repentina violencia" pues en 1989 todo ha resultado tan sorpresivo como lo fue, en 410, el saqueo de Roma por las tropas de Alarico. La sorpresa se debe, no sólo a su carácter pacífico (excepción hecha del fin del matrimonio Ceaucescu, similar al de Mussolini y su barragana y antes, recuérdese, de que estallase la tragedia yugoeslava) sino porque, dice Paz en *Pequeña crónica de grandes días*, presenciamos "el fin de un sistema y de una ideología" que "no pocos empecinados intelectuales de la izquierda mexicana" interpretan, delirantes, como "un regreso a los orígenes de la revolución comunista, traicionada por Stalin y Bréznev, chivos expiatorios de estos creyentes despechados [...] Lo que hoy está en liquidación es la herencia de 1917, es decir, los principios básicos del sistema: el marxismo-leninismo". Paz enumera: en días, en semanas y en meses, se esfumó la hegemonía del Partido Comunista, el dogma de la propiedad estatal y de la planificación central, la misión histórica de la Unión Soviética como promotora del comunismo planetario. "¿Y quién se acuerda hoy de la dictadura del proletariado?", se pregunta al final.[68]

¿Cuáles podrían haber sido las causas de esta "enorme mutación"?, sigue preguntándose Paz. Se rebelaron las naciones del imperio soviético y persistió la fe religiosa, ortodoxa o musulmana, en el pueblo pese a la prédica atea; los trabajadores, en cuyo nombre se gobernaba, se hartaron de la carestía, las colas y el mercado negro; sobrevivió "la sorprendente vitalidad", insiste, de la herencia espiritual de los Dostoievski y los Turguéniev, "que se creían desaparecidas entre los cadáveres dejados por Stalin" y encarnaron en el cristiano Solzhenitsyn y en el entonces recién fallecido, Andrei Sajarov, el gran liberal.[69]

"El marasmo y el caos de la economía civil", dice el poeta resumiendo para sus lectores las opiniones de los asombrados especialistas, "alcanzó finalmente el ramo militar. No sólo fue imposible sobrepasar o siquiera igualar a los norteamericanos", sobre todo en las armas espaciales lanzadas por Reagan, sino la URSS quedó reducida a ser "una gran potencia militar construida sobre un país subdesarrollado. Algo así como un rascacielos edificado en un pantano. Un día el rascacielos comenzó a hundirse".[70]

El retratista no podía sino compartir, en *Pequeña crónica de grandes días*, su elogio de Gorbachov, "un hombre excepcionalmente inteligente, hábil e intrépido", "un verdadero político, en el mejor sentido de la palabra; si lo hubiesen conocido, habría merecido los elogios de un Polibio y de un Gracián". A Gorbachov, finalmente, no le fueron suficientes sus éxitos en Occidente y al desatar una fuerza devastadora, perdió el poder, se desmembró la URSS y ha pasado sus últimos días, que Paz ya no alcanzó a ver ni a

---

[68] *Ibid.*, p. 425.

[69] *Ibid.*, pp. 425-426.

[70] *Ibid.*, p. 427.

comentar, repudiado por los suyos y olvidado en el extranjero. "Gorbachov", me dijo Octavio, por teléfono, en un apunte más propio para un Mutis que para mí, "ha tenido un destino similar al de Bolívar: el libertador repudiado". Pero en ese invierno de 1989 lo increíble era la renuncia de Moscú a sus estados vasallos, que uno a uno, se deshicieron de las marionetas instaladas tras el paso del Ejército Rojo y rechazaron a las "caras nuevas" con las cuales la aterrorizada nomenclatura ofrecía cambiar todo para no cambiar nada. Excepcional fue la revolución de terciopelo en Checoslovaquia, el caso de Polonia –la única en tener un movimiento popular y sindical que provocó los cambios desde abajo– y el de Rumania, que tenía en el ajusticiado Ceaucescu, "un tirano en la tradición latina de los césares megalómanos como Fidel Castro en la de los caudillos latinoamericanos". Eso lo escribía con la intención de que el tirano del Caribe pusiese sus barbas a remojar, pero contra lo que pensaba Paz y con él muchos otros, Castro sobrevivió a la onda expansiva del derrumbe del Muro: le apretó aún más el cinturón a los cubanos y al perder el subsidio soviético, desapareció como objetivo estratégico de los Estados Unidos, arrumbado en calidad de reliquia. Tuvo suerte: se alzó con el poder en Caracas un demagogo bien dispuesto a munirlo de petróleo y a mantener prendida la vela perpetua. Tampoco ese derrotero, a la vez amargo y pintoresco, lo pudo ver Paz.[71]

Terminado el sistema comunista, se preguntaba el poeta, ¿desaparecería el imperio ruso? En 1989, Gorbachov, decía Paz, por "un riesgo calculado" dejó que los estados vasallos entraran en crisis, arriesgándose a abrir "el avispero", confiando en que se transformaran en aliados, lo cual hizo imposible, para empezar, la propia implosión de la URSS en 1991. Por fortuna, el horror en la antigua Yugoeslavia, no se reprodujo en el resto de los países que recobraban, con su independencia, su nombre legítimo como países centroeuropeos y la violencia nacionalista fue contenida, primero por el ejemplo de la secesión pacífica de checos y eslovacos, y después, por la integración, precipitada pero indispensable, de los antiguos miembros del Pacto de Varsovia a la Unión Europea. Todo ello, decía Paz, era un cambio inmenso cuya paternidad debía ser atribuida, sin mácula, a Gorbachov, creer, aunque fracasase en el intento en la casa de Europa, desde Lisboa a los Urales, deseada décadas atrás por De Gaulle. En una nota a pie en *Pequeña crónica de grandes días,* en sus *Obras completas*, Paz se alegraba, dos años después, de que a pesar de que la desintegración del imperio soviético todavía podía traer consigo "un siglo y medio de anarquía" como ocurrió en América Latina tras 1821, "la liquidación del régimen comunista y el fin de la Unión Soviética, que arrastró en su caída a Gorbachov, no se tradujo en la instauración de nuevos despotismos". Era temprano para decirlo en 1991 pero ya desde entonces a Paz le preocupaba el nuevo estado tapón entre

---

[71] *Ibid.*, pp. 427, 429.

Europa y Rusia: la vieja Ucrania. 1989, finalmente, acabó con una mala noticia: la inoportuna e ilegal, como es rutinario, invasión estadounidense de Panamá, una muestra más del mercurial aislacionismo de los norteamericanos: mientras el mundo "se regocijaba por la caída de Ceausescu y elogiaba la inteligente prudencia de Gorbachov", Washington, anacrónico, cultivaba con tenacidad "el arte de ser impopular".[72]

Pequeña crónica de grandes días, como resumen de una madurez dedicada a la visión antitotalitaria, no era suficiente para Paz. Había que tirar la casa por la ventana y gracias a la eficacia y a la bonhomía de Krauze, quien viajó a aquellos países para invitar personalmente a "los héroes de nuestro tiempo", como dirían Mijaíl Lermontov o Isaiah Berlin, se llevó a cabo, en la ciudad de México, "La experiencia de la libertad", el encuentro organizado por la revista *Vuelta* del 27 de agosto al 2 de septiembre de 1990. Paz y Krauze, al lograr que varios de los protagonistas de las transiciones democráticas que conmovían al mundo desde la URSS y la entonces llamada Europa oriental, interrumpieran por unos días la gran historia que protagonizaban y cruzaran el Atlántico para rendir testimonio entre nosotros, llegaron con puntualidad a una cita histórica de aquellas que pocas veces se cumplen. Fue momento insólito en la historia intelectual de México: nunca antes fue tan oportuna nuestra publicitada hospitalidad. En un principio, se transmitieron las dos jornadas diarias de debates mediante la televisión por cable pero dado el ruido que causó el Encuentro, Televisa lo cambió a la televisión abierta, a través del sistema ECO, con lo cual se logró cadena nacional y retransmisiones en el resto de América Latina y España.[73]

Las naciones mejor representadas fueron, no en vano, aquellas que habían tomado la delantera en la revolución democrática, Polonia y Hungría. Encabezados por Kolakowski, uno de los grandes filósofos contemporáneos y autor de *Las grandes corrientes del marxismo* (1978), quizá el libro clave sobre la ideología que dominó el siglo, vinieron Bronislaw Geremek, Adam Michnik y el poeta Milosz. Geremek, el historiador de la pobreza medieval convertido en el parlamentario liberal más respetado de la nueva Polonia, víctima en sus últimos años de las calumnias de la derecha clerical como lo había sido del régimen comunista. Con él estaba el activo periodista Adam Michnik, uno de los disidentes históricos de Solidaridad y editor, hasta hace poco tiempo, de la *Gaceta Wyborcza* fundada en 1989.

Junto a los polacos ligados al mundo de Solidaridad, el sindicato obrero que acabó de poner de cabeza a Marx y al marxismo al convertir al movimiento obrero en la esencia de la oposición a un Estado que se tenía, por definición, como proletario, estaba un matrimonio húngaro, el compuesto por Agnes Heller y Ferenc Fehér. "Una alianza intelectual", los llama Isabel

---

[72] *Ibid.*,p. 454.

[73] Perales Contreras, *Octavio Paz y su círculo intelectual*, *op. cit.*, p. 458.

Turrent, muy activa en la planeación del encuentro, cuando los entrevistó para *Las voces del cambio*, uno de los volúmenes, que editados por Fernando García Ramírez, constituyeron la memoria de aquel coloquio. Si Geremek y Muchnik representaban la manera en que, siguiendo un camino original, la intelectualidad polaca se ligó con la revolución democrática en los años setenta, Heller y Fehér, discípulos bienamados de Lukács, venían de más lejos: del marxismo clásico occidental que se torna irrecuperable para la ortodoxia después de la revuelta húngara de 1956.

Tras los polacos y los húngaros (a los que hay que sumar al economista János Kornai), aparecían los representantes de la antigua Checoslovaquia, que, ante la ausencia, muy lamentada, de Milan Kúndera, viejo amigo de *Vuelta,* eran el novelista Ivan Klíma y Valtr Komárek, conocido por haber sido asesor económico de Ernesto Guevara y la voz más atendida cuando se habló de la transición a la economía de mercado. De Rumania asistió el narrador Norman Manea, hasta la fecha colaborador de *Letras Libres*, la revista dirigida por Krauze que sustituyó a *Vuelta* tras la muerte de Paz. De Cuba, un emotivo Carlos Franqui, el doble cronista de la Revolución cubana: de las ilusiones forjadas por su victoria y de la manifestación, sobre todo a partir de 1968, de su verdadera naturaleza.

Mención aparte merecían los escritores soviéticos que vinieron al encuentro y cuyo testimonio aparece en *La experiencia de la libertad*. Para empezar, todavía –con la excepción del poeta lituano Tomas Venclova– aquellos escritores eran todavía ciudadanos soviéticos y lo serían sólo por quince meses más. No hablaban, ni Vitaly Korotich, ni Nickolay Shmeliev ni Tatyana Tolstaya, con la libertad que a los polacos, por ejemplo, les daba ser parte de un movimiento democrático que había vencido en las urnas al régimen comunista. Korotich era director de *Ogoniok*, una de las tribunas de la *glasnost'* y él, como Shmeliev y Tolstaya, apostaban por el éxito de la *perestroika*.

Al lado de Paz, la figura sin cuya irradiación intelectual y prestigio internacional hubiera sido imposible reunir ese quórum, acaso la figura más vivaz del encuentro fue su amigo Castoriadis, el infatigable heterodoxo griego. Fulminante en la crítica del llamado socialismo real y de las herejías que se negaban a ir a la raíz de la falsificación, Castoriadis no se ahorraba nada en voluntad de utopía: las sociedades capitalistas avanzadas le parecían invivibles e irrespirables y ante la democracia parlamentaria –defendida, en el encuentro, por los liberales– reivindicaba a la nunca del todo agotada democracia directa, que arribaría al nuevo siglo nutrida de ecologismo. Junto a la voz un tanto opaca, oracular, de Kolakowski, y a la inteligencia penetrante de los húngaros, la alegría de aquel encuentro, fue Castoriadis, feliz, griego al fin, discutiendo en el ágora.

De los Estados Unidos fueron invitados dos legendarios intelectuales neoyorkinos: Daniel Bell e Irving Howe, el teórico de la sociedad posindustrial y el crítico literario, que en sus diferencias, sostuvieron la pertinencia de seguir siendo socialistas y democráticos, definiciones (o etiquetas) que exasperaban, dado su uso prostituido a no pocos de los intelectuales del mundo poscomunista. Un tercer neoyorkino invitado fue otro intelectual judío: Leon Wieseltier, ya entonces director literario de *The New Republic*. No poca importancia tuvo Revel en los debates, el solitario hombre de letras que vindicó al linajudo liberalismo francés sometido al ostracismo por los franceses y se opuso a la modosa y taquillera filosofía universitaria, al "estado de revolución permanente" impuesto por los *maîtres à penser*. Un Revel, que viejo amigo de México, se rencontró con el país de su juventud; Irving Howe –según le confesó en entrevista a Julián Meza– cumplió, en esos días del encuentro, un viejo sueño: conocer la casa y la tumba de Trotski en Coyoacán.

De Italia estuvo el filósofo Lucio Colletti, de intervenciones magistrales y amargas. De España, Semprún, el sobreviviente de Buchenwald, el conspirador antifranquista, uno de los más carismáticos disidentes del comunismo en Occidente, en ese entonces ministro de cultura de Felipe González, a quien Paz había querido defender, a golpes si hubiese sido necesario, en la entonces reciente conmemoración del Congreso de Valencia. De Brasil, una inteligencia finísima que moriría meses después del encuentro, José Guillerme Merquior, el crítico de Foucault y del estructuralismo. También murió prematuramente el filósofo venezolano Juan Nuño, presente en la reunión. De Canadá vino, Michael Ignatieff, discípulo y biógrafo de Berlin. De Chile, Edwards, el cronista del caso Padilla, quien en *Vuelta* era como de casa. De Alemania, el filósofo Peter Sloterdijk, que en aquel año no gozaba de la popularidad mediática y académica que tiene actualmente. Y dos ingleses, Hugh Trevor Roper y lord Hugh Thomas, el historiador de la conquista de América (y de la Guerra civil española y de la Revolución cubana), que le dieron al encuentro lo que se esperaba, idiosincráticamente, de ellos: la flema insular, cierta desapego escéptico, ante el entusiasmo de los revolucionarios –¿qué otra cosa eran sino revolucionarios el aún joven Michnik o Agnes Heller?– húngaros y polacos.

Salvo Vargas Llosa, ninguno de los invitados eran interlocutores conocidos en América Latina y eso dio al encuentro televisado una resonancia pública que rebasó al puñado de profesores o de buenos lectores que conocían, por haberlos leído, a Kolakowski, a Heller, a Sloterdijk, a Colletti. Ello provocó que los anfitriones mexicanos –Paz, Krauze, Lizalde, Rossi, De la Colina, Turrent, Ruy Sánchez, Meyer y Sánchez Susarrey– fueran, al mismo tiempo, padrinos. Aunque a algunos de los invitados no los conoció personalmente hasta esos días, Paz estaba feliz, en su salsa y con su siglo. Meses antes de obtener el Premio Nobel, era asombroso cómo al jefe espiritual de la cultura mexicana se le acercaban los antiguos disidentes del Este, que sabían bien que, en español, sólo *Plural* y *Vuelta* habían sido su casa cuando en toda América Latina, sin excepción, se les negaba el pan y la sal. Ese encuentro fue para Paz y sus colaboradores más cercanos la recompensa tras haber profetizado en el desierto; para quienes habíamos llegado recientemente a su círculo, nos asombraba la simpatía, el cariño y hasta la devoción que le tenían escritores e intelectuales de otras lenguas y ámbitos, algunos de ellos desafectos a su poesía o a sus ideas políticas.

Junto a académicos y periodistas independientes como Josué Sáenz, Rafael Segovia, Juan María Alponte o a esa *rara avis* mexicana que fue Castillo Peraza, de breve y brillante intervención, hicieron ruido los invitados que representaban a la izquierda mexicana, la mayoría, entonces, plumas prominentes de *Nexos*, como Villoro, Aguilar Camín, Arnaldo Córdova, Monsiváis y Rolando Cordera. Dos de ellos –Monsiváis y Córdova– tuvieron una oportunidad extra de afinar y prolongar sus posiciones pues en *La experiencia de la libertad,* el libro conmemorativo, se reprodujeron artículos polémicos suyos, gesto que algo dice del poder, un tanto chantajista, que ejercía entonces la intelectualidad de izquierda: ídolos del campus, habituados a decir la última palabra.

Caso aparte mereció la presencia, estoy a punto de decir que quijotesca, de Adolfo Sánchez Vázquez, el decano del marxismo en México, quien tomó sobre sus espaldas no tanto la defensa del marxismo (creo que Castoriadis y Howe murieron siendo, a su manera, marxistas) sino de la irresponsabilidad de las ideas de Marx frente al socialismo que se hundía. Pese a que fue quien más habló, a Sánchez Vázquez le tocó representar –así lo reconoció gallardamente Castoriadis– el honor de la minoría.

Los protagonistas del encuentro fueron, esencialmente, recordando que el mayor era Paz, los intelectuales nacidos durante la década de los años treinta, veteranos del cénit del victorioso imperio soviético emergido de la Segunda guerra mundial y las primeras manifestaciones de su derrumbe: la muerte de Stalin, el XX Congreso del PCUS, la revuelta de Hungría y la invasión de Checoslovaquia, la frustración emanada de la Revolución cubana. Estaban, en aquel interregno de 1990, a la vez asombrados y felices: la escena, increíblemente era suya y la ocuparon en plena madurez política e intelectual. Socialistas democráticos o socialdemócratas, pensadores cristianos o filósofos sin otra obediencia que el libre examen, liberales moderados y otros más ortodoxos, poetas perseguidos y militantes democráticos de origen marxista, los participantes en el encuentro, además, pudieron hablar entre sí. Para algunos ese respiro fue muy provechoso. Además, Paz los invitó, ida y vuelta, a conocer las pirámides de Chichén-Itzá, en la península de Yucatán.

El asunto central fue, como es evidente, la caracterización de lo que había sido el comunismo y cuál sería el destino nacional de esos países tras lo que Heller llamó, a la inglesa, las Revoluciones Gloriosas. Tras la aseveración un tanto disparatada de Bell de qué la Revolución rusa había sido una revolución equivocada en el tiempo y el país equivocado, Paz, Semprún y Kolakowski aseveraron que en la historia todo es accidental. Era un exceso funcionalista creer que el problema de los bolcheviques era el no haber sido, debido al impacto de las condiciones históricas, lo suficientemente marxistas. Semprún, no sin cierta elocuencia oratoria, dijo que 1989 continuaba esa Asamblea Constituyente que Lenin y Trotski clausuraron en 1918.

La pretensión de Sánchez Vázquez de librar a Marx y al marxismo, en su pureza, de la contaminación de la experiencia realizada en su nombre, haciendo de la *perestroika* un nuevo principio, fue vivamente refutada. No sin cierto dejo nacionalista, Kolakowski le dijo al profesor hispanomexicano que el movimiento de Solidaridad había desencadenado las fuerzas de Gorbachov y no al revés; los bolcheviques, afirmaba Kolakowski había aplicado, a grandes rasgos, una doctrina de Marx. Colletti agregó que el leninismo era, dicho en términos hegelianos, la plena realización del marxismo. Más duro, si cabe, fue Revel: "Los marxistas dicen que lo que se hizo no fue marxismo, y piden otra oportunidad. Yo les contesto: no. El socialismo ha podido experimentar sus ideas sobre más de dos mil millones de seres humanos, sobre los cuales ejerció un poder absoluto. Ningún otro sistema ha tenido semejante oportunidad".[74]

No es meramente académica la discusión sobre lo que hay de Marx en Lenin, dijo Paz, pues remite a otra, la que interroga a la Revolución francesa de su maternidad sobre el Terror jacobino. Los latinoamericanos fueron enérgicos sobre ese punto: falló "el marxismo *in toto*", opinó Nuño y Merquior aseguró que "nos guste o no, el socialismo como tradición filosófica debe ser, en alguna medida –y yo diría que en gran medida– castigado: debe pagar el precio del socialismo real".[75] Muy emocionante fue la respuesta de Howe, uno de los socialistas heterodoxos más viejos y lúcidos a la dureza del teórico brasileño: "Gente como yo, que nos hemos pasado toda la vida en lucha contra el estalinismo, tendremos que pagar el precio del derrumbe. Tiene razón".[76]

Otros antiguos marxistas, como Heller, Féher y Castoriadis, mostraron cierta impaciencia ante el candor y el orgullo con que los soviéticos festejaban las revelaciones históricas de la *glasnost'*. "No estoy aprendiendo nada nuevo", decía el griego, comentario que mereció una buena respuesta de Korotich, en el sentido de que los rusos habían hecho el comunismo para los demás y que ahora les tocaba hacer la *perestroika* para sí mismos.

La mayoría se cuidó de profetizar. Era lógico: ¿quién se hubiera atrevido a hacerlo, en ese 1990, cuando apenas un año antes había caído el Muro de Berlín y Vaclav Havel había sido electo presidente de Checoslovaquia? Se

---

[74] *La experiencia de la libertad, 3/La palabra liberada*, Vuelta, México, 1991, p. 18

[75] *La experiencia de la libertad, 1/Hacia la sociedad abierta*, pp. 110-111.

[76] *Ibid.*, p. 114.

temía, durante el encuentro, por las consecuencias catastróficas planetarias que tendrían la desintegración territorial de la URSS. Ocurrió que el costo humano de la implosión fue relativamente bajo, como lo atestiguó aliviado Paz en *Pequeña crónica de grandes días* y que la balcanización se trasladó precisamente a los Balcanes. De Yugoeslavia, a meses de que iniciaran las matanzas, se habló poco o nada. Los invitados soviéticos estaban obligados a ser optimistas en ese otoño de 1990 y más allá de lo que pensaran de Gorbachov se respiraba, en aquellos estudios de televisión donde transcurrió el encuentro, que su presencia garantizaba la democratización, en orden, de la URSS.

Vargas Llosa, quien acababa de perder las elecciones para la presidencia del Perú apenas en junio de 1990, fue la figura principal entre los invitados. Apenas en marzo, Paz había apoyado su candidatura con un mensaje videograbado que se difundió durante un coloquio en Lima al que asistieron Krauze y Zaid.[77] Vargas Llosa rechazó la simetría –todavía presente en el pensamiento de Castoriadis y legible en las intervenciones de los viejos radicales neoyorkinos, como era propia del Paz de los años sesenta– establecida entre un comunismo derrotado y un capitalismo triunfador, como si se tratase, en ambos casos, de sistemas caducos cuya desaparición debería ser, idealmente, simultánea, vestigios de un viejo mundo. Recordó el novelista que la caída del muro de Berlín había sido la apuesta, en el centro de Europa, por las libertades y el bienestar del Occidente liberal y democrático.

Sin demasiado provecho se comparó a las democracias reconquistadas en América Latina con las de Europa Central, pensando en la Argentina y en Chile, que salían de las dictaduras militares, lo mismo que en un México moviéndose bajo tutela hacia la apertura del sistema. La gran ausencia fue China. Si en ese entonces se les hubiera dicho a los ponentes, y a su público, que el artífice decisivo de la metamorfosis del comunismo no sería el fotogénico Gorbachov, sino el discreto y paciente Deng Xiaoping, seguramente nos hubiéramos reído, entre azorados y nerviosos. En *Las pasiones de los pueblos*, transcripción de las mesas dedicadas a la religión y el nacionalismo, que motivaron una brillante plática en la que destacaron Turrent y Meyer, se habló del Islam y de su integrismo sin que se previera, naturalmente, la centralidad que adquiriría a principios del nuevo siglo.

La reacción de la izquierda mexicana fue, otra vez, virulenta, incluida una caricatura de Naranjo en *Proceso*, donde Paz, parado en un pedestal, rodeado de moscas y armado de un matamoscas, le decía a un Marx puesto de cabeza: "Si viene a hacerme alguna pregunta, haga una cita con el Sr. Azcárraga", el dueño de Televisa.[78] Nunca, desde la década canalla, habían gritado tantos

---

[77] Flores, *Viaje de Vuelta. Estampas de una revista*, op. cit., p. 198.

[78] "Octavio Paz dictó cátedra ante cincuenta intelectuales del mundo", *Proceso*, México, núm. 772, 3 de septiembre de 1990.

y tan fuerte. Heridos de muerte por la caída del muro de Berlín y por su onda expansiva que en América Latina causó, el 25 de febrero de 1990, la derrota electoral de los sandinistas en Nicaragua, incluso los espíritus más cautivados o al menos cautos, sangraron por la herida. Periodistas de todas las tendencias, viejos y nuevos estalinistas (no pocos de ellos desde el PRI o desde su némesis, el PRD), la antigua dirección del desaparecido PCM (Valentín Campa, Martínez Verdugo, Pablo Gómez), trotskistas y antiguos amigos de Paz como Cardoza y Aragón, Poniatowska y Aridjis, todos encontraron motivos de crítica, reserva e indignación, notoria sobre todo por la impecable altura intelectual del encuentro, misma que se puede probar leyendo *La experiencia de la libertad*. Un cuarto de siglo después, un liberal que entonces iniciaba sus estudios como politólogo, José Antonio Aguilar Rivera, resumirá su ambivalencia, en mi opinión aislacionista, como público del encuentro: "pensé que, en lo general, el grupo de Paz había tenido razón en su crítica acerba a los regímenes comunistas. Había acertado al elegir el bando ganador de la historia. Con todo, me pareció que el celo y la pasión ideológica de los debates en torno al socialismo estaban fuera de lugar. Denotaban una colonización de la Guerra Fría del medio intelectual mexicano. Después de todo, México no era una de las fronteras de ese conflicto. A ratos los contendientes sonaban en ambos bandos como si estuvieran en Cuba o en Vietnam y no en San Ángel o Coyoacán. Me pareció un debate subsidiario".[79]

Finalmente, cuando se les acusó de formar parte de una "internacional fascista", los participantes del Encuentro firmaron una carta pública en su propia defensa, que esencialmente decía, haciendo eco de la célebre frase de Napoleón sobre los Borbones ("No han olvidado nada y no han aprendido nada"): "A personas que fueron víctimas tanto del nazismo como del comunismo –éste es precisamente, el caso de muchos participantes del encuentro Vuelta– se les ha llamado una y otra vez fascistas. Para todos esos estalinistas, maoístas, castristas que lamentan el derrumbe de las ideologías comunistas, fascista equivale aproximadamente a liberal. Según este criterio, Koestler, Silone y muchos otros defensores de las libertades cívicas y de los derechos humanos fueron fascistas. De esto se desprende que los participantes en el Encuentro Vuelta no estamos en mala compañía. Denunciamos esto ante la opinión pública mexicana: ese mal disimulado residuo de la mentalidad y de la actitud estalinista, en gente que no ha aprendido nada, ni ha olvidado nada. Parece que no se han dado cuenta de que todo lo que ha ocurrido significa la reunificación de Europa, tema central del encuentro".[80]

La nota periodística se la llevó Vargas Llosa al llamar, al régimen mexicano, "la dictadura perfecta", caracterización que llegó para quedarse e hizo las delicias de la oposición al PRI. Conviene releer esas páginas. Paz,

---

[79] José Antonio Aguilar Rivera, "Vuelta a Paz" en *Nexos*, enero de 2014, núm. 433, México, p. 81.

[80] Perales Contreras, *El círculo intelectual de Octavio Paz, op. cit.*, p. 470n.

respaldado por Castoriadis, consideró inexacta e inadecuada una caracterización que obviaba las peculiaridades que incluso los críticos del PRI teníamos a bien presumir como únicas: "Me gustaría hacer una rectificación, por amor a la precisión intelectual. Yo hablé de sistema hegemónico de dominación. Porque yo, como escritor y como intelectual, prefiero la precisión. No se puede hablar de dictadura. Mario Vargas Llosa habló de dictaduras militares, así comenzó su intervención. En México, es un hecho, no ha habido dictaduras militares. Y agregué: pero sí hemos padecido la dominación hegemónica de un partido. Ésta es una distinción fundamental y esencial. Todo lo demás que ha dicho Mario Vargas Llosa es motivo de discusión, pero sí hay que poner muy en claro que en México hemos tenido un sistema de dominación hegemónica de un partido. Eso no es, mi querido Enrique Krauze, tampoco dictablanda ni dictadura. Es un sistema peculiar y no único de México, sino de otros países. Quisiera decir también que la lucha actual en México es la lucha por el pluralismo y debo decir que Mario Vargas Llosa fue uno de los mejores colaboradores cuando nosotros fundamos *Plural,* pero para introducir el pluralismo en el anómalo régimen mexicano".[81]

Los rasgos autoritarios del sistema eran los mismos enumerados por Vargas Llosa y Paz (y por Krauze, que terció en la discusión) pero había una diferencia esencial en los matices, que en el caso de Paz tenían, cómo dudarlo, una dimensión autobiográfica. Recordémoslo: no sólo apreciaba el poeta como valiosísima la ausencia, en México, del terror ideológico propio de las dictaduras del siglo sino, como hijo de la Revolución mexicana, prefería verla bajo el motivo dramático no de la dictadura, sino de la revolución traicionada. Era propio de su generación conservar cierta confianza metafísica en la Revolución mexicana, sin abandonarla en el patibulario desván de las dictaduras. José Revueltas había llamado, en un ensayo clásico de 1957, "una democracia bárbara", a nuestro autoritarismo. Conceptualmente, en aquel encuentro de 1990, era más exacto Paz; pero la definición del novelista peruano era muy oportuna políticamente e ilustraba una urgencia que Paz no compartía. El debate ocupó su lugar en ese conflicto, tan latinoamericano, entre la esencia y las apariencias.

Vargas Llosa tocó una fibra muy sensible en Paz. El Estado nacido de la Revolución mexicana era ogresco, pero también filantrópico. La molestia

---

[81] "La polémica ante las cámaras", *Proceso,* México, núm. 773, 10 de septiembre de 1990, p. 53. Años antes, el 23 de julio de 1980, en su discusión con Bartra y Luis Villoro, en el Instituto de Investigaciones Sociales de la UNAM, Paz había precisado, hablando del "nombre de la cosa socialista": "No es igual caracterizar a un sistema con un nombre u otro nombre: los nombres son fundamentales. Ya Confucio pensaba que la sociedad se podía cambiar si uno rectificaba los nombres; es decir, para él, la rectificación de los nombres era una suerte de higiene social. Es muy grave que llamemos negro al color blanco o que llamemos a la bondad, crueldad o a la inversa; así que los nombres son importantes, como higiene social e higiene intelectual." (Bartra, "Una discusión con Octavio Paz", *op. cit.*, p. 25).

del poeta fue muy notoria para quienes estuvimos allí ese día, la tarde del jueves 30 de agosto y para quienes lo estaban viendo por televisión. Una vez terminado el debate, narraba *Proceso*: "Paz entonces descendió del salón y se dirigió a Vargas Llosa continuando la polémica en torno al sistema político mexicano. Vargas Llosa intentó responderle al poeta pero advirtió que el malestar del director de *Vuelta* era mayúsculo y prefirió no hacerlo. Instantes después, Vargas Llosa abandonaría el coctel en Televisa San Ángel. Circuló la versión de que Paz aseguró: 'Lo que Mario dice es inexacto'. Y remató: 'Ya no está en campaña'. A Paz se acercaron dos de sus más jóvenes miembros de la mesa de redacción de *Vuelta*, Aurelio Asiain y Christopher Domínguez Michael, con el fin de calmar su enojo. Un momento más tarde llegó Marie Jo acompañada de una edecán. Marie Jo lo tomó del brazo y lo condujo a la salida".[82]

Al día siguiente, Vargas Llosa, "intempestivamente" según la prensa, abandonó México, creando la leyenda de que la molestia por haber sido tildado de "dictadura perfecta" en cadena nacional y en horario estelar, habría provocado que desde el gobierno se le invitara a irse con anticipación. Pensar que Vargas Llosa habría obedecido sin chistar esa 'invitación' es no conocerlo. En carta a Paz, que el poeta hizo pública, el novelista peruano adujo que "un imprevisto asunto familiar" lo obligaba a viajar de inmediato a Londres. Pero busco en mi propio *Diario* y encuentro que yo compartía la impresión de que Vargas Llosa, tras la disputa con Paz, había preferido ausentarse por ese motivo. Hay otros testimonios en ese sentido: aunque la precipitación de Vargas Llosa al irse del país tuviese motivos personales, a Paz le preocupaba que su partida se interpretase como se interpretó, que "regañado", el peruano había preferido irse antes de tiempo, aunque cumplió con la petición de Paz de hacer públicas las razones personales de su partida.[83]

Entonces me exasperaba la paciencia que Octavio le tenía al PRI y ese día, preferí la economía con que Vargas Llosa resumió el asunto. Poco después el episodio neozapatista profundizó mi aprendizaje de lo que Paz nos transmitía con frecuencia: el horror que le causaba una desaparición súbita del régimen de la Revolución mexicana. Escribí en mi *Diario* que a Paz "le aterra, hijo de un zapatista fervoroso, 'la aceleración de la historia', es decir, la bola, el México bronco y salvaje…"[84]

Vulgarmente todo aquello se interpretó como una amonestación de Paz a Vargas Llosa en defensa del gobierno de Salinas de Gortari, considerado ilegítimo por la izquierda (y por algunos escritores de *Vuelta*, como yo mismo).

---

[82] Armando Ponce y Gerardo Ochoa Sandy, "Detrás de los 'asuntos familiares' de Vargas Llosa: su pleito con Octavio Paz", *Proceso,* núm. 773, México, 10 de septiembre de 1990, p. 50.

[83] Flores, *Viaje de Vuelta. Estampas de una revista, op. cit.*, p. 200.

[84] CDM, *Diario*, 5 de septiembre de 1990.

Aquel otoño de 1990 fue algo más, mucho más y con aquella frase afortunada, "la dictadura perfecta" y con ella y su repercusión local, se pretendía ocultar que, a menos de un año de la caída del muro de Berlín en noviembre de 1989 y antes de la disolución de la Unión Soviética a fines de 1991, durante ese verdadero interregno que fue 1990, se habían juntado en la ciudad de México, en aquella fiesta de la lucidez, los veteranos (algunos aún jóvenes) de las batallas cuyo fragor estaba desmoronando al edificio del eufemísticamente llamado "socialismo real". Leyendo lo que entonces se dijo se me vienen a la memoria, otra vez, unas líneas de Heine, aquellas donde habla de cómo, a veces, ciertos héroes, alados y presurosos, nos visitan cuando van en el camino de regreso del exilio y no visitaban ninguna ínsula extraña, sino México, el ombligo de la luna.

MORAL DE LAS CONVICCIONES O MORAL DE LA RESPONSABILIDAD

En octubre de 1987, unas pocas personalidades del PRI, encabezadas por el ingeniero Cuauhtémoc Cárdenas, el hijo del mítico general Cárdenas, dio el paso que su padre, como ex presidente, no se atrevió a tomar, el de dividir al PRI desde la izquierda. Por cobardía o por comodidad, muchos priístas, se indignaban ante gobiernos de la Revolución mexicana que oscilaban pendularmente, con demasiada frecuencia hacia la derecha, como había ocurrido en los años cincuenta con el presidente Miguel Alemán Valdés y en los ochenta con Miguel de la Madrid, el primero de los presidentes "neoliberales". En cambio, esos mismos priístas ocuparon puestos muy altos en los gobiernos populistas de Echeverría y López Portillo que, según ellos, aún eran files a la tradición originaria del nacionalismo revolucionario. Esa escisión del partido hegemónico hacia la izquierda era vista, por la mayoría de los marxistas-leninistas, como una vana ilusión y esperarla, se decía, era una de las causas de su marginalidad.

Aunque De la Madrid, en 1987, hizo una variación cosmética en la tradicional parafernalia del dedazo (la práctica metaconstitucional que daba al presidente en turno la facultad de designar a su sucesor) y placeó a seis precandidatos para que hicieran público su programa y "orientaran" su decisión, era obvio que el elegido sería Carlos Salinas de Gortari, que había sido esporádicamente, alumno de Paz en Harvard y hasta autor de un artículo en *Plural*. Él era y en eso no se equivocó De la Madrid, el político indicado para continuar las reformas económicas destinadas a abrir la economía nacional al comercio internacional, comercializar las tierras ejidales ociosas y adelgazar el elefantiásico e ineficaz Estado mexicano. A sus opositores no les faltaban motivos para estar furiosos: se trataba en efecto de iniciar un verdadero desmantelamiento que una vez iniciado su sexenio, prosiguió con el restablecimiento de las relaciones diplomáticas con el Vaticano en

1992 y el abandono de nueva parte de la legislación jacobina tan propia del
PRI. Paz asistió en mayo de 1990, durante la segunda visita de Juan Pablo
II, a una reunión multitudinaria de intelectuales y artistas con el pontífice.
No le interesó obtener una audiencia privada con el papa aunque Salinas de
Gortari se la ofreció ni tampoco dirigirse al obispo de Roma en nombre de los
intelectuales mexicanos, propuesta rechazada, además, por la clerigalla de
extrema derecha que aconsejaba a Wojtila, acusando a Paz de ser un defensor
del preservativo en la lucha contra el sida.[85]

A la frustración acumulada por la izquierda del PRI, se sumó la extrema
antipatía ideológica que a los disidentes les producía Salinas de Gortari,
quien nacido en 1948 representaba, además, un decisivo cambio generacional. Acompañado de Porfirio Muñoz Ledo, un brillante y atrabiliario
personaje que comenzó su carrera parlamentaria defendiendo a Díaz Ordaz
por haber ejercido la mano dura el 2 de octubre y que desde entonces ha
servido, tránsfuga, a todos los partidos nacionales, Cárdenas, creando la
Corriente Democrática, abrió la caja de Pandora y lo que parecía al principio una pugna palaciega, logró, en meses, lo que años de espera habían
tornado imposible: iniciar una transición democrática que acercara al país
a la alternancia electoral.

En esos meses finales de 1987 los antiguos partidos satélites del PRI se
rebelaron y postularon al ingeniero Cárdenas como su candidato presidencial. Hasta junio de 1988, cuando la ola neocardenista resultaba imparable,
el candidato del PMS, que agrupaba a los comunistas y al resto de la izquierda
tradicional, declinó su candidatura a favor de Cárdenas. Se trataba de aquel
ingeniero Castillo que había estado preso como dirigente de los profesores
universitarios durante el movimiento estudiantil y que saliendo de Lecumberri, trató con Paz y otros intelectuales de formar un nuevo partido de
izquierda. En vísperas de las elecciones del 6 de julio, por primera vez en
su historia, el PRI enfrentaba una rebelión electoral que finalmente podía
derrotarlo tras casi sesenta años de hegemonía casi absoluta. El Frente Democrático Nacional (FDN), como se llamaba aquella coalición, enfrentaba,
a su vez, una contradicción que su heredero, el Partido de la Revolución
Democrática (PRD) nunca ha acabado de resolver: ser a la vez heredero del
corporativismo, de la estatolatría y del populismo del viejo PRI y aparecer
montado en una ola genuinamente democrática ansiosa de lograr que México fuese al fin un país donde las elecciones fuesen libres y competidas.
La vieja igualdad social administrada por los regímenes de la Revolución
y la democratización política que los ciudadanos exigían en 1988 no eran
exactamente la misma cosa.

El 6 de julio de 1988 en la noche, después de cerradas las casillas, el
gobierno incumplió su promesa de ir dando los resultados parciales de las

---

[85] Flores, *Viaje de Vuelta. Estampas de una revista, op. cit.*, pp. 233-234.

elecciones. No tenía por qué cumplirla y la oposición (representada esencial-mente por Cárdenas y por Manuel Clouthier, el candidato del PAN) no tenía manera de forzarlo a honrar su palabra: la Comisión Federal Electoral (CFE) no era una institución autónoma sino un organismo colegiado con abruma-dora mayoría de representantes del régimen y quien decidía definitivamente la elección de diputados, senadores y presidente de la República era la propia cámara de diputados que, constituida en colegio electoral, tras autocalificarse como legítima, declaraba presidente al candidato ganador. Esas instituciones autoritarias no estaban preparadas para afrontar una elección competida y cuando el presidente De la Madrid quedó informado de que en las casillas de la ciudad de México y las de los estados circunvecinos al centro del país iba ganando Cárdenas, le ordenó a Manuel Bartlett, su secretario de Gobernación (ministro del interior) y a la vez presidente todopoderoso de la CFE, suspender el conteo, aduciendo fallas informáticas. Nadie creería, alegó De la Madrid, en una victoria de Salinas de Gortari, si Cárdenas perdía la delantera en el cómputo como habría ocurrido al llegar los votos del campo, más fácilmente manipulable por "los alquimistas" del PRI. El remedio fue igual o peor que la enfermedad: una vez suspendido el conteo la excitada oposición y buena parte de la opinión pública, dio por hecho que al hijo del general Cárdenas, legítimo vencedor, se le había arrebatado la victoria. Todo ello acabó por confesarlo Bartlett, quien pasó a convertirse, en la primera década del nuevo siglo, en otro más de los priístas renacidos en el credo traicionado de la Revolución mexicana.[86]

A los mexicanos se nos recordó, durante la noche del 6 de julio, el apagón autoritario en que vivíamos. Un año después, Pinochet en Chile hubo de re-conocer su derrota en el plebiscito, mientras que aquella noche de elecciones presidenciales en México, desaparecieron los noticieros, tanto los de Televisa como los del canal oficial. A cambio se nos ofreció *Te espero en Siberia, vida mía*, una película de Mauricio Garcés, el cómico mexicano característico de los años a gogo y en la radio, en vez de noticias, se escuchaba sin cesar, el *Huapango*, de José Pablo Moncayo.[87] 1988 puso en entredicho la vocación democrática de Paz. Sigamos el hilo de su argumentación ante los hechos, en los artículos publicados en *La Jornada*, los días 10, 11 y 12 de agosto.

Daba comienzo Paz la serie, perentorio en su angustia: "Asistimos al desenlace de un proceso que inició hace veinte años". Se pregunta des-pués si "comienza un periodo de transición pacífica hacia la democracia o, de nuevo, la obstinación de unos y la ceguera de otros desencadenará la doble violencia que ha ensombrecido a nuestra historia, la de los partidos y la de los gobiernos?" y hace un resumen histórico, enfatizando la lucha

---

[86] Andrea Becerril, "De la Madrid me ordenó no informar que Cárdenas iba ganando: Manuel Bartlett Díaz", *La Jornada*, Ciudad de México, 3 de julio de 2008.

[87] CDM, *Diario*, 8 de julio de 1988.

dada, por él mismo, desde *Postdata* y en compañía de Zaid y Krauze, desde *Plural* y *Vuelta,* por la reforma democrática y las elecciones libres como la única salida al régimen del PRI, cuya "Hora cumplida" había anunciado, sin taxativas, desde 1985. "Los jóvenes de entonces", dice Paz refiriéndose a algunos de los dirigentes de la izquierda que con el neocardenismo se habían convertido instantáneamente a la lucha electoral porque se creían victoriosos, "sostenían que la única salida al atolladero histórico era un cambio revolucionario violento. No eran demócratas ni creían en lo que ellos llamaban, desdeñosamente, 'las libertades formales de la burguesía'."[88]

Los años setenta, recapitula Paz, gracias a "la llamada Apertura del presidente Echeverría y, más tarde, la Reforma Política impulsada" por Jesús Reyes Heroles, uno de los liberales clásicos del PRI y secretario de Gobernación a principios del gobierno de López Portillo en 1977, se empezó a conceder el derecho de la izquierda a la libertad de expresión (garantizada por Echeverría hasta el golpe a *Excélsior*) y a participar en las elecciones (el PCM recupera su registro legal en 1978), oferta que la izquierda mexicana aceptó a pesar de su fidelidad al "socialismo totalitario". Todo aquello ocurre en México, no se olvide, un año y medio antes de la caída del muro de Berlín y cuando la izquierda internacional observaba, azorada, la *perestroika* de Gorbachov. Paz toma nota de que la izquierda mexicana, pese a esas conquistas, no había logrado ocupar nuevos espacios públicos más allá de consolidar "su dominio en las universidades". El PAN, por el contrario, renovado por la afluencia en sus filas de las élites empresariales de provincia, había ganado inexorablemente los votos de la clase media, por su "afirmación de los valores democráticos".[89]

"Tal era la situación antes de la campaña electoral de 1987-1988", decía Paz, agregando, sin falsa modestia, que se ocuparía de "los grandes cambios recientes", tratando de "descifrar su sentido y prever su dirección", analizando por enésima vez al PRI o lo que entonces quedaba de él, tras la ruina económica en que el populista López Portillo trajo al país, misma que hubo de ser enfrentada, con "realismo" por De la Madrid, a partir de 1983. Paz confiaba en que Salinas de Gortari, como sucesor de De la Madrid, se empeñase en que México, siguiendo el camino andado por Deng Xiaoping en China, Gorbachov en la URSS, Felipe González en España y Mitterand en Francia, es decir, modernizara rompiendo "la inmovilidad forzada a que nos ha condenado el patrimonialismo estatal".[90]

Pese a lamentar el daño sufrido entre los más pobres y consciente de que se debía "remediar lo más pronto posible su situación", Paz aplaude la

---

[88] Paz, *Obras completas, V. El peregrino en su patria. Historia y política de México, op. cit.,* pp. 475-477.

[89] *Ibid.,* pp. 478-479.

[90] *Ibid.,* p. 481.

política de modernización emprendida por De la Madrid y considera lógico que al coincidir la campaña electoral con las reformas económicas, el PRI se escindiera, posibilidad reiteradamente desechada por la izquierda y que el poeta predijo en 1981, entrevistado por Antonio Marimón. En ese momento, su esperanza era que esa escisión fuese de corte socialdemócrata, cosa que no era el FDN en 1988: "Es indudable que el neocardenismo recoge una tradición revolucionaria mexicana. Por esto, a diferencia de otros grupos de izquierda, ha podido atraer al verdadero pueblo. Su mexicanismo no está en duda; lo están la novedad, la originalidad y la coherencia de sus ideas. Las vagas declaraciones de sus dirigentes no substituyen a un auténtico programa. Algunos periodistas han dicho que se trata de un movimiento de centro-izquierda, semejante a los socialismos de España y Francia. Nada más falso. El neocardenismo no es un movimiento político *moderno*, aunque sea otras muchas cosas, unas valiosas, otras deleznables: descontento popular, aspiración a la democracia, desatada ambición de varios líderes, demagogia y populismo; adoración al padre terrible: el Estado y, en fin, nostalgia por una tradición histórica respetable pero que treinta años de incienso del PRI y de los gobiernos han embalsamado en una leyenda piadosa: Lázaro Cárdenas".[91]

Lo que comenzó como un esfuerzo por democratizar al partido oficial (aquí Paz pudo volver al ejemplo frustrado de Madrazo en los setenta que no sólo a Garro sino a él, le pareció plausible), terminó en "un hecho decisivo en nuestra historia y que ha cambiado radicalmente la escena política", la conversión de la Corriente Democrática en un frente electoral de oposición: "Cárdenas, Muñoz Ledo y sus amigos no sólo lograron, con inteligencia y energía, reunir en torno suyo a varios pequeños partidos con programas distintos y aun antagónicos; también le dieron unidad a esta extraña alianza"[92] que iba desde los trotskistas y los maoístas hasta los más recalcitrantes nostálgicos priístas del cardenismo, pasando por el antiguo Partido Comunista transformado primero en PSUM y luego en PMS. Con la excepción de algunos de los dirigentes de este último partido, muy pocos entre quienes apoyaban a Cárdenas desde la vieja izquierda habían roto con el marxismo-leninismo en efecto y sufrieron la caída del Muro de Berlín, el año siguiente, como una catástrofe cósmica. "Un movimiento", concluía Paz, basado en la "unidad de acción, no de idea", dirigido por "un grupo de líderes que han roto con el PRI porque quieren volver al pasado". La base la componían, más allá de las clientelas de los priístas apóstatas, concedía Paz, "un numeroso y más respetable conglomerado: "las víctimas de la política de austeridad" entre las que se encontraba "algo más y más entrañable: gente, mucha gente, que

---

[91] *Ibid.*, pp. 483-484.
[92] *Ibid.*, pp. 482-483.

ha perdido la paciencia, no la esperanza. Merece ser oída. Hay que tenderle la mano".[93]

Pese al tacto de la última frase, el poeta subestimaba, tras la revuelta electoral de aquel año, el fastidio de millones de votantes ante el autoritarismo del PRI. Tan es así que el candidato del PAN, el empresario agrícola sinaloense Clouthier, se unió, con miles y miles de sus partidarios, a las multitudinarias protestas en las que se expresaba el hartazgo contra medio siglo de fraudes electorales priístas. En carta a Gimferrer, del 12 de julio de 1988, Paz lamentó no sólo la intolerancia del PRI sino "la de los dos partidos de oposición que me hacen temer lo peor. Ojalá y no perdamos en estos meses próximos los pocos espacios democráticos que habíamos ganado en los últimos años".[94]

En el siguiente artículo, Paz analizaba más propiamente, la jornada electoral del 6 de julio, cuya afluencia "extraordinaria" de votantes[95] sorprendió al poeta y a muchos otros, por la gravedad de lo que se jugaba: "Tengo setenta y cuatro años y nunca había visto, en México, nada semejante. No menos sorprendentes fueron los resultados. Los primeros sorprendidos deben haber sido los partidos de oposición: ¿esperaban tantos votos? Tampoco los del PRI –pienso sobre todo en los viejos jeques y jerarcas– se imaginaron la magnitud de sus pérdidas. El voto secreto y libre de los mexicanos acabó, en un día, con el sistema de partido único. El mismo candidato del PRI, Carlos Salinas de Gortari, lo reconoció poco después de la elección. Comenzamos ahora los primeros pasos en un territorio desconocido: el régimen pluralista de partidos", reconocimiento que albergaba la pregunta, de que si una vez liquidada una "tradición política que duró más de medio siglo", seríamos capaces de vivir en una democracia abierta cuya esencia es la tolerancia.[96]

Un cuarto de siglo después puede decirse que sí, que México estaba preparado, al fin, para el pluralismo, pese a la inequidad priísta y al carácter rijoso de una democracia baldada todavía por el chantaje de los malos perdedores. Pero durante las últimos meses de 1988 no parecía tan fácil el parto de esa transición y en "Entreluz: alba o crepúsculo", el jefe espiritual afirmaba: "En la actitud de los partidos de oposición hay más de un eco de un pasado terrible", aquel que en 1929, en 1940 y en 1952, hizo que el PRI le escatimará miles de votos a los opositores (Vasconcelos, Andreu

[93] *Ibid.* pp. 484-485.

[94] Paz, *Memorias y palabras. Cartas a Pere Gimferrer 1966-1977*, *op. cit.*, p. 328

[95] Pese a la impresión de Paz, que muchos ciudadanos compartíamos, la participación no fue tan alta. En 2000, cuando el PRI perdió finalmente la presidencia votó 64% del padrón electoral y en 1988 apenas 52% contra 74% de 1982. Pero Zaid en "País en curva" *(Proceso*, núm. 617, México, 29 de agosto de 1988, pp. 34-35) llamó la atención de que las cifras oficiales de 1988, contrastadas contra la elección presidencial anterior, la de 1982, sencillamente no cuadraban.

[96] Paz, *Obras completas, V. El peregrino en su patria. Historia y política de México, op. cit.*, pp. 486-487.

Almazán, Miguel Henríquez Guzmán), provocando que "los vencedores *nunca* compartieran el poder con los vencidos" y que "*todos* los candidatos vencidos afirmaran haber sido víctimas de un fraude", mecánica que se repetía en 1988. "Desde el mismo día de las elecciones", los neocardenistas, respaldados por el PAN y la señora Ibarra de Piedra, que repetía como candidata presidencial de los trotskistas, "no han cesado las denuncias: han sido víctimas de un fraude descomunal. He leído con atención sus argumentos y confieso que no me han convencido". Reconoce que hubo "irregularidades, torpezas y errores" lógicas por haber sido "las primeras elecciones de esa índole que se realizan en México" y "la democracia es una moral política pero también un aprendizaje y una técnica".[97]

Aunque Paz regañaba a los priístas, que "no convencen a nadie pero irritan a todos" y lamentaba que tres años atrás el llamado fraude patriótico había impedido la victoria del candidato del PAN en la norteña gubernatura de Chihuahua, haciendo avanzar la reforma democrática desde la periferia al centro, como recomendaba Zaid, el poeta decía que "la pretensión de Cárdenas es insensata, ¿cómo puede probar que ganó la elección?" mediante movilizaciones y "plantones", mientras que la pretensión de Clouthier, de anular las elecciones y repetirlas, "no sólo es desmesurada sino irrealizable. Mejor dicho: irreal".[98]

"Lo que piden los dos candidatos, en verdad, es la rendición incondicional de sus adversarios. En un abrir y cerrar de ojos quieren desmantelar al PRI o tener de rodillas al gobierno. Otra vez: *todo o nada*."[99] Aquí vale la pena detenerse: si era imposible saber si había ganado el candidato de la izquierda, tampoco era posible saber que Salinas de Gortari fuera el ganador de las elecciones, de tal forma que la moral de las convicciones, dicho sea con Max Weber, indicaba que las elecciones debían ser anuladas y repetidas. Que hacerlo, llevaría al país a una crisis constitucional prolongada, era muy probable, pero la única solución posible en los términos morales de la convicción. Paz prefirió apelar a la moral de la responsabilidad: la oposición debía aceptar los resultados, como finalmente ocurrió, pues había ganado no sólo dos senadurías del Distrito Federal (una de ellas, del expriísta Muñoz Ledo, quien no pudo sino poner a trabajar a su gente en la promoción y algo más de su candidatura), sino 137 diputaciones, que sumadas a las 101 de Acción Nacional estaban a solo una treintena de curules del PRI, que sumó 262 diputados, quedando en condiciones nunca antes vistas, obligado a negociar de manera permanente con una y otra oposición y sin votos suficientes para reformar la constitución. El posibilismo de Paz (que compartía

---

[97] *Ibid.*, pp. 486-488.

[98] *Ibid.*, pp. 488-489.

[99] *Idem.*

Aguilar Camín pero provocó la división de los nexonitas entre salinistas y cardenistas) fue también el escogido por los diputados neocardenistas: ni uno sólo renunció a su curul –ni Cárdenas les pidió renunciar a sus jugosas y para muchos inesperadas dietas– y el ex candidato del FDN, convertido en líder moral de la izquierda dedicó el sexenio a acusar a Salinas de Gortari de usurpador. De mala gana, los políticos del FDN y los intelectuales que los respaldaban estruendosamente, rechazaron, como Paz se los pedía, el todo o nada. A la distancia, evaluadas las campañas del PRD en 2006 y 2012, con 31% y 32% de los votos escrupulosamente contados por una autoridad electoral autónoma, a la vez ciudadana y profesional, no hacen parecer tan irreal el 31% que el gobierno le reconoció a Cárdenas en 1988. Pero sólo es una hipótesis. Las boletas de esa elección fueron incineradas tres años después.

¿Qué hizo pasar a Paz de la moral de las convicciones a la moral de la responsabilidad en 1988? ¿Ésta acaso no contradecía su conducta de 1968 y 1971? Sí y no, como diría él mismo. Por un lado, ante una situación distinta aunque menos dramática que el 2 de octubre y el 10 de junio, era fiel a su gradualismo pero al esgrimir esa fidelidad, aceptaba el nombramiento de un presidente electo bajo la grave sospecha de fraude. El recurso al mal menor es frecuentemente lo que separa a la moral de la responsabilidad de la moral de las convicciones. No sólo Paz, sino Yeats y Ortega, entre los jefes espirituales, estuvieron ante disyuntivas de ese tenor. En aquellas elecciones pudo más en Paz, a sus setenta y cuatro años que consignaba, el horror a que el triunfo de una coalición inesperada, populista y anárquica, con un programa más retrógrado que democrático, abundante en personajes impresentables, oportunistas como Aguilar Talamantes[100] y en estalinistas de una sola pieza como Jorge Cruickshank García, heredero de Lombardo Toledano y tantos priístas temerosos del desempleo, hiciese abortar la nueva democracia. Era comprensible ese rechazo de Paz a una promesa de revolución democrática que él veía como una restauración populista: se había vuelto prudente (o timorato, según algunos) y era entonces más liberal que demócrata. No hallaba en la izquierda el compromiso de pactar una transición, sino la apetencia súbita de asaltar el poderlo. Prefería, si se quiere poner en los célebres términos de Goethe, la injusticia al desorden.

---

[100] Tan oportunista eran él y su partido, el impronunciable Partido del Frente Cardenista de Liberación Nacional (PFCRN), una imitación baladí de los sandinistas, que en 1993, cuando Cárdenas tenía su propio partido y aquella secta languidecía, un día recibí –¡yo!– una llamada telefónica del diputado Miguel González Avelar, ex senador del PRI, ex secretario de Educación Pública y ex precandidato presidencial. En ella González Avelar, viejo conocido de mi familia, me decía que los dirigentes del PFCRN le habían hecho una petición "un tanto peregrina": semblantear a la gente de don Octavio para saber si éste aceptaría la nominación como candidato a la presidencia de la república en el próximo 1994. Transmití la humorada a Krauze y ya no supe si éste se la comentó a Octavio. (CDM, *Diario*, 26 de octubre de 1993)

En 1988, por fortuna, imperó la moral de la responsabilidad, también adoptada por el PAN, que se ofreció como socio menor e informal del PRI durante el resto del sexenio, apostando porque Salinas se legitimará en los hechos y aprendiese a gobernar con un congreso dividido y frente a un líder opositor de la popularidad del hijo del general. El propio ingeniero Cárdenas también opto por esa moral: desoyó los consejos de algunos de sus colaboradores, deseosos de que el zócalo se convirtiera en una plaza de Tianamen y en 1989 hizo lo que Vasconcelos se negó a hacer: replegarse en orden y fundar un partido, el PRD, que en 2006 estuvo a punto de ganar la presidencia. Inclusive, más allá de los gritos y de los sombrerazos, la moral de la responsabilidad fue el consenso general y en vísperas de la apertura de las sesiones del Colegio Electoral apareció, el 22 de agosto, un desplegado titulado "Ganar lo principal" donde se aseguraba que "la disputa sobre la validez de las elecciones no debe estar por encima del sentido de responsabilidad civil que exige esta hora". Lo firmaban casi todos los intelectuales involucrados en las discusiones públicas de aquellos días, desde Aguilar Camín hasta García Ponce, pasando por Vicente Leñero y Monsiváis. Y, fue, según observa con tino Malva Flores, "uno de los últimos desplegados en los que veríamos juntas las firmas de Paz, Krauze y Zaid"[101] pues las divergencias de la década siguiente, sin fracturar *Vuelta*, serían, como veremos, más serias.

Paz no fue generoso con la prudencia y la paciencia de Cárdenas, con quien tenía una cuenta pendiente: en agosto de 1982, el ingeniero, entonces gobernador de Michoacán, adelantándose en aplicar a rajatabla la política de austeridad anunciada por el presidente electo De la Madrid, canceló súbitamente un festival de poesía organizado por Aridjis, a verificarse en Morelia. El festival, que tenía a Paz como figura principal, fue cancelado cuando algunos de los invitados ya estaban llegando al país y hubo de improvisarse en la Ciudad de México. Pero suponer que eso normó la conducta de Paz en 1988 es creer que uno de los animales políticos más originales del México contemporáneo, era sólo un vanidoso agraviado.[102] Los exabruptos, los resentimientos o la acritud propia de la vanidad herida, estaban presentes en Octavio, como en cualquier otro mortal, pero eran de orden superior si se trataba de cuidar al país de la Revolución mexicana, la niña de sus ojos.

Aunque sin llegar a lo ocurrido en *Nexos*, que alejó a Monsiváis de la revista y lo reconfirmó como el único intelectual de izquierda en condiciones de contender con Paz, Aguilar Camín se sumó a la posición del director de *Vuelta*. El jefe de la revista rival, lo alababa: "Hace diez años reproché en Octavio Paz su renuncia al hechizo del mundo –su escepticismo, su desencanto, su conservadurismo– diciendo que 'había envejecido mal' y que era 'inferior a su pasado'". Olvidando aquello de que "políticamente Octavio

---

[101] Flores, *Viaje de Vuelta. Estampas de una revista*, *op. cit.*, pp. 246-247.

[102] Enrique Serna, *Genealogía de la soberbia intelectual*, Taurus, México, 2013, p. 158.

Paz está a la derecha de Octavio Paz", Aguilar Camín reconocía que el poeta lo había desmentido y que "en medio del griterío y del inmediatismo, su voz ha introducido en el debate un don inapreciable en estos momentos; el equilibrio". Mientras *Nexos*, tenida hasta entonces como la revista de la izquierda académica, sufría una severa crisis que convirtió a su director y a varios de sus amigos en personas cercanas al nuevo presidente, en *Vuelta*, también hubo diferencias, aunque menores. Aunque fue más duro que Paz contra el PRI y sin conceder que Salinas de Gortari había ganado la presidencia, Zaid, en *Proceso*, llegaba a una conclusión similar a la suya, haciendo imperar la moral de la responsabilidad: "Hay que acabar con este régimen trasnochado que, como el Porfiriato, siempre está hablando de modernizar la presidencia y hasta lo hace en muchísimas cosas, excepto lo esencial: modernizar la presidencia. México sigue en el Antiguo Régimen: un distinguido ciudadano vota por todos nosotros". No había, insistía Zaid, que ceder "al desánimo" sembrado por el PRI con su técnica de amedrentamiento consistente en monopolizar lo mismo el derecho que la violencia. "No estaría de más saber quién ganó las elecciones, hasta por simple curiosidad. Pero una curva peligrosa no es el mejor lugar para ponerse tercos en que no nos rebase el voto presidencial. Anular las elecciones y nombrar un presidente interino o provisional se llevaría de paso lo que queda" de un país que "tiene derecho a repudiar unas elecciones poco convincentes, pero es mejor que no lo ejerza si la alternativa es un desastre". Creía Zaid que había que aceptar lo que llamaba "imposición" a cambio de que Salinas de Gortari gobernase con "el dedo amarrado", es decir, que el 50.36% con que llegaba el priísta a la presidencia lo obligase a una verdadera reforma política.[103]

En conclusión, entre la postura de Paz, la de Zaid y la de Krauze hubo diferencias en 1988, según me dijo este último: "La postura de los tres era distinta, yo no tenía elementos para juzgar si había sido o no un fraude, lo sospechaba; Zaid estaba seguro, y Octavio Paz lo negaba".[104] Otros, como García Ponce, que ya no formaban parte del primer círculo de la revista, preferían ser leales a la moral de las convicciones: "¿Por qué tanto miedo al desorden? ¿Por qué va a generar violencia? Las últimas elecciones fueron totalmente pacíficas y se desarrollaron en el más absoluto orden, precisamente para cambiar el orden establecido. No hay que tener miedo. Los ciudadanos que han cambiado el orden establecido se encargaran también de que no haya violencia. Son ellos los que tienen la palabra y el mando. No los que les damos buenos consejos a través de nuestras palabras escritas. En muchos artículos se dice que el proceso hacia la democracia es lento. Ya ha sido demasiado lento. Ahora son los ciudadanos los que tienen la palabra,

---

[103] Zaid, "País en curva", en *Adiós al PRI,* Océano, México, 2004, pp. 172-174.

[104] CDM, Conversación con Enrique Krauze, Ciudad de México, 22 de enero de 2014.

no los que desde la palabra los aconsejamos. Ellos decidirán. A nosotros nos queda escucharlos".[105]

La noche del 4 de agosto de 1988, tras la primera reunión formal de la nueva mesa de redacción de *Vuelta* (ese día yo conocí a Paz), fuimos a cenar (Octavio se excusó) a la Fonda San Ángel y en ella Krauze, tocando el tema que Paz había evitado durante la tarde, comentó que las elecciones habían sido turbias e ilegítimas y que era muy probable que el ganador haya sido Cárdenas. Desde entonces –o al menos fue cuando yo pudo percibirlo– imperó en *Vuelta* una diferencia sobre la velocidad de la transición democrática. Meses después, cuando ya le tenía más confianza, me atreví a explicarle a Paz mis simpatías por Cárdenas. "A ustedes", me replico, "les gusta Cárdenas porque no es un demagogo. No, no lo es. Es hierático como lo era su padre y como lo eran los políticos mexicanos durante los treinta y los cuarenta. Los primeros demagogos fueron los jilgueros del cardenismo. A los mexicanos les fascina el hieratismo…"[106]

---

[105] Juan García Ponce, "El fantasma de la violencia*", La Jornada*, México, 17 de julio de 1988.

[106] CDM, *Diario*, 4 de agosto y 11 de noviembre de 1988.

Aquí cabe, me parece, una anécdota personal, ilustrativa del México político-cultural posterior a las elecciones. Un año después de haber dejado la presidencia de la República, De la Madrid fue nombrado director general del Fondo de Cultura Económica, donde yo trabajaba. Nombrarlo al frente de la gran editorial del Estado, era una decisión insólita que nos ponía, entre otras cosas, a un grupo de escritores como empleados directos de un ex presidente, quien además de dirigir la editorial era (como lo habían sido antes que él Martínez, García Terrés y Enrique González Pedrero) también director general de *La Gaceta del FCE*, una revista literaria muy respetable pero sin la menor importancia política. Después de que Paz recibió el Nobel en octubre de 1990, yo fui invitado a Santiago de Chile para hacer la difusión de mi *Antología de la narrativa mexicana del siglo XX* y a dar un par de conferencias sobre el poeta laureado, en mi carácter de miembro de la mesa de redacción de *Vuelta*. En una de las conferencias, tras compartir mi entusiasmo por la obra del poeta laureado, me permití anteponer la siguiente reserva: "En 1988, tras las controvertidas elecciones que el gobierno falló a favor de Carlos Salinas de Gortari, Paz avaló esa decisión. Yo personalmente, como muchos mexicanos de diversas corrientes políticas, dudo de la pertinencia legal de esas elecciones y difiero del poeta en relación al ritmo y los protagonistas de la transición democrática en México" (*La Gaceta del FCE*, núm. 241, México, enero de 1991, p. 20). Antes de viajar, le dejé el texto de la conferencia a Castañón, mi jefe directo, quien lo mandó publicar tal cual. Creo que ni él ni yo sabíamos el pequeño problema en que nos estábamos metiendo. Un empleado de la editorial –yo mismo– acusaba de ilegalidad al director del FCE, quien era presidente de México en 1988 cuando las susodichas elecciones. Los cuadros con los que llegó De la Madrid al FCE consideraron inaceptable la publicación de ese fragmento y se me sugirió que presentara mi renuncia. Así lo hice en una carta a la vez aterida y presuntuosa a De la Madrid, donde me atrevía a decir que otras personas cercanas al FCE –muchos intelectuales que formaban parte de los comités editoriales de los cuales yo era precisamente secretario– eran mucho más críticos que yo con su gobierno por aquello del supuesto fraude electoral de 1988. Les conté mi cuita al propio Paz y a Krauze, quienes se ofrecieron a interceder por mí ante el ex presidente, supuestamente muy irritado. Finalmente, el 14 de febrero de 1991, De la Madrid me recibió en su oficina, todavía en avenida de la Universidad, con mi renuncia. Le dije que ésa era mi opinión sobre el 88, que Paz la conocía y la respetaba. Admití que la había publicado en el lugar equivocado, nada menos que en la revista del FCE que él, al menos nominalmente, dirigía. Don Miguel, campechano, entró en confianza y me contó su versión de las elecciones del 6 de julio y culminó su relato con un memorable: "Y a nosotros *también* la oposición nos hizo fraude…" (CDM, *Diario*, 14 de febrero de 1991).

Paz no sólo validó el triunfo de Salinas de Gortari sino aprobó con entusiasmo sus reformas económicas, lo cual le valió ser considerado por la izquierda ya no solamente como "el filósofo de Televisa" sino el intelectual orgánico preferido de un régimen considerado usurpador. Aunque el nuevo presidente le ofreció a Paz regresar al servicio exterior como embajador, primero en Francia y luego en España, el poeta prefirió respaldar públicamente su política.[107] (También lo hizo, tristemente para la izquierda nacional, Castro quien voló a la ciudad de México para arropar a Salinas en su toma de posesión el 1 de diciembre de 1988). Refiriéndose a su política económica, Paz dijo que Salinas "procura devolver a la sociedad la iniciativa económica, limitar el estatismo y, en consecuencia, la proliferación burocrática. Renuncia al populismo, a la ineficacia y al despilfarro, no vuelta a un capitalismo salvaje como se ha dicho" y en cuanto a la política consideró "osadas" las comparaciones entre las reformas simultáneamente emprendidas por Gorbachov y Salinas. Otra vez, como cuando discutía con Vargas Llosa, Paz se negaba a pintar como totalitario al Estado mexicano (su problema era otro, el viejo paternalismo español, transformado en estatismo por una combinada mala lectura de John Maynard Keynes y del marxismo) y arremetía contra nuestros conservadores, "los separatistas del PRI" autoproclamados "revolucionarios" que, ayunos de programa y de ideología, sumaban "un catálogo de sentimientos, gustos, disgustos y obsesiones".[108]

Entre las críticas lanzadas contra Paz, abundantísimas, recojo dos: la del poeta Enrique González Rojo y el cuestionamiento insistente al que lo sometió Scherer García al entrevistarlo para *Proceso* en octubre de 1993. González Rojo es nieto de González Martínez (aquel viejo poeta posmodernista que se llevó a Paz a echarse unos tragos tras la pelea con Neruda en 1941) e hijo del primer González Rojo, poeta de los Contemporáneos muerto prematuramente en 1939. Compañero de Lizalde en la aventura del poeticismo y del espartaquismo, es decir, formando filas en la última vanguardia poética del siglo mexicano y en la heterodoxia marxista, González Rojo Arthur, un hombre íntegro y marginal que dedicó las siguientes décadas a hacerle de heresiarca, presidiendo círculos de estudios dedicados a reformular el leninismo y otras sutilezas del materialismo histórico, comprendía mejor que otros el mundo intelectual del cual Paz provenía. Además, González Rojo se había entusiasmado con el neocardenismo y con el PRD, aunque previsiblemente se decepcionó pronto.

En 1989 publicó González Rojo *El rey va desnudo. Los ensayos políticos de Octavio Paz* y en 1991, *Cuando el rey se hace cortesano. Octavio Paz y el salinismo*, en un tono más panfletario. En ambos se proponía mostrar como "el monarca de la inteligencia en México", andaba, como en

---

[107] Paz, carta a Enrique Krauze, *Letras Libres*, núm. 1, México, enero de 1999, p. 8.

[108] Paz, *Obras completas, VI. Ideas y costumbres. La letra y el cetro. Usos y símbolos, op. cit.*, p. 467.

el cuento de Andersen, desnudo sin saberlo. En el primer libro reconocía la solidez con la que Paz había argumentado sobre la naturaleza de "los países denominados oficialmente socialistas" ante la cual, la ignorancia de los marxistas mexicanos los condenaba, estupefactos, a calumniarlo, lo cual le permitía, a González Rojo, presentar, en discusión con sus discípulos, su propia teoría sobre el modo de producción, según él, "intelectual" que prevalecía en esas tierras.[109] Y refiriéndose a los artículos sobre México en *Pequeña crónica de grandes días*, González Rojo tras renovar su confianza en el triunfo, algún día, del verdadero socialismo, sobreinterpreta un tanto el respaldo del poeta a las reformas salinistas, como una manera de dotar al régimen de una legitimidad proveniente, todavía, de la Revolución mexicana. Me parece que el salinismo ya no necesitaba de esa vetusta legitimidad; pelear por ella era perder el tiempo pues el ingeniero Cárdenas se la arrebató, para siempre, al PRI. Para Paz se trataba más bien de volver al "Estado justo" del callismo y no al "Estado propietario" del primer cardenismo.

A diferencia de otros neocardenistas, su educación marxista le permitía a González Rojo dogmatizar: ambas formas económicas, las populistas y las neoliberales, le parecían igualmente explotadoras y burguesas. Ese par de artículos de Paz, escritos cuando Salinas cumplía su primer año en el poder, no parecen suficientes para sustentar la copiosa argumentación de que el poeta se había vuelto el "ideólogo" del salinismo sólo porque aplaudía medidas liberalizadoras instrumentadas en aquella época por "neoliberales" tan distintos o tan parecidos como Margaret Thatcher o Felipe González. Defendía con fiereza González Rojo que el neocardenismo, que había ganado la presidencia y le había sido robada, era un proyecto a futuro, no una "nostalgia por lo ido" pero fue de los pocos en notar que, en efecto, Paz continuaba su "desaprendizaje" y estaba abandonando, siempre curioso, sus ideas marxistas sobre la economía y la política, lo que a González Rojo, un buen lector de su obra, lamentaba. Como Aguilar Mora en 1976, en 1991 González Rojo, encontraba, desde la reprobación, que Paz buscaba una interpretación propia de la historia, "metafórica o metamorfista".[110]

Más periodismo y menos teoría, como era de esperarse, tenían las preguntas de Scherer García dos años después. Sobre el mundo posterior a la caída del comunismo, Paz le da al director de *Proceso* una respuesta que le ofrece la razón a quienes dudan, al hacer el balance final de lo político en el poeta, de la ortodoxia liberal del poeta: "El mercado libre probó ser más eficaz que la economía estatal, pero el mercado no es una respuesta a las necesidades más profundas del hombre. En nuestros espíritus y en nuestros

---

[109] Enrique González Rojo, *El rey va desnudo. Los ensayos políticos de Octavio Paz,* Posada, México, 1989, pp. 16-17.

[110] González Rojo, *Cuando el rey se hace cortesano. Octavio Paz y el salinismo,* Posada, México, 1990, p. 48.

corazones hay un hueco, una sed que no pueden satisfacer las democracias capitalistas ni la técnica. Aunque la visión religiosa es, esencialmente, visión de otro mundo, es claro que las religiones tienen que hablar de lo que pasa en la tierra. Y en la tierra pasan siempre cosas terribles [...] las cosas más altas y mejores –la virtud, la verdad, el amor, la fraternidad, la libertad, el arte, la caridad, la solidaridad– no tienen precio. El mercado no tiene dirección: su fin es producir y consumir. Es un mecanismo y los mecanismos son ciegos. Convertir a un mecanismo en el eje y en el motor de la sociedad es una gigantesca aberración política y moral. El triunfo del mercado es el triunfo del nihilismo".[111]

Tu visión es pesimista, ¿no propones nada frente al nihilismo del mercado?, le pregunta Scherer: "La elaboración de una nueva filosofía política –pues de eso se trata– nada menos es una tarea inmensa y que será realizada, probablemente, por generaciones venideras. Aunque el mercado no es eterno –ninguna institución humana lo es– no me parece que el remedio a nuestros males sea su supresión. Eso sería un suicidio. Pero el mercado puede humanizarse".[112] Como otros jefes espirituales del siglo literario, pienso en Thomas Mann o en Machado, Paz había acabado por ser un socialdemócrata no ajeno a cierta religiosidad estoica, pero eso a Scherer García, bien dispuesto a hacerlo aterrizar en el México de 1993, no lo impresionaba en demasía. "Las dificultades que ha encontrado el sistema democrático para enraizar en México se deben, fundamentalmente, a las actitudes tradicionales del pueblo mexicano frente a la autoridad política. Aún no somos un pueblo de ciudadanos... *Al fin hemos vuelto a México*, le dice Scherer García. "Siempre volvemos", le responde el Paz visionario.[113]

"La democracia debe transformarse en una vivencia. Esto es lo que todavía, *no* sucede en México", asegura un Paz que tras irse hasta las modernizaciones borbónicas, insiste en las revoluciones mexicanas, unas modernizaciones políticas (como la de Madero), económicas (como la de Calles) y otras, como el zapatismo, una *revuelta* antes que una revolución. Y afirma que las reformas políticas y económicas en curso, las de Salinas y su equipo, "han sido decisivas". Siendo más jóvenes y "con mayor sensibilidad histórica" se dieron cuenta de los cambios requeridos y "así han logrado sacar al país del pantano en que había caído". Scherer García replica: *Das una imagen color de rosa de la actualidad...* Paz responde: "Abusar del color negro es arriesgarse a la ceguera. Por lo demás, adivino lo que vas a decirme: las reformas económicas han beneficiado únicamente a una minoría: los ricos son más ricos: eso es todo. En cuanto a que el proceso de

---

[111] Paz, *Obras completas, VIII. Miscelánea. Primeros escritos y entrevistas, op. cit.*, p. 1247.

[112] *Idem.*

[113] *Ibid.*, p. 1254.

modernización política ha sido sinuoso y contradictorio…", Paz cree que las reformas económicas nos conducirán a las reformas políticas. Estaba seguro de que si "el crecimiento económico continuaba, los beneficios de la reforma de la economía alcanzarán a la mayoría. Es lo que ha ocurrido en otros países. La distribución de los beneficios es un problema social y económico; los medios para lograrlo son, ante todo políticos: la democracia y el sindicalismo libre". *Incluso si fuera cierta tu hipótesis*, le reclama Scherer García, *el proceso de modernización política ha sido tan lento y con tantas recaídas que a veces es una mascarada. Además la debilidad del* PRI *ha fortalecido al presidencialismo, que es el otro eje del sistema.* Paz no pierde la paciencia e insiste: "Es cierto que el proceso ha sido lento. Y agregaría: sinuoso y contradictorio. También lo es que los avances han sido considerables: el país no es hoy lo que era en 1968 o, siquiera, en 1988. ¿Por qué obstinarse en negar lo alcanzado? Las reformas que ha llevado a cabo el gobierno de Salinas rompen, definitivamente, a mi juicio, con el patrimonialismo tradicional de México". *¿No te apresuras demasiado?*, le refuta Scherer García. "Defiendo lo alcanzado y trato de explicarme la lentitud de nuestra evolución política. El tránsito de una dictadura político-militar, como ha ocurrido en España y en América Latina, es arduo; sin embargo, no contiene los peligros y las contradicciones a las que deben enfrentarse las naciones que han conocido regímenes de dominación político-militar, ya sea total como Rusia, o parcial, como México. No darse cuenta de esto revela miopía".[114] Y vuelve a la exaltación del genio del sistema político mexicano ideado en 1929 para suprimir "la dictadura de un caudillo" y por otra parte, "las asonadas y los golpes de Estado. El sistema funcionó medio siglo. Hoy ha perdido su razón de ser, no es posible desmantelarlo de una plumada si exponerse a grandes trastornos. La sabiduría política aconseja la prudencia".[115]

Sí, le dice un Scherer García impaciente, *pero no debemos confundir la prudencia con la indulgencia.* "No las confundo", reitera Paz. Scherer García le pregunta si el PRI, que en 1991 había logrado cierta recuperación electoral tras el desastre de 1988, puede cambiar o debe desaparecer. "Su desaparición súbita me parece no sólo difícil sino casi imposible. Además, sería catastrófica: ¿con qué y con quiénes substituirlo? Hay un antecedente que nos ilumina sobre los peligros de las transiciones abruptas: el fin del régimen de Porfirio Díaz. Tardamos veinte años de guerras civiles y derramamientos de sangre, de 1910 a 1930, para resolver el problema de la sucesión. Si se quieren evitar muchos desórdenes y un periodo caótico, es indispensable no la desaparición del PRI, sino su transformación. Su relación simbiótica con el Estado debe de cesar". *El remedio no me convence*, dice Scherer, el impaciente. Le contesta

---

[114] *Ibid.*, p. 1260.

[115] *Idem.*

Paz, el paciente: "Comprendo que el gradualismo exaspere. Respondo con el refrán: 'despacio que voy de prisa' [...] Sigo creyendo que el PRI ha cumplido su misión. Por eso me pregunto con angustia: ¿cómo y quienes pueden sucederlo? Por esto también preveía, en aquel ensayo de 1985, un largo periodo de transición".[116]

Es imposible no entrometerse y decir que veinte años después de aquella última entrevista larga de Paz con Scherer García (todo un género dentro de la copiosa serie de entrevistas que el poeta ofreció), la visión, que no profecía, de Paz, se cumplió. La transición fue larga, tanto si la medimos desde 1988, de 1997 (cuando el PRI pierde al fin la mayoría en la Cámara de Diputados) o de 2000 y en ella hemos visto pasar dos gobiernos panistas y el regreso del PRI, además de quince años de gobiernos ininterrumpidos del PRD en la ciudad de México, una de las más pobladas del mundo. Los problemas del México de 2014, tan graves, no son político-electorales, pese al empecinamiento, que tanto daño ha causado, de Andrés Manuel López Obrador en 2006 y ya de manera un tanto rutinaria, en 2012. Paz pensaba desde 1988 que era más persistente en México la obcecación del mal perdedor que el fraude electoral, condenado a la extinción.

La moral de la responsabilidad para Paz no implicaba solamente su distancia o su cercanía con el príncipe, sino el reordenamiento de sus afectos en función de la jefatura espiritual. En ese contexto interpreto su ruptura con Fuentes en 1988, debida a "La comedia mexicana de Carlos Fuentes", de Krauze, aparecida en *Vuelta* en junio de ese año. Antes de ello, aun cuando era visible la distancia política y emotiva entre Paz y Fuentes, el novelista siguió publicando en la revista, pero cada vez más espaciadamente, adelantos narrativos y ensayos sobre Nikolai Gogol, Italo Calvino o Mariano Azuela. Ni antes ni después de 1988 dejaron de reseñarse en *Vuelta* sus libros, aunque a partir del ensayo de Krauze, las críticas negativas y hasta violentas se volvieron más frecuentes. Todavía en ese número de junio se acompañó la demoledora crítica de Krauze con un par de reseñas entusiastas de *Cristóbal Nonato* (1987), la novela entonces más reciente de Fuentes, escritas por Castañón y Ortega.

Demoledora, en efecto, era la crítica de Krauze. Pero nada que en los buenos tiempos franceses de la *NRF* o *Les temps modernes* o en tantas ocasiones durante el medio siglo de vida de *The New York Review of Books*, no fuese el pan, si no de cada día, sí de todo mes o año que valiera la pena en la vida de los lectores. A la distancia sorprende que una excelente pieza de crítica literaria, política y moral, haya sido vista como un sacrilegio que congregó escandalizadas a todas esas plumas que permanecieron ociosas cuatro años antes, cuando Paz fue quemado en efigie. Claro, Fuentes no era Paz. El dandi guerrillero ("The Guerrilla Dandy" fue el título de la versión en inglés del

---

[116] *Ibid.*, pp. 1262-1268.

ensayo de Krauze, aparecido simultáneamente en *The New Republic,* lo
cual debió encolerizar más aún a Fuentes pues su espacio natural –y uno
de los temas del ensayo–, la opinión estadounidense, se veía invadido), a
diferencia del poeta, era intocable. Había, además, un precedente ominoso:
en mayo de 1980, un joven cronista, José Buil, había publicado en *Nexos*
una nota más autoparódica que frívola donde se comparaba a Fuentes con
Omar Shariff y se le retrataba tocándole el "glúteo" a su esposa en público. Si
por esa tontería cundió la indignación, el director de *Nexos* (en ese entonces
todavía el historiador Enrique Florescano) se disculpó públicamente y Buil
fue condenado durante años al ostracismo, era previsible una tormenta ante
"La comedia mexicana de Carlos Fuentes".[117]

A sus virtudes histriónicas, a su simpatía de estrella de cine, a su infalible
olfato para las relaciones públicas, a su vida de actor devorado por su personaje (tema con que Krauze cerraba su crítica del comediógrafo), se agregaba
su absoluta corrección política. Había estado con la Revolución cubana en
los años sesenta, se había distanciado con el caso Padilla y en 1988 era un
entusiasta de la Revolución sandinista, a la cual defendía del gobierno de
Reagan y de las bandas contrarrevolucionarias. Atacar a Fuentes fue visto
como otro ataque de Paz (quien se habría valido de Krauze para hacerlo,
según *The New York Times*, acusando al poeta de ser el autor intelectual
del ensayo)[118] contra la izquierda latinoamericana: el discurso de Frankfurt
continuaba en el ensayo de quien era subdirector de *Vuelta* desde diciembre
de 1981.

Sin duda en el ensayo de Krauze algún eco había de las opiniones de
Paz sobre Fuentes, quien se había convertido ya para entonces –así lo creo
yo– en un verdadero epígono de Paz. Para bien o para mal, el poeta había cambiado desde *El laberinto de la soledad* y, más aún, desde *Postdata*
mientras que Fuentes era el estancado exegeta de ese Paz, quien, según
la opinión del propio Octavio, lo saqueaba. Pero las opiniones políticas y
literarias de Krauze, su dibujo de Fuentes como una suerte de mexicano
profesional dedicado a explicar a México en los Estados Unidos y la cada
día peor acogida de sus novelas, cuentos y artículos entre los escritores
mexicanos (que callaban en público lo que decían en privado dado que no
pocos le debían favores al novelista, calculador y generoso a la vez), las
compartía, sobre todo, la generación del 68, en buena medida desencantada
de él al menos desde su inquebrantable apoyo a Echeverría en 1971. Críticos
literarios como Blanco, Evodio Escalante y yo mismo le habíamos hecho a
las novelas fuentesianas críticas similares a las de Krauze pero ninguno lo

---

[117] Rodríguez Ledesma, *Escritores y poder. La dualidad republicana en México, 1988-1994, op.
cit.*, pp. 318-321.

[118] Perales Contreras, *Octavio Paz y su círculo intelectual, op. cit.*, p. 393.

había retratado en toda su dimensión, política e intelectual, como él.[119] Pero muchos de los que lamentaban la progresiva descomposición estilística de Fuentes y murmuraban sobre ella, fueron de los indignados contra lo que se vio como una reposición del drama entre Caín y Abel. De todas las críticas, la única que mereció un comentario de Paz fue la de Ruy Sánchez (quien había sido un brillante secretario de redacción de *Vuelta* entre 1984 y 1986), quien llamaba estalinista y xenófobo, al ensayo de Krauze. Paz lamento que las críticas de Ruy Sánchez fueron hechas en campo enemigo, el Coloquio de Invierno de *Nexos* en febrero de 1992: porque "ni ése era el momento de ventilar una querella personal ni son exactos sus juicios".[120]

"La comedia mexicana de Carlos Fuentes", de Krauze, fue un punto de no retorno en la historia de la crítica literaria en México. Precedido en 1978 por Aguilar Mora y su *Divina pareja. Historia y mito en Octavio Paz*, aquel ensayo terminó, en la literatura mexicana, con las obras intocables. Krauze se valió de la publicación en inglés de *Myself with Other*s (1988), una autobiografía del bilingüe Fuentes, para preguntarse por qué en su obra, "México era un libreto, no un enigma ni un problema y casi nunca una experiencia". Era indudable que para Fuentes, según Krauze, México era "un país imaginado" como no podía sino serlo para un hijo de diplomáticos nacido en "la cicatriz" de América, la ciudad de Panamá. Pero el indudable cosmopolitismo de Fuentes no se había volcado hacia la literatura moderna sino sólo en función de explicar a México, con el apoyo de lo que realmente era idiosincrático para Fuentes: Hollywood, Camelot (el fantástico mundo de los Kennedy de donde surge el izquierdismo a la estadounidense de Fuentes, me parece) y Balzac.

En novelas como *La región más transparente*, afirmaba Krauze, el pueblo no padece ni trabaja, pero "reflexiona filosóficamente sobre la pobreza en medio de una parranda interminable y trágica. Es un pueblo simbólico y nocturno: es el 'Pachuco' de *El laberinto de la soledad* protagonizando *La fenomenología del relajo*",[121] el alegato existencialista de Portilla sobre la indisposición ociosa del mexicano ante el compromiso que la modernidad exige. Tampoco salía bien librada del ensayo, *La muerte de Artemio Cruz,* su siguiente novela de importancia, ni su compromiso sartreano con la Revolución cubana que le valió ser considerado *persona non grata* por el Departamento de Estado ni el snobismo fuentesiano con que el novelista respaldaba a los sandinistas, justo cuando los comandantes se encaminaban,

---

[119] José Joaquín Blanco, *La paja en el ojo*, Universidad Autónoma de Puebla (UAP), Puebla, 1980; Domínguez Michael, "De cuerpo entero ante el espejo", *Proceso*, núm. 457, México, 6 de agosto de 1985; Escalante, *La intervención literaria*, UAP, Puebla, 1988.

[120] Paz, *Obras completas, V. El peregrino en su patria. Historia y política de México, op. cit.*, p. 840.

[121] Krauze, "La comedia mexicana de Carlos Fuentes", *Vuelta*, núm. 139, México, junio de 1988, p. 17. Más tarde recogido en Krauze, *Textos heréticos*, Grijalbo, México, 1992.

no sin dificultades insalvables, hacia la dictadura burocrático-militar denuncia por Paz en Frankfurt. Pero "La comedia mexicana de Carlos Fuentes" era también el ensayo que unía de manera más sólida a *Vuelta* con *Plural* y Krauze continuaba la crítica de 1971 de Zaid contra Fuentes, cuando derrochó su credibilidad en beneficio del presidente Echeverría. El derroche literario y político de Fuentes era ya para algunos y no sólo para Krauze, inaceptable. Alguien tenía que decirlo.

La explicación "oficial" de lo ocurrido, de cómo y por qué Paz aceptó publicar el ensayo de Krauze y asumir sus consecuencias, está en la postdata de una carta a Gimferrer, del 12 de julio de 1988: "Perdóname el pequeño desahogo que vas a leer. Como si no fuese bastante con el desajuste íntimo que experimento apenas regreso a México, debo ahora enfrentarme al pequeño escándalo provocado por el ensayo de Enrique Krauze sobre (contra) Carlos Fuentes. Yo hubiera preferido no publicar ese texto en *Vuelta*. No pude. Lo siento de verdad. Tú me conoces y sabes que lo que digo es cierto. Y no me hubiera apasionado ese escrito por dos motivos. El primero: la vieja y sincera amistad que me une (o me unía, no sé) a Fuentes. Una amistad resignada desde hace años a sus intermitencias y a sus desapariciones seguidas por sus apariciones no menos súbitas. El segundo, porque soy enemigo de las querellas personalistas. Mis polémicas y batallas han sido siempre (o casi siempre) intelectuales e ideológicas. Pero, ¿cómo hubiera podido yo, que tantas veces he defendido la libertad de opinión, negar las páginas de la revista a un escritor mexicano –aparte de que ese escritor es, nada menos, el subdirector de *Vuelta*? La reacción, previsible, no se hizo esperar: varios artículos de desagravio a Fuentes y otros de crítica acerba en contra de Krauze. Naturalmente, no han faltado los renacuajos que dicen –uno ya lo escribió– que se trata de una maniobra inspirada por mí para desacreditar a un rival aspirante al premio Nobel. ¡Qué infames! Jamás he ambicionado ese malhadado premio –es *otra* mi idea de gloria– y nunca he movido ni moveré un dedo para tenerlo. Pero ese incidente ha hecho amargo mi regreso. No solamente he perdido a un amigo (inconstante y escurridizo, por cierto) sino que debo soportar callado las calumnias…"[122]

Mi interpretación es que lo que Paz se dice a sí mismo, aunque sea en una carta a Gimferrer, es sólo una parte de la verdad. La otra es política. El ensayo sobre Fuentes reafirmó la naturaleza crítica de *Vuelta* pero, sobre todo, su carácter liberal. Publicando el ensayo a pesar de sus reservas afectivas o dejándolo imprimir como un mensaje de ruptura, haya sido como haya sido, Paz, políticamente no podía ignorar que, más allá de su vieja amistad con el novelista, estaba la política del espíritu, es decir, dejar claro qué debía significar *Vuelta* en esos días anteriores tanto a la transición mexicana como a la caída del Muro de Berlín. *Vuelta* esta obligada, según Paz, a ser

---

[122] Paz, *Memorias y palabras. Cartas a Pere Gimferrer 1966-1997*, *op. cit.*, pp. 327-328.

una trinchera desde la cual se defendieran los valores en los que el poeta creía tras su lento desaprendizaje del marxismo-leninismo, sus elaciones y sus trampas. Como hombre político y como historiador, tal cual lo había demostrado lanzándose contra la irresponsable y súbita nacionalización de la banca realizada por el presidente López Portillo, primero y abogando, en 1984, "Por una democracia sin adjetivos" mucho antes de la alternancia electoral, Krauze era, para Paz, la más promisoria figura política de *Vuelta* y ello, para quien vivía los problemas de la jefatura espiritual, era lo esencial.

A Marie José Paz le pregunté que pasaba por la mente de Octavio en esos días. Me dijo, como ya lo anoté, que le había dolido especialmente el silencio de Fuentes cuando lo quemaron en efigie. Que quizá, tras el ensayo de Krauze, Paz esperaba un movimiento de Fuentes, como contestarle a su crítico en *Vuelta* o pedirle a alguien de su confianza que lo hiciera, movimientos que yo descartaría como alternativas para el novelista, en aquel 1988, dada la magnitud de la demolición emprendida por el subdirector de *Vuelta*. Pero ella –quien cerró el episodio yendo a darle el pésame a Silvia Lemus, viuda de Fuentes, en mayo de 2012– me hizo entender también que esa clase de asuntos Octavio se los guardaba muy en el fondo de sí mismo. Quizá la apertura total de los archivos que guardan la correspondencia completa entre Paz y Fuentes, arroje alguna luz sobre al asunto. Fuentes no contestó al ensayo de Krauze pero en dos o tres ocasiones no se aguantó las ganas de referirse ofensivamente al historiador. A su vez, Krauze dijo en alguna ocasión, que de haberle impedido Paz la publicación de su ensayo, habría renunciado a la subdirección de *Vuelta*. La amistad entre Paz y Fuentes terminó. Se encontraron alguna vez en el consultorio del doctor Teodoro Cesarman, cardiólogo de ambos y se saludaron correctamente. Cuando Paz ganó el Premio Nobel, Fuentes lo mandó felicitar. Durante la agonía de Paz, Benítez y algunos otros se propusieron, en público y en privado, para mediar en una reconciliación o que al menos Fuentes consintiera en ir a despedirse de quien había sido su hermano mayor, su maestro y su amigo entrañable. Hubo entonces una discusión pública un tanto impropia sobre si Fuentes debía o no "perdonar". Quienes opinamos sobre el asunto, hicimos mal en hacerlo. Fuentes tenía todo el derecho de sentirse ofendido porque Paz hubiera permitido la publicación de ese ensayo y Paz, también, tenía muy buenas razones literarias para justificarse.[123] Y mientras se realizaba el homenaje luctuoso a Paz, Fuentes estaba en la Feria del Libro de Buenos Aires o iba en camino para allá. El caso es que desde la Argentina hizo su primera declaración hasta el 24 de abril, lo que le ahorró el penoso espectáculo de

---

[123] Perales Contreras, *Octavio Paz y su círculo intelectual*, *op. cit.*, pp. 389-396; CDM, Conversación con Marie José Paz, Ciudad de México, 17 de marzo de 2014; Miguel de la Vega, "Neruda, Del Paso, Salazar Mallén, Vargas Llosa, Flores Ólea, las polémicas de Paz, cargadas de pasión, ira, desdén y afán de imponerse", *Proceso*, núm. 1121, México, 26 de abril de 1998;

ver declarar al crítico Carballo, también fallecido ya, que "¡Muerto el rey, viva el rey!", llamando a la sociedad literaria a ungir –¿cómo, dónde?– al novelista. Los últimos años de Fuentes fueron terribles: vio morir consecutivamente a sus dos hijos menores, muy jóvenes aún los dos, un muchacho y una muchacha. Tiempo después, su casa en el barrio de San Jerónimo, en el sur de la Ciudad de México, se inundó. Recordando el incendio de diciembre de 1996 que había sido fatal para Paz, Fuentes tuvo la flema de decir: "A Octavio lo acabó el fuego, de mí se encargará el agua".[124]

---

[124] CDM, Conversación con Alejandro Rossi, Ciudad de México, 15 de julio de 2006.

CAPÍTULO 12

Dramas de familia

Soy hombre: duro poco
y es enorme la noche.
Pero miro hacia arriba:
las estrellas escriben.
Sin entender comprendo:
también soy escritura
y en este mismo instante
alguien me deletrea.

Paz, "Hermandad" (1987)

DRAMA DE FAMILIA, II

Tras 1968, repudiadas por sus amigos, extranjeras en su tierra y hundidas en el ostracismo, Elena y Laura Helena se refugian en las mil y un desgracias de sus gatitos, según puede leerse en los diarios de la madre. En julio de 1969, la muerte de Madrazo en ese misterioso accidente aéreo habrá acabado de aterrorizarlas y las hace "huir" a Nueva York durante unos meses. Regresan a México a principios de 1970. Poco se sabe de sus vidas durante los tres años previos a su nueva partida hacia los Estados Unidos, en búsqueda de un asilo político que les fue negado el 13 de abril de 1974, según Garro. Desde México habían empezado a vivir en la penuria, insistentes en sus pedidos de préstamos y auxilio dirigidos a veces a quienes ellas mismas habían "denunciado" ante el gobierno y la opinión pública, según contaba, por ejemplo, Monsiváis.

Durante los años posteriores a 1968, Garro habría estado en contacto con Gutiérrez Barrios, el jefe de la policía política del régimen, quien a la vez las protege y las vigila. En 1989 le escribió una carta de gratitud en la que lo llamaba "mi D'Artagnan" y le aseguraba que: "En mis memorias, ¿cómo no va a figurar un joven espadachín que me salvó la vida durante tanto tiempo? Usted me repetía: 'Dé gracias a Dios que cayó en mis manos' ¡Y claro que las daba!"[1]

---

[1] Pascual Beltrán del Río, "La carta que Elena Garro envió a don Fernando en 1989, donde lo llama D'Artagnan", *Proceso,* México, núm. 1197, 11 de noviembre de 1989.

El ostracismo en que vivía la escritora era un tanto relativo pues Salomón Laiter filma en México *Las puertas del paraíso*, basado en un cuento suyo y la película gana el Ariel –el Oscar mexicano– como la mejor del año en 1972.[2] A fines de septiembre de ese mismo año, es una enfermedad de Laura Helena la que las obliga a viajar de nuevo a los Estados Unidos, primero a Houston y luego a Shelter Island (Nueva York). Garro dedica páginas y páginas alucinadas y alucinantes de sus diarios a proyectos literarios y a cultivar su anticomunismo, leyendo historias piadosas y heroicas de los Romanov, para esa historia de la Revolución rusa que la novelista soñaba con escribir. En ese entonces, tanto para ella como para su ex marido, el libro de cabecera es *El archipiélago Gulag*. Les llegan remotas noticias de la Argentina, ese paraíso donde acaso Bioy Casares podría apiadarse de ellas y recibirlas. Sueñan con que en el reino perdido de Victoria Ocampo haya un lugar para ellas. Le envía a Bianco, a Buenos Aires, el manuscrito de su obra de teatro, *Sócrates y los gatos*.

Viven las Elenas en un mundo en el que el teléfono no funciona y donde cuando logran llamar al exterior, nadie contesta. "En la farmacia encontramos a una vieja que nos llama a gritos desde el otro lado de la playa: '¿Están muy solas, verdad?' No dije nada. 'Pues a tejer, a tejer. ¿Sabe tejer, tejer?' Y hacía con los dedos la señal de las agujas tejiendo".[3] De vez en cuando, Garro culpa a su ex marido de su postración, aunque nunca deja de recibir su apoyo económico, como ella misma consigna invariablemente: "Las calumnias de Paz han llegado a todos los círculos en los que yo podría moverme y no me quedan sino sus cómplices".[4]

En esa postración emocional es un milagro que la vocación artística de Garro se sostenga y logre terminar *Testimonios sobre Mariana*, amenazada por los caseros y los acreedores. Creía que en la oficina postal se confabulan contra ella y había creado un personaje persecutorio llamado La Giganta. No se necesita ser ningún experto para ver a Garro poseída del delirio de persecución. Ésa es la época en que conocemos, gracias a Marie José Paz, el otro lado de la moneda de las relaciones de las Elenas con doña Josefina, la madre de Paz, a quien éste había puesto, en mala hora, de intermediaria entre su hija y ex esposa y él. Cuenta Marie José que las Elenas reiteradamente llamaban a la anciana señora desde los Estados Unidos para aterrorizarla, contándole que estaban moribundas o que Laura Helena había perdido un ojo, llamadas que los diarios de Garro, en cierta medida, confirman: "Chata llamó a la Cerda o a la Tortuga, como la llamaba su abuelo Octavio, y colgó. Por la tarde volvió a llamarla. Hace cinco meses que OP habló con

---

[2] Melgar, cronología a Garro, *Obras reunidas, I. Cuentos, op. cit.*, p. 377.

[3] Rosas Lopátegui, *Testimonios sobre Elena Garro, op. cit.*, p. 311.

[4] *Ibid.*, pp. 314 y 319.

la señora Ebbinhouse y le dijo que había enviado los cheques de febrero y marzo. Nos peleó con los del hotel, pero nunca quiso hacer la reclamación al banco".[5] Nunca tienen dinero pero porque hay para el dispendio. Dice Garro el 2 de enero de 1974: "Me quedan tres dólares. Gasté demasiado en Nochebuena: sillones, cena, cortinillas blancas, turrones, etc. A última hora corrí con Martín por vasos, platos y una repisa".[6] Reciben visitas familiares de parientes que las golpean o las esquilman.

Tras la supuesta negativa de asilo político, dejan Nueva York por Madrid, a donde Garro reanuda la escritura de su diario el 20 de agosto de 1974 y allá siguen en lo mismo: "no llega dinero de OP ni dinero de Pepa y con lo que tuve que pagar por el equipaje no he podido pagar el hotel". Le reza al apóstol Santiago, a san Miguel y a la virgen de Guadalupe para que le lleguen los cheques o al menos las cartas de Jünger, que ambas Elenas han convertido en su propio jefe espiritual, mientras Paz, desde *Plural*, domina la vida intelectual de México. Muchas de las anotaciones de los diarios son sólo mentiras tontas –como haber ido a pedir el auxilio del cónsul de México cuando no había relaciones diplomáticas entre el país y la España franquista– y otras son fabulaciones literarias que aparecerán, refinadas, en los libros que escribió en ese periodo. Entre 1974 y 1976 no hay diario de Garro o se perdió y sí un poema donde la Tortuga (su ex suegra) es un monstruo que espera arrinconado para matar a Laura Helena o se narra en clave mitológica la violación que habría sufrido la noche de bodas: el hijo que le ofrece a su madre la virginidad recién conquistada de su esposa.[7]

En Madrid, donde permanecen hasta 1981, dan la impresión, las Elenas, por el diario de Garro, de ser unas solteronas juerguistas, ávidas de ganar dinero con la baraja (en Tokio, recordemos, Garro y Paz se presentaban como buenos y afortunados jugadores de póker). En 1976, Laura Helena se enferma y hay una nueva pelea con Paz y doña Josefina por la cuenta del hospital. Habitualmente delirante, Garro parece que vive de extorsionar a los incautos y es víctima a su vez de los abusos de una auténtica corte de los milagros. En ese trance, compara la obra de Paz con la del asesino Charles Mason, comprueba que Hitler fue un agente comunista y lee con devoción la prensa falangista y calcula cómo escapar de la España de la transición, en la cual temía ser víctima de alguna conspiración de los comunistas. Aunque obtiene la nacionalidad española, por herencia de su padre asturiano, en 1977, en esos años, "llega a pasar un tiempo en un asilo de mendigos", según Melgar y sólo se estabiliza gracias a la intervención de Enrique Tierno Galván, el

---

[5] *Ibid.*, p. 332.

[6] *Ibid.*, p. 341.

[7] *Ibid.*, p. 383.

alcalde socialista de Madrid.[8] En esa época, finalmente, Laura Helena ha quedado ya totalmente contaminada por la retórica y la inventiva de su madre, si nos atenemos a lo que apuntó Jünger en su diario del 27 de noviembre de 1979: "En el correo una larga carta de Helena. ¿Por qué atemorizan tanto estas largas notas a lápiz que se extienden a lo largo de doce páginas? Describen persecusiones que se desarrollan desde la ciudad de México hasta París y Madrid. Las noticias de México a menudo dan la sensación de llegar de otro mundo, quizá de uno de difuntos ¿La sensación de sentirse perseguido da color a los hechos? ¿O provocan los hechos ese miedo? Allí donde no podemos diferenciarlo, se abre un infierno".[9]

Con los años ochenta, las cosas al fin se mueven, para bien. El dramaturgo Emilio Carballido visita a Garro en Madrid y poco tiempo después logra publicar en México *Andamos huyendo Lola* (1980), *Testimonios sobre Mariana* (1981), *Reencuentro con personajes* (1982) y *La casa junto al río* (1983), todas ellas el resultado de una notable transubstanciación entre la locura y la literatura. Ninguna locura tiene tanto método como la de Garro, capaz de distanciarse de sí misma de una manera sardónica y cruel. El arte de Garro alcanzó su clímax en *Testimonios sobre Mariana*, novela situada en un París fantástico, el de la segunda posguerra, donde la tranquilidad es imposible para Mariana, quien vive rodeada de monstruos y de dioses. Sometida al imperio de Augusto (Paz, según la clave) y de Vicente (Bioy Casares), Mariana es una heroína sadeana. Pero su sometimiento sólo puede ser relativo: este portentoso personaje es a la vez víctima y verdugo, nínfula y vampiresa, como ambivalente es su propio destino (y el de su hija), pues ambos seres sobrevivirán espectralmente más allá de la muerte, rodeados de sicofantes del surrealismo y de rusos blancos. A partir de *Testimonios sobre Mariana*, como bien lo recalca el escritor argentino César Aira, las novelas de Garro se convirtieron en el desarrollo obsesivo de un solo tema: el poder tanático del orden masculino persigue a una madre y a una hija, protagonistas de una *folie à deux* que necesita de la catástrofe para reproducirse. Eso en cuanto a la literatura. En la realidad, en 1991, la periodista Patricia Vega, de *La Jornada*, fue comisionada para cubrir el regreso de las Elenas y documentó cómo Laura Helena se había convertido en un clón, "en el eco y en la sombra de su madre".[10]

Una nueva generación de lectores, con el 68 alejándose en el tiempo, empezó a leer a Garro con entusiasmo y sin prejuicios. Su teatro volvía a montarse, con éxito. Pero el regreso de las Elenas, de visita en 1991 y

---

[8] Melgar, cronología a Garro, *Obras reunidas, I. Cuentos completos, op. cit.*, p. 378.

[9] Jünger, *Pasados los setenta, II. Diarios, 1971-1980*, traducción de Isabel Hernández González, Tusquets, Barcelona, p. 494.

[10] Patricia Vega, "Elena Garro o la abolición del tiempo", en Melgar/Mora, *Lectura múltiple de una personalidad compleja, op. cit.*, p. 110.

definitivamente en 1993, a México tornó las cosas más lamentables. Las trajo José María Fernández Unsaín, un líder sindical de escritores y guionistas, movido quién sabe por qué oscuros intereses o fantasías de admiración. Se jactaba, supongo que ante Garro primero, de que había negociado con Paz su retorno, como si el poeta tuviese tanto poder como para impedir su aterrizaje en el país. Como era rutinario en ella, Garro acabó por calumniar a su benefactor, acusando a Fernández Unsaín de quererla defraudar.[11]

Garro, aunque ella misma fue a su manera prudente respecto a su ex marido, fue recibida en México en olor de santidad por los enemigos literarios y políticos de Paz, quienes pronto huyeron de ella, al comprobar su tendencia irrefrenable al dispendio económico: ningún dinero resultaba suficiente para cubrir las extrañas necesidades de las dos Elenas, especialistas en hacer desaparecer cualquier cantidad en días, y a veces, en horas. La literatura no conocía, desde que Léon Bloy escribió *El mendigo ingrato*, una relación tan infernal con el dinero como la sufrida por ellas. "Nunca debimos haberlas traído de París", confesó uno de los más entusiastas entre quienes hicieron pueblar por media república a Garro, quien cada día más fatigada y perdida, recibía los merecidos reconocimientos.

Todavía el 15 de marzo de 1995, Paz hubo de aclarar en *Reforma* una nota periodística en la que se le acusaba de desatender a las Elenas, ante una afección cardiaca recién descubierta a su ex esposa. En ella, Paz recordaba a la opinión pública "que desde hace cerca de 40 años estoy divorciado de la señora Garro. También desde hace cerca de 40 años les envío puntualmente, a ella y a mi hija, que ya es una mujer madura, una cantidad mensual. Además, con mucha frecuencia, he desembolsado y desembolso sumas de cierta importancia, al menos para una persona de mis recursos, destinadas a pagar sus deudas y otros gastos extraordinarios". Paz, finalmente, aclara que en esa ocasión, tanto Elena como Laura Helena lo llamaron por teléfono para agradecerle "efusivamente" la prontitud y la eficacia de la ayuda brindada.[12]

Y una vez muerta Garro, el 22 de agosto de 1998, no terminó la exposición, siempre pública, de su caso. Sus diarios y papeles privados cayeron en manos de una profesora de la Universidad de Nuevo México, Patricia Rosas Lopátegui, quien urdió *Testimonios sobre Elena Garro,* una edición comentada de los diarios de Garro, a título de "biografía exclusiva y autorizada". Se trata de un escandaloso ejemplo de inepta manipulación del legado de un escritor, no sólo por el nulo respeto a las más elementales reglas de la edición académica, sino por la mala fe y el resentimiento a toda prueba del que Rosas Lopátegui hace gala, página tras página. En nombre de un feminismo chatarra obsesionado en inculpar a Paz, a toda la sociedad literaria y al Estado mexicano de una conspiración permanente contra la autora de

---

[11] *Ibid.*, pp. 101-102, 140.

[12] Paz, "Carta de Octavio Paz a Alejandro Junco de la Vega", *op. cit.*

Los recuerdos del porvenir, Rosas Lopátegui llega a extremos delirantes que incluyen inferencias psicoanalíticas, los retazos de teoría dizque literaria, la ignorancia del español hablado en México, el escaso conocimiento de la historia nacional y una especiosa bilis que torna más difícil la tarea de leer los papeles personales de ese ser tenebroso que, en mi opinión, fue la gran escritora.

Tan escandalosos fueron los procederes de Rosas Lopátegui, que la prologuista del siguiente libro manufacturado por ella, *El asesinato de Elena Garro,* Poniatowska, se vió obligada a desautorizar, en buena medida, el libro que aceptó prologar. Dice Poniatowska que "la información que Elena [Garro] le da [a Rojas Lopátegui] es un amasijo de contradicciones cuando no de falsedades"; que Rosas Lopátegui idolatra a Garro, sin cuestionarle nada, dándole tratamiento de santa y de mártir. Y en defensa de Paz, Poniatowska –amiga del matrimonio y testigo de primera mano– refuta a Rosas Lopátegui, recordando que el poeta estaba, a fines de los años cincuenta, loco de entusiasmo por la obra de Garro, como se comprueba leyendo las cartas de Paz a Bianco promoviendo *Los recuerdos del porvenir* y que "admiró a su mujer que no dejaba de asombrarlo, mejor dicho de inquietarlo y desazonarlo hasta despeñarlo al fondo del infierno".[13]

Poniatowska, contra los desvaríos de Garro que Rosas Lopátegui pretendió convertir en verdad biográfica, se ve obligada a repetir lo que todo México sabía y lamentaba desde 1968: que la carrera política y periodística de Garro durante los años sesenta transcurrió a la amable sombra, como ya lo vimos, de varios políticos del régimen diazordacista y que no hubo, ni en 1968 ni después, durante su autoexilio, "complot, ni confabulación, ni conspiración en contra suya. Las novelas y los cuentos de Elena eran leídos y comentados [...] el verdadero asesino de Elena, fue su vida misma alejada de la realidad, incluso de sí misma".[14]

La importancia literaria de Garro estuvo en la sublimación de su delirio persecutorio y en las novelas, su elevada conciencia artística impone la verdad, postulando la fatal complicidad entre las perseguidas y sus torturadores, como se ve en *Reencuentro de personajes.* En esta novela criminal, la concentración dramática llegaría a un nivel casi insoportable de leer si no fuera por la noble estratagema elegida por Garro para confrontar a su heroína con la desgracia: los personajes de las novelas de Scott Fitzgerald y Evelyn Waugh aparecen en el texto, indicando que sólo la literatura puede traer consuelo a los borrascosos paisajes del alma. Garro sólo es en apariencia una escritora desordenada y temperamental; su prosa es veloz, descarnada y efectiva, ajena a las metáforas y poseedora de una suprema capacidad para

---

[13] *Op. cit.,* pp. 23-29.

[14] *Idem.*

penetrar la realidad y mostrar la soledad, la melancolía y el horror en sus formas más reiterativas y sistemáticas.

Paz fue la amenazante hipóstasis del mundo para Garro. Por un lado, sus cuentos y novelas dependen de una fantástica persecución encabezada por su ex marido; por el otro, quién sabe si sin el apoyo material de Paz, que se extendió hasta el final de sus días, las vida de madre e hija hubiera sido más desdichada o se hubieran liberado de una suerte de adicción. En una carta a Gabriela Mora del 13 de enero de 1975, Garro ratificó la vigencia de su enconada querella existencial contra Paz: "quiero que sepas de una vez: primero, que yo vivo contra él, nací contra él, tuve una hija contra él, quise a mi familia contra él, estudié contra él, baile contra él, tuve amantes contra él, escribí contra él y defendí a los indios contra él, escribí de política contra él, en fin, todo, todo, todo lo que soy es contra él". Y antes, el 1 de noviembre de 1974, le había escrito: "En la vida no tienes más que un enemigo y con eso basta. Y mi enemigo es Paz".[15]

Garro, aunque siguió haciendo declaraciones indiscretas, tras su regreso en 1993 y desde mediados de los ochenta, acompañó sus insistentes peticiones de ayuda económica, telefónicas o por carta, de sonoros e infructuosos gestos de arrepentimiento ante su ex marido y de cierta conciencia de que la principal víctima de la turbulencia de ese vínculo de medio siglo, había sido Laura Helena. La última carta conocida, quizá ni siquiera enviada, de Garro a Paz deja ver, en esa relación infernal, algo de amor y poco odio. Desde Cuernavaca, el 8 de agosto de 1995, Elena a Octavio le cuenta la mayor de sus preocupaciones, el destino de sus gatos cuando mueran: "Por las noches yo no puedo dormir pensando en ellos y en cuál será su suerte si yo muero. Quisiera darles el gas para evitarles un futuro de gatos callejeros mexicanos que es la suerte más triste que hay". Un año antes, además, Garro le había confesado a un periodista que le parecía insoportable vivir en un mundo donde estuviera ausente Octavio Paz. A su muerte declaró haberlo visto personalmente por última vez un año atrás, pero no consta cómo o dónde.[16]

Todavía en noviembre de 1997, en una conversación telefónica que decidió hacer pública, habiéndose enterado de que fragmentos de la correspondencia entre Garro y Bioy Casares comenzaban a hacerse públicos, Paz recapituló con Sheridan: "Los amoríos de otras personas me tienen sin cuidado. Ojalá que esa correspondencia tenga un valor literario. Mire Usted, esa señora fue la plaga de mi vida. ¡Qué lástima que Adolfito nunca se la llevó! ¡Otro gallo me hubiera cantado! Siempre esperaba que alguien se pudiera enamorar de ella, pero siempre, para mi gran fastidio, ella reaparecía

---

[15] Gabriela Mora, *Correspondencia con Elena Garro (1974-1980)*, *op. cit.*, pp. 97 y 130.

[16] Rosas Lopátegui, *Testimonios sobre Elena Garro*, *op. cit.*, pp. 491-492; Ramírez, "Elena Garro: ¿Octavio Paz?... Me da horror el día que ya no esté en el mundo", *op. cit.*; Justino Miranda Rodríguez, "Pelearemos parte de la herencia: Helena Paz", *El Universal*, México, 21 de abril de 1998, p. 4.

y recomenzaba la persecución. Todo eso es bastante cómico. Pero ya es hora de que se sepa la verdad. Yo ya cumplí 83 años y ella cumple 80 el mes que viene. Nos casamos en 1937, mi hija nació en 1939. A pesar de que vivíamos bajo el mismo techo, muy pronto comenzamos a tener vidas separadas. Esto no era insólito en el mundo moderno. Lo que ha sido insólito es la obstinación de Elena Garro conmigo. En realidad fui muy amigo de Silvina Ocampo. Con ella me divertía mucho, con una imaginación bizarra y de perversidad encantadora. Durante mi última estancia en Buenos Aires, en 1985, a la hora en que tomamos el té con Bioy y Pepe Bianco, le hizo Silvina un retrato precioso a Marie José".[17]

Ya estando madre e hija en París, con motivo del Premio Miguel de Cervantes para Paz, en 1982, Laura Helena se reconcilia con su padre, una vez muerta la abuela, doña Josefina en 1980, la intermediaria. Paz le consigue trabajo en el consulado de México en París pero Laura Helena se presenta poco a trabajar, con crecientes problemas de alcoholismo y de ingesta de psicotrópicos. Al final pierde el empleo: en 1992 le informan a Paz que en seis meses, su hija sólo se presentó doce veces.[18] Antes, como resultado de la relativa fluidez en la comunicación entre padre e hija durante esa década, la invitan Octavio y Marie José, a reunirse con ellos en Londres, poniendo el Canal de la Mancha de por medio entre ellos y Garro. En la última entrevista que dio antes de morir, Laura Helena decidió hacer de aquella estancia la reconciliación final: "No nos hablamos por muchos años. Después nos reconciliamos. Me invitó a Londres y conviví con su esposa".[19] Pero de aquella reunión, Marie José (quien hasta ese momento nunca había tratado a Laura Helena y nunca se topó con Garro) guarda recuerdos tristes. Era imposible no digamos romper sino aminorar, la *folie à deux* diagnosticada por Castoriadis. Si Paz, como hizo en Londres, le compraba libros de arte a Laura Helena, ella regresaba más tarde a la librería para cambiarlos por novelas y libros políticos para su madre.[20]

De esos tiempos, precedidos por el envío de *A Prayer For My Daughter*, de Yeats, es la siguiente carta de Paz a "Elenita", del 28 de marzo de 1983: "Después de varios días de espera, llego al fin tu carta. Nuestra última conversación telefónica me produjo cierto desasosiego y la falta de noticias acabó por angustiarme. Temí lo peor, volver a lo de antes. Acabo de leer tu carta. Me conmoviste de nuevo, como tu dices, se me humedeció el alma. Te doy las gracias por tu ternura y tu inteligencia. Exageras, como siempre. No

---

[17] Sheridan, "Fragmento telefónico con Octavio Paz", *Proceso*, México, núm. 1099, 23 de noviembre de 1997, p. 57.

[18] Perales Contreras, *Octavio Paz y su círculo intelectual*, *op. cit.*, p. 316.

[19] Rafael Cabrera, "He aprendido a perdonarlo: Helena Paz Garro", *Quién*, México, 14 de marzo de 2014, p. 30.

[20] CDM, Conversación con Marie José Paz, Ciudad de México, 17 de marzo de 2014.

soy ese ser excepcional que dices, casi un Bodisatva, como tampoco soy el enemigo ridículo y bastante monstruoso de tus antiguas invectivas. Pero no me conmueve la imagen que tu tienes de mí sino la imagen que yo tengo de ti, a través de lo que me dices. Es hermoso saber que, al fin no te perdí y que, al volver a hablar contigo, hablo con la niña que fuiste y, al mismo tiempo, con una inteligencia clara y sensible, honda y fantasiosa, que sabe razonar y sabe volar. Encontré a mi hija y encontré lo más raro: un interlocutor, una amiga que sabe oír y responder..." Esa carta, cedida por Laura Helena a *Proceso*, con motivo de la muerte de su padre, termina así: "Mil besos, tu papa, Octavio".[21]

Sheridan, el único de los miembros de la redacción de *Vuelta* que hizo cierta amistad con Laura Helena una vez muerto Paz, hace el recuento de la relación entre el poeta y su hija: "Creo, por ejemplo, que es en ella que piensa Paz cuando escribe en 'Noche de resurecciones' (1939): "Dueles, recién parida, luz tan en flor mojada; / ¿qué semillas, qué sueños, qué inocencias te laten,/ dentro de mí me sueñan, viva noche del alma?" Un año después le dedica "Niña", para celebrar que enuncia sus primeras palabras (cielo, agua, árbol) que, naturalmente, coinciden con las favoritas de él: 'Nombras el árbol, niña./ Y el árbol crece, sin moverse,/ alto deslumbramiento,/ hasta volvernos verde la mirada'".[22]

"Ese mismo 1983", continúa Sheridan, "Paz le envía un mensaje conmovedor que tiene este antecedente: en 1945 había escrito 'La vida sencilla' un poema calculadamente *lleno de frases hechas* que ensayaba el coloquialismo de la poesía norteamericana. Es un poema importante, ya con atisbos de *Piedra de sol*: '… saber partir el pan y repartirlo,/ el pan de una verdad común a todos,/ verdad de pan que ha todos nos sustenta/ por cuya levadura soy un hombre,/ un semejante entre mis semejantes; / pelear por la vida de los vivos, / dar la vida a los vivos, a la vida/ y enterrar a los muertos;/y olvidarlos / como la tierra los olvida: en frutos…'"[23]

Sheridan nos recuerda que ese poema termina con un "'Envío (es decir: con una dedicatoria secreta). Dice toparse –como le sucede con frecuencia– con un muro inexpugnable. En él escribe con las uñas 'un nombre, una esperanza' y lo hace con las palabras mal encadenadas'. Pues el mensaje de 1983 devela el enigma: 'Hace años, cuando vivía sólo en San Francisco, en un momento difícil –era pobre, estaba solo y más que solo: aislado, con la sensación de que el mundo se había cerrado para mí– escribi un poema 'La vida sencilla' que fue una suerte de afirmación vital, más resignada que desafiante y más

[21] "Carta inédita de Octavio Paz a su hija Helena en 1983: 'Nunca te desampararé, puedes estar segura' ", *Proceso*, México, núm. 1112, 26 de abril de 1998; Perales Contreras, *Octavio Paz y su círculo intelectual*, *op. cit.*, p. 312.

[22] Sheridan, "Tesoros dilapidados", *Letras Libres*, núm. 175, julio de 2013.

[23] *Idem.*

serena que resignada. El poema es el último de 'Puerta condenada' y en verdad abre esa puerta. Termina con un envío. Lo escribí pensando en ti y te lo dediqué mentalmente".[24]

Paz le estaba reiterando a Laura Helena, concluye Sheridan, "el reiterado consejo desoído: 'Entre sus secas sílabas acaso / un día te detengas: pisa el polvo, / esparce la ceniza, sé ligera y sin memoria / que brilla en cada hoja, en cada piedra, / dora la tumba y dora la colina / y nada la detiene ni apresura." Sheridan piensa que "ese polvo que el poeta le pide pisar, y esa ceniza que le pide esparcir, son sus padres…"[25]

Por desgracia, la reconciliación se frustró. En diciembre de 1990, Paz la invitó a Estocolmo, a la ceremonia de entrega del Nobel, donde Laura Helena, al parecer, lloró, tal vez algo bebida, porque su padre le negó una pieza en el baile oficial. En 1991 Laura Helena sufre un accidente, una hospitalización y después una depresión que requirió de confinamiento psiquiátrico. Paz, según Garro, se hizo cargo del pago de los dos meses de hospitalización. Con el regreso de madre e hija a México, en 1993, las relaciones volvieron a agriarse. Marie José recuerda, que durante todo su matrimonio, las conversaciones telefónicas de Paz con cualquiera de las Elenas, terminaban con su marido gritando, "!Mientes!, ¡mientes!"[26] A la muerte de su padre, a cuyo homenaje luctuoso en el Palacio de Bellas Artes no se presentó, Laura Helena sacó a relucir de nuevo la historia de que el divorcio de sus padres había sido ilegal y ella la única heredera de los veinte millones de dólares a los que, en su opinión, ascendía la fortuna de su padre. Dijo haber intentado verlo, sin éxito, antes de su muerte.[27]

El domingo 30 de marzo de 2014, estando reunidos todos los asistentes en el Palacio de Bellas Artes, a las seis de la tarde, para dar comienzo al homenaje gala de dos días por el centenario del nacimiento de Paz, la mayoría se enteró de que esa mañana había muerto en una casa de retiro en Cuernavaca, Laura Helena Paz Garro, a los 74 años. Se guardó un minuto de silencio, inusualmente largo: muchos de los presentes sabían lo que eso significaba dramáticamente: "el extraordinario final de una larga y triste historia", como me lo dijo en un correo electrónico, Olbeth Hansberg-Rossi.[28] Yo llegaba ese día desde la ciudad de México a Chicago, para acabar este libro y cuando abrí la laptop y me enteré de su muerte, pensé en que la ingobernable hija le había hecho una última travesura a su papá, la de morirse en la víspera de

---

[24] *Idem.*

[25] *Idem.*

[26] CDM, Conversación con Marie José Paz, Ciudad de México, 17 de marzo de 2014.

[27] Julio Aranda, "Helena Paz dice que sus padres nunca se divorciaron y exige parte de la herencia para ella y su madre", *Proceso*, núm. 1121, México, 26 de abril de 1998, p. 60; Miranda Rodríguez, "Pelearemos parte de la herencia: Helena Paz", *op. cit.*, p. 4.

[28] Olbeth Hansberg-Rossi, correo electrónico a CDM, México, 31 de marzo de 2014.

61

62

61. Lectura en el Palacio de Minería, Ciudad de México, finales de los años setenta.
62. Paz y Borges, Ciudad de México, 1981: con los años, el diálogo fue más fluido.

63

63. En el Japón, Octavio y Marie José, octubre de 1984.

64

65

64. Paz y Roberto Juarroz, el poeta argentino, en uno de los festivales de poesía de los años ochenta en la Ciudad de México.

65. El jefe espiritual entre la gente.

66

66. Cincuenta años después, en Valencia (1987), dos sobrevivientes de aquel congreso de escritores antifascistas durante la Guerra civil española, Paz y Stephen Spender, recuerdan…

67. Naranjo caricaturiza a Paz en *Proceso,* con motivo del Encuentro de la Libertad.

68

68. Leal entre los leales, José de la Colina, con Paz en *Plural* y en *Vuelta*.

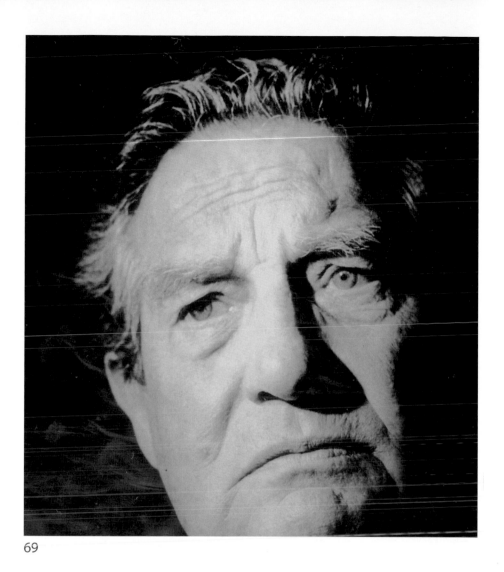

69

69. Sin comentarios: Paz en el homenaje luctuoso de "su enemigo" Juan Rulfo, en 1986, en el Palacio de Bellas Artes de la Ciudad de México.

70

70. Octavio y Marie José no faltaban a ninguna cita en los años ochenta.

71

72

71. Paz y Rafael Alberti se reencuentran 53 años después en México, agosto de 1990.

72. Con Juan Soriano, su amigo más duradero, en Los Pinos, la residencia oficial de los presidentes mexicanos. Aquel día se cumplía una vieja demanda de *Plural*, la creación de un Sistema Nacional de Creadores, en 1993. Atrás los observan Jaime García Terrés, Alí Chumacero y José Luis Martínez.

73

74

73. Emir Rodríguez Monegal, Marie José, Paz, José Bianco y Haroldo de Campos, en
abril de 1985 en Buenos Aires.

74. Un matrimonio amigo: Octavio y Marie José con Julieta Campos y Enrique González
Pedrero.

75

76

75. Christopher Domínguez Michael y Octavio Paz, marzo de 1990.

76. Octubre de 1993. Paz presenta los libros del nuevo equipo de *Vuelta*: Christopher Domínguez Michael, Adolfo Castañón, el poeta y Fabienne Bradu. También estuvieron en la mesa Aurelio Asiain, Hugo Diego Blanco y Guillermo Sheridan.

77

77. Un cumpleaños en los años ochenta.

78

79

78. Saliendo de aquella fiesta, de izquierda a derecha, entre otros, Juan Soriano, José Luis Martínez, Carlos Slim, Salvador Elizondo, Eugenia Sarre, Teodoro González de León, Marie José, Paz, Enrique Krauze y Alejandro Rossi.

79. Cariño del bueno. A la asociación virtuosa entre Julio Scherer García, el director de *Excélsior* que permite a Paz crear y dirigir *Plural* en 1971, la siguió la solidaridad del poeta con el periodista tras el golpe de Echeverría al periódico en 1976. Scherer García fue un interlocutor incómodo e imprescindible para Paz. Se nota en las sustanciosas entrevistas que le concedió.

80

81

80. Con el entonces presidente Ernesto Zedillo, el 17 de diciembre de 1997, en la Casa de Alvarado al inaugurar la fundación Octavio Paz, en la que fue su última aparición pública.

81. Homenaje de cuerpo presente en el Palacio de Bellas Artes, el 20 de abril de 1998. Con el presidente Zedillo, que dirige unas palabras de duelo, entre otros, Guillermo Sheridan, Enrique Krauze, Gonzalo Rojas, Isabel Turrent, Nilda Patricia Velasco de Zedillo, Aurelio Asiain, Rafael Tovar de Teresa, Anita Xirau, Marie José y Olbeth Hansberg-Rossi.

82

83

82. En el Palacio de Bellas Artes montan guardia de honor, Rafael Tovar de Teresa, Enrique Krauze, Teodoro González de León, José Luis Cuevas, Alejandro Rossi y Gerardo Estrada, el 20 de abril de 1998.

83. Marie José ve partir el féretro rumbo al crematorio, afuera del Palacio de Bellas Artes. Al fondo, entre otros, Olbeth Hansberg-Rossi, Miguel Cervantes, Guillermo Sheridan, Christopher Domínguez Michael, Teodoro González de León y Eugenia Sarre, el 20 de abril de 1998.

84

84. "Ya di el salto final, ya estoy en la otra orilla."
Paz, *La hijá de Rappaccini* (1956)

la fiesta del centenario. "¡Qué karma de familia!", pensé. Más tarde, con las primeras noticias en las páginas web y los comentarios de los amigos que fueron llegando, reflexioné. Laura Helena, se consignaba, había nacido un día antes del cumpleaños de su madre y moría, igualmente, el día previo del cumpleaños de su padre.[29] Había sido una hija desgraciada, por las razones que fuesen, hija única de dos escritores geniales. Al día siguiente, el presidente de la República dio su pésame y se leyó el poema "Niña", aquel poema que Paz le había escrito en 1940. Semanas atrás, en el café La côte d'Ivoir, de Polanco le había preguntado a Marie José Paz si era cierto que durante sus últimos días, ella le había preguntado a Octavio si quería despedirse de Laura Helena. "Sí, se lo pregunté", me dijo y la respuesta suya fue "No", dijo, "a mi hija la perdí para siempre."[30]

Quienes no habían podido reconciliarse en privado, el padre y la hija, lo habían hecho, de manera vicaria, en público.

LOS PRIVILEGIOS DE LA VIDA

A principios de los años ochenta, una nueva generación, la mía, se enfrentó a la presencia pública, creciente, de Paz, quien no sólo salía en la televisión sino era el autor de *El laberinto de la soledad*, libro que todos leíamos en la preparatoria. Para los más politizados, Paz era el supremo adversario ideológico; para los más poetizados era algo más que el autor de *Piedra de sol*, el alma de los festivales de poesía organizados por Homero y Betty Aridjis, que se realizaron en los veranos de 1981 y 1982, el primero en Morelia y el otro, al frustrarse en esa ciudad, se improvisó en el Distrito Federal. En el primero, que coincidió con la entrega del efímero Premio Ollin Yolizti a Borges, asistieron no sólo Paz, sino Aridjis, Eugènio de Andrade, Popa, Andrei Voznesensky, Gunther Grass (Premio Nobel de Literatura 1999), Allen Ginsberg, Pablo Antonio Cuadra, Pavel Botsu, Juan Bañuelos, André du Buchet, Michael Hamburger, Ulalume González de León, Seamus Heaney (Premio Nobel de Literatura en 1995), Tadeusz Rozewicz, Tomas Tranströmer (Premio Nobel de Literatura en 2011), Ida Vitale, Cintio Vitier, Györgi Somlyó, Xirau, Chumacero y Lars Soderberg, entre otros, sin contar a los jóvenes poetas mexicanos que recibían la alternativa: Alberto Blanco, Coral Bracho, Hilda Bautista, Mendiola, Francisco Serrano, Verónica Vólkow, Sandro Cohen y Gaspar Aguilera Díaz.[31]

---

[29] Helena Paz Garro, aficionada a la numerología, acaso no ignoraba que su abuelo Octavio Paz Solórzano había muerto en el mismo año (1936) del centenario del nacimiento de su propio padre, don Ireneo.

[30] CDM, Conversación con Marie José Paz, ciudad de México, 17 de marzo de 2014.

[31] Homero Aridjis (ed.), *Antología del primer festival internacional de poesía Morelia 1981*, Joaquín Mortiz, México, 1982.

Yo, que me movía entre ambos mundos, el de los poetas y el de los militantes, había escrito ya una disertación dizque marxista en la preparatoria sobre *El laberinto de la soledad*, pero me emocionaba pasar a cinco metros de Paz, la primera vez que lo vi en público, en el estacionamiento del Centro Cultural Universitario, rodeado, en el festival de 1982 de la crema y nata de los poetas contemporáneos, nada menos que Laurence Ferlingetti, Ted Hugues, Tomlinson, Joao Cabral de Melo Neto, Hans Magnus Enzesberger, Yehuda Amichai, Lars Forsell, Marin Sorescu, Mazisi Kunene y Enrique Fierro. Hubo un cuarto festival (pues el tercero se organizó en Morelia en 1983 al margen de Aridjis y Paz), también en la capital de la República y organizado nuevamente por los Aridjis, en 1987, al cual regresaron algunos de los poetas invitados a Morelia y llegaron, por primera vez, el sudafricano Breyten Breytenbach (invitado al primer festival, no pudo acudir por ser prisionero político del régimen del *Apartheid*), Miroslav Holub, Eva Libska, Paul Muldon, junto con Roberto Juarroz, Enrique Molina, Sarduy, Blanca Varela, Aurelio Asiain, Cervantes, David Huerta, Ulacia, Vasili Vassilikos, Eliseo Diego, Pacheco, Günter Kenert, Ivan Malinowski, Eugenio Montejo y Jaime Sabines, entre otros.[32] En aquellos festivales, tan importantes para la formación del gusto poético de una nueva generación y nunca antes ocurridos en México, Paz era la figura central. Esa década se llevó quince premios o galardones internacionales, entre el Premio Miguel de Cervantes en 1981 hasta el Premio Nobel de Literatura en 1990.[33]

En 1984 fue el primer homenaje nacional a Paz, organizado en su setenta aniversario, que llevó el nombre de "Más allá de las fechas, más allá de los nombres", por unos de sus versos más conocidos. Fue del 20 al 25 de agosto, en el Palacio de Bellas Artes y conseguir una invitación, para quienes entonces éramos ajenos a *Vuelta*, no era nada fácil. Fue inaugurado en presencia del presidente De la Madrid y hablaron en honor de Paz, Barros Valero (director del INBA y descendiente de aquel Santiago Sierra que don Ireneo había matado en un duelo), Fuentes (sería la última vez que se les vería juntos y felices en esa ocasión que el novelista aprovechó para felicitar a Marie José y a Octavio por sus veinte años de casados), el poeta Bonifaz Nuño, la veterana escritora española, Rosa Chacel y el poeta yugoeslavo Popa. Paz no asistió a las mesas redondas ni como público, en un prurito de modestia. Entre sus invitados estuvieron, además de los de casa (De la Colina, Krauze, Castañón, Mutis), Rodríguez Monegal, Félix Grande, el crítico y poeta colombiano Juan Gustavo Cobo Borda, el poeta español José Miguel

---

[32] Armando Ponce, "El DDF rescata el Festival Internacional de Poesía de Homero Aridjis pero tampoco promete continuidad", *Proceso*, núm. 563, México, 17 de octubre de 1987, pp. 54-55; Homero y Betty Aridjis (eds.), *Antología del festival de poesía de la ciudad de México*, El Tucán de Virginia, México, 1988.

[33] Verani, *Bibliografía crítica de Octavio Paz (1931-2013)*, I, *op. cit.*, p. 132.

Ullán y algunos otros. Varios de ellos fueron grabados por Héctor Tajonar, para la que sería la primera de lás series que Televisa le consagraría: *Conversaciones con Octavio Paz*. En su testimonio sobre la quema en efigie de Paz en octubre de 1984, Vizcaíno contrasta aquella hoguera con esos reconocimientos, mal vistos por venir del gobierno mexicano y de su aliada, la televisión privada.[34] Paz no era simpático para la izquierda, naturalmente, pero tampoco para el antiintelectualismo propio de numerosas sociedades contemporáneas. Solana, el veterano de *Taller* que había roto con Paz desde los años cuarenta y se dedicaba al teatro comercial, lo decía así, con objetividad: "No faltará quien se queje de que Octavio, por televisión, en videocasetes, no es simpático. Hay quienes lo tienen por pedante sólo porque está muy por encima del nivel medio, tan bajo en México y sin duda en otras partes del orbe. Creo que Paz es, además de un gran escritor, caudaloso y ferviente, una figura moral de primer orden, con su valentía para defender ideas que ya no son suyas, sino se han abierto paso en el mundo".[35]

Esa valentía había quedado muy visible durante la conmemoración de los cincuenta años del congreso antifascista de Valencia, donde Paz fue presidente de honor del encuentro y único sobreviviente, junto con Spender y Gil Albert, presente en las sesiones. De quienes podrían haber ido, el cubano Guillén (presente en 1937) alegó enfermedad y tampoco quiso ir Alberti. Fuentes y García Márquez desdeñaron la invitación. Realizado, del 15 al 20 de junio de 1987, en el Palacio de la Música y de los Congresos de Valencia, tuvo un final borrascoso, según recuerdan Vargas Llosa y Bartra. Este último cuenta que en una sala llena, un simpatizante de ETA, "comenzó a lanzar panfletos criticando la presencia de la disidente cubana Marta Frayde" en una mesa donde también estaba otro exiliado cubano, Franqui, moderada por Manuel Vázquez Montalbán, otro de los organizadores. También se presentaban Cohn-Bendit, el legendario Danny El Rojo del 68 y la teórica marxista Maria Antonieta Macciochi. "Al comienzo las cosas transcurrieron con tranquilidad y pudimos exponer nuestras ponencias", dice Bartra, "pero la mesa era una bomba de tiempo [...] Hubo calma hasta que Marta Frayde intervino. Entonces comenzaron los gritos y las protestas". Antes de la caída del Muro de Berlín era común ver juntos a tirios y troyanos, así que a Valencia fueron invitados los soviéticos (se negaron a asistir) y los cubanos, cuyas instrucciones eran y son todavía las de presentarse a "reventar" todo acto donde participe la oposición anticastrista, así que fue la delegación oficial cubana, según cuenta Bartra, la que se levantó para acusar a los ponentes de "pagados por la CIA" y Vázquez Montalbán intentó cortar la discusión argumentando que Cuba no era el tema de la mesa. "Cohn-Bendit, que no tenía los audífonos puestos, no se enteró y siguió hablando del asunto" hasta

---

[34] Vizcaíno, *Biografía política de Octavio Paz o la razón ardiente*, *op. cit.*, p. 163.

[35] Poniatowska, *Las ramas del árbol*, *op. cit.*, p. 183.

que se le quitó la palabra "y abandonó indignado la mesa. Uno del público se apoderó del micrófono y comenzó a criticar al gobierno socialista español y nos llamó 'vendidos' y 'sinvergüenzas' a la gente de la mesa y 'fascistas' a los organizadores. Semprún, desde el público, lo retó a que se bajara: ¡Cómo me pueden llamar fascista a mí!, rugía. El interpelado aceptó y bajo al ruedo. Paz y Savater se interpusieron. No llegaron a pegarse porque fueron separados".[36]

Vargas Llosa recuerda que fue muy divertido ver cómo Octavio Paz "se arremangó inmediatamente la camisa para salir a enfrentarse al agresor y después, pues un grupo de amigos le dijimos, Octavio, pero ¿cómo se te ocurre?, ya tenía setenta y pico de años, muy avanzado, ¿no?, y dijo no podía yo permitir que le pegaran a mi amigo Jorge Semprún, o sea estaba dispuesto a pegar puñetes, si la ocasión lo requería".[37] Aquel congreso que empezó con "El lugar de la prueba", el impactante discurso de Paz, terminó con el anciano Gil-Albert, a quien, con la voz casi inaudible y con los papeles revueltos sobre el atril alcanzó a decir: "Me atrevo a declarar que mi estancia hoy aquí me sobrepasa y me turba. La inclemencia de lo vivido se me remueve como una pesadilla".[38]

A Paz pelear le producía placer y algunas de sus batallas, que tanta energía consumieron (suya y la de su gente) a la distancia parecen menores. Legitimado tanto por *Vuelta* como por *Nexos*, Salinas de Gortari se congració con los intelectuales creando una suerte de ministerio de cultura, el Consejo Nacional para la Cultura y las Artes, inaugurado el 7 de diciembre de 1988. En cierto sentido –en el de constituir un fondo de apoyo a los creadores–, el nuevo gobierno retomaba una vieja idea, expuesta en *Plural*, por Zaid, desde 1975. Pero la paz entre las revistas rivales, hija del consenso en que era mejor para el país probar las reformas salinistas que arriesgarse a la aventura populista del neocardenismo, junto con las declaraciones de Aguilar Camín de que la caída del Muro de Berlín le había dado la razón a Paz contra lo que ellos, contritos, habían defendido durante décadas, se rompió, pronto, por un asunto sólo en apariencia palaciego. Del 10 al 21 de febrero de 1992, *Nexos*, con el apoyo económico total del gobierno, a través del reluciente Conaculta, organizó un fastuoso Coloquio de Invierno, que según Krauze, le había costado a las arcas públicas, 400 mil dólares, mientras que el Encuentro Vuelta, al que se pretendía imitar, había sido sufragado enteramente por la iniciativa privada.[39] Pero no sólo eso, a la sombra de Salinas de Gortari, según Paz, "sin que mediasen muchas explicaciones –el debate abierto no es el fuerte de nuestros intelectuales– el grupo de la revista

---

[36] Bartra, "Paz en España 1987", La jaula abierta, Blog de *Letras Libres*, 1 de junio de 2011.

[37] Juan Prieto, Conversación con Mario Vargas Llosa, Lima, 30 de enero de 2014.

[38] Bartra, "Paz en España 1987", *op. cit.*

[39] Rodríguez Ledesma, *Escritores y poder. La dualidad republica en México, 1988-1994, op. cit.*, p. 268.

Nexos, el más prestigioso de la izquierda, asumió posiciones más y más cercanas al nuevo gobierno del presidente Salinas. Curioso intercambio: el lugar que ocupaban Cárdenas y Muñoz Ledo y los otros líderes separatistas del PRI, ahora lo tienen los intelectuales de *Nexos* en ciertas esferas del gobierno".[40] Terciaba Zaid, según reconstruye Rodríguez Ledesma el episodio, acusando a Aguilar Camín de ser el valido cultural de Salinas de Gortari, mostrándole a los progresistas del sector cultural que es mejor no desbalagarse a la oposición cardenista".[41]

Paz ajustaba cuentas con los nexonitas y los describía como un grupo de académicos de carácter jesuítico (no era suya la palabra pero se desprende naturalmente de su definición), "osados y cautos, perseverantes y flexibles, solidarios entre ellos e indiferentes ante el extraño, capaces de sacrificar una posición, disciplinados en el ataque y en la retirada: virtudes todas más militares y políticas que intelectuales".[42]

A Paz, finalmente, le indignaba que la revista rival se hubiese empoderado no sólo en el Conaculta, en la UNAM, en los institutos nacionales indigenista y de antropología, en la televisión oficial y en *El Nacional*, diario del régimen. ¿Era una pelea por el poder cultural? Sí, si se entendía que la jefatura espiritual de Paz exigía la autonomía de las instituciones públicas y no su cesión corporativa, así como una libre discusión intelectual que la multitudinaria nómina de invitados del Coloquio de Invierno no garantizaba. Buena parte del pleito se consumió en si los de *Vuelta* habían sido invitados tarde o temprano y en número suficiente, asunto que indignó a Paz particularmente en el caso de Krauze, obviamente vetado por haber criticado a Fuentes en 1988.[43] Al final llegaron, contadas, las invitaciones. Obviamente Paz y otros escritores de *Vuelta* se rehusaron a asistir. Sí lo hicieron Rossi y la novelista Julieta Campos, miembros históricos del grupo desde *Plural*, aceptación que, como ya he contado, puso furioso a Paz. Pero si se entiende "pelea por el poder cultural" como la urgencia de competir con *Nexos* en la promoción de sus miembros en las oficinas públicas, la respuesta es no, no había tal necesidad. Pese a su prestigio e influencia, *Vuelta* era una pequeña revista carente de cuadros competitivos para esas lides y no creo que los necesitara. Su idea de trascendencia era otra, literaria y moral. Paz había rechazado no sólo las embajadas ofrecidas por Salinas de Gortari sino ser ministro de cultura en una secretaría de cultura creada ex profeso para él, según me lo contó en 1995.[44] El caso es que en marzo de 1992, del equipo de *Vuelta*,

---

[40] *Ibid.* p. 267.

[41] *Idem.*

[42] Paz, *Obras completas, V. El peregrino en su patria. Historia y política de México, op. cit.*, p. 846

[43] *Ibid.*, p. 832.

[44] CDM, *Diario*, 25 de noviembre de 1995.

sólo Castañón, gerente editorial del FCE, ocupaba un puesto burocrático. Era inimaginable pensar en Krauze o Zaid como funcionarios públicos.

Aguilar Camín rechazó los cargos, trató de transparentar los gastos del Coloquio de Invierno, dijo que su amistad personal con el presidente no condicionaba la relación de *Nexos* con el poder público, defendió la obligación de las instituciones culturales del Estado de asociarse para trabajar con particulares para fines colectivos e insinuó que su relación con la presidencia de la República era equivalente a la de *Vuelta* con Televisa, homologación que Krauze rechazó poco después: era poco lo que de la publicidad pagada a la revista correspondía a los anuncios de la televisora. Y acaso el punto más fuerte de la respuesta de Aguilar Camín (quien insistió en que su amistad con el presidente equivalía a la de Paz con Azcárraga, dueño de Televisa) contra "La conjura de los letrados", como se titulaba el artículo de Paz, fuese la negativa del poeta a acusar directa o indirectamente al presidente Salinas de Gortari de pretender que *Nexos* se adueñase de la cultura mexicana.[45]

Del pleito, que terminó oficialmente con la renuncia de Flores Olea a la presidencia del Conaculta, el 27 de marzo, que Paz le habría pedido al presidente en una audiencia y que el poeta negó haber solicitado. Si no la solicitó es un hecho que fue obsequiado con ella. El funcionario había fallado en su encomienda de garantizar la paz entre los dos grupos que apoyaban al gobierno en sus reformas y la opinión pública, sobre todo la ofendida por la suciedad de las elecciones de julio de 1988, interpretó el pleito como el pillaje por el botín entre los vencedores. Para Paz aquella fue otra de sus batallas por la independencia del intelectual frente al poder, una de las obsesiones de su jefatura espiritual. Obsesión a esas alturas, problemática: nuestro Premio Nobel de literatura ya era demasiado poderoso como para no hacerlo sospechoso de ambiciones materiales de las que carecía, estrenando una actitud cada vez más liberal contra la idea misma del Estado cultural, que lo usufructuaban, en los hechos, los nexonitas. Aguilar Camín, paradójicamente, lo vio mejor que nadie: el centro vital de la cultura mexicana no estaba en las instituciones que supuestamente codiciaban la gente de *Nexos:* "No, en todo caso el centro vital de la cultura es Octavio Paz".[46]

De lo que nadie se acuerda es de la intrascendencia intelectual del Coloquio de Invierno, una mala imitación, onerosa y congestionada, por superar desde la izquierda, en un momento catastrófico para los marxismos, ya fuesen vegetarianos o carnívoros, al Encuentro Vuelta de 1990. Hubo porras para los cubanos y los sandinistas, chiflidos para Rossi y Ruy Sánchez, a quienes les tocó ésa vez, para decirlo con Castoriadis, representar el honor de la minoría. ("Doy públicamente las gracias a Alejandro Rossi y Alberto

---

[45] Rodríguez Ledesma, *Escritores y poder. La dualidad republicana en México, 1988-1994, op. cit.*, p. 271.

[46] Perales Contreras, *Octavio Paz y su círculo intelectal, op. cit.*, p. 495n.

Ruy Sánchez. Ambos demostraron ser más amigos de la verdad que de sus amigos. Confieso, sin embargo, que hubiera preferido no verlos entre esa gente", dijo Paz)[47] Vino alguna gente notable entre un centenar de convidados pero era un momento poco apto para profesores. También fue, acaso, el único intento serio de hacer de *Nexos* la revista de Fuentes o en usarlo contra Paz, en un planeado duelo de titanes que fracasó por el profundo desinterés del novelista por la guerra literaria cotidiana, que apasionaba al poeta. Los modos aristocráticos los tenía Fuentes, acostumbrado a fingir que le prestaba atención a todos sus interlocutores, en lo que era un consumado artista cuando en realidad memorizaba sin interesarse gran cosa de sus argumentos o cuitas. Paz, en cambio, tenía memoria de general de la Revolución mexicana y podía perder un par de horas de la mañana buscando el teléfono de algún poeta joven de Saltillo o Monterrey para reclamarle que lo habría criticado en una hoja parroquial mientras que a Fuentes lo estaban esperando para almorzar en Martha Vineyard, los Arthur Schlesinger y los William Styron. Eran el hijo del zapatista y el hijo del diplomático. Pese a que no faltaron quienes, como Benítez, lo incitaban a dar esa batalla, Fuentes prometía hacerla y al rato se escurría. Inauguró con su conferencia magistral el Coloquio de Invierno, se convirtió en colaborador irregular de *Nexos* y en buen amigo de Aguilar Camín, pero nada más. Siguió publicando infatigablemente, año con año, cuentos, novelas y ensayos hasta que murió en 2012. Tampoco se cansó de recibir toda clase de premios y distinciones, aun las más nimias.

Antes de ganar el Premio Nobel, Paz tuvo la placentera experiencia de que una gran exposición, titulada "Los privilegios de la vista" se montara en honor de su obra como crítico de arte. Estuvo puesta en el Centro de Arte Contemporáneo de Televisa, lo cual era lógico, pues Paz había sido un promotor entusiasta del Museo Rufino Tamayo, que en 1986 paso a ser administrado por el gobierno dadas las diferencias entre Tamayo mismo y Azcárraga. En 1982, el Museo Tamayo fue inaugurado con una magna exposición de Picasso y a Paz le tocó escribir la introducción. Perales Contreras encontró una vieja carta del poeta a la crítica de arte Dore Ashton, en que le decía: "Picasso es un gran pintor pero también es un comerciante bastante repulsivo. ¡Y es el más grande de los modernos!",[48] opinión desarrollada de manera magistral en el catálogo, donde Paz dice: "La paradoja de Picasso, como fenómeno histórico, consiste en ser la figura representativa de una sociedad que detesta la representación. Mejor dicho: que prefiere reconocerse en las representaciones que la desfiguran o la niegan: las excepciones, las desviaciones y las disidencias. La excentricidad de Picasso es arquetípica. Un arquetipo contradictorio: en el que se funden las imágenes del pintor, el torero y el cirquero. Las tres figuras han sido temas y alimentos de buena

---

[47] Paz, *Obras completas, V. El peregrino en su patria. Historia y política de México, op. cit.*, p. 840.

[48] Perales Contreras, *Octavio Paz y su círculo intelectual, op. cit.*, p. 415.

parte de su obra y de algunos de sus mejores cuadros: el taller del pintor con el caballete, la modelo desnuda y los espejos sarcásticos; la plaza con el caballo destripado, el matador que a veces es Teseo y otras un ensangrentado muñeco de aserrín, el toro mítico robador de Europa o sacrificado por el cuchillo; el circo con la caballista, el payaso, la trapecista y los saltimbanquis en mallas rosas y levantando pesos enormes…"[49]

Junto a Picasso, que "no ha pintado la realidad: ha pintado el amor a la realidad y el horror a ser reales", estaba Joan Miró, a quien Paz le dedicó "Una fábula de Joan Miró", un poema que se colocó en la retrospectiva del pintor catalán en el Museo Tamayo y que es uno más de la quincena de "tributos" dedicados por el poeta a los artistas más admirados (entre los que incluía a sus amigos Tomlinson, otro poeta y Cage, el músico), entre los que estaban lo mismo Duchamp que Swaminathan, Roberto Matta que Balthus (a quien no le gustaba lo que Paz decía de él [50]), Joseph Sima que Joseph Cornell, Carrington que Robert Mortherwell, Antoni Tapiès y Pierre Alechinsky, Bob Rauschenberg que Yunkers, todos ellos amigos personales suyos. A Rauschenberg y a Motherwell los homenajeó el Museo Tamayo mientras que otro amigo de Paz, el gran artista anglomexicano Brian Nissen, le dedicó un homenaje visual por sus setenta años, inspirado en "Mariposa de obsidiana". Además de la atención prestada por Paz a arquitectos como Luis Barragán o uno de sus amigos más cercanos, otro arquitecto, Teodoro González de León, el poeta tuvo la oportunidad, en diciembre de 1983, de ajustar cuentas con la obra de Rivera, debido a la exposición de 1983 calificada por Bayón, uno de los críticos de arte de *Plural* y *Vuelta*, como titánica.[51]

Con esos antecedentes, *Los privilegios de la vista*, no podía sino ser una exposición tan espectacular como consagratoria. Antes de que los museos se volvieran atestados parques temáticos como lo son, para bien o para mal, en todas partes del mundo en nuestro siglo XXI, a Paz le sorprendió muchísimo que el Centro de Arte Contemporáneo tuviese tanto público entre los meses de marzo a julio de 1990 que duró la exhibición. La jefatura espiritual no sólo se ejercía haciendo política (de la alta y de la baja) sino promoviendo festivales de poesía y exposiciones, como lo hizo Paz, apoyado lo mismo por mecenas que por el gobierno mexicano. Cuando lo llamé para felicitarlo por el Premio Nobel, le pregunté con la debida obviedad si estaba contento, me dijo que sí, desde luego, pero que había otras cosas en su vida reciente que lo habían

---

[49] Paz, *Obras completas, IV. Los privilegios de la vista. Arte moderno universal. Arte de México*, *op. cit.*, p. 108.

[50] Paz no tiene un ensayo propiamente dicho sobre él así que su biógrafo debe referirse, hablando de que tras ser apadrinado por Rilke, ningún elogio le parecía suficiente a Balthus, al poema que le dedicó Paz ("La vista, el tacto", *Obras completas, VII. Poesía, 1935-1998*), *op. cit.*, pp. 762-763) en *Árbol adentro* (1987). Vgr. Nicholas Fox Weber, *Balthus. A Biography*, Dalkey Archives Press, Chicago/Dublin/London, 2013, pp. 49 y 278)

[51] Perales Contreras, *Octavio Paz y su círculo intelectual*, *op. cit.*, pp. 420-421.

hecho más feliz. Yo pensé que hablaría de la caída del muro de Berlín o del encuentro La experiencia de la libertad, todo ello tan reciente pero no fue así: me dijo que *Los privilegios de la vista* lo habían colmado de alegría. "Aquí corto", dijo y colgó intempestivamente, como solía hacerlo. Por teléfono, el poeta era terrorífico pues, como coinciden todos los testimonios, la conversación podía durar tres o setenta minutos y el cortón octaviano uno invariablemente lo atribuía, culpígeno, a no haber estado a la altura de su conversación.[52]

"Los privilegios de la vista", a diferencia del tomo de las *Obras completas* que lleva ese título, se abrían, a la manera de un libro, divididos en seis capítulos, el primero dedicado al arte mesoamericano y al universo de Sor Juana Inés de la Cruz en el virreinato. Venían luego los siglos XIX y XX con obra de los latinoamericanos y los mexicanos; una tercera estancia estaba dedicada al surrealismo; una cuarta a los Estados Unidos, el quinto al Oriente y la sexta exhibía varios de los *livres d'artiste* y otras colaboraciones experimentales hechos por Paz en colaboración con Duchamp, Tapiès, Nissen, Günther Gerzso, Rojo, Yunkers, Pedro Coronel, Toshiro Katayama, Arnaldo Coen, etcétera.[53]

Ocurre y con ello basta y sobra con leer *Los privilegios de la vista*, ese tomo cuarto de las *Obras completas*, uno de los más hermosos, que si Paz no hubiese sido ni poeta ni ensayista político ni crítico literario y sólo hubiera escrito sobre arte, sería uno de los más notables escritores, en esa rama, de la lengua española y aun de otras. Revisar el libro nos lleva del tributo a Baudelaire como crítico de arte (para quien "lo moderno es lo contrario de la publicidad; es lo insólito, a condición de que sea privado y aun clandestino. De ahí la importancia de afeites y máscaras que, a un tiempo, revelan y ocultan")[54] hasta el elogio del chileno Matta, en quien encuentra las "nupcias de la pasión y de la cosmogonía, de la física moderna y del erotismo"[55] o en su examen técnico de las esculturas de Eduardo Chillida: "A veces, la relación entre la escultura y su base es la de la hacha y el tronco; otras, la del rayo y el arco. Movimiento de arriba hacia abajo: el hierro cae sobre la madera y la abre. Curiosa y tal vez involuntaria alegoría de los orígenes de la metalurgia: los primeros objetos de hierro usados por los hombres venían del cielo, eran meteoritos".[56]

---

[52] CDM, *Diario*, 22 de octubre de 1990; Isabel Turrent, "Recuerdos de Octavio Paz", *Reforma*, México, 6 de abril de 2014.

[53] Ruy Sánchez, *Octavio Paz y las artes visuales,* presentación del catálogo de *Los privilegios de la vista*, Centro Cultural de Arte Contemporáneo, México, 1990.

[54] Paz, *Obras completas, IV. Los privilegios de la vista. Arte moderno universal. Arte de México*, *op. cit.*, p. 52.

[55] *Ibid.*, p. 137.

[56] *Ibid.*, p. 151.

Algunos de los textos de Paz sobre arte son los de los ochenta, época fecunda, aquella en que escribió sus memorables reconsideraciones y diálogos sobre el muralismo, otros vienen de *Corriente alterna*, como los aforismos dedicados a Remedios Varo, la surrealista española (ex esposa de Péret, amiga y luego rival de Carrington, a quien debió parecerle muy mal esa infidelidad de Paz), quien "Pinta, en la Aparición, la Desaparición" porque "el tema secreto de su obra" es "la consonancia –la paridad perdida"[57] Aun más anterior, en los años de 1959, con motivo de una exposición del peruano en la ciudad de México, es su descripción de la obra de Szyzslo, aquel que no cambia sino madura, "avanza hacia dentro de sí mismo".[58]

Al arte prehispánico dedicó páginas y páginas. Hizo lo que ningún escritor mexicano antes que él había pretendido, convertirlo en uno de los clasicismos que constituyen a México. A Vasconcelos le repugnaban esas "civilizaciones sin alma", a Reyes también (aunque se cuidaba de decirlo) y a Cuesta, supongo, le era del todo indiferente el mundo precortesiano. Sólo un jefe espiritual se adueña del pasado artístico, lo rescata y lo reinventa. Lo había hecho Yeats con la antigua mitología celta, lo hizo Pound con la escritura china y todo el catálogo que atiborra sus *Cantares* y Paz no se queda atrás en esa reconquista suprema. Dice de la *Coatlicue Mayor*, que "es simultáneamente, una charada, un silogismo y una presencia que condensa un 'misterio tremendo'. Los atributos realistas se asocian conforme a una imagen sagrada y la frase que resulta es una metáfora que conjuga los tres tiempos y las cuatro direcciones. Un cubo de piedra que es asimismo una metafísica" a la vez horrorosa por la intimidad que delata entre el teólogo y el verdugo pero admirable por su lealtad a la piedra, el barro, el hueso, la madera, el metal y las plumas.[59] En el otro extremo del horizonte mesoamericano, a Paz le fascinaron las quizá más enigmáticas figuritas sonrientes del Tajín, en Veracruz, hechas por los totonacas, que lo llevaron a escribir, desde París, en 1962, que "la risa es anterior a los dioses. A veces los dioses ríen. Burla, amenaza o delirio, su risa estentórea nos aterra: pone en movimiento a la creación o la desgarra. En otras ocasiones, su risa es eco o nostalgia de la unidad perdida, es decir, del mundo mágico".[60]

En un ensayo de 1979, "El grabado latinoamericano", homenajea a José Guadalupe Posada, cuyo populismo, dice Paz, "es un trampolín". Como cronista de crímenes pasionales, catástrofes ferroviarias, fiestas cívicas y religiosas, monstruosidades biológicas, robos, raptos, amores y borracheras, hace de lo "sórdido y lo maravilloso de cada día", una imagen poética,

---

[57] *Ibid.*, p. 376.

[58] *Ibid.*, p. 393.

[59] *Ibid.*, p. 573.

[60] *Ibid.*, p. 633.

un emblema, pues la Calavera Catrina no es sólo una sátira de las damas elegantes del Porfiriato, sino de la moda, "pero vista desde la perspectiva de un Leopardi: *la moda hermana de la muerte…*"[61]

Impedir la momificación estatal de los muralistas fue una de las ocupaciones de Paz como crítico del arte mexicano. Asume que es difícil, para un contemporáneo de Hitler y Stalin, como él, ver las obras de Rivera (que tras ser anfitrión de Trotski insistió en regresar contrito al PCM aunque a décadas de su muerte de vez en cuando se pedía su expulsión *postmortem*) y Siqueiros "sin el vidrio deformante de la ideología", pero lo intenta. Los muralistas vienen, no sólo del fauvismo y del expresionismo, aunque aquello "fue la primera respuesta, consciente y deliberada, al arte europeo", cuyo verdadero precedente encuentra en las novelas de Melville o en los poemas de Whitman. Rivera, dice, "no fue un innovador sino un gran talento ecléctico, capaz de asimilar muchas y opuestas lecciones, de los grandes italianos del *Quattrocento* a Cézanne, de Gauguin a Picasso, del arte popular mexicano al Ensor de *La entrada de Cristo en Bruselas*. Los grandes artistas se distinguen por su apetito y el de Diego fue enorme". Al final, Paz admira en Rivera no a la Revolución sino a "la fecundidad de la naturaleza, encarnada en la mujer. En los murales de Chapingo la mujer es la tierra, el agua y la semilla. Diego no se cansó nunca de pintar ese misterio cotidiano que es el cuerpo femenino, tendido bajo las hojas verdes del Principio".[62]

De Siqueiros, que no podía gustarle demasiado, apuntó Paz cosas más interesantes que sus escasos exegetas. El fallido ajusticiador de Trotski, encarnó el movimiento pero "el movimiento convulsivo, en lucha consigo mismo. Pintor de contrastes, descendiente de Caravaggio y también de Géricault". Además de aventurero y comediante, él sí fue, a diferencia de Rivera, un innovador, explorador de la perspectiva aérea y en movimiento, la fotografía, los nuevos materiales e instrumentos, las experiencias con 'la mancha de pintura', antecedente directo de Pollock, que fue su discípulo por algún tiempo. A la inversa de Diego, no fue extenso sino intenso".[63]

No es fantasioso pensar que las primeras lecciones críticas sobre el muralismo las recibió el joven Paz de Cuesta, frente a los muros de la ENP cuando conversaban en descansos y recreos, pues su estética es una continuación, considerablemente más rica, de los preceptos cuestianos. Para Paz, como para su maestro, el preferido es Orozco, por ser un defensor de la independencia del arte, misión espiritual ajena a las ortodoxias y a las iglesias, el primero "en ver las semejanzas entre el hitlerismo y el stalinismo", como dijo en su formidable autoentrevista o diálogo imaginario de 1978[64]. Afín al

---

[61] *Ibid.*, p. 430.

[62] *Ibid.*, pp. 551-552.

[63] *Ibid.*, p. 553.

[64] *Ibid.*, p. 769.

expresionismo, si alguna escuela tuvo fue la de Munch, Beckmann o Roualt, para no hablar de El Greco y Goya o de su paisano, el grabador Posada. Orozco, escribe Paz en 1989, fue "uno de los grandes expresionistas de este siglo y es escandaloso que se le olvide o se le oculte ahora que hay una boga neoexpresionista en el mundo". Cristiano esotérico, "en sus primeras acuarelas su tema era el mundo de las prostitutas y de los chulos; más tarde, los campesinos y los soldados caídos en las luchas fratricidas de la Revolución, los líderes corrompidos, los banqueros de alma seca, los ideólogos sanguinarios –en suma, el hombre caído. Como los otros muralistas, se sumergió en las aguas crespas de la Historia pero no creyó que su corriente nos llevase a paraíso alguno".[65]

Tras citar a Jean Van Heijenoort, antiguo secretario de Trotski, indignado porque en "el cuarto en que Trotski y Natalia durmieron por más de dos años", como huéspedes de Diego Rivera y Frida Kahlo, "alguien ha dejado, como un montoncito de excremento, un pequeño busto de Stalin", Paz critica una museografía que, en la Casa Azul de Coyoacán, borraba todo vestigio del paso de aquellos amigos cuya presencia en sus vidas, Diego y Frida quisieron exorcizar. Siqueiros, concluye Paz, fue reprobable pero coherente de principio a fin en su estalinismo, mientras que el devaneo, la incoherencia y la frivolidad distinguió la vida política de Rivera y Kahlo.

Igualmente, Paz protestó contra el paralelo, propuesto por una exhibición conjunta en la ciudad de México, en 1983, entre la Kahlo y Modotti, para quien "la fotografía fue un incidente, ligado a sus amores con su maestro y amante, el fotógrafo Weston; para Frida, la pintura fue una pasión de toda su vida" sin mayor relación con el arte de Rivera, "más cercana como artista, de un Max Ernst o de un Delvaux que de un Rivera o Siqueiros. Su realismo –si su arte tolera ese marbete– es la antípoda del realismo socialista. Nada menos ideológico que las visiones aún tiempo precisas y alucinantes que nos presentan sus cuadros". De las pintoras mexicanas, la que le fascinaba era María Izquierdo, la amiga de Artaud, como se lo contó al curador Miguel Cervantes en una entrevista en 1988. Y concluye, en un artículo recogido en *Al paso* (1992), una de sus últimas recopilaciones críticas: "A riesgo de desilusionar a alguna feminista, agrego que en algo se parecen Frida y Tina: ninguna de las dos tuvo pensamiento político propio. Al seguir una causa, siguieron a sus maridos y amantes. Nos interesan no como militantes sino como personas complejas y pasionales. Sus figuras pertenecen más a la historia de las pasiones que a la de las ideologías".[66]

Como crítico de arte mexicano, Paz escribió acerca de Hemenegildo Bustos, un retratista decimonónico y sobre Martín Ramírez, encerrado en un manicomio y pintor naíf. También, entre otros, lo hizo sobre Gironella,

---

[65] *Ibid.*, pp. 552-553.
[66] *Ibid.*, pp. 859-861.

Gerzso y Cuevas, pero tuvo dos largas pasiones, llenas de admiración y amistad: Tamayo y Soriano. Del primero escribió mucho y llegó a decir: "Es lo que he llamado, dentro de la tradición moderna de la pintura, la familia del No y la del Sí. Tamayo pertenece a la segunda. [...] En el extremo opuesto de un Mondrian o, para hablar de sus contemporáneos, un Barnett Newman. Del lado de un Braque o un Bonnard. Para Tamayo, la realidad es corporal, visual. Sí, el mundo existe: lo dicen el rojo y el morado, la iridiscencia del gris, la mancha del carbón; lo dicen la superficie lisa de esta piedra, los nudos de la madera, la frialdad de la culebra de agua; lo dicen el triángulo y el octágono, el perro y el coleóptero. Lo dicen las sensaciones".[67] Y a Soriano lo dibujo así desde 1941: "Cuerpo ligero, de huesos frágiles como los de los esqueletos de juguetería, levemente encorvado no se sabe si por los presentimientos o las experiencias; manos largas y huesudas, sin elocuencia, de títere" pero creadoras de un dibujo "en ocasiones ríspido, angustioso; sus colores, en otras, agrios. ¿Qué busca o expresa? ¿Busca esa niñez que odia, como el enamorado que se golpea el corazón?"[68]

Para Paz las artes visuales, la pintura sobre todo, fueron un privilegio de la vista y un privilegio de la vida. De su visita de 1946 al estudio de Picasso, con Usigli y Miguel de Iturbe, recordará en *Sombras de obras* (1982): "vasto y destartalado", sin sillas ni muebles, "era una suerte de gran bodega" donde los mexicanos, mientras esperaban al maestro, curiosearon: "Nos atrevimos a voltear algunos cuadros y vimos retratos de Dora Maar y de Marie Thérèse Walter, de Olga y de Paul, desnudos, bañistas, dos autorretratos, naturalezas muertas, cráneos, faunos, toros, caballos, guitarras –todas las épocas y todos los emblemas de Picasso. No eran menos impresionantes las esculturas y las cosas y desechos transformados por la magia del creador en obras de arte. Había también telas de Rousseau, Matisse, Derain, Balthus y no sé que otros más". Pero "a pesar de todas sus riquezas, el estudio no era un museo. Me pareció más bien la cueva de Alí Babá, sólo que en lugar de los montones de oro, diamantes, rubíes, perlas y esmeraldas, lo que estaba regado por el suelo era el botín de Picasso: la tradición del arte moderno."[69]

Paz, a su vez, habría logrado cargar como botín, desde la poesía a toda esa tradición moderna, que él prefería llamar, "la tradición de la ruptura". Y más allá de ella, sus versos habían llegado hasta los diálogos de Marcelo Mastroianni. En *Used People* (1992), de Beeban Kidron, Mastroianni representa a un personaje que al caminar al lado de Shirley MacLaine (curioso: la actriz, una vieja amiga de Fuentes, a quien le dedicó *Cantar de ciegos*), le

---

[67] *Ibid.*, p. 851.

[68] *Ibid.*, pp. 924-925.

[69] *Ibid.*, p. 699.

dice que no tiene tiempo para salir con él. Él le contesta: "We are condemned to kill time: and so we die, bit by bit". (Y agrega: "Octavio Paz".)[70]

La última sorpresa de aquel año extraordinario que fue 1990 vino de Escandinavia. El jueves 11 de octubre la Academia Sueca, "por una obra apasionada, abierta sobre los vastos horizontes, impregnada de sensual inteligencia y de humanismo íntegro",[71] decidió concederle a Paz el Premio Nobel de Literatura. Era la quinta ocasión en que un escritor latinoamericano lo recibía (Mistral en 1945, Asturias en 1967, Neruda en 1971 y García Márquez en 1982) y fue muy sorpresiva la decisión ese año porque apenas en 1989, el ganador había sido Camilo José Cela y parecía improbable que los académicos se repitiesen otorgando dos veces consecutivas el galardón a un autor de lengua española.

La noticia del premio la recibió Paz en Nueva York, donde se encontraba para la inauguración de *México: esplendor de treinta siglos* en el Museo Metropolitano de Nueva York, exposición de la que, según la prensa, era "autor intelectual". Apenas el martes anterior, había festejado con Azcárraga Milmo, un premio para Televisa otorgado por la Academia de Ciencias y Artes de la Televisión norteamericana. En efecto, Paz se había hecho buen amigo del dueño de Televisa, aborrecido por la izquierda por haberse declarado tiempo atrás "soldado del PRI", como del empresario vitivinícola jerezano Antonio Ariza, promotor de la charrería, quien años atrás lo había agasajado en Texcoco con la delicia gastronómica favorita del abogado Paz Solórzano, el mítico pato enlodado. [72] El Premio Nobel culminaba también ese camino a la Respetabilidad que termina, según diagnosticó Connolly en *Enemigos de la promesa*, con una vejez plena en reconocimientos. El trato con empresarios le había dado al viejo Paz un aire de mundanidad, nuevo en él. Había sido un hombre escasamente mundano que se vestía correctamente, llegaba a buenos hoteles durante sus viajes pero que nunca tuvo departamento propio en otra ciudad que no fuera la de México. Los 700 mil dólares del premio (antes de la reducción de tres dígitos de la moneda mexicana en 1993, eran dos mil millones de pesos) no variaron gran cosa la vida cotidiana de los Paz.

---

[70] Es un fragmento de "Cuento de dos jardines", el penúltimo poema de *Ladera Este* (*Obras completas, VII. Obra poética. [1935-1998], op. cit.*, p. 487) que en la mayoría de las versiones al inglés, según me dice la erudita crítica de cine Fernanda Solórzano, a quien debo la información entera, se traduce como: "We are condemned to kill time: thus we die bit by bit." O como la de Weinberger: "We are condemned to kill time: and so we die, little by little." "La traducción que hace el personaje de Mastroianni es una rara mezcla de ambas", concluye Solórzano (correo electrónico a CDM, 26 de abril de 2014).

[71] "El Premio Nobel de Literatura 1990, para el escritor Octavio Paz", *La Jornada*, México, 12 de octubre de 1990, p. 3.

[72] Krauze, *Octavio Paz. El poeta y la revolución, op. cit.*, p. 207.

Aquel ajetreado 11 de octubre en que se cumplió el antiguo vaticinio de algunos amigos, Paz libró la marabunta de los medios de comunicación, gracias a la ayuda del ensayista Weinberger que se convirtió eficazmente, por unas horas, en jefe de relaciones públicas. Y para fortuna de Octavio se encontraba en la ciudad, también convocado para la exposición, uno de los mejores amigos, Teodoro González de León, con quien salió a caminar por Manhattan. Fue sorprendente, según cuenta Teodoro, que mientras miraban el tradicional desfile del Día de la Raza, muchos mexicanos "deshicieron la manifestación y vinieron a abrazarlo".[73] En México, algunos de los miembros de la mesa de redacción de *Vuelta*, recibimos juntos la noticia, pues aguardábamos nuestra participación, en un hotel de la ciudad de Guanajuato, en el Festival Internacional Cervantino.

Y de todas las reacciones suscitadas por el Premio Nobel a Paz, la de Zaid es la que más me interesa destacar, por hacer hincapié en que se premiaba no sólo al poeta sino a lo que yo llamo el jefe espiritual, recordando que en 1936, Reyes "proclamó 'el derecho a la ciudanía universal que ya hemos conquistado. Hemos alcanzado la mayoría de edad. Muy pronto os habituaréis a contar con nosotros'. Pero no fue tan pronto. El diálogo cruzado entre franceses, ingleses, alemanes, italianos, que se ensanchó para dar entrada a los nórdicos, a los eslavos, a los norteamericanos, y hasta llegó a aplaudir a los poetas, dramaturgos, novelistas, de habla española, no reconoció a Unamuno, Rodó, Machado, Vasconcelos, Ortega y Gasset, Reyes, Borges, entre los escritores líderes de la opinión universal. Ninguno obtuvo el premio Nobel de Letras, aunque fuesen tan buenos o mejores escritores que Russell o Sartre, escogidos por la Academia Sueca".[74]

"El problema de los escritores que rebasan los llamados géneros de creación (como si el ensayo no lo fuera)", continuaba Zaid, "es que exigen una doble recepción: la de su prosa y la de sus ideas. La conversación occidental puede interrumpirse un momento para aplaudir el teatro de José Echegaray (Nobel de 1904) o los poemas de Gabriela Mistral (1945) y continuar la conversación sin ellos, aunque haya sido sobre ellos. Pero escritores como José Ortega y Gasset o como Octavio Paz, que se meten con la cultura occidental, que la replantean, que la critican, que pretenden cambiar el curso de la conversación, modificar la agenda, interrumpir como participantes, ni como tema de la interrupción, exigen un segundo reconocimiento: voz y voto, no sólo admiración. No basta con reconocerlos como grandes artistas de la prosa, ni siquiera como creadores de una prosa que no existía en español: la que hacía falta para pensar por nuestra cuenta y en nuestra lengua la cultura moderna. El género que practican obliga a reconocerlos también como líderes intelectuales, a reconocer que pesan en la cultura occidental".

---

[73] CDM, Conversación con Teodoro González de León, Ciudad de México, 9 de marzo de 2012.

[74] Zaid, "Los suecos lo proclaman", *Vuelta*, núm. 168, México, noviembre de 1990, p. 12.

"El premio es una proclamación de que Octavio Paz merece voz y voto en la cultura universal. Los suecos lo proclaman…"[75]

Dos meses después, como es habitual, el premio le fue entregado al poeta por el rey Gustavo Adolfo de Suecia. Entre quienes acompañaron a Paz a recogerlo no sólo estaban Marie José y su hija Laura Helena, sino De la Madrid, director del FCE y Castañón, futuro editor de las *Obras completas* del poeta y encargado de llevar consigo los libros y manuscritos de Paz a exhibirse en la universidad de Upsala, sus editores extranjeros (Antoine Gallimard, Michi Strausfeld, Siegfried Unsell, Drenka Williams, Hans Meincke), así como algunos amigos y colaboradores como el doctor Cesarman, Krauze, Ruy Sánchez, Xirau, Gimferrer, Lambert, Weinberger, Torres Fierro, Julieta Campos. El gobierno le ofreció a Paz un homenaje nacional con motivo del Nobel, que el poeta rehusó en una carta a Bartlett, primer secretario de Educación Pública de Salinas de Gortari, documento que el propio ex presidente reprodujo. Paz no quería darle pretextos a sus enemigos, que aducían "lazos oscuros" entre él y ese gobierno, dado su apoyo a las reformas económicas.[76] En ello no tuvo mucho éxito: habiendo sido festejado ese Nobel en particular, en Estocolmo, como un premio sin nacionalidad, por ser Paz un ejemplo de escritor "universal",[77] años después le escuché decir a un familiar de aquel presidente, creyente en que más allá de México todo es Cuauhtitlán, que "ellos" le habían dado el Nobel al poeta.

Para fortuna de los lectores, Castañón dejó una crónica de aquellos días en Estocolmo, donde dice que "la descripción de las ceremonias oficiales de entrega de premios y la del banquete o cena de gala tienen que recalcar que todos sus elementos me eran familiares por separado a través de las parodias y de las malas imitaciones que son las ceremonias de quince años a que nos han acostumbrado en México", aunque las de "nuestras repúblicas masónicas" sean de una pobreza lamentable en comparación con las elegancias que rigen los actos allá, "siempre serán austeras y su invisible árbitro nos recuerda que no en balde Cristina de Suecia fue amiga del tajante Pascal".[78]

Los tres momentos principales de las ceremonias del Nobel, son "la entrega que hace el rey a cada uno de los distinguidos con la presea en el Teatro Municipal; la cena y el baile de gala en los patios cubiertos del antiguo castillo y la lectura del discurso de recepción en la academia correspondiente", según resume Castañón y el de Paz, se tituló "La búsqueda del presente". Allí dijo, el 8 de diciembre de 1990: "Decir que hemos sido

---

[75] *Idem.*

[76] Carlos Salinas de Gortari, *México: un paso difícil a la modernidad*, Plaza y Janés, México, 2000, p. 651.

[77] Castañón, "Un premio para Estocolmo", *Viaje a México (ensayos, crónicas y retratos)*, Iberoamericana/Vervuet, Madrid, 2008, p. 119.

[78] Castañón, *Viaje a México (ensayos, crónicas y retratos), op. cit.*, p. 121.

expulsados del presente puede parecer una paradoja. No: es una experiencia que todos hemos sentido alguna vez; algunos la hemos vivido primero como una condena y después transformada en conciencia y acción. La búsqueda del presente no es la búsqueda del edén terrestre ni de la eternidad sin fechas: es la búsqueda de la realidad real. Para nosotros, hispanoamericanos, ese presente real no estaba en nuestros países: es el tiempo que vivían los otros, los ingleses, los franceses, los alemanes. El tiempo de Nueva York, París, Londres. Había que salir en su búsqueda y traerlo a nuestras tierras. Esos años fueron también los de mi descubrimiento de la literatura. Comencé a escribir poemas. No sabía qué me llevaba a escribirlos: estaba movido por una necesidad interior difícilmente definible. Apenas ahora he comprendido que entre lo que he llamado mi comprensión del presente y escribir poemas había una relación secreta. La poesía está enamorada del presente y quiere revivirla en un poema; lo aparta de la sucesión y lo convierte en un presente fijo. Pero en aquella época yo escribía sin preguntarme por qué lo hacía. Buscaba la puerta de entrada al presente: quería ser de mi tiempo y mi siglo. Un poco después esa obsesión se volvió una idea fija: quise ser un poeta moderno. Comenzó mi búsqueda de la modernidad".[79]

"Perseguimos a la modernidad", concluirá Paz su discurso de Estocolmo, "en sus incesantes metamorfosis y nunca logramos asirla. Se escapa siempre: cada encuentro es una fuga. La abrazamos y al tiempo se disipa: sólo era un poco de aire. Es el instante, ese pájaro que está en todas partes y en ninguna. Queremos asirlo vivo pero abre las alas y se desvanece, vuelto un puñado de sílabas. Nos quedamos con las manos vacías. Entonces las puertas de la percepción se entreabren y aparece el *otro tiempo*, el verdadero, el que buscábamos sin saberlo: el presente, la presencia."[80]

Para despedirnos de Paz en Estocolmo prefiero transcribir un diálogo, muy idiosincrático, registrado por Castañón:

"–¿Cómo se siente Octavio?

–Le confesaré Castañón, que esto del Nobel me da un poco de miedo. Y a usted, dígame por favor, ¿qué le parece?

–Tal vez lo mismo que a usted. Oigo dos voces, una que me recuerda a cada momento que estoy en un cuento de hadas, y otra, la de mi duende que pregunta: *ce n'est que ça?*"[81]

---

[79] Paz, *Obras completas, II. Excursiones/Incursiones. Dominio extranjero. Fundación y disidencia. Dominio hispánico, op. cit.*, pp. 663-664.

[80] *Ibid.*, p. 672.

[81] Castañón, *Viaje a México (ensayos, crónicas y retratos), op. cit.*, p. 117.

DRAMA DE FAMILIA, III. EL EPISODIO NEOZAPATISTA

En enero de 1994 los mexicanos tuvimos nuestros doce días que conmovieron al mundo. El primer día del año, al entrar en vigor el Tratado de Libre Comercio de América del Norte, un grupo desconocido por la opinión pública, el Ejército Zapatista de Liberación Nacional (EZLN), le declaró la guerra al ejército mexicano cuyo comandante en jefe es constitucionalmente el presidente de la República y amenazó con tomar la ciudad de México, como lo habían hecho, ochenta años antes, los zapatistas y los villistas, en aquel otro año axial, en el que nació Paz. Los aturdidos espectadores de las noticias por la televisión nos enteramos, poco a poco, que el EZLN sólo había tomado momentáneamente la capital del estado, San Cristóbal de las Casas y las pequeñas cabeceras municipales de Altamirano, Las Margaritas, Ocosingo y Chanal.[82]

Al día siguiente, continuaron los combates en Ocosingo y en San Cristóbal de las Casas, "la ciudad blanca" donde vivía una minoría criolla rodeada de varias de las más tradicionales y persistentes etnias indígenas del país. Desde esa neblinosa ciudad colonial, entonces detenida en el tiempo, el obispo Samuel Ruiz, heredero de la sede de fray Bartolomé de las Casas y legatario de su ancestral indigenismo, declaró haber recibido propuestas gubernamentales, finalmente aceptadas por él y por los neozapatistas, para mediar en el conflicto. A don Samuel, "el obispo rojo" odiado por los coletos (los blancos, mayoritariamente racistas, de San Cristóbal), le urgía mediar. Él había sido, según lo reconstruyeron tanto el liberal Krauze como el católico Meyer, quien había nutrido de catequistas conversos a la teología de la liberación al EZLN, aunque se opuso a la decisión guerrillera de levantarse en armas tan pronto albeara 1994.[83] El obispo, aprendiz de brujo, tuvo la suerte, la valentía y la inteligencia para revertir sus sortilegios y formar parte de quienes impidieron un baño de sangre que habría convertido a Chiapas, –el estado había decidido unirse en 1824 a los Estados Unidos Mexicanos y darle la espalda a Centroamérica– en el relevo de Nicaragua, El Salvador y Guatemala.

El mismo 2 de enero, el EZLN da a conocer la desmesurada y extraña *Declaración de la Selva Lacandona* donde formaliza su declaración de guerra contra la "dictadura usurpadora" de Salinas de Gortari, invita al pueblo a sumarse a la causa hasta llegar al Distrito Federal, anuncia juicios sumarios contra todos aquellos policías y soldados que hayan sido entrenados por

---

[82] Volpi, *La guerra y las palabras. Una historia intelectual de 1994*, ERA, México, 1994, p. 369

[83] Krauze, *Redentores. Ideas y poder en América Latina, op. cit.*, pp. 457-460; Jean Meyer, *Samuel Ruiz en San Cristóbal*, Tusquets, México, 2000.

agentes extranjeros, dentro o fuera del país, exige ser reconocido como fuerza beligerante por las naciones del planeta, anuncia que respetará la vida de los prisioneros de guerra de acuerdo con la Convención de Ginebra y entregará a los heridos a la Cruz Roja Internacional, cuya presencia exige en el conflicto, deteniendo el saqueo de los recursos naturales de la nación allí donde se imponga militarmente, previa rendición incondicional del enemigo. La desmesura fue obviamente publicitaria, obra de un personaje genial que en los siguientes meses y años llegará a ser comparado hasta con Jesucristo, el subcomandante guerrillero Marcos, nacido en el puerto de Tampico en 1957 con el nombre de Rafael Sebastián Guillén Vicente. Aunque anunciaba la intención revolucionaria del EZLN de poner fin a los 500 años de explotación comenzados con el descubrimiento de América, la *Declaración de la Selva Lacandona* omitía mencionar, en particular, a los indígenas, quienes se convertirán, pocos días después, en la bandera de Marcos y de sus miles de seguidores nacionales e internacionales.[84]

La declaración era ajena, también, a la jerga marxista-leninista, maoísta o trotskista, de las organizaciones guerrilleras latinoamericanas de los setenta. No hablaba de dictadura del proletariado o de poder obrero ni de partido o ejército de vanguardia, sino se asumía como parte del al parecer inagotable caudal del nacionalismo de la Revolución mexicana, amparándose en Hidalgo y Morelos, los combatientes contra Maximiliano de Habsburgo, Villa y Zapata, las huelgas sindicales de 1958 y el movimiento estudiantil de 1968. Aunque las palabras "socialismo" y otras propias de ese repertorio, aparecieron en las entrevistas de banqueta que dieron algunos alzados, resulta extraordinaria, en comparación a la historia de otros países, la apelación del EZLN al espíritu traicionado de la Constitución revolucionaria de 1917. La mención al jefe suriano asesinado en 1919 parecía ser genérica: así como los guerrilleros nicaragüenses habían escogido a Augusto César Sandino y los salvadoreños a Farabundo Martí como portaestandartes, Marcos y su tropa indígena se amparaban en Zapata. Lógico y a la vez extraño: en Chiapas, como nos apresuramos a decir todos los opinadores, no había habido Revolución mexicana (lo cual es una verdad a medias: si la consecuencia de aquella se asocia al reparto agrario allí lo hubo como en el resto del país) y el único zapatista que gozaba de la confianza del general Zapata en ese estado había sido un terrateniente, Rafael Cal y Mayor.[85] Y extrañamente, la tierra nunca formó parte central de las demandas de EZLN, cuya lucha –cultural y política, intelectual y global– difícilmente puede ser calificada de agraria, aunque el ocaso del neozapatismo haya comenzado con la matanza de Acteal, en diciembre de 1997, permitida por omisión por las autoridades locales y

---

[84] EZLN, *Declaraciones y comunicados, 1. 1 de enero/8 de agosto de 1994*, prólogo de Antonio García de León y crónicas de Carlos Monsiváis y Elena Poniatowska, ERA, México, 1994, p. 33.

[85] Volpi, *La guerra y las palabras. Una historia intelectual de 1994*, *op. cit.*, p. 87.

provocada por un pleito agrario entre los neozapatistas y sus vecinos enemigos. Todas las matanzas son espantosas, dijo Sontag, invitada a investigar el caso, a diferencia del novelista portugués José Saramago, un estalinista apenas encriptado en el código de la globalofobia, quien antes de bajarse del helicóptero, ya sabía quiénes habían cometido el crimen y venía bien dispuesto a juzgarlos sin clemencia.

El 2 de enero, *La Jornada*, el periódico izquierdista de la Ciudad de México que se convertirá en pocos días en la oficialía de partes del EZLN y tendrá a Marcos como su colaborador estrella, condenó con dureza el levantamiento, en un editorial presumiblemente escrito por Carlos Payán Velver, un exitoso empresario que había sido editor del PRI en el echeverriato y quien más tarde, siempre orlando el armorial de la izquierda mexicana, sería senador por el PRD. Decía *La Jornada* en un texto donde se refiere a los ignotos "cabecillas del levantamiento" como "violentos": "Desde que en los años setenta fue acabado el intento guerrillero encabezado por Lucio Cabañas en Guerrero, el país no asistía a un brote de violencia rural como el que comprende desde ayer el estado de Chiapas. La situación es condenable, entendible y delicadísima, todo al mismo tiempo, y para explicarla es preciso deslindar cuidadosamente los elementos. Cualquier violencia contra el estado de Derecho, venga de donde viniere, tiene que ser en principio algo para condenar. Pero si quienes encabezan el alzamiento se proponen, entre diversos objetivos, la remoción del presidente de la República, vencer al Ejército Mexicano y avanzar triunfalmente hacia esta capital, ya no se sabe donde empieza el mito milenarista y dónde la provocación calculada y deliberada. Sin que conozcamos todavía quienes componen la avanzada ideológica y militar del grupo, sus miembros se han incrustado en las comunidades indígenas y enarbolan un lenguaje no sólo condenable por encarnar sin matices la violencia, sino porque sus propósitos son irracionales. Y la irracionalidad le hace enorme daño a las colectividades, a las naciones y a los pueblos". Y concluye diciendo que "la tarea política sustancial en una hora tan dramática, parece ser aislarlos y no confundir, ni por asomo, el delirio de los aventureros con las reivindicaciones históricas de los indígenas que, al fin y al cabo, forman parte de la legión de pobres de la tierra".[86]

Pareciera que Marcos, lector consuetudinario de *La Jornada*, al grado que Magú, uno de los caricaturistas del diario, llegó a insinuar, bromista, que el subcomandante se había levantado para convertirse en su colega editorialista, tomó nota de este editorial desconcertado y desconcertante. [87]Le dió Marcos a su verdadero cliente –la intelectualidad de izquierda de la capital– lo que pedía, un milenarismo, pero indígena y lo hizo con la velocidad de su genio mediático. De "reivindicaciones históricas de los indígenas" que son

---

[86] *Ibid.*, p. 209; "No a los violentos", *La Jornada*, México, 2 de enero de 1994.

[87] CDM, "El prosista armado", *Letras Libres*, núm. 1., México, enero de 1999.

legión entre "los pobres de la tierra" habló primero *La Jornada* que el propio subcomandante.

El 3 de enero se informa del secuestro del general Absalón Castellanos Domínguez, antiguo gobernador del Estado, condenado de por vida a hacer trabajos comunitarios como castigo por sus crímenes y sevicias contra los campesinos. Fue entregado sano y salvo a la Cruz Roja Internacional el mes siguiente. El 4 de enero el Ejército federal recupera los cuatro municipios tomados por los neozapatistas y el conflicto armado empieza a desvanecerse, pese a los rumores, que causan inquietud internacional y condenas precipitadas, de que ha habido bombardeos de zonas civiles y defoliaciones con napalm. Nunca hubo ni unas ni otras pero incluso Vargas Llosa, quien vacacionaba en Yucatán el 1 de enero, se apresuró a condenar el levantamiento neozapatista no sin lamentar, mal informado, que haya sido aplastado "con operaciones represivas que, por lo visto, incluyeron ejecuciones de prisioneros, bombardeos a mansalva contra poblaciones inermes y demás ferocidades habituales en los regímenes de América Latina que se enfrentan a una subversión".[88]

Para el 5 de enero, es difícil saber qué piensa el azorado Salinas de Gortari pues, como registra Volpi, "el talante del gobierno se vuelve cada día menos conciliador: el primero de enero se habló de un alzamiento indígena sin mayores consecuencias; a continuación, éste se convirtió en un grupo armado con características guerrilleras; ahora, por fin, se dice que está conducido por 'profesionales de la violencia', lo cual equivale a decir mercenarios o simples provocadores que no tienen otra intención que desestabilizar al país. Con esta afirmación el gobierno desatará un alud de rumores en torno a las verdaderas intenciones de los alzados".[89]

El 6 de enero, el presidente de la República se dirige en un mensaje a la nación, primero de varios. Salinas de Gortari, tras improvisar inútiles comisiones de avenimiento, destituye a su secretario de Gobernación, un político duro del PRI quien habiendo sido, nada menos, que gobernador de Chiapas hasta 1993 desestimó la aparición del EZLN para no preocupar al presidente ni asustar a los futuros socios de México en el inminente Tratado de Libre Comercio (TLCAN) y lo sustituye con el antiguo rector de la UNAM, un jurista sin militancia partidista, Jorge Carpizo MacGregor. Nombra un nuevo procurador de justicia, Diego Valadés. Además, revive a Manuel Camacho Solís, quien había perdido la lucha interna por ser el candidato del PRI a la presidencia en las elecciones que habrían de realizarse ese año y lo nombra Comisionado para la Paz en Chiapas. El 7 de enero un coche bomba estalla en un centro comercial del sur de la ciudad de México y se teme que la guerrilla

---

[88] Volpi, *La guerra y las palabras. Una historia intelectual de 1994, op. cit.*,p. 283.

[89] *Ibid.*, p. 222.

haya despertado a sus células durmientes en el resto del país, registrándose incidentes aislados en ese sentido, al día siguiente.

A los candidatos a la presidencia no les queda más remedio, el 9 de enero, que sacudirse el estupor provocado por la revuelta del EZLN y comenzar sus campañas. Así lo hacen Cárdenas (candidato por segunda ocasión), el panista Diego Fernández de Ceballos y Luis Donaldo Colosio, el elegido por Salinas de Gortari para sucederlo, quien encabezará una campaña fantasma que terminará trágicamente con su asesinato, en Tijuana, el 23 de marzo de 1994. El 12 de enero, el presidente toma una decisión histórica, que le ha sido regateada con mezquindad: decretar el alto al fuego unilateral e impedir que por la puerta de Chiapas, llegase a México la sangrienta pareja latinoamericana de terror revolucionario y represión militar. Si lo hizo por cálculo político, hizo bien, pues para calcular la toma de decisiones están los políticos y si lo hizo por no querer para México un escenario de horror, bien está, también. Obviamente, como dice Carlos Tello Díaz, Salinas de Gortari cumplió con su responsabilidad de asegurarse, al ofrecer esa tregua, del escaso poder de fuego de los neozapatistas, cuyas intenciones de abrir frentes de apoyo al foco chiapaneco, habían fracasado, algunas de ellas cómicamente, durante esos días. "Junto con el éxito político de los insurgentes, incuestionable, uno más de los factores que posibilitaron la tregua fue, irónicamente, el fracaso militar del EZLN", Tello Díaz subraya que el cese al fuego fue una doble sorpresa: la de los neozapatistas al recibir la noticia y la del gobierno por la rapidez con que Marcos lo aceptó.[90]

Presionado por la simpatía generalizada que el EZLN logró de inmediato entre las clases medias universitarias del país o por lo que fuese, Salinas de Gortari también acertó en nombrar a Camacho Solís como comisionado, quien el 20 de febrero logrará lo inconcebible: a cuarenta días de iniciado un conflicto casi incruento, el EZLN (cuya voluntad política y no militar, su pacifismo, quedó de manifiesto) y el gobierno empiezan las negociaciones de paz en la catedral de San Cristóbal con el obispo Ruiz como mediador. El 10 de enero se había realizado una gran manifestación a favor de la paz en Chiapas. Ese día yo me acerqué a curiosear. Vi a muchas personas aterradas porque la guerra se quedase en México, a otras solidarias con los indígenas pero sobre todo, a la izquierda mexicana eufórica por tener a su propia guerrilla. Se había acabado la frustrante rutina de echar la casa por la ventana marchando solidariamente a favor de vecinos como la Revolución cubana, el FSLN y el FMLN. Al fin teníamos, decían tantos de ellos, apenas antier convertidos a la brega democrática, "nuestro ejército libertador". La pretendida victoria robada a Cárdenas en 1988 tenía su desenlace, cerrada la vía democrática por la usurpación, en la rebelión armada. Por fortuna, el

---

[90] Carlos Tello Díaz, *La rebelión de las Cañadas. Origen y ascenso del EZLN*, Cal y Arena, México, 2000, pp. 260-261.

propio Cárdenas y sus votantes insistieron en ese otro camino pero aquella impresión fue, para mí, el último de mis Kronstadts, para decirlo con Bell. Pensé entonces y lo pienso ahora todavía, que de haberse extendido la rebelión neozapatista más allá de Las Cañadas, muchos de quienes dedicaron los siguientes años a peregrinar por la paz en Chiapas y por los derechos indígenas, en vez de ello, habrían cantado las loas del ejército revolucionario. Aunque todavía en 1996 insistí, desde *Vuelta*, en que "Paz no había sido sensible al valor moral" de algunos de los demócratas, que viniendo del marxismo, batallaban en el PRD, acabé por darle la razón al poeta: con muy pocas excepciones, la mexicana, no era una izquierda democrática y sus intelectuales, como diría Paz semanas después, habían recaído en los males padecidos antes de la caída del muro de Berlín.[91]

Aquellos días de estupor fueron de muchas llamadas telefónicas para explicarse lo que estaba pasando, entre la gente de *Vuelta*, como en el resto de los círculos políticos e intelectuales. Una de las llamadas que recibí, fue de Torres Fierro, uno de los antiguos secretarios de redacción de *Plural*, quien a partir de marzo de 1994, se integró, con el analista político Sánchez Susarrey, al consejo editorial de *Vuelta* del que formábamos parte Bradu, Castañón, Eduardo Milán, Sheridan y yo. En fin, comentando la situación, Danubio –quien había vivido en su Uruguay nativo el ascenso de los tupamaros– me dijo que "era terrible lo que eso significaba para Octavio" y yo me molesté, recuerdo, en el tenor de que sí, aquello era terrible para todos, no sólo para Paz. Poco después até cabos gracias a un comentario, alambicado e ingenioso, como suelen ser los suyos, de Castañón, quien según la entrada de mi *Diario* del 3 de febrero, decía: "Octavio es un ángel que se eleva al cielo de sus ochenta años pero no puede tocar el cielo pues de una pata le cuelga, como peso muerto, México, una nación sanguinaria…"[92]

Al presentarse como "herederos de los verdaderos forjadores de nuestra nacionalidad" en la *Declaración de la Selva Lacandona*, los neozapatistas le habían dado al decadente régimen político del PRI en la línea de flotación, ganando la primera batalla en la disputa por los símbolos de la Revolución mexicana, adueñándose de Zapata (todo presidente priísta escogía un penate en el poblado panteón revolucionario de la patria y la elección de Salinas de Gortari había sido, precisamente, la del general Zapata) y poniendo no sólo al país, sino a su principal poeta, Octavio Paz, en un predicamento. El fantasma del abogado Paz Solórzano reaparecía a pocas semanas de que su célebre hijo cumpliese ochenta años y le pedía, me parece, algo más que una conversación entre sueños. El 10 de febrero especulaba sobre el asunto en mi

---

[91] CDM, "El pensamiento político de Octavio Paz, las trampas de la ideología, de Xavier Rodríguez Ledesma", *Vuelta*, núm. 236, México, julio de 1996, pp. 33-36; el artículo está incluido en CDM, *Diccionario crítico de la literatura mexicana, 1955-2011*, FCE, México, 2012, pp. 478-483.

[92] CDM, *Diario*, 3 de febrero de 1994.

Diario: "La rebelión zapatista es el réquiem de Octavio Paz, la hora en que su propio padre reaparece en calidad de Comendador, con cananas y bigote al estilo de don Emiliano, y le dice 'Mi hijo, felices ochenta años, éste es tu regalo, el 30-30 que simboliza esta patria que creías perdida y olvidada".[93]

Pero sólo hasta el 17 de febrero nos reunimos con Octavio, a las cinco y media de la tarde, en Presidente Carranza 210, en Coyoacán, sede de *Vuelta* desde fines de los años ochenta. Apareció un Paz barbado, "que lo hacía ver más mexicano o mestizo: el árbol adentro", apunté al día siguiente. No recuerdo que alguien hubiera tenido tiempo o gana de preguntarle sobre si encontraba alguna relación entre su padre y el neozapatismo de 1994. (Nos cuidábamos mucho de no parecer lo que éramos, biógrafos potenciales del poeta). El jefe espiritual afrontaba una emergencia política: él mismo le había llamado por teléfono al recién nombrado comisionado pacificador, Camacho Solís, diciéndole, "¿En qué puedo ayudar?" En ese tenor imperativo transcurrió la reunión, aderezada con una molestia: la revista del mes de febrero se había retrasado considerablemente pues Paz decidió no publicar la crónica mensual de Sheridan, titulada "Los diez días que conmovieron al rumbo" en la cual nuestro humorista, en otro tono, admitía lo difícil que era tener al zapatismo por sorpresivo enemigo: "Es difícil acostumbrarse a que Zapata otra vez quiera desayunar en Sanborns. Habrá que poner vigilancia especial a las ochenta calles, barrios, estatuas, avenidas, glorietas y albercas públicas que se llaman 'Emiliano Zapata', a las letras de oro en la Cámara de Diputados; a los zapatas que pintaron Rivera y O`Gorman; a las hojas de los libros de texto gratuitos que hablan de Zapata; a las zapatas de las ferreterías; a las cuatro páginas del directorio telefónico llenas de zapatas, etcétera."[94]

Según le explicó Paz a Sheridan, la crónica era demasiado burlesca dada la gravedad de los acontecimientos.[95] Hubo que volver a parar la tipografía y además, ofrecer la revista con un suplemento especial, "Chiapas: días de prueba" con artículos especiales de Paz, Rossi y Krauze, más un muestrario de las opiniones de todo tenor aparecidas en la prensa durante ese mes y medio. Yo alcancé a apuntar lo siguiente de aquella reunión: "Curiosamente, en lo de Chiapas, para obviar el fantasma del padre, Octavio recurre al abuelo y todo queda en jacobinismo decimonónico: rebelión india promovida por la Iglesia, siempre aliada a las peores causas nacionales. La bestia negra de OP es ahora el obispo Ruiz y sus catequistas. El Libro del Éxodo y el guevarismo".[96]

---

[93] CDM, *Diario*, 10 de febrero de 1994.

[94] Sheridan, *Cartas de Copilco y otras postales*, Vuelta, México, 1994, p. 275.

[95] Sheridan, correo electrónico a CDM, 6 de mayo de 2014.

[96] CDM, *Diario*, 18 de febrero de 1994.

De pocos artículos de Paz se ha hablado tanto y desde posiciones tan distintas como los dedicados por el poeta a Chiapas, una docena escrita y publicada entre enero de 1994 y febrero de 1996, contando aquellos que tocan asuntos colaterales al levantamiento neozapatista como el asesinato de Colosio o las elecciones ganadas en agosto de 1994 por Ernesto Zedillo Ponce de León, quien lo sucedió como candidato. Cada quien lee lo que quiere leer en ellos, lo cual habla bien de su complejidad y de su oportunidad. Sus adversarios, los viejos y los novísimos, ven a Paz ofreciendo en buen romance y gran prosa, los comunicados oficiales. Muy pronto fue insultado, en México y en el extranjero, por ponerse al servicio de un "régimen paramilitar" del PRI. Otros, un viejo hombre de izquierda como Gilly por ejemplo, apelando "a las turbulencias fuertes del espíritu de Octavio" recuerda que cuando los jóvenes le dicen que Paz estuvo en 1994 contra Marcos y los neozapatistas, él les responde: "Bueno, aquí están los textos. Nos vemos en una semana". Transcurrido el plazo y leídos aquellos textos, dice Gilly, "no es evidente" para esos mismos jóvenes "que Paz estuviera en contra de los zapatistas" en 1994.[97]

El primer artículo de Paz apareció en *La Jornada*, el 5 de enero y se titulaba "El nudo de Chiapas". Empieza diciendo, acostumbrados como estamos los mexicanos a los conflictos sociales y las querellas provincianas, "de pronto de la noche a la mañana, nos enfrentamos a un movimiento armado y preparado cuidadosamente con meses de anticipación y después de años de indoctrinación. No estamos ante una revuelta espontánea sino ante una acción social premeditada. ¿Cómo explicar lo ocurrido?" Paz lo intenta y ante la desesperación de quienes quince o veinte años después confunden sus opiniones con la realidad, pinta un cuadro bastante exacto de los hechos. La particularidad de la revuelta de Chiapas hace "muy difícil –aunque no imposible– que se extienda a otras partes del territorio nacional" pues ese estado está más cerca de Guatemala o de El Salvador que del vecino, y también muy pobre, Guerrero.[98]

El EZLN, como fuerza militar, nunca se extendió más allá de su zona de influencia en los altos de Chiapas y la gira de Marcos a lo largo del país, en 2001, convocando al resto de las etnias a sumarse a su causa, fue un fracaso. Como ocurre con todas las visitas, políticas o religiosas, de amigos o enemigos en México desde tiempos de la Independencia, las fuerzas vivas de cada lugar salieron entusiastas a recibirlo, lo honraron con flores, hospitalidad y discursos para olvidarse de él tan pronto se fue con su comitiva. Si Paz calculó bien la gran dificultad de que aquello se extendiese a todo el territorio nacional, también acertó en que en "Chiapas la modernidad

---

[97] CDM, Conversación con Adolfo Gilly, Ciudad de México, 24 de mayo de 2013.

[98] Paz, *Obras completas, V. El peregrino en su patria. Historia y política de México.*, *op. cit.*, pp. 517-518.

ha penetrado tarde y mal. No ha liberado a los campesinos ni mejorado sus condiciones de vida. Al contrario, al trastornar la cultura tradicional y las antiguas jerarquías, ha acentuado las terribles desigualdades sociales y culturales" pues "la cultura tradicional, aunque postrada por siglos de dominación, no es una reliquia sino una realidad. Se conservan las lenguas indígenas, las creencias –fusión de catolicismo e idolatría mesoamericana– y muchas formas tradicionales de organización social".[99]

A Paz le asombra, como a todos los mexicanos para quienes una revuelta armada no era ninguna buena noticia, que "las autoridades civiles y militares no hayan tenido noticia de esas actividades" o teniéndolas, como ahora lo sabemos, hayan desdeñado la información sin tomar medidas para "evitarlas o prevenirlas". Acto seguido el poeta se pregunta, desde *La Jornada*, sobre la composición ideológica de los extremistas "infiltrados entre los campesinos" y responde con cierta inexactitud que "a juzgar por sus declaraciones y por su retórica, parecen relativamente claros: retazos de las ideas del maoísmo, de la teología de la liberación, de Sendero Luminoso y de los movimientos revolucionarios centroamericanos. En suma, restos del gran naufragio de las ideas revolucionarias del siglo XX".[100]

Más bien, a juzgar por la *Declaración de la Selva Lacandona* del 2 de enero, los retazos eran más del cuento de la Revolución mexicana, lo cual debió irritar a Paz hasta la negación, que retazos del cuento de la Revolución rusa, en el cual, eso sí, se educaron Marcos y el resto de los guerrilleros universitarios que formaron en Monterrey y en 1969 las guevaristas Fuerzas de Liberación Nacional (FLN), el antecedente directo del EZLN. El subcomandante mismo, en información que Manuel Piñeiro alias Barba Roja, el jefe de la inteligencia exterior castrista, no desmintió, estuvo en Cuba aunque sólo para seguir las visitas guiadas relacionadas con El Che, su ídolo, pues era política ordenada por Castro la de no tocar al régimen mexicano ni con el pétalo de una rosa.[101] En 1996, le agrega Paz a su artículo, que la presencia "entre ellos de guerrilleros centroamericanos" fue una suposición que "resultó infundada". Pudo añadir, para expresar lo ingrato que era oponerse al régimen de la Revolución mexicana desde la izquierda, que los neozapatistas rehuían todo contacto selvático con la vecina guerrilla guatemalteca pues aquella los hubiera delatado de inmediato ante las autoridades mexicanas, necesitada de la benevolencia o de la complicidad del gobierno del PRI al resguardarse, como lo hacía con frecuencia, más allá del río Suchiate que separa a ambas repúblicas.

---

[99] *Ibid.*. p. 518.

[100] *Ibid.*, p. 519.

[101] Tello Díaz, *La rebelión de las Cañadas, op. cit.*, p. 178; Krauze, *Redentores. Ideas y poder en América Latina, op. cit.*, p. 463.

Todos los cuadros universitarios del EZLN se educaron, según Paz, en "la estricta disciplina, el hábito del trabajo ilegal o clandestino y el ánimo conspiratorio" lo cual explicará, leemos en "El nudo de Chiapas", su "indudable habilidad táctica" visible en "la simultaneidad de las operaciones y el manejo del elemento sorpresa", así como la decisión de haberse sublevado el 1 de enero, lo que a Zaid, por cierto, le parecía una cortesía misteriosa: ¿no habría sido mejor levantarse en octubre de 1993 cuando se votaba en Washington el TLCAN?[102] Todos eran marxistas-leninistas y algunos debieron irritarse mucho ante el protagonismo antisolemne que cobró Marcos con el curso de las semanas, quien según yo creo no escribió la *Declaración de la Selva Lacandona*. Debió ser hecha en la ciudad de México. Marcos, como lo estudió muy bien Krauze, se nutrió, sin confesarlo, del marxismo indigenista de Mariátegui, quien llegó a decir: "la revolución ha reivindicado nuestra más antigua tradición".[103]

Ese vaivén entre la historia de dos revoluciones, la mexicana y la rusa, era una de las cosas que acaso a Paz le atrajeron del subcomandante, pero en él siempre privó la sangre fría. A diferencia de tantos entusiastas delirantes que rodearon a la Buena Nueva, Paz tenía la suficiente experiencia en el siglo agonizante para decir, el 5 de enero, aquello que tampoco los leninistas sacados de sus catafalcos por Marcos e invitados a pernoctar como vampiros en la Convención de Aguascalientes, a verificarse en agosto, querían oir: "desde el punto de vista estratégico, que es el que cuenta finalmente en esta clase de operaciones, la sublevación es irreal y está condenada a fracasar. No corresponde a la situación de nuestro país ni a sus necesidades y aspiraciones actuales. Lejos de extenderse fatalmente tendrá que replegarse más y más en la selva lacandona hasta desaparecer".[104]

Marcos compartió el diagnóstico de Paz. La derrota militar del EZLN estaba garantizada y el subcomandante, aunque envió a combatir a campesinos con fusiles de madera, no era, para fortuna de México, un guerrillero militarista sino un intelectual ansioso de escritura y debate, lo cual le ganó el reconocimiento de la gran mayoría de sus adversarios, Paz incluido. En cuanto al "arcaísmo" de la ideología de los sublevados, el poeta no podía prever el giro lingüístico (nunca más exacta la expresión pedante) que le daría Marcos a su propaganda. El culto a la muerte y a la violencia, que Castro mismo (él, el dictador que firmaba sus decretos con ¡Patria o muerte!) le reprochó cínicamente a Marcos y que fue de las reservas antepuestas por Monsiváis antes de caer en brazos del EZLN, Paz lo condena desde aquel 5 de enero,

---

[102] Paz, *Obras completas, V. El peregrino en su patria, op. cit.*, p. 519; Volpi, *La guerra y las palabras. Una historia intelectual de 1994, op. cit.*, p. 244.

[103] Krauze, *Redentores. Ideas y poder en América Latina, op. cit.*, p. 462.

[104] Paz, *Obras completas, V. El peregrino en su patria. Historia y política de México, op. cit.*, pp. 519-520.

como lo había hecho el director de *La Jornada* y lo haría, con sus actos, el propio Marcos. Finalmente, Paz cierra su primer artículo, subrayando que "los cabecillas del movimiento no son los únicos responsables" del levantamiento, sino las clases acomodadas de Chiapas y sus políticos. De inmediato causó escozor que Paz no condenase al gobierno de Salinas de Gortari y a un régimen de la Revolución mexicana como responsable final y fatal de la rebelión. El país necesitado, eso sí lo dijo el poeta en ejercicio de la jefatura espiritual, de "una reforma social, política, económica y moral" que debería dar comienzo en Chiapas.[105]

Los siguientes artículos, recogidos en el suplemento de *Vuelta*, en febrero, bajo el título general de "Chiapas, ¿nudo ciego o tabla de salvación?" reanudaron la pelea octaviana de 1971, de 1988, de 1990, con la intelectualidad de izquierda. El primero, firmado el 18 de enero y titulado "La recaída de los intelectuales" condenaba esas invariables y "ruidosas manifestaciones". "Somos testigos", decía, "de una recaída en ideas y actitudes que creíamos enterrados bajo los escombros –cemento, hierro y sangre– del muro de Berlín. Las recaídas son peligrosas: en lo físico indican que el cuerpo no ha sanado enteramente, en lo moral revelan una fatal reincidencia en errores y vicios que parecían abandonados. La historia no ha curado a nuestros intelectuales. Los años de penitencia que han vivido desde el fin del socialismo totalitario, lejos de disipar sus delirios y suavizar sus rencores, los han exacerbado. Docenas de almas pías, después de lamentar dientes afuera la violencia en Chiapas, la justifican como a una revuelta a un tiempo inevitable, justiciera y aun redentora."[106]

Critica la creencia, que se esparcía, de la espontaneidad de la revuelta, enfrentada a las declaraciones de los comandantes neozapatistas que insistían en lo contrario, orgullosos de sus años en la selva levantando un ejército ante la ceguera de un gobierno cuyas respuestas a esas preguntas eran tardías, poco convincentes. "Su responsabilidad es grave e inocultable", decía un Paz que se distanciaba, como todo mundo, del pesaroso presidente Salinas de Gortari. Pero lo que importa de ese artículo, refutado desde todos los confines de la izquierda, más allá de que si los dirigentes citadinos del EZLN eran maoístas o catecúmenos de la teología de la liberación, era el efecto que en Paz había causado una de las piezas centrales del discurso de Marcos. Se trataba de aquella que tiñó toda la causa de indigenismo lastimado e irredento, "la elocuente carta que el 18 de enero envió a varios diarios" que aunque proviniese "de una persona que ha escogido un camino que repruebo, me conmovió de verdad: no son ellos, los indios de México, sino nosotros, los que deberíamos pedir perdón".[107]

---

[105] *Ibid.*, p. 521.

[106] *Ibid.*, p. 522.

[107] *Ibid.*, p. 523.

Esta larga *dubitatio* de Marcos, es el primero realmente personal de los muchos que firmará, según Volpi. "¿De qué nos van a perdonar?" pone en entredicho "el perdón" que la ley de amnistía general, anunciada el 16 de enero por Salinas de Gortari, prometía para los alzados y desnudaba, con alta retórica y eficacia sentimental, la postración centenaria de los indios, ante la cual Paz responde con el expediente de la culpa colectiva: "Esta responsabilidad se extiende, por lo demás, a toda la sociedad mexicana. Casi todos, en mayor o menor grado, somos culpables de la inicua situación de los indios de México pues hemos permitido, con nuestra pasividad o con nuestra indiferencia, las exacciones y los abusos de cafetaleros, ganaderos, caciques y políticos corrompidos". Pero Paz no se deja conmover tan fácilmente y de inmediato antepone una reserva: "hay que agregar causas que escapan a esa moral, fácil y esquemática, que busca a toda costa responsables que enjuiciar y culpables que castigar", recurriendo a dos clases de causas, las históricas y las contemporáneas, entre las que enumera, "la explosión demográfica", muy alta en Chiapas pero una preocupación más propia de la generación de Paz que de los estudiosos contemporáneos, que como Juan Pedro Viqueira Alban, criticó a los malos marxistas, acaso Marcos incluido, que en esas fechas consideraban "rico" a un estado que a fines del siglo XX sólo producía café, maíz y ganado junto con la extracción de gas natural y la generación de electricidad mediante presas. El atraso de Chiapas, contra lo que piensan los populistas, se debía menos a que la Revolución mexicana no hubiese llegado a tiempo sino a que las zonas más pobres son aquellas que progresan menos cuando la democracia política está ausente. Viqueira Alban documenta cómo el boicot sistemático de Marcos a las elecciones locales y federales durante una década fortaleció los cacicazgos tradicionales, los responsables directos de la miseria indígena.[108]

El tono de Paz se elevaba contra las mentiras, con equiparaciones del ejército mexicano con el norteamericano en Vietnam, "como si Chiapas fuese un territorio ocupado" o con la licencia de un caricaturista de *La Jornada* que comparó "un ataque aéreo en las montañas con el bombardeo nazi de Guernica". "Cierto", asegura, "a pesar del reducido número de bajas que confiesan ambas partes, es muy posible que se hayan cometido abusos. Sabemos lo que son los ejércitos y lo que son los hombres. Hay que denunciar y condenar esos abusos. Pero también sabemos a qué excesos puede llevar la pasión partidista. Molière habría saludado con una sonrisa de conocedor el espectáculo de tantos moralistas, con los ojos en blanco y los brazos alzados al cielo, denunciando a gritos al ejército: ¡genocidio! ¿Han olvidado acaso el significado de las palabras?"[109] Inadmisible le parecía, como lo fue,

[108] Juan Pedro Viqueira Alban, "Los peligros del Chiapas imaginario", *Letras Libres*, núm. 1., México, enero de 1999.

[109] Paz, *Obras completas, V. El peregrino en su patria. Historia y política de México, op. cit.*, p. 524.

que el mismo día en que Salinas de Gortari ordenaba el cese al fuego, la intelectualidad capitalina gritase "¡Alto a la masacre!" "Esta clase de golpes bajos debe cesar. De lo contrario, nos aguardan días aciagos".[110]

Entre los victimados por Marcos como indeseables del beneficio del perdón de los neozapatistas, estaba Aguilar Camín ("Galio" por el nombre del personaje de su novela de 1991) y *Nexos*, lo cual quería decir que a los ojos del guerrillero, el grupo de intelectuales asociado a Salinas de Gortari, no era, en principio, el de Paz. Meses después, Marcos lo ratificará, invitando a Krauze y no a Paz, hasta donde sé, a su Convención de Aguascalientes, cortesía que el subdirector de *Vuelta* declinó gentilmente dada la obcecación de Marcos en no dejar la vía armada. Otro invitado que rehusó asistir fue Fuentes, víctima de un golpe postrero a la amistad perdida, cuando Paz lo llama, sin mencionarlo por su nombre, en un artículo del 28 de febrero, "un desaprensivo" a quien se le ocurrió decir "que el movimiento de Chiapas es 'la primera revolución poscomunista del siglo XXI'".[111] Creo que ésa fue la última vez que Paz se refirió a su viejo amigo. Me consta que en las reuniones de *Vuelta*, en los años noventa, el poeta se expresaba del novelista en términos inusualmente duros.

El 18 de enero, Paz, tras declararse conmovido por las preguntas retóricas del subcomandante, escribe las líneas más duras de todas las que escribió contra la izquierda mexicana, condenando a los simpatizantes de Mao y Castro y sus atrocidades, "los mismos que apoyaron de palabra e incluso de obra" a los tupamaros, a los montoneros, a los sandinistas y a los farabundistas. En el EZLN, dice, han visto regresar "sus fantasías juveniles". "Han olvidado, si alguna vez lo aprendieron, la terrible lección de la guerrilla latinoamericana; en todos los países, sin excepción, ha sido derrotada, no sin antes arruinar a esas desdichadas naciones y no sin provocar la instauración de regímenes de fuerza. ¿Esto es lo que quieren para México?"[112]

Si en el artículo del 18 de enero aparecían, unidas como en pocas ocasiones, lo que a Paz lo conmovía (la ansiedad de justicia, la invocación a una culpa colectiva por la explotación del hombre por el hombre) y le horrorizaba (el culto a la violencia siempre disfrazado de victimismo) de la izquierda, en el siguiente, firmado apenas tres días después, el día 21, comparte las buenas noticias (el nombramiento de Camacho y la mediación del obispo Ruiz) y se equivoca de cabo a rabo ("no es verosímil que las negociaciones se lleven a cabo entre enmascarados", dice el autor de un capítulo titulado "Máscaras mexicanas" en *El laberinto de la soledad*). También se aventura a dilucidar el misterio, aun sin resolverse, de la verdadera relación entre los

---

[110] *Ibid.*, p. 529.

[111] *Ibid.*, p. 543.

[112] *Ibid.*, p. 525.

dirigentes ladinos o blancos (que tras la fallida persecución de 1995 dejaron el escenario para Marcos únicamente) y los "comandantes" indígenas a quienes supuestamente obedecían. Se pregunta el poeta qué se negociará en San Cristóbal Las Casas y calcula (todos lo hicimos) que las negociaciones serían largas y enrevesadas, pensando en las que recientemente habían puesto fin a las guerras centroamericanas, al conflicto entre Israel y los palestinos, Gran Bretaña y los católicos irlandeses, el gobierno español y ETA. Con sentido común, advierte las posibilidades de acuerdo en las cuestiones locales y la imposibilidad de que Camacho Solís acepte la pretension propagandística del EZLN, de destituir al actual gobierno y convocar a nuevas elecciones y ya en confianza, el nieto de don Ireneo y el hijo del licenciado Paz Solórzano, empieza a repartir coscorrones: "Supongo que, si el viejo demonio de la desmesura no los ciega, sus demandas serán más realistas que las que figuran en sus manifiestos" pues "para ser oficiales de un ejército, esos militares son más bien locuaces...".[113]

Le preocupaba que el conflicto chiapaneco, pues guerra ya no era, enturbiase las próximas elecciones presidenciales, porque "la democracia, no me cansaré de repetirlo, es ante todo una cultura: algo que se aprende y se practica hasta convertirse en hábito y segunda naturaleza". "Nuestro país", concluía, "es muy viejo y muy joven, es uno y es múltiple. Hoy tiene que reunirse consigo mismo, sin sacrificar a sus tradiciones ni a su diversidad y penetrar al fin en el mundo moderno. No es el paraíso: es la historia, el lugar de prueba de los hombres y de las naciones".[114]

El artículo del 5 de febrero no agrega gran cosa. Pregona Paz que "en política como en matemáticas, las soluciones mejores son las *elegantes*, es decir, las más simples" y se pregunta cómo hacer transitar a las comunidades indígenas hacia esa modernidad en la que él creía casi devotamente, a diferencia de algunos de los poetas-pensadores y jefes espirituales con los que lo he comparado a lo largo de este libro. Yeats, más cercano al "novelista Lawrence y algunos antropólogos descarriados" se habría empeñado, mítico, en "la resurrección de los antiguos dioses" mientras que Eliot, cuya idea de comunidad cristiana, mal que le pesara, venía de los agraristas del sur de los Estados Unidos y no del anglicanismo tan individualista, se habría inclinado por esas autonomías culturales indígenas más tarde exigidas por el EZLN en los acuerdos de San Andrés de febrero de 1996, que el presidente Zedillo desechó parcialmente. Ante esos acuerdos, preocupantes para la opinión liberal por el predominio concedido a los usos y costumbres indígenas, antidemocráticos, colectivistas y misóginos en muchos casos, ni siquiera había acuerdo en el seno de *Vuelta*. Zaid, cristiano y comunitarista al estilo de Eliot o de Emmanuel Mounier, los consideraba más buenos que malos: "El

---

[113] *Ibid.*, p. 527.

[114] *Ibid.*, p. 530.

consenso nacional es favorable a un trato especial para los indios, que puede formalizarse en un fuero indígena, donde los usos, costumbres y derechos tradicionales se articulen con el derecho general".[115]

Paz, quien recordaba que él había sido el primero en citar, en *El laberinto de la soledad*, el relato antropológico de Ricardo Pozas *(Juan Pérez Jolote. Autobiografía de un tzotzil*, 1948), libro que formaba parte de las lecturas oficiales desde los años setenta y que el neozapatismo desempolvó, apostaba por insistir en el mestizaje cultural. Ésa había sido, decía, la respuesta de los misioneros del siglo XVI, la de "insertar la singularidad india en la matriz del catolicismo romano y que en los siglos XIX y XX, los liberales de 1857 y los revolucionarios de 1917, adoptaron de nuevo, frente a la particularidad india, otro universalismo: la república laica y democrática". Este párrafo es significativo de la evolución liberal de Paz y parece más propio de Krauze que de él, lo cual prueba, otra vez, la permeabilidad del poeta a las nuevas ideas. En *El laberinto de la soledad* había desechado, casi entera, la experiencia de la Reforma liberal del XIX por ser una "imitación extralógica" y ahora, al pregonar el mestizaje cultural y hablar de que "el elemento indígena" aparece en toda la cultura mexicana, desde la religión hasta la comida, decía que "sería mucho olvidar que nuestras ventanas hacia el mundo –mejor dicho: nuestra puerta– son el idioma español y las creencias" tal cual fueron "trasplantadas a nuestras tierras durante el periodo novohispano".[116] Los años dedicados a Sor Juana Inés no habían pasado en vano y el Paz de 1994 estaba muy lejos del de 1950 que todavía se preguntaba, incómodo, qué tan nuestra era la lengua española. Octavio no creía que la plurietnicidad del mundo indígena calificara para considerar a México, como se empezó a decir con ligereza, como una nación multicultural. De eso se habló varias veces en las reuniones con él en la calle de Presidente Carranza.

Ni Salinas de Gortari ni mucho menos Camacho Solís podían ser acusados de querer ahogar en sangre al movimiento neozapatista. Paz mucho menos, como lo dijeron sus calumniadores y lo repiten hoy día quienes confunden con malicia su apoyo a las reformas económicas con una servidumbre ante un ogro filantrópico al cual el poeta habría "indultado" en los años ochenta. En el artículo del 5 de febrero dice categóricamente: "Es un secreto a voces que tanto en el PRI como en el gobierno y en el ejército hay muchos partidarios de la mano dura. Falso realismo, miopía histórica e insensibilidad política. El uso de la fuerza, aparte de provocar la indignación nacional e internacional, engendraría desórdenes y luchas que, no exagero, llegarían a poner en peligro a la integridad del país. ¡Ay de México si esa gente se saliese con la suya!"[117]

---

[115] Zaid, "Fueros indígenas" en *Reforma*, México, 26 de julio de 1998.

[116] Paz, *Obras completas, V. El peregrino en su patria. Historia y política de México, op. cit.*, p. 533.

[117] *Ibid.*, p. 534.

Ése fue el Octavio que me recibió en su casa, tarde en la noche del 25 de marzo, dos días después del asesinato de Colosio y quien, como ya lo conté en otra parte, diluyó mi excitación de que el crimen acelerase la extinción del PRI, que era la obsesión de mi generación, nuestro fin de la historia.[118] Todo aquello que nos devolviese, en cambio, a los caminos donde los ahorcados colgaban de los puentes como él los vio junto a su madre rumbo a San Antonio al final de la Revolución de 1910, lo horrorizaba, aunque, desde luego, ese horror no siempre fuese justificado, provocando conflictos entre la moral de la responsabilidad y la moral de las convicciones. Pasara lo que pasara, el PRI, creía Paz dogmáticamente, no podía ni debía perder el control de la transición; de ocurrir, temía, nos esperaba un escenario yugoeslavo. Esa noche llegué a su departamento de Lerma con ejemplares del suplemento que en El ángel, del periódico Reforma, le dedicábamos por sus ochenta años, cuya fecha de aparición atrasamos unos días esperando que en algo se disipará el clima fúnebre provocado por el asesinato del candidato del PRI. "La vida tiene que seguir. El asesinato de Colosio no significa la muerte, necesariamente, del PRI", me advirtió y luego, sabedor de que yo pensaba votar por Cárdenas en agosto, dijo muy sonriente: "Si gana su candidato vuelo a España y pido la nacionalidad española, como Vargas Llosa. Ya seremos dos". Se puso feliz de releer por primera vez después de casi medio siglo, la sorprendente reseña de Vasconcelos sobre El laberinto de la soledad, en la que el viejo ultramontano se felicitaba de que Paz, perteneciente "a la actual juventud revolucionaria" no estuviese cargado del "prejuicio antiespañol" tan común en sus camaradas y en cambio apreciase a la Iglesia católica como el corazón de la Nueva España.[119] Muy orondo acabó su relectura del elogio vasconceliano y me dijo: "A ese hombre lo desperdiciamos, ¿no cree Usted?"[120]

"Sería inútil cerrar los ojos ante lo evidente: la irrupción de las pasiones sin freno. Todo nos avisa, del levantamiento de Chiapas al crimen de Tijuana, que ha reaparecido entre nosotros el elemento demoniaco en la política", escribirá en "El plato de sangre", sobre el asesinato de Colosio. Alertaba que "para cerrar las puertas a la violencia física, hay que comenzar por cerrarlas a la violencia verbal e ideológica". Paz, optimista a fines de febrero por el diálogo

---

[118] CDM, Diccionario crítico de la literatura mexicana del siglo XX (1955-2011), op. cit., p. 485.

[119] José Vasconcelos, "Pensar la historia en soledad" (1950), en Santí (editor), Luz espejeante. Octavio Paz ante la crítica, op. cit., p. 573.

[120] CDM, Diario, 25 de marzo de 1994. De esa época encontré un papelito donde realicé una encuesta de intención de voto en una de las reuniones de Vuelta en Presidente Carranza. Habíamos nueve personas (Asiain, Bradu, Castañón, Domínguez Michael, Krauze, Milán, Paz, Sheridan y Torres Fierro). Conté tres votos posibles para el PRI, tres para el PAN y tres para el PRD. Creo que el papelito habla de la pluralidad que imperaba en una revista caricaturizada como sujeta a una monarquía absoluta, política y literaria (CDM, Diario, 19 de agosto de 1994; Flores, Viajes de Vuelta. Estampas de una revista, op. cit., p. 263).

entre el gobierno federal y los neozapatistas lo mismo que por la firma de un pacto entre el PRI, el PAN y el PRD que preludiaría las reformas electorales de 1996 (las únicas realmente trascendentes de todas las que se han hecho desde entonces), estaba horrorizado, como todos, por el asesinato de Colosio. Semanas atrás, Colosio y su mujer, muerta de cáncer meses después que él, habían invitado a cenar a los Paz, los Rossi y los Krauze. Fue exactamente una semana antes de que lo asesinaran.[121] A la hora de los postres, "Diana Laura, la brillante esposa de Colosio trajo un pastel con 80 velitas para conmemorar, con una anticipación de dos semanas, el cumpleaños de Paz . 'Lo festejamos ahora porque quién sabe cuándo lo volveremos a ver'. Las palabras resonaban ahora en nuestra memoria como una dolorosa premonición", cuenta Krauze al recordar su primera conversación telefónica con el poeta, tras el magnicidio. "Es Shakespeare puro", le había dicho Paz.[122] Yo nunca lo escuché especular sobre quién o quienes podrían haber sido los autores intelectuales del crimen, pero colijo que lo adjudicaba a esos mismos sectores duros que empujaban al gobierno de Salinas de Gortari a aplastar al EZLN.

Antes y después del asesinato de Colosio, Paz siguió con un interés periodístico y un tino crítico que hubieran merecido la aprobación de su abuelo, las negociaciones de San Cristóbal Las Casas. Le preocupaba que el gobierno aceptase, de la petición neozapatista, echar por tierra las reformas salinistas al artículo 27 constitucional, que implicaban el fin del reparto agrario, la posibilidad de la venta o enajenación de las tierras ejidales y la posibilidad de establecer minifundios, acaso la ruptura ideológica más importante de Paz con el mundo agrarista de su padre: "Durante medio siglo, al principio con las mejores intenciones y después como un método para manejar a los campesinos, ese artículo los convirtió en menores de edad y en instrumentos de las comisarios ejidales, es decir, del PRI y de los bancos gubernamentales. La emancipación de los campesinos no puede pasar por las horcas caudinas de esta versión mexicana de los ineficaces *koljós* soviéticos que han sido la mayoría de nuestros ejidos."[123]

La revuelta neozapatista, contra lo opinado por Fuentes, no le parecía ni revolucionaria (no era universal ni pretendía cambiar al país) ni tampoco era posmoderna (cualquiera cosa que ello significara) que sino retomaba aspiraciones tan viejas como la de 1910. Eran muy modernos los neozapatistas, reconocía Paz en su artículo del 28 de febrero ejerciendo con "una peligrosa perfección" la publicidad. No sólo le fascinaba ver en televisión el atuendo de los rebeldes, con sus "pasamontañas negros y azules, los paliacates de colores" también reconocía su "maestría en el uso de símbolos como la

---

[121] CDM, Correo electrónico de Olbeth Hansberg-Rossi , 10 de mayo de 2014.

[122] Krauze, "Shakespeare en México", *El País*, Madrid, 7 de abril de 1994.

[123] Paz, *Obras completas, V. El peregrino en su patria. Historia y política de México, op. cit.*, pp. 540-541.

bandera nacional y las imágenes religiosas", destacando su solemnidad ritual y su espectáculo seductor". Lo que días atrás le parecía inverosímil, sucedía y los "personajes encapuchados" se acercaban y se alejaban, gracias a la televisión, como "cuadros vivos de la historia, alucinante museo de figuras de cera".[124]

De esa fecha es su primer retrato de Marcos, "quien sobresale también en un arte olvidado por nuestros políticos e ideólogos: la retórica". A diferencia del lenguaje burocrático de los lideres del PRI, "el del subcomandante Marcos, aunque desigual y lleno de subidas y caídas como un tobogán de montaña, es imaginativo y veraz. Sus *pastiches* de lenguaje evangélico y, con más frecuencia, de la elocuencia indígena, con sus fórmulas recurrentes, sus metáforas y sus metonimias, son casi siempre afortunados. A veces es chabacano y chocarrero; otras brioso y elocuente, otras satírico y realista; otras machacón y sentimental. Una prosa accidentada: elevaciones y batacazos. Su fuerte no es el razonamiento, sino la emoción y la unción: el púlpito y el mitin. Su locuacidad le ha ganado oyentes pero también podría perderlo, sobre todo si cede al gusto de la provocación e incurre en las balandronadas. El arte de la gran retórica incluye el de saber callarse a tiempo".[125]

Marcos, según sus apologistas y según él mismo, aprendió el uso del silencio (hasta haberse sumido misteriosamente y desaparecer envuelto en él) de los indígenas y de su medición temporal, ajena a la nuestra. Puede ser. Debió sentirse halagado el subcomandante por los elogios de alguien que nunca le mereció mayor comentario que el de verlo como el eje de una élite intelectual, cuyas "pretensiones de neutralidad, de objetividad, han acabado más cerca del poder que nadie",[126] según le dijo Marcos al escritor comunista español Vázquez Montalbán, cuando lo visitó en Chiapas en 1999, con Paz ya fallecido. Vázquez Montalbán, para nada ignorante de la importancia que tendría ese debate, aun póstumo entre el enmascarado, intentó llevar al subcomandante a ese terreno y Marcos sólo hiló un poco más fino al referirse a la supuesta pregunta que Paz les habría hecho a los neozapatistas en 1996: "Sí no quieren el poder, qué quieren, se preguntaba Octavio Paz, un nombre que para él mismo [¿era?] la encarnación de la pasión por el poder intelectual".[127] Marcos reconocía de lejos al jefe espiritual enemigo, lo condenaba y prefería hablar de escritores más cercanos a él, como Monsiváis o músicos como Miguel Ríos o ya desde entonces, el poeta católico Javier Sicilia, luego célebre por su lucha contra el costo humano de la persecución del narcotráfico. Curiosamente, Paz reconocía que el "*encanto*: hechizo

---

[124] *Ibid.*, p. 544.

[125] *Idem.*

[126] Manuel Vázquez Montalbán, *Marcos, el señor de los espejos*, Aguilar, Madrid, 1999, p. 118.

[127] *Ibid.*, p. 127.

mágico" de las imágenes del diálogo de San Cristóbal Las Casas, pertenecían más al mundo de la *representación* que al de la realidad. Primero la *noticia* y la *imagen* sobre la "realidad real", decía Paz, aludiendo a Guy Debord y su teoría de la sociedad del espectáculo. Quizá, si Marcos no era posmoderno, Paz entendía que, aunque había conocido a John Lennon, el enmascarado era demasiado *pop* para él, un viejo poeta.

El narrador peninsular no quedó satisfecho y auguró (con mala leche) que el ensayo de Krauze sobre el obispo Ruiz, que abrió *Letras Libres*, la revista sucesora de *Vuelta*, en enero de 1999, era el anuncio de una nueva ofensiva de la "intelectualidad neoliberal" contra Marcos. Las preguntas de Vázquez Montalbán sobre Paz las respondió no tanto el guerrillero, sino uno de sus asesores, Hermann Bellinghausen, quien le reprochó al poeta ser hijo de un zapatista y apenas hablar de él, prefiriendo referirse a su abuelo, "un general porfiriano", definición un tanto estrecha de don Ireneo.[128] Presente en el primer festival de poesía encabezado por Paz en Morelia en 1981, Belinghausen, conocedor del medio literario de la ciudad de México y convertido en ferviente neozapatista, quizá le aconsejó a Marcos que si quería molestar al gran poeta lo mejor que podía hacer era no darse por aludido de sus elogios y críticas. Ello se desprende de lo que le dice Bellinghausen, feliz de poder él mismo hablar de Paz con alguien tan notorio como Vázquez Montalbán: "Todos siempre vivieron con la esperanza de que algún día tuvieran una bendición o una maldición de Paz" e incluso "aquellos a quienes no les gustaba la obra de Paz querían que les obsequiara con una mirada".[129]

En todo caso, Marcos ignoró a Paz: no era uno de sus clásicos, aunque en 2000 declarara que el hecho de que "el más grande intelectual de la derecha", viniese del "pensamiento de izquierda" había sido esencial para él.[130] No sé que hubiera pasado si Marcos hubiera invitado a Paz a la Convención de Aguascalientes, espectáculo más propio de *Apocalypse Now* que de *Fitzcarraldo*, montado por el EZLN para agasajar en la selva a la intelectualidad capitalina, o de qué manera hubiese variado su opinión sobre los neozapatistas de haberlo considerado, el subcomandante, un interlocutor. La vanidad de los poetas es cosa de consideración y si es cierto que Paz hubo de resistir internamente a la tentación romántica representada por la revuelta neozapatista, el silencio del subcomandante debió ayudarlo a distanciarse de un movimiento que a la mayoría de los mexicanos, a la expectativa aquel primero de enero de 1994, terminó por aburrir, preocupados por mantenerse, en medio de la grave crisis económica propia de la transición entre Salinas de Gortari y Zedillo, dentro de la nueva clase media.

---

[128] *Ibid.*, p. 216.

[129] *Ibid.*, p. 230.

[130] Volpi, *La guerra y las palabras. Una historia intelectual de 1994*, *op. cit.*, p. 195n.

El momento político más delicado ocurrió un año después. Zedillo, el candidato sustituto de Colosio, ganó las elecciones de agosto de 1994 con 48% de las votos en unas elecciones limpias, aunque muy inequitativas en relación a las que actualmente se verifican en el país. La población votó por el PRI, tal cual Paz lo deseaba y como seguramente lo hizo él también, aterrada por la doble violencia: la de los neozapatistas y la que había acabado con la vida de Colosio. Cárdenas, el candidato de la izquierda, se desfondó al tercer lugar y Fernández de Ceballos, que había encabezado las encuestas durante buena parte de la campaña, hizo mutis al final de la carrera, acaso convencido de que más valía, como ocurrió, que el antiguo régimen saliera lentamente de la escena, perdiendo la mayoría en la cámara de diputados y el gobierno del DF en 1997 y la presidencia, al fin, en el año 2000. Pero en febrero, Zedillo rompió dramáticamente con Salinas de Gortari, quien protestó con una minihuelga de hambre por el arresto de su hermano Raúl, acusado de enriquecimiento ilícito y de ser autor intelectual del asesinato, también en 1994, de José Francisco Ruiz Massieu, jefe de los diputados del PRI.

Salinas de Gortari marchó al exilio y Zedillo enfrentó a los neozapatistas, quienes habían aprovechado la crisis económica y la rivalidad entre el ex presidente y su sucesor, para salir de la zona de influencia tácitamente acordada con el gobierno un año antes y expandirse, a partir del 20 de enero, a 38 municipios en Chiapas. Mientras los neozapatistas se dedicaron a gozar de su fama internacional durante 1994, la policía política había logrado establecer la identidad de Marcos y localizar a otros dirigentes del EZLN, todos ellos guerrilleros universitarios que provenían de las antiguas FLN. En Chiapas y en otros sitios, por órdenes de la Procuraduría (Fiscalía) General de la República, se pretendió, a partir del 9 de febrero, detener a Marcos y al resto de la dirigencia del EZLN, cuidándose de no aprender a los comandantes indígenas. Ya sea porque se trataba de una operación de amedrentamiento o porque la reacción pública contra la reanudación del conflicto armado fue previsiblemente muy intensa, las órdenes de aprensión quedaron suspendidas y fueron liberados quienes alcanzaron a ser detenidos. Se reanudaron las negociaciones, fundadas ahora en una ley para el diálogo y la pacificación en Chiapas, aprobada por el congreso.

La discusión fue intensa otra vez entre la intelectualidad y la dividió en dos campos. Aguilar Camín, el director de *Nexos* que heredaba el cargo a su hermano menor, el poeta Luis Miguel Aguilar, decía que, para una parte "la ocupación por el ejército de los territorios zapatistas es mirada sin más como una declaración de guerra y el anuncio inminente de una masacre indígena. En el flanco contrario, la orden de no avanzar más es entendida como un titubeo y una concesión inaceptable. Al flanco antiocupación no le dice nada que la guerra que denuncian no haya existido ni mucho menos la masacre. Al flanco preocupación no le dice nada el hecho de que el ejército haya restablecido el dominio sobre el territorio zapatista, luego de un año de excepción en la materia. Ambos flancos quieren todo, unos que desaparezca el ejército de Chiapas, otros que desaparezcan los zapatistas".[131]

Paz promovió un desplegado que él mismo entregó, precedido de una carta personal, al director de *Reforma*, un nuevo diario plural que salía desde noviembre de 1993. Publicitado bajo el título de "Intelectuales llaman a EZLN a deponer las armas", decía el documento:

"Vivimos días cruciales. Al conflicto armado de Chiapas se han unido las oscilaciones de nuestra moneda posteriores a su devaluación y el recrudecimiento de los antagonismos y enconos políticos. La crisis financiera puede convertirse en una verdadera crisis económica que, a su vez, podría llevarnos al desastre. Por todo esto, es grave la violencia verbal de escritores y periodistas en los diarios. Esa violencia revive quimeras ideológicas, apenas encubiertas por una fraseología democrática nueva en sus autores y que han sido enterradas por la historia en este fin de siglo. Su resurrección en México es inquietante. Una fiebre declamatoria y declarativa se ha apoderado de muchos espíritus. Esta agitación perturba los ánimos, exacerba las pasiones, ahonda las diferencias y transforma los debates en contiendas. Debemos deponer las armas inflamables de la retórica. No le pedimos a nadie que renuncie a la exposición pública de sus ideas."[132]

No es difícil reconocer la prosa de Paz en esas líneas ni su obsesión contra la violencia ideológica: "Pedimos que la discusión sea racional y civilizada" pero reconoce que si es posible que los partidos políticos tomen acuerdos, no lo es que escritores y periodistas pacten. "Desde hace catorce meses", leemos enseguida, "una parte del territorio nacional ha sido ocupada por un grupo armado. Las causas de la insurrección son complejas y forman un tejido inextricable de buenas y malas razones, demandas legítimas y exigencias inaceptables, pasión de justicia y obcecación irresponsable. Pero no discutiremos los orígenes ni los móviles del levantamiento. Es un asunto que ha sido debatido durante más de un año. Nos limitamos a subrayar que la prolongación del conflicto causará inmensas pérdidas a la nación y sufrimientos incontables a nuestro pueblo."[133]

Urge, dice el desplegado del 24 de febrero, "construir entre todos una democracia estable, próspera y pacífica" y reiniciar "las negociaciones que devuelvan la paz a Chiapas y la tranquilidad a todos los mexicanos. Por esto, creemos que las acciones recientes del Gobierno han sido legítimas. Poseen un doble fundamento. El primero es recobrar la soberanía de la nación, de nuestro territorio; aceptar la existencia de dos autoridades y dos leyes habría sido el comienzo de la anarquía y de la disolución de la República.

---

[131] Aguilar Camín, "Aguas divididas", *Proceso*, núm. 956, México, 27 de febrero de 1995, p. 53.

[132] "Intelectuales llaman a EZLN a deponer las armas" en *Reforma*, México, 24 de febrero de 1995.

[133] *Idem.*

El segundo: abrir las vías de la negociación. Este segundo objetivo es inseparable del primero. Compartimos el malestar de los más diversos grupos ante las condiciones de miseria e injusticia que han padecido los indígenas chiapanecos. Los fundamentos morales e históricos de sus demandas son claros y justificados; deben atenderse decididamente y de inmediato. Creemos también que la solución del conflicto debe buscarse a través de una negociación que se inicie lo más pronto posible. Para ello se requiere una amnistía amplia que incluya a los dirigentes del EZLN. En este proceso el Gobierno debe mostrar al mismo tiempo firmeza y generosidad".[134]

Se insta a rechazar las demandas neozapatistas de alcance nacional pues competen a todos los mexicanos y no sólo a los chiapanecos, de tal forma que no pueden ni deben ser negociadas con el EZLN. "Llamamos" y así concluye el desplegado, "al EZLN a que deponga su actitud beligerante, se pronuncie por la paz y cambie la violencia armada por la acción política democrática. Hacemos este llamado movidos por nuestra conciencia de ciudadanos y más allá de los partidos y las banderías. La sociedad civil es plural y diversa por naturaleza; ningún grupo tiene derecho a proclamarse su vocero o su representante. La sociedad no es una totalidad homogénea. Nunca lo ha sido. Ni siquiera cuando ha padecido la dominación de las tiranías totalitarias. Nadie puede hablar en nombre de los otros y menos que nadie los escritores y artistas. Su voz ha sido a lo largo de la historia una voz única y singular".[135]

Aquel desplegado marcó varias cosas, desde el momento cúspide de la influencia política de Paz como jefe espiritual y su progresivo retiro a la vida privada pues aunque operado exitosamente del corazón en el verano de 1994, sufrió otros achaques y trastornos, que culminaron dramáticamente con el incendio parcial de su departamento en diciembre de 1996.[136] A sus casi ochenta y un años, había logrado reunir en torno suyo, en un asunto de enorme gravedad y entre los sesenta abajo firmantes, a viejos rivales o examigos como Sabines, Arreola, Carballo, García Cantú, O'Gorman o Florescano, el primer director de *Nexos*. La izquierda, naturalmente, hizo su propio desplegado, acusando al gobierno de Zedillo de reavivar el fuego de la guerra en Chiapas e incluso un brillante crítico de arte firmó ambos desplegados, alegando la identidad primigenia de los contrarios. El neozapatismo se convirtió, a la vez, en una moda global y en una excentricidad provinciana que, muy a la mexicana, acabó por ser integrada a la "realidad real", como

---

[134] *Idem.*

[135] *Idem.*

[136] "Octavio fue operado del corazón el martes. Todo salió bien. Están en Houston Olbeth y Alejandro Rossi con él y Marie Jo. Lo que lo va a matar es pasar las próximas elecciones en cama, sin poder opinar". (CDM, *Diario*, 29 de julio de 1994). Convaleciente y todo, Paz escribió un largo ensayo, desde Houston, sobre las elecciones de 1994, que son una especie de conclusión de sus escritos de aquel año sobre el zapatismo: "Las elecciones de 1994: doble mandato" (Paz, *Obras completas, V. El peregrino en su patria. Historia y política de México*, *op. cit.*, pp. 494-514)

diría Paz y hasta la fecha permanece, a través de los llamados municipios autónomos, en su zona de influencia original.

Aunque el desplegado del 24 de febrero lo firmaron casi todos los grandes amigos de Paz (el pintor Soriano, el arquitecto González de León, el filósofo y prosista Rossi) y lo firmamos, también, casi todos los jóvenes escritores de *Vuelta*, las notorias ausencias de Krauze, Zaid y Sheridan, quien sería nombrado por Paz director de la efímera Fundación Octavio Paz en diciembre de 1997, tenían el aspecto del fin de una época, la de *Vuelta*, a cuyo consejo de colaboradores había renunciado Zaid desde 1992, vendiendo sus acciones y aduciendo razones personales, aunque no dejó de escribir eventualmente en la revista. Otros, como García Ponce y Segovia, manifestaban de manera pública y privada su disgusto por lo que consideraban un constante giro a la derecha de Paz. Segovia, inclusive, sin renunciar a la revista, había defendido las posiciones neozapatistas contra su antiguo discípulo, el poeta Asiain, secretario de redacción de *Vuelta*. Paz encontró penoso el elogio que el poeta Segovia hacía de Marcos pues parecía estar hablando de Stalin y no del prosista de Lacandonia, al cual le pedía piadosamente tiempo para leer sus declaraciones selváticas "digerirlas y meditarlas largamente, probablemente todo lo que me queda de vida".[137] En cuanto al neozapatismo era evidente que Krauze, quien en 1996 dejaría la subdirección editorial de *Vuelta* sin abandonar su posición clave en el consejo de administración, apostaba por una visión más generosa e incluyente del conflicto mientras que Zaid, el más antipriísta entre los miembros del primer círculo octaviano, no solía firmar desplegados ni mucho menos para apoyar a un régimen que aborrecía.

Tras el desplegado del 24 de febrero, según tengo registrado en mi *Diario*, el consejo de redacción no se volvió a reunir con Paz hasta el jueves 3 de agosto de ese año de 1995. Ese día Octavio llegó muy satisfecho de su lectura de *La rebelión de las Cañadas*, de Tello Díaz y nos dijo, con cierta acritud, "me gustaría que lo hubiera escrito alguno de ustedes" y se felicitó de que las consecuencias de la tensión de febrero entre el gobierno de Zedillo y el EZLN hubieran sido óptimas: no había estallado ninguna guerra, nadie estaba preso y los neozapatistas habían sido obligados a replegarse y a continuar las negociaciones. Tras oir a Paz ese día, apunté, "uno se convence de que la Historia es sólo una hija majadera de la Poesía", lo cual, traducido correctamente, acaso habría concitado la aprobación de Valéry.[138]

En un conflicto donde para él no entraban en conflicto la moral de la responsabilidad (encarnada en la majestad maltrecha pero operativa que el poeta concedía al Estado de la Revolución, capaz de desmontarse a sí mismo) y la

---

[137] Paz, *Obras completas, V. El peregrino en su patria. Historia y política de México, op. cit.*, p. 565.

[138] CDM, *Diario*, 8 de agosto de 1995. A aquella reunión asistieron los que Paz llamaba los "novicios", es decir, aquellos nuevos colaboradores de *Vuelta* que podrían integrarse más adelante al consejo de redacción: Javier Aranda Luna, David Medina Portillo y Marco Aurelio Major.

moral de las convicciones (su condena total de la violencia revolucionaria, monopolio histórico de la revuelta zapatista, la de su padre), predominó en el jefe espiritual la templanza liberal, a la vez vieja, la de don Ireneo y reciente, adquirida durante los años de *Plural* y *Vuelta*. Según me confió Krauze, "el liberal en Octavio Paz, el hombre moderno que quería una reforma política digamos concertada, paulatina en México, tomó sus distancias del zapatismo, y no dejó que su simpatía y sus emociones privaran sobre su razón. Pero esa tensión existió al final. Te puedo decir que la última vez que lo vi estaba enormemente preocupado, y con esa seriedad profundamente grave que tenía su rostro cuando de veras las cosas le parecían ominosas, me dijo: '¿Qué cree Usted que va a pasar?' Esta escena ocurrió al final de su vida en una de las salas de la casa de Coyoacán. Él estaba en su silla de ruedas desolado, pienso, triste, muy preocupado. Yo no supe qué contestarle. Pensé que se refería al zapatismo, pero estábamos en abril de 1998".[139]

Paz, al igual que sus adversarios de la izquierda, siguió muy al pendiente de las actividades de los neozapatistas y comentó la Cuarta Declaración de la Selva Lacandona preguntándose –lo que molestaría después a Marcos– cuál podía ser el sentido de una organización que decía no luchar por el poder, lo cual debió parecerle menos que una innovación político-filosófica (como lo creían el filósofo Villoro o Segovia), una repetición de las organizaciones amplias monitoreadas desde lejos por los estalinistas y afirmando que su apuesta (o su testamento político) como jefe espiritual estaba en soñar con sintetizar "lo que todavía está vivo de la herencia política y social de la modernidad: el liberalismo y el socialismo".[140] Le dio puntual seguimiento a la enésima discusión, de naturaleza ética y deontológica, entre Monsiváis (con quien Paz estuvo en estrecho contacto y generalmente de acuerdo en cuanto al neozapatismo durante todo 1994[141]) y el subcomandante, que ya para entonces filosofaba a sus anchas sin apremios militares de ningún tipo, cortejado por las y los ultraizquierdistas italianos, mientras su tropa, merced a la ayuda solidaria de las organizaciones no gubernamentales, alcanzaba una bonanza material inconcebible antes de 1994.

No le gustaba el maniqueo juego de espejos propuesto por Marcos, aquel que fascinara a Vázquez Montalbán y aún tuvo tiempo para lanzarle, en febrero de 1996, una última alabanza estilística al subcomandante: "El humor de Marcos, sus idas y venidas, me hacen sonreír aunque a veces me exasperan por su falta de coherencia. La invención del escarabajo Durito, caballero andante, es memorable; en cambio, sus tiradas poéticas me conquistan a medias: esos cuernos de la luna, de estirpe gongorina, que iluminan

---

[139] CDM, Conversación con Enrique Krauze, Ciudad de México, 2 de febrero de 2014.

[140] Paz, *Obras completas, V. El peregrino en su patria. Historia y política de México, op. cit.*, p. 558.

[141] CDM, *Diario*, 8 de agosto de 1995.

la noche en las montañas del Sur, aparecen con demasiada frecuencia en poemas, cuentos, novelas, pinturas e incluso en el cine y en sus carteles. ¿Y sus ideas, o mejor dicho, su idea? Su exposición comienza con una imagen osada y atrayente: un espejo que se ve en el espejo de enfrente. ¿Y qué ve? Su imagen, sólo que invertida, al revés. Marcos quiere así, me imagino, escapar del maniqueísmo: *ellos* son los malos y *nosotros* los buenos. Con su parábola nos dice que todos somos lo mismo y el mismo. Por desgracia, un poco más adelante afirma que, a pesar de los pesares, hay una diferencia entre ellos y nosotros. ¿Quiénes son ellos? Los opresores. ¿Y nosotros? El pueblo que pide justicia y que la hará. Demasiado simple y maniqueo".[142]

Ésa fue la época en que yo "le reclamé a Octavio Paz, en broma, que hubiese dedicado más páginas al subcomandante que a todos los prosistas jóvenes. 'Es que ustedes no se han levantado en armas', me contestó, muy en serio".[143] Más allá de que aquella respuesta lo pinta enteramente, retratando la beligerancia del jefe espiritual, hay que precisar que los elogios verdaderamente literarios de Paz a Marcos, fueron sólo dos. No sé enamorisció del personaje ni creo que se viera en él como una de las posibilidades de su propia historia, digamos, la de haber sido aceptado como comisario político en el ejército republicano durante la Guerra civil española, como lo pretendió en 1937. Paz detectó en Marcos la originalidad retórica y la agradeció públicamente con generosidad. A la distancia, cuando yo mismo leo las cosas que escribí sobre el subcomandante todo me parece una exageración ideológica y también, retórica, en vista, por fortuna, del parto de los montes que salió de todo aquello. Discrepo de aquellos que sostienen que la rebelión neozapatista aceleró la transición democrática en México aunque no la impidió tampoco. En 1996, recuérdese, apareció otra guerrilla, al parecer todavía activa, que carecía de los encantos retóricos y mediáticos de los neozapatistas, el Ejército Popular Revolucionario, uno de cuyos voceros, en una de sus entrevistas, amenazó a los "intelectuales traidores de *Vuelta*".[144]

Pero poniendo sobre la mesa, extemporáneamente, la legitimidad de la violencia armada, por más justa que fuese o pareciese su causa de origen, el EZLN, en mi opinión, corrompió esa transición, activando la vieja tradición mexicana del levantamiento armado como chantaje al alcance de la mano. Al país le esperaban otros horrores, los de las guerras del narco, pero no la repetición del conflicto decimonónico entre el Ejército y la Iglesia, tan temido por Paz. Y no son muy convincentes las pruebas ofrecidas de que los indígenas chiapanecos –excepción hecha de los remantes del ejército zapatista y sus bases– vivan mejor que hace veinte años porque, excepto en

---

[142] Paz, *Obras completas, V. El peregrino en su patria. Historia y política de México*, op. cit., pp. 562-563.

[143] CDM, "El prosista armado", *op. cit.*

[144] CDM, *Diario*, 29 de agosto de 1996.

las zonas donde se producen los insumos de la tecnología de vanguardia y no era el caso de Chiapas, la globalización tan execrada ni le quita ni le da nada a la pobreza extrema, hija más del imperio de las sociedades tradicionales que de la modernidad.

Paz no vivió lo suficiente para saber que aunque se negó obstinadamente a presidir un amplio movimiento democrático e indigenista e hizo al final las peores migas del mundo (con ETA, nada menos), Marcos desapareció de la escena como un hombre de paz, un amante de la discusión, un humorista, un extraordinario libelista (en el sentido etimológico y no moral de la palabra) y un escritor malón y chantajista ("ni lúcido ni ingenioso ni humorístico"), como lo dijo, contra los elogios de Paz, Rafael Pérez Gay.[145] Es previsible que Marcos muera leyendo y escribiendo, como un justo que habiendo abandonado los fastos del mundo examina su conciencia, ojalá recordando también el dolor causado a los veinte mil campesinos desafectos a su causa, que desplazados de sus hogares, huyeron de la Arcadia del subcomandante.

Volvamos a Octavio Paz Solórzano. Pese a haber desobedecido Marcos, él que se jactaba de "mandar obedeciendo", el plebiscito nacional de 1995 al que él mismo convocó y donde un millón de ciudadanos "le ordenaron" que abandonase la guerrilla, al año siguiente los rebeldes volvieron a discutir en qué clase de fuerza política civil podían convertirse. Paz dijo, sibilino, tras decir que una de las propuestas, la iniciativa (al final inicua) de pasar de ser "ejército" a "frente" zapatista de liberación nacional, le producía perplejidad: "En primer término: ¿por qué *zapatista*?", se preguntaba Paz, subrayando él mismo la palabra, para concluir que era "un adjetivo que deja fuera a todos los que no son zapatistas, es decir, a la mayoría del país".[146]

Esa universalización o manoseo de la palabra *zapatista*, había acabado por irritarlo. ¿Habrá pensando Paz en ese padre suyo, viejo zapatista, como alguien del todo ajeno, aun simbólicamente, a los nuevos zapatistas, pues nunca lo menciona en esos años?¿Los allegados, en 1994, alucinamos con que la rebelión neozapatista cerraba un drama de familia? ¿O se habrá acordado de esa página de Moreno Villa, sin la cual *El laberinto de la soledad* no hubiera sido escrito de esa manera, en que el poeta desterrado le pregunta a un interlocutor retórico: "¿No has leído historia de México?" y se contesta: "Para escribir este libro, no. Además la historia de México está en pie. Aquí no ha muerto nadie, a pesar de los asesinatos y los fusilamientos. Están vivos Cuauhtémoc, Cortés, Maximiliano, don Porfirio y todos los conquistadores. Esto es lo original de México. Todo el pasado es actualidad. No ha pasado el pasado."[147]

---

[145] Volpi, *La guerra y las palabras. Una historia intelectual de 1994*, op. cit., p. 295.

[146] Paz, *Obras completas, V. El peregrino en su patria. Historia y política de México*, op. cit., p. 554.

[147] José Moreno Villa, *Cornucopia de México* y *Nueva cornucopia de México*, FCE, México, 1985, pp. 223-244. Otra versión del comentario se puede encontrar, hacia 1953, en José Gaos, quien dice que

Nunca sabremos de qué cosas hablaban, si es que lo hacían, los Octavios entre sueños, en "esa borrosa patria de los muertos". Quisiera creer que Marcos y su 1 de enero de 1994, permitieron, a los ojos de su hijo poeta, que se abrieran, al fin, las puertas del purgatorio para el abogado zapatista Paz Solórzano, muerto en la soledad política, ebrio, arrasado y desmembrado. Quisiera creerlo sólo amparado por el afecto con que Paz se preguntaba, por los padres y los hijos, uno de los temas en que nos escuchaba con paciencia, a los jóvenes de su revista. "¿En verdad por eso se peleó con su padre? ¡Qué tontería! ¡Reconcíliese!" Me es difícil pensar en que un poeta atento a los símbolos, renunciase a ese vaso comunicante entre la historia y el ser, cuando en aquellos años, uno de sus libros de cabecera era *Révolution et sacrifice au Mexique* (1986), una interpretación un tanto peregrina sobre el mito zapatista, escrita por Eric Jaufrett, un discípulo de Furet, que enigmáticamente Paz remitió a uno de los pies de página en el prólogo de uno de los tomos mexicanos de sus obras.[148]

Más visibles y tangibles que mis especulaciones es el recuerdo del Octavio de aquellos días. Como en la compañía de los disidentes del este que habían derrotado al comunismo, en San Ángel, en 1990, cuatro años después, frente al nudo de Chiapas, ¡qué cómodo y resuelto, angustiado sin caer nunca en la inmovilidad, se sentía el jefe espiritual escribiendo cada tres días sobre la revuelta neozapatista, con las manos llenas de tinta, la mente despierta desde la primera hora y a sus anchas, oliendo la chamusquina de la antigua, familiar, pólvora mexicana!

Más allá de si se está de acuerdo o no con la posición política de Paz frente al neozapatismo, no cabe duda que si hay un Paz políticamente visionario, es decir, capaz de proyectar una visión: un panorama completo ante su mirada donde el pasado y el presente se asocian, ése es el de 1994. Como ninguna otra de las que le tocó presenciar, la neozapatista había sido, como lo vio bien Krauze, una revuelta idéntica a la dibujada en *Corriente alterna*, "no una rebelión ni una revolución sino una vuelta al origen y a la raíz, un regreso al pasado, al más antiguo pasado: el indígena".[149] Veinte años después de aquellos acontecimientos, con el poeta cumpliendo su centenario, Marcos prefirió desaparecer antes que inmolarse, los neozapatistas viven encerrados en su burbuja, ignorados por la izquierda y haciendo exhibiciones más gimnásticas que políticas de vez en cuando. Quizá sea mentira decir que aquella revuelta cambió todo para que no cambiara nada. Diría otra cosa: esa revuelta perfecta demuestra que, en efecto, el eterno retorno nunca nos regresa nada.

---

mientras para los españoles "la nación es todavía un hecho patético", en México, "trocando la frase de Martí [...] Hidalgo no se quita las botas de campaña". (J. Gaos, *Obras completas, VIII. Filosofía mexicana de nuestros días. En torno a la filosofía mexicana*, UNAM, México, 1996, p. 166).

[148] Paz, *Obras completas, V. El peregrino en su patria. Historia y política de México, op. cit.*, p. 31n.

[149] Krauze, *Redentores. Ideas y poder en América Latina, op. cit.*, p. 461.

El 3 de agosto de 1995, Paz nos había dicho: "Yo deifiqué a Zapata. Ahora pago las consecuencias".[150]

Pasó el esplendor zapatista y con Zedillo, quien hizo todo lo posible para que los últimos días del poeta fueran, en la medida de lo posible, confortables, Paz tuvo, por primera vez, un presidente de la República al cual le tenía verdadera empatía personal. Quedaba en el camino Salinas de Gortari, un político fracasado a quien media nación culpa sin prueba alguna de haber mandado matar a su sucesor y a quien no sólo la más espectacular de sus reformas le fue boicoteada por el imprevisto e insólito levantamiento neozapatista, sino que quedó infamado por la corrupción de su hermano y beneficiado, eso sí, por la magnanimidad de sus enemigos más rabiosos, que lo convirtieron en encarnación, omnisciente y omnipresente, del mal absoluto. Fechada en noviembre de 1997, como apostilla a su última entrevista con Scherer García, la explicación final de Paz sobre el salinismo es una vez más la de un hijo de la Revolución mexicana equivocándose al creer que cada seis años se renovaba el fuego nuevo: "En efecto, el proyecto del presidente Salinas fue modernizador, pero algunos no pudimos ver ciertos rasgos arcaicos de su gobierno. Me refiero a la contradicción del patrimonialismo y las prácticas francamente patrimonialistas, nepotistas y corruptas que caracterizaron en varios aspectos a su régimen. El ejemplo más contundente y que me ahorra todo comentario es el siguiente: mientras el presidente Salinas intentaba llevar a cabo una política modernizadora, también incurría en las peores prácticas de nuestra tradición. El caso de su hermano Raúl Salinas de Gortari, patrimonialista entre los patrimonialistas y autor de prácticas fraudulentas que corrompieron aún más al Estado mexicano, es una prueba de la contradicción capital que corroía al proyecto salinista: modernidad inteligente pero también reincidencia en los vicios antiguos, desde la época colonial hasta nuestros días. No es posible ostentarse a uno mismo como modernizador e incurrir simultáneamente en prácticas que desde hace más de un siglo han sido calificadas de arcaicas e inmorales."[151]

Una vez pasado Marcos, que Cioran hubiera clasificado entre los héroes de la antigüedad, por episódico, Paz apenas si volvió a escribir sobre política mexicana y sólo el 7 de julio de 1997, enterado de que el PRI había perdido la mayoría parlamentaria, festejó que al fin llegásemos a la esencia "de un verdadero sistema democrático: la independencia de poderes", se felicito de la vocación democrática del presidente Zedillo y de la eficacia dé las autoridades electorales, al fin, autónomas, previno a la oposición mayoritaria de ser "obtusa y malévola" como lo fue contra Madero, a quien martirizó al principio de la Revolución mexicana. "El pueblo es soberano, pero no es omnisciente", dijo y con esa frase amarga saludó otra novedad: la victoria

---

[150] CDM, *Diario*, 8 de agosto de 1995.

[151] Paz, *Obras completas, VIII. Miscelánea. Primeros escritos y entrevistas*, op. cit., pp. 1257-1258n.

de Cárdenas como jefe de gobierno de la ciudad de México, anhelando "un fructuoso experimento de colaboración" que nos alejase de los "dos peligros gemelos que pueden arruinar a una democracia, la anarquía o la fuerza".[152]

VUELTA (1976-1998)

Una vez que abandonan *Plural* en solidaridad con Scherer García, Paz y sus amigos, casi inmediatamente se propusieron continuar la aventura en una situación nueva que les permita tener, al fin, una revista propia, ajena, en la medida de lo posible, a la intemperancia del poder político que había permitido el golpe a *Excélsior*. Lo mismo hizo Scherer García, lanzando su semanario, *Proceso*, en noviembre. Para ambos grupos, el de los periodistas y el de los escritores, era de gran importancia simbólica sacar sus revistas antes de que terminase el malhadado sexenio el 1 de diciembre y darle así una bofetada con guante blanco a un delirante Echeverría que recorría el país en frenética gira de despedida.

De no menor importancia era contar con recursos para garantizarle autonomía financiera a la nueva revista, para lo cual vemos a Paz atareado en pedir la ayuda de Gimferrer, su editor en Seix Barral, en búsqueda de publicidad bien pagada que nunca llegó desde la península.[153] Más eficaz fue pedir la ayuda de Tamayo, quien debía a Paz buena parte de su fortuna crítica en Europa. Se le compró al oaxaqueño un cuadro a precio de galería y se rifó. Lo ganó Margáin Charles, ultimado por los terroristas un par de años después. Pero "la economía presidencial" propia del autoritarismo mexicano, como la llamó Zaid le hizo una primera trastada a *Vuelta*, bautizada así camino del notario por Rossi, quien sería director suplente de la revista mientras Paz concluía sus cursos en Harvard. [154] El gobierno saliente se despidió devaluando la moneda y el cuadro de Tamayo había sido comprado a precio de dólar. Doña Olga, esposa del pintor y su administradora, no se inmutó y exigió el pago en billetes verdes. La primera gran misión del genio financiero de la nueva revista, Celia Chávez de García Terrés, la hermosa hija del doctor Ignacio Chávez, antiguo rector de la UNAM y entonces esposa del futuro director del FCE, el poeta García Terrés, fue pedir la clemencia de los Tamayo porque de pagarse el cuadro al nuevo tipo de cambio, la revista no hubiese aparecido.[155]

---

[152] Paz, *Obras completas, V. El peregrino en su patria. Historia y política de México, op. cit.*, pp. 573-575.

[153] Paz, *Memorias y palabras. Cartas a Pere Gimferrer 1966-1997, op. cit.*, p. 125.

[154] Ricardo Cayuela y Álvaro Enrigue, "Vuelta a la semilla. Entrevista con Alejandro Rossi", *Letras Libres*, núm. 96, México, diciembre de 2006, p. 27.

[155] Perales Contreras, *Octavio Paz y su círculo intelectual, op. cit.*, p. 259.

Según Poniatowska, invitada sin haber aceptado a formar parte del consejo de *Vuelta* en 1978, quien no se anda con pruritos de género al narrar la historia de la venta de los boletos, fueron las escritoras, pintoras y profesionistas, esposas o amigas de los antiguos redactores de *Plural*, quienes se lanzaron a la venta de los boletos y entre ellas fue la poeta González de León, la más exitosa.[156] En la Galería Ponce, dirigida por el curador Cervantes y propiedad de Fernando García Ponce, el pintor hermano de Juan, se presentó *Vuelta* y poco después –inspirado como estaba el título en aquel poema de Paz de 1976– a ese simbolismo se sumó otro: las primeras oficinas de la revista estarían en Mixcoac, el viejo solar de los Paz, ocupando una pequeña casa en la calle de Leonardo Da Vinci. De allí la revista se mudó a las lejanías de la Magdalena Contreras y a fines de 1989, al centro de Coyoacán.

En el primer número de *Vuelta*, tras contar la historia de *Plural*, Paz decía: "Hemos decidido salir solos, confiados en la ayuda del público y en su amistad" y mencionaba los donativos recibidos a cambio de ofrecer "ser fieles a nosotros mismos: escribir. No nos avergüenza decir que la literatura es nuestro oficio y nuestra pasión. Cierto, la literatura no salva al mundo; al menos, lo hace visible: lo representa, o mejor dicho, lo presenta. A veces, también, lo transfigura; y otras, lo trasciende".[157]

Apenas aparecida *Vuelta*, en abril de 1977, a Paz le fue detectado aquel tumor maligno de riñón, pero ni esa enfermedad ni la estancia en Harvard (que ya no se repitió en 1978, pues Paz decidió estar cerca de su madre en la ancianidad) ni la fama acarreada por el Premio Nobel ni sus batallas políticas y melancolías de poeta, ni sus deseos nunca cumplidos de dedicar sus últimos años sólo a escribir en retiro solitario, un sueño de opio tratándose de un intelectual de su tipo, lograron que Paz se separase de *Vuelta*. Paz es inconcebible sin sus revistas, que eran, en buena medida, el derrotero de su jefatura espiritual.

Su biografía intelectual entera, de 1971 hasta su muerte podría ser reconstruido sólo consultando *Plural* y *Vuelta*. Durante sus últimos meses, según nos enterábamos consternados y presurosos quienes hacíamos la revista, su opinión sobre qué hacer o no hacer con *Vuelta* variaba mercurialmente y al final decidió no tomar ninguna. Aquella revista involucraba demasiados afectos, lo unía a la vieja guardia dispersa y enfermiza de *Plural* pero también a los nuevos escritores que nos hicimos cargo de la redacción a partir de enero de 1989 pero sobre todo a cuatro personas cercanísimas a él (cercanía que provocaba alta tensión, imantaciones, cortocircuitos): Rossi, Zaid, Krauze y Asiain. Si el ultrauniversitario Rossi y el antiuniversitario Zaid, jalándolo a veces en direcciones contrarias, lo orientaron en el mundo político e intelectual de los años setenta, profundizando su proceso de desaprendizaje del

---

[156] Poniatowska, *Octavio Paz. Las palabras del árbol*, *op. cit.*, pp. 169 y 176.

[157] Paz, *Obras completas, V. El peregrino en su patria. Historia y política de México*, *op. cit.*, p. 798.

marxismo, Krauze (ciudad de México, 1947), ingeniero civil de formación antes que historiador formado en El Colegio de México, no sólo modificó y enriqueció la visión que Paz tenía de la historia de México, permitiéndole revalorar al siglo XIX liberal y con él a su propio abuelo. Su llegada a *Vuelta* fue accidentada: él mismo había sido caricaturizado por Paz junto con Aguilar Camín en su respuesta a aquella embestida del grupo de Monsiváis contra *Plural* en 1972. Gracias a Cosío Villegas, su maestro, cuya biografía publicaría en 1980, Krauze se había convertido no sólo en un historiador liberal. Era, también una excentricidad en aquel México: un empresario orgulloso de serlo y dispuesto a poner ese espíritu de empresa al servicio de la historia y de la literatura. Justo con unas páginas sobre Cosío Villegas había alcanzado Krauze a colaborar en uno de los últimos números de *Plural*. Conoció a Paz en el sepelio de don Daniel y el poeta pasó naturalmente a sustituir a su maestro desaparecido. Fue Rossi quien le ofreció a Krauze "subirse a esa pequeña barca" [158] y asumir la secretaría de redacción a partir del número 13 de *Vuelta*, de la cual se convertiría en subdirector a fines de 1981, puesto del que se retirará en diciembre de 1996.

Como subdirector y administrador de *Vuelta* le dio a Paz, la solidez de una revista económicamente viable, que llegó a tener una pequeña editorial (cuyo catálogo incluía no sólo a los de casa sino a Deniz, Berlin, Kolakowski, Meyer, Charles Hale, Richard Morse, Reyes, Vivant Denon, Valery Larbaud, Tomasso Landolfi, Orlando González Esteva, Cabrera Infante, Nedda G. De Anhalt y algunos otros clásicos y contemporáneos) y sobre todo la capacidad de gestión que implicó organizar, por ejemplo, el Encuentro por la Libertad.

Sin Asiain (Ciudad de México, 1960), el secretario de redacción de 1983 hasta el final (excepción hecha de un par de años en que ocupó esa posición Ruy Sánchez con mucho brío), es imposible escribir no sólo la historia de *Vuelta*, sino la del último Paz. Era la correa de trasmisión de Paz con el mundo literario, no sólo el mexicano sino el extranjero y llevaba la tarea más ingrata, propia de todo secretario de redacción que se respete, la de decir no a los muy numerosos aspirantes a publicar en *Vuelta*, para los cuales era más fácil culpar a Asiain, con sus jornadas de ocho horas diarias, cuando sus colaboraciones eran rechazadas que al remoto Paz que sólo visitaba la oficina cada uno o dos meses cuando había reuniones de la redacción y recorría el mundo recogiendo su cosecha. En cuanto a la poesía, ciertamente, la empatía entre los gustos del maestro y el discípulo era notoria y el conocimiento que Asiain tenía de la nueva poesía escrita en varias lenguas era, para Paz, indispensable. De eso hablaron Asiain y su veterano colega Bianco, alguna vez que el legendario secretario de redacción de *Sur*, visitó México. Cuando el pintor Juan Soriano conoció a Asiain, le dijo a Octavio. "¿No te recuerda a alguien?" "Sí, a Villaurrutia", le contestó Paz.

---

[158] CDM, conversación con Enrique Krauze, Ciudad de México, 22 de enero de 2014.

En el último número de *Plural*, de julio de 1976, nos lo recuerda Flores en *Viaje de Vuelta. Estampas de una revista* (2011), la cronista más fiel de la revista en que ella (poeta nacida en 1961) y su generación, que es la mía, se educaron, se homenajeaba al fotógrafo Manuel Álvarez Bravo, Castañón y Gimferrer reseñaban *Terra nostra*, la gran novela de Fuentes, así como artículos de Paz, Luis Villoro y Bell sobre los Estados Unidos junto a un artículo póstumo de Cosío Villegas. Menos de medio año después la nueva revista, aparentemente era lo mismo pero con otro nombre.[159]

Repetían como consejo de redacción, Elizondo, Rossi, García Ponce, Sakai, Segovia y Zaid, ocupando la secretaría de redacción, por sólo los doce primeros números, De la Colina, aunque desde el principio se fue haciendo notorio que el tiempo no pasaba en vano. A la fidelidad de Elizondo, dandi y conservador que a la francesa no encontraba contradictoria su pasión por Joyce y Bataille con su pertenencia a honorables instituciones oficiales como El Colegio Nacional y la Academia Mexicana de la Lengua, se sumaron las crecientes diferencias políticas con Paz de García Ponce y de Segovia, quienes identificados familiarmente con el exilio republicano español, eran, para decirlo directamente, más "de izquierda" que el resto de los consejeros de *Vuelta*, como lo demostraron uno, en 1988 frente al neocardenismo y otro, en 1994, en torno a los neozapatistas. Paz entendió la transición, inesperada y abrupta, de *Plural* a *Vuelta* como una afirmación de sus nuevas ideas sobre las de su pasado, ahora más empáticas con las de Rossi y Zaid, quienes habían sido alfa y omega en *Plural*.

Rossi (1932-2009), filósofo y autor de ficciones memorables, nació en Florencia de madre venezolana y padre italiano, y vivió entre la filosofía y la literatura sin mayor conflicto. Llegó a ser alumno de Heidegger, pero prefirió los jardines geométricos de la filosofía analítica de la que dio cátedra en la UNAM a los intrincados senderos de la Selva Negra. Pudo haber sido también un escritor argentino –se crió en Buenos Aires y sus penates fueron Borges, Bioy Casares y Bianco– pero eligió ser, como estilista supremo, un escritor mexicano. Rossi tenía cierta debilidad hegeliana por la majestad del Estado y era el liberal conservador de la revista, mientras que el católico Zaid, ingeniero mecánico dos años más joven que él, había nacido en Monterrey, hijo de inmigrantes palestinos y se hizo de un pensamiento que sólo de una manera muy imprecisa puede ser considerado como el de un anarquista cristiano, comunitarista y personalista, acérrimo adversario del despotismo priísta y sus presidentes.

El poeta Zaid, uno de los más precisos y dulces de la lengua, además es adversario del gigantismo académico y la UNAM le parecía algo bueno de México que la masificación y su falso remedio, el populismo, echó a perder. La insistencia en esa herejía la compartía, con sus máticas, en la

---

[159] Flores, *Viaje de Vuelta. Estampas de una revista, op. cit.*, p. 37.

siguiente generación de *Vuelta*, un universitario, Sheridan. Zaid estaba en el extremo opuesto de la devoción de Rossi por una universidad nacional de la que fue profesor emérito. De no ser por una legislación discriminatoria e ilegal que prohíbe a los extranjeros (aun nacionalizados mexicanos, como lo era el autor del *Manual del distraído* desde 1994) ocupar altos cargos en la UNAM, Rossi seguramente hubiera llegado muy alto en la universidad a la que dedicó su vida. Así, mientras Zaid sugería desmantelar la república de Copilco (así llamada por la amplia zona volcánica que ocupa la inmensa universidad nacional mexicana al sur del DF) y descentralizarla en pequeñas escuelas más socráticas que aristotélicas, Rossi, quien pensaba que casi toda la civilización en México provenía de la universidad, llegó a ser víctima de la violencia de los estudiantes huelguistas en 2000. En ése y en otros casos, Rossi y Zaid, como dice Flores, "prefiguraron dos alas distintas de pensamiento y concepción del mundo que poco a poco crecieron en la vida de la familia que *Vuelta* construyó".[160]

A ambos personajes recurriría Paz casi todos los días, asiduo al teléfono como lo era y esa riqueza contradictoria, la de Rossi y Zaid, lo enriqueció, como le permitió a *Vuelta* vivir en una fértil tensión crítica. A veces estuvo más cerca de Rossi, como ante los neozapatistas en 1995 aunque en los conflictos universitarios, de inmensa e inmediata repercusión política en México, solía darle la razón al escéptico Zaid, quien a su vez prevenía a Paz, me imagino, cuando lo sentía acercarse peligrosamente al poder. Como la mayoría de los escritores mexicanos, por lo menos hasta mi generación, Paz fue un desertor de las aulas universitarias y después un adversario feroz de la escolástica universitaria, proviniese de la Sorbona, de Oxbridge, de la Ivy League o de Copilco, de tal forma que la ironía antiuniversitaria de Zaid lo convencía. Pero a la hora del realismo político, del "día a día", como se dice ahora usando un pegajoso anglicismo, de un jefe espiritual involucrado en los años de la transición democrática, creo que prefería la sagacidad a veces cínica de Rossi. Ambos, finalmente eran también amigos personales suyos. Los Rossi (Olbeth y Alejandro) acompañaron a Marie José durante algunas de las internaciones hospitalarias de Octavio en los Estados Unidos durante los años noventa. "Yo creo", me dijo Krauze, "que la relación literaria quizás más rica la tuvo con Alejandro Rossi. La relación de pensamiento social y filosófico y aun digamos, de pensamiento existencial, sobre los temas últimos de la vida y de la muerte, quizá con Gabriel Zaid".[161]

Vuelta se benefició de las amistades que Paz había hecho a lo largo de toda una vida que la convertían en una revista realizada con modestia y buen gusto, que en sus mejores días pasó de tirar 5 000 ejemplares al mes a 18 mil, pero que llevaba en sus páginas, mes con mes, a varios de los poetas, críticos

---

[160] *Ibid.*, p. 53.

[161] CDM, Conversación con Enrique Krauze, Ciudad de México, 22 de enero de 2014.

y narradores más importantes del mundo, muchos de ellos convocados por el poeta mexicano. Era esa clase de revistas afortunadas donde la llegada de un poema de Michaux significaba posponer otro mes un ensayo de Kundera. La revista funcionaba mediante una suerte de consulados informales que la nutrían de colaboraciones y le permitían, en aquel mundo donde apenas a principios de los noventa se asomó el fugaz fax como gran novedad tecnológica de oficina, ir renovando su nómina de colaboradores con las nuevas generaciones. Así, en Madrid, a Juan Goytisolo y Pere Gimferrer, se sumaron Blas Matamoro, autor de una longeva "Carta de Madrid", Juan Antonio Masóliver Ródenas y Juan Malpartida, actual director de *Cuadernos Hispanoamericanos*. Desde París, tras la muerte de Papaioannou en 1981, llegaban los poemas de Henri Michaux e Yves Bonnefoy, las crónicas de Masson –más tarde editor de la *Oeuvre* de Paz en La Pléaide– o colaboraciones de Cioran, Furet, Revel, Hector Bianciotti y Claude Esteban. Al menos una vez, la revista publicó a Beckett, a Maurice Blanchot (uno de esos "incendiarios en pantuflas" caricaturizados por Merquior que Paz, pese a ello, apreciaba) o Gracq y más de una vez a Georges Dumézil y a Levi-Strauss.

Nuestro italiano de cabecera, fue Italo Calvino y durante los años duros del sandinismo, Pablo Antonio Cuadra tuvo en *Vuelta* su tribuna, lo mismo que Carlos Martínez Rivas, cuya poesía editamos. Desde Oxford, las colaboraciones de Isaiah Berlin, cuya amistad había cultivado Krauze y desde su refugio en la campiña inglesa, enviaba sus poemas Tomlinson, como lo hacían, donde quiera que estuvieran, los entonces llamados disidentes del este, que nutrían la revista regularmente: Kolakowski, Kundera, Brodsky, Manea. Entre los pocos alemanes destacó Enzesberger y de los intelectuales de Nueva York, persistieron en *Vuelta*, Bell, Howe y Sontag.

Cuba, en *Vuelta*, eran Cabrera Infante (su *Mea Cuba* fue uno de los bestsellers de la editorial y motivo de una falsa amenaza de bomba cuando se presentó el libro en 1993), Sarduy, Padilla y Reinaldo Arenas, a quienes se sumaron el poeta González Esteva y la empeñosa crítica Nedda G. De Anhalt, que vivía en México, a la que se sumaron jóvenes cubanos de la diáspora, como el historiador Rafael Rojas, que alcanzó a publicar en *Vuelta*. Perú era, naturalmente Vargas Llosa (quien polemizó con García Ponce en torno a Bataille) y el crítico José Miguel Oviedo, muy regular durante una época y de Chile, compartían el estrellato el poeta Rojas y el narrador Edwards, quien consiguió a su vez varias colaboraciones, en los primeros tiempos de la revista, de Enrique Lihn. *Vuelta*, a su vez, fue escenario en 1993 de la polémica venezolana entre tres grandes: Sucre, el poeta Juan Liscano y el filósofo Nuño. Más tarde apareció el poeta, crítico y editor Gustavo Guerrero. Durante los primeros números de *Vuelta*, participó activamente el crítico colombiano Juan Gustavo Cobo Borda y Mutis fue gran amigo de Paz y de la revista.

De Buenos Aires, nunca faltaron los poemas de Borges, algún cuento de Bioy Casares y otros más de su esposa, Silvina Ocampo, alguna crítica de

Héctor Libertella, varias de Saúl Yurkiévich, establecido en París. En 1981, al celebrar el quinto aniversario de la revista, Paz recordaba que *Vuelta* estaba prohibida no sólo en Cuba sino en Argentina y Uruguay.[162] Como lo había sido en *Plural*, Bayón continúo siendo uno de los principales críticos de arte de la revista y en la última década su lugar fue siendo ocupado por el mexicano Jaime Moreno Villarreal. También Bianco colaboró al principio como lo hizo el antiestructuralista Merquior, durante su estancia mexicana como embajador del Brasil, poco antes de su muerte precoz. Medio Uruguay estaba entonces en *Vuelta*: no sólo había estado Rodríguez Monegal, colaborador copioso hasta su muerte prematura en 1985, sino Ulalume González de León, que trajo a la revista el espíritu de *Alicia en el país de las maravillas*, Ida Vitale y Enrique Fierro, Torres Fierro y Milán, el filósofo Carlos Pereda. En una prueba más de la estudiada modestia de los presidentes uruguayos, estando en ejercicio, Julio María Sanguinetti se presentaba como colaborador de *Vuelta*.

Ninguna de las grandes polémicas periodísticas de Paz estuvo ausente en *Vuelta* aunque estas empezaran en periódicos como *Excélsior* o *La Jornada* o semanarios como *Proceso*. "Guerras culturales" como la declarada a *Nexos* por el Coloquio de Invierno tuvieron a la revista como la trinchera principal pues Paz era dado a repartir colectivamente las tareas políticas de una manera que a mí me recordaba a las propias de las reuniones militantes del Partido Comunista (recuerdo que cuando hice esa comparación, que en mi opinión hablaba bien de Octavio, Rossi, mi interlocutor, alzó las cejas: el símil era imperceptible para quien no viniera de las organizaciones de izquierda). Pero no sólo las "guerras culturales" sino las batallas más literarias, como la emprendida "en defensa de la literatura difícil" en julio de 1992 y que era un corolario de la pelea contra los nexonitas, que aparecían como los abanderados del realismo comercial, lo cual no era del todo cierto, en literatura mientras que *Vuelta* se presentaba, ese mismo año, no sólo como la defensora de la poesía, sino como la heredera de los poetas de *Contemporáneos*, lo cual enfermó a nuestros adversarios.

No poca importancia tuvieron, en *Vuelta*, las batallas gremiales en que la revista se puso al frente de la sociedad literaria en general, como en la lucha por la exención del pago de impuestos para los derechos de autor o la promulgación de una ley del libro, causa acaudillada por Zaid. Menos popular –y al principio era vista como propia de la naturaleza "burguesa" o "reaccionaria" de *Vuelta*– fue la insistencia de Paz y el primer consejo de redacción contra la piratería editorial que era ejercida impunemente en toda América Latina, justificada por la pobreza o el "subdesarrollo" de nuestras sociedades. Todavía en 1984, según registra Flores, la revista peleaba por los derechos de autor que compraba y establecía convenios con publicaciones afines como *Dissent*, *Le Nouvelle Obsevateur* o *Esprit*, para impedir la piratería, al grado de que

---

[162] Paz, *Obras completas, V. El peregrino en su patria. Historia y política de México, op. cit.*, p. 802.

Vuelta se convirtió en una suerte de agente literario, sin cobrar un centavo, de sus colaboradores.[163] Ello tenía mucha importancia para Paz, quien murió sin haber tenido nunca un agente literario, pero era un hombre de revistas. Sabía lo que para un joven escritor significaba no cobrar una reseña o un poema, que se le pagara pésimo o encontrarse con la sorpresa de que el pago prometido se había retrasado. No pocas veces Octavio en persona, desde los tiempos de *Plural*, recibió los airados reclamos de colaboradores extranjeros a los cuales se les habían girado cheques sin fondos.[164] *Vuelta* contribuyó en mucho a profesionalizar el medio literario mexicano y hubo de empezar por su propia casa. Cuando la revista desapareció la mayoría de esas prácticas, que tanto trabajo costó imponer, habían sido desterradas.

Cuando Paz empezó a colaborar en Televisa hacia 1980 la especiosa calumnia de que a la revista la financiaba esa empresa se expandió. No hay ninguna prueba de ello. Según Perales Contreras, investigador independiente, cumplidos los veinte años de *Vuelta*, sólo 38% de los anuncios provenían de la iniciativa privada contra 30% del gobierno (que había propuesto comprar en firme 5 000 ejemplares de cada número para las bibliotecas públicas, propuesta que Krauze rechazó por tratarse de una amenaza para la independencia económica de la revista), 22% de otras revistas y editoriales, 9% de los centros académicos y 1% de los partidos políticos. Flores, más cercana a la casa, ofrece otras cifras, pero el orden de los factores no altera el producto: sólo 9%, según ella, de la publicidad de la revista provenía de Televisa.[165]

Vuelta, como lo indica la revisión hecha por Flores, era una revista de poetas ateniéndonos al número de colaboraciones por persona, encabezada de lejos por Paz (con casi 300 colaboraciones firmadas) y a él lo seguían Zaid y Asiain, un historiador (Krauze) y los críticos literarios de la revista: Bradu, Milán, yo, y en funciones de cronistas, desde España, Matamoro y desde Copilco, Sheridan, quien fue ocupando como cronista el lugar de Ibargüengoitia, tras su muerte en un accidente aéreo en 1983. Y Bradu y yo seguíamos sistemáticamente las novedades de narrativa bajo un clima de libertad y hasta de indiferencia por parte de Paz, que aunque se cuidaba de decirlo (se enojó mucho conmigo cuando le contaron que yo bromeaba diciendo que la última novela que había leído era de 1928: *El amante de Lady Chatterley* de su idolatrado Lawrence, a quien Yeats llamaba "poeta de la historia"), compartía el desprecio bretoniano (a su vez obra de la poderosa influencia de Valéry sobre el surrealista) por la novela, de tal forma que no atendía nuestras opiniones sobre cuentos y novelas como lo hacía, sin perderse una línea, cuando se trataba de poesía o política. De manera evidente, *Vuelta* era una revista

---

[163] Flores, *Viaje de Vuelta. Estampas de una revista, op. cit.*, pp. 62-64.

[164] Perales Contreras, *Octavio Paz y su círculo intelectual, op. cit.*, p. 304.

[165] *Ibid.*, p. 267; Flores, *Viaje de Vuelta, op. cit.*, p. 91.

posterior al *Boom* y en buena medida contraria a su influjo mientras que *Plural* había tenido que compartir el horizonte con los exitosos novelistas latinoamericanos. Vargas Llosa mismo colaboró en *Vuelta* más como agitador liberal que como novelista –aunque todas sus novelas fueron reseñadas– y la presencia de Cortázar fue simbólica (apenas figuró en los dos primeros números). Tampoco, como en *Plural*, apareció nunca García Márquez (aunque los intentos de Mutis por amistarlo con Octavio tuvieron éxito pasajero y al menos pasaron varios días juntos, con sus esposas, en Cuernavaca, según una carta de Paz a Sutherland, sin fecha, aunque debió ser en los años setenta).[166] Fuentes, en cambio, colaboró regularmente en la revista durante la primera década: uno de sus últimos artículos fue la nota necrológica de Calvino. Los narradores mexicanos que cobraban importancia durante los ochenta y los noventa, desde Sergio Pitol hasta Daniel Sada, pasando por Carmen Boullosa y Juan Villoro, escasamente colaboraron con cuentos o fragmentos de novela, aunque fueron sistemáticamente reseñados. De los nuevos narradores españoles, sólo uno, Enrique Vila-Matas entusiasmó lo mismo a Paz que a los jóvenes críticos de *Vuelta*.[167]

Aunque en sus últimos años Paz distó mucho de ser un poeta prolífico, algunos de sus poemas aparecieron en *Vuelta* así como casi toda su obra como crítico literario y político desde 1976 hasta su muerte. Respecto a los poetas mexicanos (sin contar a Ulalume González de León y Zaid, miembros del consejo), *Vuelta* se publicaron varios poemas de Deniz (uno de los preferidos de la casa), de Alberto Blanco, de Lizalde, de Bonifaz Nuño, de Xirau y entre los más jóvenes, en orden decreciente, Verónica Volkow (además de ser una de las bisnietas mexicanas de Trotski, buena poeta), Manuel Ulacia, Antonio Deltoro, Samuel Noyola, Fabio Morábito, Jorge Esquinca, Eduardo Hurtado, David Huerta, Francisco Hernández, entre otros. Los poetas amigos de la casa fueron generosamente reseñados; en menor medida, representantes de estilos ajenos al de Paz. A Octavio le interesaba mucho que la crítica de poesía recorriera todo el orbe de la lengua española y por ello, en la última década de *Vuelta*, uno de los críticos infaltables fue Milán, uruguayo mexicanizado que se convirtió en un verdadero formador del gusto poético en México. A favor de la tolerancia crítica de Paz debe decirse que la jerga, muy rioplatense, de Milán, plena en derivas lacanianas e intersticios deleuzianos, no le agradaba mucho al director de la revista, pero admiraba la amplitud en la visión de su crítico de poesía de cabecera. Igualmente Eliot, en *The Criterion*, estimulaba a reseñistas de opiniones y estilos del todo adversos a los suyos. Todo ello no le impidió al viejo Cardoza y Aragón repetir con frecuencia, aquello de que el consejo de redacción de *Vuelta*, "descansaba en Paz".

---

[166] Perales Contreras, *Octavio Paz y su círculo intelectual, op. cit.*, p. 396.

[167] Paz, *Obras completas, II. Excursiones/Incursiones, Dominio extranjero. Fundación y disidencia. Dominio hispánico, op. cit.*, pp. 131-132.

Más allá de las secciones fijas, que algunas se convirtieron en libros, como el "Manual del distraído", que venía de *Plural*, de Rossi, "Camera lucida", de Elizondo o "Al filo de las hojas", de Ruy Sánchez u otras de larga duración como la dedicada a la ciencia por Carlos Chimal, a la escena política mexicana por Sánchez Susarrey, a la música clásica por Helguera o el inclasificable "Litoral" que García Terrés se trajo de *La gaceta del FCE* en 1989, las reseñas bibliográficas en *Vuelta* eran una parte central en la percepción pública de la revista. Incluso a mí, debo confesarlo, me sorprendieron las frías estadísticas recabadas por Flores en *Viaje de Vuelta* que contrarrestan la idea de la supuesta endogamia de la revista de Paz como una sociedad de elogios mutuos. Del total de las reseñas publicadas a lo largo de veintidós años (1496) "sólo el 22% correspondió a miembros del grupo" y de ellas sólo 2% estuvieron dedicadas a Paz y el resto, entre los más reseñados, fueron Krauze, Vargas Llosa, Xirau y Zaid. De quienes no formaban parte de los consejos de la revista, los más atendidos fueron Fuentes y Pacheco.

Ello no quiere decir que *Vuelta*, más que *Plural*, no haya sido un penetrante instrumento en la difusión crítica de la obra de Paz, faltaba más. Entre otros, Sucre y García Ponce reseñaron, respectivamente, *Vuelta y Xavier Villaurrutia en persona y en obra*; Goytisolo, *Vislumbres de la India* y *El ogro filantrópico;* Jason Wilson, *Generaciones y semblanzas*; Sheridan, *Al paso y Primeras letras*; García Ramírez, *Convergencias*; Torres Fierro, *Itinerario*; Domínguez Michael, un par de tomos de las *Obras completas*; Stanton, *Sombras de obras, Obra poética* y *Árbol adentro*; Xirau, la versión francesa del Marcel Duchamp; Espinasa y Bayón, *Los privilegios de la vista* y *La llama doble. Amor y erotismo*, fue el libro de Paz que se reseñó tres veces: lo hicieron Asiain, Bradu y Castañón. También se publicaron, por supuesto, numerosos ensayos, no exactamente reseñas, sobre Paz.

Otra manera de hablar del uso que Paz hizo de su última revista está examinando si se atendieron, en *Vuelta*, las obras de las enemistades nuevas o viejas del poeta o los reales o supuestos escritores adversarios, ideológicos o literarios, al grupo. Sirviéndome también del índice de autores reseñados en *Vuelta* elaborado por Flores (que no está en el libro de ella, aunque debería de estarlo, como apéndice) y procediendo de manera alfabética, se reseñaron casi todos los libros –ensayos, cuentos y novelas– de Aguilar Camín, uno de Aguilar Mora (pero no *La divina pareja)*; el clásico de Alatorre *(Los 1001 años de la lengua española)* se reseñó tres veces junto con sus *Ensayos de crítica literaria*, pese a la acritud que la erudición sorjuanina causó entre Paz y el gran filólogo. También se reseñaron, en una ocasión muy negativamente, un par de los libros de José Agustín (el novelista de la Onda que no dejaba pasar la oportunidad de denunciar a la "mafia" de Paz), el *Inventario* reeditado, de Arreola, las memorias de Carballo, varios de los últimos libros de Cortázar y de García Márquez, casi todos los libros publicados por Fuentes tras la ruptura de 1988, el último par de poemarios de Efraín Huerta, dos novelas de Elena Poniatowska y otra de Sergio Ramírez, *Los cuadernos de Juan Rulfo* y el *Nuevo recuento de poemas*, de Sabines.

Algunas de estas reseñas fueron virulentas, la mayoría ecuánimes, no pocas sorprendentemente entusiastas en relación a escritores en apariencia *non gratos* a la casa. Fueron poquísimos –dos de ellos, lamentablemente, Elena Garro y Salazar Mallén– los escritores mexicanos de importancia y no mediocridades ansiosas de protagonismo, que escaparon al escrutinio crítico de *Vuelta*. Los majaderos libelos anónimos y pseudónimos que recibimos, por ejemplo, Castañón y yo (por mi *Antología de la narrativa mexicana del siglo XX)* y él por sus decisiones como gerente editorial del FCE eran menos contra nosotros que "contra *Vuelta*", concebido como un monopolio voraz dirigido maquiavélicamente por Paz, el "gran mafioso". Naturalmente, ni los índices de mis libros ni el catálogo de Castañón durante sus años como editor en la casa editorial del Estado, justificaban esas acusaciones pero era más fácil y menos costoso meterse con nosotros que con el director de *Vuelta*.

Dada la supremacía que había cobrado Paz en los años ochenta y noventa, la tentación de alejar de sus ojos artículos incómodos e inconvenientes, existía, sin lugar a dudas: pero *Vuelta* cumplió decorosamente con la orientación que el joven Paz le había dado a *Taller* y a *El Hijo Pródigo*, la de ser un verdadero índice crítico de nuestra historia literaria, como lo había sido *Plural*. No todas las reseñas estuvieron al nivel de la "pasión crítica" que exigía el poeta pero es imposible decir que en *Vuelta* se ejerció el ninguneo que Paz había estudiado en *El laberinto de la soledad* y del que fue acusado, con mucha injusticia, de ejercer.

El ambiente en *Vuelta* podía llegar a ser muy denso, por lo menos en los últimos diez años de su existencia que son aquellos en los que yo estuve, pero no sólo por la vanidad del gran poeta y del resto de las vanidades literarias, de todos los tamaños, que portamos y ejercemos por rutina los escritores, sino por las diferencias políticas, literarias e intelectuales que circulaban en torno a Paz, a veces árbitro, otras veces partidario de una y otra posición, frecuentemente sólo primero entre pares. El problema no era la unanimidad, sino la divergencia. *Vuelta* fue más plural que de *The Criterion*, donde Eliot se hizo acompañar, a su izquierda, de un anarquista de salón como Herbert Read y a su derecha, del antisemita Montgomery Belgion; acaso estuvo más abierta hacia la izquierda heterodoxa que *Sur* en sus mejores años pero nunca llegó a ser un parlamento que cubría de la extrema derecha a la extrema izquierda de la literatura francesa como lo fue la *NRF* durante los años treinta. "Si Céline viviera en la esquina, yo no le pediría un artículo", nos dijo el 8 de agosto de 1995 mientras discutíamos las revelaciones del pasado fascista de su recién fallecido amigo Cioran en la Guardia de hierro rumana.[168]

---

[168] CDM, *Diario*, 8 de agosto de 1995.

Naturalmente, la decisión final, cuando se necesitaba llegar a ella, la tenía Paz, como era natural, lógico; pero no era infrecuente a que él accediera a textos, personas o posiciones que había rechazado en principio. Pocas veces, que yo recuerde, se vetó un artículo del consejo editorial. Una vez, por ejemplo Bradu presentó una reseña muy negativa de *Elogio de la madrasta* (1988), una novela libertina de Vargas Llosa y Octavio le dijo que eso no lo podíamos publicar porque Mario era "nuestro amigo" y estaba en campaña electoral por la presidencia del Perú y cualquier ataque aunque fuese literario, podría hacerle daño. Lo asombroso, a la distancia, es que en vez de acatar, insistimos en que la suya no era una buena razón para "censurar" un artículo. Octavio fue paciente y caballeroso en extremo con Fabienne (lo era siempre con ella y con las damas en general). El incidente, ocurrido a principios de 1990, echa luz sobre lo ocurrido dos años antes con Fuentes. Aunque cuando se publicó el ensayo de Krauze contra Fuentes, éste no contendía en situación de riesgo por ninguna presidencia, era evidente que, antes que cualquier otra consideración, Paz ya no lo consideraba, en la dimensión jansenista (es decir, filosófica) que le daba a la palabra, un *amigo*.[169]

Orientarse allí era difícil y a veces hasta imposible: no pocos escritores jóvenes, de mucho valor, se fueron al no poder tolerar ese ambiente que algunos han llamado, como Ruy Sánchez (quien dejó en 1986 la secretaría de redacción por diferencias personales con Krauze),[170] cortesano. "Al terminar en muy malos términos con buena parte de la corte de Octavio Paz, me di cuenta de que yo tenía que ser independiente",[171] dice Ruy Sánchez al hablar de cómo hizo de *Artes de México* una magnífica revista, pero lo cito para preguntarme, con el lector, si conformábamos una corte. Sí y no, es mi respuesta, remedando a Paz. Era evidente, como nos los dijo Paz en la reunión del 4 de agosto de 1988 en que nos dio la bienvenida, con Krauze y Asiain, como miembros de la entonces llamada mesa de redacción, a Bradu, Castañón, José María Espinasa, Luis Ignacio Helguera, Julio Hubard, Eduardo Milán, Sheridan y a mí, que era necesario un recambio generacional. "Les doy la bienvenida...", nos dijo Paz, "*Vuelta* atraviesa por una etapa de transición cuyo protagonismo está en ustedes. La generación de Segovia y Elizondo se ha retirado a hacer su obra. Es el turno de los que tienen entre 25 y 35 años..."[172]

---

[169] CDM, *Diario*, febrero de 1990; Fabienne Bradu, correo electrónico a CDM, 4 de junio de 2014.

[170] Perales Contreras, *Octavio Paz y su círculo intelectual*, op. cit., p. 303.

[171] Reina Roffé, "Entrevista a Alberto Ruy Sánchez", *Cuadernos Hispanoamericanos*, Madrid, núm. 631, enero de 2003, p. 238.

[172] Transcribo un extracto de mi *Diario* de aquel día: "Paz retoma la palabra. Pide propuestas. Hubard propone una encuesta entre el consejo de colaboración sobre el poder y los intelectuales. "Magnífica idea", dice Paz. "¿Qué le parece Domínguez?" Me sobrepongo. Por lo menos no me preguntó que sé de la poesía francesa del siglo XIX. Digo "que me parece bien" pero que habría qué hacer una distinta para cada país y empezar por México. "Magnífico", insiste, "Hágala usted con

La medida de abrir la revista a los más jóvenes era, por parte de Paz, generosa y realista, pero también era, como yo lo creo, una necesidad de Krauze y de Asiain de impedir que aquella revista se transformase en una monarquía absoluta habiendo desaparecido, en los hechos, el viejo grupo de *Plural* y habiendo quedado, Rossi y Zaid, como amigos cercanísimos del poeta pero distantes del trabajo diario de la revista. Se creó, con éxito, un cuerpo colegiado que le daba a la revista mayor vitalidad, impidiendo que todo el poder se concentrase en Paz. Entraban sobre todo críticos literarios que entonces se consideraban de izquierda (Espinasa, Milán, Bradu, yo mismo), se afianzaba la relación con Castañón (que era un magnífico editor de libros en el FCE pero también dirigía, en los hechos, una estupenda gaceta literaria en esa misma editorial, que era una competencia redundante para *Vuelta)* y se afianzaba la relación con un iconoclasta seguido por muchísimos lectores, como Sheridan; aparecía, al fin, un verdadero crítico musical como

---

Krauze y Hubard". Siguen las propuestas. Me relajo mientras Chema [Espinasa] se propone para todas las tareas. Dice Paz: "Nuestra revista ha fallado en la crítica de las publicaciones culturales del país..." Dice Asiain: "No podemos hacerla porque todas las hace Chema". Risas, naturalmente.

Otra provocación para Espinasa: "¿Por qué les gusta González Durán? Su poesía es estéril como su vida. Quiso ser ministro y no lo logró. Era un hombre inteligente. Pero él, como José Luis Martínez y Alí Chumacero... tomaron el ejemplo de Torres Bodet... Chumacero quizá no. Chumacero no... Él fue un bohemio". Chema trata de contestar: "Maestro..." "No me diga maestro, porque no vuelvo a estas reuniones". "Llámeme Octavio".

Pasamos a la lista de reseñas. "Me parecen magníficas las reseñas de Domínguez (es decir, las que me ofrezco a hacer: Vargas Llosa, Cansinos-Asséns, Lezama Lima). Por cierto, ¿usted tiene las memorias de Cansinos". "Sí", le digo. "Préstemelas". "Con mucho gusto". ¿Qué hago? ¿Le mando las mías todas subrayadas? ¿Le compro unas nuevas y me gasto 10 mil pesos?

"¿Hablan de la vanguardia?", me pregunta y yo más confiado respondo:

"No. Más bien de la baja bohemia. Huidobro sale apenas y Borges una vez... tal parece (me atrevo) que era una admiración no correspondida (la de Borges por Cansinos)..."

"En efecto, Borges entró tarde a España. También se tardó en Francia: fui yo quien le dijo a Caillois que publicara a Bianco y a Borges. Caillois los consideraba escritores europeos y quería publicar, en vez de ellos, a Carpentier y a Asturias..."

Como no llega su chofer a recogerlo, al recibirle a Adolfo su último libro sobre Reyes, diserta durante veinte minutos, ante el silencio absoluto de la concurrencia, sobre don Alfonso.

El gran Paz aparece: "Reyes era cobarde. Escribió tanto para no escribir lo que tenía que escribir. Él era esencialmente un poeta y no ese humanista goethiano que trató de hacer de sí mismo. El Reyes erótico era sensacional. A mí me llegó a contar detalles íntimos de cómo hacía el amor con Mimí de Montparnasse en los veintes. Pero nunca fue generoso con sus contemporáneos. Nunca escribió sobre ellos. Despreció a Pepe Gorostiza y a Cuesta lo llamaba 'ese loco'. Le horrorizaba el arte moderno aunque entendió a Valéry y a Mallarmé. No tuvo la intimidad que dice que tuvo con Valery Larbaud..."

De política sólo hubo algunas bromas sobre Fuentes, una queja suya sobre el favoritismo de Ricardo Valero, en la SRE, hacia los intelectuales de izquierda; elogios para Monsiváis que "cuando sale a la calle sale a la historia". Nos compartió la advertencia que le hizo a Vargas Llosa para que no se lance a buscar la presidencia del Perú: "en el mejor de los casos te pueden matar y en el peor hasta puedes ganar". En algún momento se mostró confiado de que Salinas de Gortari será plural en la cultura, comentario que Krauze matizó.

Al día siguiente. Los saldos. Castañón: "Me habló el Tlatoani. Estaba encantado. Me preguntó por quién habían votado los jóvenes." Milán: "Nunca se sabrá qué piensa realmente Paz de cada uno. Es probable que ni siquiera le interese pensar sobre eso".

Helguera; se invitaba a Hubard, un poeta católico muy querido por Zaid y Ramón Xirau. Por desgracia, muy pronto hubo de irse Espinasa, crítico de cine, poeta y editor, vetado por uno de los antiguos miembros del consejo de redacción con motivo de un conflicto ocurrido en el remoto reino de la crítica cinematográfica. Pese a nuestras protestas y muy avergonzado, Paz nos dijo que entre dos amistades, se veía obligado a escoger la más antigua.

La creciente fama y poder del jefe espiritual, fuera y dentro de México, se compensaba con una revista más representativa de la nueva literatura nacional. Se fue creando, en mi opinión, un ambiente de discusión al amparo de una figura de autoridad no benévola pero sí generosa. A quienes creíamos, por ejemplo, en aquel verano de 1988, que el ingeniero Cárdenas había ganado las elecciones se nos escuchaba o se nos rebatía sin permitirnos, como debe de ser, saltarnos las jerarquías: las discusiones políticas graves las tenía Paz con Rossi, Zaid o Krauze, pero el hecho de saber representadas nuestras opiniones por alguno de ellos, nos aliviaba. Tarde o temprano planteábamos objeciones políticas o literarias y más temprano que tarde, al menos a mí, Paz me convencía de que estaba equivocado y volvía a mi lugar de reseñista de novelas.[173] Mi diario de ese entonces registra frustraciones y enojos, aquejado frecuentemente de *l'esprit de l'escalier*, deseoso de regresar unas horas en el tiempo mejor armado de argumentos y hasta de ironías. También con el tiempo, estar en *Vuelta* me volvió una suerte de niño echado a perder capaz de cometer frivolidades que ahora me avergüenzan como olvidarme de que había reunión tal día o irme de vacaciones a la playa en diciembre de 1996 en vez de asistir a la celebración del veinte aniversario de la revista y decirle a Octavio campechanamente la verdad, lo cual desde luego lo irritó mucho.

Ya he ilustrado las diferencias políticas a lo largo de los noventa que separaron a Krauze, Rossi y Zaid de Paz, sin que se rompiera el espíritu de cuerpo. Hubo también diferencias literarias públicas. Una de ellas, la motivada por *La literatura mexicana* (1995), un libro que hicimos José Luis Martínez y yo, que no le gustó a nadie, por diferentes razones. Castañón y Sheridan, en presencia de Martínez y mía, lo criticaron a placer, en la Sala Manuel M. Ponce del Palacio de Bellas Artes, en 1995, sin que eso evitara que todos nos fuéramos a cenar, juntos, después. Las reseñas entre nosotros, obviamente camaraderiles, no estaban exentas de críticas y hasta de codazos. Paz toleraba, en cuanto a él y su obra, divergencias políticas. No era tan paciente con las literarias, como bien lo supo Fernando García Ramírez, en ese momento uno de los editores de la revista, quien reseñando *Convergencias* (1992), una de las últimas colecciones de ensayos críticos de Paz, quiso tomar partido por Borges al comentar el elogio fúnebre que el director de *Vuelta* hacía del argentino, lo cual motivó un agrio intercambio de cartas. El enfado de Paz se fue calmando con los meses pero al final García Ramírez,

---

[173] CDM, conversación con Fabienne Bradu, ciudad de México, 9 de mayo de 2013.

quien había jugado un papel importante en la logística del Encuentro por la Libertad en 1990, prefirió salir de *Vuelta*.[174]

Si por corte se entiende servidumbre doméstica o unanimidad intelectual más allá de los acuerdos de fondo que hacen posible una revista reunida en torno a un gran escritor carismático, no éramos una corte. Pero si se entiende por corte un mundo de rivalidades entre caracteres fuertes, ambiciones juveniles e ideas en conflicto, donde se anunciaban renuncias y particiones que a veces ocurrían o se temía que tal o cual de los grandes del reino partiera en busca de nuevas tierras, si por corte se entiende ese ambiente sobreactuado y fascinante de quienes han sido educados en la ilusión de vivir la historia del mundo como propia, sí éramos una corte, es decir una polis dentro de la polis, formada en torno a la gravedad de un jefe espiritual. Allí, mi vanidad me alcanzaba para concebirme como un diminuto Saint-Simon que llevaba la crónica secreta del reino. No era distinto el mundo que rodeó a Victoria Ocampo en *Sur* ni a Eliot en *The Criterion*, ni el de los escritores peleoneros de entreguerras de la *NRF*. En ese sentido haberse estado en *Vuelta* fue un privilegio irrepetible, algo muy siglo xx que sin remedio no volverá.

Aquellos buenos años, para el consejo de redacción creado a principios de 1989, duraron hasta diciembre de 1996, cuando el incendio del departamento de Paz inició la cuenta regresiva del fin de su vida. A veces llegaba con regalos, libros de arte que le sobraban o antiguas ediciones suyas que nos arrebatábamos codiciosamente. A veces no llegaba él sino la infausta "caja" que era adonde iban a dar los muchos libros que le llegaban y no quería guardar (su biblioteca era bastante escogida) de tal forma que los enviaba a la revista para ser repartidos entre la redacción y los consejeros. En la caja aparecían con frecuencia obras autografiadas por grandes escritores, amigos o no de Paz, que el poeta no deseaba conservar. Frecuentemente llegaban los libros dedicados con admiración al poeta por media literatura mexicana. Él no tenía el tiempo o la delicadeza de arrancar las dedicatorias, que se convertían en motivo de escarnio entre nosotros. Había que estar pendiente de la llegada de la caja porque a veces venía en ella alguno de nuestros propios libros, cariñosamente dedicados semanas o días atrás e implacablemente arrojados a las tinieblas exteriores. Había que sustraerlos de la caja ante la mirada compasiva de Asiain.

Fue la época en que Paz accedió a presentar libros de varios de nosotros, en una presentación colectiva ocurrida en octubre de 1993 y cuando *Vuelta* ganó el Premio Príncipe de Asturias, otorgado en el Teatro Campoamor de Oviedo.[175] En ese tiempo era más fácil, pese a sus viajes y obligaciones, irlo a ver,

---

[174] Fernando García Ramírez, correo electrónico a CDM, 21 de mayo de 2014.

[175] La familia Krauze, presente en Oviedo, consideró que Paz no compartió generosamente en aquella ceremonia el reconocimiento del Príncipe de Asturias que premiaba una labor colectiva y no sólo a su director (León Krauze, "Vislumbres de Octavio", *Milenio,* México, 15 de marzo de 2014)

conversar de literatura o de política. Conmigo habló alguna vez de alcohol, escuchando mis problemas y seguro de que Laura Helena había heredado el alcoholismo de su abuelo. Desde entonces se negó a beber en mi presencia, "para no tentarme". Recordó que la vida diplomática exige un control estricto sobre la bebida y que él mismo alguna vez dijo algunas "extravagancias ante altos potentados" y visitándolo eran posibles fragmentos de conversación formidables y exquisitas sobre Chateaubriand o las *Etiópicas*, de Heliodoro, que le parecían magníficas para una película de aventuras, "que son las que más me interesan actualmente", decía en referencia a su afición por el cine de Ciencia Ficción. Uno salía de allí sintiéndose perfectamente iluminado.[176]

Pero el fin de época se apresuraba. Empezó en 1991 cuando Zaid renunció a la revista por distintos motivos personales, entre ellos su deseo de un público de mayor amplitud para sus artículos como el que le ofrecía *Contenido* y acaso molesto, según la correspondencia entre García Ramírez y García Ponce, por la pasividad de la revista en 1988 y por la relación con Televisa. Pese a la conmoción que causó en el grupo la renuncia de Zaid ("Renuncio a *Vuelta*, pero no a ser amigo de ustedes", habría dicho), el poeta y ensayista "se mantuvo firme y dijo que aunque pensaba seguir colaborando, quería vender sus acciones de la revista y desaparecer del consejo de colaboración de *Vuelta*".[177]

Krauze también se alejó, según le contó a Flores, dejando la subdirección en diciembre de 1996: "Entre Octavio y yo hubo una suave y natural separación. Yo creo que él sí quería que yo tomara un camino distinto, y visto a la distancia, tenía razón. No pretendía que me fuera de *Vuelta* como escritor, pero prefería que en *Vuelta* quedarán él y los jóvenes que lo rodeaban, sobre todo poetas y el talentosísimo Aurelio. Entre 1993 y 1996 ya nos vimos menos. Yo me convertí en una suerte de supervisor general".[178] Aunque la revista pasó en esos últimos años al dominio de los "nietos", Poniatowska, en *Las palabras del árbol*, se dirige así a Paz: "Para tu fortuna has tenido en quien heredar la destreza de polemizar. Hablo no sólo de Helena Paz, La Chata, sino de Enrique Krauze, Guillermo Sheridan, Christopher Domínguez Michael, Aurelio Asiain y Alberto Ruy Sánchez ("El Pollo"), que también son tus hijos. Carlos Fuentes es el hijo pródigo, con él fuiste injusto aunque te enojes conmigo…"[179]

Antes del Premio Nobel, Paz y Krauze habían conversado el asunto de la sucesión en *Vuelta* e inclusive, el presidente Salinas de Gortari, con su manía omnisciente, se lo preguntó al poeta, quien afirmó que el historiador debería

---

[176] CDM, *Diario*, 25 de noviembre de 1995.

[177] Perales Contreras, *Octavio Paz y su círculo intelectual*, op. cit., pp. 477-478.

[178] Flores, *Viaje de Vuelta*, op. cit., pp. 98-99.

[179] Poniatowska, *Octavio Paz. Las palabras del árbol*, op. cit., p. 48.

dirigirla. Pero la llegada del Nobel en 1990, que dio a *Vuelta* nuevo vigor y magnetismo, hizo que Paz pospusiese otra vez su fantasía de ermitaño para dedicarse a escribir pues para un jefe espiritual la literatura es vida pública y conversación en la plaza. Después, en una carta a Krauze, del 16 de agosto de 1991, retomó la idea: impedir que *Vuelta* se sobreviviese a sí misma y vegetara como le había ocurrido a la *Revista de Occidente* tras la muerte de Ortega o a la *NRF* después de la Segunda guerra mundial, una vez caído el muro de Berlín y encaminada, según Paz, la transición democrática en México.[180] Krauze, a su vez puso en marcha su propósito de democratizar la narrativa de la historia mexicana a través de la televisión, creando Clío y empezó a pensar en su propia revista, que acabo siendo la que sucedió naturalmente a *Vuelta*. También, recordó Krauze en 2011, "el neozapatismo y la tragedia de 94" le dieron una nueva vitalidad a *Vuelta*, convertida, según el editor catalán Jorge Herralde, en un "poder fáctico colosal".[181]

El 10 de diciembre de 1996, en la celebración de los veinte años de *Vuelta*, privaron sentimientos encontrados. Esa noche Paz insistió: "Nos anima, desde el primer número, una idea de la literatura que se puede resumir, reducir a dos verbos: *decir y oír*. Para ser un buen escritor hay que comenzar por saber oír, tanto la voz de los muertos como la de nuestros contemporáneos vivos; y un buen lector es aquel que en cierto modo, es autor de la obra que lee".[182] Como lo ve bien Flores en *Viaje de Vuelta*, "el tono reflexivo y casi nostálgico" de Krauze, el que se iba, contrastaba con el ánimo combativo de Asiain, quien se quedaba en son de guerra contra las etiquetas del mercado editorial de Occidente ("el posestructuralismo, la posvanguardia, la Nueva Era"), "la hojarasca derrideana y sus humus infecundos", los retos, los desafíos y las certidumbres, esa "empeñosa terminología tomada del periodismo norteamericano", el "cencerro" reclamado por los borregos de la "generación X" o "la exaltación de la crónica periodística" como si fuera "excelsitud literaria".[183] Esas batallas quedarían pendientes para darse en un nuevo escenario. Pero, como dijo Kolakowski, cariñoso y bromista, si llegase a desaparecer el mundo un ejemplar de *Vuelta* quedaría como una de las pruebas de civilización que los extraterrestres podrían encontrar en la tierra.[184]

[180] Paz, "Carta a Enrique Krauze", *Letras Libres*, núm. 1, México, enero de 1999.

[181] Flores, *Viaje de Vuelta, op. cit.*, pp. 98-99; Jorge Herralde, "Rossi, un bien escaso", *Letras Libres*, núm. 142, México, octubre de 2000.

[182] Paz, *Obras completas, V. El peregrino en su patria. Historia y política de México, op. cit.*, p. 813.

[183] Aurelio Asiain,"Brindis", *Vuelta*, núm. 242, México, enero de 1997, p. 46.

[184] Krauze, "Demócrata de la fe", *Letras Libres*, núm, 129, México, septiembre de 2009, p. 35.

EL POETA VISIONARIO

¿Murió Paz siendo "el gran intelectual de derecha de México", como lo calificó el subcomandante Marcos? ¿Terminó por ser un liberal, un neoliberal o un neoconservador, inclusive, quien había comenzado siendo de izquierda? Resumamos. Fue, primero un enamorado de la Revolución mexicana y de la Revolución rusa y para estudiar a Paz hay que estar mirando, un ojo al gato y otro al garabato, a una y a otra. Con esa doble pasión fue a España, donde inició su desaprendizaje del comunismo soviético y su marxismo-leninismo. Primero creyó que Stalin, al liquidar a los viejos bolcheviques había traicionado a la Revolución de octubre y durante la segunda posguerra, Paz, criptotrotskista, esperó encontrar al fin el huevo del Fénix en Europa y ver cumplirse la profecía de Marx del postergado triunfo de las revoluciones socialistas en los países avanzados. En 1951, las evidencias de los campos de trabajo desperdigados por toda la URSS, denunciadas en París por Rousset y tras él, por Paz desde *Sur*, lo convencieron de que los crímenes del socialismo burocrático todavía no eran suficientes como para contaminar a la pureza de la doctrina.

Durante todos los años cincuenta y setenta, Paz fue un heterodoxo de izquierda que denunciaba el horror totalitario siempre y cuando no se cruzara un límite de cortesía, al decir que frente a esas nefastas sociedades totalitarias, en el Este, estaban las no menos despreciables sociedades capitalistas en Occidente. Esa simetría hipócrita, sostenida por intelectuales que gozaban de todas las bondades del sistema capitalista, autorizaba la solidaridad con cualquier nueva revolución, en China, Cuba, Vietnam o Nicaragua, con la esperanza de que finalmente apareciese alguna que no fuera traicionada por sus comisarios, impidiendo que Saturno devorase a sus hijos y permitiendo, al final, una tercera vía anticapitalista y antiburocrática. A ella se aferró Paz, todavía con apasionado entusiasmo, durante ese mayo francés de 1968 en que creyó ver retornar a sus viejos maestros libertarios, visionarios e igualitaristas. Con ese ánimo, decaído cuando Paz, a diferencia de otros, se dio cuenta de que aquello era un espejismo, volvió a México, ya como el jefe espiritual que combate al ogro filantrópico, insistente en fundar un partido de la tercera vía, de una izquierda capaz de rescatar lo que se pudiera de la Revolución mexicana y su nacionalismo revolucionario y virgen, si fuese posible, de las aberraciones estalinistas.

Solitaria, enarbolando un "socialismo democrático", transcurrió toda la aventura de Paz en *Plural*, pese a que la izquierda real (la nueva izquierda era frecuentemente más totalitaria que la vieja), pretendiese expulsar a Paz y a su grupo del discurso, por liberal, palabra que en 1971 era un sambenito que el poeta ni podía ni quería colgarse al cuello. Internamente, los cambios eran profundos, constantes y decisivos en Paz: a la lectura de *El archipiélago*

Gulag que volvía monstruoso, de raíz, al universo concentracionario soviético como un remolino que succionaba a las ideas de Lenin y quizá, hasta las
de Marx, se sumó el descubrimiento, tras el 68 mexicano y su lectura desde
Postdata, de la democracia política no como medio hacia el socialismo, sino
como fin en sí mismo.

El ogro filantrópico es obra de un poeta cuyo impulso, examinar la verdadera naturaleza del poder político en las ya ancianas revoluciones mexicana y rusa, sigue siendo marxista pero a quien los instrumentos analíticos
proporcionados por la heterodoxia marxista, ya le resultan insuficientes,
nutriéndose, en los Estados Unidos, de la tradición del pensamiento político
anglosajón que lo llevaría de regreso a otra Francia, la de Tocqueville. El
enfrentamiento, a su vez, con la izquierda mexicana, se vuelve no sólo intelectual sino político en 1971 y en 1977. Abandonada la vieja puta, la Diosa
revolución, Paz toma el camino de la reforma democrática la cual requiere
de que el poeta en funciones de jefe espiritual dialogue con el príncipe.
Distancia, no autismo. La democratización de México deberá venir de arriba
pues la izquierda, como diría su amigo Revueltas, no tiene cabeza. Deberá
ser resultado, nuestra "democracia sin adjetivos", como la llamó Krauze
en 1984, de un consenso donde el anquilosado régimen de la Revolución
mexicana deberá participar en su propio entierro, tras haber cumplido su
ciclo. Eso en México.

A través de *Tiempo nublado*, durante la segunda guerra fría, la de Reagan,
Paz rechaza con violencia a la revolución sandinista y a la guerrilla salva-
doreña, guevaristas y leninistas. Las rechaza por su naturaleza burocrático-
militar, pero no porque no encarnen una tercera vía en la que Paz ya no
cree, desde antes de que en 1989 las democracias liberales triunfen por
completo, moral e ideológicamente. La caída del muro de Berlín termina
con el contencioso pues la herencia entera de la Revolución rusa (de la cual
a veces Paz todavía hace algún esfuerzo desesperado por salvar a Trotski, en
mi opinión inútil, pues tiene la memoria de su amigo Serge como consuelo),
se ha esfumado. La discusión en el Encuentro por la Libertad, de 1990, ésa
que algunos han creído remotísima (como si en el ombligo de la luna no
hubieran matado a Trotski y como si no fuese aquí, en Coyoacán, donde
el bolchevique y Breton, con Rivera como testigo, hicieran un intento más
por transformar el mundo y cambiar la vida, nada menos), es el precio a
pagar por la izquierda heterodoxa, los eternamente minoritarios y derrotados
mencheviques, por la extinción del comunismo. El precio debe pagarse y será
alto, reconoce conmovedoramente, el neoyorkino Howe en el encuentro de
San Ángel. Paz es de los que deciden abandonar la tradición socialista y
brindarse, como lo ha dicho Yvon Grenier, no al liberalismo como ideología,
sino como temperamento.[185]

---

[185] Yvon Grenier, *Del arte a la política. Octavio Paz y la búsqueda de la libertad*, FCE, México, 2004.

Paz sueña con que, en el futuro, socialismo y liberalismo puedan ser sintetizados. (Obsesión que también ocupó a Ortega y Gasset). Un pragmático podría haberle dicho al poeta: esa síntesis ya existe, es la noble tradición socialdemócrata, cuya ausencia tanto lamentaba Paz en México. Pero el poeta quería ir más lejos y los liberales están mal dispuestos a tolerarlo muchos días en su casa, pues el poeta arrimado, romántico por surrealista y surrealista por romántico, piensa que el mercado no basta para hacer felices a los hombres. La democracia, le responden, no está hecha para hacer feliz a nadie y aunque Paz, según yo, se resignaba ante los aspectos poco románticos de la sociedad abierta, la vieja incomodidad regresaba siempre. Poner a Paz contra Paz, es lo mejor que podemos hacer, como lo pidió Jesús Silva-Herzog Márquez, al prevenir a los lectores del poeta sobre la momificación que podían traer consigo los fastos del centenario en 2014.[186]

En Europa, entre la caída del muro de Berlín y el desmembramiento de la Unión Soviética, Paz podría haberse acomodado sin causar mayor impresión por la naturaleza de sus ideas, entre los moderados del partido socialista español o francés, pero muerta la Revolución rusa, la insólita longevidad de la Revolución mexicana lo complicaba todo. Ésa es la encrucijada de 1988: la moral de las convicciones indica que el demócrata debe aceptar la voluntad del electorado pero ésta no ha podido expresarse por la propia naturaleza autoritaria del régimen que rechaza, ese partido de Estado al que combaten los devotos nostálgicos del corporativista general Cárdenas y los partidarios vigentes del eterno y totalitario comandante Castro (esas paradojas no se le escapaban a Octavio). Los demócratas radicales, unos de izquierda, otros de derecha, exigen la solución ética –repetir las elecciones pues ha sido defraudada la voluntad popular– que no es, como diría Paz escuchando el eco de los matemáticos, la solución elegante, es decir la más simple. El poeta que había renunciado a la embajada de México en Nueva Delhi por un apremio moral, escándalo ético que lo llevará a ejercer de jefe espiritual y regresar a México para convertirse en un demócrata, remplaza la moral de las convicciones, diría Max Weber, por la moral de la responsabilidad, el jodido mal menor. Zaid lo dice de manera perfecta en aquellos meses: la nación tiene derecho a demandar la repetición de las elecciones, pero no debe ejercerlo, por su propio bien.

Al decidir por la moral de la responsabilidad –por la que optó Ortega y Gasset en un caso más trágico al decidir su regreso a la España de Franco para mantener vivo, en esas condiciones, al liberalismo– en el México de 1988, Paz asume que las instituciones deben conservarse casi al precio que sea pues sólo de ellas pueden emanar las futuras y verdaderas libertades públicas. Krauze y los más jóvenes pensábamos distinto, en ese entonces, que la transición a la democracia se había retrasado demasiado y que ese

---

[186] Jesús Silva-Herzog Márquez, "Paz contra Paz", *Reforma*, México, 31 de marzo de 2014.

retraso era acaso más nocivo que el desorden. Yo encuentro que está en la lógica de una vida a plenitud, cierta retirada conservadora. La prefiero ante el espectáculo a la vez teratológico y conmovedor de un Cortázar.

Ante el salinato, la moral de la responsabilidad –que fue por la que optaron, también, los vencidos, sentándose en la Cámara de Diputados y en el Senado, volviéndolos un infierno para los adormilados priístas– de Paz se enreda con su creciente afición al liberalismo económico, su abandono de los dogmas estatistas de su generación y la confianza un tanto ilusa en las dotes de reformador de Salinas de Gortari. Paz, también, no sólo era hijo de la Revolución mexicana sino contemporáneo de su presidencialismo y era dado a creer en la omnipotencia de nuestros dictadores constitucionales. ¿Su error, mal reconocido en 1997, fue creer en la honradez del presidente y aceptar la posposición de la primera de todas las reformas, la democrática?

En los años noventa, por primera vez puede decirse que Paz ya no pertenece a ninguna de las viejas familias socialistas y los liberales más puros u ortodoxos están dispuestos a recibirlo en su seno sólo como un viejo compañero de viaje, tal cual lo resume con claridad meridiana, Aguilar Rivera: "Mi desencuentro es con el Paz romántico que ha descrito muy bien Yvon Grenier. Paz fue presa del Mito. Como Rousseau desconfío siempre de la modernidad. En *El laberinto de la soledad* Paz afirmó 'El liberalismo es una crítica del orden antiguo y un proyecto de pacto social. No es una religión, sino una ideología utópica; no consuela, combate; sustituye la noción del más allá por la de un futuro terrestre. Afirma al hombre pero ignora una mitad del hombre: ésa que esa expresa en los mitos, la comunión, el festín, el sueño, el erotismo'".[187]

Aguilar Rivera, uno de esos puros, le da la razón al Paz de 1950 pero lo aplaude para rechazarlo: "Tenía razón: el liberalismo combate. Durante décadas combatió en la misma trinchera que los liberales, luchó contra los mismos enemigos, pero como los comunistas y los anarquistas en la guerra civil española, no eran la misma cosa". Sin encontrar, en apariencia, ninguna evolución sincrónica en sus ideas, Aguilar Rivera va recogiendo muestras, que abundan, del desapego de Paz al liberalismo, una de 1989 ("No soy liberal porque el liberalismo deja sin respuesta la mitad de las grandes interrogaciones humanas") o las declaraciones a Scherer García de 1993 sobre la ceguera del mercado y sus mecanismos que convertidas en el "eje y motor de la sociedad" son "una gigantesca aberración política y moral". A Aguilar Rivera le molesta que Paz encuentre, un tanto pedante, que "en muchos aspectos la democracia moderna es inferior a la antigua"[188] porque en Atenas la democracia era directa, no burocrática, como si pudiera haber –digo yo– modernidad sin burocracia o modernidad sin Estado.

---

[187] Aguilar Rivera, "Vuelta a Paz", *op. cit.*, p. 82.

[188] *Idem.*

Pudo Paz, tras leer a Solzhenitsyn en 1973 dirigirse, por el camino de Fourier hacia el anarquismo, pero la moral de la responsabilidad –la necesidad, que no la urgencia, de una democracia para México– lo condujo hacia el liberalismo, confluyendo con Cosío Villegas pero también con Rossi, Zaid y Krauze. Otra vez aparecen esos desencuentros narrativos en el cuento de las dos revoluciones: cuando Rusia y México se alejan demasiado y rompen la paralela, la jefatura espiritual está en problemas y el ogro filantrópico se duplicaba a los ojos del peregrino. Aguilar Rivera da en el clavo cuando desdeña las fantasías octavianas de esa nueva filosofía política, que recogería "la doble herencia del pensamiento moderno de Occidente: el liberalismo y el socialismo, la libertad y la justicia". "Como si no pudiera existir justicia sin socialismo",[189] remata Aguilar Rivera. En efecto: para la generación de Paz y otras que la siguieron, erráticas, socialismo era sinónimo de justicia. El incrédulo Paz leyó a Rawls pero no le convenció, le pareció admirable como una catedral gótica, entró y se salió. ¿Nozick? Un palacio de cristal, me imagino: traslúcido y helado. Tan inhabitable que el propio teórico libertario abandonó su construcción.

Los extremos, fatalmente, se tocan. Me da gusto que Paz incomode entre la ortodoxia liberal, que sea socialdemócrata entre los liberales y liberal entre los socialdemócratas, lección de heterodoxia perseverante. Recuerdo el desconcierto que sentí en Tepoztlán, durante uno de los encuentros de Liberty Fund, en la década pasada, cuando un libertario se refirió desdeñosamente a Paz como "un buen soldado de la guerra fría". Ah, caray, yo estaba acostumbrado a defenderlo de la izquierda, no de la derecha. Si Aguilar Mora, desde el ultrabolchevismo nietzscheano, le reclamaba no resolver a favor de los esclavos la dicotomía entre la historia y el mito, un liberal puro de otra generación, Aguilar Rivera, rechaza "el anhelo de comunión de Paz, de reintegrar las piezas rotas de una felicidad primigenia. Nunca pudo escapar al mito del eterno retorno. La historia lineal, que progresa, era una impiedad", de la cual se desprende, su condena, regreso sigiloso y un poco taimado al seno de su abuelo Ireneo y de "ahí su convicción", sigue Aguilar Rivera, "sobre la misión espiritual de la Revolución mexicana: restaurar la continuidad histórica interrumpida. Paz descreyó de las revoluciones, en especial de la soviética, pero nunca se emancipó del mito de la Revolución como restaurador de un tiempo roto".[190]

Discrepo. Justamente, al mantenerse atraído por la revuelta zapatista sin dejarse tocar por su sentimentalismo, Paz demostraba que había logrado hacer, en su caso como jefe espiritual, de la democracia liberal un hábito moral y lo mismo esperaba del resto de los mexicanos. No se dejó atraer por el mito agrario de la comunidad neozapatista que a tantos turistas revolucionarios

---

[189] *Ibid.*, p. 83.

[190] *Idem.*

llevó a la Lacandonia de Marcos. Paz aceptó con quejas de moderno y de poeta –los modernos, sobre todo si son poetas, son antimodernos– ese "presente democrático" que Aguilar Rivera describe con realismo como "mediocre, insulso, burgués, filisteo y antiheroico". Concluye Aguilar Rivera exaltando a Tocqueville, quien aceptó "el nuevo mundo democrático sin aplausos, pero con aplomo".[191] También Paz, contra lo que dice su crítico hiperliberal.

No es fácil describir o etiquetar el pensamiento de Paz no porque sea hermético, sino porque es obra de un poeta-pensador y no de postulante de un sistema cerrado de creencias políticas o religiosas. Igual ocurre con Eliot, Yeats o Pound, las reflexiones del primero sobre la sociedad cristiana en conflicto con la modernidad son francamente parroquiales: lo que las hace tan complejas es la averiguación de cómo se relacionan con *La tierra baldía* o los *Cuatro cuartetos*, de la misma manera que si Yeats sólo hubiera dejado *Una visión* en cualquiera de sus dos versiones, ocuparía, quizá, un capítulo en la historia del esoterismo mientras que como intento de explicación de su poesía, precisamente ese esoterismo lo vuelve fascinante y si las teorías económicas de Pound son una tontería usada con vileza, insertadas en los *Cantares* se vuelven claves para escudriñar la asombrosa locura del poeta de Idaho. La política de Paz importa porque viene de su poesía y regresa a ella, tras haber dominado, como una jefatura espiritual tan influyente como la de Valéry o la de Machado, sobre la ancha república de sus lectores. Si Paz acabó por ser un liberal romántico, como lo dicen, a su favor o en su contra, importa poco como etiqueta, incluso si concedemos que otro liberal romántico, Victor Hugo, condenó a la vez la Comuna de París y su sangrienta represión por los versalleses, llegando a ofrecer su casa en Bruselas para recibir a los comuneros perseguidos.

Paz nunca alentó ningún tipo de represión política del Estado mexicano. En los lejanos años de las protestas ferrocarrileras y magisteriales, apoyó, siendo funcionario público, en la calle y en la prensa, sus demandas de independencia sindical. Antes del 2 de octubre de 1968, instó a su gobierno, desde Nueva Delhi a negociar con los estudiantes y tras 1971 y 1988 insistió en una reforma democrática que no significara concederle a la oposición el monopolio de la virtud y tampoco fue un reaccionario cuando ocurrió la revuelta de los neozapatistas, a quienes levantó Marcos impulsado por los últimos estertores de la más maligna de las violencias revolucionarias, la de inspiración bolchevique. Quienes firmamos el desplegado del 24 de febrero de 1995 corrimos un riesgo, pues el río podía salirse de cauce pero las cosas salieron bien: cesó la persecución de los jefes zapatistas y se reanudó el diálogo una vez recuperado el territorio segregado del país. Por fortuna, los neozapatistas surgieron en 1994 en el seno de una sociedad ansiosa de modernizarse que los preservó, gracias a la voluntad de paz de todos los

---

[191] *Idem.*

contendientes. En 2014, el subcomandante Marcos, anunció su retiro como vocero del EZLN. Fiel a su tono irónico, se presentó como una botarga que había terminado su vida útil.

Renunció a los dogmas económicos de su juventud y si ser neoliberal significa batallar por la sociedad abierta, Paz lo fue, habiendo puesto toda su jefatura espiritual a favor de ella. Con quienes han hecho de él el supremo neoliberal aliado del presidencialismo agonizante, es difícil discutir pues parten de una petición de principio: porque lo que ellos llaman "neoliberalismo" es el Mal absoluto y Paz, en esa demonología, un condenado sin remisión. Pero son los liberales quienes lo critican, como hemos visto, por haber exigido la vigilancia del mercado por el Estado, como lo había hecho Merquior, el teórico brasileño del liberalismo, que defendió cierto bonapartismo en la economía. El mercado sin control no es la menor de las amenazas contra la sociedad abierta. Murió pronto Paz, preocupado por nuevas síntesis, más joven que quienes escogen aquella academia cuya "carcel de conceptos", como él diría, exige una segunda oportunidad para el comunismo.

Y mucho menos Paz fue un neoconservador, lo digo yo que encuentro provecho en leer a los padres, reales o supuestos, del neoconservadurismo como Leo Strauss, sin asustarme tampoco al encontrar sapiencia en el testimonio de quienes, viniendo de la izquierda marxista ahora son neoconservadores, como Irving Kristol o Norman Pohoretz, por más que me irrite el reposo endulzado de oraciones que han escogido para morir, tan distinto a la meditación pagana que orientaba al agonizante poeta mexicano frente a la muerte. No hay en Paz ningún elemento neoconservador, salvo la coincidencia, añeja e inevitable, de la izquierda democrática con la derecha anticomunista, en la denuncia del totalitarismo de raíz bolchevique, en todas sus manifestaciones. ¿Podría haberlo sido el hombre a quien su hija Laura Helena, neoconservadora *avant la lettre,* le había dirigido aquella carta de octubre de 1968? De esas coincidencias, en México, habla con claridad Armando González Torres: "Lo cierto es que para los años 80, ante la pobreza o práctica inexistencia del pensamiento político de derechas en México, muchas de las ideas de Paz en defensa de la libertad individual, contra el avasallamiento del Estado y los regímenes totalitarios y contra la izquierda pueden asimilarse por diversos grupos de interés. Esto permitió a sus adversarios coincidencias y alianzas entre Paz y estos grupos. Esta lectura no es exacta y, pese a que muchas veces su liberalismo se contaminó de una fe ingenua y un anticomunismo galopante, Paz conservó siempre una retórica antiburguesa de origen romántico y existen múltiples aspectos de su pensamiento inadmisibles"[192] para la derecha mexicana.

---

[192] Armando González Torres, *Las guerras culturales de Octavio Paz*, Colibrí, México, 2002, pp. 109-110.

Paz fue un poeta ateo y anticlerical, sensualista y romántico, a quien conflictuaba, entre Camus y Breton, su fascinación por Sade, un rebelde surrealista y un practicante del yoga tántrico, visitante de iglesias y templos en busca de la otra voz y no de agua bendita o pasta de sándalo en la cara. Nadie encontrará en su obra una defensa de las comunidades tradicionales, algún espanto por la desacralización de la vida pública (que no de la poesía como religión profana) o alguna bravata a favor de los valores familiares (él que calificó a las familias de "criaderos de alacranes"), como lo han querido vender, para despistar, algunos profesores que ni siquiera conocen qué es el neoconservadurismo y cuál es su historia: creer que la invocación a la revuelta sea una confesión de ese orden, tornaría en conservadores a buena parte de los rebeldes modernos.[193] Paz defendió con insistencia el control de la natalidad y estaba a favor del aborto, aunque criticó los excesos de las feministas de los años setenta. Sor Juana, su Faustina, había sido una poeta que osó meterse en los problemas teológicos propios de los clérigos, los viejos jefes espirituales de la catolicidad y ello la perdió. Dudo que el autor de *Sor Juana Inés de la Cruz o las trampas de la fe* puede ser contado, con un mínimo de seriedad, entre los neoconservadores.

La crítica capital contra Paz, que se vuelve personal pues la jefatura espiritual hace una sola cosa del autor y la obra, va por otro lado y fue Luis Villoro (quien murió como filósofo del neozapatismo, manera intelectual y moral que al querer justificar la magia con la razón me es del todo ajena) quien la enunció en 1999. Para Paz, resumía Villoro, "la poesía no se identifica con los poemas; es una apertura de la existencia hacia la verdadera realidad, la cual es 'otredad'. Lo absolutamente otro es lo Sagrado. Paz ve en lo poético 'uno de los nombres de lo sagrado'. Pero no lo sagrado coagulado en dogmas e instituciones mundanas, de las religiones positivas, sino la realidad última, una que ésta más allá de toda institución y de todo dogma'". La poesía, según lo deduce Villoro en Paz, es la voz que dice no, la celebrada, por el poeta, "otra voz".[194]

"Admitir que nuestra realidad es 'otredad' permite sólo dos actitudes", asevera Villoro, "la primera es el destierro, el apartamiento del místico, del artista creador, del visionario; la segunda es la disrupción frente al repetitivo mundo de los poderes y las convenciones satisfechas. 'La empresa poética coincide lateralmente con la revolucionaria' pues las palabras del poeta 'revelan a un hombre libre de dioses y señores'".[195]

Esta crítica, esencialista y antiliberal, de Villoro (que estaba entre los intelectuales con quien Paz se reunió en 1971 para formar un nuevo partido

---

[193] Avital H. Bloch, "*Vuelta* y cómo surgió el neoconservadurismo en México", *Culturales,* Universidad Autónoma de Baja California, vol. IV, núm 8, Tijuana, julio-diciembre de 2008, pp. 74-100.

[194] Luis Villoro, "Una visión de Paz", *Letras Libres*, núm. 4., México, abril de 1999.

[195] *Idem.*

de izquierdas) da en el blanco al señalar la contradicción acaso insalvable, entre "la otra voz", y lo que yo llamo la jefatura espiritual. Tras reconocer la fidelidad del poeta Paz a "la otra voz", su crítico filósofo deplora cómo, "muchas veces lo vi vacilar ante la entrada que él mismo había vislumbrado. Porque lo uno 'sin segundos' –dicen los Upanishads– se manifiesta en mil maneras y formas y muchas veces quedamos atrapadas en ellas. Paz, movido por la pasión, creyó su misión romper lanzas, no sólo contra barberos y sacristanes del poder tradicional, sino contra todos los que proponían un mundo que creían 'otro', el mundo de la utopía. De los disidentes sólo vio el aspecto dogmático, patente en su máscara ideológica; fue ciego, en cambio, a la dimensión ética, libertaria, de su acto disruptivo. Sin comprensión, atacó a quienes debían ser sus hermanos en la búsqueda –por caminos distintos, es cierto– de lo otro."[196]

No sé si sea posible para un poeta que también es hombre político, aplicar ese idealismo ecuménico, más religioso que intelectual, que Villoro le exige, pero insisto en la crudeza con que lastima una herida imposible de cicatrizar, ya no se diga en Paz sino en tantos otros poetas, entre la comunión y la soledad. "A menudo", sigue Villoro, "lo vi dejarse acariciar por los halagos de la fama, condescender al encanto del poder, económico, político, literario, vislumbrar para sí el púlpito del magisterio intelectual. En todo ello, no percibí 'la otra voz', sino la cansina palabra que se complace en las lisonjas de este mundo. Y recordé sus propias palabras: 'Si el poeta abandona su destierro –única posibilidad de auténtica rebeldía– abandona también la poesía y la posibilidad misma de que ese exilio se transforme en comunión".[197]

"¿Soy injusto?", se pregunta un Villoro que visitó a Paz en Nueva Delhi sorprendiéndose de encontrar meditando en taparrabos al yogui Pannikar en el jardín del embajador.[198] "Es probable", concluye Villoro, "porque a aquello que amamos exigimos la perfección, y la perfección es inhumana. Pero el Paz que quedará no será la imagen laureada que los cantores de una cultura oficializada se apresuran a incensar; el Paz que quedará es el que supo abrir una puerta a otra realidad. Porque sabía que una vida incapaz de perturbar al mundo no merece ser vivida".[199]

Pensando en los problemas de la jefatura espiritual a los que se refería, ante Ortega y Gasset, Francisco Romero, podría decirse que para Villoro la

---

[196] *Idem.*

[197] *Idem.*

[198] CDM, Correo de Juan Villoro, 11 de mayo de 2014. Juan Villoro, además, me cuenta de las discusiones que tuvieron él y su padre, con frecuencia en desacuerdo, sobre Paz. Me confía que cuando murió don Luis en 2014, su empleada doméstica le dijo: " 'Su papa le dejó un paquete'. Era una mochila grande, cilíndrica. Contenía las primeras ediciones de casi todos los libros de Paz, subrayados minuciosamente por mi padre".

[199] Villoro, "Una visión de Paz", *op. cit.*

condición de jefe espiritual, de Paz, no se avenía bien a bien con "la otra voz", la del poeta. Pienso, como contraejemplo, en Antonio Machado, aquel ya fatigadísimo, que visitan Paz y Garro en Rocafort, en 1937. Machado, durante la República y su derrota, acaso sentía que él había sido elegido por su otro yo (por Abel Martín, uno de sus filósofos populares) para hacerse cargo de los otros y ayudarlos a sobrellevar la "*incurable* otredad"[200] que padecen, según se lee, del propio Machado, en el epígrafe de *El laberinto de la soledad*. En Paz, la jefatura espiritual es indubitablemente escogida, con todos los problemas que ha de cargar quien la elige. Esa elección significa, como decía Yeats en *Una visión*, "es saber hacerse presente" y no sólo ofrecer una política sino una defensa de la poesía (a la cual Paz dedicará su último libro sobre el asunto, *La otra voz. Poesía y fin de siglo* en 1990), una teoría de la imaginación y un tratado sobre la naturaleza humana, que en el caso de Paz fue *La llama doble. Amor y erotismo* (1994).

Las visiones, en ese sentido, de panoramas concebidos en su integridad y no de iluminaciones místicas, no se limitaron a la polis mexicana, desde *El laberinto de la soledad* hasta el "drama de familia" neozapatista. En su poesía, Paz intentó, desde "Himno entre ruinas", introducir una visión de la Historia, en el sentido del "desmoronamiento de una civilización" como la había hecho Pound, búsqueda ausente en la generación anterior a la suya en México y el resto de la poesía en español. Aunque en Cernuda, dijo, a veces aparece la Historia, "en Huidobro y Neruda, en cambio lo que aparece" es solamente la política.[201]

En *Árbol adentro* (1987), su último libro de poemas, Paz no sólo se permite libertades y "descuidos" que un poeta menos maduro no se permitiría, según dice Antonio Deltoro, lector interesado en lo que otros llaman "el estilo tardío" de los poetas. Aparecen, también en ese libro final, los poemas largos donde el poeta se despide de su ciudad a través, de nuevo, de visiones copiosas, de México, de la ciudad moderna en general, en "Hablo de la ciudad", "catarata emparentada con Whitman y Álvaro de Campos", al decir de Deltoro. O se enfrenta, a la manera estoica de Quevedo, el poeta que lo acompañó (con Neruda, quien fuera "su enemigo más querido") al final. Puede haber también, casual o no, en el título del libro un recuerdo remoto de una de las novelas de su abuelo, *Amor y suplicio* (1873) que comienza hablando de los árboles que hacen "la primavera perpetua" donde comienza el melodrama de don Ireneo, una línea de investigación que ofrezco a quien pueda interesar.[202] En "Ejercicio preparatorio" Paz pide morir con "la conciencia del tiempo/ apenas lo que dure un parpadeo." Hay en esa poesía final, "pocos atardeceres,

---

[200] Paz, *Obras completas, V. El peregrino en su patria. Historia y política de México*, *op. cit.*, p. 47.

[201] Marco Antonio Campos, "Paz y la historia", *Proceso*, núm. 407, 20 de agosto de 1984, p. 47.

[202] Ireneo Paz, *Amor y suplicio*, Tipografía de José Rivera, Hijo y Cia, México, 1873, p. 7.

pocos crepúsculos vespertinos, y muchas inauguraciones del día, cada vez más inesperadas y bienvenidas", conculye Deltoro.[203]

La historiosofía, concluyo, no fue un agregado ensayístico a la poesía de Paz, fue una segunda naturaleza, contra la cual a veces se rebeló, a veces se conformó. Para él el ensayo fue *iluminación poética* y la poesía, *poesía crítica*, como dijo Andrés Sánchez Robayna. [204] Paz nunca logró la precisión milimétrica propia del cirujano filosófico del Valéry de los *Cahiers* pero Eliot no nos dejó una poética como *El arco y la lira*. Todos ellos compartieron el interés o la curiosidad por Oriente: el más osado fue Pound ("A quien Fenollosa le llenó la cabeza de tonterías", según me escribe Asiain desde Kioto) pero el más penetrante fue, con mucho Paz pues a Eliot le basto (y no es poca cosa) con el *Bhagavad Gita*. Con Valéry y Eliot, Paz escribió numerosas e incisivas páginas "periodísticas", penetrantes miradas sobre el mundo actual, como llamaba a las suyas el poeta francés. Pound, como ensayista, me temo que no resiste la comparación con Valéry, Eliot o Paz. Pero los *Cantares* son poesía e historia, asombrosa y enloquecida poesía de ideas. Esa unidad la detectó el más autorizado para hacerlo, el mismo Eliot, para quien su crítica y su poesía, la preceptiva y la práctica de Pound, componen una "sola *oeuvre*" y para leer la poesía de Pound es necesario entender su crítica, y viceversa como dijo su amigo anglocatólico.[205] Lo mismo se aplica, me parece, con Paz. Sus ensayos, algunos preclaros si se leen aislados, son sintéticos y esquemáticos como lo es el agradable *ABC de la lectura*, de Pound. Valéry, descreído de la persona, no escribió un Mallarmé como Paz un Villaurrutia. A Eliot, a su vez, nunca se le hubiera ocurrido escribir una biografía de santo Tomás Moro como Paz hizo la de Sor Juana, aunque el mexicano nos quedó a deber un misterio dramático como *Asesinato en la catedral*.

¿Chocan alguna vez, como se lo temió Cortázar, ambas aptitudes, la del poeta y la del crítico? Tal pareciera que no, lo cual lo convierte en un sujeto de ardua exposición: la poética de Paz no sólo examina la historia de la poesía universal sino, por extensión y añadidura, explica, antes que a ninguna otra, la poesía del propio Paz. ¿Será el mismo caso de José Lezama Lima, otro poeta-crítico que no he mencionado? Lo mismo ocurre, (que la poética ilumine a la poesía), con los autores de *La Joven Parca, Tierra baldía* o los *Cantares*. Gracq, en su *André Breton*, explica ese mecanismo también presente en el poeta mexicano: "Poeta y teórico, Breton es siempre

---

[203] Antonio Deltoro, "Vivacidad y caída en los últimos poemas de Octavio Paz" en Santí, *Luz espejeante. Octavio Paz ante la crítica, op. cit.*, p. 414.

[204] Andrés Sánchez Robayna, "La poesía última de Octavio Paz", en Santí, *Luz espejeante. Octavio Paz ante la crítica, op. cit.*, p. 409.

[205] Ezra Pound, *Ensayos literarios*, selección y prólogo de T. S. Elliot, traducción de J. J. Natino, CONACULTA, México, 1993, p. 13.

el uno y el otro *al mismo tiempo*" lo cual se vuelve muy embarazoso para los profesionales de la clasificación literaria. El pensamiento teórico bretoniano, agrega Gracq, nace en el seno de las imágenes y éstas acaban por sumar la obra entera.[206]

Asociado, de principio a fin, a la tradición romántica que hace del poeta un visionario, es decir, ese hombre absolutamente reflexivo que se mueve por el tiempo, Paz une a la poética con la política si no entiende, como Pound y como Eliot, que la poesía no es suficiente para comprender la poesía. Por ello la reflexión sobre la poesía, desde *El arco y la lira* hasta *La otra voz*, se encuentra entre lo que él más amó de su propia obra aunque, a diferencia de Yeats, Pound o Breton, nunca necesitó de refugiarse en lo oculto. Ni en el ocultismo propiamente dicho, un arma a disposición de quienes se oponen a las religiones establecidas, ni en la oscuridad textual, esa "dificultad" tan propia del siglo xx. Hugh Kenner en *The Pound Era* (1971) dice que esa oscuridad es menos una falta de aptitud mental que la necesidad casi fisiológica de bajar la cortina sobre los paisajes mentales en plena luz del día. Paz no necesitó de ella ni como poeta ni como ensayista. En sus poemas, desde luego, hay misterios pero nunca son obligatorias esas famosas e imprescindibles notas explicativas que Eliot puso al final de la *Tierra baldía* y de las cuales nunca se pudo deshacer ni su *Obra poética* requiere de los manuales de interpretación y concordancia que exige Pound, a quien, como a su amigo Joyce, le gustaba sembrar el camino de su admiración con estatuas de hermenéutas. En ello, la claridad filosófica, incluso la sequedad de sus maestros Machado y Guillén vinieron en su auxilio. Esa transparencia, para usar una de sus palabras preferidas, impera en su último libro de poemas, *Árbol adentro*, que quizá sea, como dice Stanton, el mejor. Dice Paz en "Conversar": "En un poema leo:/ *conversar es divino.*/ Pero los dioses no hablan:/ hacen, deshacen mundos/ mientras los hombres hablan./ Los dioses sin palabras,/ juegan juegos terribles".[207]

En *Árbol adentro* termina el ciclo memorioso con poemas largos como "1930: vistas fijas" y "Kostas", el homenaje de Paz a Papaioannou, el epitafio, con el enfático "Aunque es de noche", de su historiosofía. La memoria va cediendo su lugar a esos poemas epigramáticos que le permitirán sobrevivir en esa *Antología Griega* que la posteridad va recopilando, como la serie "Al vuelo" o "Hermandad". Esa brevedad final, sabia o humilde nos lleva al repaso de *La otra voz*, que repite, con un tono algo cansado y didáctico, los temas agotados en *Los hijos del limo* pero agrega preocupaciones aparentemente menores que hermanan al viejo Paz con el joven Pound, tan preocupado en escribir poesía como en editarla y difundirla. Salido un par

---

[206] Julien Gracq, *André Breton*, José Corti, París, 1948 y 1982, p. 73.

[207] CDM, Conversación con Anthony Stanton, Ciudad de México, 3 de junio de 2013; Paz, *Obras completas, VII. Obra poética 1935-1998, op. cit.*, p. 744.

de años después que *Primeras letras,* la colección que armó Santí de la prehistoria octaviana, *La otra voz* trata de las "minucias" que le obsesionaban o le divertían cuando la nueva mesa de redacción se reunía con él, primero en avenida Contreras y luego en Coyoacán a fines de los ochenta: el número y la calidad de los lectores de poesía, sus dimensiones ayer y hoy, su naturaleza en los Estados Unidos, en Francia o en España, el bien o el mal que a la poesía le ha hecho quedar bajo la protección de las universidades, las amenazas del comercialismo en la novela y en la pintura (las dos artes más codiciadas y corrompidas por el mercado), la necesidad de las pequeñas editoriales, como lo fueron en un principio la *NRF,* Faber & Faber o New Directions, para generar anticuerpos contra las epidemias propaladas por el mercado.

Pueden preferirse, en cualquier poeta-crítico, al poeta sobre el ensayista: se entiende que "el obispo Eliot" y sus conferencias cristianas, como llegó a llamarlo Paz, aburran a los fanáticos de *Tierra baldía* y se puede amar toda la poesía de Yeats sin asomarse una sola vez a *Una visión.* De la misma manera es posible paladear la poesía de Pound, incluso aquella inscrustada en los *Cantares*, sin comprometerse con su historiosofía. O al revés: se aprecia más a Breton como agitador secular y padre del surralismo que como poeta. En cambio, el par de poemas centrales de Valéry son vistos, cada vez con mayor admiración como la punta del iceberg de un pensamiento filosófico esencial, guardado bajo llave en sus vastísimos cuadernos de escritura. Habrá quien se conforme con los poemas de Paz sin recurrir a su poética pero su caso no es el de su querido Cernuda, de cuyo *Pensamiento poético de la lírica inglesa* (1958) y de mucha de su prosa crítica, siendo honrada y seria aunque profesoral en un poeta que no era profesor, puede prescindirse para evaluar al poeta: en su caso insisto, con la poesía es suficiente.

En Paz una comprensión a profundidad exige considerar todas sus visiones como una obra indivisible. Lo mismo ocurre con la jefatura espiritual. La de Pound, terminada de manera tan humillante e iniciada con la lectura inepta de economistas charlatanes, fue castigada por la ley y reprobada universalmente tras la Segunda guerra mundial. Al darle el Premio Bolingen de la Biblioteca del Congreso en 1948, los jurados trataban de disociar al poeta-crítico, en mi opinión condenados al fracaso, del fallido jefe espiritual. Nunca acabarán los irlandeses de discutir en qué medida el filofascismo de Yeats contaminó su poesía y hay cierto acuerdo en que el comunismo de Neruda es una hojarasca que podada de su poesía, la engrandece. Convertido en la autoridad moral de una República española que zozobraba, Machado pudo ser ingenuo o piadosamente optimista pero ni en el más circunstancial de sus llamamientos a preservar, se escucha el falsete del ideólogo. Machado es uno solo, como lo fue Paz.

El poeta, el poeta-crítico y el jefe espiritual, en Paz, son una unidad al grado que un intelectual de su escuela, Roy, dijo que el mexicano haría pensar en Hölderlin o Nerval escribiendo los tratados de Tocqueville o Marx. Roy se excede en la comparación aunque muestra el sentido del deslumbramiento provocado por Paz. Fue para concluir en otros términos, los de Marina Tsvetaieva, un "poeta con historia" que a diferencia del poeta "puramente lírico" es un "hombre de voluntad"[208], lo que yo he llamado un jefe espiritual, nunca un pensador sistemático ni intentó ser un profeta o volver, como lo quiso Pound en su batalla contra la usura, su propia poesía una historia "particular" de esta o aquella infamia. Paz fue, como lo han dicho sus mejores críticos, desde Xirau hasta Giraud, un romántico desengañado: sueña con una religión de la poesía pero lo despierta un escepticismo que le impide, en su sentido religioso, el *entusiasmo*. Sus visiones, como la que leeremos, no necesitaban serle dictadas, como a Yeats, por aquellos Dictantes que le hablaban a través de su señora. Una de las últimas visiones de Paz más que verse, se escucha: "Entre la revolución y la religión, la poesía es la *otra* voz. Su voz es *otra* porque es la voz de las pasiones y las visiones; es de otro mundo y es de este mundo, es antigua y es de hoy mismo, antigüedad sin fechas. Poesía hermética y cismática, límpida y fangosa, aérea y subterránea, poesía de la ermita y del bar de la esquina, poesía al alcance de la mano y siempre de un más allá que está aquí mismo".[209]

La otra voz también incluía a ese otro vasto continente de su obra de poeta, la traducción o las versiones de otros poetas, esas *Versiones y diversiones* (aparecidas en primera versión en 1974) que ocupan casi 40% de su *Obra poética* e incluyen, del francés, una colección que va, entre muchos, de Théophile de Viau a Alain Bosquet y Yesé Amory (Marie José Paz), pasando por Apollinaire, Cocteau, Reverdy, Éluard, Michaux, Char, Breton y Georges Schehadé. Tradujo, con Xirau, a Gimferrer del catalán. Del inglés tradujo mucho de William Carlos Williams y de Tomlinson (con quien hizo *Hijos del aire/Air born*) y versos, cito sólo a algunos poetas, de Hart Crane, Dorothy Parker, Bishop y Mark Strand. Ayudado por amigos conocedores hizo versiones de Popa y Somlyó; dio a conocer a Pessoa en español con la mayoría de esos heterónimos, tradujo a cuatro poetas suecos, poesía sánscrita clásica y a varios poetas chinos y del Japón.

Creo que algunos otros entre los jefes espirituales de la literatura del siglo pasado habrían estado de acuerdo con esta observación de *La otra voz:* "Joyce dijo que la historia es una pesadilla. Se equivocó: las pesadillas se disipan con la luz del alba mientras que la historia no terminará sino hasta el fin de nuestra especie. Somos hombres por ella y en ella; si dejase de existir, dejaríamos de ser hombres".[210]

---

[208] Marina Tsvetaieva, *Art in the Light of Conscience. Eight Essays on Poetry*, traducción y notas de Angela Livindton, Harvard, 1992, pp. 138-139.

[209] Paz, *Obras completas, I. La casa de la presencia. Poesía e historia, op. cit.*, p. 698.

[210] *Ibid.*, p. 637.

Y algunos habrán concordado en que de la vigilia que no de la pesadilla de la historia sólo puede escaparse mediante el instante o la eternidad del amor. En sus vidas, algunos lo encontraron tarde pero con intensidad y alegría, como Eliot; a un Pound nunca le faltó la devoción de Olga Rudge y Valéry gozó del orden doméstico que conjugó con el de amante, Catherine Pozzi, tempestuosa y brillantísima; Paz, tras el infierno perfecto encontró en Marie José, el amor. ¿Qué significa el poema "Politics" (1938), de Yeats sino que fatalmente, de la historia, sólo se puede escapar, horrorizado o heroico, dejándose caer en el lecho amoroso? La última de las visiones de Paz no podía ser sino *La llama doble. Amor y erotismo*, "aquel libro tantas veces pensado y nunca escrito. Más que pena, sentí vergüenza; no era un olvido sino una traición. Pase algunas noches en vela, roído por los remordimientos. Sentí la necesidad de volver sobre mi idea y realizarla. Pero me detenía: ¿no era un poco rídiculo, al final de mis días, escribir un libro sobre el amor? ¿O era un adiós, un testamento? Moví la cabeza, pensando que Quevedo, en mi lugar, había aprovechado la ocasión para escribir un soneto satírico".[211]

Tras distinguir académicamente sexualidad, erotismo, pornografía y amor, Paz habla de los libertinos de antier y de ayer. Los del siglo XVIII eran filósofos críticos capaces de disociar religión y erotismo mientras que un Breton le confesó a Octavio que "su ateísmo era una creencia". Un Sade, a pesar de que uno de sus últimos libros *(Un más allá erótico: Sade*, 1994), reunía sus textos y poemas sobre el Divino Marqués, ya no le producía el arrobo del medio siglo y en esto como en tantas otras cosas había Paz vuelto al redil de Camus, sorprendido el mexicano del encarnizamiento con que los idólatras sadeanos habían convertido "los lechos de navajas del sadomasoquismo" en una "tediosa cátedra universitaria" encarnizada en convertir al autor de *Justine* en un filósofo. Más luz, dice Paz en *La llama doble*, arrojan sobre "la enigmática pasión erótica", Shakespeare y Stendhal.[212] "El amor", dice Paz a sus ochenta años, "es una atracción hacia una persona única: a un cuerpo y a un alma. El amor es elección; el erotismo, aceptación".[213]

Ya no cree Paz, como su generación y alguna otra, en aquel libro convincente de Denis de Rougemont, *El amor y Occidente* (1939) y en la invención, hoy diríamos "cultural" del amor en Provenza. El "amor cortés", advierte Paz, se aprendía, era un saber, no el descubrimiento poético de una naturaleza. Tampoco le parecen tan antagónicas, en su desenlace, el amor "como un destino impuesto desde el pasado" tal cual se lee en las antiguas novelas orientales de Cao Xuequin y Murasaki en comparación con

---

[211] Paz, *Obras completas, VI. Ideas y costumbres. La letra y el cetro. Usos y símbolos, op. cit.*, p. 862.

[212] *Ibid.*, pp. 880-881.

[213] *Ibid.*, p. 886.

el "tiempo recobrado" de Proust, un novelista que no sé cuántas veces releyó Paz pero cuya presencia nunca lo abandonó. Allá en Oriente, el amor acaso fue vivido como una religión y en Occidente como un culto hijo de la poesía y el pensamiento. En cualquiera de los dos casos, el desengaño amoroso nos hace desaparecer en "un vacío radiante" y nos ofrece, tristemente, una porción de inmortalidad.

A Paz le sorprende que en una "sociedad predominantemente homosexual como era el círculo platónico, Sócrates ponga en labios de una mujer una doctrina sobre el amor".[214] Diotima le advierte al filósofo que el amor en sí no es hermosura, sino deseo de la belleza, sujeta a la corrupción del tiempo. Ese poeta que ante el 68 en París creyó ver regresar a sus maestros libertarios y libertinos, observa segar la cosecha amarga de libertad erótica que propagaron los jóvenes de Occidente durante esos años. Irreductible en ese punto, Paz ve el asunto desde un conservadurismo romántico que lo vuelve antipático para los liberales puros y para quienes consideran cosméticas sus críticas al mercado. Aunque concede que desde siempre han existido imágenes (pornografía) y cuerpos (prostitución), lo escandalizan los resultados de una libertad sexual que en lugar de suprimir, por irrelevantes e innecesarios a los pornógrafos y a las prostitutas, los ha industrializado, ofreciendo una desacralización escandalosa. Sade, leemos en *La llama doble*, soñó con una sociedad donde el único derecho fuera el derecho al placer, "por más cruel y mortífero que fuese" y en vez de ello, la sociedad capitalista democrática convirtió a Eros en un empleado de Mammon.[215] Rama del comercio y departamento de publicidad, el erotismo de nuestra época le repugna a Paz, quien alcanzó a ver un planeta plagado de lenones traficando con niñas y niños.

Es mentira que las críticas de Paz al mundo que emergió de la caída del muro de Berlín en 1989 hayan sido superficiales. Fueron limitadas, sin lugar a duda, porque la vida se le acababa pero pocos escritores del siglo pasado invirtieron tanto del valioso tiempo de sus últimos días en estimular la imaginación del futuro leyendo ciencia contemporánea (Edelman, Crick, Sacks) de la que era un hombre muy bien enterado, preguntándose si la relación entre la neurobiología y la filosofía hinduísta no podría cambiar nuestra percepción y con ella, las ideas imperantes sobre el amor. La caída en la historia, sólo se suspende en el amor, que "es intensidad y por esto es una distención del tiempo: estira los minutos y los alarga como siglos. El tiempo, que es medida isócrona, se vuelve discontinuo e inconmensurable. Pero después de cada uno de esos instantes sin medida, volvemos al tiempo y a su horario: no podemos escapar de su sucesión. El amor comienza con la mirada: miramos a la persona que queremos y ella nos mira. ¿Qué vemos? Todo y nada. No por mucho tiempo; al cabo de un momento, desviamos los

---

[214] *Ibid.*, p. 894.

[215] *Ibid.*, p. 1001.

ojos. De otro modo, ya lo dije, nos petrificaríamos. En uno de sus poemas más complejos, Donne se refiere a esta situación".[216]

Habría que reformular las relaciones entre la libertad, la igualdad y la fraternidad, que nuestros antepasados socialistas y libertarios interpretaron con ingenuidad y simpleza, si no es que con brutalidad y despotismo. Paz, en su defensa romántica y surrealista del amor y la poesía en *La otra voz*, se fue de este mundo sublunar, como le gustaba llamarlo, preguntándose cómo podríamos reformular "la palabra central de la tríada", la *fraternidad* –las cursivas son suyas– porque "más allá de la suerte que el porvenir reserve a los hombres, algo me parece evidente: la institución del mercado, ahora en su apogeo, está condenada a cambiar. No es eterna. Ninguna creación humana lo es. Ignoro si será modificada por la sabiduría de los hombres, substituida por otra más perfecta, o si será destruida por sus excesos y contradicciones. En este último caso podría arrastrar en su ruina a las instituciones democráticas".[217] Los ya casi quince años del siglo XXI que llevamos a cuestas hablan de que la otra voz del viejo Paz sigue siendo la de un poeta visionario. Aub, quien filmó *La sierra de Teruel* con Malraux, durante la década canalla y murió mexicano, le dijo al poeta Lizalde: "Te voy a decir lo que pienso que es Octavio. No es un escritor culto ni ilustrado, es un vidente. Octavio anuncia y ve cosas que la gente se resiste a ver pero las verá en alguna época".[218]

LA MUERTE DE UN POETA

La noche del sábado 21 de diciembre de 1996 un incendio parcial dañó el departamento de los Paz en Reforma y Guadalquivir, en un edificio obra del arquitecto Mario Pani. El fuego se inició a las 10.30 de la noche, cuando Marie José y Octavio se disponían a ver las noticias por la televisión tras haber ensobretado los aguinaldos de sus empleados. Un corto circuito, del cual se dieron cuenta primero que nadie los gatos (la única cosa que compartían las dos esposas de Paz fue esa pasión por los felinos), llenó de llamas la sala y el vestíbulo, provocando que la pareja saliera rápida e ilesa del departamento, llegasen los bomberos y antes que ellos el médico personal de Paz, el doctor Cesarman a quien el poeta había dedicado en 1976 la segunda versión de "Entre la piedra y la flor". Mientras el doctor checaba y oxigenaba a un Paz desamparado en la calle y entonces aquejado de flebitis, un padecimiento circulatorio que volvió una tortura el descenso del poeta desde su departamento, llegaron al fin los bomberos y a la medianoche el incendio pudo ser controlado.[219]

[216] *Ibid.*, p. 1051.

[217] Paz, *Obras, I. La casa de la presencia. Poesía e historia*, *op. cit.*, pp. 692 y 703.

[218] CDM, Conversación con Eduardo Lizalde, Ciudad de México, 15 de junio de 2011.

[219] Aníbal Santiago, "El incendio de Paz", *Emequis*, México, núm. 324, marzo de 2014, p. 45.

Cesarman llevó a los Paz al Hotel Camino Real de Polanco, en la avenida Mariano Escobedo, donde permanecieron medio año. A la mañana siguiente, Marie José volvió al departamento a cerciorarse de que los gatos estuvieran bien (la mayoría se salvaron) y a cuantificar los daños. Se perdieron muchos de los recuerdos, pinturas y estatuas traídos de la India que estaban en el vestíbulo y en el comedor, así como buena parte de la biblioteca decimónica que Paz había heredado de don Ireneo y el estante donde su nieto atesoraba sus propias primeras ediciones. Pese a que el incendio no se extendió hacia el estudio de Paz, separado por un patio interior del resto del departamento y no se quemó el grueso de la biblioteca ni su archivo personal y aunque la ayuda del presidente Zedillo "fue maravillosa", según Marie José, al mandarles "un equipo para quitar escombros, vidrio, agua, y reconstruir", el daño psicológico del incidente acortó la vida de Paz.[220] Cualquiera que haya visto envejecer y morir a sus padres, sabe que esa clase de acontecimientos, aunque sean de consecuencias médicas mínimas, suelen precipitar, psicológicamente, el final.

Octavio, salvo en una ocasión que fue para darle el visto bueno a las reparaciones, no volvió al departamento que había sido su hogar desde 1980. Y la decisión de no volver a Reforma y Guadalquívir, me cuenta Marie José, más que una cábala, como lo llegamos a pensar algunos, fue una decisión práctica debido al inmediato agravamiento de la salud del poeta tras el incendio, pues era incompatible la silla de ruedas a la que quedó atado con un departamento de tres niveles.[221] Tras el incendio, la salud de Paz se desplomó y vinieron una serie de exámenes e internamientos, en el Instituto Nacional de Nutrición, a partir del 24 de febrero en la clínica Mayo de Rochester y en el Hospital Central Militar de la ciudad de México, a mediados de julio.[222] Tras algunos diagnósticos errados, a Paz le fue diagnosticado cáncer en los huesos, acaso una metástasis de aquel tumor maligno en el hígado extirpado exitosamente en 1977. En noviembre de 1997 por intermediación de Guillermo Sheridan y ante el bulo de su muerte, difundido por una agencia inescrupulosa, Paz mismo aclaró: "No estuve internado en Rochester, no he tenido cáncer en la próstata; tampoco he recorrido como alma en pena, no sé cuántos hospitales. Estuve únicamente en el Hospital Militar por una corta temporada y en el de Nutrición a principios de año".[223]

Durante la larga temporada en el Hotel Camino Real, Paz estuvo expuesto a numerosas llamadas telefónicas inoportunas, sobre todo de periodistas,

---

[220] *Ibid.*, p. 46.

[221] CDM, Conversación con Marie José Paz, Ciudad de México, 17 de marzo de 2014.

[222] Antonio Bertrán, "Dicen que se encuentra estable", *Reforma*, México, 30 de julio de 1997.

[223] Sheridan, "Fragmento telefónico con Octavio Paz", *op. cit.*, p. 57; que Paz haya negado en televisión su internamiento en Rochester lo podemos poner a cuenta del nacionalismo de la Revolución mexicana, que consideraba impropio atenderse en el extranjero.

pero también al afecto de sus amigos y admiradores. Al día siguiente del percance, lo llamé al hotel y estaba naturalmente desolado, con ganas de irse del país, como si hubiese sido México, su tormento, quien le había prendido fuego a su casa.[224] Le enojó saber que la TV había entrado a filmar los estragos del fuego y que algunos amigos hubiésemos ido al departamento tan pronto nos enteramos sin encontrar ya nada que ver, después de la medianoche. Su siguiente cumpleaños, el penúltimo, lo pasó en el hotel y estaba emocionado por las flores y las frutas recibidas. García Ponce, que tan alejado se había sentido de Paz, por razones políticas, durante la última década, le escribió una carta donde le enviaba todo su cariño: "Hay una aristocracia del espíritu, Octavio. Tu serás siempre el digno representante de ella y yo quiero participar de estar cerca de ti. Sería rídiculo internar vernos dada mi condición...", pues la esclerósis múltiple de García Ponce, de insólita y valerosa sobrevivencia dada la gravedad de su condición diagnosticada desde fines de los años sesenta, le aterraba a Paz y le impedía verlo, según me lo dijo el poeta alguna vez. El círculo se cerraba. Enterado del padecimiento del novelista, Paz le había escrito desde Nueva Delhi, el 18 de abril de 1968: "Me asusta un poco (quiero decir: me parece admirable y escalofriante) tu aceptación de la enfermedad. Es una zona que me horroriza y me fascina. Como la de la locura, la de la teología..."[225]

A fines de julio, Paz fue hospitalizado y las preguntas de los periodistas, a quienes poco o nada sabíamos de sus verdaderas condiciones de salud, se volvieron muy insistentes.[226] El 29 de julio me llamó, conmovido, Scherer García –estuve bajo su dirección como reseñista literario de *Proceso* en los años ochenta–, pidiéndome saber dónde estaba Octavio: "Le habla el amigo, no el periodista", me dijo.[227] A personajes menores de su entorno se nos creía custodios de un secreto que no era secreto: Paz se está muriendo y sufría de la contradicción entre la otra voz y la jefatura espiritual. Su salud y sus desplazamientos se habían convertido en un secreto de Estado, víctima o beneficiario como se le quiera ver, de la filantropía del ogro. Queriendo preservar la intimidad de la primera, la segunda le cobraba intereses cada día más gravosos, en la situación más inoportuna.

En agosto, Paz ya está instalado donde morirá, la casa de Alvarado en el número 383 de Francisco Sosa, una de las calles más hermosas de México, que conduce al zócalo de Coyoacán (situado en el centro del DF y no en

---

[224] CDM, *Diario*, 23 de diciembre de 1996.

[225] Carta de Octavio Paz a Juan García Ponce del 18 de abril de 1968, Papeles de Juan García Ponce, caja 26, carpeta 2, Biblioteca Firestone de la Universidad de Princeton; Carta de Juan García Ponce a Octavio Paz del 23 de diciembre de 1997, Papeles de Juan García Ponce, Biblioteca Firestone de la Universidad de Princeton, caja 26, carpeta 7.

[226] "Paz no está hospitalizado: Domínguez Michael", *La Jornada*, México, 27 de julio de 1997.

[227] CDM, *Diario*, 29 de julio de 1997.

el sur como podrá comprobarlo quien mire un mapa), que será sede de la efímera Fundación Octavio Paz y actualmente lo es de la Fonoteca Nacional. Paz residía allí por una combinación de implacables imperativos médicos y discretas razones de Estado, gracias a una recomendación de los Azcárraga y con la ayuda del presidente Zedillo. Desde allí le concede una entrevista a Sheridan que transmitirá el Canal 2 en horario estelar. En esta conversación, la última que concedió públicamente con motivo del primer tomo de su poesía en las *Obras completas*, Paz se despidió así de ese público televidente cuya conquista tanta guerra le había dado: "Mi casa no es esta que vemos, pues es transitoria. Pero sí la poesía, 'que es la casa de usted'".[228]

En la Casa de Alvarado se instalaron, al fondo y preconstruidas por ingenieros militares, las oficinas de la Fundación Octavio Paz, cuyo director, Sheridan, sería nombrado públicamente por el poeta el 17 de diciembre de 1997. A algunos de los viejos amigos de Octavio, que no lo podían ver con la frecuencia que deseaban, les parecía que el poeta estaba secuestrado por la generosidad del presidente. Varios ratos a la semana los dedicaba Sheridan a darle forma, con Paz, a los estatutos y a las características de la fundación y no pocas veces a leerle al poeta enfermo versos de los dos poetas que escogió como su compañía final: Neruda y Quevedo. Del chileno, "su enemigo más querido" recuerda Sheridan haberle leído varios poemas y del segundo, sonetos del *Heráclito cristiano*. Por las noches, Paz prefería compañías menos graves, como las de *Los Simpson* (Gorostiza agónico, según Paz, se entretenía leyendo *La pequeña Lulú*) o esas películas de ciencia-ficción que le fascinaban de toda la vida, según cuenta Marie José.[229]

En el recuerdo de Sheridan, en aquellos días finales, "había un equilibrio siempre precario entre el pundonor y la tenacidad y la cuota penosísima entre el sufrimiento y el dolor físico que, a veces, aliviaba con la lectura de poesía".[230] En esas circunstancias se convocó a la sesión constitutiva de la Fundación Octavio Paz, ese 17 de diciembre en que muchos, yo mismo entre ellos, vimos a Paz por última vez. Fue en el patio central de la Casa de Alvarado, "un mediodía soleado", según recuerda Guadalupe Alonso en su testimonio, acompañado el poeta del presidente Zedillo y del novelista Fernando Del Paso junto a diez de los benefactores de una fundación que con un millón de dólares habría sido esencial para la vida institucional de la literatura en México.[231] Entre ellos estaban el andaluz Antonio Ariza (paisano de la madre de Paz), Carlos Slim y Emilio Azcárraga Jean en representa-

---

[228] Paz, *Obras completas, VIII. Miscelánea. Primeros escritos y entrevistas, op. cit.*, p.1311.

[229] Víctor Núñez Jaime, "La otra memoria del Nobel", *El País Semanal*, Madrid, 18 de febrero de 2014.

[230] CDM, Conversación con Guillermo Sheridan, Ciudad de México, 30 de mayo de 2013.

[231] Guadalupe Alonso, "Bajo la luz de México", *Revista de la Universidad de México*, núm. 62, México, abril de 2009, p. 52.

ción de su padre fallecido unos meses antes, al cual –el dueño de Televisa había sido el hombre más odiado por la izquierda mexicana– Paz defendió encendidamente esa mañana. Entre el público nos encontrábamos unas cien personas, la república de las letras en pleno y no pocos pintores y artistas amigos de Octavio, quien dejó a un lado el discurso que había preparado con Sheridan y se arriesgó a hacer una memorable improvisación. Tras presentar al director de la fundación, Paz le agradeció al presidente Zedillo, "la forma generosa con que me ha tratado en estos últimos meses, ante mi infortunio, ante mi enfermedad. Ello me ha hecho cambiar de hecho, incluso, mi idea no sólo de los hombres, sino, muy especialmente, de los hombres políticos. No todo en ellos es lucha por el poder. También hay en su corazón una zona luminosa, generosa, solar. En ella, yo me reconozco".[232]

Salvo la Iglesia católica, podía decirse que en ese mediodía del 17 de diciembre se reunían en torno a la jefatura espiritual de Paz, lo que antes se llamaban "las fuerzas vivas" de México en una significativa comunión que incluía a los empresarios: "El hecho de que este día se hayan juntado diez hombres de empresa dispuestos a apoyar esta tarea, me parece asombroso. Para un hombre de mi generación es asombroso: esto, hace cuarenta, treinta, veinte años, no era posible".[233]

De esa mañana, escribí en mi *Diario* sobre la improvisación de Paz: "Sólo habló de México: el antiguo descastado –según las acusaciones– muere como un poeta nacional, el de una democracia a veces abortada y a veces abortiva, propia de ese 'país de luces y sombras', como lo llamó Octavio, que apeló al amor y a la compasión para el nuevo siglo".[234] De inmediato, Paz, desvarió, con conciencia de hacerlo, lo que convirtió al desvarío en evocación poética: "Todos estos recuerdos me han llevado a desvariar un poco. En fin. Cuando me enfrenté al problema de qué debía decir ante ustedes, mi mujer me dijo: 'Por favor no vayas a desvariar. Tienes la tendencia a desvariar. Y en estos últimos meses, con la enfermedad, esto se ha acentuado: 'desvarías mucho y andas por muchos vericuetos…' (Cómo de pronto, el idioma español se levanta como una palabra que es como una roca inaccesible: ¡vericuetos!)".[235]

"México", concluyó Paz, "es un país solar. Y siendo un país en donde el sol abunda, un país rico de sol, pródigo de sol, es también un país negro, un país oscuro. Esta dualidad de México me preocupó desde niño y esta preocupación me llevó, sin saberlo ni quererlo, a escribir algunas páginas de *El laberinto de la soledad*." En ese punto, una vez más, el viejo enemigo romántico y surrealista se negó a creer en la progresión de la historia e

---

[232] Paz, "Nubes y sol", *Anuario de la Fundación Octavio Paz*, núm. 1, México. 1999, p. 14.

[233] *Idem.*

[234] CDM, *Diario*, 17 de diciembre de 1998.

[235] Paz, "Nubes y sol", *op. cit.*, p. 13.

insistió en el ciclo, en la vuelta: "Estoy seguro que se preparan nuevos días para México y que esos días serán de luz, de amor y con sol. Creo que en estos años no termina un periodo de México, como se piensa comunmente, sino que se da una vuelta para continuar".[236]

"Y al dar la vuelta a esta frase, recuerdo otra vez a mi mujer y digo: '!Cuidado, ya estás desvariando otra vez!' Sí, el desvarío, el demonio de don Quijote, el demonio de la acción, el demonio de luchar por México se ha apoderado de mí en los últimos años. Y yo quisiera trasmitirles a ustedes algo que no es nada extraordinario, sino una simple inquietud, la del diablo, la del demonio. Para Sócrates, el demonio era el interlocutor, el consejero. El diablo era no lo que creemos nosotros ahora, sino el *daímon*, el diablo de los paganos, de Platón, de Sócrates. Yo quisiera que se recordase en México no al demonio de las parroquias o de las sacristías o al de la lucha civil. Sobre todo eso: no al demonio de la lucha civil, al de la revuelta entre los hombres de la misma patria, sino a otro, al demonio angelical de Sócrates y Platón, al demonio que tiende la mano al amigo, que sabe dar consejos. Quisiera que nuestro México, en los años que vienen, encuentre a su Sócrates. Uno que en lugar de ser, como el otro, víctima de las pasiones de sus compatriotas, sea lo contrario: el Sócrates que aconseja a los ciudadanos y les dice cuál es el camino recto, sin temer perder la vida por ellos. Bueno, pues yo les daría este consejo a mis compatriotas: no se trata de perder la vida por nadie: ¡ganen su vida!"[237]

Tras la invocación al filósofo de los paganos y a su demonio, Paz da una vez más una vuelta, la última: "Y como que ahora me resbalo hacia una peligrosa inclinación a la prédica –que me recuerda, más que nada, a mi infancia y a mi abuelo, que era amante de las prédicas de sobremesa–, entonces me digo: *Vade retro!'* Haz invocado al diablo e hiciste bien. Hiciste bien en prevenirnos contra sus mentiras y sus engaños, pero tú no te dejes engañar: ya es hora de que te calles, Octavio; ¡ya cállate! No hables. Simplemente diles a cada una de las personas que han estado aquí, gracias, muchas gracias. No sé cuánto tiempo tenga, pero sé que hay nubes, hay muchas cosas: hay sol también. Las nubes están cerca del sol. Nubes y sol son palabras hermanas. Seamos dignos de las nubes del Valle de México, seamos dignos del sol del Valle de México. ¡Valle de México!, esa palabra iluminó mi infancia: esa palabra ilumina mi madurez y mi vejez".[238]

Justo cuando el poeta empezó a hablar de sus desvaríos, "nada se movía en aquel patio soleado, salvo una lagartija intrusa que caminaba de un lado a otro sobre la cornisa del muro a espaldas de la extensa mesa, y en ese

---

[236] *Ibid.*, p. 14.

[237] *Ibid.*, p. 15.

[238] *Idem.*

ir y venir una ligera lluvia de polvo caía sobre la nuca de Paz".[239] Todos miramos el recorrido de "la lagartija juguetona dejando caer la arenisca sobre el poeta"[240] y todos –todos– miramos al cielo cuando nos habló del cielo y las nubes del valle de México. "Así que lloraron todos, ricos y pobres", me comentó burlonamente Rossi, que estaba de viaje, cuando le conté tiempo después la emoción compartida aquella mañana.[241] En esa despedida había un eco de "El cántaro roto", aquel poema desesperado de 1955, como si hubiese sido el sol la sustancia derramada que ponía fin a la sequía milenaria y permitía a los mexicanos "soñar en voz alta" y "cantar hasta que el/ canto eche raíces". Como si el cántaro pudiera estar otra vez entero.[242]

Aquella solemnidad no la tuvieron alrededor suyo ni Reyes, el sabio que no quiso bajar a la polis, ni Vasconcelos, ganoso de inmolarse para castigarla. El primero se sometió, por prudencia, estudioso del mal menor, a los poderosos mientras que el segundo quiso el poder para sí mismo como príncipe filósofo. Paz, dentro y fuera del sistema, había querido ser otra cosa, un poeta taumaturgo y curar, mediante la mayéutica de la prosa, desde *El laberinto de la soledad* y a través de su intensa vida de polemista, a su nación. Volvió Paz a México en 1937, en 1953, en 1971: se quedó de guardia en ese hospital de los quejosos hispano-americanos donde Unamuno había pregonado a gritos la africanización mientras Ortega y Gasset recomendaba la escapatoria. El más universal de todos los mexicanos siempre regresó al ombligo de la luna. Parecía ser, aquel 17 de diciembre, la hora cumplida de un tiempo nuevo, el cumplimiento cabal de la jefatura espiritual, su apacible disolución en una institución moderna que diese a la literatura un nuevo lugar, modesto y digno, en el México que dos años después, al fin, se convertiría en una verdadera democracia por lo menos en cuanto a lo esencial, el respeto de la primera de las reglas, la del voto, aquella cuyo cumplimiento impediría el conflicto entre la moral de las convicciones y la moral de la responsabilidad.

Fue el propio presidente Zedillo quien condujo la silla de ruedas de Octavio hacia el interior de la casa ("El poeta y el príncipe en esa extraña cosa que es México",[243] apunté en mi *Diario*), a la cual fuimos pasando, en grupos pequeños, para saludarlo. A varios de ellos Paz les soltó, a la vez severo y desenfadado, una cacayaca. A Monsiváis le dijo: "Con Usted nunca me equivoqué" y al marxista español Sánchez Vázquez: "Fuiste el primer republicano español que conocí. Nos hemos peleado durante cincuenta años. Yo tenía la razón". Así, fui testigo de varias de las despedidas del poeta

[239] Alonso, "Bajo la luz de México", *op. cit.*, p. 54.

[240] CDM, *Diario*, 17 de diciembre de 1997.

[241] CDM, *Diario*, 20 de junio de 2004.

[242] Paz, *Obras completas, VIII. Obra poética (1935-1998)*, *op. cit.*, p. 263.

[243] CDM, *Diario*, 17 de diciembre de 1997.

y cuando me tocó a mí decir alguna cosa, comenté sobre la inesperada presencia de la lagartija. "No fue una lagartija sino una salamandra que salvé del fuego", acotó Marie José.[244]

Hacia las cuatro de la tarde la mayoría de los invitados se habían ido y Marie José nos invitó a unos pocos amigos a tomar unos bocadillos con Octavio. Estuvimos tres horas con él. Su faz devastada se me fue olvidando a favor de la irradiación de la amistad, del tino de su memoria. Hasta algún chiste hizo sobre la reciente divulgación de las cartas de amor entre Bioy y Garro. Hizo una narración precisa de su estado clínico –desde septiembre en la redacción de *Vuelta* sabíamos lo esencial– y nos habló de cómo los enfermos lo primero que pierden es el pudor, hizo el elogio de sus enfermeros, los Hercúles que lo cuidaban y de los médicos militares que lo atendían en particular, de su tocayo, el oncólogo Octavio Ruiz Esparza.

La convocatoria de Sócrates por la mañana no había sido sólo un desvarío, el Octavio de esa tarde quería tener en su lecho de moribundo a los doctores estoicos, como había querido –no siempre con éxito– vivir acompañado de epicúreos, como Kostas. Ya en otra parte he contado, en *La sabiduría sin promesa* (1999), lo ocurrido después, de cómo lloró un momento al enterarse de la muerte de Roy, su viejo camarada de París, que Fabienne Bradu comentó creyendo que ya estaba al tanto de la noticia y como aquel sollozo lo decidió a hablar de su muerte inminente: " 'Cuando me enteré de la gravedad de mi enfermedad, dijo, me dí cuenta de que no podía tomar el camino sublime del cristianismo. No creo en la trascendencia. La idea de la extinción me tranquilizó. Seré ese vaso de agua que me estoy tomando. Seré materia'. Ante nuestro silencio, el estoico prefirió bromear con su mujer sobre la creencia hinduista de ella en la reencarnación. 'Tengo al hereje en casa', dijo sonriente".[245]

Aquel vaso alguien se lo llevó como reliquia. No era para menos; ese vaso quedaba como una suerte de Santo Grial de la poesía mexicana, anunciado por Gorostiza en *Muerte sin fin:* "En el rigor de vaso que la aclara, /el agua toma forma/ –ciertamente. Trae una sed de siglos en los belfos..."[246]

Causó inquietud y disgusto, incluso entre hombres que no eran de izquierda y conocían muy bien lo ajeno que es el ejército mexicano al aristocratismo elitista y golpista del resto de los militares latinoamericanos, que Paz muriera no sólo bajo el cuidado paternal del presidente de la República,

---

[244] *Ibid.*

[245] CDM, *La sabiduría sin promesa. Vida y letras del siglo XX,* Lumen, México, 2009, p. 542.

[246] José Gorostiza, *Poesía*, FCE, México, 1964, p. 124. Su crítico tenaz, Aguilar Mora, enterado de ese momento tras leer mi artículo sobre la muerte de Paz, lo interpretó así: "y no renuncia a la esperanza de siempre: que el vaso de agua de *Muerte sin fin*, la metáfora de la plenitud que siempre estuvo buscando, pudiera convertirse en un simple vaso de agua. Lo que no podía hacer la poesía tal vez lo podía la muerte". (Aguilar Mora, "Diálogo con Los hijos del limo", en Hector Jaimes, *Octavio Paz: la dimensión poética del ensayo*, Siglo XXI, México, 2004, pp. 210-211.)

sino custodiado por soldados y atendido por médicos militares, todo ello antes de las guerras narcas de la última década. Aunque estaba lejos de estar económicamente desamparado, Paz no tenía hijos funcionales (un problema médico de Marie José lo impidió [247]) y tocaba al Estado mexicano, como lo entendió Zedillo con afecto y gallardía, acoger al jefe espiritual de nuestra cultura. Fue, a mis ojos, un buen final: el anciano hijo de la Revolución mexicana queda al cuidado del ejército que se formó para llevarla al poder. Paz mismo fue servidor y crítico de ese Estado revolucionario que consideró una de las invenciones políticas más eficaces, aunque no la más honrada ni la más democrática, de su siglo. Como todos los verdaderos diplomáticos, Paz representó más a un Estado que a un gobierno en París, Nueva Delhi y Tokio. Cuando lo repudió, el 2 de octubre de 1968, fue en un día trágico del que toda la izquierda ha exculpado al ejército, convirtiéndolo en una víctima más de quien ordenó el crimen, haya sido el presidente Díaz Ordaz o el secretario de Gobernación, Echeverría. Que Paz recibiese, en el Hospital Central Militar, una copia de la hoja de servicios de su abuelo Ireneo, general durante el Porfiriato, hablaba de esa continuidad en la historia de México que obsesionó al poeta.

Aquel 17 de diciembre en la casa del conquistador Pedro de Alvarado en Coyoacán, el sitio donde se fue a refugiar la gente de Hernán Cortés para huir de la laguna putrefacta en que habían convertido a México-Tenochtitlán tras derrotar a los aztecas en 1521, varios detectamos la siguiente ironía. Al final de "Vuelta", Paz había afirmado que el no quería ser como Wang-wei, el poeta ermitaño de la China del siglo VIII, uno de los poetas antiguos y modernos que tradujo para nosotros. No deseaba, como Wang-wei, el retiro en la montaña, sino seguir siendo un hombre comprometido con su tiempo: "Pero yo no quiero una ermita intelectual/ en San Ángel o Coyoacán."[248] Bretoniano también en eso, el joven Paz prefería los cafés periféricos donde se reunían los surrealistas, lejos de las candilejas germanopratenses, pero en 1997, insisto, era el paradójico poeta nacional de una democracia que nacía. Ermita o no, aquella casa fue ese día escenario de una verdadera peregrinación, la de los amigos y admiradores (y no pocos de sus adversarios), que concurrieron a despedirse, públicamente, de él. México se despidió de su poeta y la solitaria colina del medio día donde habitaba Wang-wei se vió llena de gente. El poeta Paz nunca pudo alejarse del "mundo y sus peleas" pero ese día prefirió pedirnos que fuésemos fieles al valle de México y a sus nubes.

Los siguientes meses, los de la larga y penosa agonía del poeta, en *Vuelta* nos reuníamos varias veces a la semana para especular sin tregua sobre cuál sería el destino de la revista una vez muerto Paz, decisión que él no tenía

---

[247] Nuñez Jaime, "La otra memoria del Nobel", *op. cit.*

[248] Paz, *Obras completas, VIII. Obra poética (1935-1998), op. cit.*,p. 637.

tiempo de tomar mientras enviaba al respecto, cuando podía, señales contradictorias. En todo caso, era la agonía: Asiain y Stanton relatan llamadas de Octavio en la madrugada, a quien la morfina suministrada para paliar los horrendos dolores, le hacía perder la noción del tiempo; en otras ocasiones, se desesperaba por no localizar sus propios poemas en sus libros.[249]

Octavio Paz murió poco después de las 10:30 de la noche del domingo 19 de abril de 1998 (el mismo día que Lord Byron). Se terminaba el siglo xx y entrábamos a un tiempo nuevo donde se saciaría, quizá, aquella curiosidad mía cuando en una reunión con él, en noviembre de 1989, se fue la luz y Octavio siguió hablando sin hacer ningún comentario sobre la ausencia de electricidad. ¿Qué ocurriría si al regresar la luz él hubiera desaparecido? ¿Quedaría la voz sin la persona?[250] Tengo a mi alrededor abrumadora hemerografía, dispersa en el suelo, sobre lo que se dijo al día siguiente en la prensa nacional y extranjera. Prefiero las oraciones fúnebres de los adversarios que a las de los amigos y por ello escojo una sola, la de García Márquez: "Cualquier elogio es superfluo a estas alturas de su gloria. Lamento, tanto como su muerte, la interrupción irreparable de un torrente de belleza, reflexión y análisis que saturó de extremo a extremo el siglo xx y cuya onda expansiva ha de sobrevivirnos por mucho tiempo".[251]

Anunció el deceso poco después el presidente Zedillo, recién llegado de Santiago de Chile, en la televisión. Yo venía llegando de Hermosillo y tan pronto me bajé del avión, a pedido de Lázaro Ríos, director del *Reforma*, me encerré a redactar, sin firmarla, la nota principal del periódico que aparecería horas después. En tanto, en la Casa de Alvarado, hubo cierto forcejeo sobre lo que habría de ocurrir en las próximos horas, según me contó Rossi, quien con su esposa Olbeth, tomó la representación de los viejos amigos de Paz ante el excesivo celo del Estado Mayor presidencial que deseaba llevarlo de inmediato al Hospital Central Militar para su embalsamiento y de allí trasladarlo, a la mañana siguiente, al Palacio de Bellas Artes para el homenaje de cuerpo presente. Rossi, respaldado por Marie José, se opuso, logrando que una vez preparado el cadáver fuese regresado a la Casa de Alvarado para que fuese velado, aun en la áspera intimidad de esa residencia prestada, por su esposa y sus amigos. Y nada de cruces. Así fue.[252]

Rossi era de quienes pensaban que Paz había muerto en el lugar equivocado, una destartalada casa colonial de dudosa antigüedad, más decimonónica que otra cosa, rodeado de "milicos" como los llamaba este filósofo de origen italiano y venezolano que había escogido ser mexicano. Cómo era posible,

[249] CDM, Conversación con Anthony Stanton, Ciudad de México, 3 de junio de 2013 y conversación con Aurelio Asiain, ciudad de México, 17 de agosto de 2013.

[250] CDM, *Diario*, 27 de noviembre de 1989.

[251] Gabriel García Márquez, "Interrupción irreparable", *Vuelta*, México, junio de 1998, núm. 259, p. 45.

[252] CDM, *Diario*, 20 de junio de 2004 y 27 de abril de 2006.

me decía, que quien había encarnado "el instante moderno" muriese en una escenografía de patriarca hispanoamericano, envuelto en los viejos ritmos y rituales, los antiguos lenguajes de estas patrias, me decía cuando recapituló conmigo, años después, aquella larga madrugada. Yo le dije (y se molestó bastante) que cómo era posible que él, descendiente en línea directa del general José Antonio Páez, prócer de la independencia de Venezuela, desdeñara lo apapachado que se habría sentido Octavio de que fuese, simbólicamente, la Revolución mexicana, antes de quedar del todo inactivo su magnetismo, la que le diera su refugio final. A mí me parecía un desenlace probable entre los argumentos que podían desprenderse de *El laberinto de la soledad*. Al final de aquel testimonio, Alejandro me contó de que antes de salir rumbo al Hospital Central Militar para el embalsamamiento, tras ir a cambiar su automóvil de lugar, se perdió en los jardines de la Casa de Alvarado y de pronto vio a un par de soldados traer a Octavio en una camilla apenas cubierto por una sábana blanca. Eran, me dijo Rossi, soldados oscuros, caras anónimas de muchachos de pueblo, como fantasmas de la noche. Los mexicanos de *El laberinto de la soledad*, agregaría yo. Iban tan de prisa que el cadáver de Octavio se bamboleaba como una gelatina, concluyó Alejandro.[253]

A la mañana siguiente, me despertó doña Silvia, mi ama de llaves de toda la vida, para darme la noticia que ignoraba que yo ya sabía. Me fui caminando desde San Francisco Figuraco hasta la Casa de Alvarado. En la puerta, Aurelio decidía quién pasaba y quién no, ante la multitud de curiosos y periodistas. Yo entré a la casa con Gonzalo Rojas, quien había llegado desde Chillán de Chile, días antes, para recibir el primer Premio Octavio Paz de Poesía y Ensayo, encontrándose con la muerte del poeta. Si se hubiese planeado la triste coincidencia no habría salido mejor: uno de los grandes poetas latinoamericanos, muerto Octavio, estaría al lado de su feretro y diría algunas palabras de despedida. En la sala de la Casa de Alvarado recuerdo a Xirau, Lizalde, Cuevas, Rafael Tovar de Teresa, Del Paso, al servicio doméstico de Reforma y Gualdalquivir, en pleno, llorando. Por uno de esos actos inútiles e irreflexivos tan comunes en los velorios decidí ayudar al chofer de los Paz a acarrear las ofrendas que iban llegando para rodear a Octavio, lo cual me permitió ver la predecible marcialidad con la que el Estado Mayor Presidencial colocó la bandera de México sobre el catafalco. Rumbo al Palacio de Bellas Artes, Sheridan y yo tomamos el autómovil con Stanton y su esposa.

Llegamos al vestíbulo del Palacio de Bellas Artes, ese marmóreo edificio de la Bella Época diseñado por Adamo Boari que la Revolución mexicana dejó inconcluso y que apenas se había usado desde la muerte de Frida Kahlo en 1954 (la cual suscitó un escándalo pues los comunistas "agraviaron" el recinto al colocar la bandera de la hoz y el martillo sobre el feretro de la pintora) como escenario de los "funerales nacionales" que México ofrece

---

[253] *Idem.*

a sus escritores y artistas. Se fueron formando las guardias. La primera fue la de El Colegio Nacional, la segunda, la nuestra (Asiain, Bradu, Castañón, Rojas, Sheridan, Torres Fierro y yo), montada tras una breve discusión con la señorita del protocolo presurosa porque la plana mayor del PRD pasara antes que nosotros los de *Vuelta*, lo cual motivó la airada protesta de Sheridan: "Eso nunca. Ellos llevan veinte años combatiéndolo y nosotros toda la vida trabajando con él". Los perredistas, encabezados por el ingeniero Cárdenas y López Obrador, retrocedieron y esperaron su turno respetuosamente; la plana mayor del PAN brilló por su ausencia, a excepción de Felipe Calderón, entonces líder del partido conservador y en 2006 presidente de México. Tras algunas otras guardias y la llegada masiva de políticos, empresarios, poetas, muchos poetas, vinieron los discursos del presidente Zedillo, de Krauze y la intervención de Rojas. Las guardias se prolongaron hasta media tarde, pasaron decenas de lectores a despedirse y entre ellos, según se supo más tarde, hasta una guerrillera del Ejército Popular Revolucionario que desapareció misteriosamente meses más tarde. Tras el himno nacional, un espontáneo gritó "!Viva México! ¡Viva Octavio Paz! ¡Viva el arte literario!"[254]

Frente al Palacio de Bellas Artes vi irse a la camioneta del servicio de honras fúnebres rumbo al crematorio y a Rigoberta Menchú interceptando el automóvil donde viajaba Marie José para darle el pésame de los que llegan tarde. A la incineración en una funeraria, me contó Rossi, llegó la actriz María Félix, buena amiga de Octavio, para despedirse, según dijo, del "personajito".[255] "A ti todo te lo perdono", solía decirle Paz a la Félix, nos contaba él. Y, mientras me alejaba del Palacio de Bellas Artes, traté de recordar, sin lograrlo, aquellas líneas de Keats que dicen "la arena descendiendo a través de una hora de cristal,/ un arroyo en el bosque, la muerte de un poeta..."[256]

Aurelio Asiain, Aurelia Álvarez Urbajtel y yo tomamos, en la esquina de avenida Juárez y la antiguamente llamada calzada de San Juan de Letrán, uno de esos taxis verdes que el humor institucional llamaba entonces "ecológicos" y partimos rumbo a Coyoacán donde Krauze, intempestivo, nos había convocado en las oficinas de *Vuelta*, a una emotiva reunión para hablar de inmediato de los planes para seguir en la brega con una nueva revista. Minutos más tarde, en el Zócalo, ese magma en la poesía de Octavio Paz, vi la banderota de México a media asta y pensé que viajaba yo con dos representantes de *La llama doble*, pues Aurelia y Aurelio, se estaban separando. A esa horas, las 17:59, según reporta el Servicio Sismológico Nacional, se produjo un sismo de 5.4 grados Richter de intensidad, lo cual

---

[254] CDM, *Diario*, 20 de abril de 1998.

[255] *Idem*.

[256] John Keats, "Después de que las nieblas oscuras oprimieran nuestros llantos", en *Belleza y verdad*, edición y traducción de Lorenzo Oliván, Pre-Textos, Valencia, 1998, p. 61.

sólo quiere decir, porque en la Ciudad de México tiembla a cada rato, que la madre tierra tomaba nota de la muerte del contemporáneo de todos los hombres, el poeta que, según su hija, se despertaba cada mañana de un solo golpe, se erguía y abría los ojos enormes. A Octavio, como dijo uno de nosotros, a Octavio, lo amábamos.

I. Obras completas de Octavio Paz (OP)

– *Obras completas de Octavio Paz*, edición del autor, Galaxia Gutenberg /
Círculo de lectores, Barcelona, 1999-2005:

I. *La casa de la presencia. Poesía e historia*, 1999.
II. *Excursiones/Incursiones. Dominio extranjero. Fundación y disidencia. Dominio hispánico*, 2000.
III. *Generaciones y semblanzas. Dominio mexicano. Sor Juana Inés de la Cruz o las trampas de la fe*, 2001.
IV. *Los privilegios de la vista. Arte moderno universal. Arte de México*, 2001.
V. *El peregrino en su patria. Historia y política de México*, 2002.
VI. *Ideas y costumbres. La letra y el cetro. Usos y símbolos*, 2003.
VII. *Obra poética (1935-1998)*, 2004.
VIII. *Miscelánea. Primeros escritos y entrevistas*, 2005.[1]

– *Oeuvres*, edición preparada, presentada y anotada por Jean-Claude Masson,
traducciones de Yesé Amory, Roger Caillois, Claude Esteban, Carmen Figueroa, Jean-Clarence Lambert, Frédéric Magne, Jean-Claude Masson, Roger
Munier, Benjamin Péret, André Pieyre de Mandiargues y Jacques Roubaud,
Pléiade, Gallimard, París, 2008.

II. Principales ediciones de OP

a) Poesía

– *Luna silvestre*, Fábula, México, 1933.
– *¡No pasarán!*, Simbad, México, 1936.
– *Raíz del hombre*, Simbad, México, 1937.

---

[1] El Fondo de Cultura Económica está publicando en México una nueva edición de las *Obras completas* de Octavio Paz siguiendo la edición del autor en ocho tomos que substituirá a la primera edición mexicana en catorce tomos (1993-2000).

– *Bajo tu clara sombra y otros poemas sobre España*, Ediciones Españolas, Valencia, 1937.
– *Entre la piedra y la flor*, Nueva Voz, México, 1941.
– *A la orilla del mundo y Primer día, Bajo tu clara sombra, Raíz del hombre, Noche de resurrecciones*, ARS, México, 1942.
– *Libertad bajo palabra*, Tezontle, México, 1949.
– *¿Águila o sol?*, Tezontle, México, 1951.
– *Semillas para un himno*, Tezontle, México, 1954.
– *La hija de Rappaccini* (teatro), *Revista Mexicana de Literatura*, vol. 2, núm. 7, septiembre-octubre de 1956.
– *Piedra de sol*, Tezontle, México, 1957.
– *La estación violenta*, Fondo de Cultura Económica (FCE), México, 1958.
– *Libertad bajo palabra: obra poética (1935-1957)*, FCE, México, 1960.
– *Salamandra (1958-1961)*, Joaquín Mortiz, México, 1962.
– *Viento entero*, The Caxton Press, Nueva Delhi, 1965.
– *Blanco*, Joaquín Mortiz, México, 1967.
– *Discos visuales* con Vicente Rojo, ERA, México, 1968.
– *Ladera este (1962-1968)*, Joaquín Mortiz, México, 1969.
– *Topoemas*, ERA, México, 1971.
– *Renga*, poema colectivo con Jacques Roubaud, Edoardo Sanguineti y Charles Tomlinson, Joaquín Mortiz, México, 1972.
– *El mono gramático*, Seix Barral, Barcelona, 1974.
– *Pasado en claro*, FCE, México, 1975.
– *Vuelta*, Seix Barral, Barcelona, 1976. Hubo una primera edición artesanal: *Vuelta*, El Mendrugo, México, 1971.
– *Air Born/Hijos del aire*, con Charles Tomlinson, Taller Martín Pescador, México, 1979.
– *Poemas (1935-1975)*, Seix Barral, Barcelona, 1979.
– *Carta de creencia*, Papeles Privados, México, 1987.
– *Árbol adentro*, Seix Barral, Barcelona, 1987.
– *Libertad bajo palabra (1935-1957)*, introducción, edición y notas de Enrico Mario Santí, Cátedra, Madrid, 1988.
– *Figuras y figuraciones*, con Marie José Paz, Galaxia Gutenberg, Barcelona, 1990.
– *La hija de Rapaccini* (primera edición en libro), ERA, México, 1990.
– *Obra poética (1935-1988)*, Seix Barral, Barcelona, 1990.
– *Reflejos, réplicas: diálogos con Francisco de Quevedo*, Vuelta/El Colegio Nacional, México, 1996.

b) Prosa

– *El laberinto de la soledad*, Cuadernos Americanos, México, 1950.
– *El arco y la lira*, FCE, México, 1956.

– *Las peras del olmo*, Universidad Nacional Autónoma de México (UNAM), México, 1957.

– *El laberinto de la soledad,* edición revisada y aumentada, FCE, México, 1959.

– *Cuadrivio*, Joaquín Mortiz, México, 1965.

– *Los signos en rotación*, Sur, Buenos Aires, 1965.

– *Poesía en movimiento* (antología de la poesía mexicana en colaboración con Homero Aridjis, Alí Chumacero y José Emilio Pacheco), Siglo XXI, México, 1966.

– *Puertas al campo,* UNAM, México, 1966.

– *Claude Lévi-Strauss o el nuevo festín de Esopo*, Joaquín Mortiz, México, 1967.

– *Corriente alterna*, Siglo XXI, México, 1967.

– *El arco y la lira*, edición revisada y aumentada, FCE, 1967.

– *Marcel Duchamp o el castillo de la pureza*, ERA, México, 1968

– *Conjunciones y disyunciones*, Joaquín Mortiz, México, 1969.

– *Posdata*, Siglo XXI, México, 1970.

– *Traducción: literatura y literalidad*, Tusquets, Barcelona, 1971.

– *Apariencia desnuda: la obra de Marcel Duchamp*, ERA, México, 1973.

– *El signo y el garabato*, Joaquín Mortiz, México, 1973.

– *Los hijos del limo: del romanticismo a la vanguardia*, Seix Barral, Barcelona, 1974.

– *Xavier Villaurrutia en persona y en obra*, FCE, México, 1978.

– *El ogro filantrópico: historia y política 1971-978*, Joaquín Mortiz, México, 1979.

– *In/Mediaciones*, Seix Barral, Barcelona, 1979.

– *El laberinto de la soledad, Postdata, Vuelta a El laberinto de la soledad,* Fondo de Cultura Económica, México, 1981.

– *Sor Juana Inés de la Cruz o las trampas de la fe*, Seix Barral, Barcelona, 1982.

– *Sombras de obras: arte y literatura*, Seix Barral, Barcelona, 1983.

– *Tiempo nublado*, Seix Barral, Barcelona, 1983.

– *Hombres en su siglo y otros ensayos*, Seix Barral, Barcelona, 1984.

– *Pasión crítica (entrevistas),* edición de H.J. Verani, Seix Barral, Barcelona, 1985.

– *Poesía, mito, revolución*, Vuelta, México, 1989.

– *La otra voz: poesía y fin de siglo*, Seix Barral, Barcelona, 1990.

– *Los privilegios de la vista*, presentación de Alberto Ruy Sánchez, Centro Cultural de Arte Contemporáneo, México, 1990.

– *Pequeña crónica de grandes días*, FCE, México, 1990.

– *Convergencias*, Seix Barral, Barcelona, 1991.

– *La búsqueda del presente*, Círculo de Lectores, Barcelona, 1991.

– *Al paso*, Seix Barral, Barcelona, 1992.

– *Elogio de la negación*, Círculo de Lectores, Barcelona, 1992.

– *El laberinto de la soledad, Postdata, Vuelta a El laberinto de la soledad*, edición de Enrico Mario Santí, Cátedra, Madrid, 1993.

– *Itinerario*, FCE, México, 1993.
– *La llama doble: amor y erotismo*, Seix Barral, Barcelona, 1993.
– *Un más allá erótico: Sade*, Vuelta /Heliópolis, México, 1994.
– *Blanco/Archivo Blanco*, edición de E.M. Santí, El Equilibrista/El Colegio
    Nacional, México, 1995.
– *Chuang-Tzu*, Siruela, Madrid, 1998.

c) Algunas antologías y publicaciones póstumas

– *Anthologie de la poésie mexicaine*, presentación de Paul Claudel, traducción de
    Guy Levis Mano, selección e introducción de OP, UNESCO/Nagel, Paris, 1952.
– *An Anthology of Mexican Poetry*, prefacio de C.M. Bowra, traducción de
    Samuel Beckett, selección e introducción de OP, Indiana University Press,
    Bloomington, 1958.
– *El arco y la lira*, edición facsimilar conmemorativa de Anthony Stanton, FCE,
    México, 2000.
– *El laberinto de la soledad*, edición conmemorativa en dos tomos, recopilación
    y prólogo de Enrico Mario Santí, FCE, México, 2000.
– *El arco y la lira*, edición facsimilar conmemorativa con postfacio de Anthony
    Stanton, FCE, México, 2006.
– *Crónica trunca de días excepcionales*, edición de Antonio Saborit, UNAM,
    México, 2007.
– *Las palabras y los días. Una antología introductoria de Octavio Paz*, edición
    de Ricardo Cayuela, Conaculta/FCE, 2008.
– *Huellas del peregrino. Vistas del México independiente y revolucionario*, com-
    pilación de Adolfo Castañón y prólogo de Jean Meyer, FCE, México, 2010.
– *Luis Buñuel: El doble arco de la belleza y la rebeldía*, prólogo de José De la
    Colina, FCE, México, 2012.
– *También soy escritura. Octavio Paz cuenta de sí*, edición y selección de Julio
    Hubard, FCE, México, 2014.

d) Algunas cartas y textos de OP no recogidos en libro

– "Introducción a la literatura japonesa", *Sur*, núm. 249, Buenos Aires, noviem-
    bre–diciembre de 1957.
– "Las palabras y las máscaras", *Excélsior*, 16 de junio de 1971.
– Respuesta al número de *La cultura en México* titulado "Contra el liberalismo
    mexicano de los setenta", *Plural* núm. 11, México, agosto de 1972.
– OP y Enrique Krauze, desplegado en apoyo al triunfo electoral del PSOE,
    Unomásuno, ciudad de México, 30 de octubre de 1982.
– "Samuel Beckett y la poesía mexicana", *Vuelta*, núm. 159, México, febrero
    de 1990.

– "Carta de Octavio Paz a Alejandro Junco de la Vega", *Reforma*, México, 15 de marzo de 1995.
– "Una aclaración y un recuerdo", *Proceso*, México, núm. 960, 27 de marzo de 1995.
– "Rectificaciones", carta a *Reforma*, octubre 1, 1996.
– "Un sueño de libertad: Cartas a la cancillería", precedidas de una nota de Enrique Krauze, *Vuelta*, núm. 256, México, marzo de 1998.
– "Carta inédita de Octavio Paz a su hija Helena en 1983: 'Nunca te desampararé, puedes estar segura' ", *Proceso*, México, núm. 1112, 26 de abril de 1998.
– "Nubes y sol" en *Anuario de la Fundación Octavio Paz*, núm. 1, México, 1999.
– "Carta a Enrique Krauze", *Letras Libres*, núm. 1, México, enero de 1999.
– "Carta de Octavio Paz a Efraín Huerta", *Letras Libres*, núm. 4, México, abril de 1999.
– OP y Eliot Weinberger, "Octavio Paz on *An Anthology of Mexican Poetry*", en *Fulcrum (an anual of poetry and aesthetics)*, num. 6, 2007.
– "Carta de Octavio Paz a Jorge González Durán", en *Casa del tiempo*, Universidad Autónoma Metropolitana, México, año XXXIII, época V, núm. 2, marzo de 2014.

II. Epistolarios

– Rojo, Vicente, y Octavio Paz, "La fragua de dos libros", *Syntaxis*, núm. 25, Tenerife, 1991 [sobre *Discos visuales* y *Marcel Duchamp o el castillo de la pureza*].
– *Correspondencia Alfonso Reyes/Octavio Paz (1939-1959)*, edición de Anthony Stanton, Fundación Octavio Paz-FCE, México, 1998.
– *Memorias y palabras: cartas a Pere Gimferrer*, 1966-1997, Seix Barral, Barcelona, 1999.
– *Cartas cruzadas Octavio Paz/Arnaldo Orfila Reynal*, prólogo de Jaime Labastida, Siglo XXI, México, 2005.
– *Correspondencia Rodolfo Usigli/Octavio Paz,* presentada por Ramón Layera, *Revista Literaria Azul@arte*, 25 de marzo de 2007, consultado en <http://revistaliterariaazularte.blogspot.mx/2007/03/ramn-layeracorrespondencia-octavio-paz.html>
– *Cartas a Tomás Segovia (1957-1985)*, FCE, México, 2008.
– *Jardines errantes: cartas a J. C. Lambert, 1952-1992*, Seix Barral, Barcelona, 2008.
– Martínez, José Luis y Octavio Paz, *Al calor de la amistad. Correspondencia 1950-1984*, edición de Rodrigo Martínez Baracs, FCE, México, 2014.
– Correspondencia Octavio Paz/Jaime García Terrés, FCE, en proceso de edición.

III. Libros consultados sobre OP

– Aguilar Mora, Jorge, *La divina pareja. Historia y mito en Octavio Paz*, ERA, México, 1978.

– _____, *La sombra del tiempo. Ensayos sobre Octavio Paz y Juan Rulfo*, Siglo XXI, México, 2010.

– Anaya, José Vicente (compilador), *Versus. Otras miradas a la obra de Octavio Paz*, Ediciones de Medianoche, Zacatecas, 2010.

– Aridjis, Homero (editor), *Antología del primer festival internacional de poesía Morelia 1981,* Joaquín Mortiz, México, 1982.

– Bloom, Harold, *Genios. Un mosaico de cien mentes creativas y ejemplares*, Anagrama, Barcelona, 2005.

– Bolaño, Roberto, *Los detectives salvajes*, Anagrama, Barcelona, 1998.

– Boll, Tom, *Octavo Paz and T.S. Eliot. Modern Poetry and the Traslation of Influence*, Legenda, Londres, 2012.

– Brading, David, *Octavio Paz y la poética de la historia mexicana*, traducción de Antonio Saborit, FCE, México, 2002.

– Bradu, Fabienne, *Los puentes de la traducción. Octavio Paz y la poesía francesa*, UNAM/Universidad Veracruzana, México, 2004.

– Bradu, Fabienne y Philippe Ollé-Laprune, *Una patria sin pasaporte. Octavio Paz y Francia*, FCE, México, 2014.

– Castor, Nick, Octavio Paz, Reaktion, Books, Londres, 2007.

– Castañón, Adolfo, Marie José Paz y Danubio Torres Fierro, (editores), *A treinta años de Plural (1971-1976)*, FCE, México, 2001.

– Castellet, J.M., "Octavio Paz", *Els escenaris de la memòria*, Ediciones 62, Barcelona, 1998.

– Domínguez Michael, Christopher, *Diccionario crítico de la literatura mexicana (1995-2011)*, FCE, México, 2012.

– _____, *La sabiduría sin promesa. Vida y letras del siglo XX,* Lumen, México, 2009.

– Enciso, Froylán, *Andar fronteras. El servicio diplomático de Octavio Paz en Francia [1946-1951]*, Siglo XXI, México, 2008.

– Escalante, Evodio, *Las sendas perdidas de Octavio Paz*, ediciones sin nombre/ UAM Iztapalapa, México, 2013.

– Flores, Malva, *Viaje de Vuelta. Estampas de una revista*, FCE, México, 2011.

– Font, Edmundo y otros, *Octavio Paz in India. Some Reflections*, Universidad Nehru/Embajada de México, Nueva Delhi, 1999.

– Fuentes, Carlos, "Seis cartas a Octavio Paz", en *Octavio Paz*, edición de Pere Gimferrer, Taurus, Madrid, 1982.

– Gallardo Muñoz, Juan, *Octavio Paz*, Dintel, Madrid, 2003.

– García Ramírez, Fernando (editor), *La experiencia de la libertad/1. Hacia la sociedad abierta*, prólogo de Eduardo Lizalde, México, Vuelta, 1991.

– _____, (editor), *La experiencia de la libertad/3. La palabra liberada*, prólogo de Aurelio Asiain, Vuelta, México, 1991.

– Garro, Elena, *Memorias de España 1937,* Siglo XXI, México, 1992.

– Gimferrer, Pere, *Octavio Paz*, Taurus, Madrid, 1982.

– Giraud, Paul–Henri, *Octavio Paz vers la transparecence*, prefacio de Hector Bianciotti, *Le Monde*/PUF, París, 2002.

– González Rojo, Enrique, *El rey va desnudo. Los ensayos políticos de Octavio Paz,* Posada, México, 1989.

– _____,*Cuando el rey se hace cortesano. Octavio Paz y el salinismo,* Posada, México, 1990.

– González Torres, Armando, *Las guerras culturales de Octavio Paz,* Colibrí, México, 2002.

– Grenier, Yvon, *Del arte a la política. Octavio Paz y la búsqueda de la libertad*, FCE, México, 2004.

– Iturriaga, José E., *Rastros y retratos*, FCE, México, 2003.

– King, John, Plural *en la cultura literaria y política latinoamericana,* traducción de David Medina Portillo, FCE, México, 2011.

– Krauze, Enrique, *Redentores. Ideas y poder en América Latina,* Debate, México, 2011.

– _____, *Octavio Paz. El poeta y la revolución*, DeBolsillo/Random House, México, 2014.

– Lafaye, Jacques, *Octavio Paz en la deriva de la modernidad*, FCE, México, 2013.

– Magis, Carlos, *La poesía hermética de Octavio Paz*, El Colegio de México, 1978.

– Mallard, Alain-Paul, "Octavio Paz et André Pieyre de Mandiargues, aller–retours", en Mandiargues, *Pages mexicaines,* Gallimard/Maison de l'Amerique Latine, París, 2009.

– Maples Arce, *Mi vida por el mundo,* Universidad Veracruzana, Xalapa, 1983.

– Mauleón, Héctor de, "A orillas de la luz: cartas de Octavio Paz"en *El derrumbe de los ídolos. Crónicas de la ciudad*, Cal y Arena, México, 2010.

– Mendiola, Víctor Manuel, *El surrealismo de* Piedra de Sol, *entre peras y manzanas,* FCE, México, 2011.

– Melgar, Lucía y Gabriela Mora, *Elena Garro. Lectura múltiple de una personalidad compleja*, BUAP, Puebla, 2007.

– _____, "Cronología general" en Garro, *Obras reunidas*, I, FCE, México, 2006.

– Messinger Cypess, Sandra, *Uncivil wars. Elena Garro, Octavio Paz and the Battle for Cultural Memory,* University of Texas Press, Austin, 2012.

– Monsiváis, Carlos, *Adonde soy yo tú somos nosotros. Octavio Paz, crónica de vida y obra*, Raya en el agua, Eéxico, 2000.

– Monsiváis, Carlos, *Adonde yo soy tú somos nosotros. Octavio Paz. Crónica de vida y obra,* Raya en el agua, México, 2000.

– Ojeda, Jorge Arturo, *La cabeza rota (la poética de Octavio Paz)*, Premia, Tlahuapan, 1983.
– Ordóñez, Andrés, *Devoradores de ciudades. Cuatro intelectuales en la diplomacia mexicana*, Cal y Arena, México, 2002.
– Neruda, Pablo, *Confieso que he vivido*, Seix Barral. Barcelona, 1974.
– Nettel, Guadalupe, *Octavio Paz, las palabras en libertad*, Taurus, México, 2014.
– Paz Garro, Helena, *Memorias*, Océano, México, 2003.
– Paz Solórzano, Octavio, *Hoguera que fue*, compilación, testimonios y notas de Felipe Gálvez, Universidad Autónoma Metropolitana/Unidad Xochimilco, México, 1986.
– _____, *Emiliano Zapata*, prólogo de OP, FCE, México, 2012.
– Perales Contreras, Jaime, *Octavio Paz y su círculo intelectual*, Ediciones Coyoacán/ITAM, México, 2013.
– Peralta, Braulio, *El poeta en su tierra. Diálogos con Octavio Paz*, Raya en el agua, México, 1999.
– Pi-Suñer Llorens, Antonia, prólogo a Ireneo Paz, *Otras campañas*, I y II, postfacio de Octavio Paz, FCE/El Colegio Nacional, México, 1997.
– Poniatowska, Elena, *Octavio Paz. Las palabras del árbol*, Plaza y Janés, México, 1998.
– Rivero Taravillo, Antonio, *Los huesos olvidados*, Espuela de plata, Sevilla, 2014.
– Rodríguez Ledesma, Xavier, *El pensamiento político de Octavio Paz. Las trampas de la ideología*, UNAM/Plaza y Valdés, México, 1996.
– _____, *Escritores y poder. La dualidad republicana en México, 1968-1994*, UPN, México, 2001.
– Roffé, Reina, "Entrevista a Alberto Ruy Sánchez", *Cuadernos Hispanoamericanos*, núm. 631, Madrid, enero de 2003.
– Rojas Guzmán, Eusebio, *Octavio Paz y su mundo de palabras*, Ventana, Guatemala, 1993.
– Rosas Lopátegui, Patricia, *Testimonios sobre Elena Garro. Biografía exclusiva y autorizada de Elena Garro*, Castillo, Monterrey, 2002.
– _____, *El asesinato de Elena Garro*, prólogo de Elena Poniatowska, Porrúa/UAEM, 2005.
– Ruy Sánchez, Alberto, *Una introducción a Octavio Paz*, FCE, México, 2013.
– Sánchez Susarrey, Jaime, *El debate político e intelectual en México*, Grijalbo, México, 1993.
– Santí, Enrico Mario, *El acto de las palabras. Estudios y diálogos con Octavio Paz*, FCE, México, 1997.
– _____, selección y prólogo, *Luz espejeante. Octavio Paz ante la crítica*, ERA, México, 2009.
– Serrano, Pedro, *La construcción del poeta moderno. T.S. Eliot y Octavio Paz*, CONACULTA, México, 2011.

– Sheridan, Guillermo, *Poeta con paisaje. Ensayos sobre la vida de Octavio Paz,* ERA, México, 2004.

– Torres Fierro, Danubio, (antólogo), *Octavio Paz en España, 1937,* FCE, México, 2007.

– Unger, Roni, *Poesía en Voz Alta,* traducción de Silvia Peláez revisada por Rodolfo Obregón, UNAM, México, 2006.

– Ulacia, Manuel, *El árbol milenario. Un recorrido por la obra de Octavio Paz,* Círculo de Lectores/Galaxia Gutenberg, Barcelona, 1999.

Varios autores. *En esto ver aquello. Octavio Paz y el arte,* CONACULTA/INBA/MPBA, México, 2014.

– Vázquez Montalbán, Manuel, *Marcos: El señor de los espejos,* Aguilar, México, 1999.

– Verani, Hugo J., *Bibliografía crítica de Octavio Paz (1931–1996),* El Colegio Nacional, México, 1997.

– _____, *Bibliografía crítica de Octavio Paz (1931-2013),* vol. 1, El Colegio Nacional, México, 2014.

– Vizcaíno, Fernando, *Biografía política de Octavio Paz o la razón ardiente,* Algaraza, Málaga, 1993.

– Verani, Hugo J., *Octavio Paz: el poema como caminata,* FCE, México, 2013.

– Wilson, Jason, *Octavio Paz. Un estudio de su poesía,* Pluma, Bogotá, 1980.

– Xirau, Ramón, *Octavio Paz: el sentido de la palabra,* Joaquín Mortiz, México, 1970.

– Zambrano, María, *Esencia y hermosura,* relato prologal de José Miguel Ullán, Galaxia Gutenberg, Barcelona, 2010.

IV. Artículos citados sobre OP

– Abelleyra, Angélica, "El Nobel no es pasaporte a la inmortalidad: Paz", *La Jornada,* México, 12 de octubre de 1990.

– "Abrumadora condena a las declaraciones de Octavio Paz contra la revolución nicaragüense", *Proceso,* núm. 415, México, 15 de octubre de 1984.

– Adame, Ángel Gilberto, "La boda de Octavio Paz y Elena Garro", blog de *Letras Libres,* 3 de junio de 2014.

– Aguilar Mora, Jorge, "Diálogo con *Los hijos del limo* de Octavio Paz" en Héctor Jaimes, *Octavio Paz: la dimensión estética del ensayo,* Siglo XXI, México, 2004.

– Aguilar Rivera, José Antonio, "Vuelta a Paz" en *Nexos,* México, núm. 433, enero de 2014.

– Aguilar Camín, Héctor, "Aguas divididas", *Proceso,* México, núm. 27, febrero de 1997.

– Alatorre, Antonio, "Lectura del Primero sueño" en *Diversa de mi misma entre vuestras plumas ando. Homenaje internacional a Sor Juana Inés de la Cruz*, edición de Sara Poot Herrera, El Colegio de México, 1993.

– _____, "Octavio Paz y yo" en *El malpensante. Lecturas paradójicas*, núm. 28, Bogotá, febrero 1 / marzo 15 de 2001.

– Alonso, Guadalupe, "Bajo la luz del Valle de México", *Revista de la Universidad de México*, núm. 62, México, abril de 2009.

– Aranda, Julio, "Helena Paz dice que sus padres nunca se divorciaron y exige parte de la herencia para ella y su madre", *Proceso*, núm. 1121, México, 26 de abril de 1998.

– Aranda Luna, Javier, "Hace aclaración sobre Paz y Stone", *Reforma*, México, 26 de mayo de 1995.

– Aridjis, Homero, "Spoleto 40 años" en *Reforma*, México, 15 de julio de 2007.

– Asiain, Aurelio, "Brindis", *Vuelta*, núm. 242, México, enero de 1997.

– Barreto, Tereza, "Sor Juana sou eu", *Folha de San Paulo*, 11 de noviembre de 1999.

– Bartra, Roger, "Una discusión con Octavio Paz", *La Jornada Semanal*, México, 21 de octubre de 1990.

– _____, "¿Octavio Paz vs. Cosío Villegas?", blog de *Letras Libres*, 29 de agosto de 2007.

– _____, "Paz en España 1987", blog de *Letras Libres*, 1 de junio de 2011.

– Batis, Huberto, "El ingreso de Octavio Paz a El Colegio Nacional" (1967) en *Casa del tiempo*, Universidad Autónoma Metropolitana, México, año XXXIII, época V, núm. 2, marzo de 2014.

– Bautista, Virginia, "Carlos Fuentes y Octavio Paz. Amistad cálida", *Expresiones*, suplemento de *Excélsior*, México, 16 de mayo de 2014.

– Bertrán, Antonio, "Dicen que se encuentra estable", *Reforma*, México, 30 de julio de 1997.

– Bloch, Avital, "*Vuelta* y cómo surgió el neoconservadurismo en México", *Culturales,* UABJ, IV, 8, Tijuana, 2008.

– Cabrera, Rafael, "He aprendido a perdonarlo: Helena Paz", *Quién*, México, 14 de marzo de 2014.

– Cabrera Infante, Guillermo, "Todos de alguna forma alrededor de Paz", *El Ángel* de *Reforma,* núm. 19, 24 de marzo de 1994.

– Campos, Marco Antonio, "Paz y la historia", *Proceso*, México, núm. 420, 20 de agosto de 1994.

– Cantú, Arturo, "Octavio Paz: Una mala interpretación de Tlatelolco", *Armas y Letras*, Monterrey, junio de 1969.

– Castañón, Adolfo, "Octavio Paz: las voces del despertar" *Arbitrario de literatura mexicana, Vuelta*, México, 1995.

– _____, "Un premio para Estocolmo" *Viaje a México (ensayos, crónicas y relatos)*, Iberoamericana/Vervuet, Madrid, 2008.

– _____, "*El mono gramático*: cima y testamento", *Letras Libres* núm. 183, México, marzo de 2014.

– Córdova, Arnaldo, "Octavio Paz y la izquierda", *La Jornada*, México, 1 de julio de 2007.

– Cortázar, Julio, "Octavio Paz: *Libertad bajo palabra*", *Obra crítica 2*, edición de Jaime Alazraki, Alfaguara, Madrid, 1994.

– Delgado, Mónica, "Paz la vuelve loca", *Reforma*, México, 7 de junio de 1996.

– Deniz, Gerardo, "Salamandra" en *Paños menores*, Tusquets, México, 2002.

– Domínguez Michael, Christopher, "Octavio Paz 1990", *La Gaceta del FCE*, núm. 241, México, enero de 1991.

– "El filósofo de la calle del árbol", entrevista con Hugo Hiriart, *Letras Libres*, núm. 160, México, abril de 2012.

– "*El pensamiento político de Octavio Paz, las trampas de la ideología*, de Xavier Rodríguez Ledesma" en *Vuelta*, núm. 236, México, julio de 1996.

– _____, "La obra de Paz está todavía sin descifrar", entrevista a Marc Fumaroli, *Letras libres*, núm. 183, México, marzo de 2014.

– Cherem, Silvia, "Mari Jo, la vida sin Paz", *Reforma*, México, 10 de octubre de 1999.

– "Drástico y brillante", *Proceso*, México, núm. 722, 1 de septiembre de 1990.

– Durán, Manuel, "La estética de Octavio Paz", *Revista Mexicana de Literatura*, núm 8., México, noviembre–diciembre de 1956.

– Echeverría, Bolívar, "Octavio Paz, muralista mexicano", *Anuario de la Fundación Octavio Paz 2001, 3. Memoria del Coloquio Internacional por El Laberinto de la Soledad a 50 años de su publicación*, Fundación Octavio Paz/FCE, México, 2001.

– "El Nobel se gana con obras: Paz", *Reforma*, 11 de febrero de 1998.

– Fuentes, Carlos, "Mi amigo Octavio Paz", *Reforma,* 6 de mayo de 1998.

– García Márquez, Gabriel, "Interrupción irreparable", *Vuelta*, México, junio de 1998, núm. 259.

– Gaos, José, "Correspondencia con José Vasconcelos, Octavio Paz, León Felipe y Leopoldo Zea", *Estudios. Filosofía–historia–letras*, Instituto Tecnológico Autónomo de México (ITAM), México, primavera de 1985.

– Gilly, Adolfo, "Literatura, diplomacia y nostalgia", *Revista de la Universidad de México*, noviembre de 2002.

– Guillén, Jorge, "La stimulation surréaliste", *Nouvelle Revue Française* (*NRF*), 176, París, abril de 1967.

– "He loves politics", *Time*, 22 de octubre de 1990.

– Helguera, Luis Ignacio, "Emilio Uranga (1921-1988)", *Vuelta*, núm. 164, México, febrero de 1989.

– Huerta, David, "Un árbol esbelto y fuerte", *Letras Libres*, México, núm. 183, marzo de 2014.

– Huerta, Efraín, "La hora de Octavio Paz", *El otro Efraín. Antología prosística*, edición y selección de Carlos Ulises Mata, FCE, México, 2014.

– "Intelectuales llaman a EZLN a deponer las armas", *Reforma*, México, 24 de febrero de 1995.

– Krauze, León, "Vislumbres de Octavio", *Milenio,* México, 15 de marzo de 2014.

– "La polémica ante las cámaras", transcripción de Enrique Maza, *Proceso,* México, núm. 723, 8 de septiembre de 1990.

– Landeros, Carlos, "En Madrid con las dos Elenas", *Siempre!,* núm. 1415, 6 de agosto de 1980.

– Mandiargues, André Pieyre de, "Aigle ou soleil?", *NRF*, París, núm. 62, febrero de 1958.

– Mermall, Thomas, "Octavio Paz y el sicoanálisis de la historia", *Cuadernos Americanos*, año 27, 1, México, enero–febrero de 1968.

– "Mexicano universal", entrevista con Mario Vargas Llosa, *Letras libres,* núm. 183, México, marzo de 2014.

– Miranda Rodríguez, Justino, "Pelearemos parte de la herencia: Helena Paz", *El Universal*, México, 21 de abril de 1998.

– Núñez Jaime, Víctor, "La otra memoria del Nobel", *El País Semanal*, Madrid, 18 de febrero de 2014.

– Ochoa Sandy, Gerardo y Armando Ponce, "Detrás de los 'asuntos familiares' de Vargas Llosa: su pleito con Octavio Paz", *Proceso* núm. 723, México, 8 de septiembre de 1990.

– Pablo, Óscar de, "El relojero divino" en *Nexos*, núm. 433, México, enero de 2014.

– Paz Garro, Helena, "La sinrazón de la violencia de los jóvenes", *El Universal*, 23 de octubre de 1968.

– "Paz no está hospitalizado: Domínguez Michael", *La Jornada*, México, 27 de julio de 1997.

– Pérez Cervantes, Luisa, "El Lic. Octavio Paz es acusado por una señora", *El Nacional*, México, 13 de diciembre de 1937.

– Ponce, Armando, "Carta a los alumnos del Colegio Williams", *Proceso*, núm. 1952, México, 30 de marzo de 2014.

– Pucini, Dario, "La Sor Juana de Octavio Paz" en *Vuelta*, núm. 187, México, junio de 1982.

– Ramírez Cuéllar, Héctor, "El filósofo de Televisa", *El Día*, México, 11 de octubre de 1984.

– Ramírez, Luis Enrique, "¿Octavio Paz?... Me da horror que un día no esté en el mundo: Elena Garro", *La Jornada*, México, 31 de marzo de 1994.

– Rojas, Rafael, "El gato escaldado. Viaje póstumo de Octavio Paz a La Habana", en *Anuario de la Fundación Octavio Paz*, México, núm. 1, 1999.

– Rosas Lopátegui, Patricia, "Refuta hija espionaje de Garro", *Reforma*, México, 7 de octubre de 2006.

– Rossi, Alejandro, "50 años. El laberinto de lo mexicano", *Letras Libres*, 120, México, diciembre de 2008.

– Rubio-Rosell, Carlos, "Exponen cartas de Paz en Madrid", *Reforma*, México, 25 de marzo de 2014.

– Santiago, Aníbal, "El incendio de Paz", *Emeequis,* México, 324, marzo de 2014.

– Sarduy, Severo, "Paz en Oriente" en *Obra completa*, edición de Gustavo Guerrero y François Wahl, Archivos UNESCO/CONACULTA, París, 1999.

– Segovia, Tomás, "Entre la gratuidad y el compromiso", *Revista Mexicana de Literatura*, núm. 8, México, noviembre-diciembre de 1956.

– Sheridan, Guillermo, "Fragmento telefónico con Octavio Paz", *Proceso*, México, núm. 1099, 23 de noviembre de 1997.

– _____, "Octavio Paz: cartas de Berkeley", *Letras Libres*, México, noviembre de 2011.

– _____, "Octavio Paz: Cartas de Mérida", *Cuadernos Hispanoamericanos*, núm. 754, Madrid, abril de 2013.

– _____, "Tesoros dilapados", *Letras Libres*, núm. 175, México, julio de 2013.

– _____, "*My dear Charles*, Paz le escribe a Tomlinson", *Letras Libres*, México, diciembre de 2013.

– _____, "El primo Guillermo", *Letras Libres*, núm. 181, enero de 2014.

– _____, "Amar el amor", *Letras Libres* núm. 183, marzo de 2014.

– _____, "Octavio Paz y su padre: dramas de familia", *El Universal*, México, 6 de mayo de 2014.

– _____, "La gran batalla del 'Pepín", *Letras Libres*, núm. 188, agosto de 2014.

– _____, "Concordia. Las cartas de Octavio Paz a José Bianco", *Cuadernos Hispanoamericanos*, núm. 275, Madrid, marzo de 2014.

– _____, "Un amor de Paz (Elevación)", *Letras libres*, núm. 190, México, octubre de 2014.

– _____, "Un amor de Paz (Caída)", *Letras Libres*, núm. 191, México, noviembre de 2014.

– Silva-Herzog Márquez, "Sílabas enamoradas" en *La idiotez de lo perfecto. Miradas a la política*, FCE, México, 2006.

– _____, "Paz contra Paz", *Reforma*, México, 31 de marzo de 2014.

– Stanton, Anthony, "Sor Juana Inés de la Cruz o las trampas de la fe" en *Literatura mexicana*, núm. 1, UNAM, México, 1990.

– Terrazas, Ana Cecilia "Octavio Paz. Sus virtudes y defectos" (1994) en *Octavio Paz. Voz que no se calla, luz que no se apaga*, edición especial núm. 44 de *Proceso,* México, marzo de 2014.

– Turrent, Isabel, "Recuerdos de Octavio Paz", *Reforma*, México, 6 de abril de 2014.

– Uranga, Emilio, "Examen de una postdata" en tres partes: "La poca Paz de Octavio", "El ideal de Octavio es Paz" y "Octavio no quiere la paz de México", *América*, núm. 1267, 1268 y 1269, abril 4, 11 y 18 de 1970.

– Vargas Llosa, Mario, "El lenguaje de la pasión", *Vuelta*, México, núm. 259, junio de 1998.

– Vega, Miguel de la, "Neruda, Del Paso, Salazar Mallén, Vargas Llosa, Flores Ólea, las polémicas de Paz, cargadas de pasión, ira, desdén y afán de imponerse", *Proceso*, núm. 1121, México, 26 de abril de 1998.

– Vera, Rodrigo, "En versos, la guerra por Sor Juana", *Proceso*, México, núm. 1764, 22 de agosto de 2010.

– Villoro, Luis, "Una visión de Paz", *Letras Libres*, núm. 4, México, abril de 1999.

– Wood, Michael, "Dazzling and Dizzyng", *The New York Review of Books,* 16 de mayo de 1974.

– Woldenberg, José, "Octavio Paz. Remembranza", en Anthony Stanton, (editor), *Octavio Paz. Entre poética y política*, El Colegio de México, 2009.

– Zaid, Gabriel, "Los suecos lo proclaman", *Vuelta*, núm. 168, México, noviembre de 1990.

– Zea, Leopoldo, "Paz: a lo universal por lo profundo", *El Nacional*, México, 26 de abril de 1998.

– _____, "La identidad en el laberinto", *Anuario de la Fundación Octavio Paz 2001, 3. Memoria del Coloquio Internacional por* El Laberinto de la *Soledad a 50 años de su publicación*, Fundación Octavio Paz/FCE, México, 2001.

V. Otras fuentes citadas

– Abelleyra, Angélica, *Se busca un alma. Retrato autobiográfico de Francisco Toledo,* Plaza y Janés, México, 2001.

– Adame, Ángel Gilberto, correos electrónicos a CDM, 10, 11 y 12 de marzo de 2014.

– Aridjis, Betty y Homero (editores), *Antología del festival de poesía de la ciudad de México*, El Tucán de Virginia, México, 1988.

– Armstrong, Richard H., *A Compulsion for Antiquity. Freud and the Ancient World*, Cornell University Press, Ithaca and London, 2005.

– Aub, Max, *Diarios 1953–1966*, edición, estudio introductorio y notas de Manuel Aznar Soler, CONACULTA, México, 2002.

– Aub, Max, *Diarios 1967–1972*, edición, estudio introductorio y notas de Manuel Aznar Soler, CONACULTA, México, 2002.

– Avilés Fabila, René, "Unas palabras sobre Helena Paz Garro", *Crónica*, México, 11 de febrero de 2013.

– Bachelard, Gaston, *La llama de una vela. Seguido de instante poético e instante metafísico*, traducción de Hugo Gola y Federico Gorbea, BUAP, Puebla, 1986.

– Bartra, Roger, *El reto de la izquierda. Polémica del México actual*, Grijalbo, México, 1982.

– _____, *La jaula de la melancolía*, Grijalbo, México, 1987.

– Becerril, Andrea, "De la Madrid me ordenó no informar que Cárdenas iba ganando: Manuel Bartlett Díaz", *La Jornada*, México, 3 de julio de 2008.

– Beltrán del Río, Pascual, "La carta que Elena Garro envió a don Fernando en 1989, donde lo llama D'Artagnan", *Proceso*, México, núm. 1197, 11 de noviembre de 1989.

– Bernard, Théo, David Rousset y Gérard Rosenthal, *Pour la verité sur les camps de concentration (Un procès antistalinien à Paris)*, prefacio y nota de Emile Copfermann, Ramsay, París, 1990.

– Bioy Casares, Adolfo, *Borges*, Destino, Barcelona, 2006.

– Bishop, Elizabeth y Robert Lowell, *Words in Air. The Complete Correspondence*, edición de Thomas Travisano y Saskia Hamilton, Farrar, Strauss & Giroux, Nueva York, 2008.

– Blanco, José Joaquín, *La paja en el ojo*, Universidad Autónoma de Puebla (UAP), Puebla, 1980.

– Blair, Deirdre, *Beckett. A Biography*, Summit Books, Nueva York, 1978.

– Boxall, Peter y José Carlos Mainer, *1001 libros que hay que leer antes de morir. Relatos e historias de todos los tiempos*, Grijalbo, 2007.

– Bradu, Fabienne, *Benjamin Péret y México*, Aldvs, México, 1998.

– _____, correo electrónico a CDM, 4 de junio de 2014.

– Bretón, André, *Oeuvres Complètes III*, Plèiade, Gallimard, París, 1999.

– Buñuel, Luis, *Mi último suspiro*, traducción de Ana María de la Fuente, Círculo de Lectores, México, 1983.

– Burns, Archibaldo, *En presencia de nadie*, Joaquín Mortiz, México, 1964.

– _____, *Botafumeiro*, Alianza Editorial, México, 1994.

– "Cabos sueltos", *Nexos*, núm. 2, México, febrero de 1978.

– Calvillo Unna, Tomás, correo electrónico a CDM, 17 de enero de 2014.

– Camus, Albert, "Fidelité a l' Espagne" en *Oeuvres complètes*, *III, 1949–1956*, Gallimard, París, 2008.

– Castañeda, Jorge, *Mañana o pasado. El misterio de los mexicanos*, traducción de Valeria Luiselli, Debate, México, 2011.

– Castañón, Adolfo, *Nada mexicano me es ajeno. Seis papeles sobre Carlos Monsiváis*, UACM, México, 2005.

– Carballo, Emmanuel, *Protagonistas de la literatura mexicana*, SEP, México, 1986.

– Cayuela, Ricardo, y Álvaro Enrigue, "Vuelta a la semilla. Entrevista con Alejandro Rossi", *Letras Libres*, núm. 96, México, diciembre de 2006.

– Cernuda, Luis, *Epistolario* (1924–1963), edición de James Valender, Publicaciones de la Residencia de Estudiantes, Madrid, 2003.

– Cortázar, Julio, *Cartas, I,* (1937–1963), edición de Aurora Bernárdez, Alfaguara, Buenos Aires, 2000.

– _____, *Cartas a los Jonquières*, edición de Aurora Bernárdez y Carlos Álvarez Garrida, Alfaguara, México, 2010.

– Cosío Villegas, Daniel, *Memorias*, Joaquín Mortiz, México, 1976.

– Cuesta, Jorge, *Obras reunidas, II. Ensayos y prosas varias,* FCE, México, 2004.

– Díaz Arciniega, Víctor, *Historia de la casa: Fondo de Cultura Económica (1934–1996),* FCE, México, 1996.

– Domínguez Michael, Christopher, *Diario,* 1981–2009 (inédito).

– _____, "De cuerpo entero ante el espejo", *Proceso*, núm. 457, México, 6 de agosto de 1985.

– _____, "El prosista armado", *Letras libres*, núm. 1, México, enero de 1999.

– _____, *Profetas del pasado. Quince voces sobre la historiografía sobre México*, ERA, México, 2011.

– Egido, Luciano G., *Agonizar en Salamanca. Unamuno, julio–diciembre, 1936,* Tusquets, Barcelona, 2006.

– Edwards, Jorge, *Persona non grata*, Tusquets, Barcelona, 1990.

– _____, *Adiós, poeta…*, Tusquets, México, 1991.

– "El Premio Nobel y la virtud", *Plural*, México, núm. 15, diciembre de 1972.

– Elizondo, Salvador, "El mamotreto. Diarios, 1967–1971", *Letras Libres*, núm. 115, México, julio de 2008.

– _____, "Tiempo de escritura. Diarios, 1977–1980", *Letras Libres*, núm. 117, México, septiembre de 2008.

– _____, "Regreso a casa. Diarios, 1981–1982", *Letras Libres*, núm. 118, México, octubre de 2008.

– Escalante, Evodio, *La intervención literaria*, UAP, Puebla, 1988.

– EZLN, *Declaraciones y comunicados, 1. 1 de enero/8 de agosto de 1994*, prólogo de Antonio García de León y crónicas de Carlos Monsiváis y Elena Poniatowska, ERA, México, 1994.

– Fanon, Frantz, *Los condenados de la tierra,* prólogo de Jean–Paul Sartre y traducción de Julieta Campos, FCE, México, 1964.

– Figueroa, Gabriel, *Memorias,* UNAM/DGE/EL Equilibrista, México, 2005.

– Fox Weber, Nicholas, *Balthus. A Biography,* Dalkey Archives Press, Chicago/Dublin/London, 2013.

– Fuentes, Carlos, *La muerte de Artemio Cruz*, FCE, México, 1962.

– _____, *Los 68. París–Praga–México*, Debate, México, 2005.

– Gallagher, David, correo electrónico a CDM, 5 de abril de 2014.

– Gallo, Rubén, *Freud's Mexico. Into the Wilds of Psychoanalysis*, The MIT Press, Cambridge – Londres, 2010.

– García Ponce, Juan, "El fantasma de la violencia", *La Jornada*, México, 17 de julio de 1988.
– García Ramírez, Fernando, correo electrónico a CDM, 21 de mayo de 2014.
– Garro, Elena, "A mí me ha ocurrido todo al revés", en *Cuadernos Hispanoamericanos*, México, núm. 346, México, 1979.
– _____, *Correspondencia con Gabriela Mora* (1974–1980), Benemérita Universidad Autónoma de Puebla, Puebla, 2007.
– Gaos, José, *Obras completas, VI. Pensamiento de lengua española. Pensamiento español*, prólogo de José Luis Abellán, UNAM, México, 1990.
– _____, *Obras completas, VIII. Filosofía mexicana de nuestros días. En torno a la filosofía mexicana. Sobre la filosofía y la cultura en México*, prólogo de Leopoldo Zea y edición de Fernando Salmerón, UNAM, México, 1996.
– Gide, André y Jean Malaquais, *Correspondance, 1935–1950*, Phébus, París, 2000.
– Gilly, Adolfo, correo electrónico a CDM, 11 de junio de 2013.
– Goytisolo, Juan, *Obras completas, V. Autobiografía y viajes al mundo islámico*, Galaxia Gutenberg/Círculo de Lectores, Barcelona, 2007.
– Gracq, Julien, *André Breton*, José Corti, París, 1948 y 1982.
– Gutiérrez Girardot, Rafael, *Pensamiento hispanoamericano*, UNAM, México, 2006.
– Hansberg–Rossi, Olbeth, Correo electrónico a CDM, 31 de marzo de 2014.
– Haw, Dora Luz, "Apoya Borges en 68 a Díaz Ordaz", *Reforma*, México, 1º de abril de 2004.
– Heine, Heinrich, *De l´Alemagne*, edición de Pierre Grapin, Gallimard, París, 1998.
– Herralde, Jorge, "Rossi, un bien escaso", *Letras Libres*, núm. 142, México, octubre de 2000.
– Huerta, Efraín, *Aurora roja. Crónicas juveniles en tiempos de Lázaro Cárdenas*, edición no venal de Guillermo Sheridan, México, 2006.
– Jorge Ricardo, "Recuerda Monsiváis movimiento del 68", *Reforma*, México, 5 de septiembre de 2008.
– Jünger, Ernst, *Pasados los setenta, I. Diarios (1965–1970). Radiaciones, 3*, traducción de Andrés Sánchez Pascual, Tusquets, Barcelona, 2006.
– _____, "Ónice", prólogo a Helena Paz Garro, *La rueda de la fortuna*, FCE, México, 2007.
– _____, *Pasados los setenta, II. Diarios (1971–1980)*, traducción de Isabel Hernández González, Tusquets, Barcelona, 2007.
– _____, *Pasados los setenta III. Radiaciones V. Diarios (1981–1985)*, traducción de Carmen Gauger, Tusquets, Barcelona, 2007.
– Keats, John, *Belleza y verdad*, edición y traducción de Lorenzo Oliván, Pre-textos, Valencia, 1998.

– Keyserling, Joseph, Conde de, *Meditaciones suramericanas*, traducción de Luis López de Ballesteros y de Torres, Espasa–Calpe, Madrid, 1933.

– Krauze, Enrique, "La comedia mexicana de Carlos Fuentes", *Vuelta*, núm. 139, México, junio de 1988.

– _____, *Textos heréticos*, Grijalbo, México, 1992.

– _____, "Shakespeare en México", *El País*, Madrid, 7 de abril de 1994.

– _____, "La tragedia de Colosio" en *Tarea política. Ensayos políticos 1980–2000,* Tusquets, México, 2000.

– _____, "Demócrata de la fe", *Letras libres*, núm. 129, México, septiembre de 2009.

– _____, *La presidencia imperial*, Tusquets, México, 2009.

– *Letras de México*, num. 5, mayo de 1941, edición facsimilar del FCE, México, 1985.

– _____,núm. 8, agosto de 1943, edición facsimilar del FCE, tomo IV, México, 1985.

– *Libre. Revista de crítica literaria (1971–1972),* introducción de Plinio Apuleyo Mendoza, edición facsimilar, El Equilibrista/Turner, Mexico–Madrid, 1990.

– Macías, Elva, "Jaime Sabines" en *Punto de partida*, núm. 73–74, México, abril de 1982.

– Mañach, Jorge, *La crisis de la alta cultura en Cuba. Indagación del choteo*, Universal, Miami, 1991.

– Manjarrez, Héctor, correos electrónicos a CDM, 4 de febrero y 31 de marzo de 2014.

– Martínez Estrada, Ezequiel, *Radiografía de la pampa*, edición crítica de Leo Pollmann, Colección Archivos UNESCO/CNCA, México, 1993.

– Masson, Jean–Claude, correo electrónico a CDM del 20 de octubre de 2013.

– Merrim, Stephanie, "Toward a Feminist Reading of Sor Juana" en *Feminist Perspectives on Sor Juana Inés de la Cruz*, Wayne State University Press, Detroit, 1991.

– Meyer, Jean, *Samuel Ruiz en San Cristóbal*, Tusquets, México, 2000.

– Monsiváis, Carlos, "La nación de unos cuantos y las esperanzas románticas. Notas sobre la historia del término 'Cultura Nacional' en México" en José Emilio Pacheco, *et. al.*, *En Torno a la cultura nacional*, SEP/ 80/FCE, México, 1982.

– Moreno Villa, José, *Cornucopia de México y Nueva Cornucopia de México*, FCE, México, 1985.

– _____, *Memoria*, edición de Juan Pérez de Ayala, El Colegio de México/Residencia de Estudiantes, Madrid, 2012.

– Nadeau, Maurice, *Grâces leur soient rendues. Mémoires littéraires,* Albin Michel, París, 2012.

– Neruda, Pablo,*Obras completas, I. De Crepusculario a Las uvas del viento, 1923–1954*, edición de Hernán Loyola y Saúl Yurkiévich, Galaxia Gutenberg/ Círculo de lectores, Barcelona, 1999.

– "No a los violentos", *La Jornada*, México, 2 de enero de 1994.

– Novo, Salvador, *La vida en México durante el periodo presidencial de Adolfo Ruiz Cortines*, III, Conaculta, México, 1994.

– Orozco, José Clemente, *Autobiografía*, ERA, México, 1984.

– Ortega y Gasset, José, *Obras completas, II. Cuaderno de bitácora, La profundidad de Francia*, Taurus, Madrid, 1983.

– Pacheco, José Emilio, "México 1972: Los escritores y la política", *Plural* núm. 13, octubre de 1972.

– Pascual Gay, Juan, *Cartografía de un viajero inmóvil: Manuel Calvillo*, El Colegio de San Luis, San Luis Potosí, 2009.

– Paz, Ireneo, *Amor y suplicio*, tipografía de José Rivera, Hijo y Cia, México, 1873.

– Ponce, Armando, "El DDF rescata el Festival Internacional de Poesía de Homero Aridjis pero tampoco promete continuidad", *Proceso*, núm. 563, México, 17 de octubre de 1987.

– _____, entrevista a Arnoldo Martínez Verdugo, *Proceso*, México, 13 de septiembre de 2011.

– Poniatowska, Elena, *Las siete cabritas*, ERA, México, 2000.

– Portilla, Jorge, *Fenomenología del relajo y otros ensayos*, FCE, México, 1985.

– Pound, Ezra, *Ensayos literarios*, selección y prólogo de T.S. Eliot, traducción de J. J. Natiño, Conaculta, México, 1993.

– Prieto, Juan, Conversación con Mario Vargas Llosa, Lima, 30 de enero de 2014.

– Ramírez, Ramón, *El movimiento estudiantil de México (Julio/diciembre de 1968), 2. Documentos*, ERA, México, 1998.

– Ramos, Samuel, "El psicoanálisis del mexicano" y "Motivos para una investigación del mexicano", *Antena. Monterrey. Exámen. Número*, Revistas Literarias Mexicanas Modernas, edición facsimilar, FCE, México, 1980.

– Retes, Ignacio, *Nostalgia de la tribu*, Planeta, México, 1995.

– Revueltas, José, *Obras completas, 15. México 68. Juventud y revolución*, prólogo de Roberto Escudero y edición de Andrea Revueltas y Philippe Cheron, ERA, México, 1978.

– _____, *Obras completas, 18. Cuestionamientos e intenciones*, edición de Philippe Cheron y Andrea Revueltas, ERA, México, 1978.

– _____, *Obras completas, 6. Los errores*, ERA, México, 1979.

– _____, *Obras completas, 19. Ensayos sobre México*, prólogo, recopilación y notas de Ph. Cheron y A. Revueltas, ERA, México, 1985.

– _____, *Obras completas, 26. Las evocaciones requeridas (Memorias, diarios, correspondencias)*, ERA, México, 1987.

– Reyes, Alfonso, "Keyserling y México" en *Marginalia. Tercera serie [1940–1959],Obras completas*, XIII, FCE, México, 1989.

– Ribeyro, Julio Ramón, *La tentación del fracaso. Diario personal, 1950–1978*, prólogo de Ramón Chao y Santiago Gamboa, Seix Barral, Barcelona, 2003.

– Rossi, Alejandro, "Manual del distraido", *Plural*, núm. 25, octubre de 1973.

– _____, "Una imagen de José Gaos", *Obras reunidas*, FCE, México, 2005.

– Rosenthal, Gérard, David Rousset y Jean Paul Sartre, *Discussions sur la democratie*, Gallimard, París, 1949.

– Romero, Francisco, *Ortega y Gasset y el problema de la jefatura espiritual y otros ensayos*, Losada, Buenos Aires, 1960.

– Said, Edward W., *Freud y los no europeos*, traducción de Olivia de Miguel, Global Rythum, Barcelona, 2006.

– Salazar Mallén, Rubén, *Soledad/Camaradas,* prólogo de Christopher Domínguez Michael, CNCA, México, 2010.

– Salinas de Gortari, Carlos, *México: un paso difícil a la modernidad*, Plaza y Janés, México, 2000.

– Sarmiento, Domingo Faustino, *Facundo*, prólogo de Jorge Luis Borges, Emecé Buenos Aires, 1999.

– Serge, Victor, *Carnets*, Julliard, París, 1952.

– _____, *Mémoires d´un révolutionnaire et autres écrits politiques, 1908–1947*, edición de Jean Riére y Jil Silberstein, Laffont, París, 2001.

– Serna, Enrique, *Genealogía de la soberbia intelectual*, Taurus, México, 2013.

– Shenon, Philip, *JFK: Caso abierto. La historia secreta del asesinato de Kennedy*, traducción de J.M. Mendoza Toraya, J.F. Varela Fuentes y A. Marimón Driben, Debate, México, 2013.

– Sheridan, Guillermo, *Cartas de Copilco y otras postales*, Vuelta, México, 1994.

– _____, correo electrónico a CDM, 6 de mayo de 2014.

– Sicilia, Javier, *Cariátide a destiempo y otros escombros,* Gobierno de Veracruz, Xalapa, México, 1980.

– Silvermann, Kenneth, *John Cage. Begin Again. A Biography*, Knopft, Nueva York, 2010.

– Solares, Ignacio, "La verdad es siempre revolucionaria" (1974), en A. Revueltas y Ph. Cheron (Compiladores), *Conversaciones con José Revueltas*, ERA, México.

– Solórzano, Fernanda, correo electrónico a CDM, 26 de abril de 2014.

– Spender, Stephen, *The Thirties and After,* Vintage, Nueva York, 1979.

– Strachey, James, "Nota introductoria" a Sigmund Freud, *Moisés y la religión monoteísta. Esquema del psicoanálisis y otras obras* [1937–1939] en *Obras completas*, XXIII, Amorrortu, Buenos Aires, 1996.

– Taylor, Michael R., *Marcel Duchamp: Étant donnés*, Philadelphia Museum of Art, Filadelfia, 1999.

– Tello Díaz, Carlos, *La rebelión de las Cañadas. Origen y ascenso del EZLN*, Cal y Arena, México, 2000.

– Thibaudet, Albert, *Flaubert*, Gallimard, París, 1935.

– Tibertelli de Pisis, Bona *et al*, *Bona: vingt-cinq ans d'imagination et de créa-tion*, Galerie de Seine, Paris, 1976.
– Tomkins, Calvin, *Duchamp,* traducción de Mónica Martín Berdagué, Ana-grama, Barcelona, 2009.
– Tsvetaeva, Marina, *Art in the Light of Conscience. Eight Esssays on Poetry*, traducción y notas de Angela Lidvinton, Harvard, 1992.
– "Una bocanada de oxígeno", *Plural*, núm. 30, México, marzo de 1974.
– Unamuno, Miguel de, *Ensayos*, I, prólogo y notas de Miguel de Candamo, Madrid, 1951.
– _____, *En torno al casticismo*, Cátedra, Madrid, 2005.
– Uranga, Emilio, *¿De quién es la filosofía?,* Gobierno del Estado de Guanajuato, 1990.
– _____, "Ontología del mexicano", en Bartra (selección y pró-logo), *Anatomía del mexicano,* Plaza y Janés, México, 2002.
– Vega, Miguel de la, "Disfruto más leer que escribir", entrevista a Álvaro Enrigue, *Revista R, Reforma*, 12 de enero de 2014.
– Villegas, Abelardo, *La filosofía de lo mexicano*, UNAM, México, 1988.
– Villoro, Juan, correo electrónico a CDM, 11 de mayo de 2014.
– Viqueira Alban, Juan Pedro, "Los peligros del Chiapas imaginario", *Letras Libres*, núm. 1., México, enero de 1999.
– Volpi, Jorge, *La imaginación y el poder. Una historia intelectual del 68*, ERA, México, 1999.
– _____, *La guerra y las palabras. Una historia intelectual del 94,* ERA, México, 2004.
– Weissman, Susan, *Victor Serge. A Political Biography,* Verso, 2001 y 2013.
– Zaid, Gabriel, *Cómo leer en bicicleta*, Joaquín Mortiz, México, 1979.
– _____, "Fueros indígenas", *Reforma*, México, 26 de julio de 1998.
– _____, *Adiós al PRI,* Océano, México, 2004.
– _____, "Carta a Carlos Fuentes", *Obras completas, 3. Crítica del mundo cultural,* El Colegio Nacional, México, 2004.

VI. Archivos

– Cartas de Elena Garro a José Bianco, Papeles de Elena Garro, Biblioteca Firestone de la Universidad de Princeton.
– Cartas de Juan García Ponce a Octavio Paz, Biblioteca Firestone de la Uni-versidad de Princeton.
– Cartas de Octavio Paz a Alejandro Rossi, Papeles de Alejandro Rossi, Biblio-teca Firestone de la Universidad de Princeton.
– Cartas de Octavio Paz a Elena Poniatowska, archivo personal de Elena Po-niatowska.

– Cartas de Octavio Paz a José Bianco, Papeles de José Bianco, Biblioteca Firestone de la Universidad de Princeton.

– Cartas de Octavio Paz a Juan García Ponce, Papeles de Juan García Ponce, Biblioteca Firestone de la Universidad de Princeton.

– Correspondencia Octavio Paz/Donald Keene, Manuscritos generales, Biblioteca Butler de la Universidad de Columbia.

VII. Conversaciones de CDM

– Carlos Monsiváis, Ciudad de México, 21 de noviembre de 2004.

– Alejandro Rossi, Ciudad de México, 15 de julio de 2006 y 7 de septiembre de 2006.

– Tomás Segovia, Ciudad de México, 29 de abril de 2011.

– Eduardo Lizalde, Ciudad de México, 15 de junio de 2011.

– Andrea y Eugenia Huerta, Ciudad de México, 17 de diciembre de 2011

– Marie José Paz, Ciudad de México, 2 de octubre de 2011 y 17 de marzo de 2014.

– Margo Glantz, Ciudad de México, 13 de enero de 2012.

– Teodoro González de León, Ciudad de México, 9 de marzo de 2012.

– Héctor Manjarrez, Ciudad de México, 20 de septiembre de 2012.

– Jaime Labastida, Ciudad de México, 13 de febrero de 2013.

– Elsa Cross, Ciudad de México, 12 de marzo de 2013.

– Fernando Savater, Ciudad de México, 18 de abril de 2013.

– Fabienne Bradu, Ciudad de México, 9 de mayo de 2013

– Adolfo Gilly, Ciudad de México, 24 de mayo de 2013.

– Guillermo Sheridan, Ciudad de México, 30 de mayo de 2013.

– Anthony Stanton, Ciudad de México, 3 de junio de 2013.

– Jean–Claude Masson, París, 9 de junio de 2013.

– Alberto Ruy Sánchez, Ciudad de México, 4 de julio de 2013.

– Aurelio Asiain, Ciudad de México, 17 de agosto de 2013.

– Eduardo Milán, Ciudad de México, 5 de septiembre de 2013.

– David Huerta, Chicago, 13 de octubre de 2013.

– Michael Wood, Chicago, 8 de noviembre de 2013.

– Enrique Krauze, Ciudad de México, 22 de enero de 2014.

– Eugenia Revueltas, Ciudad de México, 12 de febrero de 2014.

– Álvaro Ruiz Abreu, Ciudad de México, 23 de enero de 2014.

– Martín Dozal, Ciudad de México, 20 de febrero de 2014.

1914

Marzo 31. Octavio Ireneo Paz y Lozano (OP) nace en el número 14 de la calle de Venecia, en la ciudad de México, al cuarto para las doce de la noche de un martes, hijo del abogado Octavio Paz Solórzano (1883–1936) y de Josefina Lozano Delgado (1893–1980).

Agosto 26. Aparece por última vez *La patria*, el periódico de don Ireneo Paz (1836-1924).

Diciembre. En aquel año culminante de la Revolución mexicana, los ejércitos campesinos de la Convención de Aguascalientes ocupan la Ciudad de México.

1915

Julio. Al reconquistar la Ciudad de México, las tropas carrancistas destruyen la imprenta familiar en represalia por las simpatías políticas de Paz Solórzano, convertido en un intelectual del círculo del general Emiliano Zapata. La familia se refugia en Mixcoac, poblado situado entonces fuera de la Ciudad de México y solar del abuelo Ireneo Paz (1836–1924), periodista, militar y novelista, con quien OP pasará buena parte de sus primeros diez años.

1917

Abril. Zapata nombra a Paz Solórzano como su representante en los Estados Unidos y se entrevistan en Tlaltizapán. Exiliado, primero en San Antonio, Texas y luego en Los Ángeles, Paz Solórzano habría recibido la visita de OP y de su madre durante esos años.

1918

Abril 10. El asesinato de Zapata en Chinameca sorprende a Paz Solórzano en los Estados Unidos.

1920

Paz Solórzano regresa del destierro y se convierte en un destacado agrarista, diputado federal e influyente político local en Morelos.

1921–1926

OP hace en Mixcoac sus primeros estudios con los padres lasallistas en el Colegio Francés del Zacatito y en el colegio inglés de los hermanos Williams.

1924

Por encontrarse su padre al frente del gobierno del Estado de Morelos, OP preside, a los diez años, el cortejo fúnebre de don Ireneo Paz.

Nacimiento de Perla Dina Poucel, la media hermana de Paz, tenida fuera del matrimonio por el abogado Paz Solórzano y registrada con el apellido de sus abuelos. Perla murió antes que OP, quien la conoció después de la muerte de su padre y le consiguió empleo en la SRE, donde trabajó durante muchos años.

1927

OP ingresa en la escuela secundaria pública número 3 de la Ciudad de México, en la Colonia Juárez, dirigida por su tía Soledad Anaya Solórzano (1895–1978), maestra de literatura. Allí conoce OP a José (o Juan) Bosch Fonserrat, hijo de un anarquista catalán que lo introducirá en la lectura de los teóricos libertarios en complemento a las frecuentaciones de los clásicos de la Revolución francesa y del liberalismo decimonónico hechas en la biblioteca de su abuelo. Primer encuentro, accidental, con la poesía surrealista.

1929

OP y Bosch participan en una de las manifestaciones a favor del candidato independiente a la presidencia de la República, el filósofo José Vasconcelos, enfrentado al nuevo Partido Nacional Revolucionario (PNR). Los muchachos son arrestados por unas horas.

1930

OP ingresa a la Escuela Nacional Preparatoria (ENP), institución creada en el siglo XIX por los positivistas para la educación de las élites mexicanas y antesala de la Universidad Nacional Autónoma de México. Entre sus profesores está el poeta Carlos Pellicer (1997–1977) que lo acercará a la revista mexicana *Contemporáneos*, cuya lectura le abrirá a OP el mundo de la poesía de vanguardia y del pensamiento contemporáneo.

1931

Abril 2–5. Primera excursión de OP en el México profundo. A caballo, con amigos de la escuela, recorre la sierra del Estado de Guerrero, entre Tixtla y Chilapa. En su vejez negará que aquella excursión haya tenido propósito político alguno.

Junio. OP publica sus primeros poemas, "Juego" y "Cabellera" en *El Nacional*.

Segundo arresto de OP y Bosch por interrumpir un discurso del secretario (ministro) de educación pública en tanto que militantes de la Unión Estudiantil Pro–obrero y campesino. Una vez más, el abogado Paz Solórzano los saca de la prisión pero Bosch, por ser extranjero, es expulsado de México.

Con la revista *Barandal*, Paz empieza su vida literaria. Inicia su amistad con el poeta Efraín Huerta (1914–1982) y con el novelista José Revueltas (1914–1976), sus estrictos contemporáneos que devendrán íconos de la izquierda mexicana.

1932

Diciembre. Maria Raquel Poucel Aviña, madre de la media hermana de OP, denuncia al abogado Paz Solórzano por malos tratos, según informa *El Nacional*.

1933

Enero. OP ingresa, sin mayor vocación por las leyes, a la Facultad de Derecho de la Universidad Nacional Autónoma de México (UNAM). Tras *Barandal*, que había sido apadrinada por otro de los poetas de *Contemporáneos*, Salvador Novo (1904–1974), OP hace una segunda revista literaria, *Cuadernos del Valle de México*. Publica su primera plaquette, *Luna silvestre* en un tiro de sólo setenta y cinco ejemplares, hoy una rareza bibliográfica.

1934

Junio. Visita de Rafael Alberti (1902–1999) a México como propagandista del Socorro Rojo Internacional. Tras leer los poemas de OP, Alberti lo felicita por rehuir la poesía panfletaria y lo incita a buscar, esencialmente, la revolución en el lenguaje. Las lecturas de Eliot y Pablo Neruda (1904–1973) ponen en crisis la admiración de OP por la poesía de Juan Ramón Jiménez.

OP empieza a cortejar a Elena Garro (1916–1998), que será su primera esposa.

Diciembre. La toma de posesión del general Lázaro Cárdenas (1934–1940) como presidente convierte a la Revolución Mexicana, con la República española y la URSS en uno de los puntos de irradiación de la izquierda mundial.

1935

Marzo o abril. El poeta y crítico Jorge Cuesta (1904-1942) introduce a OP en la lectura de la *Nouvelle Revue Française* (*NRF*) y sus autores, como André

Gide, Julien Benda y Paul Valéry, buscando una tradición cosmopolita para la poesía mexicana.

Julio 28. Se formaliza su noviazgo con Garro.

Agosto. El VII Congreso de la Internacional Comunista, en Moscú, aprueba la política de los frentes populares antifascistas. El presidente Cárdenas, apoyado por el Partido Comunista Mexicano (PCM) y la Confederación de Trabajadores de México, encabeza desde entonces, un gobierno frentepopulista aunque apoyado en un solo partido, el PNR, convertido en Partido de la Revolución Mexicana (PRM) en 1938 y en Partido Revolucionario Institucional (PRI) a partir de 1946.

1936

Marzo 11. Al salir borracho de una fiesta con los campesinos que defendía legalmente en Los Reyes–La Paz, a las afueras de la ciudad de México, Paz Solórzano muere despedazado por un vagón de ferrocarril.

Septiembre 30. Con apoyo del gobierno, OP publica *¡No pasarán!,* poema político comprometido con la República española –con un tiraje de 3500 ejemplares–, amenazada por la rebelión franquista desde junio.

OP, libre de la vigilancia de su padre muerto, abandona los estudios de derecho para dedicarse de lleno a la vida literaria y a la militancia política.

1937

Enero. Reseñado por Cuesta con benevolencia, OP presenta *Raíz del hombre*, el primer libro de poesía que reconoce como propio.

Muerte de la tia abuela de OP, Amalia Paz, su iniciadora en los misterios de la antigua poesía modernista.

Marzo–mayo. OP viaja a Mérida, Yucatán, como maestro en la escuela secundaria para trabajadores. Comienza allá la escritura de su primer poema largo, "Entre la piedra y la flor". Recibe la noticia de que ha sido invitado oficialmente, gracias a Alberti y Neruda, al II Congreso de Escritores Antifascistas de Valencia. La Liga de Artistas y Escritores Revolucionarios (LEAR) de México desaprueba que se invite a OP y a Pellicer, dos independientes de izquierda, por encima de los militantes comunistas y por ello la liga intenta, sin éxito, boicotear su asistencia. Sostiene desde Mérida una intensa correspondencia amorosa con su novia, a la cual le plantea su dilema entre la poesía pura que le ofrecen los Contemporáneos y el compromiso revolucionario.

Mayo 25. Para viajar a España con ella, OP se casa con Garro. Pese a los dichos posteriores de Garro de que se habría casado de improviso y bajo engaños, la investigación en los juzgados certifica que el matrimonio se llevó a cabo con toda legalidad y con la anuencia de la familia Garro.

Junio 21. OP y Garro, con Pellicer y José Mancisidor, presidente de la LEAR, salen por carretera rumbo a Nueva York, vía Monterrey. Desde Nueva York los Paz se embarcan hacia Cherburgo el 30 de junio.

Junio 30. Tras ser recibido en París por Neruda y Aragon, OP sale rumbo a Valencia. Conoce en el tren a varios de los protagonistas de la literatura mundial volcados a favor de la República, encabezados por André Malraux.

Julio 4. Asiste a la inauguración del congreso en Valencia.

Julio 8. Ante la condena de Gide, impuesta por los soviéticos a los organizadores del congreso por sus libros criticando a la URSS, OP guarda silencio o musita tímidas objeciones. OP pasa buena parte de julio en Valencia.

Agosto 2. OP visita en el frente de Pozoblanco al muralista mexicano David Alfaro Siqueiros, combatiente en el Quinto Regimiento.

Poco después, en Barcelona, se encuentra con Bosch, a quien le había escrito, creyéndolo muerto, la "Elegía a un camarada muerto en el frente de Aragón". Su amigo, que había participado en la sublevación de mayo de 1937 del Partido Obrero de Unificación Marxista y de los anarquistas, sufre o dice sufrir persecución. Bosch –a quien nunca volverá a ver– le revela cabalmente esa "guerra civil dentro de la guerra civil" encabezada por los comunistas contra los disidentes del resto de la izquierda.

Publica en Valencia *Bajo tu clara sombra*, con prólogo del poeta Manuel Altolaguirre (1905–1959), su primer libro en el extranjero. Visita en Rocafort a Antonio Machado. Se despide de Alberti, en Madrid, y de sus nuevos amigos de la revista *Hora de España*, cuya ponencia en el congreso antifascista, contraria al realismo socialista, lo entusiasma.

Agosto 26. En *El Universal* de la Ciudad de México, Rubén Salazar Mallén (1905–1986), que había transitado del comunismo al fascismo, lo acusa de doble moral, al querer servir al mismo tiempo a la poesía y a la LEAR. Las cartas a Garro, desde Mérida, escritas en la primavera de ese año, ratifican que contra lo dicho por Salazar Mallén, OP no se había congraciado con la LEAR para ir a Valencia aunque si sufría gravemente esa escisión entre las libertades estéticas pregonadas por sus maestros de *Contemporáneos* y la literatura comprometida.

Septiembre. Los Paz abandonan España rumbo a París, donde visitan la Exposición Internacional, ven el *Guernica* desplegado en el pabellón español, frecuentan a los Vallejo y a Robert Desnos. Con el compositor Silvestre Revueltas (1899–1940), piden visas para la URSS, que les son negadas.

Se embarcan en Cherburgo de regreso a México, con Silvestre Revueltas y Pellicer en el *Orinoco*, barco alemán.

Noviembre. OP envía desde París su réplica a Salazar Mallén.

Diciembre 20. Hacen escala en La Habana donde visitan al poeta Jiménez, exiliado en Cuba. Días después llegan al puerto de Veracruz y después a la estación ferroviaria capitalina de Buena Vista donde sus familias los esperan.

1938

Febrero. OP, quien había querido quedarse en España como comisario político, petición que Julio Álvarez del Vayo, comisario general de la guerra, rechaza personalmente conminándolo a realizar tareas de divulgación política, participa, desde México, activamente en la solidaridad con la República española.

Bohemia literaria en el Café París de la Ciudad de México que se empieza a enriquecer con la llegada de los primeros exiliados españoles. Inicia su amistad de toda la vida con el pintor Juan Soriano (1920–2006).

Marzo 16. Garro lo recuerda llorando al leer el periódico durante el desayuno al enterarse de la noticia de la ejecución de Bujarin en los procesos de Moscú.

Marzo 18. La expropiación petrolera decretada por el general Cárdenas marca el momento más alto de la política revolucionaria del gobierno de México.

Mayo–junio. OP habría asistido de incógnito a una de las conferencias dadas por André Breton (1896–1966), invitado por Diego Rivera para encontrarse con Trotski, en la ciudad de México.

Junio. OP obtiene empleo en la Comisión Nacional Bancaria y de Valores, donde su protector Eduardo Villaseñor, le encomienda la incineración de billetes viejos en el horno del Banco de México.

Agosto. OP publica en *Sur*, de Buenos Aires, una reseña de *Nostalgia de la muerte*, de Villaurrutia, a petición de José Bianco (1908-1986).

Diciembre. Funda con Huerta, Rafael Solana y Alberto Quintero Álvarez, *Taller* (1938–1941), su primera revista literaria de importancia que publica una traducción de *Una temporada en el infierno,* de Rimbaud, así como a poetas mexicanos jóvenes y de las generaciones anteriores.

1939

Marzo 31. Cae la República española justo cuando OP cumple 24 años. Días después, Paz y Garro, con el pintor Jesús Guerrero Galván y su esposa Deva, hermana de Elena, son detenidos unas horas como resultado de una gresca con franquistas españoles que festejaban la victoria, en un restorán de la ciudad de México.

Junio. Gracias a los esfuerzos de Alfonso Reyes (1889–1959), la redacción de *Hora de España* llega exiliada a México en junio y Paz la integra de inmediato a *Taller,* revista que morirá, según la broma de Solana, de *"influenza* española" pero que la convertirá en la primera revista genuinamente hispano–americana.

Agosto. OP suspende sus colaboraciones en *El Popular*, el gran diario de la izquierda mexicana, estupefacto ante el pacto Hitler-Stalin.

Diciembre 12. Nace Laura Helena Paz Garro (fallecida el 30 de marzo de 2014 mientras se festejaba el primer centenario del nacimiento de su padre), hija única de OP y Garro.

1940

Mayo 24. Siquieros fracasa en su intento de asesinato de Leon Trotski y su familia en Coyoacán, México, donde el jefe bolchevique y los suyos estaban exiliados desde 1937. En la logística del atentado estuvo involucrado Juan de la Cabada, escritor comunista muy amigo de Garro durante décadas.

Agosto 20. Neruda llega a la ciudad de México, el mismo día en que Ramón Mercader asesina a Trotski. En la órbita de los comunistas sin haber sido nunca militante del PCM, OP guarda silencio ante el asesinato de Trotski, a quien secretamente admiraba.

Noviembre 20. Neruda, antes de la ruptura se presenta de improvisto, en casa de OP para celebrar el santo del joven poeta mexicano.

1941

Enero. OP colabora en *Tierra nueva* (1940–1942), hermana menor de *Taller*, realizada por escritores más jóvenes como Alí Chumacero (1918– 2010) y José Luis Martínez (1918–2007), amigos desde entonces del poeta.

OP publica la primera versión de *Entre la piedra y la flor*, su fallida empresa poética de retratar la miseria de los campesinos yucatecos, tras su temporada en Mérida en 1937, que acabará de reescribir hasta 1976.

Agosto. En colaboración con Juan Gil-Albert, Xavier Villaurrutia (1903–1950) y Emilio Prados, OP lleva a cabo la polémica *Laurel: antología de la poesía moderna en lengua española,* una de las causas de su estruendoso pleito con Neruda en un banquete a fines del mes.

Septiembre. Victor Serge (1890–1947), amigo y maestro de OP llega a la Ciudad de México. En 1938 había publicado en *Partisan Review* sus críticas del marxismo, que empáticas con las del liberal Cuesta, calarán profundo en OP.

1942

El rompimiento con Neruda, prefigurado por la creciente reticencia de OP ante el estalinismo, lo aislará casi por completo de los medios literarios pero le permitirá entrar en contacto con Serge y Jean Malaquias, disidentes exiliados en México.

Publicación de *A la orilla del mundo* en donde aparece "Elegía interrumpida", primera recordación de "los muertos de su casa", entre ellos, su padre.

Agosto 13. Suicidio de Cuesta en un manicomio de Tlalpan tras un intento de emasculación.

1943

Marzo. OP empieza a publicar una columna semanal en *El Universal* donde comienza a hacerse las preguntas sobre el mexicano que serán la materia de *El laberinto de la soledad*.

Abril. OP funda *El hijo pródigo*, una revista de mayor exigencia estética que *Taller* y con mayor autonomía política. Allí aparece su ensayo "Poesía de soledad y poesía de comunión" (*Las peras del olmo*, 1957), su primera tentativa seria de resolver el dilema poético–político planteado en los años treinta.

Julio. Neruda abandona el país y lo hace quejándose de la falta de 'moral civil' padecida por los poetas mexicanos. Sólo entonces OP y Martínez, desde *Letras de México*, responden a sus ofensas e insinuaciones.

Agosto 11. Obtiene la Beca Guggenheim para el periodo 1943–1944 que entonces sólo podía devengarse en los Estados Unidos.

Noviembre. Un viejo amigo de su padre, el doctor Francisco Castillo Nájera, embajador de México en Washington y más tarde secretario (ministro) de relaciones exteriores, contrata a OP como asistente administrativo de la cancillería mexicana en San Francisco.

Noviembre 29. OP sale del país rumbo a los Estados Unidos, seguido de Garro y Laura Helena días después.

1944

Enero. Da clases de español en Berkeley y entra en contacto con la poesía de los Estados Unidos. Emprende el aprendizaje del inglés.

Obtiene un empleo administrativo en el consulado de México en San Francisco y realiza otra clase de trabajos alimenticios.

Octubre. El deterioro de su matrimonio hace que Garro regrese momentáneamente a México para dejar a Laura Helena con sus abuelos. Desde entonces, OP y Garro, intentarán vivir en un "matrimonio abierto".

1945

Abril 28. La revista *Mañana* de la Ciudad de México inicia la publicación, inconclusa, de las crónicas de OP sobre la fundación de las Naciones Unidas en San Francisco. A esa labor periodística, OP suma otros trabajos alimenticios, como doblajes al español para la Metro Goldwyn Mayer y con cierta desesperación piensa en embarcarse en la marina mercante.

Junio. Conversación con el poeta Robert Frost en Vermont, para ser publicada en *Sur*.

Julio-agosto. Conoce al poeta español Jorge Guillén (1893-1984) presencia discreta pero constante a lo largo de la vida de OP. Da clases en Middleburry College de Vermont y conoce a Muriel Rukeyser, su primera traductora al inglés.

Viviendo una situación ambigua con OP. Garro se establece en Nueva York.

Agosto 2. Muere en Nueva York el poeta orientalista José Juan Tablada, el eslabón perdido entre el modernismo hispanoamericano y la vanguardia, a quien OP homenajea. Visitas diarias al Museo de Arte Moderno. El dramaturgo Rodolfo Usigli (1905–1979) y el poeta José Gorostiza (1901–1973), a quien OP considerará "su ángel guardián" en la Secretaría de Relaciones Exteriores (SRE), lo convencen de ingresar formalmente al servicio diplomático.

Octubre. Castillo Nájera nombra a OP "canciller de segunda" lo cual lo convierte, aunque en el rango más modesto, en diplomático.

Encuentro, el segundo, con Jiménez, en Nueva York.

Noviembre 30. Habiendo pedido pasaporte diplomático para su esposa e hija, que viajan con él, OP embarca en el Queen Mary rumbo a Europa. En Londres, escala previa a París, se reencuentra con el poeta español Luis Cernuda (1902-1963), buen amigo de los Paz desde el congreso de Valencia y uno de sus maestros más admirados.

Diciembre 9. OP toma posesión de su cargo en la embajada de México en París.

1946

OP conoce en París al filósofo e historiador griego Kostas Papaioannou (1925-1981), probablemente el mejor de sus amigos. Con él y con Usigli, su colega en la embajada de México, emprende la "conquista de París".

Julio. Encuentro casual de OP en París con Antonin Artaud, quien había recorrido México en 1936.

Más tarde dirá que una de las razones por las cuales quería estar en Europa durante la posguerra era ver la llegada, finalmente, de las verdaderas revoluciones proletarias vaticinadas por Marx.

Lectura, esencial, de *El universo concentracionario*, de David Rousset (1912-1997), sobre los campos de concentración nazis.

Diciembre 31. Cena de año nuevo en casa de OP en la Avenida Victor Hugo en compañía de Julien Gracq y otros nuevos amigos.

1947

Febrero 1. Breton publica su *Oda a Charles Fourier*, uno de los poemas que más influirían en OP, en la revista *Fontaine*.

Mayo. OP es ascendido en la embajada de México en Francia, al cargo de segundo secretario.

Noviembre 17. Muerte de Serge de un infarto, en un taxi, en la ciudad de México.

OP redacta durante ese año y el siguiente detallados informes diplomáticos sobre la situación francesa y mundial para consulta del embajador y de la SRE en México.

Visita al taller de Pablo Picasso.

1948

OP comienza a asistir a las reuniones surrealistas en el café Le Cyrano de la Place Blanche donde conoce a Breton y a su esposa chilena Elisa, así como a Benjamin Péret (1899-1959), su introductor al círculo bretoniano– y a escritores como Henri Michaux, Mandiargues (a cuya esposa Bona conoce OP en ese entonces), Raymond Queneau, Georges Schéhadé o a pintores como Roberto Matta y Joan Miró. De otros círculos, frecuenta a Émile Cioran, Jean Cassou, Jules Supervielle, así como a Jean-Clarance Lambert, su primer traductor al francés y por muchos años el principal. Aparecen las primeras traducciones de Paz en la revista *Fontaine*, dirigida por Max-Pol Foché.

Entre los latinoamericanos OP hace amistad con la escritora uruguaya Susana Soca y con la poeta peruana Blanca Varela (1926–2009) y su esposo el pintor Fernando de Szyszlo (1926); según testimonio de éste último, OP se convierte en la principal figura literaria latinoamericana en París.

OP empieza la escritura de *El laberinto de la soledad*, cuyos primeros bocetos habían aparecido en *El Universal* de la ciudad de México en 1943.

Julio–agosto. Recorridos de OP por Nápoles (donde escribe "Himno entre ruinas"), Venecia (donde pasa días felices con Garro) y Roma, donde conoce a Giuseppe Ungaretti.

Noviembre. El poeta Jaime Torres Bodet (1902-1974), tenido por OP como un permanente obstáculo en su carrera diplomática, es nombrado director general de la UNESCO, en París.

1949

Mayo. Recomendados por Bianco, llegan a París Adolfo Bioy Casares (1914-1999) y su esposa Silvina Ocampo (1903-1993). Garro se enamora de Bioy Casares y es correspondida un par de años después. Ambos inician ese año una correspondencia que durará veinte años.

Agosto. Se publica en la ciudad de México, *Libertad bajo palabra*, la primera recopilación en la que con ese nombre, OP recoge su poesía. Cortázar la reseña en *Sur*.

Noviembre. OP y Papaoiannu se encuentran casi a diario en París.

Diciembre. OP publica poemas en *Horizon*, la revista de Cyril Connolly y Stephen Spender.

1950

Abril. Publicación en la ciudad de México, a principios año, de *El laberinto de la soledad*, reseñado con incrédulo entusiasmo ese mes por Vasconcelos.

"Mariposa de obsidiana" aparece traducido en el *Almanaque surréaliste du démi–siècle*.

Septiembre. Breton declara, en entrevista con el poeta, crítico y traductor español José María Valverde, que OP es el poeta en lengua española qui "me touche le plus".

Noviembre–diciembre. A instancias de OP, se presenta en la Galerie des Beaux–Arts la primera muestra de Rufino Tamayo en París.

OP ayuda a Samuel Beckett en las traducciones al francés para la *Anthologie de la poèsie mexicaine*, que también se publicará en ingles, a instancias de Torres Bodet y por la UNESCO.

Diciembre 25. Muerte de Villaurrutia en la Ciudad de México.

1951

Enero-febrero. Aparece en abril, en la revista argentina *Sur* dirigida por Victoria Ocampo, la documentación en español de la denuncia de Rousset sobre los campos de trabajo en la URSS, preparada y traducida por OP durante el invierno, quien agrega una nota condenando los crímenes del "socialismo burócratico". Garro, quien habría seguido todo el proceso en París, pues los comunistas demandaron a Rousset por calumnias, respaldó a OP a hacer público su proceso de "desaprendizaje" del marxismo-leninismo y sus dogmas.

Sebastián Salazar Bondy reseña *El laberinto de la soledad* en *Sur*.

Abril 2-29. En el Festival de Cannes, OP, arriesgando su puesto diplomático, se encarga de defender y difundir *Los olvidados* de Luis Buñuel (1900-1983), película considerada denigratoria por el gobierno mexicano. Gracias a los esfuerzos de OP, quien moviliza a su favor a la intelectualidad francesa lo mismo que a los viejos surrealistas, Buñuel gana el premio a la mejor dirección y en México *Los olvidados* se exhibe sin cortapisas.

Julio 18. OP participa con Albert Camus (1913-1960) y María Casares en la conmemoración de los quince años del levantamiento popular por la República española, organizado por los anarquistas españoles exiliados en Francia. Por ello y por su defensa de Buñuel, es probable que OP, en el momento cúspide de su tarea como figura latinoamericana en París, haya sido enviado a abrir a fines de año la embajada mexicana en la India, por instrucciones del nuevo canciller, Manuel Tello Baraud.

OP visita los Países Bajos y Bélgica.

Agosto. Vacaciones en la isla de Córcega con Laura Helena, allí OP comienza la redacción de su tratado de poética, *El arco y la lira*.

Septiembre. OP se encuentra con José Ortega y Gasset, en el marco de los Rencontres Internationales de Ginebra, quien le recomienda, como lo había hecho Vasconcelos, que deje la poesía por la filosofía.

Se publica en la ciudad de México *¿Águila o sol?* (Tezontle), libro pleno en prosa surrealista.

Diciembre 22. Vía El Cairo y el Mar Rojo, OP arriba a Bombay.

1952

Enero–junio. Tras sólo seis meses de trabajo bajo las órdenes del ex presidente Emilio Portes Gil (1928–1930), primer embajador de México en la India, OP es enviado a abrir una nueva embajada, en Tokio, para reanudar las relaciones diplomáticas con el Japón, rotas por la Segunda guerra mundial.

Junio 5. Sale OP rumbo al Japón donde lo alcanzan Garro y Laura Helena. Se hospedan en el Hotel Imperial donde coinciden con Yukio Mishima quien entonces rentaba allí una habitación para escribir. OP es el encargado interino de negociaciones hasta la llegada del antiguo poeta estridentista Manuel Maples Arce (1900–1981) como embajador. Estrechez económica y crisis familiar.

Septiembre 19. Garro, vacunada precipitadamente en París, enferma gravemente de mielitis en Tokio y los médicos japoneses recomiendan, pues está en peligro de muerte, su regreso inmediato a Europa. Gracias a la insistencia del embajador Maples Arce, los Paz son trasladados vía aérea a Europa.

Octubre 23. Tras unos días de vacación en Roma, hospedados con Soriano y Diego de Mesa, arriban a Berna.

1953

Marzo. OP es transferido a la delegación permanente de México en Ginebra gracias a la influencia de Gorostiza.

Lo visitan en Suiza varios amigos de París, entre ellos Papaioannou, André Pieyre de Mandiargues (1909–1991) y la artista italiana Bona Tibertelli de Pisis (1926–2000), de la cual OP quedará enamorado por los próximos diez años.

Septiembre. "La sagrada familia", como ya entonces la llama Elena Poniatowska (1933), regresa a México.

También a instancias de Reyes, El Colegio de México nombra a OP investigador asociado para concluir *El arco y la lira*.

A su regreso, OP percibe la incomodidad que en los medios filosóficos académicos ha causado *El laberinto de la soledad*.

Noviembre. A Reyes, su protector y corresponsal en esas fechas, OP le informa de las ambiciosas dimensiones que va cobrando *El arco y la lira*.

1954

Marzo. Es nombrado director de la oficina de Organismos Internacionales de la SRE, gracias a los buenos oficios de Reyes, sabedor de que OP deseaba poner fin a nueve años de ausencia de México.

Mayo. OP se declara surrealista en México en una charla sobre el surrealismo dedicada a "Los grandes temas de nuestro tiempo" en la UNAM.

1955

Septiembre. Aparece la *Revista Mexicana de Literatura* (*RML*), dirigida por jóvenes escritores mexicanos como Carlos Fuentes (1928–2012) y Emmanuel Carballo (1929–2014), sobre los cuales OP tiene una gran influencia. En ella, OP publica "El cántaro roto", un poema de honda repercusión política por su denuncia del fracaso de la Revolución mexicana.

1956

Marzo. Se imprime *El arco y la lira*. El libro recibe en México el Premio Xavier Villaurrutia.

Julio 30. Puesta en escena, en el Teatro del Caballito y dirigida por Héctor Mendoza, de *La hija de Rappaccini*, única obra de teatro de OP, inspirada en un cuento de Nathaniel Hawhthorne, que con escenografía de Leonora Carrington (1917–2011) se presentará como parte de las temporadas de Poesía en Voz Alta, movimiento de renovación teatral en el que el poeta participará activamente.

Julio 31. Cortázar le escribe a Paz, desde París, una carta entusista sobre *El arco y la lira*.

Diciembre. OP viaja a Nueva York con la delegación mexicana a las Naciones Unidas. Lo hace con Laura Helena, en lo que será el último viaje feliz entre padre e hija. Según ésta última, durante esa temporada neoyorkina, Garro y Bioy Casares, aunque continuaron en correspondencia, se encuentran por última vez.

OP visita a e.e.cummings en su casa del Greenwich Village.

1957

Enero. Conoce en Nueva York, en el departamento de Victoria Ocampo, al orientalista Donald Keene, quien lo ayudará a preparar un número monográfico sobre literatura japonesa a aparecer un año después en *Sur*.

Publicación de *Piedra de sol*.

Septiembre. Traducción francesa de *¿Águila o sol?* por Lambert.

Publicación de *Las peras del olmo* (UNAM) su primera colección de artículos y ensayos.

Traducción de Basho al español (*Sendas de Oku*) en colaboración con E. Hayashiya.

1958

Marzo–junio. Visita a México de Bona y Mandiargues. Además de recorrer el país –en algunos tramos la pareja (o Bona solamente) lo hace en compañia de OP– la pintora italiana ofrece una exposición en la galería de Antonio Souza. Esa visita de los Mandiargues pone a OP en disposición de buscar una vez más un puesto diplomático en París para formalizar su relación con Bona.

Agosto. OP, pese a ser funcionario público, simpatiza con las manifestaciones de maestros y ferroviarios contra la corrupción sindical del PRI. Participa en las marchas y firma desplegados.

Publicación de *La estación violenta*, que incluyendo "Piedra de sol", es el primer gran libro de poemas de OP.

Septiembre. Viaje a París. Encuentro de OP con Joan Miró en el departamento de Bretón en la rue de Fontaine.

1959

Junio. OP parte a París como delegado de México ante la UNESCO. Se reúne con Bona en París.

Julio 15. Se dicta sentencia de divorcio de OP y Elena Garro. El abogado de OP es Raúl Vega Córdoba, quien había sido testigo de la boda en 1937.

Rencuentro con los Breton en el Café Cyrano de la Place Blanche. OP participa en el catálogo de la Exposición Surrealista Internacional de 1959 con "Carta a una desconocida" de *¿Águila o sol?*.

Agosto. La *NRF* publica *La hija de Rappaccini* en la traducción de Mandiargues.

Septiembre 18. Muere Péret, quien había traducido *Piedra de sol* al francés.

Publicación de *El laberinto de la soledad* en francés y de la segunda edición, la canónica, de ese libro en México.

1960

Enero 4. OP, distanciado de Camus, por la guerra de Argelia, guarda silencio ante su muerte ocurrida ese día.

Julio 30. Incidente entre Laura Helena y Bona en la embajada de México.

Octubre 17. OP le confiesa a Bianco, por carta, sus intenciones de desposar a Bona.

Nueva edición de *Libertad bajo palabra.*

1961

Encuentro con Yves Bonnefoy en París.

Marzo. Inicia su amistad con Marcel Duchamp en la puesta en escena de *Las troyanas,* con la actriz mexicana Pilar Pellicer, sobrina de Carlos Pellicer.

Traducción de *El laberinto de la soledad* al inglés.

1962

Mayo 1. OP es nombrado embajador por el presidente Adolfo López Mateos (1958-1964) y enviado a la India con ese carácter.

Septiembre. Bienal de Knokke–le–Zoute, Bélgica, su primera invitación a un festival internacional de poesía.

Septiembre 2. OP llega a la India por segunda vez en su vida.

Septiembre 10. OP presenta sus credenciales como embajador de México en la India y embajador concurrente en Ceylán y Afganistán, presentando sus cartas credenciales el 10 de septiembre. Antes realiza un breve viaje a México. Reencuentro con Bona en Estambul. Llega con ella a la India pero la relación no prospera, precedida por un romance de Bona con el pintor Francisco Toledo (1940), que más tarde se reinicia.

Septiembre 20. Visita de Estado a la India del presidente López Mateos.

OP viaja con Antonio González de León (1930–1989), consejero de la embajada y buen amigo de OP hasta principios de los años setenta, a Hong Kong para equipar la residencia en Nueva Delhi.

Octubre 17. OP le cuenta a Jaime García Terrés, por carta, lo desagradables que le resultan sus colegas diplomáticos del "nuevo" Tercer Mundo.

Noviembre. Publicación de *Salamandra* en México por Joaquín Mortiz.

OP presenta a Fernando Pessoa en español.

Conoce en la India a Marie José Tramini, ciudadana francesa, entonces esposa del consejero político de la embajada de Francia en Nueva Delhi.

1963

Septiembre. OP recibe su primer premio internacional, el de la Bienal de Knokke–le–Zoute, Bélgica, que para los entendidos lo pone por primera vez en la lista de los aspirantes al Premio Nobel. Viaja con Martínez, entonces representante de México ante la UNESCO y su esposa Lydia a recibirlo. Con motivo de ese primer premio, el filósofo español José Gaos le vaticina a OP la obtención del Premio Nobel.

Noviembre 5. Muerte de Cernuda en Coyoacán.

1964

Febrero. Entusiasmo de OP por la aparición de *Los recuerdos del porvenir* (ganadora ese año del Premio Xavier Villaurrutia), primera novela de su ex esposa Elena Garro, quien le había enviado un telegrama con una calurosa felicitación por el premio belga.

Junio 21. OP y Marie José se reencuentran en París. El pequeño escandalo diplomático causado por la relación, siendo Tramini esposa de un diplomático francés, probablemente obstaculiza el nombramiento de OP como embajador en Italia o en la misma Francia.

Rukeyser traduce *Piedra de sol* al inglés para New Directions.

Octubre 19. OP le agradece a Efraín Huerta su defensa periodística de los infundios que lo involucraban en una campaña para que Neruda no ganase el Premio Nobel.

1965

Junio 18. OP le propone a Arnaldo Orfila Reynal, todavía director del FCE, la elaboración de una antología general de la poesía en español que terminará por ser, solamente, *Poesía en movimiento*.

Octubre. Aparece la edición india de *Viento entero* (Nueva Delhi, The Caxton Press) de OP.

Traducción francesa de *El arco y la lira* por Roger Munier. Primer libro sobre Paz en lengua extranjera, obra de Claire Cea, editado por Pierre Seghers.

1966

Enero 20. Matrimonio entre OP y Marie José. Uno de los testigos es el embajador de Argelia en la India quien incidentalmente había sido el médico que había traído al mundo a Marie José, en la Argelia francesa, el 14 de agosto de 1934.

Enero–junio. OP es profesor invitado en la Universidad de Cornell. Amistad con John Cage, Merce Cunningham y Joseph Cornell.

Julio. OP publica *Cuadrivio* (Joaquín Mortiz) sobre Rubén Darío, Ramón López Velarde, Fernando Pessoa y Luis Cernuda.

Julio–septiembre. Escritura de *Blanco*.

Agosto 10. OP amenaza con renunciar a la elaboración de *Poesía en movimiento* por diferencias, al final resueltas, con el resto de los antólogos.

Septiembre 5. La UNAM imprime *Puertas al campo* de OP.

Septiembre 28. Muerte de Breton. OP escribe en su memoria "André Breton o la búsqueda del comienzo".

Lambert traduce *Libertad bajo palabra* al francés.

Diciembre 9. Aparecen los primeros ejemplares de *Poesía en movimiento,* la antología de la poesía mexicana que hizo con Homero Aridjis (1940), Chumacero y José Emilio Pacheco (1939–2014). La exclusión de Cuesta le será reclamada durante años y por dos generaciones.

1967

Viaje a Rajastán, uno de los escenarios de *El mono gramático*, en compañía de Marie José y de Eusebio Rojas Guzmán, su secretario particular hasta principios de los años ochenta.

Junio. En el festival de poesía de Spoletto saluda a Ezra Pound en compañía de Aridjis y va al rescate de Allen Ginsberg, arrestado por la policía por inmoralidad.

Mayo. Edición inglesa de *El laberinto de la soledad.*

Julio. Viaje a México, en el verano, para ingresar a El Colegio Nacional, con una conferencia magistral sobre el futuro de la poesía en la era tecnológica.

Agosto. Reconciliación con Neruda en el festival de poesía de Londres.

Septiembre. Publicación de *Corriente alterna* y *Claude Levi–Strauss o el nuevo festín de Esopo.*

Diciembre 31. Los Paz celebran el año nuevo en casa de Fuentes en Londres, en compañía de los Cabrera Infante y los Vargas Llosa, entre otros.

1968

Enero. Gestiones fracasadas de OP con Malraux para lograr financiamiento francés para una revista cultural latinoamericana.

Febrero. Los Paz reciben a Aurora Bernárdez y Julio Cortázar en la residencia de la embajada en Nueva Delhi.

OP Publica en México *Discos visuales* con el pintor y diseñador Vicente Rojo.

Mayo. Los acontecimientos de mayo en Francia sorprenden a OP en Kasauli, en la ladera india de los Himalayas, desde donde sigue las noticias de la BBC con un aparato de onda corta.

Agosto–septiembre. Ante el movimiento estudiantil en México, iniciado en julio, el embajador OP, a petición del canciller Carrillo Flores, aconseja prudencia y diálogo. Ante el inicio de la represión, escribe el primer boceto de su poema de protesta, "México: Olimpiada de 68", que dedicará a Dore Ashton y Adja Junkers.

Septiembre 11. Muere la hermana de Marie José, con toda su familia, en un accidente aéreo entre Córcega y Niza.

Octubre 2. Un grupo paramilitar, el Batallón Olimpia, abre fuego contra una concentración pacífica de estudiantes en Tlatelolco, en la ciudad de México. La operación fue diseñada para que el ejército, que vigilaba a los estudiantes, creyese que eran éstos quienes disparaban. *The Guardian* calculó 300 muertos.

Octubre 3. OP toma la decisión de renunciar a la embajada de México, gesto aplaudido por la mayoría de los intelectuales mexicanos.

Octubre 4. OP envía al canciller Antonio Carrillo Flores su solicitud de ser "puesto en disposición" (renuncia) a su puesto de embajador.

Octubre 7. OP envía a los organizadores de la Olimpiada cultural "México: Olimpiada de 1968". Ese día Garro denuncia en la prensa a varios intelectuales mexicanos como artífices del movimiento contra el presidente Gustavo Díaz Ordaz (1964–1970) al cual respalda como católica y anticomunista.

Octubre 22. Su hija Laura Helena, en una carta pública a su padre en *El Universal,* de la Ciudad de México, apoya la represión del gobierno contra los estudiantes.

Octubre 23. Garro y Paz Garro piden la solidaridad de Jorge Luis Borges, Bioy Casares y Ernst Jünger contra el "complot comunista" en México.

Octubre 31. Tras una cena privada ofrecida por Indira Gandhi, primera ministra de la India y con la simpatía de los estudiantes indios que lo despiden en las estaciones de tren rumbo a Bombay, los Paz regresan a Europa por mar, en el *Victoria.* Recepción calurosa de los intelectuales latinoamericanos en Barcelona.

Los Paz pasan el invierno 1968/1969 entre Niza, residencia de la desolada madre de Marie José y París. Mientras permanece en Francia, la embajada mexicana estima la posibilidad de demandar a OP por "calumnias" a Díaz Ordaz y promueve libelos en su contra.

1969

Enero. Primera edición de *Ladera Este* (Joaquín Mortiz).

Abril. Con Charles Tomlinson, Jacques Roubaud y Edoardo Sanguinetti escribe *Renga* en el Hotel Saint–Simon de París.

En ese hotel parisino recibe también las visitas del cubano Severo Sarduy (1937–1993), que se volvió un amigo muy cercano, de Roland Barthes, con quien no hubo empatía y de un joven mexicano, Jorge Aguilar Mora (1946), más tarde crítico de su obra, que le cuenta su experiencia como testigo presencial del 2 de octubre en Tlatelolco.

Mayo–julio. Profesor visitante en Pittsburgh, Pensilvania, donde OP recibe la visita de su madre.

Septiembre–diciembre. Profesor visitante en Austin, Texas, donde da la conferencia sobre México tras el movimiento estudiantil de 1968 que se titulará *Postdata*.

Diciembre. Se publica *Conjunciones y disyunciones*.

1970

Febrero. Se publica *Postdata* (Siglo XXI) en la ciudad de México. Ramón Xirau publica en Joaquín Mortiz *Octavio Paz: el sentido de la presencia*, primer libro en español sobre OP.

Febrero–diciembre. Estancia de OP en el Churchill College de Cambridge, Inglaterra, como profesor visitante.

Abril 15. OP lee sus poemas en el Institut of Contemporary Arts de Londres.

Aparece, primero en francés, *El mono gramático*. Fuentes antologa los ensayos de OP en *Los signos en rotación*.

Diciembre 2. Un día después de abandonar la presidencia, Díaz Ordaz calumnia a OP afirmando que en octubre de 1968 el poeta–embajador no renunció sino fue cesado.

1971

Enero 5. Gallimard publica *Renga* con un prólogo de Claude Roy (1915–1997)

Febrero. OP regresa a México, con Marie José, por el puerto de Acapulco. Tan pronto llega a la Ciudad de México, visita en la cárcel de Lecumberri a José Revueltas, preso político por el movimiento estudiantil de 1968. Lectura de *La revolución interrumpida*, de Adolfo Gilly, un trotskista argentino también preso en Lecumberri, con quien discute sobre el sentido de la Revolución mexicana.

Junio. Tras algunos meses viviendo en la privada de Galeana en unas casas rentadas por la periodista Sol Arguedas, en San Ángel, los Paz se instalan en un departamento de la calle de Lerma, en la Colonia Cuauhtémoc de la Ciudad de México, barrio que abandonarán hasta 1996.

Junio 10. La matanza del jueves de Corpus sorprende a OP en la Facultad de Filosofía y Letras donde se disponía a leer sus poemas. Esa noche, en casa de Fuentes, OP y un grupo de intelectuales elaboran un manifiesto exigiendo el castigo de los culpables del ataque parapolicíaco contra los estudiantes. OP le retira a la brevedad su confianza al presidente Luis Echeverría (1970–1976), quien, verdadero instigador de la agresión, no puede sino incumplir su promesa de justicia. División de la intelectualidad ante la posibilidad de apoyar al gobierno populista de Echeverría o avanzar, mediante la opinión intelectual independiente, en la democratización del país.

Septiembre. Conversaciones para crear un nuevo partido político de izquierda, con Luis Villoro, Fuentes, Heberto Castillo y Demetrio Vallejo, entre otros, de las cuales OP se retira pronto.

Octubre. Aparece, con *Plural,* dependiente del diario *Excélsio*r, la revista de alcance hispanoamericano que OP había planeado dirigir desde los años sesenta.

Noviembre. Tusquets publica en Barcelona *Traducción: literatura y literalidad.*

Fuentes prologa una nueva edición de *Los signos en rotación.*

Aparece en México una edición artesanal de *Vuelta* (El Mendrugo).

1972

Enero–junio. Da las Charles Norton Lectures en la Universidad de Harvard que se convertirán en *Los hijos del limo. Del romanticismo a la vanguardia.*

Abril. Publicación de *Renga* en español.

OP es nombrado miembro honorario de la Academia de Artes y Letras de los Estados Unidos.

Junio. OP asiste en Nueva York al evento que Fuentes le organiza a Echeverría con los intelectuales estadounidenses.

Agosto. De orientación liberal y democrática, *Plural* es blanco de los ataques de la izquierda, sobre todo del grupo de Carlos Monsiváis (1939–2010), desde el suplemento *La cultura en México* de la revista *Siempre!,* que se propone "expulsar del discurso" al grupo de Paz.

1973

Marzo 12. OP prologa la primera edición de *Versiones y diversiones*, la primera recolección de sus traducciones poéticas del inglés, del francés, del portugués, así como de otras lenguas nórdicas y orientales, que aparecerá el año siguiente. El volumen crecerá con los años hasta ocupar una parte no desdeñable de la obra poética de OP.

OP pasa buena parte del año como profesor invitado en La Jolla, California (a donde no volvía desde los años cuarenta) y en la universidad de Harvard.

Septiembre 11. OP condena el golpe de Estado en Chile y la militarización acelerada de América Latina.

Primera edición de *El signo y el garabato.*

Publica en México *Apariencia desnuda: la obra de Marcel Duchamp*. Una versión preliminar sobre Duchamp y Lévi-Strauss se había publicado en Francia (*Deux transparents,* Gallimard)

Lectura de *El archipiélago Gulag* que lo lleva de la ruptura con el estalinismo, ocurrida veinte años atrás, al repudio de la experiencia comunista soviética en general.

1974

Enero. Primera edición de *Versiones y diversiones*.

Viajes a Francia y a España, los primeros de importancia, en la península, desde la guerra civil. En Andalucía rastrea los orígenes familiares de su madre.

Mayo. Aparece en Barcelona la primera edición de *Los hijos del limo*.

Septiembre. Aparece en español *El mono gramático*, en Barcelona.

Septiembre–diciembre. Profesor en Harvard, en Cambridge, Massachusetts. Durante esos meses escribe *Pasado en claro*.

1975

Febrero 1. Fuentes, con quien la relación amistosa no se había roto pese a las crecientes diferencias políticas, es nombrado por Echeverría embajador de México en Francia.

Mayo. Se formaliza la unión de la generación de 1932 con OP pues el núcleo de *Plural*, que lo acompañará hasta los primeros años de *Vuelta*, se conforma como consejo editorial de la revista. Lo forman Tomás Segovia (1927–2011), Kazuya Sakai (1927–2001), Salvador Elizondo (1932–2006), Juan García Ponce (1932–2003), Alejandro Rossi (1932–2009), Gabriel Zaid (1934) y José de la Colina (1934), sin olvidar la presencia de Julieta Campos (1932–2007), Ulalume González de León (1932–2009) y Danubio Torres Fierro (1947).

Septiembre. Aparece *Pasado en claro*, su primer gran poema autobiográfico, en una edición de lujo del FCE diseñada por Rojo.

Noviembre. Conversación de OP con Claude Fell que se convierte en "Vuelta a *El laberinto de la soledad*".

1976

Enero. Vacaciones en Los Ángeles.

Roger Munier traduce al francés *Los hijos del limo* como *Point de convergence*.

Julio 8. El golpe gubernamental a *Excélsior* obliga al grupo de OP a renunciar a *Plural*.

Julio 28. Los excolaboradores de *Plural*, encabezados por OP, denuncian el golpe a Excélsior y lo califican, desde *Siempre!*, como parte del "crepúsuculo autoritario" que sufre América Latina.

Septiembre. Publica *Vuelta* (Seix Barral), una colección de poemas que incluye "Nocturno de San Ildefonso".

Diciembre. Primer número de la revista *Vuelta*. Hasta que no termina sus cursos en Harvard, Rossi funge como director suplente de la revista.

1977

Enero. Vacaciones en Acapulco.

Febrero 16. Muerte de Pellicer. OP se pronuncia por la convivencia de Israel y Palestina en el marco de dos Estados al recibir el Premio Jerusalén.

Marzo. Regreso de Cambridge, Massachusetts. OP sufre una operación exitosa de un tumor maligno en el riñón.

Junio 11. OP le escribe a su editor y amigo, el poeta catalán Pere Gimferrer (1945), sobre el agravamiento de la salud de su madre.

Abril 21. Al ser nombrado Díaz Ordaz embajador de México en España, Fuentes renuncia al cargo de embajador de México en Francia, gesto que OP aplaude.

Junio-julio. Ruptura con la izquierda tras la huelga del sindicato de trabajadores universitarios, que OP condena, apoyando al rector de la UNAM, doctor Guillermo Soberón Acevedo.

Octubre 9. En una lectura de poesía en el Palacio de Minería, Efraín Huerta defiende a OP, con un abrazo, de las interrupciones provocadas por un espontáneo.

Noviembre. OP recibe el Premio Nacional de Literatura de manos del presidente José López Portillo (1976–1982) y Buñuel recibe simultáneamente el Premio Nacional de Arte: ambos surrealistas, "conspiraron", para aceptarlo.

Diciembre. Polémica con Monsiváis sobre la izquierda mexicana y el llamado "socialismo real". OP continua declarándose partidario del socialismo democrático.

1978

Enero. La salud de su madre lo orilla, como estaba previsto, a cancelar definitivamente sus semestres en Harvard.

Julio 15. ERA imprime *La divina pareja. Historia y mito en Octavio Paz*, de Aguilar Mora, primera crítica seria del pensamiento de OP.

Agosto. Paz publica *Xavier Villaurrutia en persona y obra* (FCE)

Agosto 29. Asesinato de Hugo Margáin Charles, joven filósofo colaborador de *Vuelta*, víctima de la guerrilla, que OP había condenado con vehemencia desde la revista.

1979

Febrero. Publica en México *El ogro filantrópico: historia y política* (Joaquín Mortiz).

Septiembre. Publica *In/mediaciones*

Encuentro en Nueva York con Fuentes y el poeta Mark Strand. Asiste en Rochester a un taller de creación poética infantil.

Octubre. Recibe ejemplares de la edición barcelonesa de sus *Poemas 1935–1979*.

ERA publica en México la edición definitiva de *Apariencia desnuda. La obra de Marcel Duchamp*.

Recibe la Gran Águila de Oro, premio del festival internacional del libro en Niza, la ciudad donde vivió la madre de Marie José.

Los Paz se mudan a finales de año a Paseo de la Reforma 309–104, esquina con Río Guadalquivir, muy cerca de El Ángel de la Independencia en la Ciudad de México.

1980

A principios de año, con motivo de la invasión soviética de Afganistán, Paz comienza a transmitir una vez a la semana un comentario político y cultural de cinco minutos como parte del noticiero *24 Horas* de Jacobo Zabludovsky, en el Canal 2 de Televisa.

Febrero. Muerte de su madre, Josefina Lozano.

Julio 23. Discusión en el Instituto de Investigaciones Sociales con Roger Bartra y Luis Villoro sobre el "socialismo realmente existente" a propósito de *Las redes imaginarias del poder político*, de Bartra. OP no regresaba a la UNAM desde 1971.

Jean-Claude Masson comienza la traducción de la mayor parte de las obras de OP al francés.

1981

Abril. Encuentro con Borges en la Ciudad de México. El primero, ocurrido una década atrás en Austin, Texas, fue poco alentador.

Abril 23. El rey de España, Juan Carlos I de Borbón, le entrega el Premio Cervantes.

Mayo. OP trabaja intensamente en su biografía de Sor Juana. Padece diversos problemas de salud, entre ellos una caída y un herpes facial reincidente que lo obliga a llevar barba en distintos periodos.

Junio 18. El consejo editorial de *Vuelta* se reune informalmente con el presidente López Portillo en el departamento de los Paz.

Agosto. OP participa en el I Festival Internacional de Poesía de Morelia, organizado por Betty y Homero Aridjis.

Diciembre. El historiador Enrique Krauze (1947) es nombrado subdirector de *Vuelta.*

1982

Agosto. El gobernador de Michoacán, Cuauhtémoc Cárdenas, cancela el II Festival Internacional de Poesía de Morelia lo cual provoca que OP y sus amigos lo improvisen en diversos recintos de la Ciudad de México.

Octubre. Aparece la edición mexicana (FCE) de *Sor Juana Inés de la Cruz o las trampas de la fe*, su extensa biografía de la poeta y monja novohispana.

Octubre 28. Comparte con Fernando Savater, en Madrid, la fiesta por la victoria electoral del Partido Socialista Obrero Español. En la Ciudad de México *Vuelta* publica días después un desplegado felicitándose por la victoria de los socialistas españoles.

1983

Febrero. Lectura de poemas en la UCLA.

Junio–julio. Reconciliación temporal con su hija Laura Helena con quien se reúne en Londres. OP le había enviado cantidades extraordinarias de dinero a París según le cuenta a Gimferrer, a cargo de sus asuntos en Seix Barral e intermediario también en esas transacciones.

Octubre. Publicación de *Tiempo nublado* y *Sombras de obras*, simultáneamente en México y España en Seix Barral, como lo hará con la mayoría de sus últimos libros.

1984

Abril. Publica *Hombres en su siglo y otros ensayos*

Agosto. Homenaje internacional en la Ciudad de México por sus 70 años inaugurado por el presidente Miguel de la Madrid Hurtado (1982–1988). Discurso de Fuentes.

Octubre 11. Un grupo de ultraizquierdistas quema en efigie a OP en protesta por su petición, desde Frankfurt a donde acudió a recibir el Premio de la Paz de los libreros, de elecciones libres para Nicaragua. OP recibe la noticia en Kioto, Japón, donde acababa de llegar desde Alemania y se disponía a regresar por primera vez a la India desde 1968.

Octubre 31. Asesinato de Indira Gandhi. Se cancela la conferencia sobre Nehru que OP planeaba ofrecer pero no la invitación. Los Paz viajan a la India y permanecen en el subcontinente como huéspedes de Rajiv Gandhi.

Héctor Tajonar produce *Conversaciones con Octavio Paz*, primera de las series de televisión que Televisa le dedicará a OP.

1985

Enero. Publicación de *Pasión crítica*, recolección de entrevistas hecha por Hugo J. Verani.

Septiembre 19. Los sismos que sacuden a la Ciudad de México consuelan a OP por la vitalidad y la solidaridad de la población ante el desastre.

Octubre. Cuarta y última visita de OP a la India para dar la conferencia sobre Nehru cancelada el año anterior.

Noviembre. OP hace su primera visita a Buenos Aires donde alcanza a encontrarse con Bianco, Bioy Casares y Silvina Ocampo. María Kodama y Borges llevan a los Paz a conocer la iglesia ortodoxa del Parque Lezama y después meriendan en el Café Tortoni.

1986

Enero 8. Asiste consternado al homenaje luctuoso de su "enemigo" Juan Rulfo.

Enero 31. Prologa *Emiliano Zapata*, de su padre, Octavio Paz Solórzano.

Abril. Eliott Weinberger prologa su traducción de los *Collected Poems*.

Abril 24. Muere Bianco en Buenos Aires, Argentina.

Agosto. OP lanza en Buenos Aires la edición sudamericana de *Vuelta*, a cargo de Enrique Pezzoni y Torres Fierro, que no va más allá de unos cuantos números.

Diciembre. OP recibe el Premio Internacional Alfonso Reyes en México.

1987

Junio. OP, primer ganador del Premio Internacional Marcelino Menéndez Pelayo en Santander, España.

Junio 5–20. OP preside en Valencia, España, la conmemoración de los 50 años del Congreso Antifascista. A sus 74 años interviene en una zacapela cuando un agitador castrista pretende agredir al escritor español Jorge Semprún.

Agosto. Participa en una nueva versión del Festival Internacional de Poesía de los Aridjis, esta vez en el Teatro de la Ciudad, de México.

Octubre. Publica *Árbol adentro*, su último gran libro de poemas.

1988

Mayo. Enrico Mario Santí compila *Primeras letras*, reconstruyendo la juvenilia del poeta.

Julio. Ruptura con Fuentes por la publicación, en el número de *Vuelta* de ese mes, de "La comedia mexicana de Carlos Fuentes", fuerte crítica literaria y política de Krauze al novelista.

Julio 6. En las polémicas elecciones presidenciales y legislativas, OP pide a la oposición aceptar los resultados y ejercer su poder desde la Cámara de Diputados, posición muy criticada dado que el candidato del Frente Democrático Nacional, Cuauhtémoc Cárdenas, alegó ser víctima de un fraude electoral.

Diciembre 1. OP apoya el programa de reformas económicas del discutido presidente electo Carlos Salinas de Gortari (1988–1994) anunciado durante su toma de posesión.

1989

Enero. Renovación generacional en el consejo editorial de *Vuelta*. Aurelio Asiain (1960), es ratificado como secretario de redacción (lo era desde 1982, con la excepción de un interregno entre 1984 y 1986 en que lo fue Alberto Ruy Sánchez) y se crea una mesa de redacción con Fabienne Bradu (1954), Adolfo Castañón (1952), Christopher Domínguez Michael (1962), Eduardo Milán (1952) y Guillermo Sheridan (1950), entre quienes perseveraron.

El Círculo de Lectores en España comienza la primera edición de las *Obras completas* de OP.

Publica *Air borns/Hijos del aire*, con Charles Tomlinson (1927), otro de sus amigos más queridos.

Junio 22. OP recibe en Valognes, Normandia, el Premio Alexis de Tocqueville de manos del presidente francés François Mitterand.

Noviembre. Regocijo de OP por la caída del muro de Berlín.

1990

Marzo. Exposición "Los privilegios de la vista", en la Ciudad de México, en la que reúne buena parte de la obra plástica y gráfica que OP ha comentado a lo largo de su trayectoria como crítico de arte.

OP respalda desde México la campaña presidencial de Mario Vargas Llosa en el Perú.

Julio 16. Publica *Pequeña crónica de grandes días* (FCE) a cuya presentación acude Héctor Aguilar Camín, director de *Nexos,* la revista rival de *Vuelta*, quien reconoce la exactitud de las visiones de OP sobre los regímenes comunistas.

Agosto–septiembre. *Vuelta* organiza el Encuentro de la Libertad, que reúne en la Ciudad de México a los disidentes del Este y a los intelectuales liberales de Europa y los Estados Unidos, acontecimiento televisado al mundo de habla hispana. Festejo de la caída del muro de Berlín y amplio debate sobre el futuro de la democracia tras el comunismo, el Encuentro encolerizó a la izquierda mexicana que llegó a llamar "fascistas" a sus participantes, algunos de ellos sobrevivientes de los campos nazis o soviéticos.

Agosto 30. Tras calificar al régimen del PRI como una "dictadura perfecta", contra la opinión de OP, Vargas Llosa abandona intempestivamente el Encuentro de la Libertad, aduciendo razones familiares. Tras el incidente, la amistad entre OP y Vargas Llosa, el siguiente Premio Nobel de Literatura latinoamericano, perduró.

Septiembre. Publica *La otra voz. Poesía y fin de siglo*.

Octubre 11. Gana el Premio Nobel de Literatura, primer mexicano y décimo en lengua española, en obtenerlo. La noticia la recibe OP en el Hotel Drake de Nueva York.

Diciembre 4. Recepción del Premio Nobel en Estocolmo en compañía de Marie José Paz, Laura Helena Paz Garro, el ex presidente de la Madrid, sus editores en varias lenguas y algunos de sus amigos.

1991

Mayo. Asiste en París a una velada en memoria de Roger Caillois (1913–1978) a quien OP le habría sugerido la publicación de Borges y otros autores latinoamericanos en Francia. OP promueve exposiciones de los collages de Marie José en Francia y España.

Intenso trabajo en los prólogos a cada nuevo tomo de sus *Obras completas*, en edición que él mismo dirige para el Círculo de Lectores en España y el FCE en México.

Televisa graba una nueva serie de televisión: *México en la obra de Octavio Paz*.

Circulan los libros de Enrique González Rojo denunciando a OP como intelectual orgánico del régimen salinista.

Octubre. Publica *Convergencias* que incluye "La búsqueda del presente", discurso de recepción del Premio Nobel

1992

Febrero. Publica *Al paso*

Febrero–marzo. OP encabeza la disputa pública con la revista *Nexos* sobre la política cultural con motivo del Coloquio de Invierno, organizado por los nexonitas con respaldo del gobierno de Salinas de Gortari. La crisis finaliza con la renuncia de Victor Flores Olea, presidente del Consejo Nacional para la Cultura y las Artes.

Hospitalización en San Antonio, Texas.

Octubre 28. Elena Garro publica sus *Memorias de España 1937* sobre su viaje juvenil con OP. En 1994, ya instalada definitivamente en México, declarará no imaginar un mundo sin su exesposo, a quien había caricaturizado en varias de sus novelas.

1993

Septiembre 3. Asiste a Los Pinos, con el presidente Salinas de Gortari, a la creación del Sistema Nacional de Creadores, una demanda de la comunidad artística e intelectual presentada desde 1975 por *Plural*.

Octubre 5. OP presenta los libros de los nuevos miembros del consejo editorial de *Vuelta*, editados por la editorial de la casa, en el Centro Cultural San Ángel de la Ciudad de México.

Octubre 26 y 27. Vuelta recibe en Oviedo el Premio Príncipe de Asturias.

Noviembre. Publica *Sade: un más allá erótico* en Vuelta/Heliópolis e *Itinerario* (FCE) resumen político–autobiográfico.

1994

Enero 1. Rebelión neozapatista en México. OP comenta con vehemencia el conflicto con una serie de artículos y ofrece ayudar al gobierno en el restablecimiento de la paz.

Febrero. Publica *La llama doble. Amor y erotismo.*

El Círculo de Lectores en España publica *Figuras y figuraciones*, de OP y Marie José Paz.

Marzo 23. Tras el asesinato del candidato del PRI a la presidencia de la República, Luis Donaldo Colosio, OP advierte sobre los riesgos de que el gobierno pierda el control del proceso democrático.

Abril. OP presenta la edición mexicana de sus *Obras completas* al cumplir sus ochenta años.

Junio. Gallimard contrata las *Oeuvres* (2008) de OP para la Biblioteca de la Pléiade, en una edición a cargo de Masson.

Julio–agosto. Nueva hospitalización en los Estados Unidos por problemas cardíacos.

1995

Febrero. OP reúne firmas de una parte de la intelectualidad mexicana para un manifiesto donde se exige que se reanuden las negociaciones de paz entre el gobierno y los neozapatistas, exigiéndole al primero la amnistía para los detenidos y al Ejército Zapatista de Liberación Nacional (EZLN) el respeto a la zona franca pactada un año atrás. Zaid, Krauze y Sheridan, de *Vuelta*, no firman el desplegado.

Febrero 7–11. Visita a Houston, Texas para la inauguración de un museo dedicado a Cy Twombly y para realizarse un chequeo consecutivo a la intervención cardiológica del verano anterior.

Marzo 15. OP aclara en la prensa que sigue haciéndose cargo económicamente, contra calumnias e infundios recurrentes, de Elena Garro (79 años) y de Laura Helena Paz Garro (55 años). Afirma que ante un último percance de Laura Helena, madre e hija, le agradecieron efusivamente su ayuda.

Abril. Publica *Vislumbres de la India.*

1996

Febrero. OP escribe por última vez sobre el subcomandante Marcos, líder del EZLN, reconociendo su memorable ingenio verbal e instándolo a integrarse a la vida política del país sin simulacros de violencia armada. Ese año, otra guerrilla de corte más ortodoxo, el Ejército Popular Revolucionario, amenaza de muerte a los intelectuales de *Vuelta.*

Febrero 29. Editorial Vuelta publica *Estrella de tres puntas. André Breton y el surrealismo.*

Abril 17. OP pronuncia una oración fúnebre al cumplirse trescientos años de la muerte de Sor Juana Inés de la Cruz en la Ciudad de México.

Abril 20. OP termina "Respuesta y reconciliación", acaso su último poema, firmado dos años antes de sus exequias.

Julio–agosto. Último viaje a Londres y a París.

Mayo. El Colegio Nacional y Vuelta publican *Reflejos: réplicas: diálogos con Francisco de Quevedo.*

Diciembre 10. Celebración de los veinte años de *Vuelta* en el Claustro de Sor Juana de la Ciudad de México.

Diciembre 21. Un incendio parcial en su departamento obliga a OP, enfermo de flebitis, a pernoctar en el Hotel Camino Real de la Ciudad de México donde él y su esposa permanecerán hasta julio del año siguiente. Los Paz nunca volverán a casa pues en el ínterin se le diagnostica al poeta cáncer en los huesos.

1997

Enero. Krauze abandona la subdirección de *Vuelta* pero se mantiene como supervisor general del consejo de administración de la revista.

Febrero. OP es ingresado en el Instituto Nacional de Nutrición de la Ciudad de México.

Marzo. Aparecen *Algunas campañas* de Ireneo Paz con un postfacio de OP titulado "Silueta de Ireneo Paz".

Abril. OP es diagnosticado de cáncer en los huesos en la Clínica Mayo de Rochester, Minnesota.

Abril 11. Última carta de OP a Gimferrer, uno de sus más asiduos corresponsales desde 1966.

Julio 8. Último artículo político de OP comentando las elecciones de julio de 1997 en México durante las cuales el PRI pierde por primera vez la mayoría parlamentaria y el gobierno del Distrito Federal.

Julio 15. OP es ingresado en el Hospital Militar de la Ciudad de México.

Agosto. OP es instalado, a principios del mes, en la casa de Alvarado de Coyoacán.

Noviembre 23. OP se ve obligado a desmentir en televisión la falsa noticia de su muerte, difundida por una agencia internacional. Y ante la divulgación de fragmentos de la correspondencia amorosa entre Bioy Casares y Garro, Paz declara, en una entrevista con Sheridan, que Garro "fue la plaga de mi vida".

Diciembre 13. Muere Roy, otro de los grandes amigos franceses de OP.

Diciembre 17. Al anunciar la Fundación Octavio Paz, OP se despide públicamente con una emotiva evocación, ante el presidente de la República, Ernesto Zedillo Ponce de León (1994–2000), los empresarios benefactores de la fundación, y un ciento de escritores y artistas de México.

1998

Febrero 11. Última declaración periodística de OP, en el *Reforma* de la Ciudad de México, respondiéndole al ex presidente Echeverría quien había descalificado las viejas críticas de Krauze contra Fuentes como una maniobra para que el novelista no recibiese el Premio Nobel.

Marzo 31. En el último cumpleaños de OP, un jurado presidido por el poeta Eduardo Lizalde (1927), anuncia la concesión del primer Premio Internacional de Poesía y Ensayo Octavio Paz al poeta chileno Gonzalo Rojas (1916–2011).

Abril 19. OP muere durante esa noche de domingo en la Casa de Alvarado, en Coyoacán.

Abril 20. Se le ofrecen a OP funerales nacionales en el Palacio de Bellas Artes de la Ciudad de México. Toman la palabra el presidente Zedillo, el historiador Krauze y el poeta Rojas. Un temblor de 5,4 grados Richter sacude la Ciudad de México a las 17:59 horas de aquel lunes.

ÍNDICE ONOMÁSTICO

M

CRÉDITOS DE LAS IMÁGENES

Para armar los pliegos de imágenes de este libro y lograr un testimonio gráfico relevante, recurrimos a diversas personas e instituciones, quienes amablemente compartieron su material fotográfico, a ellos nuestro agradecimiento más sincero.

Autor desconocido: 1, 2, 3, 4, 5, 6, 8 y 18.

Cortesía del FCE: 7, 11, 12 y 14.

Cortesía de María y Beatriz Novaro: 9 y 10.

Cortesía del archivo personal de Marie José Paz: 13, 21 (fotografía de Chikis Weisz), 25, 34, 37, 41, 63, 66 y 73. Fotografías de Marie José Paz: 27, 33, 44, 54, 55, 56, 57, 59 y 64.

Ricardo Salazar/ Instituto de Investigaciones sobre la Universidad y la Educación (IISUE)-Archivo Histórico de la Universidad Nacional Autónoma de México (AHUNAM)/ UNAM: 15, 16, 17, 20, 22, 23, 46, 74 y 84.

Archivo de Christopher Domínguez Michael: 19, 45, 48, 75 (fotografía de Sebastián Domínguez Donis), 81, 82 y 83.

Bona Tibertelli de Pisis: 24.

Cortesía de Jorge y Antonio González de León Domínguez (fotografías de Antonio González de León): 26 y 32.

Paulina Lavista: 28, 40, 42, 43, 47, 62, 77 y 78.

Cortesía de la Revista *Siempre!*: 29, 31, 35, 61, 65, 68, 70 y 71.

Revista *Proceso*: 30, 36, 38, 39, 58, 60, 69 (fotografía de Juan Miranda), 79 y 80.

Cortesía de Xavier Quirarte: 49, 50, 51, 52 y 53.

Caricatura de Octavio Paz, cortesía de Rogelio Naranjo: 67.

Frida Hartz: 72, 76.

Octavio Paz en su siglo, de Christopher Domínguez Michael
se terminó de imprimir en noviembre de 2014
en los talleres de Litográfica Ingramex, S.A. de C.V.
Centeno 162-1, Col. Granjas Esmeralda,
C.P. 09810, México, D.F.